# KOMMUNIKATION KOMPLETTSET

# DAS GROßE 5 IN 1 BUCH

Vortragen ohne Angst | Clever mitreden! | Endlich durchsetzen! | Die 7 Techniken der Konfliktlösung | Kraftvolle Körpersprache

**GERARD SHAW**

© **Copyright 2020 - Alle Rechte vorbehalten.**

Der in diesem Buch enthaltene Inhalt darf ohne direkte schriftliche Genehmigung des Autors oder Herausgebers nicht reproduziert, vervielfältigt oder übertragen werden.

Unter keinen Umständen wird dem Verlag oder Autor die Schuld oder rechtliche Verantwortung für Schäden, Wiedergutmachung oder finanziellen Verlust aufgrund der in diesem Buch enthaltenen Informationen direkt oder indirekt übertragen.

Rechtliche Hinweise:

Dieses Buch ist urheberrechtlich geschützt und nur für den persönlichen Gebrauch bestimmt. Ohne die Zustimmung des Autors oder Herausgebers darf der Leser keinen Inhalt dieses Buches ändern, verbreiten, verkaufen, verwenden, zitieren oder umschreiben.

Haftungsausschluss:

Bitte beachten Sie, dass die in diesem Dokument enthaltenen Informationen nur zu Bildungs- und Unterhaltungszwecken dienen. Es wurden alle Anstrengungen unternommen, um genaue, aktuelle, zuverlässige und vollständige Informationen zu liefern. Es werden keine Garantien jeglicher Art erklärt oder impliziert.

Die Leser erkennen an, dass der Autor keine rechtlichen, finanziellen, medizinischen oder professionellen Ratschläge erteilt. Durch das Lesen dieses Dokuments stimmt der Leser zu, dass der Autor unter keinen Umständen für direkte oder indirekte Verluste verantwortlich ist, die durch die Verwendung der in diesem Dokument enthaltenen Informationen entstehen, einschließlich, aber nicht beschränkt auf Fehler, Auslassungen oder Ungenauigkeiten.

# BONUSHEFT

Mit dem Kauf dieses Buches haben Sie ein kostenloses Bonusheft erworben.

In diesem Bonusheft „Morgenroutinen der Gewinner" erhalten Sie Übungen, die Sie in Ihrem Alltag problemlos anwenden können, um Ihr Selbstbewusstsein zu steigern.

**Alle Informationen darüber, wie Sie sich schnell dieses Gratis-Bonusheft sichern können, finden Sie am <u>Ende dieses Buches.</u>**

Beachten Sie, dass dieses Heft nur für eine begrenzte Zeit kostenlos zum Download zur Verfügung steht.

## BÜCHER

Vortragen ohne Angst ........................................................... 1

Clever mitreden! ................................................... 123

Endlich durchsetzen! ..................................................263

Die 7 Techniken der Konfliktlösung .........................................429

Kraftvolle Körpersprache .....................................................569

Bonusheft.........................................................................717

# VORTRAGEN OHNE ANGST

Der Erfolgsleitfaden für Rhetorik-Einsteiger.
So meistern Sie Ihre Kommunikations- und
Präsentationsfähigkeiten. Begeistern Sie Ihre Zuhörer als
selbstbewusster Redner!

**GERARD SHAW**

# INHALTSVERZEICHNIS

Einleitung ................................................................................. 5
Kapitel 1: Moderne Raubtiere können Sie nicht fressen .............. 9
    Psychologie der Angst ................................................................ 10
    Angst anerkennen und akzeptieren ............................................ 13
    Sich der Angst stellen ................................................................ 16
    Der Großteil unserer Ängste ist absurd ...................................... 18
    Die Interviews mit einem Basketball-Star, die zu einer Comedy-Show wurden – Profil Klay Thompson ...................... 19

Kapitel 2: Ihr Publikum erwartet einen furchtlosen Redner ...... 21
    Die Auswirkungen der Angst ..................................................... 23
    Angst lähmt unsere Gedanken .................................................. 23
    Angst beengt unsere Ausdrucksweise ....................................... 24
    Angst stört die Beziehung ........................................................ 26
    Angst beeinflusst unsere mentale Verfassung .......................... 27
    Seien Sie furchtlos, um sich voll und ganz auszudrücken ........ 28
    Von gefeuert bis berühmt – Profil Oprah Winfrey ..................... 29

Kapitel 3: Mut im modernen Dschungel von heute ..................... 31
    Praktische Schritte, um Angst und Lampenfieber loszuwerden ............................................................................. 31
    Die Berühmtheit, die sich nicht hat unterkriegen lassen – Profil Steve Harvey .................................................................. 44

Kapitel 4: Entwicklung von Kommunikationsfähigkeiten .......... 47
    Bei der Kommunikation geht es um Beziehungen ................... 47
    Verbale Kommunikation .......................................................... 52
    Non-verbale Kommunikation ................................................... 56
    Kommunikation, wozu ist sie gut? ........................................... 60
    Die Sängerin, die mit ein wenig Hilfe ihre Angst überwand – Profil Adele .............................................................................. 62

Kapitel 5: Großartige Reden vorbereiten ........................................ 63
   Die verschiedenen Säulen einer Rede ............................... 63
   Der ultimative Anfang .......................................................... 68
   Die Gliederung Ihrer Rede .................................................... 71
   Der Geschäftsmogul, der seine Angst überwunden hat –
   Profil Warren Buffett ............................................................. 78

Kapitel 6: Herausragende Präsentationen entwerfen ................. 81
   Nützliche Werkzeuge ............................................................ 81
   Ihre Präsentation erstellen .................................................. 83
   Wie ein großartiger Golfer sein Stottern überwand –
   Profil Tiger Woods ................................................................. 91

Kapitel 7: Ihr Publikum erfolgreich in Ihren Bann ziehen ......... 93
   Vorangehen ............................................................................ 94
   Authentisch sein ................................................................... 96
   Vielfalt und Abwechslung .................................................. 100
   Das gewisse Etwas kommt von innen .............................. 103
   Der Schauspieler, der trotz seiner Ängste zum Star wurde –
   Profil Harrison Ford ............................................................ 104

Kapitel 8: Selbstsabotagen vermeiden ........................................ 105
   Alles über das Publikum .................................................... 105
   Alles über die Präsentation ................................................ 111
   Fehler loslassen .................................................................. 115
   Ihre Angst überwinden – Profil – Sie selbst .................... 116

Abschliessende Worte ..................................................................... 117

Verweise ............................................................................................ 119

# EINLEITUNG

Niemand wird als begabter Redner geboren. Ich wünschte, ich könnte sagen, dass ich das erste Mal, als ich vor Publikum sprach, phänomenal war, doch das wäre eine glatte Lüge. Ich brauchte erst mehrere Misserfolge, bis ich lernte, wie ich das Sprechen vor Publikum beherrschen kann. Erst jetzt, nach mehr als einem Jahrzehnt des Übens und Lehrens, habe ich Antworten für all diejenigen gefunden, die ihre Karriere weiter vorantreiben möchten. Die Fragen sind stets thematisch unterschiedlich, doch die meisten beziehen sich auf die Ängste, die mit dem Sprechen vor Publikum verbunden sind. Mir wurde klar, dass es viele Menschen gibt, die sich noch an jenem Punkt befinden, an dem ich mich einst befunden habe, und dass sie lernen wollen, wie sie ihre Ängste überwinden können, bevor sie die Bühne betreten.

Ich möchte, dass Sie aus meinen Erfahrungen lernen, bevor Sie Ihren eigenen Weg beschreiten. Die Konzepte in diesem Buch sind diejenigen, die ich selbst angewandt habe und die es mir und den Menschen, die ich betreut habe, ermöglicht haben, erfolgreich vor Publikum zu sprechen. Ich weiß, dass Sie irgendwann einmal dieselben Momente erleben werden, die ich zu Beginn meiner Karriere erlebt habe und in denen ich gnadenlos versagt habe. Ich weiß jedoch auch, dass Sie erfolgreicher mit diesen Momenten umgehen werden.

In diesem Buch gehe ich auf zahlreiche Lösungsansätze sowie auf detaillierte Richtlinien ein, wie Sie Ihre lähmenden Ängste überwinden können. Sie werden mit Hilfe dieses Buches das Wissen erwerben, um sich weiterzuentwickeln und zu einem selbstbewussten und inspirierenden Redner zu werden. Dieses Buch enthält praktische Strategien, um erfolgreiche Reden zu verfassen und Ihre Kernbotschaft richtig zu kommunizieren. Ich weiß, dass diese Strategien für Sie funktionieren werden, weil sie während meiner langen und am Anfang manchmal schwierigen Karriere funktioniert haben.

Sie haben zu diesem Buch gegriffen, weil ein Feuer in Ihnen brennt, das Sie vorantreibt, und weil Sie die Art von Redner werden wollen, der ein Publikum in Ehrfurcht versetzen kann. Da Sie sich für das Sprechen vor Publikum interessieren, besteht eine hohe Wahrscheinlichkeit, dass Sie möglicherweise aus beruflichen, akademischen, gesellschaftlichen oder anderen Gründen bereits Reden und Präsentationen gehalten haben. Was auch immer Ihre Gründe sein mögen, ich kann mir den Druck nur zu gut vorstellen, der während des Präsentierens auf Ihnen lastet. Vielleicht wird Ihre Präsentation zu einem neuen Karriereweg oder zu einer Beförderung führen. Doch unabhängig von Ihren Gründen ist klar, dass Sie Ihre Fähigkeiten verbessern möchten.

Als ich noch jünger war, ließ mich der Gedanke, vor Publikum zu sprechen, vor Angst geradezu erschaudern. Der Gedanke, vor einem Publikum stehen und mich vorstellen zu müssen, reichte bereits aus, um mich nervös zu machen. Ich musste einen langen und mühsamen Weg beschreiten, um der erfolgreiche Redner zu werden, der ich heute bin. Ich möchte nicht, dass Sie diesen langen, mühsamen Weg, den ich auf mich nehmen musste, ebenfalls beschreiten müssen. Während dieser anstrengenden Reise habe ich viele Konzepte gelernt, die ich in diesem Buch mit Ihnen teilen werde. Erst nachdem ich selbst ein erfolgreicher Redner geworden war, begann ich damit, mein Wissen anderen Menschen zu vermitteln. Ich habe unglaubliche Veränderungen bei zahlreichen Rednern gesehen. Sobald sie die Techniken, Strategien und Methoden aus diesem Buch übernommen hatten, waren die neuen Redner immer voll des Lobes für das Selbstvertrauen, das ich ihnen vermittelt hatte, und für die Art und Weise, wie sich ihre Karriere als Redner in der Öffentlichkeit verbesserte. Aufgrund meiner Coaching-Tätigkeiten habe ich mit eigenen Augen gesehen, wie Menschen, die es sich noch nicht einmal zugetraut hatten, eine Bühne zu betreten, plötzlich

Hunderte Personen begeisterten, während sie über das sprachen, was sie am meisten liebten. Es war egal, ob diese Redner einen Vortrag an einer Universität hielten, im Privatleben ihre Geschichten zum Besten gaben oder über Veränderungen sprachen, die sie für notwendig erachteten.

Auch Sie können ein erfolgreicher Redner werden, Ihre Ängste überwinden und Ihren eigenen Weg zum Erfolg finden. Die Reise beginnt mit Wissen:

- Wir gehen auf die Angst und die vielen Möglichkeiten ein, wie sie Ihre Fähigkeit, ein Publikum zu fesseln, lähmen kann.
- Sie werden lernen, wie Sie Ihre Angst mit bewährten, wissenschaftlich fundierten Techniken überwinden können.
- Sie erhalten Techniken, wie Sie eine Rede aufbauen, Ihre Botschaft finden und diese mit Zuversicht übermitteln können!

Alle Konzepte in diesem Buch stammen aus meiner jahrelangen Erfahrung in der Ausbildung von Weltklasse-Sprechern, die es im Laufe der Jahre geschafft haben, ihre Präsentationstechniken zu perfektionieren. Sie können diese Präsentationstechniken jetzt selbst verwenden, um Ihre eigene Karriere als Redner aufzubauen. Und Sie erhalten all diese Techniken jetzt in diesem Buch!

Es ist möglich, dass Sie aufgrund früherer Erfahrungen möglicherweise sogar daran gedacht haben, nie wieder vor Publikum zu sprechen. Mit dem Erwerb dieses Buches haben Sie bewiesen, dass Aufgeben nicht die Lösung ist. Sie wissen, dass Sie genug Zeit damit verschwendet haben, auf Ihre negativen Rückkopplungsschleifen zu hören. Beginnen Sie jetzt, diesen Rückkopplungsschleifen nicht mehr die Macht über sich zu geben, die ihnen ohnehin nicht zusteht. Sobald Sie anfangen, die erfolgreichen Strategien dieses Buches umzusetzen, werden Sie die Veränderungen sofort bemerken! Ich habe keinerlei Zweifel daran, dass Sie mit Ihren eigenen Augen sehen werden, wie sich Ihr Leben verändern kann, wenn Sie den ersten Schritt gemacht haben.

KAPITEL 1:

# Moderne Raubtiere können Sie nicht fressen

Tatsache ist, dass Angst essenziell wesentlich und notwendig für unsere biologische Selbsterhaltung ist. Unsere Vorfahren brauchten die Angst, um zu überleben. Angst war eine notwendige Emotion, die früher eine große Rolle spielte. Tatsächlich wären Sie und ich heute wahrscheinlich nicht hier, wenn unsere Vorfahren furchtlos beschlossen hätten, herumzustehen und von Säbelzahntigern gefressen zu werden, anstatt wegzulaufen. Angst hat also einen Zweck, der äußerst wichtig ist! Doch davon abgesehen hat Angst in unserer heutigen Gesellschaft keinen Platz mehr. Die Dinge, vor denen wir uns jetzt fürchten, sind einfach nicht so wichtig wie es Raubkatzen früher einmal waren. Wir führen heutzutage ein sehr angenehmes Leben und die meisten unserer heutigen Ängste sind mentaler Natur, die wir zulassen, um unser Glück zu zerstören.

Aus diesem Grund sollte Angst unsere Denkweise nicht bestimmen und wir sollten furchteinflößende Augenblicke ertragen können. Wir können die Angst an sich nicht ignorieren, aber wir können sie einfach akzeptieren. Unter den vielen Emotionen, die wir verspüren, ist Angst der Succubus – sie dringt in unser Unterbewusstsein ein, spricht vom Ende der Welt und stiehlt unser Vertrauen. Angst ist etwas Paranoides und überdeckt jede andere Emotion. Angst hält ständig Ausschau nach Gefahren, auch wenn wir nicht mehr vor Raubtieren davonlaufen oder mit Speeren jagen. Diese Art der Angst, die Adrenalinstöße in uns hervorruft, haben wir von unseren Vorfahren geerbt und ist eine veraltete Emotion. Unser Unterbewusstsein weiß nicht, dass wir die meiste Zeit *nicht* in

Lebensgefahr sind, sondern nur eine Rede vor fremden Menschen halten wollen. Deshalb hält die Angst Sie zurück, da sie stets versucht, die Oberhand zu gewinnen. Angst hemmt die Weiterentwicklung und hält Sie in einer Blase des Misstrauens gefangen. Behalten Sie Ihre Angst im Hinterkopf und lassen Sie sie dann herauskommen, wenn Sie sie brauchen – und nicht dann, wenn Sie nur wegen einer Rede vor Publikum nervös sind. Angst gehört nicht dorthin. *Sie* können ein erfolgreicher, stolzer und selbstbewusster Redner sein, der keine Angst hat. Lassen Sie also Ihre Angst hinter sich und vergessen Sie all die Dinge, die ohnehin nicht passieren werden.

## Psychologie der Angst

Die primitive, irrationale Angst haben wir von unseren Vorfahren geerbt. Doch schauen Sie sich heutzutage einmal um. Werden Sie verfolgt? Seien wir ehrlich, Angst ist eine antiquierte Emotion. Es besteht zwar kein Zweifel daran, dass die Angst unsere Vorfahren am Leben erhielt, in unserem heutigen Alltag ist sie jedoch ein Hindernis.

Worin besteht also die *Psychologie* hinter der Angst? Natürlich findet die Angst nur in Ihrem Kopf statt. Sobald sich die Angst in Ihren Gedanken eingenistet hat, wächst sie auf Kosten Ihres Selbstvertrauens. Eine reale oder psychologische Angst löst in jedem Teil Ihres Körpers eine chemische Reaktion aus. Sobald Ihre Gedanken eine Bedrohung wahrnehmen, wechselt Ihr Körper in den Schutzmodus. Dann treten die körperlichen Reaktionen ein – Schwitzen, Zittern und eine erhöhte Herzfrequenz. Jeder von uns kennt diese Warnzeichen und hat schon einmal erlebt, wie diese Gefühle entstehen und sich im Körper ausbreiten. Wenn Ängste auftreten, dreht sich manchmal Ihr Magen um und das Angstgefühl erfüllt Ihren ganzen Körper. Psychologen nennen diese Primärreaktion den *Flucht- oder Kampfkonflikt*. In der Öffentlichkeit ist es dieser Emotion jedoch herzlich egal, ob Sie ein Publikum beeindrucken möchten oder eine wichtige Botschaft kommunizieren wollen.

Traumata können Spuren in der Psychologie von uns Menschen hinterlassen. Diese Traumata können aus frühkindlichen Erfahrungen stammen, manchmal jedoch auch aus neueren Erlebnissen, die einen emotionalen Eindruck hinterlassen haben. Das Sprechen vor Publikum ist für die meisten Menschen ein traumatisches Ereignis. Vielleicht hatten Sie in der Vergangenheit eine Situation, in der Sie ein Wort falsch geschrieben oder sich nervös auf einer Bühne verhalten haben. Lassen Sie mich Ihnen jetzt Folgendes sagen: Mit einem solchen Erlebnis sind Sie nicht allein. Das ist schon vielen Menschen passiert. Betrachten Sie ein solches Erlebnis nicht als emotionale Narbe, sondern betrachten Sie es als ein Sprungbrett für eine Lernkurve. Denken Sie daran, dass es mehr Leute gibt, die während einer Präsentation einen Fehler gemacht haben, als Leute, die perfekte Präsentationen gehalten haben.

Wir haben also festgestellt, dass Ihre Angst aus Erinnerungen gespeist wird und wenn Sie zulassen, dass Ihre Angst die Kontrolle übernehmen kann, dann werden Sie wiederholt auf dieselben Probleme stoßen. Dies kann sich zu einer mentalen negativen Rückkopplungsschleife entwickeln, im Zuge dessen Ihr Gehirn die alten vertrauten Fehler immer wieder abruft. Wenn Sie Ihren irrationalen Ängsten zu häufig nachgeben, werden diese Ihre Lebensweise beeinträchtigen.

Ich weiß aus erster Hand, welchen Einfluss schlechte Erinnerungen auf zukünftige Unternehmungen haben können. Einmal machte ich einen Witz vor einer Gruppe von Menschen, der nicht gut ankam. Als ich meine Präsentation vorbereitete, war ich stolz auf mich, dass ich mir diesen Witz ausgedacht hatte. Ich war also mitten in meiner Präsentation und machte den Witz genau zur richtigen Zeit. Mein Publikum befand sich im Sitzungssaal und die Aufmerksamkeit aller Teilnehmer war auf mich gerichtet. Ich machte den Witz, lächelte und wartete auf die Reaktion des Publikums. Es blieb völlig still. Niemand lachte. Noch nicht einmal ein Kichern erfüllte den Raum. Stille kann während einer Präsentation eine gute Sache sein, doch wenn ein

Witz nicht zündet, dann spüren selbst erfahrene Redner die Spannung.

Was habe ich also gemacht? Ich hätte mich selbst wochen-, wenn nicht monatelang wegen der missratenen Präsentation fertig machen können und wollte dies auch tun. Ich erinnere mich noch daran, dass ich mich fühlte, als würde mir an Ort und Stelle schlecht werden. Ich stammelte. Mein Gesicht wurde rot. Ich konnte fühlen, wie mein Herz raste. Verfolgte mich dieser schlechte Witz eine Zeitlang? Ja. Ich würde lügen, wenn ich Nein sagen würde. Doch ich ließ mich davon nicht abhalten.

Es dauerte einige Zeit, bis ich mich selbst wieder im Spiegel ansehen und herausfinden konnte, warum ich so verärgert über mich selbst war. Da wurde mir klar, dass ich die Situation akzeptieren musste. Es war schwer, mir selbst einzugestehen, dass ich es vermasselt hatte. Es war schwer, dass ich zugeben musste, dass Humor nicht mein Ding ist. Doch dies war der erste Schritt zur Besserung. Später stellte ich mir selbst die Frage, was mich an diesem Misserfolg so sehr störte und warum ich so nervös war, diese Präsentation in der kommenden Woche erneut zu halten. Ich war zu Beginn so stolz auf diese Präsentation, doch die Scham und meine Reaktion auf das Publikum, das nicht lachte, waren schrecklich. Hinterher wurde mir Folgendes klar: Wenn ich meine Präsentation fortgesetzt hätte als wäre nichts passiert, dann hätte ich mich nicht so schrecklich gefühlt. Das war meine Wahrheit und der Kern meiner Angst. Ich hatte Angst, dieselbe Reaktion nächste Woche wieder zu ernten. Es war mir peinlich, dass meine Hände gezittert hatten und dass ich während der Präsentation mein hellblaues Hemd durchgeschwitzt hatte. Ich musste den Kern meiner Angst erreichen, um die Präsentation diesmal erfolgreich zu halten. Als mir klar wurde, dass Angst nur Angst ist und keine dauerhaften Konsequenzen hat, konnte ich loslassen und beschloss, einige Änderungen vorzunehmen. Ich trug bei der nächsten Präsentation Schwarz und ließ den Witz weg. Als ich das nächste Mal die Präsentation hielt, trat ich vor die Menge und hatte keinerlei Probleme. Ich fand heraus, dass ich mir keine Sorgen machen musste und stolz auf mich sein konnte.

So konnte ich die Situation überwinden, indem ich meiner Angst nicht nachgab. Anstatt nachzugeben, akzeptierte ich die Situation, fand heraus, woran es lag, und nahm einige notwendige Änderungen vor. Diese Gefühle tauchten von Zeit zu Zeit wieder auf und die Erinnerungen an diese Situation sind nicht völlig verschwunden, doch ich gebe ihnen einfach nicht nach. Es gibt Zeiten, in denen Sie etwas Falsches sagen, was dazu führt, dass *Sie* stark schwitzen. Versuchen Sie einfach, diesem Gefühl der Niederlage nicht zu viel Beachtung zu schenken. Die Leute, die sich Ihre Präsentation anhören, sind wirklich an den Informationen interessiert, die Sie zu sagen haben. Sie möchten, dass es Ihnen gelingt, ihre Zeit sinnvoll zu füllen. Arbeiten Sie mit Ihrem Publikum und legen Sie Ihre Angst ab.

Ich weiß, dass dies für viele Menschen ein schwieriges Thema ist. Emotionale und physische Unsicherheiten manifestieren sich in Form eines trockenen Mundes und zitternden Knien. Es kann beruhigend sein zu wissen, dass Sie nicht der einzige sind, der sich vor dem Sprechen in der Öffentlichkeit fürchtet. Selbstbewusstsein ist genau wie Angst eine komplexe Emotion. Wenn Sie verstehen, dass Sie sich dazu entscheiden können, wie Sie auf Ihre Angst reagieren, dann werden Sie lernen, wie man dem Säbelzahntiger in die Augen schauen und sich weigern kann, sich von ihm dominieren zu lassen. Der erste Schritt besteht darin, den Tiger im Raum zu erkennen.

## Angst anerkennen und akzeptieren

Sie verstehen jetzt, dass die Angst vor öffentlichen Reden psychologische Hintergründe hat und dass Sie damit nicht allein sind. Kommen wir also dazu, wie Sie Ihre Angst überwinden können! Jeder kann seine Angst besiegen, wenn er das Selbstvertrauen dazu hat, an seiner Angst zu arbeiten. Menschen, die Angst vor dem Sprechen vor Publikum haben, erleben oftmals

– psychologisch gesehen – negative Rückkopplungsschleifen. Wenn Sie sich darauf vorbereiten, vor eine Menschenmenge zu treten, beginnt die Überwindung der Angst mit Akzeptanz und Anerkennung. Dies sind zwei Methoden, die Ihre allgemeine Lebenszufriedenheit verbessern.

Sie müssen sich zunächst Ihrer Emotionen bewusst sein, diese jedoch als Instrument zur Selbstverbesserung ablehnen. Beginnen Sie damit, Ihre Emotionen im Auge zu behalten. Führen Sie ein paar Tage lang ein Tagebuch, um herauszufinden, wie oft Ihre Emotionen Ihre Entscheidungsfindung beeinflussen. Sie müssen ehrlich zu sich selbst sein in Bezug darauf, wie und was Sie fühlen. Dies sollte zur Gewohnheit werden. Aus diesem Grund sollten Sie den ganzen Tag über Ihr emotionales Bewusstsein üben.

Wenn es um Ihre Angst geht, müssen Sie darauf achten, die Akzeptanz immer dann zu üben, wenn das drohende Gefühl des Scheiterns über Sie hereinbricht. Dies ist das Gegenteil davon, dieses Gefühl einfach zu ignorieren. Wenn Sie beispielsweise beginnen, Angst zu verspüren, lassen Sie sie zu, achten Sie auf Ihre Empfindungen, beobachten Sie so objektiv wie möglich, wie sich Ihre Angst entwickelt, und analysieren Sie anschließend Ihre alternativen Reaktionen. Dieser letzte Teil des Prozesses wird wahrscheinlich nicht während des Ereignisses selbst stattfinden, sondern ist eine positive persönliche Feedback-Technik.

Das Vermeiden negativer Emotionen scheint eine Überlebensstrategie zu sein. Es ist nicht schön, sich überfordert zu fühlen. Wir möchten oft, dass dieses Gefühl verschwindet, da es dazu führt, dass Sie sich unwohl fühlen. Zudem belasten negative Emotionen wie Traurigkeit, Hoffnungslosigkeit oder Einsamkeit unseren Körper, führen zu Stress und reduzieren unsere positive Energie. Im Gegensatz zu Freude und erfolgreich gehaltenen Reden vor Publikum bleiben negative, angstauslösende Emotionen tendenziell länger in unserem

Gedächtnis bestehen, obwohl wir möchten, dass diese schnell vergehen.

Was ist also unsere erste, ganz natürliche Reaktion? Wir ignorieren das Gefühl. Hierbei handelt es sich um eine instinktive Reaktion. Wir glauben, dass ein negatives Gefühl einfach von selbst verschwindet, wenn wir es ignorieren. Leider geht es jedoch nie wirklich von allein weg. Diese Emotionen bleiben so lange bestehen, bis unserem Körper nichts anderes mehr übrig bleibt, als sie zu vertreiben. Wenn Sie zum Beispiel traurig sind und dieses Gefühl Tag für Tag beiseiteschieben, dann wird es plötzlich einmal auftauchen und Sie brechen in Tränen aus. Dies liegt daran, dass Sie Ihre Emotionen vermeiden. Diese Emotionen wirken sich nachteilig auf Ihren Körper aus und treten dann plötzlich zu Tage, sodass Sie sie nach einiger Zeit sogar noch stärker erleben. Negative Emotionen werden schlimmer, wenn Sie sie unterdrücken. Stellen Sie sich Ihren Körper wie einen Vulkan vor – irgendwann werden die negativen Emotionen aus Ihnen herausbrechen! Wenn Sie spüren, dass Ihre Emotionen aus Ihnen herausbrechen wollen, dann möchte ich, dass Sie etwas tun, das Sie womöglich überraschen wird: *Akzeptieren Sie es.* Ja, Sie haben richtig gelesen. Akzeptieren Sie diese Emotionen wie einen lange verschollen geglaubten Verwandten. Nehmen Sie diese Gefühle an und lassen Sie sie dann los.

Diejenigen Leser unter Ihnen, die dieses Verhalten ablehnen, fragen sich vielleicht: „Warum *sollte* ich das tun?"

Es ist wissenschaftlich erwiesen, dass ein emotionales Vermeidungsverhalten schlecht für Ihr körperliches und geistiges Wohlbefinden ist. Das Vermeiden einer Situation aufgrund von Angst wird schnell zu einer Falle, da Sie damit einen Komfortzustand schaffen, an den Sie sich gewöhnen. Wenn Sie Ihre Angst ignorieren, täuschen Sie sich selbst gegenüber vor, dass Sie glücklich sind, indem Sie Situationen und Menschen vermeiden, die Ängste in Ihnen auslösen. Sie vermeiden genau die Dinge, die in der Vergangenheit Angst in Ihnen ausgelöst haben. Schon bald werden Sie sich von Situationen fernhalten, die sich als vorteilhaft für Sie erweisen könnten. Ein solcher rationalisierter Komfortzustand erinnert an einen Läufer, der sich Junkfood zuwendet, nachdem er durch einen Stein im Schuh einige Tage außer Gefecht gesetzt wurde. Es ist leichter, an Gewicht zuzulegen, anstatt sich wieder aufzurappeln und die Gefahr einzugehen, sich wieder einen Stein im Schuh einzufangen. Sie werden mehr Angst vor der Erinnerung an die Prellung am Fuß als vor dem eigentlichen Schmerz haben und das Junkfood erscheint Ihnen angenehmer zu sein, als sich wieder aufzurappeln. Und das liegt alles nur daran, weil Sie Ihre Angst meiden.

Denn wir alle haben uns schon einmal in unserem Leben mit diesem schlimmen Zeitgenossen herumgeschlagen: der Angst. Wenn Sie Ihren Ängsten aus dem Weg gehen, geht ein Gefühl der Vorahnung damit einher. Sie fürchten sich davor, sich mit Ihrer Angst auseinandersetzen zu müssen. Und davon ernährt sich die Angst. Tatsächlich ernährt sich die Angst von sich selbst. Die beste Möglichkeit, um mit Ihrer Angst umzugehen, besteht darin, sie mitsamt der damit verbundenen physischen und mentalen Anzeichen zu akzeptieren. Es ist einfacher, sich der Angst zu stellen, wenn sie noch wie ein Chihuahua daherkommt, als zu warten, bis sie zu einem ausgewachsenen Pitbull geworden ist. Entwickeln Sie sich weiter.

## Sich der Angst stellen

Sie können es nicht vermeiden, Angst zu bekommen. Sie zu akzeptieren und loszulassen ist der erste Schritt, um Ihr Publikum zu begeistern. Sobald Sie das getan haben, müssen Sie nur noch eines tun – stellen Sie sich Ihrer Angst und machen Sie das, wovor Sie Angst haben, trotzdem. Es ist kein Geheimnis, dass das Sprechen vor Publikum einschüchternd sein kann. Umfragen haben gezeigt, dass das Sprechen vor Publikum in uns Menschen schlimmere Ängste auslösen kann als der Tod. Denken

Sie darüber einmal nach: Wir haben mehr Angst davor, vor Publikum zu sprechen, als vor dem *Tod*. Die meisten Menschen würden lieber sterben, als vor einer Menschenmenge zu sprechen. Vielleicht ist dies für Sie unverständlich oder vielleicht trifft diese Aussage auch auf Sie zu. Unabhängig davon bedeutet die Tatsache, dass Sie zu diesem Buch gegriffen haben, dass Sie bereit sind, sich Ihrer Angst mit voller Kraft zu stellen.

Und das sind die guten Nachrichten! Wenn Sie Ihre Angst kennen, wird sich Ihr Geist beruhigen. Psychologen wissen, dass sich ihre phobischen Patienten ihren Ängsten stellen müssen, um geheilt zu werden. Und dasselbe Konzept trifft auch auf Redner zu. Studien haben gezeigt, dass wir, nachdem wir uns unserer Angst gestellt haben, von einem adrenalininduzierten Gefühl des Wohlbefindens überwältigt werden, das im ganzen Körper spürbar ist. Ihre intensive Nervosität verschwindet und nach dem euphorischen Erfolgsgefühl fühlen Sie sich ruhig, wenn der Cortisol-Hormonspiegel sinkt. Deshalb gehen so viele Menschen Risiken ein, um sich ihren Lebensunterhalt zu verdienen – es handelt sich hierbei um ein natürliches High. Wenn man die Risiken von Ersthelfern oder Militärexperten betrachtet, scheint das Sprechen in der Öffentlichkeit ziemlich ungefährlich zu sein. Aber da viele Menschen lieber den Tod riskieren würden, als vor Publikum zu sprechen, stellen Sie sich Ihrer Angst und seien Sie ein Held, wenn Sie Ihrem Lampenfieber gegenübertreten. Sie denken sich vielleicht: *„Warum sollte ich das tun? Ich gehe ungern Risiken ein. Adrenalinstöße sind mir nicht wichtig."* Nun, die Wissenschaft sagt, dass Sie sich Ihren Ängsten stellen müssen, bis diese keine Kontrolle mehr über Ihr Leben haben.

Wenn Sie sich wiederholt Ihren Ängsten stellen, wird Ihr Verstand diese nicht länger als Bedrohung ansehen.

Setzen Sie sich mit Ihrem Lampenfieber geistig immer und immer wieder auseinander. *Dann wird Ihr Lampenfieber für Sie keine Bedrohung mehr darstellen.* Durch diese Akzeptanz wird sich die gesamte chemische Zusammensetzung Ihres Gehirns verändern und Sie werden nicht länger die intensiven physischen und emotionalen Symptome Ihrer Angst verspüren. Ich habe keinerlei Zweifel daran, dass Sie während dieses Prozesses genau das vermeiden möchten, wovor Sie Angst haben. Doch es ist wichtig, dass Sie sich Ihrer Angst stellen. Stellen Sie sich in kleinen Schritten Ihrem Lampenfieber, spüren Sie die Angstschauer und achten Sie darauf, wie sie langsam vergehen. Sie werden Ihren Körper trainieren können, sodass er sich darauf freut, Ihre Angst zu besiegen und diese Sie nicht mehr kontrollieren kann.

## Der Großteil unserer Ängste ist absurd

Das klingt ziemlich gewagt, nicht wahr? Nun, mit dieser Aussage möchte ich nicht sagen, dass Ihre Ängste etwa nicht legitim sind. Das meine ich nicht damit. Ich will darauf hinaus, dass Ihre Ängste nicht auf der Realität beruhen. Ich bin davon überzeugt, dass die meisten Ängste nicht real sind. Haben Sie Angst davor, von einem Gebäude zu fallen? Ja, das ist definitiv eine Sache, vor der man Angst haben muss. Aber vor einer Menschenmenge stehen? Davor muss man nicht wirklich Angst haben!

Was geht Ihnen durch den Kopf, wenn Sie Angst bekommen?

Die Worst-Case-Szenarien! Und diese Worst-Case-Szenarien sind genau das – Szenarien. Sie existieren nicht. Sie finden nur in Ihrem Kopf statt und zeigen Ihnen wie eine Art Film die schlimmsten Dinge, die passieren könnten. Und dieser Film wird dann immer wieder abgespielt. Das Problem bei der ganzen Sache? Die Szenarien, die Sie sehen, werden alle in Ihrem Kopf erzeugt. Die Wahrscheinlichkeit ist hoch, dass sie niemals passieren werden. Wenn Sie weiterhin glauben, dass diese Szenarien real sind, geben Sie dem Gefühl der Angst nach, das mit diesen Szenarien einhergeht.

Eine solche Verhaltensweise kann ebenfalls als eine Form der Vermeidung angesehen werden. Sie vermeiden das, was Ihnen Angst macht, und machen es somit zu einem noch größeren Problem – unbewusst bekommen Sie so eine Ausrede dafür, sich Ihrer Angst nicht stellen zu müssen.

Ich möchte, dass Sie all Ihre Ängste in Bezug auf das Sprechen vor Publikum durchgehen. Ich möchte, dass Sie Ihre Ängste erkennen, sie akzeptieren und anerkennen und sie dann gehen lassen. Wenn Sie Ihre Ängste dabei laut aussprechen müssen, dann nur zu! Ich möchte, dass Sie sich sagen: „Diese Situationen gibt es nicht und keine von ihnen wird jemals eintreten." Wenn Sie sich mit diesen Sätzen davon überzeugen können, dass Sie sich nicht in Gefahr befinden und dass alles nur in Ihrem Kopf stattfindet, dann sind Sie der Überwindung Ihrer negativen Gedankenmuster einen Schritt näher gekommen. Ihr Verstand wird dann diese imaginären Szenen als das sehen, was sie sind – Ihre eigene, selbstzerstörerische Vorstellungskraft.

Sie werden sich gut fühlen, wenn Sie damit beginnen, sich Ihren Ängsten zu stellen. Sie können Selbstvertrauen aufbauen, indem Sie Dinge tun, die Sie nie für möglich gehalten hätten – aus diesem Grund verdienen sich manche Menschen ihren Lebensunterhalt damit, Risiken einzugehen. Ich möchte, dass Sie Stolz verspüren, wenn Sie kontrollieren können, wie Sie auf Ihre Ängste reagieren. Ich weiß, dass es nur eine Frage der Zeit ist, bis Sie das können!

## Die Interviews mit einem Basketball-Star, die zu einer Comedy-Show wurden – Profil Klay Thompson

Wenn Sie kein Basketball-Fan sind, dann wissen Sie möglicherweise nicht, wer Klay Thompson ist. Er ist fünfmaliger All-Star und dreimaliger Champion. Man könnte meinen, dass es einfach für ihn wäre, über den Sport zu sprechen, den er am meisten liebt, und dass Interviews kein Problem für ihn sind.

Leider hatte Klay mehrmals vor der Kamera ein komplettes Blackout. Dies machte ihn zum Liebling der Fans, doch leider aus den falschen Gründen.

Einmal gab er nach dem Sieg eines wichtigen Spiels ein nahezu legendäres Interview. Klay fehlten nicht nur die Worte, sondern die Worte, die er sagte, machten überhaupt keinen Sinn. Dieses Video von ihm ging bei Twitter viral und brachte viele Leute zum Lachen – leider auf seine Kosten.

Was hat Klay also gemacht? Er hat einfach nicht damit aufgehört, Interviews zu geben! Er gab immer wieder Interviews, egal zu welchem Anlass. Er tauchte sogar in den Lokalnachrichten auf, um seine Interviewfähigkeiten zu verbessern. Als Sportler wusste er, dass er üben musste, um besser zu werden. Und möchten Sie das Beste wissen? Er fing an, die ganze Sache mit Humor zu nehmen. Er wurde schließlich eine Art Komiker und seine lustigen Interviews kamen beim Publikum gut an.

Er ließ sich nie von einem schiefgelaufenen Interview aus dem Konzept bringen. Er interessierte sich nicht für die Kommentare im Internet und die der Journalisten. Sie können jetzt Zusammenstellungen seiner Interviews finden, in denen er sich über sich selbst lustig macht und sich nicht darum kümmert, was die Menschen über ihn sagen.

KAPITEL 2:

## Ihr Publikum erwartet einen furchtlosen Redner

Ich möchte, dass Sie an jemanden denken, der für Sie furchtlos ist. Wer ist es? Warum halten Sie diese Person für *furchtlos*? Ich möchte, dass Sie überlegen, warum Sie davon überzeugt sind, dass diese Person keine Angst hat. Wenn ich an Furchtlosigkeit denke, dann denke ich an Menschen, die etwas bewirkt haben – Gandhi, Malala Yousafzai oder Martin Luther King Jr. Dies sind alles Helden, die nicht nur vor wohlwollenden und kontroversen Menschenmengen gesprochen haben, sondern auch das moralische Bewusstsein unserer Gesellschaft weiterentwickelt haben. Haben diese Personen ohne Angst gesprochen? Definitiv. Erwarte ich, dass Sie als aufstrebender Redner eine Revolution beginnen? Vielleicht. In gewisser Art und Weise. Ich möchte, dass Sie *Ihr* Leben revolutionieren und Reden und Präsentationen über Ihre Leidenschaften halten. Sie und ich möchten, dass Ihre Stimme gehört wird, weil Sie etwas zu sagen haben. Es besteht kein Zweifel daran, dass es viele Menschen gibt, die dieselbe Leidenschaft wie Sie hegen, was immer diese auch sein mag.

Ich weiß, dass Sie dazu in der Lage sein werden, Menschen für sich einzunehmen und die beste Version Ihrer selbst zu werden. Ich möchte, dass Sie sich selbst übertreffen, auch in einer stressigen Situation. Sie können sich Ihren Weg nach oben bahnen und Ihre Angst verlieren, auch wenn sich Ihnen Hindernisse in den Weg stellen werden. Es geht darum, das Selbstvertrauen aufzubauen, Sie selbst zu sein und Ihre Ängste hinter sich zu lassen. Viele Menschen denken, dass Angst eine Emotion ist, die einfach *da* ist. Angst befindet sich oftmals wie ein Kind im Hintergrund und tritt Ihnen dann gegen die Beine, wenn sie sich Aufmerksamkeit wünscht. Es scheint unmöglich zu sein, die Angst zu bezwingen – und in gewisser Weise stimmt das auch. Angst ist jedoch nur in dem Maße spürbar, wie Sie es zulassen. Wie bereits erwähnt, können Sie diese Emotion fühlen, anerkennen und akzeptieren, doch sie muss Sie nicht mehr kontrollieren.

Das klingt wahrscheinlich unglaublich. Furchtlos werden? Wie soll das gehen? Früher war ich so nervös, bevor ich vor eine Menschenmenge trat, dass mir regelrecht schlecht wurde. Es fühlte sich an, als würde sich mir der Magen umdrehen und als würde mir schwindelig werden. Dies sind nur einige der Symptome, mit denen ich zu kämpfen hatte, wenn ich vor eine Menschenmenge treten wollte. Mir fiel es schwer, meinem Gegenüber in die Augen zu schauen, weil ich es gewohnt war, nach unten zu blicken. Wenn ich auf dem Büroflur an einer Person vorbeigehen musste, dann starrte ich stets auf den Boden. Dies war mein natürlicher Zustand – und ich musste ihn ändern, je mehr ich über die Dinge sprach, für die ich eine Leidenschaft pflegte. Es war mir damals noch nicht bewusst, doch ich befand mich in einem ständigen Angstzustand. Ich dachte die ganze Zeit daran, was andere Menschen über mich dachten. Ich dachte, wenn ich verschwinden würde, dann könnten sie mich nicht mehr verurteilen. Doch als ich vor einem Publikum sprach, hatte ich keine andere Wahl mehr, als bemerkt zu werden.

Ich habe jedoch etwas gelernt: Nachdem ich meine Präsentation gehalten habe, war ich dankbar für die Angst, die ich zuvor verspürt hatte. Ich fühlte mich hinterher immer stolz und erleichtert. Das war ein tolles Gefühl! Doch dieses tolle Gefühl hätte ich nicht verspürt, wenn ich mich nicht meiner Angst gestellt hätte, meine Leidenschaft vorangetrieben und diese Angst überwunden hätte. Ich möchte, dass auch Sie dieses Gefühl verspüren. Bereiten Sie sich darauf vor, die Schritte, die ich im nächsten Kapitel ansprechen werde, zu üben, indem Sie die Auswirkungen erkennen, die Ihre Angst auf Ihren Alltag hat. Wenn Sie diese Auswirkungen kennen, können Sie lernen, Ihren

Säbelzahntiger zu zähmen und ihn so zu trainieren, dass er auf Befehl brüllt.

## Die Auswirkungen der Angst

Während wir die neurologischen Auswirkungen von Angst erleben, kann das Erkennen der zugrundeliegenden Probleme, die die Angst verursachen, uns dabei helfen, unsere Angstsymptome zu bekämpfen. Sogar erfahrene Redner haben immer wieder mit situativen Problemen zu kämpfen. Wenn wir verstehen, wie unser Geist und unser Körper auf unsere Angst reagieren, dann verstehen wir die Momente, in denen wir keine Kontrolle über unseren Körper oder unsere Gedanken hatten. Sie müssen zuerst Ihren Feind kennen, um ihn zu besiegen.

## Angst lähmt unsere Gedanken

Hatten Sie als Kind jemals das Gefühl, von einem bösen Geist beobachtet zu werden, sodass Sie sich nicht mehr regen konnten? Oder haben Sie schon einmal erlebt, dass Sie aus einem Alptraum erwachten und stockstarr in Ihrem Bett lagen? Als könnten Sie sich nicht mehr bewegen und schon gar nicht weglaufen. Genau dieses Erlebnis beschreibt der Ausdruck *„gelähmt vor Angst"*.

Und lassen Sie mich Ihnen sagen, dass dies häufig vorkommt. So häufig, dass dies den meisten Menschen auf der ganzen Welt schon einmal passiert ist. Es spielt keine Rolle, ob Sie Angst vor der Dunkelheit haben oder davor, vor einer Menschenmenge zu sprechen. Dieses Problem hat einen neurologischen Ursprung, das mit unserer Kindheit zu tun hat. Ihre Fähigkeit, Erinnerungen im Gedächtnis zu behalten, war noch nicht entwickelt. Nun werden Sie sich fragen, warum Sie diese Angst nicht mittlerweile abgelegt haben. Nun ja, es handelt sich um einen Reflex, der ganz natürlich ist.

*Der Furchtlähmungsreflex* ist ein Entzugsreflex und beginnt bereits im Mutterleib. Sie waren noch ein Fötus, als diese

Verhaltensweise zum ersten Mal im instinktiven primitiven Teil Ihres sich entwickelnden Gehirns auftrat. Zu den Symptomen des Furchtlähmungsreflexes gehören Atembeschwerden, ein Gefühl der Überforderung, Isolation, Rückzug und viele andere. Im Mutterleib reagierten Sie auf Stresssituationen, indem Sie sich zurückzogen und sich nicht mehr regten. Dies ist eine Art Teamwork-Reaktion mit dem Körper Ihrer Mutter, der instinktiv erfolgt und der Kind und Mutter schützen soll. Und die schlechte Nachricht? Die erlernten Reaktionen auf Stress können später im Erwachsenenleben weiterhin bestehen. Auch als Erwachsene können wir reflexhaft vor Angst erstarren, auch wenn keine wirkliche Bedrohung besteht.

Denken Sie daran, dass das Sprechen vor Publikum keine echte Bedrohung darstellt. Für Sie als Redner ist die gute Nachricht, dass primitive Funktionen wie ein wildes Raubtier in einem Käfig trainiert werden können. Ihr Verstand ist der Meister des Tieres.

Haben Sie schon einmal einen Film gesehen, in dem die Hauptfigur die Bühne betreten soll, es endlich schafft und dann völlig geschockt ist, als sie dem Publikum gegenübersteht? Nun, dieses Verhalten gibt es auch im richtigen Leben. Dies ist eine Form des Furchtlähmungsreflexes. Er tritt genauso wie im Film auf: Sie können nicht mehr klar denken und Ihr Körper krampft sich unkontrollierbar zusammen. Doch jetzt, da Sie den Furchtlähmungsreflex kennen, wissen Sie, dass dieser überwunden werden kann.

## Angst beengt unsere Ausdrucksweise

Eine offene Körpersprache bekämpft den Furchtlähmungsreflex. Es geht darum zu zeigen, dass Sie selbstbewusst sind, auch wenn Sie nervös sind. Nichts strahlt Selbstvertrauen so deutlich aus wie eine starke physische Präsenz. Menschen nehmen jeden Tag unbewusst die Körpersprache anderer Menschen wahr. Unsere fortwährenden

Gewohnheiten beim Lesen der Körpersprache anderer Menschen sind der Grund, warum Fernkommunikation – wie beim Schreiben von Briefen oder SMS – manchmal zu Missverständnissen führen kann. Dies liegt daran, dass es keinerlei Körpersprache gibt, die die Bedeutung der gelesenen Wörter ergänzen könnte. Im normalen Leben können die meisten Menschen ein Lächeln richtig interpretieren, Handgesten verstehen oder als Zeichen des Selbstvertrauens aufrecht gehen und stehen. Wenn Sie jedoch Angst haben, verlieren Sie die Fähigkeit, die Botschaft Ihres Körpers zu kontrollieren. Dies kann sich nachteilig für Sie auswirken, wenn Sie eine Präsentation vor Publikum halten.

Es kann Sie viel Mühe kosten, Augenkontakt zu halten, wenn Sie nervös sind. Wenn das Adrenalin des Furchtlähmungsreflexes durch Ihren Körper strömt, möchten Sie einfach nur weglaufen und sich verstecken. Wenn Sie keinen Augenkontakt halten, dann sieht es möglicherweise so aus, als würden Sie versuchen, Ihrem Publikum auszuweichen. Sie sollten immer daran denken, dass das Publikum Zeit und Mühe investiert hat, um sich das anzuhören, was Sie zu sagen haben. Wenn das Publikum denkt, dass Sie es meiden wollen, dann kann es passieren, dass das Publikum das Gefühl bekommt, dass Ihre Botschaft seine Aufmerksamkeit nicht verdient. Und das ist genau das Gegenteil von dem, was Sie erreichen möchten.

Die Körpersprache kann sehr wichtig sein und den Respekt und das Engagement Ihres Publikums fördern. Ermutigen Sie Ihre Zuhörer daher unbedingt mit sinnvollen, spontanen Gesten und Handbewegungen, da diese den Blick des Publikums dahin lenken, wo es hinschauen soll. Auf diese Weise können Sie Ihre Botschaft effektiv ausdrücken. Zum Beispiel bauen überzeugende Redner häufig Intensität auf, indem sie einen Schritt vom Podium zurücktreten, oder sie steigern die Spannung, indem sie ihre Arme weit ausbreiten.

Hierbei steht die Körpersprache im Fokus und das, was sie Ihrem Publikum vermittelt. Wenn Sie Ihrer Nervosität nachgeben, beginnt Ihr Körper auf natürliche Weise, sich selbst klein zu machen, so als ob Sie versuchen, sich zu verstecken. Dies äußert sich in Ihrer Körpersprache als hängende Schultern, ein nach unten gesenkter Kopf und verschränkte Arme und zeigt Ihrem Publikum, dass Sie sich unwohl fühlen. Ihre Zuhörer bekommen unbewusst Zweifel an Ihrer Botschaft. Ihre Ausdrucksfähigkeit, egal ob sie durch Ihre Körpersprache oder durch Ihre Gesten zustande kommt, kann den Unterschied zwischen einer schlechten oder einer guten Präsentation oder Rede ausmachen. Sie können es nicht vermeiden, nonverbale Hinweise zu geben. Wenn also Ihre Angst Ihre Ausdrucksfähigkeit beeinträchtigt und sich Ihr Körper auf natürliche Weise verschließt, dann versteht Ihr Publikum möglicherweise nicht die wichtige Botschaft, die Sie kommunizieren wollen.

## Angst stört die Beziehung

Sie möchten eine Beziehung zu Ihrem Publikum aufbauen. Ich muss mich korrigieren, Sie *müssen* eine Beziehung zu Ihren Zuhörern aufbauen, um eine erfolgreiche Rede oder Präsentation zu halten. Ich bin mir sicher, dass Sie das bereits wissen, und ich bin mir ebenfalls sicher, dass Sie nach dem Feuer suchen, das Ihnen dabei hilft, Ihr Publikum regelrecht „anzuzünden" – und das allein durch Ihre Worte. Das ist die Beziehung zu Ihrem Publikum, die nur hergestellt werden kann, wenn Sie sich selbstsicher und präsent fühlen. Das Problem hierbei ist, dass Angst Ihre Fähigkeit, dies zu tun, beeinträchtigt.

Angst hat nicht nur Auswirkungen auf Ihren gesamten Körper, sondern auch Ihr Geist wird auf „stumm" geschaltet. Deshalb kann es passieren, dass Sie vergessen, was Sie sagen möchten, oder den Faden verlieren, wenn Sie nervös sind. Sie können keine Beziehung zu Ihren Zuhörern aufbauen, wenn Ihre Angst die Kontrolle übernimmt. Der Furchtlähmungsreflex trägt seinen Teil dazu bei, ebenso die neurologischen Sensoren in Ihrem Kopf. Wenn unsere Angst überhandnimmt, haben wir Schwierigkeiten damit, sowohl verbale als auch nonverbale Hinweise zu verstehen. Es fällt Ihnen schwerer, Ihr Publikum zu „lesen".

Es spielt keine Rolle, ob Sie in einem kleinen Meetingraum vor Ihren Kollegen sprechen oder einen TED-Talk halten. Ich bin sicher, dass die Beziehung zu Ihrem Publikum von größter Bedeutung ist. Wenn Sie der Angst erlauben, die Kontrolle zu übernehmen, dann wird dies zu einem Problem.

## Angst beeinflusst unsere mentale Verfassung

Ihre mentale Verfassung ist unglaublich wichtig, wenn es darum geht, vor Publikum zu sprechen. Schließlich möchten Sie sich von Ihrer besten Seite zeigen, wenn Sie eine Präsentation halten. Wenn Sie ständig in höchster Alarmbereitschaft sind, wirkt sich dies negativ auf Ihre Gesundheit aus und stört Ihre Präsentation. Sie können nicht erwarten, ein Publikum zu motivieren, wenn Sie ängstlich sind, weil Sie auf einer Bühne stehen. Es ist nicht einfach, seine eigenen mentalen Probleme zu lösen. Sie sollten jedoch nach Möglichkeiten suchen, um Ihr mentales Wohlbefinden zu verbessern.

Neben dem visuellen Aspekt, was Angst mit Ihrer Körpersprache anrichtet, kann sie Ihre Präsentation noch weiter beeinflussen. Wenn Sie für Ihre Rede üben, gehen Sie häufig bestimmte Sätze und Informationen mehrmals durch.

Angst beeinträchtigt Ihr Gedächtnis, indem die Fähigkeit zur Bildung von Langzeiterinnerungen geschwächt wird. Dies ist einer der Gründe, warum Sie Schwierigkeiten dabei haben, sich an bestimmte Wörter, Sätze, Fakten oder Pointen zu erinnern. Studien haben ergeben, dass Angst das Erinnerungsvermögen schwächt, wodurch Ihre beruflichen Tätigkeiten und Ihre persönlichen Beziehungen beeinträchtigt und natürlich auch Ihre Präsentationen schlechter werden.

## Seien Sie furchtlos, um sich voll und ganz auszudrücken

Beim Thema Ausdruckskraft geht es nicht nur darum, Wörter, Aussagen oder Pointen hervorzuheben oder sich natürlich zu verhalten. Sie kennen sicherlich ausdrucksstarke Personen und wissen, wie diese auf andere Menschen wirken: Jeder im Raum achtet auf solche Menschen. Ausdrucksstarke Menschen haben etwas an sich, das andere Menschen fasziniert, weil solche Menschen Stimuli setzen, worauf andere reagieren können. In der Regel benutzen ausdrucksstarke Redner unterschiedliche Stimmlagen, streuen hin und wieder Pausen ein und faszinieren Ihr Gegenüber mit einer Vielzahl von Gesten und Gesichtsausdrücken. Ausdrucksstark zu sein bedeutet nicht nur, Ihre Lebensgeschichten an Ihr Publikum weiterzugeben, es geht darum, wie Sie sich präsentieren. Ich verstehe, dass Sie die Befürchtung haben, dass Sie zu emotional oder unprofessionell wirken könnten. Doch das ist nicht immer der Fall – besonders wenn Sie auf die richtige Weise ausdrucksstark sind.

Ich verstehe unter dem Begriff Ausdrucksstärke die Fähigkeit, sich gut verständlich auszudrücken, dass also Ihre Worte Ihren persönlichen Emotionen entsprechen. Die Menschen interpretieren diese Art von Aufrichtigkeit als authentisch. In einem späteren Kapitel werden wir detaillierter auf das Thema Authentizität eingehen. Wenn Sie ausdrucksstark sind, vermittelt Ihre Stimme in Bezug auf Ihr Thema etwas Wichtiges. Sie werden stets charismatischer und leidenschaftlicher erscheinen, weil Ihre Stimme und Ihr Körper Ihre Worte unterstützen.

Es ist nicht zu leugnen, dass die Ausdruckskraft eine der besten Möglichkeiten ist, um Ihr Publikum zu fesseln. Durch die Verwendung flüssiger Bewegungen in Kombination mit sinnvollen Gesten und einer einladenden Art und Weise, wie Sie

Ihre Stimme verwenden, können Sie die Aufmerksamkeit Ihres Publikums auf sich ziehen. Wenn Sie Ihre Angst loswerden, strahlen Sie Furchtlosigkeit aus, überwinden Ihre Nervosität, beseitigen die Barrieren zwischen Ihnen und Ihrem Publikum und bauen eine Beziehung zu Ihren Zuhörern auf. Wenn Sie ganz Sie selbst sind, dann werden Sie feststellen, dass Sie sich auf der Bühne wohl fühlen.

Natürlich wissen Sie bereits, dass es nicht immer einfach ist, man selbst zu sein. Eine großartige Möglichkeit, etwas Privates über sich selbst zu teilen, besteht darin, sich in die Präsentation einzubringen – und zwar im wahrsten Sinne des Wortes! Erzählen Sie Geschichten aus Ihrem eigenen Leben oder erzählen Sie Ihrem Publikum Ihre Meinung zu einem Produkt oder über eine aktuelle Situation. Sie werden feststellen, dass dies zu einer entspannteren Atmosphäre beitragen kann, weil Sie das Gefühl bekommen, zu Freunden zu sprechen. Denken Sie daran, dass Ihr Publikum möchte, dass Sie seine Zeit sinnvoll füllen. Wenn Ihre Teilnehmer Sie näher kennenlernen, dann stellen Sie damit möglicherweise die wichtige Verbindung her, die sich Ihr Publikum wünscht, bevor es Ihre Botschaft akzeptiert.

## Von gefeuert bis berühmt – Profil Oprah Winfrey

Ich weiß, was Sie jetzt denken: *Inwiefern war Oprah Winfrey nicht erfolgreich?* Ihr Name ist weltbekannt und sie gilt als eine der erfolgreichsten Frauen der Welt. Sie besitzt ein ganzes Imperium, das nach ihr benannt ist. Oprah Winfrey ist eine tolle Talkshow-Moderatorin, Autorin, Oscar-nominierte Schauspielerin und TV-Mogulin, die ihren eigenen Fernsehkanal besitzt und TV-Shows produziert, die auf der ganzen Welt zu sehen sind. Sie ist bekannt für ihre unglaubliche Stimme und die Fähigkeit, selbst die schwierigsten Menschen zu interviewen. Wie kommt es also, dass diese erstaunliche Frau jemals versagt hat?

Doch auch Oprah hat einmal klein begonnen und bevor sie die Frau wurde, die sie jetzt ist, verlor sie ihren Job als Nachrichtenreporterin bei WJZ-TV in Baltimore. Das stimmt wirklich. *Oprah Winfrey* wurde gefeuert. Dies war eine schwierige Zeit für die Talkshow-Moderatorin, die gerade erst ihre Karriere begonnen hatte.

„Diese Entlassung hat mich bis ins Mark erschüttert", erinnerte sie sich Jahre später.

Man sagte Oprah, sie sei „nicht für das Fernsehen geeignet". Wenn sie auf ihren vorherigen Chef gehört hätte, hätte sie nie das Leben bekommen, das sie sich heute aufgebaut hat. Sie überwand ihre Angst und ging trotzdem wieder zum Fernsehen. Sie zog in eine andere Stadt und wurde Moderatorin einer mäßig erfolgreichen Talkshow namens *People Are Talking*. Aber Oprah gab nicht auf und wurde schließlich zu der ehrgeizigen und erfolgreichen Frau, die wir alle heute kennen.

KAPITEL 3:

# Mut im modernen Dschungel von heute

Nachdem Sie nun eine Vorstellung davon haben, wozu Angst führen kann, wollen wir uns damit befassen, wie Sie mehr Selbstvertrauen gewinnen können, wenn Sie vor Publikum sprechen! Das sind die Kernkonzepte, die Ihnen dabei helfen werden, selbstbewusster zu sein, damit Ihre Ängste Ihnen nichts anhaben können. Ich habe selbst gesehen, wie meine Klienten diese Konzepte im Laufe der Jahre umgesetzt haben und erfolgreiche Vortragsredner wurden. Das Erlernen dieser Konzepte erfordert viel Übung und Kontrolle, doch ich bin mir sicher, dass auch Sie dieselben Ergebnisse erzielen können! Sie können Ihr Lampenfieber überwinden und lernen, die Kontrolle zu übernehmen, wenn Sie eine Bühne betreten. Der erste Schritt besteht darin, Vertrauen in sich selbst aufzubauen.

## Praktische Schritte, um Angst und Lampenfieber loszuwerden

Angst und Lampenfieber gehen Hand in Hand, denn die eine Sache kann ohne die andere nicht existieren. Lampenfieber wird definiert als Nervosität vor oder während eines Auftritts vor einem Publikum. Es ist ein schwächendes Gefühl, das nicht nur mental, sondern auch körperlich auftritt. Lampenfieber führt dazu, dass Sie schneller als durch jede andere Emotion Ihr Selbstvertrauen verlieren.

Es kann frustrierend sein, sich Tag für Tag mit Lampenfieber herumschlagen zu müssen, insbesondere wenn Sie in bestimmten Bereichen erfolgreich sein wollen. Lampenfieber kann schließlich dazu führen, dass Sie eine Prüfung nicht bestehen oder eine

Beförderung verlieren. Es ist so, als würde Sie etwas zurückhalten! Sie sollten sich niemals schämen, wenn Sie unter Lampenfieber leiden. Wie ich bereits erwähnt habe, haben Umfragen gezeigt, dass ein Großteil der Menschen darunter leidet. Jeder erlebt Angst in der einen oder anderen Form – und Lampenfieber ist nun mal die Angst, die Sie verspüren.

Es steckt jedoch noch mehr dahinter. Erstens müssen wir mit der Angst beginnen, da sie für diejenigen Personen, die vor Publikum sprechen müssen, der größte Feind ist. Sie müssen zunächst einmal verstehen, woher Ihre Angst stammt, damit Sie kein Lampenfieber mehr haben. Sobald Sie die Sache herausgefunden haben, die Ihnen am meisten Angst bereitet, können Sie daran arbeiten, wie Sie sie lindern können.

Ich möchte, dass Sie die nachfolgenden Schritte in Ihrem eigenen Leben umsetzen, da diese Sie auf Erfolgskurs bringen und Ihnen gleichzeitig dabei helfen, Ihr Lampenfieber und Ihre Angst zu überwinden. Wenn Sie alle diese Übungen absolvieren, dann bin ich mir sicher, dass Sie sich innerlich besser fühlen werden. Sie sind es sich selbst schuldig, diese Übungen auszuprobieren und herauszufinden, welche für Sie am besten geeignet sind.

Jeder von diesen Schritten wird zweifellos etwas Arbeit erfordern. Sie müssen sie ständig üben, damit sie eine langfristige Wirkung erzielen. Sie müssen sich an diese Schritte erinnern, wenn Sie in der Öffentlichkeit sprechen, wenn Sie bei der Arbeit sind oder wenn Sie mit Freunden unterwegs sind. Sie müssen diese Schritte auch deswegen ausreichend üben, um sie verfeinern zu können.

### Ihre inneren Kritiker zum Schweigen bringen

Wenn wir eine Stimme in unseren Köpfen vernehmen, dann ist es nicht immer eine intuitive Stimme, die Sie vorwärts treibt. Dies ist leider die Stimme, die Sie hören, wenn Sie einen Fehler gemacht haben oder wenn Sie das Gefühl haben, sich selbst zu blamieren. Ihr innerer Kritiker taucht oft aus dem Nichts auf. Er hält Sie wach, wenn Sie im Bett liegen und zu schlafen versuchen. Ihr innerer Kritiker hindert Sie daran, Ihr Potenzial auszuschöpfen und hält Sie in Ihrer Komfortzone gefangen.

Es besteht kein Zweifel daran, dass es Zeiten gibt, in denen wir dieser inneren Stimme zuhören müssen, beispielsweise bevor wir in einer Prüfung betrügen oder die Person anschreien, die wir lieben. Dies sind Fälle, in denen wir uns einen Moment Zeit nehmen müssen, um zu verstehen, wo wir uns gerade befinden. Doch solche Situationen sind eher selten. Ihr innerer Kritiker fügt Ihrem Alltag mehr Schaden zu, als dass er Gutes tut.

Unser ganzes Leben lang wird es uns zur zweiten Natur, unsere Mängel und Schwächen zu bekämpfen. Auch wenn Sie keine inneren Kritiker haben, so erinnert sich Ihr inneres Kind dennoch an Sätze wie: *„Du bist nicht gut genug, niemand mag dich!"* oder *„Du verschwendest deine Zeit"*. Sabotierende Gedanken wie diese spiegeln jedoch nicht die wahre Realität wider! Wir haben diese Täuschungen in Bezug auf uns selbst geschaffen und unsere innere Stimme nörgelt so lange, bis wir daran glauben, dass wir nichts tun können, um uns selbst zu verbessern.

Ich bin hier, um Ihnen zu sagen, dass Sie diese Stimme zum Schweigen bringen sollten. Diese Stimme, die ständig Befürchtungen äußert, sind nicht Sie. Ihr innerer Kritiker tut Ihnen nichts Gutes, indem er Ihnen schreckliche Lügen über Sie erzählt. Dieser launische Kritiker hindert Sie nur daran, sich weiterzuentwickeln. Wenn Sie dieses Muster untersuchen, dann werden Sie sich daran erinnern, dass ein solcher Negativismus oft durch schwierige Kindheitserinnerungen oder unglückliche Begegnungen mit negativen Menschen entstanden ist. Wenn Sie diese negativen Schleifen in Ihrem Kopf zulassen, dann werden diese nicht nur wichtige Ereignisse sabotieren, sondern auch Ihr zukünftiges Glück, da das Scheitern zur Gewohnheit wird.

Eine Möglichkeit, Ihren inneren Kritiker zum Schweigen zu bringen, besteht darin, täglich Selbstaffirmationen zu üben. Anstatt die negativen Schleifen Ihrer Vergangenheit immer und immer wieder in Ihrem Kopf abzuspulen, schreiben Sie ein neues Drehbuch beginnend mit „Ich werde jeden Tag besser darin". Indem Sie Ihren inneren Monolog ändern, bringen Sie die Negativität zum Schweigen. Achten Sie auf die mitleidige Stimme und verwandeln Sie sie in eine kraftvolle Stimme, die Ihren Bedürfnissen besser entspricht.

Wie bereits erwähnt, müssen Sie diese innere Stimme genau wie Ihre Angst anerkennen. Hören Sie, was diese innere Stimme zu sagen hat, und bemühen Sie sich dann bewusst darum, sie loszulassen. Wenn Sie die mit dieser Stimme verbundenen Emotionen loslassen, dann werden Sie schnell vergessen, dass Ihre innere Stimme überhaupt existiert. Ihr innerer Kritiker wird wieder auftauchen, doch wenn dies der Fall ist, werden Sie sich darüber keine Sorgen machen, weil es nicht mehr notwendig ist. Sie werden Ihren inneren Kritiker hören und dann loslassen, ohne etwas zu fühlen.

Wenn Sie feststellen, dass Ihre innere Stimme die Oberhand gewinnt, dann können Sie aufschreiben, was sie sagt. Einige Leute führen Tagebücher oder verwenden die Notizen-App auf ihrem Handy. Sie können entscheiden, was für Sie besser funktioniert. Schreiben Sie auf, was Ihre innere Stimme Ihnen sagt, auch wenn dies schmerzhaft sein kann. Wenn Sie Ihre aufgeschriebenen Zweifel ansehen, dann kann es sein, dass Sie sie glauben. Doch geben Sie ihnen nicht nach. Sobald Sie diese Wörter aufgeschrieben sehen, wird ihre Irrationalität aufgedeckt. Antworten Sie, indem Sie daneben die Wahrheit schreiben. Wenn Sie beispielsweise schreiben „Niemand möchte mich hören", können Sie Folgendes daneben schreiben: „Ich habe etwas Wichtiges zu sagen und die Leute hören mir gerne zu."

Überwinden Sie die Negativität. Praktizieren Sie Positivität. Schreiben Sie sich so lange positive Affirmationen auf, bis Sie beginnen, sie zu glauben. Lassen Sie diese optimistischen Worte zu Ihrer neuen inneren Stimme werden. Wiederholen Sie diese positiven Affirmationen so lange, bis sie für Sie zum Gesetz geworden sind. Dies ist ein Beispiel, wo das alte Sprichwort *„Übung macht den Meister"* wirklich zutrifft.

## *Visualisierung*

Sie haben vielleicht noch nie von Visualisierung gehört, doch ich bin sicher, dass Sie diese Technik schon einmal geübt haben, ohne dass Sie es wussten. Wenn Sie sich beispielsweise einmal vorgestellt haben, auf eine Bühne zu gehen und eine Auszeichnung anzunehmen, oder davon geträumt haben, ein bestimmtes Auto zu fahren, dann haben Sie die Visualisierungstechnik in Ihrem eigenen Leben bereits angewandt. Dies ist ein Kernkonzept, mit dem Sie Ihre Angst vor einer großen Rede oder Präsentation lindern können. Diese Technik hilft Ihnen nicht nur dabei, Hindernisse zu überwinden, sondern unterstützt Sie auch dabei, sich vorzustellen, wie Sie mit nervenaufreibenden Situationen umgehen sollen, weil Sie dadurch das Gefühl haben, diese bereits überwunden zu haben.

Warum sollten Sie Visualisierungstechniken verwenden? Nun, weil die Effektivität wissenschaftlich erwiesen wurde! Studien haben gezeigt, dass das Gehirn beim Visualisieren nicht erkennen kann, ob das, was Sie erleben, real ist oder nicht. Wann immer Sie sich eine Situation lebhaft vorstellen, ändert sich die chemische Zusammensetzung in Ihrem Gehirn, um das zu ergänzen, was Sie sehen. Zum Beispiel: Wenn Sie sich vorstellen, eine Trophäe zu gewinnen und diese in die Höhe zu halten, bekommen die Muskeln in Ihren Armen Nervenimpulse, weil Ihr Verstand denkt, dass es wirklich passiert.

Wie Sie jetzt wissen, kann Angst oft deswegen entstehen, weil Sie sich vorstellen, dass etwas Schlimmes passieren wird, bevor die Situation Realität wird. Stellen Sie sich eine Situation wie eine Tischrede oder eine Präsentation vor und visualisieren Sie, wie Sie eine solche Rede halten. Ihre Visualisierung wird Ihnen das

Gefühl geben, bereits erfolgreich zu sein, und das alles nur, weil Sie es technisch gesehen bereits waren!

Lassen Sie uns darauf eingehen, wie Sie die Visualisierungstechnik sofort üben können. Zunächst einmal funktioniert sie am besten, wenn Sie allein in einem Raum und entspannt sind. Wählen Sie zuhause einen Bereich aus, wo es still ist. Legen Sie sich für eine wirklich entspannte Visualisierung ins Bett oder setzen Sie sich auf einen bequemen Stuhl. Atmen Sie dreimal tief durch und schließen Sie Ihre Augen. Stellen Sie sich den Ort vor, an dem Sie Ihren Vortrag halten werden. Stellen Sie sich die freundlichen Gesichter vor, die sich im Publikum befinden werden, und stellen Sie sich vor, was Sie für diesen Anlass vorbereitet haben.

Wenn Sie sich jetzt vorstellen, wie die ganze Sache ablaufen soll, konzentrieren Sie sich auf die Einzelheiten, damit die Situation lebendiger wird. Stellen Sie sich vor, wie warm der Raum ist, was Sie mit Ihren Händen machen, wie laut Ihre Stimme ist. Es sind diese kleinen Details, die die Situation realistischer erscheinen lassen. Malen Sie sich schöne und positive Vorstellungen aus. Sie liefern eine hervorragende Leistung ab. *Spüren* Sie die Emotionen, die Sie nach einer exzellenten Präsentation haben. *Spüren* Sie die Aufregung, wenn Sie merken, dass Sie Ihr Publikum mit Ihrer Rede fesseln. Sie wissen, dass Ihre Botschaft gut ankommt. Stellen Sie sich nun vor, dass die Menschen Ihre Botschaft mögen.

Wenn Sie mit der Visualisierung fertig sind, nehmen Sie nochmals einige tiefe Atemzüge und öffnen dann wieder Ihre Augen. Entspannen Sie sich und spüren Sie die positiven Emotionen, die durch Ihren Körper strömen. Dieses Gefühl in Ihrer Brust ist selbstbewusster Stolz. Das ist eine gute Sache! Behalten Sie dieses Gefühl bei und rufen Sie es bei Ihrer nächsten Präsentation wieder ab.

Üben Sie als Anfänger die Visualisierungstechnik mindestens dreimal pro Woche, wenn nicht sogar häufiger. Sie erhalten dadurch stets einen Selbstbewusstseinsschub. Wenn wir uns vorstellen, dass unsere Präsentation positiv abläuft, dann werden dadurch auch jene negativen Momente ferngehalten, die durch unsere negativen Emotionen entstehen, die noch nicht vollständig in positive umgewandelt wurden. Mit Hilfe dieser Technik können Sie sich ausmalen, was für eine tolle Leistung Sie abliefern werden.

## *Sich im Moment befinden*

Es hat nichts Esoterisches an sich, achtsam zu sein. Ich werde Ihnen definitiv nicht raten, dass Sie sich im Lotussitz auf die Bühne setzen sollen. Hier geht es darum, im Moment zu sein und das Gefühl zu haben, mit den richtigen Leuten, Ihrem Publikum, zur richtigen Zeit am richtigen Ort zu sein. Im Moment zu sein ist der Schlüssel zu einer großartigen Präsentation.

Solange Sie diese Technik nicht geübt haben und beherrschen, fällt es Ihnen sicherlich schwer zu beschreiben, was es bedeutet, *im Moment zu sein*, und warum dies so wichtig ist. Achtsamkeit ist etwas, worüber viele Leute reden, und wir alle haben Schwierigkeiten damit, im Moment zu bleiben. Ich weiß, dass Sie sich sicherlich fragen werden: „Was meinen Sie damit? Ich befinde mich doch gerade im Moment." Nein, eigentlich nicht. Sie denken vielleicht, dass Sie sich im Moment befinden, aber Sie denken es nur. Wenn Sie sich so sehr auf die kleinen Details konzentrieren, dann verpassen Sie das große Ganze. Im Moment zu sein bedeutet, das große Ganze zu sehen, und alle beeinträchtigenden Ablenkungen herauszufiltern.

Ich möchte eine Metapher verwenden: Waren Sie schon einmal so richtig im Fluss? Also nicht in einem Fluss mit Wasser. Sie befinden sich im Fluss, wenn Sie etwas tun, das Ihnen so sehr Spaß macht, dass Sie sich in dieser Aktivität regelrecht verlieren und die Zeit wie im Flug vergeht. Wenn Sie im Fluss sind, dann sind Sie auch im Moment. Normalerweise ist damit auch ein Gefühl der Ruhe mit inbegriffen. Es geht darum, sich einen

Moment Zeit zu nehmen, um Ihren Gedanken freien Lauf zu lassen!

Wie sollte die Präsentation sein, als Sie damit begonnen haben, sie zusammenzustellen? Bereits vorüber. Okay, das ist vermutlich nicht die erste Sache, die Ihnen in den Sinn kam, doch ich weiß, dass Sie sich wünschen, dass die Präsentation schnell vorbei ist, während Ihr Herz wie wild pocht. Ich kann mich noch gut an meine Schulzeit erinnern. Ich hatte immer diese Angst, wenn ich wusste, dass ich an die Reihe komme, um etwas vor der Klasse zu präsentieren. Meine Hände zitterten. Meine Wirbelsäule verwandelte sich in Gelee. Ich sah zu, wie mein Vorredner seine Sachen zusammenpackte, und ich fürchtete mich davor, aufzustehen und nach vorne zur Tafel zu gehen. Ich wollte, dass meine Präsentation so schnell wie möglich zu Ende ist. Und dadurch verpasste ich den „Moment", weil ich nie bewusst bei meiner Tätigkeit – dem Präsentieren – war. Ich war zu beschäftigt damit, mit meiner Präsentation ängstlich so schnell wie möglich zum Ende zu kommen.

Möglicherweise haben Sie eine solche Situation auch schon einmal erlebt. Durch Ihre Angst konnten Sie Ihre Präsentation nicht genießen. Sprecher, die ihre Präsentation lediglich schnell abspulen, lassen ihren Vortrag geradezu leblos erscheinen und das, was das Publikum sieht und hört, wird schnell langweilig. Wenn wir so sehr darauf bedacht sind, schnell zu sprechen, weiß das Publikum Bescheid und möchte ebenfalls, dass Ihre Präsentation so schnell wie möglich vorbei ist. Die beste Möglichkeit, um im Moment zu bleiben, besteht darin, kurz innezuhalten und zu bewerten, was Sie sagen. Möglicherweise sprechen Sie über ein Thema, mit dem Sie nicht viel anfangen können. Sie müssen Ihrer Botschaft jedoch einen dynamischen Aspekt hinzufügen, um diese lebendig erscheinen zu lassen. Sobald Sie beginnen, das Thema Ihrer Präsentation für sich selbst interessant zu gestalten, werden Sie feststellen, dass auch andere Menschen Ihnen zuhören möchten.

Gute Redner machen oft eine Pause, bevor sie ihre Botschaft verkünden. Sie finden den Moment, indem sie einige tiefe Atemzüge machen, während sich das Publikum an die neuen Gegebenheiten anpasst. In sich selbst finden solche großartigen Sprecher einen ruhigen, mentalen Raum. Sie durchsuchen das Publikum nach wohlwollenden Zuhörern, atmen durch den Mund ein und durch die Nase aus, entspannen ihre Schultern und ergreifen dann ruhig die Gelegenheit. Üben Sie dies, solange es nötig ist, bis Sie spüren, wie Ihr Herzschlag nachlässt.

## *Durch Schein zum Sein*

*Fake it till you make it.* Ich bin mir sicher, dass Sie diesen Satz schon einmal gehört haben. Dieser Satz kann Ihr Selbstvertrauen tatsächlich nachhaltig beeinflussen. Wenn Sie eine selbstbewusste Körpersprache an den Tag legen, dann befinden Sie sich in einer mächtigen Position, die das Ergebnis Ihrer Präsentation beeinflussen kann.

Jeder Superheld hat eine Pose, die so perfekt ist, dass sie den Menschen im Gedächtnis bleibt. Diese Superhelden müssen stundenlang vor dem Spiegel gestanden und diese Pose eingeübt haben, oder? Bedenken Sie Folgendes: Amy Cuddy, eine Sozialpsychologin an der Harvard Business School, berichtete in ihrem mittlerweile berühmt gewordenen TED-Talk, wie Machtposen die Körperchemie verändern können. Sie entwickelte eine Studie, in der ihre Probanden verschiedene Positionen einnahmen. In einem Fall nahmen die Probanden Machtpositionen ein, in denen sie ihre Hände in die Hüften stemmten und ihren Kopf gerade hielten. Andere Probanden ließen Kopf und Schultern hängen. Die Studie bewies, dass diejenigen Probanden, die Machtposen ausübten, einen erhöhten Testosteron- und einen niedrigeren Cortisolspiegel hatten. Cortisol ist ein Hormon, das bei intrusivem Stress vorhanden ist. Cuddys Experimente zeigten, dass positive Verhaltensweisen das Selbstvertrauen ihrer Probanden chemisch gesehen erhöhten. Durch das Selbstvertrauen konnten die Probanden eine gewisse

Art der Dominanz an den Tag legen, was zu noch mehr Selbstbewusstsein führte. Und das nur, indem die Probanden eine Superhelden-Pose einnahmen.

Die Schlussfolgerung von Cuddys Studie heißt also für uns: Wenn Sie nervös sind, bevor Sie den Sitzungssaal oder eine Bühne betreten, dann nehmen Sie eine Machtpose ein. Stellen Sie sich mit erhobenem Kopf hin, stemmen Sie Ihre Hände in die Hüften und halten Sie Ihre Brust gerade. Sie können auch Ihre Hände in die Höhe heben, als hätten Sie gerade ein Rennen gewonnen. Dies sind Posen, die dazu führen, dass der Testosteronspiegel im Körper steigt, was ein Signal an Ihr Gehirn sendet, dass Sie sich selbstsicher fühlen. Hierbei handelt es sich um ein natürlich vorkommendes Phänomen, das im Körper auftritt und Ihnen dabei hilft, negative Spannungen abzubauen.

Erlauben Sie sich selbst, so zu tun, als wären Sie bereits ein erfolgreicher Redner. Sagen Sie sich Tag für Tag ein Mantra vor, das Ihnen hilft, sich wie ein großartiger Redner zu fühlen. Sagen Sie sich zum Beispiel: „Jeder applaudiert mir, wenn ich auf die Bühne gehe." Dies ist eine einfache Visualisierung und eine gute Möglichkeit, um sich selbst das Gefühl zu geben, dass es sich bereits herumgesprochen hat, dass Sie ein hervorragender Redner sind. Nach einer Weile gewinnen Sie das Selbstvertrauen, um sich von der Masse abzuheben. Sie werden das Gefühl bekommen, dass Sie dem Publikum etwas Wichtiges zu sagen haben, und werden die Blicke der Menschen nicht mehr fürchten. Werden Sie zu dieser Person, auch wenn Sie denken, dass Sie noch nicht über diese Fähigkeiten verfügen. In wenigen Augenblicken werden Sie feststellen, dass Ihr Körper nun mit dieser Haltung übereinstimmt und Sie unbewusst zu der Person werden, die Sie vorgeben zu sein. Mit etwas Übung können Sie diese Person sein und es ist nur eine Frage der Zeit, bis Sie diese Person wirklich sind.

## Keine Angst haben, zu lernen

Wir wissen bereits, dass noch kein Meister vom Himmel gefallen ist. Vielleicht waren Sie ein extrovertiertes Kind. Dies bedeutet jedoch nicht, dass Sie dazu bestimmt sind, vor Publikum aufzutreten. Dies bedeutet normalerweise, dass Sie ein Kind waren, das bei Hochzeiten Ihrer Familie gerne etwas vorführte. Niemand wacht im Alter von drei Jahren auf und beschließt plötzlich, vor Publikum Vorträge halten zu wollen. Eher wachen Sie auf und möchten Tierarzt werden. Oder Feuerwehrmann. Das könnte gut sein. Aber möchte man wirklich als Kind eine Person werden, die vor einer Menschenmenge stehen und diese mit ihrer Stimme, ihrem Intellekt und ihrem großen Wortschatz begeistern kann? Nicht wirklich. Das Schöne jedoch, was das Sprechen vor Publikum betrifft, ist: Sie können diese Fähigkeit erlernen. Sie werden zudem immer besser, je mehr Sie üben.

Das Sprechen vor Publikum ist eine sehr alte Kunstform, doch um effektiv zu sein, müssen Sie neue Strategien erlernen, die sich schnell ändern. Sie sollten niemals damit aufhören zu lernen. Da sich unsere Gesellschaft ständig verändert, müssen Sie sicherstellen, dass auch Sie sich ständig anpassen. Selbst wenn Sie denken, dass Sie eine Fähigkeit vollständig erlernt haben, so gibt es dennoch immer wieder etwas Neues, das Sie noch nicht wussten. Wenn es um das Thema Sprechen vor Publikum geht, gibt es eine große Menge an neuen Präsentationstechnologien. Wenn Sie Ihre Fähigkeiten weiter verbessern, werden Sie in der Zukunft erfolgreicher sein. Sie sollten stets neue Dinge lernen – nur so können Sie ein Profi werden.

Profis passen sich an und lassen niemals zu, dass Angst die Oberhand bekommt. Wenn wir mit neuen und herausfordernden Dingen konfrontiert werden, dann passiert es sehr schnell, dass wir diese Dinge verschleppen. Es ist jedes Mal eine Herausforderung, motiviert neue Dinge anzupacken und sich zu sagen: „Ja, ich möchte Fehler machen!" Das Problem besteht zudem darin, dass Ihre Fehler Ihre Schwächen aufdecken werden. Doch nur auf diese Weise werden Sie sich noch mehr anstrengen. Wenn Sie sich bereits so viel Mühe geben, wie Sie können, können neuerliche Anpassungen Sie sicherlich an den Rand Ihrer Komfortzone bringen und deshalb kann es passieren, dass Sie wieder Angst bekommen. Das Monster weiß, dass Sie nervös sind. Sie müssen sich überwinden und Ihre Fähigkeiten trotzdem weiterentwickeln.

Je mehr Sie üben, vor Publikum zu sprechen, desto besser werden Sie. Denken Sie daran: Es besteht kein Grund dazu, nervös zu werden. Es gibt keine echten Tiger. Nehmen Sie sich Zeit, um Ihre Nervosität zu spüren, akzeptieren Sie sie und zähmen Sie sie. Sie werden lernen, das Sprechen vor Publikum zu beherrschen und sogar Spaß dabei zu haben! Das Erlernen neuer Fähigkeiten stärkt unsere geistige Gesundheit und unser Wohlbefinden. Also haben Sie Spaß dabei. Üben Sie, bis Sie heiser sind. Führen Sie Machtposen aus. Stellen Sie sich vor, dass Sie vor Hunderten von Menschen sprechen und eine riesige Menschenmenge inspirieren. Wenn Sie all diese Dinge tun, werden Sie feststellen, dass Sie bereits die Person sind, die Sie werden wollten. Sie müssen lediglich diese Fähigkeiten verbessern. Bruce Lee hat einmal gesagt: „Wissen ist nicht genug. Wir müssen es auch anwenden. Wollen ist nicht genug. Wir müssen es auch tun. "

### *An sich selbst glauben*

Dies ist ein Satz, den wir alle schon einmal gehört haben – *Glauben Sie an sich*. Schon in Ihrer Kindheit haben andere Leute diesen Satz zu Ihnen gesagt. Diesen Satz findet man auf Plakaten, in Filmen und Büchern. Es handelt sich um eine abgedroschene Phrase, die nicht mehr viel Bedeutung zu haben scheint, außer für Profis, die diese Phrase leben. Im Gegensatz zu Sportlern, deren Körper bei übermäßigem Training der Belastung irgendwann einmal nicht mehr standhalten kann, wird das Selbstvertrauen immer mehr gestärkt, je häufiger man es trainiert. Finden Sie eine Person, die ganz bei sich ist und beobachten Sie, wie das Publikum auf dieses Selbstbewusstsein reagiert. Auch Sie können ein solch dynamischer Redner werden.

## *Vergleiche schwächen unser Selbstbewusstsein*

Nehmen wir einmal an, dass Sie auf einem Kongress eine Rede halten müssen. Es besteht das Risiko, dass Sie mit Ihrer Rede auf einen dynamischen Super-Redner folgen. Wenn Sie bemerken, dass das Publikum Ihren Vorredner toll fand, dann kann es passieren, dass Sie sich bereits selbst fertig machen, schon bevor Sie das Podium betreten, und zwar aus Angst, dass Sie nicht so gut sein könnten wie der Redner vor Ihnen. Denken Sie daran, dass es zu spät ist, um Ihre Notizen und Ihre visuellen Hilfsmittel mit denen Ihres Vorredners zu vergleichen. Wen kümmert es, ob die Pointen Ihres Vorredners Ihr Publikum jedes Mal zum Lachen gebracht haben? Wir zweifeln an uns selbst, wenn wir uns mit anderen Menschen vergleichen. Glauben Sie niemals, dass eine andere Person besser ist als Sie selbst, nur weil Sie denken, dass sie es ist. Eine solche Person ist vielleicht nur etwas erfahrener. Doch Sie sind einzigartig und Ihre Präsentation verdient es, gehört zu werden. Ihre Stimme ist wichtig. Und niemand kann Ihnen diesen Glauben wegnehmen, außer Sie selbst. Vergleichen Sie sich nicht mit anderen, konzentrieren Sie sich auf sich selbst, stellen Sie sich hin und seien Sie davon überzeugt, dass Sie etwas Neues zu sagen haben.

## *Dankbar sein*

Wenn Sie damit beginnen, dankbar für Ihr Leben zu sein, dann werden Sie subtile Veränderungen in Ihrer täglichen Einstellung bemerken. Es wird mit Kleinigkeiten anfangen, doch sie werden mehr und mehr, je häufiger Sie üben. Sie fragen sich wahrscheinlich, was Dankbarkeit mit Ihrer Fähigkeit zu tun hat, an sich selbst zu glauben. Es scheint, dass diese zwei Dinge auf den ersten Blick nichts miteinander zu tun haben, doch das stimmt nicht. Wenn Sie dazu in der Lage sind, dankbar für die kleinen Dinge in Ihrem Leben zu sein, dann werden Sie sich nie wieder in Selbstmitleid suhlen. Auf diese Weise entwickeln Sie nicht nur eine positive Einstellung, sondern Sie werden auch feststellen, dass Sie die negativen Dinge in Ihrem Leben nicht mehr so wichtig nehmen. Dies ist entscheidend, um ein glückliches Leben zu führen.

Sie können morgens, bevor Sie mit dem Tag beginnen, mehrere Dinge aufschreiben, für die Sie dankbar sind. Sie können dies auch direkt vor Ihrem nächsten öffentlichen Vortrag tun. Wenn Sie das Gefühl haben, dass Ihre Nerven blank liegen, dann erstellen Sie doch einfach eine mentale Liste von Dingen, für die Sie dankbar sind. Diese Dinge können der Veranstaltungsort sein, den Sie gebucht haben, Ihr Job oder sogar das Outfit, das Sie tragen. Sie werden feststellen, dass Ihnen dieser Trick nicht nur dabei hilft, sich zu entspannen, Sie werden auch davon überzeugt, dass Sie es verdient haben, an diesem Ort zu sein. Und das alles nur, weil Sie dankbar sind.

## Die Berühmtheit, die sich nicht hat unterkriegen lassen – Profil Steve Harvey

Er ist charmant, lustig und Moderator mehrerer TV-Talkshows. Er ist eine berühmte Persönlichkeit, der viele Bücher verfasst und vor zahlreichen Menschenmengen gesprochen hat. Er machte jedoch einen Fehler, durch den er über Nacht auf der ganzen Welt bekannt wurde. Als Steve Harvey im Jahre 2015 die Rolle des Moderators der Miss-Universum-Wahl übernahm, hatte er wohl nicht damit gerechnet, einen katastrophalen Fehler zu machen. Bei der Krönung der Miss Universum gab er versehentlich den Namen der falschen Teilnehmerin bekannt. Harvey machte live seinen Fehler wieder gut, entschuldigte sich und gab den Namen der richtigen Gewinnerin bekannt. Vor einem internationalen Publikum hatte er die Größe, zu seinem Fehler zu stehen.

Die nächsten Wochen waren die schwierigsten Wochen in Steve Harveys Karriere. Boulevardzeitungen auf der ganzen Welt berichteten in großen Lettern über Harveys Missgeschick. In den folgenden Wochen wurde Harvey zum Gespött der Nachrichtensender und Comedians. Sein Missgeschick wurde immer und immer wieder abgespielt, damit die ganze Welt seinen Fauxpas sehen konnte. Sogar seine Familie wurde nicht verschont und erhielt Morddrohungen wegen Harveys unbeabsichtigtem Fehler auf der Bühne. Dies brachte Harvey natürlich in eine Position, in der er sich noch nie zuvor befunden hatte.

Er übernahm die Verantwortung für seinen Fehler und unternahm noch im selben Jahr Schritte, um aus seinem Fehler Kapital zu schlagen. Damit verursachte er einen weiteren Aufruhr. Anstatt die Situation totzuschweigen, moderierte Harvey im darauffolgenden Jahr erneut die Miss-Universum-Wahl und machte Scherze über sich selbst. Er nahm seine Angst, akzeptierte sie, legte sie zwölf Monate beiseite und trat dann zurück auf die Bühne. Mutig erzählte Harvey Witze über sich selbst, während er die Veranstaltung tadellos moderierte. Einer der Witze war ein Sketch mit der früheren Miss Universum, die vor der Verkündung der Gewinnerin eine Lesebrille auf die Bühne brachte. Durch seine gute Laune, durch seine Professionalität und durch seine mentale Stärke konnte Harvey seinen Fehler hinter sich lassen, und das alles, weil er genau dieselbe Bühne betreten hatte, auf der er zum ersten Mal einen großen Fehler gemacht hatte, der ihn fast seine Karriere gekostet hätte.

KAPITEL 4:

# Entwicklung von Kommunikationsfähigkeiten

Sie können kein guter Redner werden, ohne mit Ihrem Publikum kommunizieren zu können. Wenn Sie wissen, wie Sie sich Ihrem Publikum anpassen, es begeistern und eine Beziehung zu Ihren Zuhörern aufbauen, dann werden Sie der beste Präsentator, der Sie sein können.

## Bei der Kommunikation geht es um Beziehungen

Ich möchte, dass Sie an einen engen Freund von Ihnen denken. Was macht Sie zu Freunden? Sind es die Dinge, die Sie gemeinsam unternehmen? Vielleicht mögen Sie ja die gleichen Bands? Lassen Sie mich diese Frage für Sie beantworten, da ich sicher bin, dass Sie bereits dasselbe denken wie ich: Auf keinen Fall! Was uns dazu bringt, dass uns Menschen, Dinge und Situationen wichtig sind, sind *nicht* die Dinge selbst, sondern oftmals die Verbindung, die wir zu diesen Dingen haben. Ja, Sie können ein bestimmtes Lied hören und es gut finden. Oftmals geht es jedoch darum, sich im Moment mit diesem Song verbunden zu fühlen. Etwas an diesem Lied löst etwas in Ihnen aus. Und das ist es auch, was einen großartigen Redner ausmacht. Wenn Sie eine Beziehung zu Ihrem Publikum aufbauen können – und ich meine eine *echte* Beziehung, dann werden Sie ein erfolgreicher Redner sein.

Doch wie können Sie eine Beziehung zu völlig fremden Personen aufbauen? Es ist nicht so, als würden Sie nach dem Vortrag mit Ihrem Publikum etwas trinken gehen und über die

TV-Shows sprechen, die Sie sich zufällig ansehen. Das wäre mit Sicherheit eine eindeutige Beziehung, aber nicht aufgrund Ihrer Präsentation. Sie müssen von der Bühne aus mit Ihrem Publikum eine Beziehung aufbauen, was viel schwieriger ist.

### *Sich an ein Publikum anpassen*

Okay, Sie kennen bestimmt einen dieser Tage, an denen Sie sich wegen einer Sache, die Sie gesagt oder getan haben, in ein Loch verkriechen möchten. Dies könnte ein schlechter Witz vor einer Gruppe von Freunden sein, oder weil Sie einem Kunden die falsche Menge an Wechselgeld gegeben haben. Und wissen Sie was? Wir alle haben das schon einmal erlebt! Besonders, was schlechte Präsentationen angeht. Egal, ob es in Ihrer Kindheit geschehen ist oder im Erwachsenenalter: Sie wurden sicherlich schon einmal dazu gezwungen, sich eine Präsentation anzuhören, bei der Sie fast eingeschlafen wären oder bei der Sie am liebsten von Ihrem Stuhl aufgesprungen und nach draußen gerannt wären. Es gibt einige Gründe dafür, warum diese Präsentationen so schlecht waren. Vielleicht waren sie ein wenig zu übertrieben, weil der Präsentator versucht hatte, Ihnen etwas zu verkaufen. Oder vielleicht hatte die Person, die die Präsentation hielt, kein Charisma oder vielleicht dauerte die Präsentation eine halbe Stunde länger als sie hätte sollen. Es spielt keine Rolle. Sie saßen da und wünschten sich, dass Sie woanders wären.

Als Redner möchten wir auf jeden Fall vermeiden, dass sich unsere Präsentation für unser Publikum wie eine Strafe anfühlt. Glücklicherweise sind solche Präsentationen selten. In den meisten Fällen liegt die eigentliche Ursache darin, dass der Redner seine Präsentation nicht an das Publikum angepasst hat. Auch die Präsentationsfähigkeiten können ein Grund für schlechte Vorträge sein. In der Schule passierte es häufig, dass einer Ihrer Klassenkameraden undeutlich sprach, viel zu lange überzog oder sein Thema nicht interessant gestaltete, indem er keine Leidenschaft und kein Expertenwissen einbrachte. Was ist hier das bestimmende Merkmal? Es ist der Mangel an

Unterhaltung für ein jüngeres Publikum. Eine Gruppe junger Schüler möchte nicht so lange still sitzen und einem Präsentator zuhören! Natürlich sind solche Präsentationen schrecklich.

Aber Sie sind kein murmelnder und ängstlicher Präsentator. Bedenken Sie stets: *Bei Präsentationen vor Publikum geht es nicht um Sie. Es geht um das Publikum.* Merken Sie sich diesen Satz gut, denn er ist für eine großartige Rede oder Präsentation von entscheidender Bedeutung.

### *Das Publikum vorher kennenlernen*

Nehmen Sie Anpassungen zum Wohle des Publikums vor, da es Ihnen und Ihrer Botschaft Respekt entgegenbringt. Übrigens funktionieren diese professionellen Anpassungen auch im Alltag und in Beziehungen. Finden Sie heraus, wer Ihr Publikum ist. Unabhängig davon, welche Art von Präsentation Sie halten, müssen Sie so viel wie möglich über Ihr Publikum wissen. Das heißt, dass Sie Ihr Publikum kennenlernen sollten. Nur so kann Ihre Rede oder Präsentation den Bedürfnissen Ihres Publikums entsprechen und Ihre Zuhörer fesseln. Niemand erwartet von Ihnen, dass Sie die Social-Media-Profile Ihrer Zuhörer verfolgen. Stellen Sie Recherchen über den Hintergrund des Publikums an, vor dem Sie präsentieren, und finden Sie heraus, welche Gemeinsamkeiten Ihre Zuhörer haben. Wenn es der Veranstaltungsort erlaubt und wenn es möglich ist, dann stellen Sie sich Ihrem Publikum gleich an der Tür vor. Auf diese Weise können ein freundlicher Augenkontakt und einige nette Begrüßungsworte dabei helfen, den allgemeinen Hintergrund und das Alter des Publikums zu beurteilen, wenn Sie sich nicht sicher sind, welche Art von Publikum Sie vor sich haben.

### *Die Sprache des Publikums sprechen*

Die Art und Weise, wie Sie sprechen, sollte auf das Publikum abgestimmt sein, vor dem Sie sprechen. Zum Beispiel unterscheidet sich die Art und Weise, wie Sie mit Ihrem Chef sprechen, stark von der Art und Weise, wie Sie mit Freunden in der Kneipe sprechen. Bei Präsentationen vor Publikum kann der Hintergrund des Publikums Ihre Sprache, Ihre Tonlage und Ihre Wortwahl bestimmen. Professoren im Ruhestand müssen auf eine andere Art und Weise angesprochen werden als eine Gruppe von Schülern. Wenn Sie den demographischen Hintergrund Ihrer Zuhörer herausfinden können, können Sie sich entsprechend anpassen. Sie können dann Ihre Sprache entsprechend wählen, also das, was Sie sagen, wie Sie es sagen und welche Art von Wörtern Sie verwenden. Auf diese Weise können Sie Ihre Präsentation perfekt optimieren. Wenn Sie sich vor Beginn Ihrer Präsentation nicht sicher sind, welche Art von Publikum Sie vor sich haben, dann verwenden Sie eine allgemeingültige Sprache. Legen Sie jedoch einige wichtige Punkte für Ihre Anpassung fest. Teilweise können Sie dies mit Hilfe einer Publikumsumfrage herausfinden. Lassen Sie das Publikum an Ihrer Präsentation teilnehmen, indem Sie unverfängliche rhetorische Fragen stellen, auf die Ihr Publikum mittels Heben der Hand antworten kann. Wenn Sie das Publikum bitten, nach der Show an einer Umfrage teilzunehmen, können Sie Daten sammeln, mit Hilfe derer Sie zukünftige Präsentationen anpassen können. Ihr übergeordnetes Ziel besteht darin, eine Verbindung zum Publikum herzustellen, ohne dabei aufdringlich zu sein. Der Nebeneffekt ist, dass das Sammeln von Informationen das Publikum dazu bringt, über Ihre Präsentation nachzudenken.

### *Mehr herausfinden*

Normalerweise werden Sie Ihren Vortrag an einem bestimmten Ort halten. Wenn Sie sich in Bezug auf die demographische Zusammensetzung Ihres Publikums nicht sicher sind, können Sie den Veranstalter jederzeit nach der Zielgruppe fragen, die auftauchen wird. Sie können herausfinden, worauf Ihre Zuhörer normalerweise reagieren und die Art von Personen kennenlernen, die den Veranstaltungsort besuchen. Wenn es sich um ein professionelles Meeting mit einer anderen Agentur oder einem Kunden handelt, können Sie sich vorab erkundigen, was Sie erwarten können. Machen Sie sich mit Ihrer Zuhörerschaft vertraut, um besser vorbereitet zu sein. Der Punkt ist der: Haben Sie niemals Angst davor zu fragen. Dies kann Ihnen langfristig gesehen nur helfen.

## *Ihre Zuhörer kennenlernen*

Sie können keine Beziehungen zu Personen herstellen, ohne sie vorher kennengelernt zu haben. Es gibt eine Vielzahl von Möglichkeiten, wie Sie dies erreichen können. Sie können Ihre Zuhörer einfach während oder nach der Präsentation kennenlernen, damit Sie wissen, welche Art von Zielgruppe an Ihrem Thema interessiert ist. Sie können dem Publikum gerne Fragen stellen, eine Umfrage erstellen oder sich vorstellen, dass nach der Präsentation einige Leute auf Sie warten. Dies macht einen großen Unterschied aus und hilft Ihnen dabei, sich besser auf Ihre Zuhörer einzustellen. Sie können auch eine Option auswählen, die am besten zu Ihrer Präsentation passt und mit der Sie sich wohler fühlen. Dadurch fühlt sich die Präsentation auch für Ihr Publikum persönlicher an, da Ihre Zuhörer nun persönlich involviert sind, sodass sie während Ihres Vortrags empfänglicher für Ihre Botschaft sind.

## *Ihr Publikum will, dass Sie Erfolg haben*

Wenn es darum geht, vor Publikum zu sprechen, kann es oft passieren, dass Sie Ihre Zuhörerschaft als Feind ansehen. Deswegen kann es vorkommen, dass Sie sich unwohl fühlen, wenn Sie die Bühne betreten. Ich bin sicher, dass Sie einige der stereotypen Ratschläge bereits kennen, wie zum Beispiel, dass Sie sich Ihre Zuhörer nackt vorstellen sollen. Nein, das sollten wir *nicht* tun. Ja, Präsentationen vor Publikum können angsteinflößend sein. Es fühlt sich so an, als würde man zur Schlachtbank gehen. Wir sind davon überzeugt, dass wir von allen Menschen kritisch beäugt werden, sobald wir die Bühne betreten, und dass unser Publikum unsere Fehler nie wieder vergessen wird. Doch zum Glück ist das nicht immer der Fall.

Sie sind vielleicht überrascht zu erfahren, dass Ihr Publikum nicht Ihr Feind ist. Einige Zuhörer wollen unterhalten werden, während andere da sind, um etwas zu lernen. Ihr Publikum will nicht, dass Sie es vermasseln, im Gegenteil, es will, dass Sie Erfolg haben. Das ist das Gegenteil von dem, was wir normalerweise aus Filmen und Büchern kennen. Normalerweise wird die Hauptfigur vor einer Menschenmenge wie in Stephen Kings *Carrie* gedemütigt. Im wirklichen Leben passiert das nicht.

Ich möchte, dass Sie an eine Situation denken, in der Sie selbst einmal Teil des Publikums waren. Wenn Sie sehen, dass der Redner den Faden verliert, dann verspotten Sie ihn nicht automatisch. Dies ist kein Stand-up-Comedy-Auftritt, bei dem Sie etwas dazwischenrufen, damit der Komiker Sie bemerkt. Nein, eine Präsentation ist etwas ganz anderes. Die typische Reaktion auf einen Redner, der den Faden verliert, besteht nicht darin, ihn zu beschimpfen. Das Gegenteil ist der Fall: Sie haben Mitleid mit ihm. Sie möchten, dass sich der Redner wieder sammelt und einfach dort weitermacht, wo er aufgehört hat. Das ist das Gefühl, das jeder im Publikum verspürt, wenn so etwas passiert.

Um sich an Ihr Publikum anzupassen, müssen Sie stets daran denken, dass Ihre Zuhörer wollen, dass Sie erfolgreich sind. Sie sind da, um unterhalten zu werden. Sie denken nicht daran, wie Sie vor Ihrem Publikum scheitern werden und wie großartig das sein wird. Ich würde sogar sagen, dass Ihre Zuhörer Sie unterstützen. Gehen Sie nicht davon aus, dass Sie von Ihren Zuhörern fertiggemacht werden. Das genaue Gegenteil ist der Fall. Das Publikum ist auf Ihrer Seite.

## Verbale Kommunikation

Was beinhaltet die verbale Kommunikation? Nun, sie besteht im Wesentlichen aus Ihren Worten und Ihrer Stimme. Wenn Sie sowohl Ihre Wort als auch Ihre Stimme flüssig verwenden, werden Sie feststellen, dass Sie wie ein Dirigent sind, der ein Orchester leitet. Ihre Wortwahl und Ihr Tonfall machen die halbe

Miete aus, wenn Sie Ihr Publikum für sich gewinnen wollen. Wenn Ihre Stimme fünfzig Prozent Ihrer Kommunikation einnimmt, könnte dies durchaus ausreichen, um Ihre Zuhörer zu fesseln, selbst wenn Ihre restlichen fünfzig Prozent (Ihre Körpersprache) nicht den Anforderungen entsprechen.

Wenn ich Stimme und Wortwahl erwähne, meine ich damit nicht den Inhalt Ihrer Präsentation oder Ihrer Rede. Das ist ein ganz anderes Thema. Wenn ich über die physische Hälfte der verbalen Kommunikation spreche, dann meine ich damit Ihre Stimmlage, Ihre Sprechgeschwindigkeit und die Lautstärke Ihrer Stimme. Jeder dieser Aspekte ist entscheidend für Präsentationen vor Publikum, egal ob ein Mikrofon verfügbar ist oder nicht. Wenn Ihre Stimme beispielsweise zu leise ist, dann besteht eine hohe Wahrscheinlichkeit, dass einige Leute Sie nicht hören. Außerdem kann eine schlechte Artikulation und eine undeutliche Aussprache Ihr Publikum verwirren, sodass es sich fragt, warum es sich überhaupt die Mühe gemacht hat, Ihnen zuzuhören. Aus diesem Grund sind Ihre verbalen Fähigkeiten wichtig. Eine unverwechselbare Stimme kann auch die Aufmerksamkeit des gesamten Publikums auf sich ziehen.

### *Pausen*

Pause. Und weiter. Pause. Und weiter. Allein das Lesen dieser Wörter lässt Ihren Geist automatisch innehalten. Wenn Sie mit einem Publikum sprechen, passiert dasselbe. Sie können beim Sprechen Pausen einlegen, um Ihr Publikum zu fesseln. Es gibt verschiedene Pausenvariationen, mit denen Sie die besten Ergebnisse erzielen können. Die meisten Pausen können sowohl bei Präsentationen, bei Reden als auch während eines Meetings verwendet werden. Verwenden Sie Pausen jedoch nicht zu häufig und wenn, dann sollten diese Pausen kurz sein. Eine absichtliche Wirkungspause, die zu lange gehalten wird, wird zu einer unangenehmen Pause und das ist das Letzte, was Sie wollen. Achten Sie darauf, dass Ihre Pausen kürzer als vier bis fünf Sekunden sind. Wenn Ihre Pausen länger sind, dann kann es passieren, dass Ihr Publikum abgelenkt wird. Achten Sie darauf, dass Sie Ihre Motivation kennen, wenn Sie Pausen machen:

- *Reflexionspause* – Sie verwenden eine solche Pause, um Ihr Publikum dazu zu bringen, über das nachzudenken, was Sie gerade gesagt haben. Um dies zu erreichen, bitten Sie Ihr Publikum, über das jeweilige Thema nachzudenken. Sie können etwa sagen: „Jetzt nehmen wir uns eine Minute Zeit, um darüber nachzudenken, wie sich dies auf Sie auswirkt."
- *Dramatische Pause* – Diese Pause wird verwendet, wenn Sie dem, was Sie gesagt haben, einen Effekt verleihen möchten. Normalerweise wird diese Pause verwendet, um das Publikum dazu zu bringen, den Atem anzuhalten und die Spannung kurz vor einer Pointe oder einer dramatischen Erklärung zu verschärfen.
- *Thematische Pause* – Diese Pause bietet Übergänge zwischen verschiedenen Themen. Eine solche Pause sollte nicht zu lange dauern, wenn Sie lediglich möchten, dass Ihr Publikum versteht, dass Sie nun von einem Thema zum nächsten wechseln.
- *Visuelle Pause* – Sind Sie kurz davor, ein neues visuelles Hilfsmittel zu verwenden, nachdem Sie über ein anderes Thema gesprochen haben? Unabhängig davon, ob es sich um ein Diagramm des letzten Umsatzes oder um eine Grafik handelt, die mit Ihrer Kernbotschaft zusammenhängt, können Sie zwischen den verschiedenen visuellen Hilfsmitteln jederzeit eine Pause einlegen. Auf diese Weise kann Ihr Publikum die Informationen aufnehmen, bevor Sie darüber sprechen.

Waren Sie schon einmal in einem Theaterstück und in dem Moment, als der gruselige Bösewicht herauskommt, schweigen alle und warten darauf, was passiert? Genau so etwas geschieht auch, wenn Sie Pausen effektiv nutzen. Stellen Sie sicher, dass Sie Pausen einbauen, um eine Spannung aufzubauen.

### *Verlangsamung der Sprechgeschwindigkeit*

Ihr Thema ist Ihnen wichtig, egal ob es sich um ein berufliches Thema oder um ein rein informatives Thema handelt. Sprechen Sie über Ihr Thema und führen Sie Ihr Publikum, ohne dass es dies bemerkt, indem Sie Ihre Sprechgeschwindigkeit verlangsamen und Ihre Worte besonders artikulieren. Wenn Sie Ihre Sprechgeschwindigkeit verlangsamen, dann zeigt dies, dass Sie Ihre Nerven im Griff haben und dass Sie Autorität in diesem Bereich haben. Die Veränderung der Sprechgeschwindigkeit ist für die Zuhörer angenehm und gibt ihnen Zeit, über das jeweilige Thema nachzudenken.

Sprechen Sie niemals so schnell, dass sich Ihre Stimmlage vor Anstrengung verändert. Das Publikum interpretiert schnellgesprochene Wörter mit etwas Unwichtigem oder Trivialem, das leicht übergangen werden kann. Sie zeigen Ihrem Publikum, welche Informationen am wichtigsten sind, welche Aussagen am glaubwürdigsten sind und welche Teile der Präsentation am wertvollsten sind – und das geht am besten durch die Verlangsamung Ihrer Sprechgeschwindigkeit.

### *Betonung*

Sie können eine ganz andere Satzbedeutung erhalten, indem Sie bestimmte Wörter hervorheben. Diese Variante hilft Ihnen dabei, mehr Abwechslung in Ihrem Vortrag zu schaffen, und kann zudem Ihre Kernbotschaft stärker verdeutlichen. Schauen Sie sich die folgenden Beispiele an:

- Die *Zukunft* liegt in unseren Händen.
- Die Zukunft liegt in *unseren* Händen.

Betonen Sie also die Schlüsselaspekte Ihrer Präsentation. Vor allem in Ihrer abschließenden Bewertung ist die richtige Betonung äußerst wichtig. In diesem Teil Ihres Vortrags möchten Sie Ihr Thema zusammenfassen, Ihre Zuhörer motivieren oder Ihr Publikum zum Nachdenken anregen. Sie können zwei extrem unterschiedliche Ergebnisse erzielen, indem Sie die Betonung eines bestimmten Wortes ändern. Üben Sie also unbedingt, auf welche Wörter Sie sich konzentrieren möchten.

*Tonfall*

Mit Ihrem Tonfall vermitteln Sie Emotionen und Sie möchten, dass diese Emotionen eindeutig verstanden werden. Wie ein Schauspieler müssen Sie verschiedene Tonlagen, Stimmfarben und Stimmlautstärken üben, damit diese zu Ihrer Botschaft passen. Wenn Sie beispielsweise Traurigkeit vermitteln möchten, können Sie Ihre Tonlage senken, Ihre Stimme erschaudern lassen oder sogar flüstern. Wenn Sie möchten, dass sich Ihr Publikum über eine Sache aufregt, dann können Sie lauter werden und Ihre Stimme auf das hintere Ende des Veranstaltungssaals projizieren. Bedenken Sie, dass Ihre Tonlage angenehm sein sollte, insbesondere wenn Sie über ein informatives Thema sprechen. Mit modernen Technologien können Sie beim Üben Ihre Stimme aufzeichnen, damit Sie hören, wie das Publikum Ihre Sprache wahrnimmt. Sie können dies tun, wenn Sie sich nicht sicher sind, ob Sie die richtige Tonlage treffen.

## Non-verbale Kommunikation

Unser Unterbewusstsein nimmt automatisch die Körpersprache anderer Menschen auf. Es gibt sogar Menschen, die dazu in der Lage sind, die Körpersprache anderer Menschen zu lesen und damit ihren Lebensunterhalt zu verdienen. Das liegt daran, dass jeder Mensch seine eigene Körpersprache hat, die signalisiert, wie wir uns fühlen und was wir tun. Dies ist unglaublich wichtig, besonders wenn Sie von anderen Leuten beobachtet werden. Deshalb sollten Sie immer daran denken, dass Ihr Körper neben Ihren Worten und der Art und Weise, wie Sie sie sprechen, eine Geschichte erzählt.

Es geht darum, die Kontrolle über Ihren Körper zu haben. Selbst wenn Sie innerlich ausrasten, können Sie es so aussehen lassen, als ob Ihre Körpersprache etwas völlig anderes aussagt! Es gibt kleine Bereiche, auf die Sie sich konzentrieren können, um die Auswirkungen Ihrer Körpersprache auf Ihr Publikum zu maximieren.

### *Hände*

Kommen wir zum offensichtlichen Teil – Ihren Händen. Sie sollten mit Ihren Händen sprechen. Studien haben ergeben, dass die beliebtesten Sprecher in Ted-Talks etwa 465 Handgesten verwendeten, fast doppelt so viele wie diejenigen Sprecher, die nicht so gut ankamen. Integrieren Sie also Ihre Hände in Ihren Vortrag!

Gesten mit den Händen ermöglichen es Ihnen nicht nur, Ihre Botschaft besser zu vermitteln, sondern können auch eine großartige Möglichkeit sein, um die Aufmerksamkeit Ihres Publikums auf bestimmte Details zu lenken, die es möglicherweise noch nicht bemerkt hat. Zum Beispiel hält die Person, die eine Hochzeitsrede hält, normalerweise ihr Glas in der Hand. Durch diese Geste freuen sich die anwesenden Gäste bereits darauf, wann sie an der Reihe sind, ihre Gläser anzuheben und auf das Brautpaar anzustoßen. Dies ist ein gutes Beispiel dafür, wie das Publikum in einem gesellschaftlichen Rahmen Körpersprache und Gesten versteht.

Verwenden Sie bei der Probe Ihrer Präsentation ebenfalls bewusst genügend Handbewegungen, um die Aufmerksamkeit des Publikums auf Sie zu lenken, wenn Sie etwas Wichtiges sagen möchten. Verwenden Sie Ihre Handgesten, um Ihre Worte zu betonen und Sie werden feststellen, dass sich das Präsentieren vor Publikum für Sie noch natürlicher anfühlt.

### *Augen*

Augenkontakt zu halten ist wahrscheinlich der wichtigste Ratschlag für all diejenigen, die daran interessiert sind, das Sprechen vor Publikum zu beherrschen. Augenkontakt zu halten kann der schwierigste Teil für Redner sein, die ein wenig schüchtern sind. Vertrauen entsteht durch direkten Augenkontakt. Aus diesem Grund sollten Redner, die noch nicht sehr erfahren sind, freundliche Menschen im Publikum finden und mit diesen Menschen Augenkontakt aufnehmen. Wenn Sie mit diesen Menschen Augenkontakt aufgenommen haben, wird sich dieser auch auf die anderen Zuhörer ausweiten und dazu führen, dass das Publikum Ihnen aufmerksam zuhört. Außerdem kann Augenkontakt bei Personen, die Ihnen nicht mehr zuhören, dazu führen, dass Sie wieder deren Aufmerksamkeit bekommen. Wenn Sie die ganze Zeit auf den Boden starren, werden Sie feststellen, dass sich Ihr Publikum schnell langweilt.

Augen kommunizieren die Absichten von uns Menschen, da unsere Augen oftmals der ausdrucksstärkste Teil unseres Gesichts sind. Wenn wir Augenkontakt herstellen, gehen wir automatisch davon aus, dass die Person, mit der wir sprechen, über Selbstvertrauen verfügt, das unserem eigenen entspricht. Dies gilt unabhängig davon, ob Sie als Redner oder Zuhörer teilnehmen. Sie sollten stets darauf achten, Augenkontakt zu halten, auch wenn Sie vor einem großen Publikum sprechen. Scannen Sie Ihr Publikum und nehmen Sie auf, wie es sich verhält. Wenn Sie erkennen, wie sich Ihr Publikum verhält, kann dies eine großartige Möglichkeit sein, um die Aufmerksamkeit Ihrer Zuhörer zu behalten.

Neben vielen anderen nonverbalen Kommunikationsweisen stellen erfahrene Sprecher unbewusst Augenkontakt her. Denn wir steuern unsere Blicke selten bewusst. Wenn Sie beispielsweise wütend auf jemanden sind, kann es passieren, dass Sie Ihren Blick wütend auf diese Person richten. Wenn Sie jemanden sehen, der stark verärgert ist, dann müssen Sie nicht einmal die Körpersprache dieser Person sehen. Es reicht bereits aus, ihren Blick zu sehen. Aus diesem Grund sollten Sie den Augenkontakt zu Ihrem Publikum aufrechterhalten, wenn Sie eine Präsentation halten. Ihre Augen sollten nicht zusammengekniffen sein, damit das Publikum nicht das Gefühl bekommt, dass Sie feindselig gegenüber Ihren Zuhörern eingestellt sind. Wer braucht schon einen Raum voller verärgerter Zuhörer?

## *Körperhaltung*

Schauen Sie in den Spiegel und stehen Sie wie gewohnt da. Dies ist Ihre normale Körperhaltung und obwohl diese für Sie angenehm erscheinen mag, ist dies normalerweise nicht die Körperhaltung, die Sie beim Sprechen vor Publikum einnehmen müssen. Wenn Sie vor einer Menschenmenge stehen, dann ist es am besten, Ihre *öffentliche Präsentationskörperhaltung* einzunehmen.

Idealerweise steht ein guter Redner mit aufrechtem Oberkörper da, sodass der Rücken gerade ist. Sie sollten Ihrem Publikum leicht seitlich zugewandt stehen. Eine offene, akzeptierende Körperhaltung lässt darauf schließen, dass Sie nicht angespannt sind! Sie sollten Ihren ganzen Körper nutzen, um mit Ihrem Publikum zu kommunizieren. Üben Sie also Ihre Körperhaltung, bevor Sie die Bühne betreten. Eine solche Körperhaltung strahlt oft Autorität und Selbstvertrauen aus, was perfekt für Präsentationen vor Publikum ist.

## *Energie*

Energiegeladen und präsent auf der Bühne zu stehen bedeutet nicht, dass Sie auf der Bühne Rückwärtssaltos ausführen oder Ihr Publikum wie ein Popstar unterhalten müssen. Nein, es bedeutet einfach, dass Sie eine helle Stimmlage an den Tag legen und sich auf der Bühne bewegen sollten. Wenn Sie sich während Ihrer Präsentation ein wenig auf der Bühne bewegen, werden Sie die Aufmerksamkeit aller Menschen auf sich ziehen, die möglicherweise nicht aufgepasst haben.

Wenn Sie energiegeladen wirken, werden die Leute Sie natürlicherweise als warmherzig und zugänglich wahrnehmen, was dazu führt, dass Ihr Publikum eine bessere Beziehung zu

Ihnen und Ihrer Botschaft aufbaut. Eine tolle Energie auszustrahlen ist so, wie wenn Sie Ihr Publikum ansehen und schreien: „HÖREN SIE MIR ZU!", ohne dies jedoch wirklich zu tun.

Es gibt einige bewährte Möglichkeiten, wie Sie sich vor einer Präsentation mit Energie volltanken können.

Einige Leute, so wie beispielsweise der Redner Tony Robbins, machen Sport, bevor sie auf die Bühne gehen. Ich empfehle Ihnen nicht, einen Marathon zu laufen, doch Sie könnten vor Ihrer Präsentation ein paar Hampelmänner machen, um Ihren Herzschlag zu beschleunigen. Robbins springt gerne auf einem Trampolin herum, während er schnell ein- und ausatmet, damit sein Blut in Wallung kommt. Selbst ein paar Liegestütze geben Ihnen einen kleinen Adrenalinkick und lenken Ihre Gedanken ein wenig ab, bevor Sie mit Ihrem Vortrag beginnen.

Wenn Sie Probleme damit haben, während Ihrer Präsentation Ihre Energie auf einem hohen Niveau zu halten, binden Sie das Publikum erneut ein, indem Sie eine Geschichte erzählen, die Ihnen wichtig ist. Jede Anekdote, die in Ihnen Emotionen hervorruft, hilft Ihnen dabei, die Spannung im Raum zu erhöhen und Ihrer Stimme ein wenig Tiefe zu verleihen. Sie können von Zeit zu Zeit vor Ihrem Publikum hin und her gehen, damit sich Ihr Publikum wieder auf Sie fokussiert.

Denken Sie daran, dass Sie sich Ihrer Energie bewusst sein sollten, wenn Sie präsentieren. Jeder Zuhörer im Raum kann Ihre Energie aufnehmen und dies führt dazu, dass das Interesse Ihrer Zuhörerschaft gesteigert wird.

## Kommunikation, wozu ist sie gut?

Die einfache Antwort: Die Kommunikation ist für *Ihr Publikum* gedacht. Ihre Zuhörer haben Ihnen Ihre Zeit geschenkt und warten darauf, was Sie ihnen präsentieren werden. Wenn Sie ein toller Redner werden wollen, dann müssen Sie zunächst einmal wissen, dass Kommunikation ein wichtiges Gut ist. Kommunikation besteht nicht nur aus Ihrer Körpersprache und Ihrer Stimmlage, sondern ist noch so viel mehr. Wenn sich die Menschen Ihren Namen aufgrund der Präsentationen, die Sie halten, merken und wenn Ihnen nachgesagt wird, dass Sie klar kommunizieren können, dann kann dies Ihre Karriere äußerst stark fördern.

Die Kommunikation wird dazu verwendet, um die Meinung der Menschen zu ändern, sie zu beeinflussen, sie zu motivieren und Beziehungen zu ihnen aufzubauen. Die Kommunikation kann Sprachbarrieren und kulturelle Unterschiede ganz leicht überwinden. Die Entwicklung Ihrer Kommunikationsfähigkeiten ist für ein erfülltes Leben von entscheidender Bedeutung und sollte niemals vernachlässigt werden, auch wenn Sie sich lediglich darauf konzentrieren, ein guter Redner zu werden. Doch der Kommunikationsprozess ist weit mehr als das. Schließlich nutzen so viele Menschen die Kommunikation, um ihre Beziehungen zu verbessern und um Informationen weiterzugeben.

Sie sollten immer daran denken, dass Kommunikation ein wechselseitiger Prozess ist. Deshalb ist Ihre Fähigkeit zur effektiven Kommunikation so wichtig. Ich habe das Thema Zuhören bereits in diesem Kapitel kurz erwähnt. Kommunikation ist keine Einbahnstraße. Sie müssen in der Lage sein, Ihrem Publikum zuzuhören, auch wenn es keine Worte verwendet. Auf diese Weise wird Ihre Präsentation zu einer gemeinsamen Erfahrung zwischen Ihnen und Ihren Zuhörern. Wenn Sie sich dem Ende Ihrer Präsentation nähern und Sie das Feedback Ihres Publikums einholen wollen, dann können Sie Ihren Vortrag beenden, indem Sie auf die Fragen und Anregungen Ihrer Zuhörer eingehen. Ein solcher Abschluss kann Ihrem Vortrag eine ganz spezielle Note verleihen. Es handelt sich hierbei um einen Prozess zwischen Ihnen und Ihren Zuhörern, der sich ständig weiterentwickelt, und so sollte er auch behandelt werden.

## Die Sängerin, die mit ein wenig Hilfe ihre Angst überwand – Profil Adele

Sie werden wahrscheinlich überrascht sein zu erfahren, dass diese unglaubliche Sängerin unter Lampenfieber leidet. Adele ist eine weltberühmte Sängerin, die bereits vor sehr vielen Zuschauern gesungen hat, auch bei Preisverleihungen. Sie gehört mit Sicherheit auch zu den weltweit beliebtesten Sängerinnen, weswegen man denken könnte, dass sie daran gewöhnt ist, dass das Publikum ihr zujubelt. Adele geht jedoch sehr offen mit ihrem Lampenfieber und ihrer Angst um.

Es gab einen Vorfall, bei dem die Sängerin lieber die Flucht über eine Feuerleiter ergriff, anstatt sich einer Menschenmenge zu stellen. Ein anderes Mal gab sie zu, sich auf eine Person übergeben zu haben, bevor sie auf die Bühne ging. Trotz ihres Lampenfiebers vor Shows tritt Adele auf. Doch was hat ihr geholfen?

Lassen Sie sich überraschen. Die Sängerin verriet, dass eine andere Sängerin ihr einen Tipp gegen das Lampenfieber gegeben hat. Es war jemand, den sie vergötterte, bevor sie selbst berühmt wurde. Als Adele Beyoncé zum ersten Mal treffen sollte, hatte die schüchterne Sängerin beinahe eine Panikattacke. Als Adele jedoch Beyoncé gegenüberstand, sagte der Megastar zu ihr: „Du bist unglaublich! Wenn ich dich singen höre, dann habe ich das Gefühl, Gott zuzuhören."

Manchmal sind es die freundlichen Worte der Personen, die wir schätzen, die uns das Selbstvertrauen geben können, vor anderen Menschen aufzutreten und unser Bestes zu geben. Wenn Sie unter Lampenfieber leiden, sollten Sie mit jemandem sprechen, dem Sie vertrauen und versuchen, sich aufmunternde Worte von dieser Person einzuholen. Vielleicht helfen Ihnen ja genau diese freundlichen Worte, wenn Sie sich wieder ängstlich fühlen.

KAPITEL 5:

# Großartige Reden vorbereiten

Es spielt keine Rolle, ob Sie der größte Redner der Welt sind. Wenn Sie kein Thema haben, das gut recherchiert und geschrieben ist, waren Ihre Fortschritte umsonst. Eine mittelmäßige Rede, egal wie gut sie vorgetragen wird, wird das Publikum nicht begeistern. Eine solche Rede wird nicht im Gedächtnis bleiben. Ich würde sogar so weit gehen und sagen, dass sich die Zuhörer nach einer solchen Rede leer fühlen.

Sie müssen die Bühne betreten und sich sicher sein, dass Sie alles getan haben, um sich optimal darauf vorzubereiten. Sie sollten die Bühne betreten und wissen, dass Sie Ihr Publikum fesseln werden. Und ich weiß, dass Sie das können! Es gibt mehrere Techniken, mit denen Sie sicherstellen können, dass die Personen, zu denen Sie sprechen, an Ihren Lippen hängen und sich für das interessieren, was Sie sagen.

## Die verschiedenen Säulen einer Rede

Der Aufbau einer Rede ist ein schwieriger Prozess und Sie sollten dies von Anfang an richtig machen. Deshalb beginne ich mit den Dingen, die Sie zuerst beachten sollten. Sie sollten diese Säulen einer Rede unbedingt berücksichtigen, da sie sich auf Ihr Publikum beziehen und Ihnen dabei helfen werden, jene Art von Rede herauszufinden, die Sie halten sollten, um Ihre Kernbotschaft klarer zu vermitteln. Ich bin mir sicher, dass Sie, sobald Sie eines oder alle dieser Prinzipien anwenden, bald einen Unterschied in der Art und Weise feststellen werden, wie Ihr Publikum Ihnen zuhört.

## *Überzeugungskraft*

Normalerweise halten wir Überzeugungskraft für etwas Schlechtes. Ich würde sogar sagen, dass dieses Wort fast ein wenig manipulativ klingt. Die Überzeugungskraft hat einen schlechten Ruf, sollte jedoch nicht als schlecht angesehen werden. Wenn Sie versuchen, Ihr Gegenüber zu überzeugen, dann handelt es sich hierbei schließlich um den Versuch, eine Person so zu beeinflussen, dass sie sich für etwas entscheidet. Sie verwenden Ihre Überzeugungskraft, um die Meinung von Menschen zu ändern, und bei Präsentationen greifen Sie normalerweise auf Fakten zurück.

Sie können das Internet nach einer solchen Rede durchsuchen, doch es gibt nicht viele Reden, die nur wenig Überzeugungsarbeit enthalten. Wir verwenden unsere Überzeugungskraft öfter als wir denken. Zum Beispiel greifen wir darauf zurück, um unseren Chef zu einer Gehaltserhöhung zu überreden oder unseren Partner dazu zu bringen, mit unserer Mutter auszukommen. Das Tolle an der Überzeugungskraft ist, dass sie nicht statisch ist und nicht nur eine Form annehmen kann. Die Überzeugungskraft kann angewandt werden, um Ihre Argumente zu verbessern, ist jedoch nicht so stark wie eine Manipulation, bei der häufig Planung und Taktik verwendet werden, um eine Person regelrecht dazu zu zwingen, ihre Meinung zu ändern.

Wenn Sie Ihr Gegenüber überzeugen wollen, müssen Sie ihm einen Grund geben, um seine Ansichten zu ändern. Sie können verschiedene Techniken anwenden – emotionale Reaktionen, Logik oder sogar das Ansprechen eines persönlichen Grundes aus Ihrer Vergangenheit. Sie sollten beide Seiten des Arguments kennen, damit Sie sie am besten gegenüberstellen können. Auf diese Weise können Sie Ihrem Gegenüber Ihre Argumente vorlegen, sodass er Ihre Ansicht auf Basis der von Ihnen angegebenen Gründe nachvollziehen kann. Auf diese Weise lernen Sie beide Ansichtsweisen kennen und wenn jemand nicht mit Ihnen übereinstimmt, haben Sie Gegenargumente, wenn Sie am Ende Ihrer Präsentation die Fragen Ihres Publikums beantworten.

## *Unterhaltungswert*

Ich bin mir sicher, dass Sie wollen, dass Ihre Rede vor allen Dingen unterhaltsam ist, und ich bin mir auch sicher, dass dem so sein wird! Wir sind immer wieder einmal in Situationen, wo eine unterhaltsame Rede erforderlich ist, und Sie sollten wissen, wie Sie Ihre Rede weniger langweilig gestalten können. Wenn Sie feststellen, dass das Thema Ihres Vortrags ermüdend und trocken ist, dann sollten Sie es ein wenig aufpeppen.

Eine unterhaltsame Rede wird oft verwendet, um ein Publikum zu begeistern, seine Aufmerksamkeit zu wecken und gleichzeitig eine Kernbotschaft zu übermitteln. Wenn Sie den unterhaltsamen Aspekt Ihres Vortrags fokussieren, dann ist die Art und Weise, wie Sie sprechen, eine andere, als wenn Sie eine informative oder überzeugende Rede halten. Denken Sie zum Beispiel an die letzte unterhaltsame Rede, die Sie gehört haben. Normalerweise greifen wir bei Hochzeiten oder bei Preisverleihungen auf lustige Anekdoten zurück. Doch Humor ist auch nicht alles. Es geht darum, Ihre Stimme so zu verwenden, dass das Publikum begeistert ist.

Viele Leute denken, dass unterhaltsame Reden einfach so gehalten werden können. Sie streuen ein wenig Humor hinein, dazu ein paar lustige Handgesten und Geschichten, und schon lacht jeder im Publikum. Doch so funktioniert es nicht. Wenn Sie das tun, dann kann Ihre Rede ins Stocken geraten und im Publikum wird es unangenehm still. Sie sollten genauso viel Vorbereitung in eine unterhaltsame Rede stecken wie in jede andere auch.

Sie sollten Ihre Körpersprache offener gestalten und eine umgangssprachlichere Sprache verwenden. Achten Sie darauf, dass Ihre Rede nicht zu schwermütig wird, indem Sie Ihre

Tonlage anpassen (wir werden später noch auf dieses Thema eingehen). Sie können während einer ernsten Rede auch kleine, unterhaltsame Teile einstreuen, um das Ganze ein wenig aufzupeppen, aber Sie müssen nicht krampfhaft den großen Unterhalter spielen – niemand erwartet von Ihnen, dass Sie Ihre Gitarre hervorkramen und Wonderwall singen. Sie müssen lediglich bedenken, dass unterhaltsame Reden Menschen berühren können, und das ist etwas, was jeder gut findet.

## *Informationen*

Informative Reden sind normalerweise für Themen gedacht, die ein wenig kritischer sind, bzw. für Vorträge, die sich auf bestimmte Thematiken konzentrieren. Bei dieser Art von Reden dreht sich alles um die Fakten und solche Vorträge müssen dem Publikum diese Fakten vermitteln, damit sie leicht verstanden werden können. Im Wesentlichen informieren Sie Ihr Publikum.

Jedoch gibt es ein Problem mit informativen Reden – sie sind trocken. Sie haben eine beträchtliche Menge an Informationen, die in kurzer Zeit übermittelt werden müssen. Deswegen bleibt, abgesehen von den Fakten, nicht wirklich viel Platz für andere Dinge. Es kann schnell passieren, dass Ihr Publikum trotz Ihrer Leidenschaft für das Thema einschläft. Wenn Sie feststellen, dass es sich um wirklich langweilige Informationen handelt, dann müssen Sie Ihren Vortrag ein wenig unterhaltsamer gestalten, um Ihr Publikum wieder wachzurütteln. Ich empfehle, lustige Geschichten in Ihren Vortrag zu integrieren oder die Informationen sogar zu personalisieren, damit sich das Publikum leichter mit dem Thema identifizieren kann.

Eine informative Rede zu halten kann kompliziert sein, da Sie gut organisiert sein müssen, um alle Fakten zu erfassen. Verwenden Sie Ihre Zitate mit Bedacht und greifen Sie während Ihrer Rede auf visuelle Hilfsmittel und Hinweise zurück. Ihre Präsentation sollte alle Informationen enthalten und visuelle Mittel können der Schlüssel sein, um viele Informationen in kurzer Zeit zusammenzufassen, ohne das Publikum zu überfordern. Sie können stets eine kurze Anekdote aus Ihrem eigenen Leben hinzufügen und Sie sollten unbedingt im vorgegebenen Zeitrahmen bleiben, was selbstverständlich gelingen wird, wenn Sie alles gut organisiert und vorher geübt haben.

Es ist immer wichtig, auch langweilige Themen interessant zu gestalten. Was Sie zu sagen haben, ist wichtig! Auch bei informativen Reden sollten Sie also stets ein wenig Unterhaltung oder Überzeugungskraft einfügen. Dies ist eine der Säulen, die ein wenig Hilfe der anderen Säulen benötigt, da sie ebenso wichtig ist, aber schnell langweilig werden kann.

### *Gut definierte Botschaften*

Ihre Rede ist Ihre Botschaft – stellen Sie also sicher, dass diese gut definiert ist. Die Art und Weise, wie Sie Ihre Rede gestalten, ist ein wesentlicher Bestandteil dessen, wie diese von Ihrem Publikum aufgenommen wird. Betrachten Sie sich selbst als Initiator eines Gesprächs. Sie möchten, dass sich Ihre Teilnehmer darauf einlassen. Sie sollten es Ihren Zuhörern leicht machen, Sie zu verstehen und gleichzeitig eine Verbindung mit Ihnen aufzubauen. Dadurch werden Sie nicht nur die Aufmerksamkeit des Publikums auf sich ziehen, sondern Sie werden Ihre Zuhörer auch faszinieren.

Wie definieren Sie Ihre Botschaft also? Dies hängt ganz davon ab, was Sie vermitteln möchten. Es handelt sich jedoch um etwas Grundsätzliches, was Sie bei jeder Präsentation vor Publikum beachten sollten. Es gibt einige Fragen, die bei der Definition Ihrer Botschaft hilfreich sein können:

- An wen richtet sich Ihre Botschaft?
- Was soll Ihr Publikum lernen?
- Wie können Sie das, was Sie sagen, zu einem integralen Bestandteil Ihrer Präsentation machen und gleichzeitig Ihren Grundsätzen treu bleiben?
- Wie viele Leute werden dort sein?

- Was ist das Zeitlimit?

Berücksichtigen Sie all diese Dinge, während Sie Ihre Botschaft bestimmen. Sie müssen Ihre Botschaft so klar wie möglich formulieren und diese Fragen helfen Ihnen dabei, Ihre Kernpunkte herauszufinden. Sie sollten darauf achten, dass alle Ihre Punkte Teilmengen Ihrer zu definierenden Botschaft sind. Deshalb ist es so wichtig, überhaupt eine Definition zu entwickeln.

Sie können Ihre Präsentation mit Ihrer Botschaft eröffnen oder sie erst nach einer gewissen Zeit übermitteln, um Ihren Zuhörern zu verdeutlichen, was sie zu erwarten haben. Welche dieser Strategien Sie wählen, hängt natürlich davon ab, was Ihre Botschaft ist. Sie sollten genau wissen, wann Sie Ihre Botschaft platzieren. Wählen Sie auf keinen Fall eine Stelle, an der Sie sich unsicher fühlen! Wenn Sie sich dafür entscheiden, Ihre Botschaft gleich zu Beginn Ihres Vortrags zu übermitteln, verlieren Sie im weiteren Verlauf möglicherweise das Interesse Ihres Publikums. Achten Sie also auf die Platzierung Ihrer Botschaft.

## Der ultimative Anfang

Die ersten Momente sind die wichtigsten! Studien haben ergeben, dass ein erster Eindruck nur sieben Sekunden dauert. Daher ist die Zeit zu Beginn Ihres Vortrags entscheidend, um Ihr Publikum zu gewinnen. Es gibt mehrere Möglichkeiten, wie Sie eine Präsentation oder eine Rede beginnen können. Ganz egal, welche Möglichkeit Sie wählen: Sie sollten sich in jedem Fall mit Ihrer Eröffnung wohl fühlen. Sie sollten zudem bedenken, dass jede dieser Möglichkeiten einen anderen Effekt auf sein Publikum hat. Wenn Sie diesen Effekt kennen, wird dies einen bleibenden Eindruck für den Rest Ihrer Präsentation hinterlassen.

## *Eine Geschichte erzählen*

Das Sprechen vor Publikum ist eine Kunstform und die Verwendung Ihrer Worte, um eine persönliche Geschichte zu erzählen oder sich darauf zu beziehen, kann eine großartige Möglichkeit sein, um eine Verbindung mit Ihren Zuhörern aufzubauen. Es gibt jedoch eine Regel: Unterbrechen Sie Ihre Rede oder Präsentation nicht mit Ihrer Geschichte. Das ist sehr wichtig. Beginnen Sie nicht mit Ihrer Präsentation und hören Sie dann auf, um eine Geschichte zu erzählen. Sie müssen Ihre Geschichte nahtlos in Ihre Rede einfließen lassen, sodass diese nicht von Ihrer Hauptbotschaft ablenkt. Die Geschichten-Option ist eine gute Eröffnung, da wir schon als Kinder gerne eine gute Geschichte gemocht haben. Achten Sie also darauf, dass Ihre Geschichte auch unterhaltsam ist!

Ein Beispiel: „Als Teenager war ich früher genau wie Sie. Ich verbrachte meine Tage damit, die Schule sausen zu lassen und mit Leuten abzuhängen, die nicht gut für mich waren. Drogen waren in meinem Freundeskreis weit verbreitet und haben mich dazu gebracht, einige schreckliche Dinge zu tun."

## *Eine Frage stellen*

Wenn Sie Ihre Präsentation mit einer Frage beginnen, sollten Sie zunächst eine Erklärung oder ein Was-wäre-wenn-Szenario abgeben. Dies wird nicht nur dazu führen, dass Ihre Zuhörer nachdenken, sondern wird auch ihre Aufmerksamkeit gewinnen. Dies ist ein starker Auftakt einer Rede, da alle Beteiligten von Anfang an involviert sind.

Ein Beispiel: „Es heißt, dass nur zehn Prozent der Menschen auf unserer Welt den Schlüssel zum Glück finden. Es sind viele wichtige Schritte erforderlich, um Ihr eigenes Glück zu finden. Sind Sie bereit, die Arbeit zu leisten, damit auch Sie ein Maß an Glückseligkeit erreichen, das sich auf alle Facetten Ihres Lebens auswirkt?"

### *Ein Statement machen*

Nichts erregt die Aufmerksamkeit einer Person so sehr wie eine Aussage, die sie betrifft. Wenn Sie Menschen dazu bringen wollen, an Ihren Lippen zu hängen, dann können Sie eine Aussage machen, die sich auf jede Person im Raum bezieht. Die Aussage muss nicht negativ sein. Sie sollte sich jedoch auf Ihre Kernbotschaft beziehen und zu Ihrer Recherche passen. Geben Sie unbedingt an, welche Quelle Sie ausgewählt haben, wenn es sich um Forschungsarbeiten handelt. Sie wollen ja schließlich nicht, dass alle im Raum denken, dass Sie sich etwas ausgedacht haben.

Ein Beispiel: „Die globale Erwärmung verlangsamt sich nicht. Tatsächlich betrifft uns die Erderwärmung alle. Die NASA hat festgestellt, dass dieses Jahr das sechzehntwärmste Jahr seit 134 Jahren war."

### *Sich bedanken*

Demut und Dankbarkeit zu zeigen ist eine großartige Möglichkeit, um Ihre Präsentation zu eröffnen. Wenn Sie an einem Veranstaltungsort sprechen, sollten Sie sich bei den Personen bedanken, die alles für Sie organisiert haben, sowie beim Publikum für sein Erscheinen. Am Ende fühlen sich alle im Raum ernstgenommen und freuen sich auf die bevorstehende Präsentation.

Ein Beispiel: „Zunächst möchte ich allen dafür danken, dass Sie heute gekommen sind. Mir ist Ihre Teilnahme sehr wichtig und ich danke den Organisatoren dafür, dies alles möglich gemacht zu haben. Einen kleinen Applaus für die Organisatoren!"

### *Ein Kompliment machen*

Dies mag ein wenig wie Einschleimen wirken, doch es ist wichtig, dass das Publikum Sie als eine Person ansieht, die bereit dazu ist, zuzuhören und jeden im Raum zu beachten. Indem Sie Ihren Zuhörern ein Kompliment machen, wirkt es so, als ginge es mehr um Ihr Publikum als um Sie – und das macht einen sehr guten ersten Eindruck.

Ein Beispiel: „Zunächst einmal möchte ich sagen, dass es mir ein Vergnügen war, in all den Jahren mit Ihnen zusammenzuarbeiten. Ich weiß, dass diese Präsentation uns alle betrifft, zumal ich Sie alle während unserer Arbeitszeit gut kennenlernen konnte."

### *Die Fantasie verwenden*

Die Fantasie von uns Menschen ist endlos – nutzen Sie das zu Ihrem Vorteil! Sie können ein Gefühl des Teamgeistes kreieren, wenn Sie es schaffen, dass Ihre Zuhörer eine Situation gemeinsam visualisieren können. Diese Methode ermöglicht nicht nur eine gewisse Ruhepause, bevor Sie mit Ihrer Präsentation beginnen, sondern hilft Ihnen auch dabei, eine Verbindung mit Ihrem Publikum aufzubauen.

Ein Beispiel: „Stellen Sie sich vor, Sie stehen vor Ihrem Chef und haben gerade erfahren, dass Sie eine Gehaltserhöhung erhalten haben. Denken Sie über dieses Gefühl nach und öffnen Sie jetzt Ihre Augen. Erfolg ist das, was wir daraus machen."

## Die Gliederung Ihrer Rede

Dieser Teil wird ein wenig anstrengend werden, doch ich weiß, dass Sie damit umgehen können! Sobald Sie Ihre Körpersprache und Ihre Stimmlage beherrschen, sind Ihre Worte der nächste Schritt für eine perfekte Präsentation. Die Gliederung Ihrer Rede sorgt dafür, dass Sie gut organisiert sind und Ihre wichtigsten Punkte verstehen. Sie müssen sich die Gliederung gut eingeprägt haben, bevor Sie die Bühne betreten. Ich weiß aus eigener Erfahrung, dass eine unstrukturierte Gliederung fast immer zu einer schlechten Präsentation führt.

Eine Gliederung besteht aus mehreren Teilen und jeder dieser Teile sollte logisch auf dem vorhergehenden Teil aufgebaut sein.

Die Übergänge zwischen den verschiedenen Teilen Ihrer Präsentation sollten nahtlos sein, damit Sie Ihre Informationen nicht wiederholen. Jeder Schlüsselpunkt dient seinem eigenen Zweck und hat seinen Platz innerhalb der Präsentation. Nachfolgend sind einige Richtlinien aufgeführt, die Sie befolgen müssen, um sicherzustellen, dass Ihre Gliederung perfekt ist.

*Eröffnung und Einführung*

Sie müssen Ihre Präsentation furios beginnen. Verwenden Sie also mindestens eines der in diesem Kapitel aufgeführten Konzepte. Ich möchte, dass Ihr Publikum begeistert ist, sobald Sie die Bühne oder den Sitzungssaal betreten. Egal wo Sie sind: Sie sollten mit einem starken Intro beginnen, damit jeder automatisch zuhört. Sie können einige der in diesem Kapitel angebotenen Eröffnungen verwenden und sie an Ihre eigene Präsentation anpassen.

Die Einführung enthält eine Reihe wichtiger Teile, denen Sie in der richtigen Reihenfolge folgen sollten. Einige sind optional, andere sind essenziell für den Beginn Ihrer Rede. Jeder Punkt, der als optional angesehen wird, wird als solcher aufgeführt. Folgen Sie diesen Tipps in der richtigen Reihenfolge und Sie werden sicherlich die für Sie perfekte Einführung finden.

*Die Aufmerksamkeit Ihres Publikums gewinnen*

Der erste Satz, den Sie aussprechen, ist die Grundlage für den weiteren Verlauf Ihrer Präsentation und beeinflusst, wie sich diese weiter entfalten wird. Stellen Sie also sicher, dass das Erste, was Sie sagen, Ihr Publikum beeinflusst. Es ist wissenschaftlich erwiesen, dass Sie weniger als zwanzig Sekunden Zeit haben, um einen ersten Eindruck zu hinterlassen. Danach kann dieser nicht mehr geändert werden. Verwenden Sie daher unbedingt einen Eröffnungssatz, der Ihre Kernbotschaft widerspiegelt, aber auch die Aufmerksamkeit Ihrer Zuhörer erregt.

*Glaubwürdigkeit herstellen*

Wenn Sie vor einem Publikum sprechen, das Sie nicht kennen, sollten Sie ihm einen Grund geben, um Ihnen zuzuhören. Sagen Sie Ihren Zuhörern, warum Sie die Person sind, die mit ihnen über das Thema spricht. Wenn Sie über Ihre Hintergrundinformationen sprechen (entweder über Ihr Wissen zu diesem Thema oder über eine Geschichte Ihres persönlichen Lebens), wirken Sie auf Ihre Zuhörer glaubhaft.

*Kernbotschaft*

Hier stellen Sie die Botschaft Ihrer gesamten Rede vor. Sie sollten Ihre Zuhörer darüber informieren, warum sie hier sind. Dies ist großartig, wenn Sie vor Publikum über ein bestimmtes Thema sprechen, insbesondere über eine Meinung. Wenn Sie vor Ihren Arbeitskollegen eine Präsentation halten, teilen Sie ihnen hier den Schwerpunkt Ihrer Forschungen mit, sei es das neue Produkt oder die Änderung einer Richtlinie in den Abteilungen. Sie sollten Ihre Kernbotschaft kommunizieren und eine gute Einleitung haben. Danach bauen Sie darauf Ihre wichtigsten Punkte auf.

*Vorschau der Präsentation*

Dieser Schritt ist optional und kann Ihnen helfen, wenn Sie eine längere Präsentation halten. Sie können die Bühne auch so einrichten, dass jeder weiß, was er während Ihrer Redezeit von Ihnen erwarten kann. Sie können eine Übersichtsfolie verwenden oder einen schnellen Überblick darüber geben, was Ihre Zuhörer von Ihnen erwarten können. Dies ist besonders nützlich, wenn Sie eine längere Präsentation zu einem komplizierten Thema mit vielen Unterpunkten halten.

### Zweiter Teil – Wichtige Punkte und Unterpunkte

Ihr zweiter Teil kommt direkt nach Ihrer Einführung. Stellen Sie also sicher, dass der Übergang zwischen Ihrer Eröffnung und den Kernpunkten reibungslos vonstattengeht. Nachdem Sie Ihr zentrales Konzept und Ihre Kernbotschaft kommuniziert haben, können Sie zu den wichtigsten Punkten bzw. zu den Gründen gelangen, warum Ihre Kernbotschaft so ist, wie sie ist. Sie sollten einen Punkt pro Folie und dann mehrere Unterpunkte haben, die Ihnen dabei helfen, diesen Punkt zu argumentieren. Dadurch erhält Ihre Botschaft Glaubwürdigkeit. Stellen Sie daher sicher, dass der Hauptteil des zweiten Teils Ihre Unterpunkte sind. Diese helfen Ihnen dabei, sich auf Ihre Botschaft zu konzentrieren.

Sie können so viele wichtige Hauptpunkte verwenden, wie Sie benötigen. Achten Sie jedoch darauf, dass Sie Ihre Informationen mit geeigneten Recherchen und Zitaten absichern! Wenn Sie Statistiken oder Informationen aus einer Studie verwenden, geben Sie unbedingt an, woher Sie diese haben. Sie müssen diese Informationen nicht in die Diashow oder Präsentation selbst einfügen, sondern müssen Sie lediglich kommunizieren.

### *Dritter Teil – Argumentieren Sie für Ihre Botschaft*

Es geht nur um den Kontrast! Wenn Sie versuchen, Ihr Publikum von Ihrem Standpunkt zu überzeugen, sollten Sie kontrastierende Argumente verwenden und diese dann widerlegen. Sie sollten dies vor dem letzten Teil Ihrer Präsentation tun, damit Sie Ihr Publikum darauf hinweisen, dass Ihre Kernbotschaft korrekt ist. Wenn Sie diese Argumente zu früh in der Präsentation verwenden, wird Ihr Publikum sie möglicherweise vergessen, insbesondere wenn Sie viele Informationen haben, die Sie an das Publikum übermitteln wollen.

Wenn Sie in Ihrer Präsentation Argumente verwenden, die im Widerspruch zueinander stehen, werden Sie feststellen, dass diese die Aufmerksamkeit Ihres Publikums auf sich ziehen. Ihr Publikum wird überrascht sein und über das Thema nachdenken. Wenn Sie Argumente in Ihren Vortrag integrieren, die sich widersprechen, erhöhen Sie die Spannung und die Dramatik. Je länger Sie die Aufmerksamkeit Ihres Publikums aufrechterhalten, desto mehr wird es sich an Ihre Kernbotschaft erinnern. Durch die Verwendung von Argumenten, die im Widerspruch zueinander stehen, fügen Sie zudem Fakten hinzu, die Sie sie neben den verschiedenen Argumenten platzieren. Auf diese Weise können Ihre Zuhörer Ihre Sichtweise besser verstehen, insbesondere wenn Sie Beispiele anbieten können.

Ein kontrastierendes Argument besteht aus drei Teilen: Der erste Teil ist Ihre Kernbotschaft, die als Erstes besprochen werden sollte. Sie sollten über alle Konsequenzen sprechen, warum Ihre Zuhörer Ihre Botschaft berücksichtigen sollten. Im zweiten Schritt wird das Ergebnis analysiert, warum die aktuelle Methode nicht funktioniert. Am Ende sprechen Sie über die positiven Aspekte Ihrer Botschaft und wie sie die Situation verändern kann.

Ein Beispiel:

**Schritt 1** – Steuern müssen auf die Reichen erhoben werden. Auf diese Weise können wir unseren Gemeinden helfen und bessere Wohnverhältnisse schaffen.

**Schritt 2** – Was geschieht mit den Reichen, wenn wir sie nicht besteuern? Sie werden nur noch reicher. So sieht die aktuelle Situation jetzt aus. Die Reichen haben so viele Dinge, die sie nicht brauchen.

**Schritt 3** – Wenn wir uns also mit der Besteuerung der Reichen befassen, werden Sie sehen, dass wir dieses Geld in verschiedene Bereiche wie Schulen und Transportmittel investieren können. Je früher wir dies tun, desto schneller werden wir Erfolge sehen.

Bitte beachten Sie, dass dies nur ein Beispiel ist. Ich kontrastiere zwei Punkte und bringe Sie gleichzeitig dazu, über meine Botschaft nachzudenken. Ich gebe Ihnen Gründe und gehe dann darauf ein. Natürlich wird Ihre Präsentation nicht so kurz sein, aber Sie verstehen, was ich damit sagen will. Sie können überlegen, welche zusätzlichen Argumente es noch geben könnte und welche davon in Ihren Ansatz passen. Das ist das Schöne an kontrastierenden Konzepten.

## Vierter Teil – Sagen Sie es noch einmal für das Publikum im Hintergrund

Der vierte Teil steht direkt vor Ihrer Schlussfolgerung, die insgesamt ein separater Teil Ihres Vortrags sein sollte. In diesem Teil können Sie Ihre wichtigsten Punkte und Ihre Kernbotschaft zusammenfassen. Dies ist eine Grundformel für jede Rede oder Präsentation, die jedoch immer effektiv ist. Sie können jederzeit geringfügige Änderungen vornehmen, insbesondere wenn Sie eine einzigartige Präsentation erstellen möchten.

Achten Sie in diesem letzten Teil darauf, die Aufmerksamkeit des Publikums noch einmal auf sich zu ziehen. Sie möchten ja schließlich, dass Ihre Zuhörer die Präsentation verlassen und alles verstanden haben, was sie gerade gehört haben. Wenn Sie also eine große Menge an Informationen zusammenfassen, versuchen Sie, diese wirklich auf die wichtigsten Punkte zu beschränken und sie so kurz wie möglich zu halten, damit sie leichter zu verstehen sind. Sie sollten Ihre Zusammenfassung eher als Erklärung betrachten.

## Schlussfolgerung – Sagen Sie Ihre letzten Worte

Ich möchte, dass Sie über einige Ihrer Lieblingsfilme nachdenken. Welcher Film hat Ihre Aufmerksamkeit wirklich auf sich gezogen? Warum lieben Sie diese Filme? Einige Menschen lieben ihre Lieblingsfilme wegen des Endes. Wenn ein wirklich großartiger Film seinen Höhepunkt erreicht, ist im Publikum kein Mucks mehr zu hören. Ich möchte, dass Sie Ihre Präsentationen und Reden ebenfalls mit einem solchen Gefühl beenden können. Es gibt mehrere Möglichkeiten, um Ihre letzten Worte genauso unvergesslich zu machen wie Ihre ersten zu Beginn Ihrer Präsentation.

Außerdem kann es vorkommen, dass Ihre Botschaft im Eifer des Gefechts ein wenig untergeht. Vielleicht haben Sie versehentlich den Faden verloren? Das ist kein Grund zur Sorge. Sie können Ihre Präsentation dennoch richtig beenden, sodass Ihre Kernbotschaft das Letzte ist, womit Ihre Zuhörer den Raum verlassen.

*Ihre Zuhörer herausfordern*

Wollten Sie Action verbreiten? Wir alle wissen bereits, dass es nichts Besseres gibt, als seine Zuhörer herauszufordern, sodass sie das Gefühl bekommen, dass auch sie etwas tun müssen. Es handelt sich um eine Art Aufruf zum Handeln. Beginnen Sie Ihre Schlussfolgerung mit Ihrer Hauptbotschaft und sagen Sie dann Ihren Zuhörern, was sie tun können, um das Ergebnis oder sogar ihr eigenes Leben zu ändern.

*Vergleiche anstellen*

Wenn Sie eine Rede über einen Sachverhalt halten, der geändert werden muss, dann können Sie diese am besten beenden, indem Sie einen Vergleich mit dem Sachverhalt anstellen, gegen den Sie sind. Möglicherweise haben Sie dies bereits im dritten Teil getan. Wenn Sie Ihr Publikum jedoch davon überzeugen möchten, ihre Meinung zu ändern, dann ist dies noch einmal eine gute Möglichkeit, um dies zu erreichen. Auf diese Weise wird Ihr Publikum die Gültigkeit des Gegenarguments in Frage stellen. Zum Beispiel können Sie sagen: „Wir zerstören entweder die Erde durch die globale Erwärmung oder wir erschaffen eine Zukunft für unsere Kinder." Damit verstärken Sie nicht nur Ihre Botschaft, sondern geben Ihrem Publikum auch einen Hinweis in Bezug auf die Änderung.

*Witz und Humor*

Möchten Sie, dass Ihre Zuhörer nach dem Ende über Ihre Präsentation sprechen? Dann beenden Sie sie mit Humor. Nichts bringt Menschen mehr dazu, mit einem Lächeln den Saal zu verlassen, wie ein abschließender Witz. Sie können einen Witz auswählen, der Aspekte Ihrer Kernbotschaft enthält oder einen, der ein wichtiges Argument wiederholt, das Sie zuvor erwähnt haben. Wenn Sie sich für diesen Schluss entscheiden, dann sollten Sie den Witz bei ein oder zwei Freunden vorher ausprobieren, um herauszufinden, ob er tatsächlich lustig ist. Sie möchten schließlich nicht, dass Ihre Präsentation mit einer unangenehmen Stille endet.

*Danke, danke*

Ich bin sicher, dass Sie bereits wissen, worauf ich hinaus will! Sie sollten allen im Raum klar machen, wenn Sie fertig sind. Dies ist eine lockere, aber dennoch bescheidene Möglichkeit, um Ihre Präsentation zu beenden. Danken Sie einfach dem Publikum fürs Zuhören und für seine Teilnahme. Dies ist ein einfacher, aber dennoch effektiver Weg, um die Präsentation zu beenden. Dieser Tipp ist nicht neu und wird niemals alt werden, da die Menschen immer dankbar dafür sind, dass jemand sich bei ihnen dafür bedankt, sich Zeit genommen zu haben.

*Visuelle Reize*

Haben Sie Ihr abschließendes Statement gemacht? Nun ja, dies wäre ein großartiger Zeitpunkt, um Ihr Publikum zu beeindrucken. Hierbei können Sie ein Bild verwenden, das Ihre Zuhörer zum Nachdenken anregt. Wählen Sie also ein Bild, das sich auf Ihre Botschaft bezieht und das Ihre Zuhörer noch eine oder zwei Minuten nachdenken lässt, bevor sie den Raum verlassen.

## Der Geschäftsmogul, der seine Angst überwunden hat – Profil Warren Buffett

Sie haben sicherlich schon einmal den Namen dieses Mannes gehört. Schließlich ist er einer der reichsten Männer der Welt. Er hat wahrscheinlich an mehr Meetings und Präsentationen teilgenommen als wir in unserem ganzen Leben, da er der CEO von Berkshire Hathaway und zudem ein bekannter Investor ist.

Es besteht kein Zweifel daran, dass die Leute ihm jeden Tag ihre Geschäftsideen vorstellen wollen. Als Geschäftsmann musste er sich jedoch auch anderen Menschen vorstellen bzw. präsentieren. Leider hatte Warren Buffet zu Beginn seiner Karriere Angst, vor anderen Menschen zu sprechen.

Der Geschäftsmogul spricht offen über diese Angst zu Beginn seiner Karriere und darüber, wie sich diese Angst auf seine berufliche Laufbahn auswirkte. Man könnte sagen, wenn er seine Ängste nicht überwunden hätte, wäre er möglicherweise nicht der Mann geworden, den wir heute alle kennen. Wie hat er das gemacht?

Sie werden überrascht sein, dass er ähnliche Maßnahmen ergriffen hat wie diese, die in diesem Buch enthalten sind, das Sie gerade lesen. Er hat sogar zugegeben, dass er an einem Rhetorikkurs teilgenommen hat, diesen jedoch abbrach, weil er zu nervös war! Es besteht kein Zweifel daran, dass er viele Hindernisse überwinden musste, und er tat es Schritt für Schritt.

Der Milliardär meldete sich zu einem Rhetorikkurs an und wurde nach seinem Universitätsabschluss Dozent. Zunächst einmal nahm er Gelegenheiten wahr, bei denen er vor Publikum sprechen musste. Er begann auch damit, allein zu üben, und versuchte sich vorzustellen, dass er vor einer Menschenmenge stehen konnte, ohne seinen Vortrag zu vergessen.

Ohne es sich bewusst zu sein, stellte sich Warren Buffett seinen Ängsten und überwand sie. Aus diesem Grund wurde er wahrscheinlich der furchtlose Geschäftsmagnat, der er heute ist. Natürlich hat er sich sehr stark weiterentwickelt, seit er ein junger Mann war, der zu viel Angst hatte, um überhaupt vor einer Menschenmenge zu stehen.

KAPITEL 6:

# Herausragende Präsentationen entwerfen

Sie sollten die Gliederung aus dem vorherigen Kapitel verwenden, wenn es um den Ablauf Ihrer Präsentation geht. In diesem Kapitel geht es nun darum, wie man eine Präsentation erstellt. Dazu gehört, welche Werkzeuge Sie für Datenvisualisierung verwenden können und wie Sie die richtigen Wörter finden, um Ihre Botschaft an das Publikum hervorzuheben. Ich habe keinen Zweifel daran, dass Ihre Präsentation, wenn Sie einige der Optionen in diesem Kapitel anwenden, die Leute im Raum begeistern wird.

## Nützliche Werkzeuge

Die richtige Präsentation beginnt mit dem richtigen Programm zum Erstellen Ihrer Folien. Es gibt eine beliebte Präsentations-Software, die die meisten Unternehmen verwenden – Microsoft PowerPoint. Dies ist jedoch nicht Ihre einzige Option. Ich habe unten einige verschiedene Präsentationsprogramme aufgelistet, die genau Ihren Anforderungen entsprechen! Darüber hinaus habe ich nur Programme aufgenommen, die kostenlos heruntergeladen werden können.

### *Google Slides*

Die Verwendung dieser Online-Option ist effektiv, wenn Sie von überall aus an Ihrer Präsentation arbeiten wollen. Sie benötigen auch keinen USB-Stick oder einen bestimmten Computer. Sie können auf jedem Gerät daran arbeiten, da Ihre Datei in Ihrem Google-Konto gespeichert wird. Diese Option eignet sich auch hervorragend, wenn Sie mit einer Gruppe arbeiten, da jeder in der Gruppe Ihre Präsentation anpassen kann. Sie können bestimmten Personen den Zugriff auf das Dokument gewähren.

### *Keynote*

Sind Sie Apple-Fan? Wenn ja, dann sollte Keynote Ihr bevorzugtes Programm werden. Dies liegt daran, dass dieses Programm am besten mit iCloud-, iOS- und Mac-Geräten verwendet wird. Wie viele der hier aufgeführten Programme lässt sich auch dieses Programm leicht anpassen. Es bietet eine Vielzahl verschiedener Optionen, z. B. die Verwendung auf mehreren Geräten, Spezialeffekte für Ihre Präsentation und einzigartige Themen, die Sie individuell einstellen können. Einer der Nachteile ist, dass dieses Programm nur auf Apple-Geräten verfügbar ist.

### *Photostage Slideshow Software*

Sie werden feststellen, dass dieses Programm eines der am einfachsten zu verwendenden ist. Es ermöglicht die einfache Erstellung professioneller Präsentationsfolien und bietet eine Vielzahl von Bearbeitungsoptionen. Wie bei den meisten Präsentations-Anwendungen können Sie auch hier Bilder, Übergänge und Musik einfügen. Sie können Ihre Präsentation bei Bedarf auch auf einer DVD speichern oder auf YouTube hochladen, um sie von überall aus einfach zu streamen.

### *Movavi Slideshow Maker*

Dies ist ein einfaches Programm, mit dem Sie personalisierte Präsentationsfolien mit einer Vielzahl verschiedener Optionen erstellen können. Der eigentliche Vorteil dieses Programms sind die vorgefertigten Folien-Vorlagen und die Bibliothek mit kostenloser Hintergrundmusik, Filtern und Spezialeffekten. Dies ist das Programm, das Sie verwenden sollten, wenn Sie eine Präsentation mit mehr Anpassungsoptionen erstellen möchten.

Es handelt sich hierbei um das beste Programm für eine einzigartige Präsentation.

## Ihre Präsentation erstellen

Was macht eine gute Präsentation zu einer herausragenden Präsentation? Ich möchte, dass Sie an einige Dinge denken, die Sie sofort bemerken, wenn Sie sich eine Präsentation ansehen. Ist es die visuelle Anziehungskraft? Ist es die richtige Wortwahl? Sind es gut dargestellte Informationen? Lassen Sie mich Ihnen verraten, dass es sich um eine Kombination all dieser Aspekte handelt. Es ist nicht so einfach, eine Präsentation zu erstellen, die nicht nur Ihre Informationen korrekt vermittelt, sondern auch ästhetisch ansprechend ist. Sie klicken nicht nur auf ein paar Schaltflächen auf dem Bildschirm und schon haben Sie die perfekte Präsentation.

Es gibt bestimmte Schritte, die Sie unternehmen können, um eine Präsentation zu erstellen, die Ihrem Thema entspricht und gleichzeitig schön anzusehen ist. Mit diesen Schritten können Sie die Art der Präsentation vermeiden, die Ihr Publikum langweilt. Gehen Sie also nach den folgenden Richtlinien vor. Fühlen Sie sich frei, diese Richtlinien anzupassen, aber achten Sie darauf, nur die optionalen Schritte wegzulassen.

### *Gliederung*

Dies versteht sich zwar von selbst, doch Sie sollten Ihre Präsentation immer vorher grob gliedern, bevor Sie sie im Programm erstellen. Schließlich müssen Sie wissen, was Sie sagen werden. Egal wie viele Informationen Sie in jede Folie einfügen, wenn Sie sie nur skizzieren, dann wird Ihre Präsentation wahrscheinlich unstrukturiert und unprofessionell werden. Um eine Gliederung zu erstellen, schreiben Sie einfach die Informationen auf, die jede Folie enthalten soll, und weisen jeder Folie ein bestimmtes Thema zu. Sie haben ja bereits eine Gliederung für Ihren gesamten Vortrag erstellt, sodass Sie diese als Grundlage verwenden und die Informationen der Reihe nach in die Präsentation einfügen können.

Hier ist ein Beispiel für die Gliederung einer Präsentation:

1. Einleitung
2. Kernaussage
3. These/Vorschlag (oder Zusammenfassung)
4. Warum Ihre Zuhörer den Vorschlag berücksichtigen sollten (Schlüsselpunkte)
5. Weitere Gründe (Beispiele für Schlüsselpunkte)
6. Fazit und Zusammenfassung
7. Danksagung/Fragen

Dies ist nur ein Beispiel für eine Präsentation. Jeder Gliederungspunkt enthält nicht nur eine einzige Folie, da möglicherweise mehrere wichtige Punkte oder Gründe für Ihr Thema zu berücksichtigen sind, insbesondere wenn es sich um eine argumentative Thematik handelt. Es spielt keine Rolle, wie viele Folien Sie verwenden müssen – stellen Sie einfach sicher, dass die Informationen auf jeder Folie klar und präzise sind.

## *Tonlage*

Sie müssen Ihre Tonlage anpassen, und zwar je nachdem, welche Art von Präsentation Sie halten. Wenn Sie zum Beispiel einen professionellen Ton wählen, sollten Sie (offensichtlich) keine Präsentation über den Weihnachtsmann halten. Sie sollten auch Fachtermini verwenden, die sich auf Ihr Arbeitsgebiet beziehen. Wenn Ihre Präsentation humorvoll ist, sollten Sie sie so erstellen, dass sie helle Farben aufweist, sodass jeder sofort weiß, was ihn erwartet. Sie sollten keine Angst davor haben, nicht den richtigen Ton zu treffen. Es ist ja schließlich Ihre Präsentation. Sie können sie also einzigartig gestalten und gleichzeitig Ihre einzigartige Tonlage wählen. Professionelle Meetings können informell sein. Machen Sie sich also keine Sorgen und gestalten Sie Ihre Präsentation für alle Beteiligten so angenehm wie möglich, auch wenn die Informationen möglicherweise etwas trocken sind.

### *Ihre wichtigsten Punkte hervorheben*

Ihre Hauptpunkte sollten im Mittelpunkt Ihres Vortrags stehen. Diese helfen Ihnen nicht nur dabei, sich an bestimmte Aspekte Ihres Themas zu erinnern, sondern damit steuern Sie Ihre Informationen auch, damit Sie nicht davon abweichen. Sie sollten stets eine Liste Ihrer wichtigsten Punkte erstellen, die sich um Ihre Kernbotschaft drehen. In Ihre Präsentation sollten Hinweise eingebettet sein, damit Sie Ihrem Gedächtnis auf die Sprünge helfen können, falls Sie den Faden verlieren oder eine bestimmte Sache vergessen. Wenn Sie über Ihre Hauptpunkte nachdenken, sollten Sie sie richtig klassifizieren, und zwar unabhängig davon, ob Sie eine professionelle Präsentation oder eine Rede halten. Und es ist wichtig, diese Hauptpunkte genau zu benennen, unabhängig davon, ob Sie Ihren Vortrag ernst oder humorvoll gestalten.

Vergessen Sie nicht, Ihre Kernpunkte mit Unterpunkten abzusichern. Wir werden später nochmals darauf eingehen, doch Sie sollten darauf achten, dass jeder Punkt die richtigen Informationen enthält. Sie können diese Informationen dann verwenden, um Ihre Kernbotschaft zu untermauern und Ihren Standpunkt zu argumentieren.

### *Ihre visuellen Hilfsmittel unterstützen Sie*

Es gibt bestimmte Farben, auf die unsere Augen von Natur aus achten. Es geht jedoch nicht darum, diese Farben überall zu verwenden. Wenn Sie eine Präsentation erstellen, sollten Sie immer einfache Regeln befolgen, damit Sie die Aufmerksamkeit Ihres Publikums auf sich ziehen. Schließlich kommt es ja auf den Inhalt Ihrer Präsentation an. Die Art und Weise, wie Ihre Präsentation aussieht, wird die Aufmerksamkeit Ihres Publikums gewinnen. Achten Sie also darauf, dass Ihre Präsentation optisch ansprechend ist.

*Visueller Stil*

Sie können stets eine Vorlage verwenden, doch das wirkt ein wenig billig, insbesondere wenn ein Zuhörer das erkennt! Gott bewahre, dass das passiert. Stattdessen sollten Sie Ihr eigenes Präsentationslayout erstellen, damit Sie Ihren eigenen Stil und Ihre eigenen Farben auswählen können. Sie sollten während Ihrer Präsentation jedoch nicht zu viele verschiedene Stile verwenden. Verschiedene Stile können die Aufmerksamkeit der Zuhörer übermäßig auf sich ziehen und vom Inhalt zu sehr ablenken oder sogar verwirrend wirken. Sie sollten darauf achten, dass Ihre Folien einheitlich aussehen und einem bestimmten Stil folgen, den Sie ausgewählt haben. Seien Sie also während der gesamten Präsentation konsistent. Dies schließt auch alle Textfelder und Diagramme ein, die Sie möglicherweise verwenden. Behalten Sie das Farbschema durchgehend bei.

*Ein wenig Platz lassen*

Niemand mag Unordnung. Ob auf Ihrem Schreibtisch oder zu Hause: Chaos spricht das Auge nicht an. Stellen Sie sicher, dass Ihre Folien übersichtlich sind! Weniger ist immer mehr, wenn es um Ihre Präsentation geht. Sie sollten nicht zu viele Wörter auf die Folien packen. Sie wollen ja, dass Ihre Zuhörer Ihnen zuhören, anstatt die ganze Zeit zu lesen. Andernfalls hätten Sie ihnen Ihre Präsentation auch einfach per E-Mail zusenden können.

*Farben sind der beste Freund des Publikums*

Dies ist eines der wichtigsten Elemente einer Präsentation. Wenn Sie Farben richtig verwenden, werden Sie feststellen, dass Ihre Präsentation wirklich gut ankommt. Wenn Sie für ein Unternehmen arbeiten, können Sie möglicherweise bestimmte Unternehmensfarben verwenden. Verwenden Sie Farben also mit Bedacht! Wenn Sie lediglich Ihr Thema präsentieren möchten, wählen Sie unbedingt Farben, die gut zusammenpassen und einander kontrastieren. Vermeiden Sie Farben, die sich zu ähnlich sehen, wie Indigo und Marineblau. Sie möchten ja schließlich, dass Ihre Präsentation auch etwas fürs Auge bietet. Zum Beispiel sind Blau und Weiß kontrastierende Farben, die gut zueinander passen und dennoch das Auge ansprechen.

Wenn Sie Ihre Schriftfarbe auswählen, sollten Sie sich an eine dunkle Farbe halten, sodass jeder sie lesen kann. Verwenden Sie keine hellen Farben! Wenn Sie eine helle Farbe auf einem dunklen Hintergrund verwenden, z. B. Gelb auf Schwarz, dann sieht dies möglicherweise unprofessionell aus. Wenn Sie keine Lust haben, eine helle Farbe auf dunklem Hintergrund zu verwenden, dann greifen Sie zu einer weißen Schriftfarbe. Wenn die Schrift schmal ist, dann machen Sie die Schriftfarbe fett, damit man sie gut lesen kann. Vermeiden Sie es auch, zu viele Wörter auf einer Folie zu verwenden. Das Publikum kann nicht so schnell lesen und Ihnen gleichzeitig zuhören und zuschauen. Halten Sie sich von einer roten Schriftfarbe fern, da dann alles so aussieht, als wären es Korrekturen. Rot ist die typische Farbe für Fehler, sodass jeder dies unbewusst mit Ihrer Präsentation in Verbindung bringt.

Wenn Sie sich nicht sicher sind, wie viele Farben Sie verwenden sollen, verwenden Sie immer so wenige wie möglich. Versuchen Sie also, nur zwei oder drei Farben zu benutzen. Sie können dies jederzeit ändern, wenn Sie das Gefühl haben, dass Ihre Präsentation etwas langweilig aussieht. Wählen Sie zwei gegensätzliche Farben wie Weiß und Schwarz und dann eine Sekundärfarbe, um einen Kontrast herzustellen.

*Diagramme und Grafiken*

Diagramme sind eine einfache Möglichkeit, Informationen zu vermitteln, ohne die Zahlen aussprechen oder auflisten zu müssen. Achten Sie darauf, wie Sie Farben verwenden und verdeutlichen Sie die Informationen in den Diagrammen klar genug, damit jeder sie auf den ersten Blick verstehen kann. Fügen Sie nur Diagramme hinzu, die für das jeweilige Thema wichtig sind. Sie sollten Ihr Publikum nicht mit Informationen überladen. Es ist auch günstig, wenn Sie nicht zu viele Zahlen oder Texte neben Ihr Diagramm einfügen, da dies unübersichtlich wirken kann. Sie können auch stets zusätzliche Informationen zu den Diagrammen mündlich kommunizieren, anstatt der Folie eine große Menge an Zahlen hinzuzufügen.

Diagrammtypen, die sich bewährt haben:

- Säulendiagramm – Dieses Diagramm wird am besten dann verwendet, wenn Sie mehrere Themen vergleichen. Sie können verschiedene Daten, Produkte oder Optionen hinzufügen. Sie können auswählen, welche Informationen Sie hinzufügen wollen. Mithilfe eines Säulendiagramms können Sie die Informationen einfach vermitteln, sodass jeder im Publikum die Unterschiede erkennen kann.
- Streudiagramm – Verwenden Sie dieses Diagramm, wenn Sie Zahlen vergleichen, die normalerweise aus Verkäufen oder Ähnlichem stammen. Wenn Sie mehrere Themengebiete haben, ist dieser Diagrammtyp Ihre beste Wahl. Er wird normalerweise verwendet, um Orte oder Daten zu vergleichen.
- Gestapeltes Säulendiagramm – Dies ist die beste Option für Zusammensetzungen. Verwenden Sie maximal vier Kompositionselemente, damit das Diagramm in der Präsentation nicht überladen wirkt.

*Animationen und Übergänge*

Seien Sie vorsichtig, wenn Sie Animationen und Übergänge verwenden! Sie möchten ja schließlich nicht, dass Ihre Präsentation unprofessionell aussieht, was schnell der Fall sein kann, wenn sich auf jeder Folie Animationen befinden. Sie sollten Animationen verwenden, um Ihrer Präsentation mehr Stil zu verleihen und die entsprechenden Inhalte besser darzustellen. Stellen Sie sicher, dass die Animationen Ihre Zuhörer nicht ablenken, sondern das Auge ansprechen und sich mühelos in die Präsentation einfügen. Wenn Sie eine Unternehmenspräsentation halten, machen Sie es sich einfach und verlangsamen Sie die Übergänge. Eine der besten Möglichkeiten, um Animationen einzubeziehen, besteht darin, Ihre Unterpunkte anzuzeigen, die sich auf Ihre wichtigsten Punkte beziehen, oder beim Übergang von einer Folie zur nächsten von einem Thema zum anderen zu wechseln.

### *Die richtigen Worte finden*

Wir alle mussten schon einmal schlechte Präsentationen durchstehen. Lassen Sie mich folgende Frage stellen: Was ist Ihrer Meinung nach eine schlechte Präsentation? Oftmals liegt es an den Worten, die verwendet wurden. Dies bezieht sich nicht nur auf unsere Wortwahl, sondern auch auf das, was wir sehen. In der Regel sind schlechte Präsentationen auch länger als nötig und visuell nicht ansprechend.

Ihr Publikum ist wählerisch in Bezug auf den Text, der in Ihrer Präsentation angezeigt wird. In der Regel reagieren Ihre Zuhörer am besten auf Präsentationen, die visuelle Elemente und minimalen Text bieten. Die Zuhörer beschäftigen sich lieber mit solchen Präsentationen. Bombardieren Sie Ihr Publikum nicht mit einer riesigen Menge an Informationen. Lassen Sie auch einige Informationen aus, was eine großartige Möglichkeit ist, um Ihre Zuhörer dazu zu bringen, Fragen zu stellen.

Sie wollen schließlich nicht, dass Ihre Zuhörer einen Roman lesen müssen. Seien Sie sich also bewusst, dass es überfordernd wirken kann, wenn Sie Ihr Publikum mit langen Texten konfrontieren. Das ist so, als würden Sie versuchen, eine Doktorarbeit vorzutragen, und das will nun wirklich niemand. Außerdem verwirren Sie Ihr Publikum, da es erwartet, dass es die Informationen hört, anstatt sie lesen zu müssen. Aus diesem Grund sollten Sie nur die erforderlichen Informationen angeben. Lassen Sie also ein wenig Platz, um jeden Teil Ihrer wichtigsten Punkte zu erklären.

Aus diesem Grund sollten Sie sich auf Ihre Kernbotschaft konzentrieren. Stellen Sie sicher, dass jede Folie Ihre Nachricht kommuniziert, indem Sie Informationen zu ihren wichtigsten Punkten hinzufügen (dies ist auch der Grund, warum die Gliederung Ihrer Präsentation für den Erfolg von entscheidender Bedeutung ist). Sobald Sie sich auf Ihre Botschaft konzentriert haben, ist es einfacher, diese mit weniger Worten zu vermitteln.

Also passen Sie Ihre Präsentation entsprechend an! Sie sollten alle überflüssigen Informationen entfernen. Wenn Sie mit der Erstellung Ihrer Folien fertig sind, entfernen Sie mit einem strengen Auge sämtliche überflüssigen Informationen. Wenn sich auf den Folien Informationen befinden, die nicht genannt werden müssen, dann löschen Sie sie einfach. Sie können die Informationen immer noch verbal nachliefern, anstatt sie auf die Folie zu schreiben. Sie sollten einen minimalistischen Look erzielen – denken Sie in Aufzählungspunkten, arbeiten Sie diese dann heraus und fügen Sie Informationsdiagramme hinzu, wenn es sich um Zahlen handelt.

Ich weiß, wie schwierig es sein kann, die Informationen zu reduzieren, insbesondere wenn Sie sich für das Thema begeistern, aber Sie sollten dennoch keine zusätzlichen Daten behalten, die nicht zu Ihrer Präsentation beitragen. Zeigen Sie Ihre Leidenschaft mit dem, was Sie sagen, anstatt mit dem, was Sie auf dem Bildschirm zeigen. Außerdem vermeiden Sie auf diese Weise Wiederholungen. Wenn Sie zu viel Text in Ihre Präsentation einbauen, dann passiert es schnell, dass Sie sich unwissentlich einige Male wiederholen, was den Anschein erwecken kann, als hätten Sie nicht genug Zeit in die Vorbereitung Ihrer Präsentation gesteckt.

### *Zusammenstellung*

Zunächst sollten Sie alle Informationen lange vor dem Präsentationsdatum zusammengesammelt haben. Auf diese Weise können Sie sich besser vorbereiten und außerdem haben Sie dann noch genügend Zeit zum Üben. Je öfter Sie geübt haben, desto natürlicher wird die Präsentation.

Ihre Kernbotschaft sollte Ihnen wichtig sein und Sie sollten Gründe dafür finden, um diese Kernbotschaft mit Leidenschaft zu vertreten. Sie können zwar stets Interesse vortäuschen, doch auf diese Weise verlieren Sie Ihr Publikum. Ihr Publikum wird merken, dass Sie doch nicht so stark an Ihrem Thema interessiert sind, und zwar unabhängig davon, wie enthusiastisch Sie sich geben. Stellen Sie also sicher, dass Sie ein Thema ausgewählt haben, das Ihnen Spaß macht. Dann wird es auch Ihrem Publikum gefallen. Dies gilt für Ihre gesamte Präsentation. Wenn Sie mit den Folientiteln, Ihren Folien und mit Ihren visuellen Hilfsmitteln zufrieden sind, dann wird sich dies auf das Publikum auswirken.

Bauen Sie auf Ihrem zentralen Thema auf und stellen Sie sicher, dass Ihre Präsentation sämtliche Aspekte dieses Themas umfasst. Ich bin mir sicher, dass Sie auf einige Probleme stoßen werden, aber das passiert sogar den Besten von uns. Aber wenn Ihre Präsentation fertig ist, alle Informationen richtig zusammengestellt sind und Sie sich Zeit zum Proben genommen haben, dann besteht eine hohe Wahrscheinlichkeit, dass Sie eine sehr gute Präsentation abliefern.

## Wie ein großartiger Golfer sein Stottern überwand – Profil Tiger Woods

Tiger Woods ist eine bekannte Persönlichkeit und eine lebende Golflegende. Früher stotterte er, was er jedoch erfolgreich überwinden konnte, um die Person zu werden, die er heute ist. Er selbst sagt, dass sein Siegeswille in jedem Aspekt seines Lebens ihm dabei geholfen hat, seine Sprachschwierigkeiten zu überwinden. Es gibt Interviews, in denen sein Stottern zurückkehrte.

Aber wie schaffte er das? Die Antwort wird Sie wahrscheinlich überraschen. Es war nicht nur sein Durchhaltevermögen, sondern der Grund lag auch darin, dass er mit seinem Hund sprach. Er übte so lange, bis sein treuer Gefährte einschlief.

„Ich habe endlich gelernt, wie man das macht, nicht zu stottern", sagte er einmal.

Das Stottern beginnt in der Kindheit und es kann schwer sein, es zu überwinden. Es gibt Sprachtherapien und Schulen, die den Schülern dabei helfen, nicht mehr zu stottern. Manchmal braucht es also ein wenig Übung und einen besten Freund, um mit Ihrer Angst umzugehen, vor anderen Menschen zu sprechen.

KAPITEL 7:

# Ihr Publikum erfolgreich in Ihren Bann ziehen

Gute Redner haben etwas Besonderes an sich. Irgendwie können solche Menschen vor einer Menschenmenge stehen, mit ihr sprechen und sie zum Handeln bewegen. Wenn Sie das Sprechen vor Publikum beherrschen möchten, braucht es mehr, als nur unterhalten zu können. Sie müssen Ihre Zuhörer auch motivieren können und sie dazu bringen, Ihnen *wirklich* zuzuhören. Ihr Publikum wird Sie dafür schätzen, und wenn Sie dies schaffen, dann können Sie ein Netzwerk von Menschen aufbauen, das Ihnen später helfen kann, eine steile Karriere zu machen. Wenn Sie mit diesem gewissen Etwas präsentieren, das die Menschen fasziniert, werden Sie wahrscheinlich über Mundpropaganda für zusätzliche Vorträge gebucht werden.

Hier geht es darum, faszinierend auf andere Menschen zu wirken und Ihre Zuhörer mit Ihrer Stimme, Ihren Worten und Ihrer Körpersprache zu begeistern. Diese drei Aspekte können, wenn sie miteinander kombiniert werden, die Art und Weise verändern, wie Sie sich auf der Bühne verhalten. Außerdem verändert dieser Dreiklang auch die Art und Weise, wie Menschen auf Sie reagieren, und zwar unabhängig davon, über welches Thema Sie sprechen. Sobald Sie verstanden haben, dass jede Geste und jedes Wort einen anderen Effekt hat, können Sie an Ihrer Präsenz arbeiten. Sie müssen diese Arbeit im Inneren vollbringen, damit Sie von außen erstrahlen können. Und ich weiß, dass das möglich ist!

# Vorangehen

Ich möchte, dass Sie an jemanden denken, der eine überragende Präsenz hat. Dies kann eine Berühmtheit oder jemand sein, den Sie kennen – es spielt keine Rolle. Versuchen Sie zu überlegen, was dieser Mensch hat, wenn er spricht oder wenn er einen Raum betritt. Achtet jeder im Raum auf diese Person? Hängen Sie an den Lippen dieser Person? Dies kann als das „gewisse Etwas" bezeichnet werden. Man könnte meinen, dass solche Menschen damit geboren wurden, doch tatsächlich ist diese Ausstrahlung oftmals etwas, das durch Lebenserfahrungen und natürliche Führungsqualitäten entwickelt wird. Und möchten Sie das Beste an der ganzen Sache wissen? Sie können lernen, wie Sie diese Ausstrahlung ebenfalls bekommen, damit Sie jedes Mal, wenn Sie einen Raum betreten, dieses „gewisse Etwas" versprühen.

### *Alles über das Thema Interesse*

Sicher, Sie können lernen, vor Publikum zu sprechen und eine Menge zu begeistern. Das ist in Ordnung. Aber wissen Sie, was nicht in Ordnung ist? Nicht auf Feedback hören oder nicht zuzuhören, wenn jemand anderes spricht. Der beste Weg, um den Respekt anderer Menschen zu erlangen, besteht darin, nicht nur interessant zu sein, sondern sich auch für das zu interessieren, was sie sagen.

Früher hatte ich die schlechte Angewohnheit, den Raum vor Nervosität mit meinem Blick zu durchsuchen, wenn jemand mit mir sprach. Meine Augen sprangen von Person zu Person, als würde ich auf eine neue Gelegenheit für ein neues Gespräch warten, auch wenn dies nicht der Fall war. Wie hat sich wohl die Person, die sich mit mir unterhielt, gefühlt? Ich kann mir nur vorstellen, dass sie sich ziemlich schrecklich fühlte und dieses Gespräch so schnell wie möglich beenden wollte.

Seitdem habe ich gelernt, Augenkontakt herzustellen und *wirklich* zuzuhören, was die Leute zu sagen haben. Dies gilt auch dann, wenn Sie im Mittelpunkt der Aufmerksamkeit stehen und sich auf der Bühne befinden. Wenn jemand eine Frage hat oder Feedback geben möchte, nehmen Sie sich einen Moment Zeit, um die Person sprechen zu lassen und ihre Sätze zu beenden. Unterbrechen Sie sie nicht – hören Sie einfach zu. Wenn Sie zeigen, dass Sie interessiert sind, wird diese Person auch an Ihnen interessiert sein.

### *Stärke - nicht die mit Muskeln*

Kennen Sie Ihre Stärken? Wenn nicht, dann sollten Sie diese schleunigst herausfinden! Schließlich ist jeder Redner anders und hat unterschiedliche Stärken. Ich möchte, dass Sie herausfinden, wo Ihre Stärken liegen, damit Sie sie einsetzen und Ihre Präsentationsfähigkeiten verbessern können. Es geht nicht immer nur darum, wie Sie vor Publikum sprechen, sondern dies kann auch viele andere Dinge betreffen! Finden die Leute Sie lustig? Können Sie gut Geschichten erzählen? Haben Sie eine beruhigende Wirkung auf Menschen? Dies sind nur einige der Dinge, die Sie berücksichtigen können, bevor Sie Ihre Stärken aufschreiben. Schauen Sie sich Ihre Stärken an und überlegen Sie, wie Sie sie anwenden und damit Ihre Präsentation verbessern können.

### *Ihre Erfahrungen nutzen*

Verwenden Sie keine Formulierungen wie „Sie könnten verstehen" oder „Wenn Ihnen das einmal passiert ist". Dadurch wird Ihr Publikum nicht vollständig in Ihre Präsentation einbezogen. Verwenden Sie stattdessen die Erfahrungen, die Sie in Ihrem eigenen Leben gemacht haben, als Beispiele. Dies kann sicherlich ein wenig einschüchternd sein. Ich bezweifle nicht, dass Sie sich zunächst ein wenig „nackt" fühlen werden, und das ist in Ordnung. Doch hier kommt etwas Lustiges: Jeder wird das nachvollziehen können. Und wollen Sie auch wissen, wieso das so ist? Wir alle sind Menschen. Wir haben vielleicht nicht genau die gleichen Lebenserfahrungen, doch die meisten von uns haben die gleichen Gefühle in Bezug auf unsere Lebensgeschichten. In jedem von dieser Lebenserfahrung steckt ein Teil von uns und auf diese Weise sind wir uns alle ähnlich. Nutzen Sie also Ihre persönlichen Geschichten und Sie werden sehen, dass sich das Publikum darin selbst erkennen wird.

### *Die Stille nicht fürchten*

Wenn Sie sich einen Film ansehen, dann werden Sie feststellen, dass das gesamte Publikum schweigt. Wir sind frustriert, wenn jemand mitten in einer wichtigen Szene anfängt zu reden. Wenn Sie sprechen und die Menge schweigt, dann seien Sie nicht überfordert oder nervös. Das ist oft ein gutes Zeichen.

Als Redner werden Sie häufig auf diese Situationen stoßen. Der Raum ist möglicherweise so ruhig, dass Sie einen Bleistift fallen oder jemand ganz hinten husten hören können. Ich möchte, dass Sie die Stille annehmen. Vielleicht möchten Sie sogar innehalten und die Stille wirken lassen, wodurch eine Art überwältigende Spannung entsteht, bevor Sie wieder anfangen zu sprechen. Wenn Sie zeigen, dass Sie die Stille anerkennen, werden Sie feststellen, dass Sie selbstbewusster wirken. Normalerweise versuchen nervöse Redner, die Stille mit einem Lachen zu überbrücken oder mit ihrer Stimme zu füllen. Wenn Sie genau das Gegenteil tun, gewinnen Sie den Respekt der Personen im Raum, ohne dass sie es überhaupt bemerken.

## Authentisch sein

Das Zuhören, das Wissen um Ihre Stärken sowie das Sprechen aus Erfahrung sind einige der vielen Möglichkeiten, um Ihre Führungsqualitäten hervorzuheben. Was haben all diese Dinge gemeinsam? Authentizität. Denken Sie kurz darüber nach. Sie sind es wert, vor einer Menschenmenge authentisch zu sein. *Sie* sind genug und ich weiß, dass die Leute hören wollen, was Sie zu sagen haben. Manchmal geht es jedoch nur darum, wie wir es sagen. Aus diesem Grund weiß ich, dass die Konzepte in diesem

Buch Ihnen dabei helfen werden, Ihr wahres Ich zu zeigen und sich beim Sprechen vor Publikum wohl zu fühlen. Oft geht es darum, ehrlich in Bezug auf uns selbst zu sein. Vielleicht haben wir deshalb Angst, vor einer Menschenmenge zu stehen, weil wir im Grunde genommen eigentlich allein sind. Lassen Sie mich Ihnen Folgendes sagen: Das ist nicht immer eine schlechte Sache.

In den berühmtesten Reden, die jemals geschrieben wurden, ging es nicht immer um die Worte, so bewegend sie auch sein mögen. Wir erinnern uns normalerweise daran, *wie* eine Rede gehalten wurde. Es war die Art und Weise, wie Martin Luther King Jr. sagte „Ich habe einen Traum", die die Menschen dazu brachte, zu klatschen. Die Art und Weise, wie er sprach, war seinem authentischen Selbst treu. Wenn wir einer Rede zuhören, die uns langweilt, dann liegt das nicht immer daran, dass der Redner nervös ist. Manchmal liegt es daran, dass er hasst, was er tut. Er hat keine Kontrolle über seine Rede. Er will überhaupt nicht dort sein, also wollen Sie auch nicht dort sein. Wenn Sie einer dieser Menschen sind, dann versuchen Sie, etwas Interessantes an Ihrem Thema zu finden (insbesondere wenn Sie bei der Arbeit eine Präsentation halten müssen). Dann werden Sie leidenschaftlich sein. Wenn Sie authentisch sind, werden andere Menschen das spüren.

Dies ist eine wichtige Führungsqualität, da Authentizität Menschen dazu bringt, in Ihrer Nähe sein zu wollen. Wenn Sie damit beginnen, authentisch zu sein und Ihre Meinung auf eine Weise zu äußern, die auf Verständnis basiert, dann ist es kaum möglich, das in Frage zu stellen, was Sie gesagt haben. Ich bin seit über einem Jahrzehnt in dieser Branche tätig und die Authentizität ist eines dieser Attribute, die den Kern der meisten Top-Redner ausmachen. Ich weiß jedoch, wie schwierig es ist, dies zu schaffen. Manchmal kann es sogar unmöglich erscheinen. Ich werde Ihnen sagen, warum dies nicht so ist und warum Ihr authentisches Selbst wichtig ist!

## *Ihre authentische Stimme finden*

Ich weiß, dass die Angst besteht, dass es aussehen könnte, als würden Sie von einem Blatt ablesen. Wir haben alle solche Präsentationen mit Hinweiskarten gesehen, bei denen der Redner die Karten in seinen Händen sortiert und nicht weiß, was er als Nächstes sagen soll. Solche Karten signalisieren Ihrem Publikum nicht, dass Sie da sind, um es zu begeistern. Deshalb ist Authentizität so wichtig. Sie wollen sicherlich nicht Ihre Glaubwürdigkeit in den Augen Ihrer Zuhörer verlieren, die gekommen sind, um sich Ihre Präsentation anzusehen.

Warum ist Ihnen Ihre Kernbotschaft so wichtig? Denken Sie genau nach. Warum liegt sie Ihnen am Herzen? Sie präsentieren vielleicht einem Kunden nur ein Produkt oder halten eine Hochzeitsrede, aber das spielt keine Rolle. Sie haben die Aufgabe erhalten, vor einer Menschenmenge zu sprechen. Sie müssen eine Beziehung zu der Aussage aufbauen, die Sie machen, und diese auf sich selbst anwenden. Im Wesentlichen geht es nicht immer darum, worüber Sie vor Publikum sprechen, sondern es geht darum, was diese Botschaft für Sie bedeutet. Wenn Sie die Botschaft auf sich selbst beziehen, können Sie sie auch auf Ihr Publikum beziehen. Wenn Sie dies so betrachten, werden Ihre Worte zu Ihrer Wahrheit.

Aber wie bestimmen Sie das? Sie müssen wissen, wer Sie sind. Damit meine ich nicht nur Ihre Lebensgeschichte, sondern dies geht noch viel tiefer. Wo sehen Sie sich in dieser Welt? Wenn Sie damit beginnen, diese Art von Fragen zu beantworten, können Sie Ihre Identität finden. Sie können dann einzigartige Dinge mit Ihren Leidenschaften in Verbindung setzen.

Sie sollten jedoch nicht lügen oder sich selbst widersprechen. Die Leute können erkennen, wenn Sie lügen. Es ist so, als würden Sie eine Umkleidekabine verlassen, zum Verkäufer schauen und ihn fragen, ob das Kleidungsstück gut an Ihnen aussieht. Wenn er mit einer Lüge antwortet, dann werden Sie das Kleidungsstück nicht kaufen. Und genauso verhält es sich auch, wenn Sie vor einer Menschenmenge stehen und nicht authentisch sind. Das merkt man. Binden Sie sich also selbst in die Präsentation ein. Sie werden von der Reaktion des Publikums überrascht sein.

## *Authentizität praktizieren*

Es besteht kein Zweifel daran, dass das Üben vor einem Vortrag von entscheidender Bedeutung ist, um eine gute Rede halten zu können. Sie möchten jedoch nicht, dass Ihr Vortrag übermäßig einstudiert klingt. Eine Möglichkeit, um dies zu vermeiden, besteht darin, sich zu Gesten zu zwingen, mit denen Sie sich unwohl fühlen. Sie sollten Augenkontakt mit Ihrem Publikum halten – aber wirken Sie dabei *nicht unheimlich!* Sie sollten keinen Starrwettbewerb mit der Person in der ersten Reihe austragen, nur weil Sie versuchen, Ihre Körpersprache miteinzubeziehen. Seien Sie sich dessen *bewusst*, was Ihr Körper tut, aber seien Sie dabei nicht zu energisch. Jeder im Raum wird bemerken, wenn Sie es übertreiben.

Sie fragen sich wahrscheinlich, *wie werde ich denn dann authentisch?* Wir haben in diesem Buch bereits über das Thema Körpersprache gesprochen. Es handelt sich hierbei um eine subtile Art der Kommunikation mit Ihrem Publikum und die Bedeutung der Körpersprache für Ihre Präsentation kann nicht genug betont werden. Wenn Sie Ihrer Präsentation oder Ihrer Rede Authentizität verleihen möchten, sollten Sie unter Berücksichtigung eines Publikums üben. Wenn Sie Ihre Gesten zu oft üben, wirken Sie womöglich wie ein Roboter.

Es gibt einige Regeln, die Sie anwenden können, um perfekt zu üben und gleichzeitig Ihre Authentizität zu bewahren. Sie sollten zuhören, an dem Thema, das Sie präsentieren, interessiert sein und dem Publikum immer mit einer offenen Körperhaltung gegenüberstehen. Wenn Sie dies tun, besteht eine höhere Wahrscheinlichkeit, dass Sie Erfolg haben. Mit diesen drei Regeln können Sie Ihre Gesten proben und üben. Wenn Sie sich nicht sicher sind, können Sie gerne einen Spiegel verwenden.

## Vielfalt und Abwechslung

In Ordnung, Sie haben also ein langweiliges Thema. Sie haben dieses Buch bis hierher gelesen, starren nun auf die Seiten und denken sich: „Was ist, wenn ich einen Staubsauger an einen Multimillionär verkaufen muss?" Nun, das klingt nicht sehr lustig – besonders wenn es nicht Ihr Staubsauger ist. Ich bin mir sicher, dass eine Präsentation zum Thema Staubsaugen nicht der beste Weg ist, um Ihren Tag zu beginnen, aber Sie müssen es schaffen. Und ich weiß, dass Sie es schaffen! Dazu bringen Sie ein wenig Abwechslung hinein und peppen Ihre Präsentation auf, damit Sie und alle anderem im Raum nicht einschlafen.

### *Unterhaltsame Auflockerungen*

Sie haben also ein langweiliges Thema. Das bedeutet jedoch nicht, dass Sie ein langweiliger Redner sind! Sie verzweifeln vielleicht fast, weil Sie das Thema hassen, das Sie präsentieren müssen. Es geht jedoch darum, einen anderen Blickwinkel zu nutzen, um Ihr Thema unterhaltsamer zu gestalten. Hören Sie also auf, auf einen leeren Bildschirm und eine langweilige Präsentation zu starren. Wir werden das zusammen hinbekommen.

Sie können Ihr Thema aus strategischer Sicht betrachten. Welchen Blickwinkel nehme ich, um dieses Thema interessant zu machen? Viele Menschen betrachten ein Thema aus mehreren Blickwinkeln, um einen Aspekt zu finden, den sie unterhaltsam gestalten können.

### *Störungen einbauen*

Ich spreche definitiv nicht davon, plötzlich während der Präsentation auf- und abzuspringen oder zu jonglieren. Das ist nicht gemeint. Wir denken meistens, dass Störungen schlecht sind, doch Störungen können tatsächlich die Aufmerksamkeit Ihres Publikums wieder herstellen, wenn es beginnt, das Interesse zu verlieren. Es geht im Wesentlichen darum, alle im

Raum zu überraschen. Dadurch werden nicht nur wieder alle Blicke auf Sie gerichtet, sondern sie bleiben auch dort.

Dies funktioniert am besten, wenn Sie eine langweilige Präsentation haben, da eine Störung die Aufmerksamkeit der Menge wiederherstellt. Es geht darum, den Fluss Ihrer Worte mit etwas Unterhaltsamem zu unterbrechen. An einem Punkt der Präsentation können Sie anhalten und das Publikum mit etwas Neuem überraschen – sei es eine Umfrage, eine Grafik, ein Zitat oder sogar ein Video.

Achten Sie jedoch darauf, dass diese Unterbrechung für Ihr Thema relevant ist. Wenn Sie feststellen, dass das möglicherweise trockene Material Ihr Publikum langweilt, können Sie es einen spontanen Kurzfragebogen ausfüllen lassen. Eine solche Aktion holt Ihre Teilnehmer zurück und integriert sie wieder in Ihren Vortrag. Denken Sie daran: Sie möchten, dass Ihre Präsentation „fließt". Bauen Sie eine passende Störung ein, um danach wieder mit Ihrem Thema fortzufahren.

### *Aktualität und Relevanz*

Eine gute Möglichkeit, um Ihr Publikum einzubeziehen, besteht darin, die Trends in den sozialen Medien zu überprüfen. Sie können Ihrem Thema Relevanz verleihen, indem Sie es auf etwas beziehen, das gerade in der Welt geschieht. Informieren Sie sich über beliebte Trends in der Welt und passen Sie einen Teil Ihrer Präsentation daran an. Sie können sogar eine Debatte initiieren, bei der Sie Ihr Thema mit etwas Relevantem vergleichen, das gerade passiert. Dies wird nicht nur die Aufmerksamkeit des Publikums erregen, sondern sie unter Umständen sogar aufregen. Stellen Sie nur sicher, dass Sie etwas verwenden, das in irgendeiner Weise mit dem Inhalt Ihrer Präsentation zusammenhängt. Ich empfehle auch, einen solchen Trend vorsichtig auszuwählen, da Sie Ihr Publikum nicht verärgern wollen, weil Sie sich für etwas Kontroverses entschieden haben.

## *Metaphern*

Wenn Sie ein trockenes Thema haben, das möglicherweise schwer zu verstehen ist, können Sie während Ihrer Präsentation immer wieder Metaphern verwenden, um es interessanter zu gestalten und alle Teilnehmer zum Nachdenken zu bewegen. Wenn Sie eine Metapher verwenden, stellen Sie eine rhetorische Frage, die das Publikum geistig beantworten kann. Ihr Publikum soll diese Frage nicht Ihnen beantworten, sondern sich selbst. Sie können Ihr Publikum beispielsweise fragen, wofür es sich entscheiden würde, wenn zwei Dinge zur Auswahl stünden. Auf diese Weise müssen sich Ihre Zuhörer das Thema selbst erschließen.

## *Antworten parat haben*

Eine Sache, die Sie an Menschen bemerken werden, die andere auf natürliche Art und Weise anziehen, ist die, dass solche Personen nie Angst davor haben zu sagen, was sie denken. Wenn Sie auf der Bühne stehen, kann sich dies als schwierig herausstellen, da Sie stunden-, wenn nicht sogar tagelang geprobt haben.

Wenn Sie sich dazu entschieden haben, Ihre Rede oder Präsentation mit einer Fragerunde zu beenden, dann kann es passieren, dass Ihre Zuhörer Fragen stellen, auf die Sie nicht vorbereitet sind. Ich bin sicher, dass Sie schon einmal mit einer Person gesprochen haben, die eine Frage von Ihnen mit nur einem Wort beantwortet hat. Wann immer dies passiert, kommen Sie nicht umhin zu denken, dass hier wenig Substanz dahintersteckt. Wenn Sie sich dazu entschieden haben, mit einer Fragerunde zu enden, erstellen Sie eine Liste mit Antworten, die Sie verwenden können.

Stellen Sie bei der Auswahl Ihrer Antworten sicher, dass diese detailliert und genau sind. Recherchieren Sie eingehend oder fügen Sie einige Anekdoten aus Ihrem eigenen Leben hinzu, wenn Sie sich nicht sicher sind. Wenn Sie echte und authentische

Antworten geben, wirken diese für andere Personen natürlicher. Dies ist ein erstaunlicher Trick, der oftmals übersehen wird. Die meisten Menschen erwarten keine übermäßig tiefgründigen Antworten. Auf diese Weise hinterlassen Sie nicht nur einen guten Eindruck bei Ihrem Publikum, sondern Ihre Teilnehmer werden diesen sogar noch mitnehmen, wenn sie den Veranstaltungsort oder Sitzungssaal verlassen.

## Das gewisse Etwas kommt von innen

Ich kann mir vorstellen, dass Sie sich zunächst wie ein Betrüger fühlen werden, wenn Sie versuchen, Ihre Zuhörer dazu zu bringen, Sie zu mögen. Schon bald werden Sie jedoch Veränderungen in Ihrer eigenen Einstellung und Persönlichkeit bemerken.

Ihre Anziehungskraft kommt von innen. Dies ist das „gewisse Etwas". Es geht nicht um Ihr Äußeres, denn so attraktiv Sie auch sein mögen, Sie müssen an Ihrem Inneren arbeiten. Wenn Sie die attraktivste Person der Welt sind, aber keine liebenswürdigen Eigenschaften haben, dann werden Sie feststellen, dass die Menschen genauso schnell wieder aus Ihrem Leben verschwinden, wie sie es betreten haben. Beim gewissen Etwas geht es darum, authentisch zu sein, Rücksicht auf andere zu nehmen, Ihre Worte sorgfältig zu wählen und sich selbst beherrschen zu können. Dies sind nicht nur unglaubliche Führungsqualitäten, sondern auch Eigenschaften, von denen die Welt mehr braucht.

Diese Verhaltensweisen führen dazu, dass Sie das gewisse Etwas bekommen und sogar die schlechtesten Präsentationen noch retten können. Das soll nicht heißen, dass Sie sich einfach nur auf eine Bühne zu stellen brauchen und das Publikum an Ihren Lippen hängen wird, doch Ihre Fähigkeit, eine Beziehung zu Ihrem Publikum aufzubauen, wird gestärkt. Ich weiß, dass dies ein wenig Übung erfordert. Ich habe jedoch keinen Zweifel daran, dass Sie Ihr wahres Ich sein können und anderen Menschen die wundervollen Aspekte zeigen können, die Sie ausmachen.

## Der Schauspieler, der trotz seiner Ängste zum Star wurde – Profil Harrison Ford

Sie kennen ihn als Han Solo und Indiana Jones. Dieser unglaubliche Schauspieler ist seit über 30 Jahren eine Berühmtheit. Man könnte also meinen, dass er sich daran gewöhnt hat, vor Fremden zu sprechen. Seine Aufgabe besteht darin, vor Dutzenden von Menschen aufzutreten – Action-Szenen eingeschlossen. Wie kann jemand wie er Angst davor haben, vor Publikum zu sprechen?

Trotz seiner unglaublichen Leinwand-Karriere gab Harrison Ford zu, dass ihn das Sprechen vor Publikum mit „Nervosität und Angst" erfüllt. Als er den Life-Achievement-Award des American Film Institute erhielt, verriet Harrison, dass ihm seine Rede Schwierigkeiten bereitete.

Er sprach mit Journalisten und sagte: „Die größte Angst in meinem Leben ist das Sprechen vor Publikum." Was hat er also getan? Er betrat die Bühne trotzdem. Trotz seiner Befürchtungen betrat Harrison die Bühne, hielt seine Rede und nahm seine Auszeichnung entgegen. Das Einzige, was Sie tun können, ist, trotz Ihrer Ängste einfach trotzdem die Bühne zu betreten. Und wenn der Grund dafür ist, eine Auszeichnung zu erhalten, ist das Gefühl nur noch schöner.

KAPITEL 8:

# Selbstsabotagen vermeiden

Es gibt etwas Gutes, was Fehler betrifft: Sie können daraus lernen! Aber was wäre, wenn Sie bereits wüssten, welche Fehler Sie nicht machen sollten? Dann können Sie sie vermeiden. Es geht nicht darum, seine Angst zu vermeiden, sondern es geht darum, vorbereitet zu sein. Um vorbereitet zu sein, müssen Sie wissen, was Sie nicht tun und was Sie nicht in Ihre Präsentationen aufnehmen sollten. Ich möchte, dass Sie bei jeder Rede, die Sie vor Publikum halten, Erfolg haben, insbesondere indem Sie die Fehler vermeiden, die ich und viele andere zuvor begangen haben.

## Alles über das Publikum

Wenn Sie kein Publikum hätten, würden Sie vor einem leeren Raum sprechen. Bedenken Sie dies, wenn Sie eine Präsentation halten. Nur durch Ihre Zuhörer präsentieren Sie vor Publikum. Ohne Ihre Teilnehmer haben Sie niemanden, an den Sie Ihre Informationen weitergeben können. Verärgern oder verlieren Sie Ihr Publikum also nicht und beziehen Sie es in Ihre Präsentation ein. Ich möchte, dass Sie Ihr Publikum während Ihres Vortrags für sich gewinnen. Vermeiden Sie aus diesem Grund die Fehler, die bei Präsentationen vor Publikum Angst verursachen können.

### *Informationsüberflutung*

Ich kann mich noch gut an meine Anfangszeiten erinnern. Ich wollte dem Publikum beweisen, wie viel ich über das Thema Selbstvertrauen wusste. Ich stand also auf der Bühne, das Licht der Scheinwerfer strahlte mir ins Gesicht und im Publikum war kein Mucks zu hören. Ich überzog zehn Minuten meiner eigentlichen Redezeit. Ich hatte sieben Hauptpunkte in jeweils drei Unterbereiche heruntergebrochen. Ich referierte über die Themen Körpersprache und Stimme und zitierte alle Studien. Zudem enthielt meine Präsentation eine Menge Diagramme. Können Sie erraten, was geschah? Einige Zuhörer verließen den Saal und ich sah, wie zwei aus dem Publikum einschliefen. Ich lernte in diesem Moment, dass ich meine Kernbotschaft verloren hatte, obwohl ich gut vorbereitet war.

Wenn Sie zu viel Zeit mit Informationen und zu wenig Zeit mit der Botschaft verbringen, dann verlieren Sie Ihr Publikum. Ich wollte alles ganz genau erklären. Sie sollten die Dinge jedoch so einfach wie möglich halten. Sie sollten die Aufmerksamkeit des Publikums zu jedem Zeitpunkt Ihrer Präsentation haben. Ich kann mich noch gut an gewisse Lehrer erinnern, die ohne Punkt und Komma über ein bestimmtes Thema sprachen, und schließlich reichten wir uns Zettelchen herum, weil wir nicht mehr aufpassten. Das passiert, wenn Sie schwafeln.

Halten Sie Ihren Vortrag also so minimalistisch wie möglich, außer wenn die Informationen relevant sind. Ihre Kreisdiagramme zeigen nur, wie sehr Sie sich auf das jeweilige Thema vorbereitet haben. Wenn Sie zu viele Kreisdiagramme haben, dann überfordern Sie Ihre Zuhörer mit zu vielen unnötigen Informationen. Die Zeit Ihrer Zuhörer ist genauso wertvoll wie Ihre. Erzählen Sie ihnen also, was sie wissen müssen und nicht mehr.

### *Keine Vermutungen anstellen*

Nun, wir alle wissen, was wir von Stereotypen zu halten haben. Es wäre untertrieben zu sagen, dass Stereotypen schrecklich sind. Stellen Sie also *keinerlei Vermutungen* über Ihr Publikum an. Hat Ihr Publikum bestimmte politische Ansichten? Eine Lieblingsfarbe? Versuchen Sie herauszufinden, ob alle reich sind? Tun Sie es nicht. Machen Sie das Gegenteil und *tun Sie es einfach nicht*. Wenn Sie etwas über Ihr Publikum annehmen, kann dies dazu führen, dass Ihre Präsentation obsolet wird.

Wenn Sie einen Raum betreten und davon ausgehen, dass jeder ein Fan der Popgruppe „Nickelback" ist, werden Sie einen schlechten Tag haben. Es gibt Möglichkeiten, um diese Dinge über Ihr Publikum herauszufinden. „Look at this Photograph" in voller Lautstärke zu Beginn und am Ende Ihrer Präsentation oder Rede abzuspielen, ist vielleicht nicht Ihr bester Schachzug, egal wie sehr Sie den Song mögen.

### *Unwissenheit ist kein Segen*

Haben Sie eine Leidenschaft für Ihr Thema? Wenn Sie mit Ja geantwortet haben, dann gilt das nur für Sie. Ich weiß, dass wir manchmal so begeistert von unserem Thema sind, dass wir stundenlang weitermachen könnten. Wir möchten, dass jeder weiß, wie großartig unser Thema ist! Doch wie alles im Leben gibt es einen Haken. Es gibt da auch noch Ihr Publikum. Vielleicht kennt sich Ihr Publikum mit Ihrem Thema nicht aus. Aus diesem Grund liegt es an Ihnen, es Ihren Zuhörern zu erklären. Einfach mit Ihrem Thema fortzufahren wird ihnen nicht helfen, sondern langweilen.

Sie sollten Ihre Zuhörer immer wissen lassen, was sie erwartet, bevor Sie beginnen. Auf diese Weise können sie Sie besser verstehen. Fragen des Publikums am Ende der Präsentation zu beantworten, ist ebenfalls eine gute Idee, da Sie Ihren Zuhörern auf diese Weise weitere Informationen geben können. Sie wollen erreichen, dass sich Ihre Zuhörerschaft auf die Präsentation konzentrieren kann, ohne dabei den Faden zu verlieren. Also ignorieren Sie Ihr Publikum nicht! Denken Sie immer an Ihre Zuhörer, während Sie Ihr Vortragsthema erklären.

### *Etwas zu stark anpreisen*

Sie halten also eine Präsentation, die eher ein Verkaufsgespräch ist. Damit kann ich leben. Wissen Sie, was der größte Fehler ist, wenn Sie versuchen, ein Produkt in einer Besprechung zu verkaufen? Lesen Sie nochmals den Titel dieses Abschnitts. Zu stark anpreisen. Wir alle wissen, dass ein

Verkäufer entweder super charismatisch ist oder wie diese schmuddelige Person in Cartoons versucht, kaputte Produkte zu verkaufen. Ich glaube nicht, dass es beide Verkäufertypen im wirklichen Leben gibt – es sind nur Stereotypen.

Doch abgesehen davon passiert es leicht, dass aufgrund dieser Stereotypen Kunden einen solchen ersten Eindruck bekommen. Nichts kann einen Kunden mehr davon abhalten, Ihr Produkt zu kaufen oder darin zu investieren, als wenn Sie es zu stark anpreisen. Ich weiß, das klingt trivial, aber ich bin sicher, dass Sie sich nun fragen, wie Sie das anstellen sollen. Nun, es gibt ein paar Dinge, die Sie tun können.

Verwenden Sie offene Fragen. Anstatt beispielsweise zu sagen „Was meinen Sie damit, Ihr Unternehmen kann sich dieses Produkt nicht leisten?", sollten Sie fragen „Welchen Preis würden Sie für dieses oder jenes zahlen?". Versuchen Sie nicht, Ihren Kunden zu unterbrechen, indem Sie verärgert erscheinen, wenn er sich ein Produkt nicht leisten kann oder den Preis in Frage stellt. Versuchen Sie, ihn mit Argumenten zu überzeugen, dass sich der Preis lohnt, anstatt ihn zum Kauf zu zwingen.

Dies geht einher mit Empathie. Seien Sie beim Präsentieren einfühlsam. Sie müssen die Dinge herausfinden, warum sich Ihr Kunde für das Produkt interessiert. Je nach Produkt besteht möglicherweise ein Bedarf, den nur Ihr Produkt erfüllen kann. Sie können jederzeit über persönliche Erfahrungen mit Ihrem Kunden sprechen und ihm Fragen stellen, warum er der Meinung ist, dass sein aktuelles Produkt nicht das richtige für ihn ist.

Ein Produkt zu stark anzupreisen ist gefährlich, wenn es um Verkäufe geht. Wenn Sie Ihren Kunden jedoch aufrichtig verstehen wollen und offen für Fragen sind, die Ihr Kunde möglicherweise hat, werden Sie feststellen, dass Sie auf natürliche Weise eine charismatischere Präsentation halten.

## *Humor – aber richtig*

Es ist eine neue Welt da draußen. Humor ist nicht das, was er vor Jahren war, da wir uns durch das Internet verändern. Unsere Gesellschaft ist sich des provokanten Humors stärker bewusst geworden und dieser ist mit Sicherheit nicht mehr so banal wie er einmal war. Gleichzeitig ist Humor auch objektiv und nicht jeder lacht über die gleichen Witze. Aber das ist kein Problem. Es ist in Ordnung. Manchmal hängt unser Humor von unseren eigenen Lebenserfahrungen ab oder davon, wie wir aufgewachsen sind. Dies bedeutet nicht, dass eine Präsentation anstößiges Material enthalten sollte. Die Witze, die früher in Ordnung waren, sind keine Repräsentationen der Sprache mehr, die wir heute verwenden. Sie müssen sich Gedanken darüber machen, wie sich Ihr Humor auf Ihr Publikum auswirkt und dabei alle Lebensbereiche berücksichtigen. Krasser Humor wird nicht mehr geschätzt, sondern ist einfach nur beleidigend.

Wenn Sie es richtig machen, ist Humor eine fantastische Möglichkeit, um Ihr Publikum in den Bann zu ziehen und sicherzustellen, dass es lacht und sich amüsiert. Es gibt beim Thema Humor jedoch einen schmalen Grat. Manchmal ist es zu viel des Guten. Ein wenig Humor in Präsentationen ist ein hervorragendes Werkzeug, um Ihr Publikum zu entspannen, eine Beziehung zu Ihren Zuhörern aufzubauen und Ihre Präsentation zu verbessern. Schlechte Witze sind jedoch immer schlechte Witze. Und jemand, der über seine eigenen schlechten Witze lacht, ist noch unangenehmer anzusehen. Vermeiden Sie stets Witze über Politik oder Religion oder irgendetwas anderes, das sexistisch oder rassistisch ist.

Suchen Sie stattdessen nach humorvollen Geschichten in Ihrem eigenen Leben, die Sie erzählen können, besonders wenn der Witz auf Ihre Kosten geht. Selbstironischer Humor kann sehr lustig und liebenswert sein. Wenn Menschen entspannt sind, nehmen sie Informationen effektiver auf, sodass es während Ihrer Präsentation sehr nützlich sein kann, Ihre Zuhörer zum

Lächeln und Lachen zu bringen. Lassen Sie einfach die schlechten Witze und das kontroverse Material weg.

### *Das Ego vermeiden*

Ich glaube, dass Stolz eine Tugend ist – und wenn Sie es geschafft haben, an den Punkt zu gelangen, an dem Sie jetzt sind, sehe ich keinen Grund, warum Sie nicht stolz auf sich sein sollten. Davon abgesehen ist die Grenze zwischen Ego und Stolz sehr fein und wird meist dann virulent, wenn wir von anderen Menschen umgeben sind.

Wenn Sie vor mehreren Menschen sprechen, kann es leicht passieren, dass Sie ein wenig übermütig werden, besonders wenn Sie ein Profi in Ihrem Bereich sind. Sie kennen die neuesten Informationen, weil Sie das Thema monatelang, wenn nicht sogar jahrelang recherchiert haben. Vielleicht haben Sie sogar Ihr ganzes Leben diesem Thema gewidmet. Warum sollten die Leute nicht auf Sie hören müssen? Sie haben die Informationen und geben sie im Grunde genommen weiter.

Diese Ansicht kann Ihnen sehr viel Selbstvertrauen geben, das die Menschen schätzen werden. Sie müssen jedoch auf Ihren Ton achten, wenn Sie die Informationen abliefern. Wenn Sie Ihrem Ego erlauben, die Kontrolle über Ihre Einstellung und Ihre Handlungen zu übernehmen, werden Sie ein Publikum bekommen, das sich nicht mehr wohl in Ihrer Nähe fühlt. Ihr Publikum wird das Gefühl bekommen, belehrt zu werden. Sie werden die Beziehung zu Ihren Zuhörern verlieren, weil sie das Gefühl haben, dass ihre Meinungen oder Gedanken keine Rolle spielen. Es scheint, als ob Ihr Geist mit Ihrer eigenen Herrlichkeit beschäftigt ist, anstatt Ihr Publikum zu stimulieren.

Dies gilt auch, wenn Sie eine schwierige Person im Publikum haben. Geben Sie der Stimmung dieser Person nicht nach und reflektieren Sie die Stimmung dieser Person nicht zurück auf sie. Wenn Ihnen jemand unangebrachte Fragen stellt, versuchen Sie einfach, diese so gut wie möglich zu beantworten. Lassen Sie sich nicht davon abhalten, Ihre Präsentation fortzusetzen. Das Publikum wird es zutiefst respektieren.

## Alles über die Präsentation

Es besteht kein Zweifel, dass wir Routinen haben, die wir bei der Präsentation ausführen. Schließlich ist es immer einfacher, etwas zu tun, was wir schon immer getan haben, als es zu ändern. Manchmal können Fehler, die wir machen, unsere Präsentation beeinträchtigen. Wir wissen vielleicht nicht einmal, dass wir es gerade vermasseln! Niemand weist uns darauf hin, also machen wir weiterhin die gleichen Fehler. Machen Sie sich keine Sorgen, wenn Sie solche Fehler machen, und versuchen Sie einfach, sie im Laufe der Zeit zu verbessern. Wenn Sie wissen, dass Sie diese Fehler machen, können Sie daran arbeiten.

### *Füllwörter vermeiden*

Vielleicht denken Sie, dass Füllwörter Informationen enthalten. Was meine ich mit Füllwörtern? Ähm, wissen Sie, ich meine, das ist wirklich schwer zu sagen. Haben Sie etwas an diesem Satz bemerkt? Das sind die Füllwörter, auf die ich mich beziehe. Es handelt sich hierbei um Wörter, die wir als Hilfsmittel verwenden, wenn wir nichts Intelligentes zu sagen haben oder wenn wir einen Teil unserer Präsentation vergessen haben. Leider bringen diese Füllwörter Ihr Publikum dazu, sich zu fragen, wie professionell Sie sind. Vermeiden Sie diese Wörter. Wenn Sie das Gefühl haben, dass Sie gleich eines dieser Füllwörter sagen wollen, dann können Sie jederzeit eine Pause zwischen Ihren Sätzen einlegen. Achten Sie jedoch darauf, dass diese Pausen nicht zu lang sind!

### *Ist das eine Frage?*

Haben Sie schon einmal eine Person sprechen gehört, bei der alles, was sie sagt, wie eine Frage klingt? Dies kann passieren, wenn wir versuchen, die Aufmerksamkeit einer anderen Person zu erregen. Leider ist das der falsche Weg. Man muss normalerweise nach einer Frage nachdenken, und wenn alles, was Sie sagen, wie eine Frage klingt, vermittelt dies dem Publikum einen falschen Eindruck. Benutzen Sie Fragen also selten und verwenden Sie sie nur für besondere Momente.

### *Der lustige Typ*

Okay, Humor ist großartig. Ich liebe Humor genauso wie Sie, da dieser dazu beitragen kann, Ihr Publikum zu unterhalten. Es gibt nichts Schöneres, als alle im Raum zum Lachen zu bringen. Das ist ein tolles Gefühl! Humor kann auch hilfreich sein, wenn Sie über ein ernstes Thema sprechen, das Negativität im Raum verursachen kann. Humor ist ein wunderbares Werkzeug, mit dem sich alle wohl fühlen.

Also, was ist schlecht an ein bisschen Humor? Nichts. Humor ist nur dann schlecht, wenn Sie zu viel davon verwenden. Sie müssen sich daran erinnern, dass eine Präsentation vor Publikum etwas anderes ist als eine Comedyshow. Sie stehen nicht auf der Bühne, um ständig Witze zu reißen wie in einem Comedy-Club. Hier geht es darum, eine Rede oder Präsentation zu halten, die das Publikum begeistert. Sie sollten Ihren Humor nutzen, um die Stimmung aufzuhellen. Aber wenn Sie zu viel Humor verwenden, wird Ihr Publikum Sie möglicherweise nicht ernst nehmen und Ihre Präsentation wird völlig falsch in Erinnerung bleiben.

### *Übung macht den Meister*

Vermutlich haben Sie bereits gemerkt, dass die meisten Redner ihre Präsentation nicht vergeigen. Ich weiß, dass ich mich am Anfang nie wirklich vorbereitet habe. Und was war das Ergebnis? Ich habe improvisiert. Nur Personen, die unvorbereitet sind, improvisieren. Üben Sie so viel wie nötig, damit Ihre Präsentation so gut wie möglich wird. Einige Leute müssen ein Dutzend Mal üben, andere sogar noch öfter. Sobald Sie genug geübt haben, um sich wohl zu fühlen, können Sie die Bühne betreten. Ich kann Ihnen jedoch sagen, dass Sie das Bedürfnis verspüren werden, nicht mehr zu üben, je besser Sie bei

Präsentationen vor Publikum werden. Machen Sie das nicht! Üben Sie jeden Vortrag, da es ansonsten passieren kann, dass Sie den Faden verlieren.

### *Richtiges Timing ist alles*

Sie haben also geübt. Haben Sie einen kleinen Fehler gemacht und während Ihrer Präsentation etwas vergessen? Ich weiß, dass ich das zu Beginn meiner Karriere oft getan habe. Es gibt einen Trick, der beim Sprechen vor Publikum von entscheidender Bedeutung ist – die Zeit! Messen Sie jedes Mal die Zeit, wenn Sie Ihren Vortrag üben. Es sollte nicht so sein, dass Sie noch die Hälfte Ihrer zugewiesenen Redezeit übrig haben und nur noch zwei Folien haben. Sie sollten vorbereitet sein und Ihre Redezeit mit Informationen füllen, die für das Publikum wichtig sind, und nicht mit Füllmaterial, das es langweilt.

Wenn Sie wissen, dass Sie Ihr Publikum einbinden werden, dann planen Sie hierfür etwas Zeit ein. Planen Sie etwa ein Drittel Ihrer Präsentation für Fragen ein, falls diese für die Präsentation erforderlich sind. Andernfalls planen Sie nur gegen Ende Ihres Vortrags einige Minuten Zeit für die Teilnahme des Publikums ein und belassen es dabei. Wenn alle Fragen gestellt wurden, sprechen Sie Ihre abschließenden Worte. Sie sollten sicherstellen, dass Sie erst dann von der Bühne gehen, nachdem die letzte Person ihre Frage gestellt hat. Haben Sie immer abschließende Worte parat, damit alle im Raum wissen, dass Sie fertig sind. Sie wollen schließlich nicht, dass Ihre Zuhörer nicht wissen, wann Ihr Vortrag zu Ende ist.

### *Houston, wir haben technische Probleme*

Wir haben es alle schon einmal erlebt: Sie richten Ihre Präsentation ein, doch wenn Sie sich umdrehen, funktioniert der Projektor nicht und der Bildschirm ist schwarz. Technische Schwierigkeiten sind frustrierend und machen den Beginn einer Präsentation kompliziert. Sie können nicht immer verhindern, dass technische Probleme auftreten, da dies möglicherweise nicht

Ihre Schuld ist. Manchmal liegt es am Veranstaltungsort, an der Internetverbindung oder sogar an der Beleuchtung. Einige Dinge liegen nicht in Ihren Händen. Es gibt jedoch Möglichkeiten, um einige dieser Probleme zu vermeiden.

Wenn Sie noch nie zuvor an diesem Veranstaltungsort präsentiert haben, erscheinen Sie frühzeitig, damit Sie alles einrichten können. Wenn Sie nicht frühzeitig erscheinen können, fragen Sie unbedingt Ihre Vorredner, ob diese technische Probleme hatten. Auf diese Weise können Sie diesen nachgehen und sie beheben. Sie können ausprobieren, Ihren Computer an verschiedene Ausgänge anzuschließen, oder einen Freund mitbringen, der sich mit Präsentationstechnologie gut auskennt.

Solange Sie in diesen Situationen die Kontrolle übernehmen anstatt überrascht dazustehen, verlieren Sie nicht Ihre Anziehungskraft auf das Publikum. Ja, es wird frustrierend sein. Ja, Sie können nicht immer alles kontrollieren. Aber Sie können steuern, wie Sie reagieren und was Sie während der Zeit tun, in der Sie darauf warten, dass die Situation behoben wird.

### *Der Lügner*

Ich verstehe, dass Sie möglicherweise verzweifelt werden, wenn Sie etwas dringend verkaufen müssen. Sie sollten sich davon jedoch nicht überwältigen lassen, denn wenn Ihr Kunde es herausfindet, verlieren Sie möglicherweise nicht nur ihn, sondern auch noch viel mehr. Sie sollten niemals in Bezug auf Ihre Fakten lügen. Verwenden Sie immer geeignete Quellen.

Erhöhen Sie nicht die Anzahl Ihrer Verkäufe und erfinden Sie keine Details. Diese Änderungen, die Ihnen winzig erscheinen könnten, könnten für jemanden, der sich bei diesem Thema wirklich auskennt, ein Warnsignal sein. Es spielt keine Rolle, ob Sie vor Ihrer Klasse oder vor einem Kunden stehen. Ihre Fakten müssen stimmen. Sie sollten die Informationen bereits auswendig kennen und wissen, woher Sie sie haben. Wikipedia ist dabei nicht immer die beste Ressource.

Bereiten Sie sich auf den Fall vor, dass Leute Ihre Forschung oder Ihre Zahlen in Frage stellen. Sagen Sie ihnen genau, woher Ihre Informationen stammen. Dies ist einfach, wenn Sie sich richtig vorbereitet haben. Also lügen Sie nicht. Am Ende belügen Sie sich nur selbst und Sie werden sich während der Präsentation unwohl fühlen.

## Fehler loslassen

Manchmal können Sie nicht kontrollieren, was passiert, egal ob es sich um einen technischen Fehler (der häufiger auftritt, als uns lieb ist) oder um eine fehlende Folie während einer Präsentation handelt, was Sie nicht bemerkt haben. Es besteht eine hohe Wahrscheinlichkeit, dass Sie Fehler machen, und zwar ganz unabhängig davon, wie vorsichtig Sie sind. Sie müssen diese Fehler antizipieren. Es geht darum, sich ständig zu verbessern und aus seinen Fehlern zu lernen.

Egal was passiert, Sie werden aus Ihren Fehlern lernen, genauso wie ich es in meiner frühen Karriere getan habe. Um Ihre Ziele zu erreichen, müssen Sie immer vorausplanen. Die Fehler, die Sie machen, definieren nicht, wer Sie sind, weil Fehler unvermeidlich sind. Nutzen Sie sie, um daraus zu lernen und sich beim nächsten Mal besser auf diese Fehler vorzubereiten. Sie müssen in der Lage sein, Ihre Fehler loszulassen und zu lernen, wie Sie es beim nächsten Mal besser machen können.

Durch die Fehler werden Sie nicht zu einem schlechteren Redner, auch wenn Sie sich hinterher über diese Fehler ärgern. Wenn überhaupt, bieten Fehler eine Gelegenheit, sich weiterzuentwickeln und seine Arbeitsweise zu verbessern. Machen Sie also nicht den Fehler zu glauben, dass Sie ein Versager sind, nur weil Sie es vermasselt haben. Vergessen Sie das Ganze, lernen Sie daraus und machen Sie einen weiteren Schritt nach vorne – das ist das Geheimnis für Wachstum und Erfolg.

## Ihre Angst überwinden – Profil – Sie selbst

Ich möchte, dass Sie sich vorstellen, vor einer Menge von Hunderten von Menschen zu stehen. Sie betreten die Bühne und die Menge applaudiert. Sie lächeln das Publikum an. Von Ihrem Standpunkt aus blendet Sie das Licht und Sie können die Gesichter der Zuhörer kaum erkennen. Trotzdem merken Sie, dass der Raum voll ist.

Sie können fühlen, wie Ihr Herz in Ihrer Brust rast, doch Sie akzeptieren es und führen das Mikrofon an Ihren Mund. Sie atmen langsam aus, bevor Sie sich vorstellen. Sie machen keine Fehler und fummeln nicht mit Ihren Händen herum. Es gibt nur Sie und das Publikum und es hängt an Ihren Lippen.

Dies ist Ihre Geschichte und ich weiß, dass Sie sie verwirklichen können. Ich möchte, dass Sie sich konkret vorstellen, was immer Sie sich erträumen. Schreiben Sie Ihre Ziele auf, feiern Sie Ihre Erfolge und genießen Sie die Tatsache, dass Sie nicht nur in Ihrem Leben, sondern auch im Leben anderer Menschen einen Unterschied ausmachen.

Jetzt müssen Sie nur noch an die Arbeit gehen.

# ABSCHLIESSENDE WORTE

Das Sprechen vor Publikum kann Ihr Leben verändern, da es Sie Disziplin, Selbstvertrauen und Stolz lehrt. Wenn Sie vor anderen Menschen sprechen, teilen Sie Ihre Ideen und können andere Menschen dazu bewegen, auf das zu reagieren, was Sie für wichtig halten. Als ich den Leuten erzählte, wie sich mein Leben verändert hat, als ich anfing, vor Publikum zu sprechen, glaubten mir viele nicht. Durch harte Arbeit und jahrelanges Lernen konnte ich allen beweisen, wie sich mein Leben verändert hat. Es gibt Tage, an denen sogar ich mich ehrfürchtig umschaue. Ich hatte das Glück, diese Veränderung bei so vielen Menschen gesehen zu haben – von CEOs bis hin zu Philanthropen.

Ich weiß, dass die Konzepte in diesem Buch Sie auf einen Weg führen werden, der in diesem Moment möglicherweise noch schwer zu ergründen ist. Sie werden feststellen, dass Sie bei jedem Meeting eine bessere Leistung erbringen oder dass Sie keine Angst mehr haben, mit einem Fremden in einem Lokal ins Gespräch zu kommen. Vielleicht sind Sie nicht mehr nervös, um bei der Hochzeit Ihres besten Freundes eine Hochzeitsrede zu halten. Was auch immer der Fall sein mag, ich weiß, dass Sie Ihre Probleme überwinden können, solange Sie den Prinzipien folgen, die ich Ihnen in diesem Buch erläutert habe.

Ein Teil dieser Veränderung zu sein gibt mir die Motivation, weiterhin anderen Menschen zu helfen. Ich kann nur hoffen, dass Sie sich weiterentwickeln und die Dinge erreichen, die Sie sich wünschen, und ich bin Ihnen dankbar dafür, dass ich eine Rolle dabei spielen durfte. Ich habe Ihnen nur die Mittel gegeben, um dies erreichen zu können, doch Sie müssen es nun selbst in die Tat umsetzen.

Dies ist der Teil, an dem Sie die Zügel übernehmen und sich an die Arbeit machen. Ich empfehle Ihnen, jene Abschnitte, die Sie am meisten ansprechen, noch einmal zu lesen und dieses

Buch zu Ihrem Vorteil zu nutzen, um ebenfalls ein erfolgreicher Redner zu werden. Sie müssen nur den ersten Schritt machen und Ihre Reise hat begonnen.

# VERWEISE

„7 Things You Need to Know About Fear". Psychology Today, Sussex Publishers, www.psychologytoday.com/us/blog/smashing-the-brainblocks/201511/7-things-you-need-know-about-fear.

„Acknowledging Your Fear and Finding Your Way Forward". The Center for Transformational Presence, 12. 2019, www.transformationalpresence.org/alan-seale-blog/acknowledging-your-fear-and-finding-your-way-forward/

Beqiri, Gini. „Best Practices for Designing Presentation Slides". VirtualSpeech, VirtualSpeech, 2018, www.virtualspeech.com/blog/designing-presentation-slides.

Boundless. „Boundless Communications". Lumen, www.courses.lumenlearning.com/boundless-communications/chapter/steps-of-preparing-a-speech/.

„Chapter 5: Adapting to Your Audience", www.cengage.com/resource_uploads/static_resources/0534637272/16296/PSEA_Summary_c05_rc.htm.

Chris Guillebeau. „It's Not About Overcoming Your Fears; It's About Acknowledging and Moving On: The Art of Non-Conformity", www.chrisguillebeau.com/acknowledging-and-moving-on/

„Fear". Psychology Today, Sussex Publishers, www.psychologytoday.com/us/basics/fear.

„Fear of Public Speaking: How Can I Overcome It?". Mayo Clinic, Mayo Foundation for Medical Education and Research, 2017, www.mayoclinic.org/diseases-conditions/specific-phobias/expert-answers/fear-ofpublic-speaking/faq-20058416.

Fearn, Nicholas. „Best Presentation Software of 2020: Slides for Speeches and Talks". TechRadar, TechRadar Pro, www.techradar.com/best/best-presentation-software.

Grayson, Lee. „Setting the Tone of a Speech". Small Business - Chron.com, Chron.com, 2017, www.smallbusiness.chron.com/setting-tone-speech-41439.html.

Hart, Bridgett. „4 Strategies to Overcome Fear Paralysis". Medium, Medium, 2013, www.medium.com/@hartconnections/4-strategies-to-overcome-fear-paralysis-93effc462dd.

Hoque, Faisal. „7 Methods to Overcome Your Fear of Failure". Fast Company, Fast Company, 2015, www.fastcompany.com/3046944/7-methods-to-overcome-your-fear-of-failure.

„How to use humor effectively in speeches". (2016). https://www.write-out-loud.com/how-to-use-humor-effectively.html

„How to Design a Presentation". Lucidpress, 2018, www.lucidpress.com/pages/learn/how-to-design-presentations.

Humphrey, Judith. „You Are Probably Making One of These 7 Mistakes in Your Everyday Speech". Fast Company, Fast Company, 2019, www.fastcompany.com/90314736/you-are-probably-making-one-of-these-7-mistakes-in-your-everyday-speech.

Layton, Julia. „How Fear Works". HowStuffWorks Science, HowStuffWorks, 2019, www.science.howstuffworks.com/life/inside-the-mind/emotions/fear7.htm.

Lott, Tim. „Children Used to Be Scared of the Dark – Now They Fear Failure". The Guardian, Guardian News and Media, 2015, www.theguardian.com/lifeandstyle/2015/may/29/children-used-to-be-scared-of-the-dark-now-they-fear-failure.

Morgan, Nick. „How to Become an Authentic Speaker". Harvard Business Review, 2019, www.hbr.org/2008/11/how-to-become-an-authentic-speaker.

Nediger, Midori, and Midori. „Presentation Design Guide: How to Summarize Information for Presentations". Venngage, 2019, www.venngage.com/blog/presentation-design/.

Palmer, Belinda. „Fear Paralysis Reflex, Anxiety, and Panic Attacks". Friends and Family Health Centers Blog, www.homewoodfriendsandfamily.com/blog/2019/10/15/fear-paralysis-reflex-anxiety-and-panic-attacks/.

Parashar, Avish. „How to Add Humor to Your Speech-without Being a Comedian". Ragan Communications, 2018, www.ragan.com/how-to-add-humor-to-your-speech-without-being-a-comedian-2/.

Ronnie Higgins. „Fun Activities to Spice Up Your Next Workshop (9 Ideas)". Eventbrite, Eventbrite US Blog, 2019, www.eventbrite.com/blog/9-ideas-to-spice-up-your-workshop-or-training-and-engage-your-audience-ds00/.

Ropeik, David. „The Consequences of Fear". EMBO Reports, U.S. National Library of Medicine, 2004, www.ncbi.nlm.nih.gov/pmc/articles/PMC1299209/.

Saab, A. T. J. A. L. C. (2017). „What Happens in the Brain When We Feel Fear". https://www.smithsonianmag.com/science-nature/what-happens-brain-feel-fear-180966992/

Schmitt, Jeff. „10 Keys to Writing A Speech". Forbes, Forbes Magazine, 2016, www.forbes.com/sites/jeffschmitt/2013/07/16/10-keys-to-writing-a-speech/#60cad69d4fb7.

„4 Tips for a Comannding Presence." Commanding presence, www.commandingpresence.com/single-post/2019/06/10/4-Tips-for-a-Commanding-Presence

Smith, Jacquelyn. „12 Tips for Overcoming Your Fear of Change at Work". Forbes, Forbes Magazine, 2014, www.forbes.com/sites/jacquelynsmith/2014/01/17/12-tips-for-overcoming-your-fear-of-change-at-work-2/#10ec8c102735

Smith, Jacquelyn. „13 Public Speaking Mistakes You Don't Want to Make". Business Insider, Business Insider, 2016, www.businessinsider.com/avoid-these-public-speaking-mistakes-2016-2#-13.

„Transitions in a Speech or Presentation". Manner of Speaking, 2019, www.mannerofspeaking.org/2019/05/12/transitions-in-a-speech-or-presentation/

van Mulukom, V. (2018). „How imagination can help people overcome fear and anxiety". http://theconversation.com/how-imagination-can-help-people-overcome-fear-and-anxiety-108209

Inspire Your Audience - Chapter 3: Preparation: The Source of a Speaker's Power, www.westsidetoastmasters.com/resources/powerspeak/ch03.html.

# CLEVER MITREDEN!

*Wie Sie als introvertierte Person die Kunst des Small-Talks meistern. So entwickeln Sie Ihre soziale Kompetenz und verlieren die Angst, mit neuen Menschen zu sprechen*

**GERARD SHAW**

# INHALTSVERZEICHNIS

Einführung .................................................................... 127

Kapitel 1: Was ist Small Talk? ........................................ 131
    Small Talk-Fehler vermeiden ................................... 133

Kapitel 2: Angst und Schüchternheit überwinden ............ 141
    Warum ist Selbstvertrauen so wichtig? ...................... 142
    Fokus auf die Gegenwart ......................................... 146
    Erkennen Sie sich selbst ........................................... 148
    Was passt zu Ihrem Charakter? ................................ 150

Kapitel 3: Nonverbale Kommunikation und der Sozialkodex .. 155
    Die Stufe der sachlichen Information ....................... 156
    Die Stufe der Selbstenthüllung oder Selbstoffenbarung ........ 157
    Die Stufe der Beziehungsebene ................................ 157
    Die Revisionsstufe ................................................... 158

Kapitel 4: Verwenden der Körpersprache in einem Small Talk .... 163
    Was genau sind nonverbale Hinweise? ..................... 165
    Arten von nonverbalen Hinweisen bei einem Small Talk ........ 167
    Verwendung der Körpersprache bei einem Small Talk ........... 171
    Wie kann nonverbale Kommunikation bei einem Small Talk in einem Büro (oder anderswo) schief gehen? ........... 176
    Treffen Sie Andrea, Meghan und John! ................... 176

Kapitel 5: Nach dem Hallo wird das Eis gebrochen ........ 179
    Vier Eigenschaften der besten Gesprächsstarter ........ 180
    Problemlose Wege, um ein Gespräch zu beginnen .... 183

Kapitel 6: Leitfaden für Small Talk-Themen und worüber Sie sprechen können ................................................... 195
    Sichere Themen ...................................................... 195

    Zu vermeidende Themen ......................................................... 198
    Themen für Freunde .............................................................. 201
    Small Talk für Unternehmer/Vertrieb..................................... 207
    Small Talk-Fragen (Bonusbereich) ......................................... 209

Kapitel 7: Die Unterhaltung am Laufen halten .......................... 211
    So gehen Ihnen im Gespräch die Themen nicht aus ................ 211
    Die FORD-Methode ............................................................... 215
    Die ARE Methode................................................................... 216

Kapitel 8: Ausstieg planen - Small Talks elegant beenden........ 221
    Was sollen Sie sagen, und wie sollten Sie es sagen? ................ 221
    Hinterlassen Sie einen hervorragenden letzten Eindruck ....... 227

Kapitel 9: Ernsthafte Verbindungen mit anderen Menschen herstellen ..................................................................................... 233
    Small Talk-Perspektiven bzw. Ansätze ................................... 234
    Möglichkeiten, Small Talks bedeutsamer zu gestalten ........... 236
    Zeichen, dass Sie sich mit jemandem verbinden .................... 239

Kapitel 10: Die Kunst des Small Talks beherrschen.................. 245
    Die Kunst des Small Talks, und warum dieser Ihre Zeit wert ist ......................................................................................245
    Best-Practice-Beispiele zur Verbesserung Ihrer Konversationsfähigkeiten ....................................................... 248

Finale Worte ............................................................................... 255

Verweise...................................................................................... 261

# EINFÜHRUNG

Was kommt nach dem „Hallo"?

Lassen Sie mich raten, wie Sie sich fühlen, wenn Sie an Small Talk denken: Sie hassen Small Talk. Wenn Sie dieses Buch lesen und wie ich sind, zählt Small Talk nicht zu Ihren Lieblingsbeschäftigungen. Ich bin ein Typ, der sich schon sein ganzes Leben lang damit abmüht. Die gute Nachricht: Wir sind damit nicht allein.

Selbst einige der erfolgreichsten Prominenten mühen sich mit Small Talk ab. Die professionelle Tennisspielerin Naomi Osaka ist eine von ihnen. Wie sie werden viele ängstlich und vermeiden den Kontakt mit anderen Menschen. Und das ist okay.

Es ist in Ordnung, bei einem Small Talk genauso peinlich berührt zu sein wie Naomi, aber es bedeutet eine große Einschränkung, diesen Weg immer so weiterzugehen. Genau wie ich es getan habe, können Sie Ihre eigenen Ängste überwinden. Stellen Sie sich Small Talk als eine Lebenskunst mit immensen Vorteilen vor, die Sie sich nicht entgehen lassen dürfen. Die Fähigkeit zum Small Talk ist wichtig, um Freundschaften und Beziehungen aufzubauen. Aus diesem Grund habe ich dieses Buch geschrieben.

Im Gegensatz zu Büchern, die nur von Theorien handeln und wenige oder gar keine praktischen Ratschläge bieten, ist dieses Buch ein wertvoller Ratgeber. Die Ratschläge sind *praktisch* und *umsetzbar,* und Sie werden damit Ihre *Kommunikationsfähigkeiten verbessern* können.

Darüber hinaus denke ich, dass Sie den Prozess genießen werden.

Denken Sie an die Zeit, als Sie jünger waren. Versuchen Sie sich an die Dinge zu erinnern, die Sie mühelos gemeistert haben.

Meistens haben Sie solche Dinge sehr gerne getan. Wenn Sie versuchen, weniger perfekt zu sein und Small Talk zu genießen, werden Sie sich zweifellos darin verbessern.

Die Wahrheit ist, Small Talk ist wichtig, und es ist der erste Schritt zu den meisten unserer sozialen Interaktionen. Small Talk ist zum Beispiel der erste Schritt bei einem Vorstellungsgespräch, einem Date, zum Schaffen bedeutsamer Kontakte und hin zu außergewöhnlichen Gesprächen. Sie können damit sogar erheblich mehr Umsatz generieren, wenn Sie im Vertrieb arbeiten.

*In der Welt dreht sich alles um Gespräche!* Menschen sind soziale Wesen. Wir alle wünschen uns Verbindungen und ein Gefühl der Zugehörigkeit; das war schon immer so.

Doch leider sind Isolation und Einsamkeit in der heutigen Gesellschaft weit verbreitet. Ein Teil des Problems ist, dass wir – so vernetzt wir auch sein mögen – die Kunst des Small Talks verlernt haben. Wenn Sie die Herausforderung des Small Talks bewältigen können, werden Sie die Fülle genießen können, die zwischenmenschliche Kontakte in einer vernetzten Welt mit sich bringen.

Nachdem Sie dieses Buch gelesen haben, *können* Sie diese Herausforderung bewältigen und Small Talk einfach praktizieren. Als Ergebnis können Sie vielleicht Ihrem Traumjob nachgehen oder endlich den Mut aufbringen, die Person anzusprechen, die Ihre Aufmerksamkeit auf sich gezogen hat.

Dieses Buch soll Ihnen ermöglichen, authentischere und tiefergehende Freundschaften zu schließen, die für Sie kostbar sind. Um all diese Vorteile nutzen zu können, müssen Sie jedoch bereit sein, auch Arbeit in den Prozess zu stecken. Seien Sie entschlossen, die Ideen in diesem Buch zu lesen und auszuprobieren.

So schwierig es auch zu sein scheint, einfach mit völlig Fremden zu sprechen – genau das werden Sie in diesem Buch lernen. Es mag unangenehm sein, aber denken Sie an die Sprichwörter „Ohne Fleiß, kein Preis" und natürlich „Übung macht den Meister". Diese klingen zwar nach Klischee, enthalten aber viel Wahrheit. Der Weg zum Meistern von Small Talk erfordert ein wenig Mühe und viel Übung. Machen Sie sich keine Sorgen. Ich bin hier, um den Vorgang so einfach und angenehm wie möglich für Sie zu gestalten.

Sind Sie schüchtern? Oder sozial unbeholfen? Vergessen Sie diese Dinge und lesen Sie weiter.

Ich kann es nicht genug betonen. In diesem Buch geht es ums *Tun*. Sie müssen Maßnahmen ergreifen, um beim Small Talk besser werden zu können. Es gibt keine Abkürzungen.

Nun dann, was kommt nach dem „Hallo"?

Diesem Buch liegt eine KOSTENLOSE Broschüre bei, mit der Sie eine Routine erlernen können, wie Sie Ihre tägliche Gelassenheit und Ihr Selbstvertrauen stärken können. Blättern Sie zum Ende dieses Buches, um zu erfahren, wie Sie sich Ihre Kopie noch heute sichern können.

KAPITEL 1:

## Was ist Small Talk?

Wir werden zunächst Small Talk definieren und damit die Frage beantworten, was ein Small Talk eigentlich ist.

Small Talk ist eine leichte und informelle Unterhaltung, die häufig verwendet wird, wenn Sie mit jemandem sprechen, den Sie nicht sehr gut kennen. Small Talk ist auch eine Möglichkeit, auf Firmenveranstaltungen oder im Privaten mit unbekannten Menschen in Kontakt zu treten und sich zu unterhalten.

Ich möchte, dass Sie, wenn Sie mit dem Lesen dieses Buches fertig sind, alles Notwendige wissen, was mit Small Talk in Verbindung steht. Wir beginnen, als wüssten wir gar nichts darüber.

In diesem Kapitel werde ich die Idee des Small Talks bis auf die kleinste Ebene herunterbrechen. Sie werden auch eine faszinierende, aber wichtige Gesprächsübung zum Ausprobieren durchführen, bei der Sie die Fehler in einem kleinen Beispielgespräch identifizieren und korrigieren müssen.

Bisher ist unsere Definition von Small Talk etwas zu spezifisch. Diese ist tatsächlich umfassender als ich bisher angedeutet habe. Small Talk bezieht sich nicht nur auf direkte persönliche Interaktionen, da wir in einer digitalen Welt leben. Small Talk betrifft ebenso die Kommunikation über digitale Medien (Online-Nachrichten, Apps und Plattformen). Wenn Sie zum Beispiel zum ersten Mal auf der WhatsApp-Plattform mit jemandem chatten, eine Vertriebs-E-Mail senden oder in einem Live-Chat mit einem Kundendienstmitarbeiter in Kontakt treten, ist dies auch eine Form von Small Talk.

Stellen Sie sich Small Talk als Verbindungsritual und Strategie zum Umgang mit zwischenmenschlicher Distanz vor. Mit kleinen Diskussionen und einer herzlichen Herangehensweise können Menschen einen positiven Eindruck gegenüber anderen erzeugen.

Arbeiten Sie? Sind Sie selbstständig oder sind Sie ein Manager? Selbst wenn Sie ein Student sind, müssen Sie, solange Sie von Menschen umgeben sind, Small Talk-Fähigkeiten besitzen. Wie ist Ihre Freundschaft zu Ihrem derzeit *besten* Freund entstanden? Sie haben ihn/sie wahrscheinlich irgendwo getroffen, haben sich eine Weile angestarrt, und dann hat einer von Ihnen mit Small Talk begonnen.

Heute genießen Sie die Gesellschaft Ihres Freundes und anderer großartiger Menschen, weil Sie auf ihn zugegangen sind – oder die andere Person auf Sie. Neben den sozialen Beziehungen ist Small Talk auch eine wichtige Fähigkeit im Berufsleben, denn diese ermöglicht es, Beziehungen zu Kollegen aufzubauen.

Small Talk bietet einen geeigneten Weg, um in ein freundschaftliches Gespräch einzusteigen. Ein wesentlicher Grund, warum manche Leute Small Talk scheuen ist, dass sie nicht die geeignete Methodik anwenden können. Machen Sie sich keine Sorgen, wenn Sie sich bisher auch nur vergeblich abgemüht haben, Sie werden es neu lernen und Sie werden es am Ende hervorragend können. Lesen Sie einfach weiter.

Eines ist sicher, viele Ihrer Freundschaften wären nicht zustande gekommen, wenn Ihr Small Talk komplett schiefgelaufen wäre. Der Feind des Small Talks ist das unangenehme Schweigen, das folgt, wenn etwas schiefgeht, beispielsweise wenn ein kontroverses Thema angesprochen wird. Mit anderen Worten: Wir müssen unsere Definition von Small Talk erweitern, indem wir definieren, was *kein* Small Talk ist.

Um erfolgreich einen Small Talk zu bestreiten, müssen Sie sich mit dem vertraut machen, was von Ihnen erwartet wird, und was nicht. Ich sage nicht, dass Sie sich alle Ideen und Ansätze dazu merken müssen. Dies ist keine Prüfung. Stattdessen sollten Sie sich mit der Small Talk-Etikette vertraut machen, intensiv üben, und am Ende fühlen sich die Gespräche ganz natürlich und zwanglos an.

## Small Talk-Fehler vermeiden

Sehen wir uns einige der Small Talk-Fehler an, die Sie während einer Unterhaltung unbedingt vermeiden sollten.

### *Über den Ort des Gesprächs hinaus Fragen zu einem Standort stellen*

Denken Sie daran, dass der Small Talk wahrscheinlich bei einer Veranstaltung oder an einem ganz neuen Ort stattfindet. Sie haben diese Person gerade kennengelernt, und Sie sollten Ihre Grenzen nicht überschreiten, indem Sie mit dem anderen über einen beliebigen Ort sprechen. Wenn Sie beispielsweise Ihr Kind von der Schule abholen und einem anderen Elternteil begegnen, behalten Sie die örtlichen Aspekte des Small Talks in der Schule.

Sie könnten diesem Elternteil wieder begegnen oder ihn/sie woanders treffen; dann können Sie den Umfang der Unterhaltung erweitern. Die Idee von Small Talk ist es, eine Freundschaft aufzubauen, ohne den Druck zu haben, umfangreiche Informationen preisgeben zu müssen.

Wenn Sie zum ersten Mal im Büro mit einer anderen Person sprechen, versuchen Sie, alle Inhalte auf den Standort der Büroräume zu beziehen. Wenn Sie diese Initiative ergreifen, können Sie unangenehme Pausen vermeiden und die Kontrolle über das Gespräch behalten.

### *Gespräche darüber, wie viel Geld Menschen mit ihrer Arbeit verdienen*

Im Büro sind die Leute immer neugierig darauf, wie viel Geld ihre Kollegen verdienen. Manche Menschen versuchen also, durch Small Talks Informationen von anderen darüber zu erhalten, indem sie indirekt danach fragen.

Tun Sie dies nicht! Vermeiden Sie dies vor allem in einer Kultur, in der dies ein Tabu ist, wie beispielsweise der amerikanischen. Diese Informationen sind zu persönlich. Vermeiden Sie es, zumindest bis die Freundschaft gefestigt ist. Auch wenn das Thema Gehalt einmal auftaucht, lassen Sie sich nicht auf so eine persönliche Frage mit anderen ein.

### *Unaufgefordert Ratschläge geben*

Dieser Fehler tritt häufig auf, wenn Ihr Gesprächspartner etwas sagt und Sie Ratschläge oder Vorschläge geben, ohne dass Sie danach gefragt wurden.

Wenn die Person beispielsweise Ihr Aussehen als gut und gesund beschreibt, sollten Sie nicht vorschlagen, dass sich die Person in Ihrem Fitnessstudio anmeldet, weil Sie das Gefühl haben, dass er/sie übergewichtig ist. Dieses Beispiel zeigt, wie wichtig es ist, keine ausgefallenen (und in einigen Fällen unhöflichen) Vorschläge zu machen.

Wenn Sie beim Small Talk ein Kompliment erhalten, nehmen Sie es würdevoll an und fahren Sie mit dem nächsten Thema fort. Wenn die Person um Ihren Rat bittet, können Sie ihn anbringen, aber selbst dann sollte er höflich und direkt auf den Punkt gebracht sein.

### *Fortsetzung eines Gesprächs, wenn die andere Person nicht interessiert ist*

Wir haben alle diesen Bekannten, der über ein Thema immer weiterreden kann, auch wenn wir gar nicht daran interessiert sind. Dies beeinflusst den Verlauf und Erfolg eines Small Talks immens.

Wenn Ihr Gesprächspartner sich nicht mehr für das Thema interessiert, wechseln Sie zu einem neuen Thema oder beenden Sie die Unterhaltung! Woher wissen Sie, wann Sie ein Gespräch am besten beenden sollten?

Sie werden aus den Antworten und Reaktionen die Begeisterung der Person herauslesen. Sie werden sehen, ob die Begeisterung nach dem Thema Kaffee hin zu den Büromöbeln stark nachgelassen hat. Achten Sie genau auf die Zeichen des anderen. Lassen Sie Raum. Wenn eine Person plötzlich nicht mehr als ein Nicken anbietet und Sie auf unangenehme Stille stoßen, ist es Zeit, über etwas Neues bzw. Anderes zu sprechen.

### *Wie erkenne ich die Anzeichen dafür, dass ein Gespräch zu Ende geht?*

Anhand eines späteren Beispiels werden Sie feststellen, dass ein wesentlicher Fehler, den die Menschen beim Small Talk machen ist, nicht zu merken, dass die andere Person das Gespräch beenden möchte. Wenn eine Person zum Beispiel zu beschäftigt ist oder noch einen Termin hat, deutet sie dies häufig an, indem sie mit dem Fuß tippt, auf die Uhr schaut oder sich zur nächsten Tür hin bewegt.

In einem späteren Kapitel werden wir uns noch mit Körpersprache und nonverbaler Kommunikation auseinandersetzen. Bevor wir dazu kommen, sollten Sie wissen, dass die Person, wenn sie das Gespräch beenden möchte, Ihnen ein Zeichen gibt und Sie das Gespräch an diesem Punkt auch beenden sollten.

### *Ihre Meinung zu kontroversen Themen zu äußern, ist nicht optimal*

Ihre Meinung zu kontroversen Themen zu äußern, kann ein zweischneidiges Schwert sein. Wenn Sie und Ihr

Gesprächspartner ähnliche Ansichten vertreten, können kontroverse Themen ein schneller Weg zu einer Freundschaft sein. Wenn die Person jedoch gegensätzliche Ansichten hat, kann dies zu Anfeindungen oder Streit führen. Vermeiden Sie am besten kontroverse Themen wie beispielsweise Politik, wenn Sie nicht wissen, wie die andere Person dazu steht.

Wenn jemand anderes ein kontroverses Thema anspricht, suchen Sie nach einer Möglichkeit, die Unterhaltung vorsichtig auf ein sichereres Thema zu lenken. Auf diese Weise vermitteln Sie keinen falschen Eindruck.

### *Angaben oder Fragen über private Informationen einer Person*

Private Informationen über Ihr Leben oder das Leben der anderen Person sind nicht ideal für einen Small Talk. Glauben Sie, dass er/sie, besonders wenn Sie zum ersten Mal miteinander sprechen, begeistert sein wird, private bzw. sensible Informationen mit Ihnen zu teilen?

So wie Ihnen geraten wurde, solche Informationen nicht weiterzugeben, bringen Sie die andere Person nicht in eine unangenehme Position, indem Sie sie danach fragen. Wir sprechen von kleinen Unterhaltungen. Es ist kein Verhör oder ein Weg, einer anderen Person Geheimnisse zu entlocken. Denken Sie also an das K.I.S.S-Prinzip: *Keep It Short & Simple (Halten Sie es kurz und einfach)*.

Um all das herauszustellen, was wir bisher besprochen haben, folgt nun ein Beispiel für einen Small Talk zwischen zwei Personen in einer Büroumgebung.

Bitte achten Sie genau auf den *Wortfluss* und beobachten Sie, wie beide kommunizieren. Wir werden anhand des Beispiels erörtern, was in der Diskussion angemessen und was unangemessen war.

Nachdem wir die Fehler gemeinsam identifiziert haben, zeige ich Ihnen einen besseren Weg, wie dieses Gespräch hätte verlaufen können.

**Beispiel**

*Frau:* Hallo.

*Mann:* Hi. Ich habe Sie hier noch nie gesehen. Arbeiten Sie schon länger hier?

*Frau:* Nein, ich bin erst seit ein paar Monaten hier. Ich arbeite in der Personalabteilung.

*Mann:* Dann werden Sie wohl mehr Geld verdienen als ich. Ich bin im Vertrieb.

*Frau:* Vertrieb ist ein spannender Job.

*Mann:* Es ist in Ordnung. Hey, Sie sehen aus, als könnten Sie einen Kaffee gebrauchen.

*Frau:* Ja, es war eine hektische Woche.

*Mann:* Erzählen Sie mir davon! Zumindest soll es ja am Wochenende schönes Wetter geben.

*Frau:* Ja, ich habe gehört, es wird blauer Himmel vorhergesagt.

*Mann:* Sagen Sie mal, haben Sie das Spiel letzte Nacht gesehen?

*Frau:* Nein, ich habe lange gearbeitet.

*Mann:* Es war ein gutes Spiel. Wir haben gewonnen.

*Frau:* Ich weiß nicht mal, wer gespielt hat. Ich bin kein Sportfan.

*Mann:* Die Chiefs! Glauben Sie, sie werden es bis ins Finale schaffen?

*Frau:* Ich bin nicht sicher. Ich werde jetzt zu meinem Schreibtisch zurückgehen.

*Mann:* Apropos Schreibtische, was denken Sie über die Büromöbel?

*Frau:* Diese sind wunderschön, aber ich würde stattdessen lieber meine Überstunden bezahlt bekommen.

*Mann:* Ich denke, ich werde heute früh nach Hause fahren. Nur für den Fall, dass es schneit.

*Frau:* Ich weiß. Ich kann das kalte Wetter kaum glauben. Hoffentlich kommt der Frühling bald.

*Mann:* Ich kann den Frühling kaum erwarten.

*Frau:* Ich auch! Meine Scheidung wird dann endlich abgeschlossen sein!

Fällt Ihnen auf, dass sich ein Großteil dieser Unterhaltung gezwungen oder unangenehm anfühlt? Haben Sie einige der Fehler gefunden, die wir zuvor besprochen haben? Wenn Sie dies nicht haben, lesen Sie das Beispiel erneut, um die Fehler zu analysieren. Das machen wir jetzt aber auch gemeinsam:

- Der Mann sagte: „Dann werden Sie wohl mehr Geld verdienen als ich", was ein absolut falsches Thema für einen Small Talk ist, weil wir nicht darüber reden sollten, was der andere verdient.
- Ein weiterer Fehler war, als der Mann nach den Chiefs und dem Finale fragte. Hier setzte er ein Thema fort, an dem die Frau nicht mehr interessiert war.
- Haben Sie bemerkt, dass der Mann über die Schreibtische sprach? Er verstand die Hinweise nicht, dass die Frau das Gespräch beenden wollte.
- Die Frau beging auch einen Small Talk-Fehler, indem sie ihre Überstunden erwähnte. Sie äußerte sich zu einem kontroversen Thema, was unangemessen ist.

- Die Frau erwähnte außerdem ihre Scheidung. Dies ist eine vertrauliche und sensible Information, die während eines Small Talks nicht weitergegeben werden sollte.

Wir haben nun die Fehler identifiziert und analysiert. Jetzt möchte ich Ihnen das korrekte Beispiel für das Small Talk-Szenario vorstellen. Diese korrigierte Version wird Ihnen helfen, den Wert von solchen kleinen Gesprächen zu erkennen, wenn sie richtig durchgeführt werden.

**Korrigiertes Beispiel**

*Frau*: Hallo.

*Mann*: Hi! Ich habe Sie hier noch nie gesehen. Arbeiten Sie schon länger hier?

*Frau:* Nein, ich bin erst seit ein paar Monaten hier. Ich arbeite in der Personalabteilung.

*Mann*: Oh, das muss der Grund sein, warum ich Sie hier noch nicht gesehen habe. Ich bin im Vertrieb.

*Frau*: Vertrieb hört sich nach einem spannenden Job an.

*Mann*: Ist schon okay. Ich könnte einen Kaffee gebrauchen; es war eine hektische Woche.

*Frau*: Ja, es war auch für mich eine hektische Woche.

*Mann*: Erzählen Sie mir davon! Zumindest soll es ja am Wochenende schönes Wetter geben.

*Frau*: Ja, ich habe gehört, es wird blauer Himmel vorhergesagt.

*Mann*: Sagen Sie mal, haben Sie das Spiel letzte Nacht gesehen?

*Frau*: Nein, ich habe lange gearbeitet.

*Mann*: Ich denke, ich werde heute früh nach Hause fahren. Es soll schneien. Ich gehe besser. Bis morgen!

*Frau*: Wir sehen uns![1]

Dieses Kapitel soll eine Einführung in die Grundidee des Small Talks darstellen. Alles, was wir in den folgenden Kapiteln lernen oder entdecken werden, wird mit diesem Abschnitt in Verbindung stehen. Behalten Sie also alles, was wir hier betrachtet haben, im Hinterkopf.

Es gibt gewisse Herausforderungen beim Thema Small Talk! Einige dieser Herausforderungen werden durch die Persönlichkeit und die Verhaltensmerkmale des Einzelnen verursacht. Im nächsten Kapitel werden Sie zwei solcher Probleme erkennen und lernen, wie Sie diese überwinden können.

---

[1]* Auszüge für das Beispiel des Small Talks stammen von Club.com. Bitte beachten Sie die Referenzliste für einen direkten Link.

KAPITEL 2:

# Angst und Schüchternheit überwinden

Viele von uns haben große Angst davor, Small Talk zu führen. Insbesondere introvertierte Personen, die sich zu viele Sorgen machen und im Vornherein der Meinung sind, dass dies unangenehm und langweilig sein wird, oder dass ihnen schon direkt zu Beginn die Worte und Themen ausgehen. In Anbetracht der Entwicklung der Welt und der Art und Weise, wie die Welt heute hauptsächlich auf Beziehungen basiert, ist das Vermeiden von Small Talk gleichzusetzen mit dem Vermeiden von Menschen. Dies ist ein sehr schwieriges Unterfangen, denn die Menschen sind nun einmal überall, und Sie werden sie treffen und Gespräche führen müssen. Firmenveranstaltungen, Partys oder Mittagessen bei der Arbeit bieten immer die Möglichkeit, Menschen zu treffen und Nettigkeiten auszutauschen.

Sie werden bald verstehen, dass Small Talk nicht so unangenehm ist, wie es Ihnen erscheint. Sobald Sie lernen, gewisse Hindernisse zu überwinden, schaffen Sie es, Ihre Fähigkeiten zu verbessern und einen guten Eindruck zu hinterlassen.

Angst und Schüchternheit sorgen dafür, dass sich manche Menschen beim Small Talk unangenehm fühlen. In diesem Kapitel werden wir üben, wie man exzellenten Small Talk durchführt, indem wir zuerst bestimmte Herausforderungen wie Angst und Schüchternheit beseitigen. Hier erfahren Sie, wie wichtig Selbstvertrauen ist, wie Sie Angst in positive Anspannung verwandeln und wie Sie sich auf die Gegenwart konzentrieren können. Machen Sie sich bereit für ein bisschen Stoizismus, während Sie sich selbst entdecken.

Angst in einer Person, wenn sie sich mit einer anderen Person unterhält, bedeutet, dass kein Selbstvertrauen vorhanden ist. Diese Erkenntnis sollte Sie dazu bewegen, Selbstvertrauen als notwendige Fähigkeit für die Durchführung eines erfolgreichen Small Talks aufzubauen. Wir werden viel über Selbstvertrauen sprechen, weil es ein K.O.-Kriterium ist. Aber warum genau ist dieses so essenziell?

## Warum ist Selbstvertrauen so wichtig?

Ihr Level an Selbstvertrauen beeinflusst Ihre Gedanken, was bedeutet, dass es entweder den Erfolg Ihres Small Talks steigern oder mindern kann. Wenn Sie wenig selbstsicher sind oder Angst davor haben, mit jemandem einen Small Talk zu beginnen, werden sie versuchen, diese Situation zu vermeiden.

Sie müssen verstehen, dass Sie eine achtenswerte Person sind, die viele spannende Dinge zu erzählen hat. Manchmal liegt die Wurzel für den Mangel an Selbstvertrauen in einem Gefühl der Unwürdigkeit. Wenn wir das Gefühl haben, nicht würdig zu sein, fühlen wir uns weniger selbstsicher, und hier beginnen genau die Probleme.

Denken Sie immer daran: Andere Personen im Büro oder in anderen sozialen Netzwerken suchen nur nach Personen, mit denen sie sich unterhalten bzw. chatten können. Aus diesem Grund müssen Sie sich von dem Druck befreien, der Sie dazu zwingt, andere immer nur „beeindrucken" zu wollen.

Selbstvertrauen bedeutet zu wissen, dass Sie ein Thema auf den Tisch bringen und Ihre Gedanken dazu bestmöglichst teilen können. Wenn Ihr Gesprächspartner denkt, dass Sie sich unwohl oder unsicher fühlen, kann das Gespräch abrupt enden.

Wie können Sie genug Selbstvertrauen aufbauen, um Small Talk zu halten?

## Zeigen Sie Interesse

Um Selbstbewusstsein und Attraktivität auszustrahlen, müssen Sie an Ihrem Gesprächspartner und an den angesprochenen Themen Interesse zeigen. Diese Grundlage ist nicht nur ein guter Schritt, um Selbstvertrauen aufzubauen, sondern sie ist auch von entscheidender Bedeutung, denn Sie hilft Ihnen dabei, großartige Small Talks zu führen. Indem Sie Interesse zeigen, tragen Sie außerdem zum Selbstbewusstsein Ihres Gesprächspartners bei. Sie könnten sich fragen: „Wie kann ich Interesse zeigen?" Lassen Sie Ihrer Neugierde einfach freien Lauf! Vielleicht lernen Sie noch etwas Neues.

## Seien Sie beziehungsfreudig

Es ist auch wichtig, dass Sie das Gespräch nicht monopolisieren. Dazu müssen Sie versuchen, eine Beziehung herzustellen. Die andere Person soll sich als Teil des Gesprächs fühlen und sich auf das beziehen können, was Sie sagen.

Wenn die Person angibt, dass sie gerne fitter werden möchte, könnten Sie ergänzen, dass Sport für eine gute Gesundheit eine entscheidende Rolle spielt und sie sich darüber einig sind (oder so ähnlich). Bringen Sie Ihre Beobachtungen in das Gespräch ein, teilen Sie beziehungsrelevante Erfahrungen und bleiben Sie ruhig.

## Stellen Sie Fragen

Sie müssen keine tiefgreifenden Fragen stellen, die viel Nachdenken erfordern. Stellen Sie einfache Fragen: „Wie war Ihre Woche?", „Gefällt Ihnen die Veranstaltung?", und hören Sie auf die Antwort. Stellen Sie keine Fragen, weil Sie sich dazu gezwungen fühlen, ohne auf die Antwort zu achten.

Um den Gesprächsfluss am Laufen zu halten, können Sie auch Folgefragen stellen, die zeigen, dass Sie der Person zuhören. Wenn die Person zum Beispiel sagt, dass ihr die Veranstaltung nicht gefällt, könnten Sie einfach nach dem Grund zu fragen.

### *Seien Sie präsent*

Wenn Sie zu 100 % präsent sind, zeigen Sie bei Unterhaltungen ein höheres Maß an Selbstvertrauen. Ein Lächeln schadet nie, verschränken Sie ihre Arme nicht, und vermeiden Sie es, sich über die Schulter zu schauen (das macht den Eindruck, als ob Sie gelangweilt wären und gehen möchten).

Noch wichtiger ist, dass Sie beim Small Talk die Hände von Ihrem Smartphone oder mobilen Gerät lassen.

### **Wenden Sie die Zwanzig-Sekunden-Regel an**

Dr. Mark Goulston, ein klinischer Psychiater und Kommunikationsexperte, schwört auf die 20-Sekunden-Regel, denn diese ist entscheidend für erfolgreichen Small Talk. Dr. Goulston spricht davon, dass sich die andere Person im Gespräch nur für das interessiert, was Sie in den ersten zwanzig Sekunden sagen.

Darüber hinaus beginnt die andere Person das Interesse zu verlieren. Zudem könnte der andere den Fehler machen und Sie für zu ich-bezogen zu halten. Üben Sie diese Regel, um sie zu beherrschen.

### *Verwandeln Sie Angst in freudige Anspannung*

Stellen Sie sich freudige Anspannung und Angst als zwei Seiten einer Medaille vor. Sie könnten es dem Zufall überlassen, welche Seite Sie zeigen. Versuchen wir jedoch eine andere Strategie. Sie wählen, welche Seite offen zu sehen ist.

Wenn Sie ängstlich oder aufgeregt sind, schlägt Ihr Herz schneller. Sie spüren ein schnelles Atmen, ein leichtes Zittern, verschwitzte Handflächen und ein ungewöhnlich angespanntes Gefühl. Sie fühlen sich ebenfalls nervös, unkonzentriert und sind manchmal schlaflos.

Es gibt Ähnlichkeiten zwischen den Symptomen der Angst und denen der freudigen Anspannung. Warum also nicht eines (was negativ ist) zum anderen (was positiv ist) drehen? Wann immer Sie sich ängstlich fühlen, führen Sie ein kurzes Gespräch mit sich selbst und versetzen Sie sich in freudige Anspannung. Verinnerlichen Sie diese Methode und wenden diese an, wann immer Sie sich unwohl fühlen.

Ja, es ist möglich, sich darin zu üben, Angst immer in freudige Aufregung zu verwandeln, und es ist einfacher als Sie denken. Bisher bestand das Ziel darin, ruhig zu bleiben, d.h. die Angst zu unterdrücken. Aber wäre es nicht besser, all diese Energie zu nehmen und sie in etwas Produktiveres zu verwandeln?

Wie machen Sie das? Ich möchte, dass dieser Prozess für Sie so reibungslos und natürlich wie möglich verläuft. Aus diesem Grund habe ich eine einfache Schritt-für-Schritt-Anleitung erstellt.

### *Schritt Eins: Nehmen Sie Ihre Gefühle wahr*

Versuchen Sie nicht, den gefühlten Angstzustand abzuwehren. Wenn Sie nervös sind, erlauben Sie sich, damit umzugehen. Ja, es wird unangenehm sein, aber Sie müssen es erdulden und sich der empfundenen Gefühle bewusstwerden. Wie fühlen Sie sich? Sind Sie unruhig? Zittern Sie? Schwitzen Sie? Nehmen Sie all diese Emotionen und Symptome an, und diese werden Sie nicht erdrücken.

### *Schritt Zwei: Stopp! Stehen Sie sich nicht selbst im Weg*

Hören Sie als nächstes auf, sich selbst im Weg zu stehen. Wenn Sie es zulassen, dass Sie selbstsabotierende Gedanken behindern, werden Sie hinter Ihren Erwartungen zurückbleiben. Vielleicht haben Sie in Zeiten des Erfolgs bemerkt, dass Sie zum Beispiel während einer Präsentation nie aufgehört haben, nervös zu sein. Dazu sagten Sie sich nicht mehr *„Ich kann nicht",* sondern Sie *taten* es einfach.

### Schritt Drei: Bauen Sie für sich freudige Anspannung auf

Zu diesem Zeitpunkt müssen Sie Ihre Emotionen neu ausrichten, indem Sie sich sagen, es ist an der Zeit, Anspannung aufzubauen. Erkennen Sie das Gefühl der Aufregung und *nicht* der Angst an (hier entscheiden nur Sie allein). Wenn Sie genug getan haben und sich selbst davon überzeugen, dass Sie aufgeregt sind, werden Sie es auch sein.

### Schritt Vier: Visualisieren Sie einen erfolgreichen Small Talk

Die Rolle der Visualisierung ist bedeutend! Stellen Sie sich eindrucksvoll vor, was Sie gleich tun werden. Stellen Sie sich immer Details der Unterhaltung vor, die Sie in Ihrer Fantasie sehen, hören und fühlen können.

Die meiste Zeit spielt sich das, was Sie sich in Ihrer Fantasie vorgestellt haben, auch ab. Wenn Sie sich ein misslingendes Gespräch vorstellen, werden Sie eines erleben. Wenn Sie sich ein erfolgreichen Small Talk vorstellen, werden Sie diesen bekommen – natürlich nur, wenn Ihre Erwartungen angemessen sind.

## Fokus auf die Gegenwart

Die Gegenwart ist vergänglich, daher der Ausdruck „Nutze die Zeit im Hier und Jetzt", weshalb Sie das Beste daraus machen sollten. Selbstvertrauen lässt Sie die Gegenwart genießen und keinen Gedanken an das, was in der Zukunft passieren könnte, verschwenden.

Dies hört sich gegensätzlich zu den Hinweisen zur Visualisierung an und ist es in gewissem Maße auch. Sie visualisieren etwas, das in Zukunft möglicherweise passieren kann – oder auch nicht. Allerdings besteht der Sinn darin, in der Gegenwart zu bleiben, ohne die Gedanken zur Zukunft zu vergessen – schließlich ist Ihr Ziel ein erfolgreicher Small Talk. Es geht vielmehr darum, dass Sie in den Momenten, die zählen, nicht länger Tagträumen. Sie sind da. Sie sind präsent.

Der Gesprächsmoment ist das, was zählt, also hören Sie auf zu antizipieren, was alles schief gehen könnte. Hören Sie auf zu viel darüber nachzudenken, ob Sie stottern, etwas Falsches sagen oder etwas mit schwerwiegenden Folgen für die Zukunft tun werden.

Zerstörerische Gedanken haben nur einen Zweck: Sie zu desorientieren und Selbstzweifel zu verursachen.

Lassen Sie uns eine kleine fantasievolle und achtsame Übung durchführen. Stellen Sie sich in diesem Moment vor, dass es keine Zukunft und keine Vergangenheit gibt, nur den gegenwärtigen Moment. Vergessen Sie die Erfahrungen, die Sie in der Vergangenheit, in der Schule, zu Hause, in der Kindheit, an der Universität usw. gemacht haben, und konzentrieren Sie sich auf das Hier und Jetzt.

Wie fühlen Sie sich? Ohne Sorgen aus der Vergangenheit? Ohne Sorgen und Druck um die Zukunft? Jetzt entspannen Sie sich und verbinden Sie sich mit dem gegenwärtigen Moment und konzentrieren Sie sich nur auf sich selbst.

Sagen Sie mir. Was fühlen Sie? Die Antworten werden unterschiedlich ausfallen, aber eines ist sicher: Sie werden auf jeden Fall Ihr authentischstes Ich darstellen. Sie werden das sagen, was Sie sagen möchten und tun, was Sie tun möchten. Sie werden frei sein! Es wird keine Konsequenzen oder Reue geben.

Die obige Übung repräsentiert eine einfallsreiche Utopie, aber ich wollte Ihnen zeigen, wie viel Freiheit Sie genießen können, wenn Sie sich auf die Gegenwart konzentrieren. Wer schüchtern ist, denkt oft nach und macht sich Sorgen darüber, was die Leute über ihn denken und sagen.

Sie müssen all diese Sorgen beiseitelegen und frei sein, selbstsicher und sich sicher sein, dass das, was Sie tun, gut ist. Vergessen Sie nie, dass Sie möglicherweise keine weitere Gelegenheit mehr bekommen, mit derselben Person erneut einen Small Talk zu führen. Wenn Sie ihn/sie in Zukunft treffen, wird das eine Fortsetzung des ersten Gesprächs sein.

Also rate ich Ihnen, dass Sie sich entspannen und einen Schritt nach dem anderen nehmen sollen. Konzentrieren Sie sich auf die Durchführung eines Small Talks im Büro, bevor Sie an die Hochzeitsfeier denken, an der Sie nächste Woche teilnehmen müssen.

Nehmen Sie sich alles nacheinander vor, und Sie werden großartig sein. Achtsamkeitsmeditation ist eine großartige Möglichkeit für solch eine Übung.

## Erkennen Sie sich selbst

Ja, es ist Zeit für etwas Philosophie. Eine Möglichkeit, sich selbst zu erkennen, ist die Philosophie des Stoizismus. Erstmals entwickelt im antiken Griechenland ca. 300 v.Chr., trägt die Übernahme der Prinzipien durch den bekannten römischen Kaiser Marcus Aurelius wahrscheinlich dazu bei, dass die Popularität des Stoizismus bis heute anhält und die Philosophie immer mehr von theoretischen zu praktischen Anwendungen übergeht.

Der moderne Stoizismus lehrt, dass Tugend Glück ist und unser Urteil auf Verhalten statt auf Worten beruhen sollte. Diese Idee lehrt uns, dass wir uns nur auf uns selbst und nicht auf äußere Ereignisse verlassen können. Dies bedeutet, dass Sie verstehen müssen, dass Sie bei einem Small Talk die Erzählung der anderen Person nicht kontrollieren können, sondern nur Ihre eigene steuern können und müssen. Der moderne Stoizismus ist ein Werkzeug, mit dem wir bessere Menschen sein können, die sich in Ihren Berufen, Beziehungen und sogar in der

Kommunikation mit Fremden übertreffen, weil wir uns der Macht bewusst sind, uns selbst zu kennen.

Stoizismus fördert einen meditativen Prozess, der es Ihnen ermöglicht, negative Gefühle in Gedanken umzuwandeln, die Ihnen Frieden und eine bessere Perspektive auf das Leben geben. Diese philosophische Idee hilft Ihnen, eine bessere Denkweise zu entwickeln, und ermöglicht es Ihnen, nach innen zu schauen, indem Sie sich selbst Fragen zum Leben stellen. Wie können all diese Ansätze dazu führen, dass Sie sich selbst besser kennen?

Nun, wenn Sie so viel Zeit damit verbringen, nach innen zu schauen und Antworten auf die Situationen zu erhalten, die Sie finden wollen, werden Sie aufrichtig zu sich selbst sein. Sie erfahren, wie Sie denken, woran Sie arbeiten müssen und wie Sie besser mit anderen in Beziehung treten können (insbesondere durch Small Talk).

Um sich selbst zu kennen, müssen Sie die Art des sozialen Umfelds ermitteln, in dem Sie sich entwickeln können. Ja, es ist bedeutend, sich an jede soziale Situation anpassen zu können, aber es ist wichtig, dass Sie sich selbst kennen und wissen, wo Sie sich am Wohlsten fühlen.

Stoizismus hilft Ihnen dabei, sich selbst besser zu kennen, und in diesem Zustand werden Sie unabhängig von Ihrem Charaktertyp (introvertiert oder extrovertiert) die Art von Situationen erkennen, die Sie genießen können. Wenn Sie beispielsweise mit dem Üben Ihres Small Talks beginnen, vermeiden Sie es, Orte zu verwenden, an denen Sie sich nicht wohlfühlen, und halten Sie sich an diejenigen, die für Sie natürlich sind.

Was wissen Sie über sich selbst? Mögen Sie Treffen in kleinem Kreis? Große Partys? Sind Sie eine sehr extrovertierte Person? Dies sind Fragen, die ich Ihnen nicht beantworten kann, aber die Ihnen helfen, den Weg zu sich selbst zu finden.

Wenn Sie große Veranstaltungen nicht mögen, werden Sie wohl eine schwierige Zeit mit Small Talks vor sich haben. Auf der anderen Seite, wenn Sie kleinere Treffen lieben, werden Sie wahrscheinlich mit fast jedem im Raum sprechen, bevor die Party endet.

Sie können sehen, dass sich die Dynamik eines Small Talks abhängig von Ihrer Person und Ihren Vorlieben ändert. Eine introvertierte Person möchte wahrscheinlich zunächst einmal privater üben.

Die Philosophie mag ein Hilfsmittel sein, aber in Wirklichkeit gibt es kein allgemeines Handbuch für das Miteinander. Denken Sie daran, „Perfektion ist der Feind des Guten", wie Voltaire sagte. Tun Sie, was für Sie am besten funktioniert, und gehen Sie Ihren Weg, während Sie besser werden. Stoizismus kann Ihnen helfen, sich für das zu begeistern, was Sie tun, weil Sie sich selbst kennen. Sie wissen, was Sie tun können und sind bereit, jede Situation zu meistern.

Wenn Sie eine Person treffen, die nicht selbstbewusst ist, werden Sie feststellen, dass ihre Gespräche nicht die vollständige Persönlichkeit widerspiegeln, da sie unsicher ist. Ich möchte nicht, dass Sie dieses Buch lesen und versuchen, Small Talk zu implementieren, während Sie unsicher sind.

Üben Sie Stoizismus, seien Sie achtsam und genießen Sie den Prozess, sich selbst kennenzulernen.

## Was passt zu Ihrem Charakter?

Das Konzept von Rationalität und Irrationalität variiert von Person zu Person, und dies gilt auch für die Vorstellung von Gut und Böse. Diese Erkenntnis drückt einen wichtigen Grund aus, warum wir lernen müssen, vorgefasste Meinungen über diese Ideale anzupassen.

Sie müssen verstehen, dass das, was für Sie nützlich sein könnte, für andere als unnütz angesehen werden kann. Wenn Sie diesen „Jemanden" treffen, der Ihr Gutes als böse ansieht, werden Sie dies für ihn ändern? Können Sie Ihrem Charakter trotz der Meinungsverschiedenheiten auf der Welt treu bleiben?

Um beim Small Talk erfolgreich zu sein und gleichzeitig Angst und Unruhe zu bekämpfen, müssen Sie Ihrem Charakter treu bleiben. Die Welt ist sehr vielfältig, und man kann schnell seine Identität verlieren, besonders wenn man seinen Charakter nicht kennt.

Während eines gesellschaftlichen Ereignisses ist es für Sie viel einfacher, irrationale Ängste zuzulassen, und sich Meinungen anzupassen. Sie werden das Gefühl haben, einem unsichtbaren Skript, Mustern und Anweisungen zu folgen, da Sie unter dem Druck stehen, einem bestimmten sozialen Verhalten gerecht werden zu müssen.

Aber je mehr Sie wissen, wer Sie sind, desto einfacher wird es für Sie, Ihr eigener Kompass zu werden. Sie werden Ihre Überzeugungen und Gedanken schätzen und lieben, weil sie Ihnen allein gehören. Sie werden Ihre Ideen gerne teilen, weil Sie wissen, dass solche Gedanken niemand anderem gehören.

### *Charakter ist mächtig!*

Ihr Charakter ist ein Werkzeug, mit dem Sie im Inneren herausfinden können, woran Sie glauben und welche Interessen Sie haben, denn dies sind Ihre Unterscheidungsmerkmale, die Sie von anderen abheben. Da es bei Small Talks nur darum geht, authentische Verbindungen herzustellen, müssen Sie selbst an sich glauben, weshalb Sie sich auch selbst kennen müssen. Ihre Worte und Handlungen sollten widerspiegeln, wer Sie sind.

Wenn Sie Diskussionen initiieren, fühlen Sie sich dann wie Sie selbst? Oder verspüren Sie den Druck, auf eine Art und Weise zu sprechen zu müssen, die der anderen Person gefällt? Ändern Sie leicht Ihre Meinung, um sich an den anderen anzupassen?

Ihre Erfahrungen mit Small Talk werden um ein Vielfaches einfacher, wenn Sie Ihrem Wesen und Charakter treu bleiben. Sie umgehen auch falsche Beziehungen, falsche Personen, schlechte Jobs, Schönwetter-Freunde (sie verschwenden zu viel Energie) und weiterem Übel in Bezug auf Menschen, die ihren eigenen Charakter nicht kennen.

Bitte beachten Sie, dass diese Erkenntnis über Charakter nicht bedeutet, dass Sie sich auf eine Reise der Selbstfindung begeben müssen. Ich rate Ihnen lediglich, sich Fragen zu stellen, die ein Gefühl der Wahrnehmung für sich selbst in Ihnen hervorruft.

Alle Arten von Gesprächen sind mit Verbindungen verknüpft, aber der Zweck jeder Verbindung mit anderen geht verloren, wenn Sie nicht daran festhalten, wer Sie jetzt sind. Die Menschen, mit denen Sie interagieren, werden die ganze Zeit auf ein „anderes Sie" treffen, wenn Sie einen inkonsistenten Charakter haben.

Erinnern Sie sich daran, als Sie zu Ihrem ersten Date gegangen sind? Sie waren wahrscheinlich schwindlig vor Aufregung, weil Sie sich darauf freuten, Ihr Date endlich zu treffen. Der Grund für die Vorfreude ist, dass Sie es kaum erwarten konnten, mehr über diese Person zu erfahren.

So wie Sie es kaum erwarten konnten, Zeit mit einem vollkommen Fremden zu verbringen, müssen Sie Zeit mit sich selbst verbringen wollen. Wenn Sie Zeit mit sich selbst verbringen, können Sie Ihre Interessen in Einklang bringen und die wahre Natur Ihres Charakters kennenlernen. Wenn Sie Ihre Persönlichkeit kennen, können Sie Ihr Level an Selbstvertrauen schärfen, Ängste beseitigen und den Verbindungsprozess mit anderen mehr genießen.

Angst und Unruhe lähmen nur diejenigen, die sich anderen gegenüber verlieren. Was können Sie tun, um dies zu beheben? Nehmen Sie sich mit auf Verabredungen, wissen Sie, worauf Sie sich in der Gegenwart fokussieren, und wandeln Sie Ihre Angst in Aufregung um.

Dieser Prozess der Selbstfindung, der Beseitigung von Angst und der Beherrschung des Selbstvertrauens ist ein wichtiger Bestandteil eines Small Talks. Wir machen Fortschritte! Im nächsten Abschnitt erfahren Sie alles über den Sozialkodex und wie dieser mit der Durchführung eines Small Talks in Verbindung steht.

# KAPITEL 3:

# Nonverbale Kommunikation und der Sozialkodex

Angstfreie und furchtlose Menschen, wie in Kapitel 2 beschrieben, werden mit diesem Abschnitt keine Schwierigkeiten haben. Hier erfahren Sie alles über das Konzept eines sozialen Verhaltenskodex, der eng mit dem Vier-Seiten-Modell, auch als Kommunikationsquadrat oder Vier-Ohren-Modell bezeichnet, verwandt ist.

Dieses Kapitel hilft Ihnen, Missverständnisse zu vermeiden. Die Konzepte in diesem Kapitel zeigen Ihnen, wie Sie schlüssig sprechen und bei allen Small Talks Erfolg haben.

Schauen wir uns ein Kommunikationsmodell an, das der deutsche Psychologe Friedemann Schulz von Thun, Experte für zwischenmenschliche und intrapersonelle Kommunikation, entwickelt hat. Basierend auf seinem Modell hat jede Nachricht vier wesentliche Teile, die nicht gleich sind, sondern einzeln betrachtet werden müssen. Die vier Aspekte der Botschaft umfassen sachliche Informationen, Revision, Beziehung und Selbstoffenbarung.

Worauf kommt es bei einem Small Talk an? Wenn Sie mehr über diese Art der Kommunikation lernen, werden Sie besser darin. Je besser Sie in der Kommunikation sind, desto weniger Missverständnisse werden Sie haben.

Um das Vier-Seiten-Modell zu verstehen, müssen wir mit den beiden beteiligten Personen und der Nachrichtenkomponente beginnen:

## 1. Absender

Der Absender ist die Person, die die Nachricht übermittelt, das ist also die Person, die etwas sagt. Wenn Sie sich mit jemandem unterhalten, sind Sie zu der Zeit, zu der Sie sprechen, der Absender.

## 2. Empfänger

Der Empfänger empfängt die Nachricht. Diese Person hört dem Absender zu.

## 3. Nachricht

Die Nachricht ist der eigentliche Inhalt dessen, was der Absender sagt: die Worte und der Tonfall, in dem diese übermittelt werden.

Wenn Sie sich an einem Small Talk beteiligen, sind alle drei Komponenten präsent. Ob Sie Missverständnisse vermeiden können oder nicht, hängt von Ihrer Fähigkeit ab, alle drei Komponenten gleichzeitig zu verarbeiten. Viele Missverständnisse resultieren aus einem Empfänger, der nur auf eine Komponente achtet, ohne die anderen dabei zu berücksichtigen.

Im Folgenden werden die vier Seiten der Kommunikation einzeln vorgestellt. Wir werden jede Stufe analysieren.

## Die Stufe der sachlichen Information

Die erste Kommunikationsebene im Vier-Seiten-Modell ist die Sachebene. Wie der Name der Ebene andeutet, handelt es sich um die während der Kommunikation ausgetauschten Fakten: objektive Daten, ohne subjektive Angaben. Wenn ich zum Beispiel sage: „Der Laptop kostet 599,99 Euro,", so ist das eine Tatsache. Es sind einfach nur Daten.

Sachlich Informationen werden jedoch nicht immer als Tatsache vermittelt. Manchmal schließt der Empfänger daraus etwas. Denken Sie daran, dass viele der missverstandenen Informationen implizit sind. Nehmen Sie diesen Satz als Beispiel: „Ich habe lange gebraucht, um hierher zu kommen. Die Fahrt war schwierig." Dies könnte als „viel Verkehr" interpretiert werden. Ist es das, was gesagt wurde? Nicht unbedingt. Auch auf sachlicher Ebene können Missverständnisse auftreten.

## Die Stufe der Selbstenthüllung oder Selbstoffenbarung

Während der Kommunikation handelt es sich bei der Stufe der Selbstoffenbarung um Informationen über den Absender, die implizit enthüllt wurden (oder zumindest für offenbart gehalten werden). Wenn ich zum Beispiel sage: „Warum mögen Sie überhaupt Grünkohl", dann können Sie daraus schließen, dass ich keinen Grünkohl mag, weil ich Sie ungläubig danach gefragt habe.

Es ist jedoch wichtig zu bedenken, dass dies eine Schlussfolgerung ist. Es kann wahr sein oder auch nicht. Dies unterscheidet sich von der sachlichen Ebene des Vier-Seiten-Modells, weil es keine Tatsache, sondern eine Vermutung ist.

## Die Stufe der Beziehungsebene

Bei der Analyse von Small Talk werden manchmal Informationen über die Beziehung zwischen dem Absender und dem Empfänger (oder über sich selbst und einem anderen) enthüllt. Wenn ein Absender mit einem Empfänger spricht, sendet dieser möglicherweise einen Hinweis an den Empfänger, um ein bestimmtes Gefühl ihm gegenüber zu zeigen. Mit anderen Worten, auf der Beziehungsebene ermittelt der Empfänger: „Er/sie denkt *dies/das* über mich."

Dies ist eine weitere Schlussfolgerung, die eher auf impliziten als auf expliziten Informationen beruht. Wenn ich zu einem Freund, der unerwartet oder ohne Einladung zu einer Party erscheint, sage: „Was machst du hier?", könnte diese Person dies als „Er mag mich nicht„ oder „Wir sind keine guten Freunde" interpretieren. Auch das ist nicht notwendigerweise bewiesen oder widerlegt.

## Die Revisionsstufe

Auf der Stufe der Revision versucht der Empfänger zu ermitteln: „Was will der andere (der Absender)?" Hier ist ein Beispiel. Ihr Chef sagt: „Wenn wir diese Berichte früher gehabt hätten, hätten wir besser reagieren können." Sie könnten dies so interpretieren, dass der Chef meint „Erstellen Sie die Berichte früher."

Jede der obigen Ebenen kann individuell zwischen Absender und Empfänger fehlinterpretiert werden, die Absicht der Nachricht kann unterschiedlich sein, aber die gleiche Bedeutung haben. Wenn Menschen die Dinge anders verstehen, neigen sie auch dazu, anders zu reagieren bzw. zu antworten.

Im Folgenden finden Sie ein Beispiel dafür, wie die vier Seiten dieser Kommunikationsart funktionieren:

Während einer Party treffen sich zwei Personen am Buffet, eine ist der Caterer und die andere ist ein Gast.

*Absender:* „Diese Pasta beinhaltet Proteine"

Die potenzielle Absicht des Absenders basierend auf den vier Ebenen lautet wie folgt:

*Sachebene:* Die Nudeln enthalten Proteine.

*Revisionsebene:* Sag mir, welche Art von Protein!

*Beziehungsebene*: Sie sollten wissen, welche Art von Protein.

*Ebene der Selbstoffenbarung:* Ich mag keine Proteine in meinen Nudeln.

Wahrnehmung bzw. empfundene Absicht des Empfängers durch Analyse (denken Sie daran, dass der Empfänger hier der Caterer ist).

*Sachebene:* Die Nudeln enthalten Proteine.

*Revisionsebene:* Ich kann nicht kochen, was Sie möchten, weil dies eine Party ist.

*Beziehungsebene:* Hinterfragen Sie meine Art zu kochen?

*Ebene der Selbstoffenbarung:* Sie wissen nicht, durch welches Protein Sie sich unwohl fühlen.

Dieses Pasta-Beispiel zeigt, wie leicht es zu Missverständnissen zwischen Sender und Empfänger kommt. Es besteht immer eine große Gefahr von Missverständnissen während eines Small Talks. Daher müssen Sie wissen, auf welche Art und Weise Sie miteinander kommunizieren müssen, damit alle Ebenen synchron sind, um eine gewisse Klarheit zu erreichen.

Der Absender hat immer eine Intention, die in der Nachricht versteckt bzw. implizit ist. Der Zweck der Nachricht ist, was er vermitteln möchte. Der Empfänger hingegen analysiert die Informationen, indem er sie diese mit seinen Überzeugungen, Erfahrungen und Werten abgleicht. Stellen Sie sich den Prozess folgendermaßen vor:

Absender: Intention = Wahrheit

Empfänger: Wahrnehmung = Wahrheit

Die Wahrheit des Absenders = Die Wahrheit des Empfängers?

Bitte beachten Sie, dass die Wahrheit des Empfängers möglicherweise nicht die Wahrheit des Absenders ist. Dieser Prozess geschieht so schnell und das meiste davon erfolgt unbewusst. Einige Menschen haben eine Art Standardkanal, über den sie aufgrund früherer Erfahrungen, ihres Glaubenssystems usw. Nachrichten senden und empfangen.

Um Missverständnisse zu vermeiden, müssen Sie wissen, wie Sie das Vier-Seiten-Modell beim Small Talk effektiv einsetzen können. Und wieder ist die einzige Möglichkeit, dies zu erlernen, das absichtliche und beharrliche Üben. Wie können Sie anfangen zu üben, um sich zu verbessern?

Im Folgenden zeige ich Ihnen, wie Sie eine Small Talk-Situation von beiden Seiten (als Sender und Empfänger) am besten bewältigen können. Sie können mit beiden Ideen üben, bis Sie es vollständig beherrschen.

Beginnen Sie mit der ersten Phase der Kommunikation: Dem *Denken*. Wenn Sie der Absender sind, denken Sie bitte darüber nach, was Sie sagen möchten und welche Intention dahintersteckt. Welche Informationen möchten Sie senden? Wenn Sie ein Empfänger sind, achten Sie auf die genauen Informationen, die Ihr Partner kommuniziert, und darauf, wie Sie die Nachricht sonst noch verstehen könnten.

Als Nächstes müssen Sie als Absender sicherstellen, dass Ihre Absichten eindeutig und nicht vage sind. Fragen Sie, was der Empfänger gehört hat und was er aus dem Gespräch schlussfolgert, bevor Sie etwas Neues sagen.

Wenn Sie der Empfänger sind, fragen Sie, ob Sie den Inhalt richtig verstanden haben. Sie könnten dabei etwas in der Art sagen: „Meinen Sie ...?" Oder: „Um es klarzustellen, meinen Sie ..."

Diese Übung kann für alle vier Ebenen der Kommunikation wiederholt werden. Sie werden von der Tatsache begeistert sein, dass alle Ihre Nachrichten ohne Missverständnisse empfangen werden. Durch Übung können Sie Fortschritte bei der Verwendung dieses Modells erzielen.

Das Verständnis ist entscheidend für den Erfolg von Small Talk, und es beginnt damit, viel über die verschiedenen Aspekte der Sprache zu wissen, die in diesem Kapitel analysiert wurden. Jetzt wissen Sie, wie das Vier-Seiten-Modell funktioniert und wie Sie es für Ihre Small Talk-Erfahrung verwenden können.

Können wir zu einer anderen spannenden Idee übergehen? Ich gehe davon aus, dass dies ein klares „Ja" ist. Betrachten wir als Nächstes die Rolle der nonverbalen Kommunikation. Die Details des nächsten Kapitels übernehmen einige Inspirationen aus diesem Kapitel, da nonverbale Kommunikation wichtig ist, wenn man andere Personen verstehen möchte.

KAPITEL 4:

# Verwenden der Körpersprache in einem Small Talk

Nonverbale Kommunikation ist so alt wie die Menschheit selbst und genauso wichtig wie verbale Kommunikation. Aber warum widmen wir dieser nicht so viel Aufmerksamkeit wie verbaler Kommunikation? Höchstwahrscheinlich, weil wir dazu erzogen worden sind, auf Worte zu hören, ohne Körperbewegungen zu sehr zu beachten.

Dieses Kapitel konzentriert sich auf die nonverbale Kommunikation als wesentlichen Bestandteil zur Durchführung eines Small Talks. Sie lernen, wie Sie nonverbale Hinweise nutzen können und die Körperbewegungen der Menschen beobachten können, um während der Kommunikation bereits einige Antworten zu erhalten. Lassen Sie uns am besten gleich loslegen!

Haben Sie jemals etwas gesagt, ohne es wirklich *gesagt* zu haben? Denken Sie darüber nach, bevor Sie antworten.

Wenn Ihre Antwort *Ja* lautet, stimmen Sie sicherlich zu, dass nonverbale Kommunikation eine schnellere Möglichkeit zum Senden einer Nachricht sein kann. Zeigen, Handbewegungen, Kopfneigungen und Ähnliches können zur Übermittlung von Nachrichten und sogar zur Vermeidung der in Kapitel 3 behandelten Missverständnisse beitragen.

Laut einer Studie von Professor Mehrabian erfolgt eine zwischenmenschliche Kommunikation zu 7 % verbal und zu 93 % nonverbal. Die nonverbale Komponente stellt sich mit 55 % durch die Körpersprache und mit 38 % durch den Tonfall dar.

Das bedeutet, dass Sie mit Ihren Worten etwas sagen können, Ihre Körpersprache jedoch eine völlig andere Botschaft senden kann.

Das Ziel für alle, die sich beim Small Talk verbessern möchten, sollte es sein, ihr Verständnis und ihre Verwendung von nonverbalen Signalen zu verbessern, damit sie das, was sie vermitteln wollen, ohne Widerspruch auch vollständig ausdrücken können. Wenn Sie keine Missverständnisse aufkommen lassen wollen und engere Beziehungen aufbauen möchten, müssen Sie für Ihre verbale und nonverbale Sprechweise dieselbe Sprache verwenden.

Aufgrund der Natur eines Small Talks haben Sie möglicherweise nicht die Gelegenheit, ein Missverständnis zu korrigieren, indem Sie sagen: „Oh, das habe ich gemeint." Dies ist ein Small Talk. Er ist kurz und soll Beziehungen aufbauen. Es gibt wenig Raum für Fehler. Sie haben nur wenige Minuten Zeit, um Ihre Nachricht bestmöglich zu übermitteln.

Wenn Ihre nonverbalen Hinweise mit Ihren gesprochenen Worten übereinstimmen, erhöht dies die Klarheit, das Verhältnis und das Vertrauen zwischen Ihnen und der anderen Person. Wenn diese nicht gleichgerichtet sind, kommt es zu Spannungen, Verwirrung und Misstrauen. Sie müssen sehr feinfühlig für diese Ideen sein, um ein besserer Kommunikator zu werden. Mehr noch, Ihre Sensibilität muss über die verbale hin zur nonverbalen Kommunikation hinausgehen.

Stellen Sie sich vor, Ihr bester Freund oder Ihr Ehepartner ist kurz vor dem Abendessen zu Ihnen nach Hause gekommen. Die Lippen waren angespannt, das Gesicht rot und die Augenbrauen hochgezogen. Die Person weigerte sich, mit irgendjemandem zu sprechen. Nachdem diese im ganzen Raum auf und ab gegangen war, warf die Person ihre Tasche auf die Couch und ließ sich auf den Stuhl neben dem Fenster fallen. Nachdem sie einige Sekunden lang aus dem Fenster geschaut hatte, fragten Sie:

„Geht es dir gut? Ich hoffe alles ist in Ordnung?". Die Antwort darauf war nur: „Mir geht es gut."

Welche dieser Botschaften werden Sie glauben? Die verbale Kommunikation, die besagt, dass es Ihrem Gegenüber gut geht, oder die nonverbalen Hinweise, die aus dem Tonfall und dem Verhalten Ihres Gegenübers bestehen und etwas anderes ausdrücken? Ich denke, Sie werden höchstwahrscheinlich den nonverbalen Hinweisen glauben.

Im Folgenden erfahren Sie, welche verbalen Hinweise Sie geben sollten, und wie Sie mit der Körpersprache erfolgreich kommunizieren können. Bitte beachten Sie, dass einige der Ideen, die Sie weiter unten finden, auch kulturelle Bedeutungen haben. Deshalb möchte ich einige Erklärungen zu deren Auswirkungen geben. Wir müssen anderen Personen gegenüber immer respektvoll sein, wenn wir kommunizieren.

## Was genau sind nonverbale Hinweise?

Laut Patti Wood, einem Autor und Experten für Körpersprache, stellen nonverbale Hinweise den größten Teil der Kommunikation zwischen Menschen dar, ohne dass sie eine direkte Übersetzung benötigen. Diese Hinweise können in Form von Nuancen in der Stimme, der Körperbewegungen, der Körperorientierung, der Mimik, der Auswahl und der Bewegung der Objekte, die zur Kommunikation beitragen, sowie in Details der Kleidung vorliegen. Raum und Zeit können auch nonverbale Hinweise sein.

Einfach ausgedrückt, nonverbale Hinweise sind die Art und Weise, wie Sie sich zeigen, ausdrücken und sich präsentieren, und eben nicht nur die Worte, die aus Ihrem Mund kommen. Diese nonverbalen Hinweise sind in Ihrem Unternehmen und bei der Arbeit sehr wichtig, weil „Wahrnehmung Realität ist".

In der Kommunikation spielen unsere Sinne eine unerlässliche Rolle, da alles gute Gewissen, jede Glaubwürdigkeit und jeder Beweis der Wahrheit nur von den Sinnen kommen kann. Wie wir von anderen Menschen wahrgenommen oder „gefühlt" werden, wirkt sich stark auf unseren Erfolg in unserem Unternehmen oder am Arbeitsplatz aus. Ist dies nicht der Fall, liegt es daran, dass viele Menschen falsch eingeschätzt werden. Menschen mit großartigen Ideen und Personen mit außergewöhnlichen Talenten werden missverstanden, falsch eingeschätzt und ignoriert, nur wegen der Wirkungslosigkeit ihrer nonverbalen Hinweise.

Zumal nonverbale Signale meistens vom „emotionalen Gehirn" und nicht vom Neocortex (auch bekannt als Isocortex und Neopallium) gesendet werden. Der Neocortex ist an höheren Funktionen wie der Erzeugung motorischer Befehle, der sensorischen Wahrnehmung, dem bewussten Denken und dem räumlichen Denken des Menschen beteiligt. Das emotionale Gehirn hilft während einer Unterhaltung, eine aufrichtige Antwort zu finden und Botschaften zu enthüllen.

Laut Wood können Unternehmer mit adäquaten nonverbalen Hinweisen andere besser motivieren und Geschäftsinteraktionen eingehender, besser und umfassender analysieren als wenn sie sich nur auf gedruckte oder gesprochene Wörter verlassen.

Wood deutet an, dass Menschen, die nonverbale Hinweise verstehen, besser beurteilen können, was ihre Kunden und Mitarbeiter ihnen tatsächlich sagen, um herauszufinden, wie sie deren Bedürfnisse besser befriedigen können. „Arbeitgeber können die Nachrichten, die ihre Mitarbeiter an Kunden oder Kollegen senden, auswerten und beurteilen, ob dieser Mitarbeiter das Unternehmen behindert oder voranbringt", erklärt Wood. Auch Mitarbeiter können lernen, die subtilen Zeichen zu verstehen, die ihre Vorgesetzten senden; dies wird ihnen wiederum dabei helfen, ihr Verhalten bei Bedarf anzupassen.

Die effektive Nutzung der nonverbalen Kommunikation ist für Ihre berufliche Entwicklung von entscheidender Bedeutung. Wenn ein Arbeitgeber nach einem Talent sucht, das er einstellen oder einen vorhandenen Mitarbeiter fördern möchte, sind Professionalität, Enthusiasmus und Selbstvertrauen die Merkmale, nach denen er normalerweise Ausschau hält. Wenn Sie als Mitarbeiter diese und alle anderen gesuchten Führungsmerkmale ausdrücken möchten, müssen Sie die richtigen nonverbalen Hinweise geben.

Lassen Sie uns in die Arten nonverbaler Hinweise eintauchen, die Ihnen bei einem Small Talk helfen können.

## Arten von nonverbalen Hinweisen bei einem Small Talk

Da wir es nicht vermeiden können, nonverbale Hinweise an andere zu senden, ist es wichtig, zu trainieren, die richtigen zu senden. Im Folgenden werden wir uns die Arten von nonverbalen Hinweisen ansehen, die für Small Talks unerlässlich sind.

### *Gesichtsausdruck*

Wussten Sie, dass der ausdrucksstärkste Teil Ihres Körpers Ihr Gesicht ist? Oh ja, das ist es, und es ist das erste beobachtbare Merkmal, das die Person, mit der Sie sprechen, wahrnimmt, noch bevor Sie überhaupt anfangen zu sprechen.

Sie können mit Ihrem Gesicht viel sagen, sogar mehr als mit Ihren Worten. Haben Sie schon einmal mit jemandem gesprochen, der die Stirn gerunzelt hat? Es könnte sich respektlos angefühlt haben, selbst wenn die Person nicht vorgehabt hat, unhöflich zu sein.

Sie können zahllose Emotionen vermitteln, ohne ein Wort zu sagen, und im Gegensatz zu anderen Formen der nonverbalen Kommunikation sind Gesichtsausdrücke universell. Eine Person, die in China lächelt und eine Person, die in Amerika lächelt, sendet üblicherweise die gleiche Botschaft, trotz der unterschiedlichen Standorte. Natürlich gibt es verschiedene Arten von Lächeln: ein unheimliches, ein begrüßendes, ein fröhliches, ein fragendes – aber die Forschung bestätigt, dass die Linien, die diese Ausdrücke in unseren Gesichtern erzeugen, trotz der verschiedenen Kulturen mehr oder weniger gleich sind.

In allen Kulturen sind die Gesichtsausdrücke die Gleichen. Wir drücken Glück, Überraschung, Angst und Abscheu fast auf dieselbe Weise aus, was die Wirkung dieses nonverbalen Hinweises verdeutlicht. Während des Aufbaus Ihres Levels an Selbstvertrauen sollten Sie sich der Angst entledigen und sich zudem stark auf Ihre Mimik konzentrieren. Was sollten Sie tun, wenn Sie etwas Angenehmes sagen wollen? Sie sollten lächeln! Wenn Sie eine Idee in Betracht ziehen, sollten Sie Ihren Kopf so neigen, als würden Sie darüber nachdenken. Small Talk funktioniert außerordentlich gut, wenn Ihre Mimik mit Ihren Worten übereinstimmt.

### *Tonfall*

Beim Klang der Stimme sollten Sie wissen, dass es nicht nur darum geht, *was* Sie sagen, sondern *wie* Sie es sagen. Wenn Sie sprechen, hört die andere Person Ihre Stimme zusätzlich zu Ihren Worten, und Ihre Stimme kann etwas anderes als Ihre Worte aussagen.

„Hinsetzen" und „Hinsetzen!" sind die gleichen Wörter, aber das Ausrufezeichen erzeugt einen anderen Ton. Ein Ausrufezeichen bedeutet in der Regel, die Lautstärke zu erhöhen oder den Enthusiasmus zu steigern.

Auch das Timing und das Tempo spielen eine Rolle. Schnelleres Sprechen impliziert normalerweise Dringlichkeit (oder vielleicht auch Angst), während langsames Sprechen normalerweise Ruhe vermittelt. Auf diese Weise kann Ihre Stimme Zuneigung, Zuversicht, Sarkasmus und vieles mehr ausdrücken. Der Klang Ihrer Stimme kann bei der Diskussion nonverbaler kommunikativer Hinweise übergangen werden, da die Leute ihn mit dem Sprechen verbinden, er jedoch keine Wörter enthält und daher nonverbal ist. Lernen Sie, wie Sie Ihren

Tonfall angemessen einsetzen können, um spannende Small Talk-Erfahrungen zu erzielen.

## *Augenkontakt*

Die Art, wie Sie jemanden ansehen, verrät dem anderen viel über Sie und ist eine der wichtigsten nonverbalen Kommunikationen. Ihre Augen können Zuneigung, Feindseligkeit, Anziehung, Interesse, Müdigkeit usw. ausdrücken.

Wenn Sie den Small Talk-Fluss aufrechterhalten und den Prozess genießen möchten, müssen Sie genau darauf achten, wie Sie den Augenkontakt einsetzen. Wir werden im nächsten Abschnitt dieses Kapitels ausführlich darauf eingehen, wie Sie einen guten Augenkontakt herstellen können.

Die Art und Weise, wie Sie sich selbst geben spiegelt wider, wer Sie sind und wie Sie möchten, dass Menschen mit Ihnen in Beziehung treten. Sie kommunizieren auch damit, wie Sie sitzen, gehen, stehen oder Ihren Kopf halten, weshalb die Körperhaltung hier von entscheidender Bedeutung ist. Ihre Haltung sollte widerspiegeln, wie Sie sich fühlen, und für einen ersten Eindruck bei einem Small Talk sollte sie Selbstvertrauen ausstrahlen.

## *Gesten*

Gesten sind ein Teil unserer täglichen Routine. Sie haben vielleicht sogar gestikuliert, während Sie dieses Buch gelesen haben (ohne es zu wissen). Gesten werden mit den Händen gemacht, und auch hier gibt es verschiedene Arten: Schwingen, Winken, Zeigen oder Verwenden der Hände beim Sprechen oder Streiten.

Wenn Sie beim Sprechen die Hände etwa auf Gesichtshöhe heben, bedeutet dies, dass Sie versuchen, etwas auf einen entscheidenden Punkt zu bringen. Wenn Sie sich beim Sprechen mit den Händen durch die Haare fahren, kann dies bedeuten, dass Sie nervös oder unsicher sind. Wenn Sie auf etwas zeigen oder deuten, versuchen Sie, die Person darauf hinzuweisen, wovon Sie sprechen.

Sie sollten wissen, dass Gesten je nach Kultur unterschiedliche Bedeutungen haben können. Das mit der Hand gemachte „Okay"-Zeichen vermittelt beispielsweise in den meisten englischsprachigen Ländern eine positive Botschaft. In einigen Ländern wie Frankreich, Venezuela, der Türkei und Brasilien ist es jedoch beleidigend.

Natürlich können Sie nicht alle beleidigenden Gesten, die auf einer Kultur basieren, kennen, aber Sie können von der Person ein Hinweis bekommen.

### *Berührung*

Wir kommunizieren auch viel durch Berührung, weil menschliche Verbindungen auch durch Berührung zustande kommen. Wenn zum Beispiel zwei Personen Ihnen einen Händedruck gaben, von denen einer schwach und einer fest war, würden Sie sich höchstwahrscheinlich eher an die Person erinnern, die einen festen Händedruck gab als die andere mit dem schwachen Händedruck.

Was ist mit Umarmungen? Wenn Sie beim ersten Treffen Umarmungen erlauben, können Sie eine starke Umarmung geben und die Person wird sich somit in Ihrer Umgebung wohler fühlen (oder sich vielleicht unwohl fühlen, da in anderen Kulturen der persönliche Raum einen höheren Stellenwert hat). In einigen anderen Fällen ist es notwendig einen Klaps auf den Rücken oder einen milden Griff am Arm zu geben.

Achten Sie darauf, wie Sie diesen nonverbalen Stil verwenden. In einigen Kulturen ist es möglicherweise unangemessen, sich beim Small Talk zu berühren, und manchmal ist es einfach nicht der richtige Anlass, um den anderen zu berühren. Dies gilt insbesondere für die Kommunikation zwischen Menschen unterschiedlichen Geschlechts.

Bei diesem nonverbalen Kommunikationsstil müssen Sie viel Fingerspitzengefühl und Vorsicht walten lassen. Aber wenn Sie spüren, dass Sie eine Berührung verwenden können, seien Sie großzügig, aber auch vorsichtig damit.

## Verwendung der Körpersprache bei einem Small Talk

Während ich aufgewachsen bin, hatte ich es eilig, Freunde zu finden. Nach einigem Ausprobieren und Fehlversuchen wurde mir klar, dass es Zeit braucht, Freunde zu finden, dauerhafte Freundschaften aufzubauen und Kontakte zu knüpfen. Bevor Sie mit Menschen in Kontakt treten, müssen Sie sie kennenlernen. Jetzt könnte ich mich selbst Ohrfeigen, nachdem mir klar geworden ist, dass ich die meiste Zeit Verbindungen aufgebaut habe, indem ich mich zu Partys eingeladen habe oder Gespräche geführt habe, die andere nicht wirklich mit mir führen wollten.

Eine dauerhafte Freundschaft aufzubauen, dauert nicht nur einen Tag, es ist ein schrittweiser Prozess, der oft mit einem einfachen Lächeln oder Hallo beginnt. Einige der erforderlichen Schritte können schwieriger sein als andere, aber Sie sollten sich wohl fühlen, wenn Sie Ihre Körpersprache verwenden, um Menschen anzusprechen und mit Menschen einen Small Talk zu haben. Schauen wir uns an, wie wir unsere Körpersprache beim Small Talk einsetzen können.

### *Verschränken Sie nicht Ihre Arme oder Beine*

Das Verschränken von Armen oder Beinen beim Sprechen ist nicht ideal für fruchtbare Diskussionen. Wenn Sie die Arme verschränken, wirken Sie defensiv und fühlen sich auch unwohl, was die andere Person dazu veranlassen kann, das Gespräch zu beenden.

Anstatt Ihre Arme zu kreuzen, benutzen Sie sie, um zu gestikulieren. Behalten Sie eine offene Haltung bei, die Wohlbefinden vermittelt, anstatt die Beine zu kreuzen (es sei denn, Sie tragen einen Rock). Die Idee dahinter ist meistens, entspannt und komfortabel zu bleiben.

### *Stellen Sie Augenkontakt her, aber starren Sie nicht*

Die Augen sind wichtig, wenn es um nonverbale Kommunikation geht, weil wir mit ihnen viel sagen können. Was Sie jedoch nicht tun sollten, ist die Person anzustarren. Augenkontakt ist nicht dasselbe wie Starren.

Das Anstarren kann von manchen Menschen als beleidigend empfunden werden, tun Sie das also nicht. Wenn Sie der Person etwas sagen oder auf eine Frage antworten, können Sie ihm/ihr in die Augen schauen. Bewegen Sie aber auch Ihre Augen über das Gesicht der Person und gelegentlich durch den Raum.

Augenkontakt zeigt die Höhe Ihres Selbstvertrauens und informiert die andere Person darüber, dass Sie während des kurzen, aber wirkungsvollen Gesprächs anwesend sind. Sorgen Sie sich nicht darum, alle diese Hinweise fehlerfrei auszuführen. Bleiben Sie sich derer bewusst, und Sie werden es gut machen!

### *Entspannen Sie Ihre Schultern*

Sie wissen das vielleicht nicht, aber Ihre Schultern sprechen laut und Sie müssen sie in Schach halten. Eine angespannte Schulter ist ein nonverbales Zeichen dafür, dass Sie den Raum verlassen möchten und mit dem Sprechen fertig sind. Während eine entspannte Schulter ein Signal ist, dass Sie bereit sind, das Gespräch zu genießen.

Eine ausgezeichnete Möglichkeit, Ihre Schultern zu entspannen, besteht darin, tief durchzuatmen, bevor Sie sich der Person nähern, da einer der Gründe für eine angespannte Schulter Angst ist. Sie wissen vielleicht nicht einmal, dass Ihre Glieder steif sind, aber die andere Person kann es sehen, also denken Sie daran. Hier kommt ein Tipp: Sie werden wissen, dass Ihre Schultern angespannt sind, wenn Sie die Spannung auf Ihrem Schlüsselbein und Nackenbereich spüren. Wenn Sie diesen

Druck spüren, wissen Sie, dass Ihre Schultern angespannt sind und Sie diese lockern sollten.

### *Nicken*

Wie fühlen Sie sich, wenn Sie mit jemand anderem sprechen und dieser anerkennend nickt? Ein Nicken sagt dem anderen, dass Sie zuhören. Es ist ein wirksames Instrument, um zu zeigen, dass Sie anwesend sind und Ihrem Small Talk-Partner gegenüber respektvoll bleiben.

### *Gerade sitzen (nicht lümmeln)*

Wenn Sie sich mit jemandem unterhalten und beide Platz nehmen, lümmeln Sie sich nicht hin. Lümmeln ist ein Zeichen dafür, dass Sie müde oder desinteressiert sind oder nach Hause gehen möchten.

Setzen Sie sich aufrecht hin wie die selbstbewusste Person, die Sie sind, und teilen Sie Ihre Gedanken präzise mit. Wenn Sie nicht lümmeln, achten Sie auch genau auf die andere Person und minimieren Ablenkungen.

### *Gehen Sie auf Ihren Gesprächspartner zu*

Wenn wir „auf jemanden zugehen" sagen, beziehen wir uns auf die Fähigkeit, all das abzulegen, was eine echte Verbindung zwischen Ihnen und der anderen Person beeinträchtigen könnte. Wenn eine Person Sie zum ersten Mal trifft, versucht sie innerhalb der ersten Sekunden herauszufinden, mit wem sie es zu tun hat.

Wenn Sie sich darauf einlassen, lassen Sie mögliche Vorbehalte fallen und signalisieren, dass sie verfügbar und präsent sind.

Stellen Sie sicher, dass Sie ein guter Zuhörer sind, der die Bedeutung dessen versteht, was er hört. Behalten Sie die Person im Auge (aber starren Sie sie nicht an), während Sie beim Zuhören nicken. Seien Sie sich aber immer des persönlichen

Raumes bewusst. Zu sehr auf jemanden zuzugehen, kann einschüchternd und anmaßend sein.

### *Lächeln und lachen Sie (wenn es angebracht ist)*

Es gibt Momente während des Gesprächs, in denen Sie lächeln und lachen sollten. Befolgen Sie dies, um einen positiven Kommunikationsfluss aufrechtzuerhalten. Small Talk ist, was es ist. Sie müssen also nicht steif sein.

Wenn Sie eine gewisse Starre bei der anderen Person verspüren, versuchen Sie, durch Lächeln eine Beruhigung zu erzielen, und sagen Sie etwas Lustiges, damit Platz für ein Lachen entsteht.

### *Körpersprache widerspiegeln*

Der Kern der Widerspiegelung in der Kommunikation besteht darin, das Verhältnis zwischen beiden Parteien zu verbessern. Was Sie hier tun, ist, die physischen Angewohnheiten und Positionen der Person nachzuahmen, um sich mit dieser zu verbinden.

Manchmal üben wir das Widerspiegeln, ohne uns dessen bewusst zu sein. Beim Gähnen zum Beispiel. Wenn Sie plötzlich das Gähnen verspüren, nur weil Sie das Wort gesehen haben, ist dies eine ungeplante Spiegelung.

Wenn Sie mit einer Person sprechen und sie lächelt, können Sie ihre Körpersprache widerspiegeln, indem Sie zurücklächeln. Auf diese Weise behalten Sie den Gesprächsfluss bei und pflegen eine gute Verbindung zu dieser Person.

Wenn sich zwei Menschen widerspiegeln, zeigt sich Behaglichkeit und Vertrauen. Das Spiegeln funktioniert am reibungslosesten, wenn Sie die Person schon lange kennen. Zum Beispiel können sich verliebte Paare leicht spiegeln. Aber bei einem Small Talk sprechen Sie wahrscheinlich zum ersten Mal mit ihrem Gegenüber. Aus diesem Grund müssen Sie dieser

Person mehr Aufmerksamkeit schenken. Sie müssen sie beobachten und sie dann mit nonverbaler Kommunikation durch Widerspiegeln replizieren.

Wenn die andere Person lächelt, nehmen Sie es bitte als Hinweis und lächeln Sie zurück. Wenn sie sich zu entspannen scheint und Sie sich angespannt fühlen, spiegeln Sie ihre Ruhe wider, indem Sie sich ebenfalls beruhigen. Widerspiegeln erfolgt meistens nonverbal. Um ihr Gegenüber widerzuspiegeln, müssen Sie viel üben und besonders auf Ihr Gegenüber achten.

Der Großteil der Arbeit liegt jedoch nicht nur bei Ihnen, da die andere Person Sie ebenfalls spiegelt. Sie können also in gewisser Weise vorgeben, was die andere Person reflektieren soll. Möchten Sie, dass die Person entspannt und ruhig ist? Dann lächeln Sie öfter, während Sie hier und da ein wenig lachen.

Wenn diese sich an Ihre Hinweise hält und Sie spiegelt, wird das Gespräch reibungslos verlaufen.

### *Respektieren Sie den persönlichen Raum*

Respektieren Sie bitte den persönlichen Raum der anderen Person. Wir sind alle verschieden, aber wir werden uns alle einig darüber sein, dass wir es lieben, wenn die Menschen unseren persönlichen Raum würdigen. Wenn Sie die persönlichen Bereiche von Personen nicht respektieren, hinterlassen Sie einen falschen ersten Eindruck, der sich auf das nachfolgende Gespräch auswirkt.

Versuchen Sie, während Sie mit der Person sprechen, einen angemessenen Abstand einzuhalten, und leiten Sie keine Berührungen ein, wenn Sie sich nicht sicher sind, wie die Person darauf reagieren wird. Geben Sie zum Beispiel keine ungerechtfertigten Umarmungen, High Fives oder andere Berührungen.

Sie haben diese Person gerade kennengelernt und wissen nicht, was sie von solchen Dingen hält. Es ist für Sie beide besser, wenn er/sie eine Berührung einleitet, dann sind Sie auf der sicheren Seite.

## Wie kann nonverbale Kommunikation bei einem Small Talk in einem Büro (oder anderswo) schief gehen?

Überall, wo Menschen sind, bilden sie sich auf der Grundlage nonverbaler Kommunikation Eindrücke von ihren Mitmenschen.

Eine Person kann absichtlich versuchen, beim Small Talk mit den „richtigen" Wörtern großartig zu erscheinen, und scheitert aber daran, dass es an exzellenter nonverbaler Kommunikation mangelt. Folglich vermeiden es die Leute, mit dieser Person zu sprechen, weil seine/ihre nonverbalen Fähigkeiten die falsche Botschaft senden.

Wir werden im Folgenden drei Personen mit großen Absichten für einen erfolgreichen Small Talk analysieren. Sie haben jedoch Schwierigkeiten, sich mit anderen in Verbindung zu setzen, und sie sind sich der falschen nonverbalen Botschaft, die sie kommunizieren, nicht bewusst.

## Treffen Sie Andrea, Meghan und John!

### *Andrea*

Andrea sieht hervorragend aus, und sie ist eine gute Gesprächspartnerin, ist aber auch sehr unaufmerksam. Sie behauptet, über sehr gute verbale Fähigkeiten zu verfügen, aber wenn sie mit jemandem spricht, huschen ihre Augen durch den Raum und erwecken den Eindruck, dass sie nicht präsent ist.

Die Leute, mit denen Andrea spricht, fühlen sich bereits nach den ersten Sekunden des Treffens ignoriert. Sie denken, dass sie zu egozentrisch ist, obwohl sie das Gefühl hat, hervorragend zu kommunizieren.

Andrea muss lernen, wie sie ein Gleichgewicht zwischen ihrer beeindruckenden Sprachfähigkeit und dem Einsatz ihrer Augen für die Kommunikation herstellen kann.

## *Meghan*

Meghan ist eine hübsche Frau, die sich gerne mit Menschen (im Büro und bei anderen gesellschaftlichen Anlässen) in Verbindung setzen möchte. Aber es fällt ihr immer schwer, erfolgreich einen Small Talk zu führen, obwohl sie denkt, dass sie lustig und interessant ist.

Trotz ihres ständigen Lachens und Lächelns klingt Meghans Stimme hoch, und ihr Körper ist steif. Wenn interessante Menschen in ihrer Nähe sind, fühlen diese sich oft beklommen und unwohl, sodass sie das Gespräch schnell abbrechen und Meghan verwirrt zurücklassen.

Obwohl Meghan Witz hat, sagt ihre Körpersprache etwas anderes, und dies wird durchweg ein Hindernis für alles sein, was sie mit Small Talk erreichen will.

## *John*

John glaubt, dass er gut mit seinen Kollegen zurechtkommt, insbesondere mit den neuen Mitarbeitern, mit denen er Small Talk geführt hat. Wenn Sie jedoch einige dieser neuen Mitarbeiter und seine anderen Kollegen fragen, stimmen alle darin überein, dass er „angespannt" ist, was es schwierig macht, sich mit ihm zu unterhalten.

Einige seiner Kollegen behaupten, dass er nicht nur eine Person ansieht, sondern lange anstarrt und beim Handschlag zu fest drückt (es tut weh). John hingegen glaubt, dass er versucht, Interesse an anderen Menschen zu zeigen, weshalb er den Augenkontakt so lange hält.

Trotz seiner Bemühungen lassen ihn seine nonverbalen Signale unbeholfen erscheinen und halten die Menschen so auf

Distanz. John wird Schwierigkeiten haben, Fortschritte bei der Kommunikation am Arbeitsplatz zu erzielen, da er sich dieser nonverbalen Herausforderung nicht bewusst ist.

Die obigen Beispiele zeigen die Bereitschaft der Personen, effektiv zu kommunizieren (sie haben gute Absichten). Aber sie haben Schwierigkeiten, weil sie nicht wissen, wie sie nonverbale Signale am besten für sich nutzen können. Mit den oben aufgeführten Tipps können Sie jeden Moment optimal nutzen und dabei großartige verbale und nonverbale Kommunikationsfähigkeiten kombinieren.

Nonverbale Kommunikation ist immer ein faszinierendes Thema, besonders bei einem Small Talk. Die Menschen sprechen die ganze Zeit über mit nonverbalen Hinweisen – bewusst oder unbewusst. Es kommt darauf an, dass Sie auf das achten, was sie sagen.

Sie können natürlich auch durch nonverbale Kommunikation mit jemand anderem kommunizieren. Dieses Kapitel hat all dies zum Ausdruck gebracht. Wir erweitern unsere Lernerfahrung um weitere Ebenen. Von den Grundideen in Kapitel eins bis dahin, wo wir jetzt stehen, war es schon eine recht aufregende Reise. Aber wir sind noch nicht fertig, da noch so viele Ideen und Tipps zu entdecken sind. Im nächsten Kapitel werden wir endlich diskutieren, was nach dem Hallo kommt.

KAPITEL 5:

# Nach dem Hallo wird das Eis gebrochen

Es scheint einfach zu sein, jemanden in einem sozialen Umfeld oder im Büro zu begrüßen. Denken Sie darüber nach. Jeder kann Hallo sagen und einfach weitergehen. Das Ziel eines Small Talks ist jedoch nicht nur, einfach weiterzulaufen. Sie müssen den Grundstein für ein anschließendes Gespräch mit der Person legen. Hier beginnt die Herausforderung für viele Menschen, die sich mit einem Small Talk schwertun. Sie fragen sich: „Was soll ich nach einem Hallo sagen?"

In diesem Kapitel erfahren Sie, wie Sie nach der Begrüßung ein spannendes Gespräch führen. Sie lernen die besten Gesprächsstarter kennen. Sie erfahren auch, wie Sie einen guten ersten Eindruck hinterlassen.

Im Allgemeinen wird das, was nach Hallo kommt, als Gesprächsstarter bezeichnet. So einfach es auch klingen mag, manche Menschen stecken an dieser Stelle fest, weil die Anzahl der Dinge, die gesagt werden können, praktisch unendlich ist. Dennoch stellt sich die Frage, welche Themen hierfür am besten geeignet sind?

Denken Sie daran, dass Small Talk darauf abzielt, eine Verbindung zu einer anderen Person herzustellen und nicht nur übermäßig über nichts Besonderes zu sprechen. Sie sollten so charmant und prägnant sprechen, dass Sie das Gespräch mit der Person ein anderes Mal wieder aufnehmen können.

Beachten Sie jedoch, dass die von mir angegebenen Tipps für Gesprächsstarter nicht allumfassend sind. Es sind nicht die einzigen Dinge, die Sie sagen können oder sollten. Dieses Buch schult Sie, aber was noch wichtiger ist: der beste Weg, um praktisch etwas über den Small Talk zu lernen, ist das Sprechen. Also keine Sorge! Während die Ideen hier darauf abzielen, Ihre Fähigkeiten zu verbessern, müssen Sie manchmal in dem Moment spontan reagieren und sagen, was Ihnen in den Sinn kommt.

Damit Sie nach der Begrüßung eine tiefe Verbindung herstellen können, sollten Sie einige der Eigenschaften guter Gesprächsstarter kennen. Diese Eigenschaften bilden einen Leitfaden wie der Inhalt Ihres Gesprächsstarters sein sollte, aber machen Sie sich darüber keine Sorgen. Ich werde es Ihnen anhand eines Beispiels näher erläutern, damit Sie wissen, wie Sie dies auf Ihre besondere Small-Talk-Situation anwenden können.

## Vier Eigenschaften der besten Gesprächsstarter

### 1. Großartige Einstiege, die Sicherheit ausstrahlen

Die besten Einstiege sind die, die Sie selbstbewusst vortragen, damit die andere Person leichter in das Gespräch einsteigen kann. Selbstvertrauen wird oft mit einem Magneten verglichen. Wenn man es ausstrahlt, fangen dies andere ein und fühlen sich davon angezogen. Vertraulichkeit ist eine der wichtigsten Eigenschaften, die Sie benötigen, um von Anfang an mit anderen zu sprechen.

Wenn Sie zum Beispiel auf eine Person zugehen, werden Sie sich bewusst, dass diese nicht nur Ihre Sprache antizipiert, sondern auch *wie* Sie ganzheitlich kommunizieren – also Ihre Körpersprache etc. Sie haben also Hallo gesagt (was essentiell ist). Das Nächste, was Sie sagen, sollte vertrauensvoll ausgesprochen werden.

Sogar wenn Sie etwas Lustiges, Albernes oder Zufälliges sagen, sagen Sie es mit größtem Vertrauen, indem Sie Augenkontakt herstellen und dem Beginn des Gesprächs etwas Aufregendes hinzufügen. Wenn Sie dies tun, geht der Small Talk weiter. Aber wenn Ihr Einstieg aus Angst und Furcht besteht, wird es den gesamten Prozess ruinieren.

Denken Sie immer an diese einfache, aber fundierte Regel: Beginnen Sie vertraulich und zuversichtlich, und Sie werden es hervorragend meistern!

## 2. Einstiege sind persönlich

Wir fühlen uns sicherer, wenn wir zuerst über das Wetter oder etwas Unpersönliches zu sprechen, aber wenn man zu anderen Menschen eine Beziehung aufbauen will, muss man eine persönliche Note hinzufügen.

Wenn Sie mit etwas Persönlichem beginnen, werden Sie mehr über die Person erfahren, und sie wird auch daran interessiert sein, mehr über Sie herauszufinden. Wenn Sie den Namen Ihres Gegenübers nicht kennen, fragen Sie danach, und wenn Sie sich zum Beispiel in einem Büro befinden, können Sie nach der Position der Person fragen.

Persönlich zu sein ist ein großartiger Einstieg, worauf Sie mit der nächstbesten Folgefrage anknüpfen können. Wenn Sie also nach der Position Ihres Gesprächspartners fragen, und dieser sagt „Oh, ich arbeite im Vertrieb", können Sie im Anschluss etwas über den Vertrieb sagen oder fragen. Dann hat die Person die Möglichkeit, Sie nach dem Gleichen zu fragen, und auf diese Weise wird ein Gespräch in Gang gebracht.

Achten Sie jedoch darauf, nicht *persönlich* mit *privat* zu verwechseln. Manchmal sagen wir „das ist persönlich" über etwas, wenn wir tatsächlich meinen, dass es privat ist. Sie werden sich aus früheren Kapiteln daran erinnern, dass es tabu ist, private Themen während eines Small Talks zu diskutieren. Das bringt uns zu unserem nächsten Punkt.

## 3. Einstiege nicht zu persönlich gestalten

Ja, Sie können persönlich sein, aber bitte seien Sie nicht *zu* persönlich. Wir haben zwei Beispiele gegeben, wie Sie persönlich sein können. Dabei handelt es sich nicht um die Art persönlicher Fragen, die wir mit privaten Informationen verknüpfen würden. Fragen Sie als Einstieg in einen Small Talk eine Person nicht, ob sie verheiratet, geschieden oder ledig ist. Solche Fragen sind zu persönlich. Gute Kommunikatoren wissen, wo die Grenze zwischen privaten und persönlichen Aussagen oder Fragen verläuft.

Stellen Sie sich vor, Sie sprechen mit jemandem, und dieser fragt Sie, welche Stelle Ihres Körpers Sie am meisten verunsichert. Wie würden Sie antworten? Dies ist kein guter Weg, um ein Gespräch zu beginnen, und es könnte jeden guten ersten Eindruck ruinieren, den die Person möglicherweise herzustellen versucht.

Sie müssen auch mit Witzen als Einstieg vorsichtig sein. Wenn Sie die Person zu einem anschließenden Gespräch wiedersehen, können Sie (sofern möglich) etwas weiter gehen, weil Sie den Grundstein dafür gelegt haben, aber vermeiden Sie es als Einstieg zu persönlich zu sein.

### *4. Großartige Einstiege zeigen echtes Interesse*

Eine weitere Eigenschaft großartiger Gesprächseinstiege ist es, dass sie echtes Interesse an der anderen Person zeigen. Sie können beispielsweise Interesse an der Person zeigen, indem Sie Fragen zu Dingen stellen, die Ihnen gefallen, und von denen Sie vermuten, dass sie dem anderen ebenso gefallen könnten. Wenn Sie sich für etwas nicht interessieren und es als Einstieg in das Gespräch benutzen, werden Sie mit der Kommunikation zu kämpfen haben.

Sie werden auch nicht wissen, wie Sie das Gespräch weiter interessant halten sollen, weil Sie sich nicht für das Thema interessieren. Wenn Sie nichts über Fußball wissen und keinen Sport mögen, fragen Sie nicht danach.

Wenn Sie das Thema Fußball als Einstieg nehmen, und die andere Person einiges über Fußball weiß, wird das Gespräch sehr einseitig. Ihre Bereitschaft zu einem schnellen Themenwechsel könnte jemanden abschrecken, der immer noch begeistert dabei ist, über Fußball zu sprechen.

Halten Sie sich an das, woran Sie interessiert sind, und Sie werden es gut machen. Wenn Sie nach etwas gefragt werden, worüber Sie nichts wissen, denken Sie ein paar Sekunden nach und geben Sie zu, dass Sie nichts darüber wissen. Bitten Sie dann die andere Person, Sie „aufzuklären„. Es ist besser, ehrlich zu sein als einen falschen Eindruck von Wissen zu vermitteln. Wenn Sie bereit sind, können Sie das Gespräch auf ein neues Thema lenken, ohne zu viel Ärger zu verursachen, da die Person weiß, dass Sie mit dem Thema nicht vertraut sind.

Sie kennen nun die Eigenschaften guter Gesprächseinstiege. Wenden Sie die gegebenen Tipps an. Aber die Lektion endet hier noch nicht. Sie müssen auch wissen, wie Sie ein Gespräch problemlos beginnen können.

Dafür müssen wir wissen, wie man den Übergang nach dem „Hallo" gestaltet.

## Problemlose Wege, um ein Gespräch zu beginnen

### *Stellen Sie eine allgemeine Frage*

Sie können zunächst eine einfache Frage stellen und dann auf eine Antwort warten. Geben Sie anschließend eine Erklärung zum Thema ab und bauen Sie darauf das Gespräch auf.

Versuchen Sie jedoch, nicht zu viele Fragen zu stellen, da die Unterhaltung einen natürlichen Weg einschlagen sollte. Hier sind Beispiele, wie Sie mit einem einfachen Sachverhalt beginnen können:

„Was führt Sie nach New York?"
„Was feiern wir heute?"
„Wo kommen Sie her?"

„Woher kennen Sie den Gastgeber?"

Mit jeder dieser Fragen kann die andere Person eine Antwort geben, die zu weiteren Gesprächen führt. Verwenden Sie die obigen Beispiele als eine Art Richtlinie.

### *Beobachten Sie die Umgebung*

Wenn Ihre anfänglichen Fragen keine Ideen für den nächsten Schritt enthielten, können Sie Ihre Umgebung beobachten und das Gespräch auf bestimmte Dinge lenken, um zu neuen Themen überzugehen. Solche Fragen gibt es ohne Ende, diese bedürfen jedoch einer kurzen Beschreibung. Wenn Sie beispielsweise auf einer Hausparty sind, können Sie das Haus kommentieren, eine Bemerkung zur Musik machen oder etwas in Bezug auf die Umgebung sagen.

Sie sollten authentisch und spontan mit Beobachtungsaussagen umgehen, aber nicht kritisch sein oder schlecht darüber reden. Die Essenz dieses Einstieges besteht darin, die Meinung der Person einzuholen und das Gespräch von dort aus aufzubauen.

„Was denken Sie über das rosa Schmetterlingsdekor?"
„Haben Sie erkannt, wie perfekt der Mittelteil ist?"

### *Mutmaßen Sie etwas*

Ein „Cold Read" ist eine fundierte Vermutung über die andere Person, basierend auf einigen Details, die Sie möglicherweise beobachtet haben. Stellen Sie sich diesen Schritt so vor, als würden Sie eine Beobachtung machen und daraufhin eine Annahme treffen. Das Schöne an diesem Einstieg ist, dass Sie nicht unbedingt richtig liegen müssen.

Wenn Sie richtig liegen, wird die Person amüsiert sein, und wenn Sie es nicht sind, werden Sie korrigiert, aber es wird der Konversation etwas Humor verleihen. Cold Reading zeigt auch

Ihre lustige Seite und hilft der anderen Person, sich entspannt zu fühlen, während sie mit Ihnen spricht.

Um Cold Reading erfolgreich durchzuführen, müssen Sie genau auf die Person achten. Auf diese Weise erhalten Sie einige wichtige Details, die Ihr Cold Reading erleichtern werden:

„Sie sind nicht von hier, oder?" – Wenn Sie etwas Bestimmtes am Akzent oder der Kleidung der Person bemerkt haben.

„Sie kennen sich ziemlich gut im Sportbereich aus, oder?" – Wenn die Person gute Sportvorhersagen gemacht hat.

„Sie sind schon lange mit dem Gastgeber befreundet?" – Wenn Sie eine enge Beziehung zwischen der Person und dem Gastgeber der Veranstaltung beobachten konnten.

### *Teilen Sie eine Anekdote*

Eine Anekdote oder eine Geschichte hilft Ihnen dabei, eine Verbindung auf emotionaler Ebene mit der anderen Person herzustellen. Erzählen Sie eine kurze, humorvolle Geschichte, und wenn die Person sich davon angesprochen fühlt, haben Sie einen guten Anfang.

Hier ist ein Beispiel eines typischen Gesprächs mit einem guten anekdotischen Einstieg:

*Sie*: „Wow, was für eine bezaubernde Halskette Sie haben einen außergewöhnlichen Sinn für Stil."

*Fremde:* „Oh, danke! Ich habe diese kürzlich in London gekauft, als ich mit Freunden einkaufen war."

*Sie:* „Sie waren in London? Ich war da vor ein paar Wochen in diesem fantastischen Modegeschäft. Sie werden nicht glauben, was mir dort passiert ist.

*Fremde:* „Haha, ja, das erinnert mich an das, was mir vor zwei Tagen passiert ist...

*Sie:* „Wow! So ähnlich ist es mir auch ergangen..."

Wenn Sie mit einer einfachen Geschichte wie im obigen Beispiel beginnen, öffnet sich die andere Person mit Sicherheit und Sie haben beide eine angenehme Unterhaltung.

Geschichten sind ein großartiger Verbinder, da wir uns alle auf die Geschichten anderer Menschen beziehen können. Verwenden Sie diese daher großzügig in Ihren Small Talks.

### *Machen Sie ein Kompliment*

Ja, wir alle lieben Komplimente, und dies sind auch einige der besten Gesprächseinstiege. Ein Kompliment ist eine hervorragende Möglichkeit, um anderen das Gefühl zu geben, sich in Ihrer Nähe wohl zu fühlen.

Aber Sie müssen sehr achtsam sein, wenn Sie Komplimente machen, denn diese müssen ehrlich gemeint sein.

*Sie:* „Hallo."

*Fremder:* „Hallo (lächelnd)."

*Sie:* „Sie haben ein schönes Lächeln."

*Fremder:* „Danke, was führt Sie hierher?"

### *Bringen Sie gemeinsame Interessen zur Sprache*

Wenn Sie im Begriff sind, mit jemandem zu sprechen und dabei feststellen, dass sie gemeinsame Interessen haben, können Sie dies als hervorragenden Einstieg verwenden.

Angenommen, Sie sind im Café und jemand schüttet sehr viel Milch in seinen Kaffee. Sie machen zufällig das Gleiche. Dann können Sie dies als Gelegenheit nutzen, um ein Gespräch zu beginnen.

*Sie:* „Sie scheinen eine ganze Menge Milch in Ihrem Kaffee zu mögen (kleines Kichern). Ich mag das auch sehr."

*Fremder:* „Prost auf die Milch im Kaffee (kleines Lachen)."

### *Fragen Sie nach der Meinung des anderen*

Eine weitere hervorragende Option für einen Gesprächseinstieg ist es, einfach einen anderen um Rat zu fragen. Nach dem ersten Hallo können Sie Ihrem Gegenüber eine Frage stellen, die es diesem erleichtert, am Gespräch teilzunehmen. Angenommen, Sie reisen in einem Flugzeug, dann können Sie die Person, die neben Ihnen sitzt, um einen Rat fragen.

*Sie:* „Vor dem Abflug bin ich oft nervös. Kann ich etwas tun, um mich zu entspannen?"

*Fremder:* „Oh, Sie können einfach tief durchatmen und sich nicht allein auf das Flugerlebnis konzentrieren."

### *Zeigen Sie etwas Verwundbarkeit*

Manchmal ist eine gute Möglichkeit, ein Gespräch oder einen Small Talk zu beginnen, der Ausdruck von Verwundbarkeit. Wir sagen nicht, dass Sie sich durch persönliche Probleme übermäßig verwundbar geben sollten, aber vielleicht etwas verletzlich. Teilen Sie einfach etwas mit einer anderen Person.

Indem Sie eine Schwachstelle ausdrücken, zeigen Sie der Person eine Seite von Ihnen, mit der er/sie sich verbunden fühlen soll. Zum Beispiel, wenn Sie an einer Party zu einer Produkteinführung teilnehmen und niemanden kennen, könnten Sie damit beginnen:

*Sie:* „Ich kenne hier niemanden. Manchmal fällt es mir schwer, mit Fremden zu sprechen."

*Fremde:* „Oh, keine Sorge, ich kenne die meisten Leute hier. Sie werden es leicht haben, Kontakt aufzubauen und jemanden kennenzulernen. Ich bin übrigens Amy. Und Sie?"

### *Verwenden Sie die Prominenten-Perspektive*

Hat Ihnen mal jemand gesagt, dass Sie wie eine berühmte Person aussehen? Wie haben Sie sich dabei gefühlt? Geschmeichelt? Wenn Sie eine Person im Raum sehen, die wie eine Berühmtheit aussieht, können Sie zu ihr/ihm gehen und diese Beobachtung als Gesprächseinstieg verwenden.

Dieser Ansatz ist hervorragend, weil er auf unterhaltsame und humorvolle Weise authentisch ist. Die Person wird das Kompliment mögen und lockerer werden. Wenn Sie mit einer Frau sprechen, wird sie wahrscheinlich erröten, aber es entwickelt sich ein gutes Gespräch.

*Sie:* „Hat Ihnen schon mal jemand gesagt, dass Sie wie Jennifer Aniston aussehen?"

*Fremde:* „Oh, wow (lacht). Ja, schon, aber ich sehe keine Ähnlichkeit."

*Sie:* „Sie haben beide die gleiche Haarfarbe. Sind Sie hier aus der Gegend?"

*Fremde:* „Nein, ich komme aus dem Norden. Und Sie?"

Ich kann nicht genug betonen, wie wichtig ein Lächeln als hervorragendes Mittel für einen Small Talk ist, aber vor allem als Einstieg. Die andere Person lächelt zurück, und ohne ein Wort zu sagen, haben Sie beide eine Art Vereinbarung. Ob Sie oder die andere Person ein Gespräch anstoßen, liegt im Ungewissen, aber zumindest waren Sie in diesem flüchtigen Moment miteinander verbunden.

Lächeln Sie zu Beginn des Gesprächs und auch dann, wenn Sie die ersten paar Worte sprechen. Lächeln Sie gerade? Kommen Sie schon. Sie lächeln nicht. Oder doch? Na, bitte. Machen Sie weiter (funktioniert jedes Mal).

Wenn Sie mit einer der oben genannten Ideen beginnen, öffnet sich die andere Person für Sie und das Gespräch kann fortgesetzt werden. Die obigen Beispiele sind Richtlinien, mit denen Sie Ihre eigenen Ideen entwickeln können. Versuchen Sie zu experimentieren, da nicht jede Situation gleich ist. Schließlich ist es besser, ein bisschen unbeholfen zu wirken als steif und zu versuchen, perfekt zu sein.

### *Machen Sie einen guten ersten Eindruck*

Auch wenn ein Small Talk klein anfängt und eine einfache Art der Kommunikation zu sein scheint, denken Sie immer daran, dass es eine Kunst ist, die Sie beherrschen müssen. Small Talk kann Ihnen Türen öffnen. Wer weiß, wohin dieser Sie in Zukunft führen wird? Aus diesem Grund müssen Sie immer einen guten ersten Eindruck hinterlassen. Wie erreichen Sie das?

**1. Beginnen Sie mit einer kleinen Geste (als Baustein)**

Kleine Gesten vermitteln einen guten ersten Eindruck. Solche kleinen Gesten umfassen:

- eine Begrüßung
- ein Lächeln
- ein Kompliment

Dies sind kleine Dinge, an die Sie sich immer erinnern sollten, weil sie zu vertiefenden Gesprächen mit anderen führen. Ein Lächeln führt zu einem „Hallo" und dann zu einem „Wie geht es Ihnen?", was sich in eine Unterhaltung verwandeln kann. Beginnen Sie einfach mit einer dieser Gesten, und Sie können von dort an loslegen.

**2. Vermeiden Sie Filter**

Filter sind Wörter, bei denen Sie übermäßig kritisch sind, was das Potenzial in jeder Unterhaltung vernichtet. Vermeiden Sie es, zu urteilen und dem anderen Ihre Meinung aufzudrängen, auch wenn Sie wissen, dass Sie Recht haben.

Wenn Sie dazu neigen, Dinge zu überdenken, legen Sie diese Eigenschaft bitte beiseite, da dies ein Small Talk und kein philosophisches Gespräch ist. Ihre Worte sollten aufschlussreich, bedeutungsvoll, lustig und entspannt sein.

Hier ist ein Beispiel für ein Gespräch zwischen Ihnen und einer Dame, die bei einer Hochzeitsfeier zu Gast ist. Die Unterhaltung zeigt, wie Filter verwendet werden (welche falsch sind).

*Sie:* „Warum tragen Sie ein weißes Kleid zu einer Hochzeit?"

*Frau:* „Oh, Weiß ist meine Lieblingsfarbe und ich liebe dieses Kleid."

*Sie:* „Aber das ist nicht Ihre Hochzeit. Glauben Sie nicht, Sie stehlen der Braut die Aufmerksamkeit?"

Nun, wenn Sie die Dame gewesen wären, würden Sie sich beleidigt fühlen und nicht wieder mit der Person sprechen wollen, oder? Aber ich bin optimistisch, dass Sie es viel besser machen würden!

### 3. Sie müssen nicht brillant sein, nur freundlich

Die Menschen erwarten nicht, dass jedes Wort aus Ihrem Mund eine Offenbarung ist. Um ganz ehrlich zu sein, würde es wahrscheinlich die Menschen eher stören. Alles, was Sie wirklich brauchen, um Verbindungen aufzubauen, ist Freundlichkeit. Leute fühlen sich wohl, wenn sie mit anderen reden, die nett sind.

Stellen Sie Fragen, zeigen Sie Interesse an der anderen Person, seien Sie freundlich, spannend und versuchen Sie, sich mehr auf die andere Person zu konzentrieren. Machen Sie sich keine Sorgen über „ernsthafte" Themen oder Originalität. Seien Sie freundlich, und Sie werden einen großartigen ersten Eindruck hinterlassen.

### 4. Was sollten Sie sagen?

Um einen hervorragenden ersten Eindruck zu hinterlassen, müssen Sie überlegen, was Sie sagen werden. Dieser Denkprozess sollte stattfinden, bevor Sie mit der Person sprechen, da er Ihnen die nötige Grundlage für das Gespräch gibt.

Sie können auch einen guten ersten Eindruck erzielen, indem Sie den Tipp einen Konversationspfad zu erstellen, beachten. Dieser Weg wird Ihnen helfen, schnell von einem Punkt zum anderen zu gelangen.

Aber zuerst müssen Sie wissen, was Sie sagen werden. Ich rate Ihnen, Ihre Worte um folgende Konzepte herum zu planen:

- Worin besteht die Verbundenheit der Person mit dem Ereignis
- Urlaub
- Gemeinsame Bekanntschaften

Die obigen Beispiele sind nur ein paar Möglichkeiten, wie Sie Ihre Einstiege planen und von dort aus aufbauen können.

## 5. Bauen Sie die Unterhaltung auf

Einen guten ersten Eindruck zu hinterlassen, hängt auch davon ab, wie Sie ein Gespräch aufbauen. Gespräche entwickeln sich schnell, da Sie und die andere Person von einem Thema zum anderen wechseln können.

Wenn Sie wissen, wie Sie die Konversation von Anfang bis Ende aufbauen wollen, können Sie sich mit der Person so verbinden, dass er/sie ein Thema in Zukunft erneut mit Ihnen besprechen möchte.

Hier ist ein Beispiel, wie Sie eine Konversation aufbauen können:

*Sie:* „Haben Sie etwas für das Wochenende geplant?"

*Fremder:* „Ja, ich habe vor, das neue Pasta-Menü im italienischen Restaurant auszuprobieren."

*Sie:* „Großartig, ich habe gehört, dass sie dort großartige Pasta haben, und es erinnert mich an einen Urlaub, den ich letztes Jahr in Italien verbracht habe. Wunderschönes Land!"

*Fremder:* „Wow, Sie waren in Italien. Jetzt geben Sie mir Ideen für meinen nächsten Urlaub."

*Sie:* „Oh, Italien ist großartig. Sie werden die malerischen Aussichten und das gute Essen lieben. Hatten Sie schon einmal authentisches italienisches Essen?"

Wie Sie sehen, haben sich aufgrund Ihrer Frage nach Wochenendplänen Gespräche über Lebensmittel, Länder und Urlaub entwickelt. So bauen Sie ein Gespräch auf. Wenn Sie eine Konversation starten und diese natürlich abläuft, werden Sie sich beide wohl fühlen.

### 6. Beenden Sie elegant

Die Art und Weise, wie Sie das Gespräch beenden, kann sich auch auf den Eindruck auswirken, den Sie bei der anderen Person hinterlassen. Die meiste Zeit konzentrieren wir uns ausschließlich auf das, was zu sagen ist und vergessen, wie man das Gespräch besten endet.

Der komplizierteste Teil des Small Talks mit jemandem, den man nicht gut kennt, besteht darin, das Gespräch zu beenden. Manchmal kann es hilfreich sein, einen Grund zum Beenden des Gesprächs zu finden, aber Sie müssen darüber nachdenken, bevor Sie es sagen.

Wenn Sie vor dem Ende stehen, können Sie eines der folgenden Beispiele verwenden oder sie als Inspiration für ein elegantes Beenden Ihres Gesprächs verwenden.

- „Es steht jemand in der Nähe des Eingangs, mit dem ich dringend reden muss. Hoffentlich sprechen wir uns bald wieder."

- „Es war mir ein Vergnügen, mit Ihnen zu sprechen. Ich muss jetzt etwas trinken gehen."
- „Ich muss jetzt einen Anruf tätigen, aber es war ein nettes Gespräch mit Ihnen. Bitte entschuldigen Sie mich."

Was mögen Menschen am liebsten, wenn sie jemanden zum ersten Mal treffen? Sie mögen es, wenn die andere Person Interesse an ihnen zeigt. Einen guten ersten Eindruck zu hinterlassen, ist eine Möglichkeit, Beziehungen zu anderen aufzubauen, aber alles hängt davon ab, wie wohl sich der andere dabei gefühlt hat.

Bei den ersten Eindrücken geht es nicht um die Worte, es geht hauptsächlich um Verbindungen. Die Menschen werden vergessen, was Sie gesagt haben, aber sie werden sich immer daran erinnern, wie sie sich in Ihrer Gegenwart gefühlt haben. Hinterlassen Sie also einen erinnerungswürdigen ersten Eindruck.

Gesprächseinstiege sind großartig, weil sie Brücken gleichen, die das erste Hallo mit dem verbleibenden Teil des Gesprächs verbinden. Der einzige Grund, warum Sie nicht bei Hallo aufhören ist, dass es Gesprächseinstiege gibt, und wenn Sie an mit solchen Einstiegen vertraut sind, werden Sie keine Probleme damit haben, was Sie sagen sollen oder wie Sie es sagen sollen.

Im nächsten Kapitel finden Sie eine Anleitung zu Small Talk-Themen und darüber, was Sie während des Gesprächs diskutieren sollten.

KAPITEL 6:

# Leitfaden für Small Talk-Themen und worüber Sie sprechen können

Was möchte ich hier diskutieren?

Es reicht nicht aus, nur den Anfang eines Gesprächs zu kennen (ich wünschte, es wäre so, aber dem ist nicht so). Wenn eine Person großartig in einen Small Talk einsteigen kann, aber nicht weiß, welche Themen sie während der Unterhaltung ansprechen soll, bekommt sie Probleme.

Sie können jetzt selbstbewusst eine Unterhaltung beginnen (wir haben dies in Kapitel 5 besprochen), aber wir werden nun lernen, welche Small Talk-Themen angemessen und unangemessen sind.

Zuerst beginnen wir mit sicheren Themen und Themen, die unbedingt vermieden werden sollten.

## Sichere Themen

### *Das Wetter*

Über das Wetter zu sprechen scheint zu berechenbar, aber es ist ein faszinierendes Thema für einen Small Talk, weil es neutral und universell ist. Jeder kann über das Wetter sprechen, und jeder hat auch eine Meinung dazu.

Sie können über den Tag, die Jahreszeit oder die Temperatur sprechen. Sie können Ihren Small Talk auch mit Wetterthemen üben. Wetterthemen helfen Ihnen grandios dabei, auch unangenehme Zustände der Stille zu überwinden.

### Hobbys

Wir haben alle Hobbys, also Dinge, die wir gerne tun, und die wir mit anderen teilen möchten. Sie können Hobbys direkt nach dem Erfahren des Namens der Person einbringen. Vor allem wenn Sie wissen, was diese Person tut, kann dieses Thema die Unterhaltung ein wenig freundlicher gestalten.

Hören Sie der Person zu, während er/sie über ihre Hobbys spricht, und wenn Sie Fragen haben, stellen Sie diese, damit Sie sich auch am Gespräch beteiligen.

### Arbeit

Die Arbeit ist ein beliebtes Small Talk-Thema, das zwischen Sender und Empfänger hin und her wechselt. Wenn Sie wissen, was die andere Person arbeitet, können Sie besser erkennen, wie Sie mit dem Gespräch fortfahren können.

Konzentrieren Sie sich auf das, was Sie über die Arbeit der anderen Person erfahren möchten. Die Arbeit (ungeachtet dessen, was es ist) ist ein entscheidender Teil des Lebens, sodass dies ein fantastisches Thema für einen Small Talk ist.

### Sport

Einige Sportthemen können Lieblingsteams, Sportveranstaltungen, Turniere usw. umfassen. Bleiben Sie über Sportarten wie Fußball, Football, Hockey, Golf usw. auf dem Laufenden, wenn diese Sie interessieren, und Sie werden ein beständiges Thema für jeden Small Talk haben. Im Jahr einer Fußball-WM redet jeder darüber, halten Sie also Ausschau nach aktuellen Informationen.

Sport wird in anderen Abschnitten dieses Kapitels besonders hervorgehoben, da es sich um ein universelles Thema für einen Small Talk handelt. Konzentrieren Sie sich immer auf Sportarten, die Sie mögen, um einen reibungslosen Gesprächsfluss zu gewährleisten.

## *Familie*

Sie können auch nach der Familie fragen, indem Sie als Einstieg in das Gespräch zum Beispiel Folgendes verwenden:

„Haben Sie Geschwister?"

„Wie geht es den Kindern?"

Seien Sie immer offen für familiäre Fragen und Antworten, denn diese Art von Gespräch zeigt die Tiefe Ihrer kommunikativen Fähigkeiten und hilft Ihnen dabei, mehr über die andere Person zu erfahren.

## *Heimatstadt*

Möglicherweise möchten Sie die Person nach ihrer Heimatstadt fragen, und Sie können natürlich ebenfalls von Ihrem Gegenüber danach gefragt werden. Sie könnten aus demselben Ort stammen wie die Person oder etwas über seine/ihre Heimatstadt wissen. Zeigen Sie Interesse an solchen Themen, weil die Leute solche Informationen mit Ihnen gerne teilen.

## *Nachrichten*

Die Nachrichten betreffen uns alle auf die eine oder andere Art und Weise. Wenn Sie sich mit einem aktuellen Thema auskennen, sollten Sie in der Lage sein, grundlegende Gespräche dazu zu führen. Beim Small Talk geht es darum, eine Brücke zwischen Ihnen und der anderen Person zu bauen, somit bestimmt der Inhalt der Diskussion die Stärke der Brücke.

In der heutigen, digitalen Zeit müssen Sie sich nicht nur auf Zeitungen verlassen, da Sie auch über soziale Medien Zugriff auf die Nachrichten haben, um so auf dem Laufenden zu bleiben. Ein Hinweis: Seien Sie vorsichtig mit politischen Themen. Behalten Sie Ihre politische Meinung besser für sich, bis Sie die andere Person besser kennen.

### *Reisen*

Einige Menschen hören und sprechen gerne etwas über Urlaube. Wenn Sie also viel reisen, ist das ein Vorteil für Sie. Fragen Sie ihren Gesprächspartner nach den Orten, die er besucht hat, und empfehlen Sie ihm auch Reiseziele.

Wenn Sie Erfahrungen wie diese austauschen, werden Sie sich mit der anderen Person verbinden und eine hervorragende Gelegenheit für eine Fortsetzung des Gesprächs erhalten.

### *Kunst und Entertainment*

Ja, Kunst- und Unterhaltungsthemen eignen sich hervorragend für einen Small Talk. Filme, Fernsehsendungen, Bücher, Musik, Restaurants usw. sorgen meistens für gute Gespräche.

Diese Kategorien eignen sich vielleicht nicht unbedingt immer als besten Einstieg in ein Gespräch, sind aber fast immer ein sicheres Thema.

### *Klatsch und Tratsch über Prominente*

Es gibt viele Prominente, Sie müssen also nicht alle kennen. Es ist jedoch hilfreich, mit dem Leben einiger berühmter Personen vertraut zu sein.

Diese Art von Gesprächen eignet sich für informelle Treffen, ungezwungene Partys und andere Anlässe, die nicht so seriös sind. Beginnen Sie jedoch *nicht* mit diesem Thema; wenn jemand anderes dieses anbringt, dann können Sie aber trotzdem einfach mitreden.

## Zu vermeidende Themen

Einige Fragen sind im Zusammenhang mit Small Talk absolut tabu, weil diese beleidigend, unangemessen oder einfach nicht richtig sind. Wir werden einige dieser Themen im Folgenden analysieren, um Ihnen dabei zu helfen, sie vollständig zu vermeiden, während Sie mit einer anderen Person sprechen.

### *Finanzen*

Fragen an die andere Person, wie viel sie verdient und welche Geldprobleme sie hat, sind unangebracht. Es ist in Ordnung zu fragen, was eine Person für ihren Lebensunterhalt und andere positive Aspekte ihrer Karriere tut, aber fragen Sie sie nicht nach ihrem Gehalt oder ihren Bonuszahlungen.

### *Alter/Aussehen*

Unabhängig davon, wie eine Person aussieht, beziehen Sie sich nicht auf ihr Alter oder Aussehen. Sie können dies nur tun, wenn Sie sie sich gut genug kennen, und obwohl Themen wie Alter oder Aussehen einfach erscheinen, sind sie eher tabu. Fragen Sie die Person nicht „Wie alt sind Sie?" oder „Sind Sie schwanger?". Kommentieren Sie nicht die Gewichtszunahme oder -abnahme der Person. Sie sollten solcherlei Beobachtungen für sich behalten und während des gesamten Gesprächs eine positive Einstellung bewahren.

### *Sex*

Reden Sie nicht über Sex und stellen Sie keine Fragen zur Intimität. Lassen Sie uns ernst sein. Vor allem, wenn Sie mit einem Fremden sprechen, werden Sie sonst schnell als Sexist deklariert. Vermeiden Sie es, offen über sexuelle Vorlieben zu sprechen, und machen Sie keine sexuellen Erwähnungen und Anspielungen. All dies wird dafür sorgen, dass sich die andere Person unwohl fühlt und den Small Talk ruinieren.

### *Persönlicher Klatsch und Tratsch*

Promi-Klatsch ist fair (na los, wir alle lieben ein bisschen Hollywood-Drama), aber über diejenigen zu tratschen, die Sie persönlich kennen, ist tabu. Tratschen oder lästern Sie nicht über andere, denn wenn Sie dies tun, werden Sie in einem schlechten

Licht stehen, und die Person, mit der Sie sprechen, kennt möglicherweise die Person, über die Sie sich gerade auslassen.

Ziehen Sie nicht über andere her. Wenn Sie im Gespräch über eine andere Person sprechen müssen, sollten Sie dies in gutem Glauben mit Bestimmtheit und Freundlichkeit tun.

### *Politik*

Politik ist eine große Bedrohung für den Erfolg des Small Talks, da Sie nie erkennen können, ob die Person, mit der Sie sprechen, vielleicht extreme politische Ansichten hat. Wenn Sie nicht riskieren möchten, in eine hitzige und unangenehme Unterhaltung zu geraten, unterlassen Sie bitte das Thema Politik, während Sie einen Small Talk führen.

### *Vergangene Beziehungen*

Vergangene Beziehungen könnten für einige Menschen eine Grauzone sein. Andere nach ihren früheren Beziehungen zu fragen, ist aufdringlich und kann bei vielen Menschen Ärger hervorrufen.

### *Religion*

Einige Themen sind persönlich und möglicherweise sensibel. Aus diesem Grund sollten Sie diese in kleinen Unterhaltungen vermeiden. Man muss verstehen, dass Menschen ihre eigenen religiösen Ansichten haben und man niemandem eine bestimmte Idee oder Überzeugung aufzwingen kann bzw. sollte.

### *Tod*

Ein weiteres ernstes Thema, das Sie vermeiden müssen, ist der Tod. Bitte sprechen Sie beim Small Talk nicht über das Thema Tod, da dieses der Regel zu schwer ist, um sich locker darüber unterhalten zu können.

Einige Themen können sehr provokativ sein, sodass die Person, mit der Sie sprechen, möglicherweise kein weiteres

Gespräch mehr mit Ihnen führen möchte. Aber was ist, wenn Sie bei einer Beerdigung sind?

Nun, Sie können über das Leben der Person sprechen, die verstorben ist, und versuchen, optimistisch und für die Person da zu sein, die trauert.

*Beleidigende Witze*

Sie werden nie wissen, wer Ihren Witz als anstößig empfinden wird, auch wenn Sie ganz klar scherzen und keinen Schaden damit anrichten möchten.

Witze, die sexistische Äußerungen, rassistische Kommentare oder Klischees enthalten, sollten gegenüber einem Fremden unter Verschluss gehalten werden. Ja, sie mögen lustig für Sie selbst sein, aber andere könnten sie als beleidigend empfinden.

## Themen für Freunde

Freunde sind großartig, und Sie können mit ihnen sprechen, wann immer Sie möchten. Sollten Sie jedoch einmal kein Gesprächsthema haben, finden Sie hier einige Ideen.

*Wahrheit oder Pflicht*

Wahrheit- oder Pflichtfragen sind unterhaltsame Fragen, die Sie Ihren Freunden stellen können, insbesondere auf einer Party oder einem unterhaltsamen Event. Sie können sich an belanglosem Geplänkel erfreuen, das mit Fragen zu Wahrheit oder Pflicht einhergeht.

Einige Beispiele:

„Wie war dein Spitzname in der Schule?"

„Hast du es jemals nicht rechtzeitig ins Badezimmer geschafft?"

„Was ist das Schlimmste, was du jemals getan hast?"

Versuchen Sie, diese Fragen nicht als Einstieg zu verwenden, auch wenn diese ideal erscheinen. Diese sollten erst kommen, wenn das Gespräch auf dem Höhepunkt ist und Sie und Ihr Freund sich sehr wohl miteinander fühlen.

### *Tiefergehende Fragen*

Wenn Sie mit Freunden sprechen, kann es auch Platz für einige tiefergehende Fragen geben, die sich auf schwerwiegende Probleme beziehen. Dies sind die Fragen, die Sie stellen, um eine genaue Vorstellung davon zu bekommen, wie es Ihrem Freund geht, insbesondere in herausfordernden Zeiten.

Hier einige Beispiele:

„Wie geht es deinen Eltern?"

„Mit was hast du zurzeit am meisten zu kämpfen?"

„Was denkst du über einen zusätzlichen Abschluss?"

Bitte beachten Sie, dass einige dieser Fragen keine großartigen Small Talk-Einstiege sind, sondern während des laufenden Gesprächs in die Unterhaltung eingespeist werden sollten. Stellen Sie sicher, dass die entsprechenden Fragen zum richtigen Zeitpunkt gestellt werden und dem Anlass angemessen sind.

### *„Würden Sie eher"-Fragen*

Einige der „Würden Sie eher"-Fragen sind humorvoll und witzig. Solche Themen können auch Teil anderer Gespräche sein, um die Stimmung aufzuhellen. Einige Beispiele sind:

„Bevorzugst du Anrufe oder Textnachrichten?"

„Würdest du lieber unkontrolliert tanzen oder zu beliebigen Tageszeiten singen?"

„Würdest du lieber reich werden oder glücklich heiraten?"

Diese Fragen können jeder Unterhaltung mit Ihren Freunden viel Spaß bringen.

### *Lustige Fragen*

Wer mag kein lustiges Gespräch? Das mögen wir alle! Unterhaltsame Fragen bringen uns zum Lachen, Kichern und Entspannen, während wir Informationen austauschen.

Einige Beispiele sind:

„Was ist die lustigste Erinnerung, die du an das Ferienlager hast?"

„Wenn du eine eigene Musikband hättest, wie würde sie dann heißen?"

### *Zufällige Fragen*

Zufällige Fragen sind normale Fragen, die Leute stellen, ohne über eine Antwort nachdenken zu müssen, aber sie eignen sich auch hervorragend für einen Small Talk zwischen Freunden. Gelegenheitsfragen umfassen alles von Filmen bis zu den Wochentagen.

Beispiele sind:

„Was ist deine Lieblingsfarbe?"

„Hast du in letzter Zeit einen guten Film gesehen?"

„Was machst du in deiner Freizeit?"

„Schaust du „Deutschland sucht den Superstar"? Wer ist dein Lieblingskandidat oder Juror?"

Die obigen Fragen können dazu führen, dass sie sich gegenseitig noch besser kennenlernen. Wenn sich Ihr Freund Ihnen gegenüber öffnet, teilen Sie ihm auch Ihre Gedanken mit.

## *Themen am Arbeitsplatz*

Small Talk im Büro oder am Arbeitsplatz scheint einfach zu sein, oder? Dennoch kann es für manche Menschen eine Herausforderung sein, wenn sie sich ausgegrenzt fühlen, während ihre Kollegen bestimmte Themen diskutieren.

Vielleicht reden alle über Fußball, eine Fernsehsendung oder ein bevorstehendes Ereignis, und Sie fühlen sich verloren. Hier einige erfreuliche Neuigkeiten: Sie sind damit nicht allein! Sie können diese Situation im Büro mit den folgenden Tipps ändern und mit Ihren Kollegen Gemeinsamkeiten herstellen.

Auch wenn alle über etwas sprechen, mit dem Sie nicht vertraut sind oder was Sie nicht mögen, können Sie das Blatt des Small Talks nach Ihren Wünschen wenden. Alles, was Sie tun müssen ist, die Art von Fragen zu stellen, die zu Ihrem Gesprächsstil passt.

Aber zuerst müssen Sie einige der Bereiche kennen, die abgedeckt werden sollten. Diese finden Sie im Folgenden:

Bitte beachten Sie, dass die folgenden Tipps Fragen sind, die Ihnen den Einstieg in das Gespräch erleichtern.

## *Popkultur*

Jeder liebt Popkultur! Eine ausgezeichnete Möglichkeit, über die Popkultur zu sprechen, ist die Filmszene, die dazu beitragen kann, ein schnelles Gespräch zu führen. Auch wenn Sie die Netflix-Serie The Crown noch nicht gesehen haben, können Sie höflich nicken, wenn die andere Person über diese Serie spricht oder sie sprechen eine an, die Sie gesehen haben oder die Sie lieben.

Versuchen Sie eine der folgenden Möglichkeiten:

„Ich habe gerade ein Netflix-Abonnement abgeschlossen. Welchen Film können Sie mir empfehlen?"

„Ich muss mal wieder einen Serienmarathon starten. Haben Sie irgendwelche Empfehlungen?"

„Ich suche nach neuer Musik, die ich meiner Apple Playlist hinzufügen kann. Was hören Sie gerade?"

### Was haben Sie gemeinsam?

Unabhängig davon, was Sie im Büro tun, haben Sie mit Sicherheit ein oder zwei Dinge mit jemandem gemeinsam. Sie essen wahrscheinlich mit Ihren Kollegen, pendeln mit ihnen und erledigen andere Dinge zusammen. Es gibt also einfache Möglichkeiten, damit einen Small Talk zu beginnen.

Probieren Sie einen dieser Tipps aus:

„Was ist Ihr Lieblingslokal zum Mittagessen hier in der Nähe?"

„Ich sehe, Sie bevorzugen den Drucker im Ablageraum gegenüber dem Drucker im Außenbereich. Das tue ich auch."

„Wissen Sie, wie ich es vermeiden kann, die Baustelle auf der Hauptstraße durchfahren zu müssen?"

### Büroalltag

Den Büroalltag haben Sie und Ihre Kollegen gemeinsam. Diese Art von Thema findet bei allen Anklang.

Probieren Sie diese Tipps aus:

„Was ist das für ein Geruch, der aus dem Kopierer kommt?"

„Wie großartig ist der neue Pausenraum?"

„Bitte sagen Sie, dass ich nicht der einzige bin, der im Aufzug stecken geblieben ist und fast eine Panikattacke bekommen hätte."

„Finden Sie unten immer gut einen Parkplatz?"

### *Reden Sie über sich selbst*

Eine ausgezeichnete Möglichkeit, im Büro Small Talk zu führen, besteht darin, Sie selbst zu sein. Seien Sie sie selbst, indem Sie über einige lustige Dinge sprechen, die andere möglicherweise auch erfahren haben, aber nicht von sich aus ansprechen. Hören Sie auf „cool" zu wirken. Wir alle möchten, dass Sie authentisch sind, damit die Leute schnell mit Ihnen eine Verbindung eingehen können.

Dies sind hilfreiche Tipps:

„Freut sich noch jemand so auf den Zitronenkuchen wie ich?"

„Ich liebe Freitage. Ich zähle von Montag an rückwärts. Ich kann doch wohl nicht der Einzige sein, der das tut."

### *Reisen*

Die meisten Kollegen im Büro werden sicherlich gerne über Urlaube (vergangene Reisen und zukünftige Bestrebungen) sprechen wollen. Urlaubsthemen eignen sich hervorragend für Small Talk am Arbeitsplatz.

Wenn Sie viel gereist sind, versuchen Sie nicht, dies mit Ihren Kollegen zu vergleichen. Seien Sie bescheiden und freuen sich trotzdem darauf, Ihre Erfahrungen zu teilen. Probieren Sie diese Tipps aus:

„Wohin sind Sie zuletzt gereist?"

„Welche Reise, haben Sie für den Sommer geplant?"

„Wenn Sie ein Sabbatical nehmen könnten, wohin würden Sie gehen oder was würden Sie tun?"

## Small Talk für Unternehmer/Vertrieb

Small Talk ist ein wichtiger Aspekt des Verkaufs, und wenn Sie etwas Kreativität hinzufügen, können Sie Ihre Umsatzzahlen steigern. Wenn Sie im Verkauf tätig sind oder Unternehmer sind, stimmen Sie mir sicher zu, dass einige Kunden emotionale Käufer sind.

Diese emotionalen Käufer verstehen die Bedeutung Ihres Produkts für ihr Leben, benötigen jedoch vor dem Kauf eine gewisse Verbindung zum Verkäufer. Solche Kunden werden der Bestätigung nie müde, und wann werden solche Bestätigungen gegeben? Bei einem Small Talk!

Small Talk hilft Ihnen dabei, eine Verbindung zu Kunden und potenziellen Kunden herzustellen. Dadurch gewinnen Sie die Zeit, die der Kunde benötigt, um nach Ihrem Verkaufsgespräch eine Entscheidung zu treffen. Die Herausforderung bei einem Small Talk für den Vertrieb besteht darin, zu wissen, wie man diesen effektiv einsetzt und wie man das Momentum aufbauen und nutzen kann. Sie müssen wissen, wie Sie die potenziellen Kunden durch einen Frage-Antwort-Ansatz zufrieden stellen können.

### *Wie können Sie das erreichen?*

**1. Seien Sie kurz und überzeugend**

In der Geschäftswelt ist Zeit ein wesentlicher Faktor, und wenn Sie die Aufmerksamkeit der Menschen auf sich ziehen möchten, müssen Sie zeigen, dass Sie ihre Zeit respektieren (auch bei einem Small Talk). Potenzielle Kunden interessieren sich nicht für Ihre langwierigen Kommentare zu Ihrem Geschäftsmodell oder Produkt, vermeiden Sie also besser lange Vorträge.

Alles, was Sie sagen, sollte kurz sein und spezifische sowie aufschlussreiche Informationen enthalten, die die Aufmerksamkeit des potenziellen Kunden auf sich ziehen. Wenn

Sie dies gut genug machen, erhalten Sie die Gelegenheit, ein ausführliches Folgegespräch zu führen.

## 2. Stellen Sie Fragen zum Unternehmen des potenziellen Kunden

Wenn Sie Fragen zum Unternehmen oder zum Markt des potenziellen Kunden stellen, können Sie ihm/ihr die Leitung des Gesprächs ermöglichen (keine Sorge, der richtige Zeitpunkt, um Ihr Verkaufsgespräch zu führen, kommt schon noch).

Wenn Sie nach dem Unternehmen des potenziellen Kunden fragen, erhalten Sie einen Vorteil, da sich die Person viel wohler bei Ihnen fühlt. Dieser Schritt und andere werden Ihnen dabei helfen, höhere Umsätze zu erzielen.

## 3. Gehen Sie vom Allgemeinen zum Spezifischen.

Nachdem Sie sich nach dem Unternehmen des potenziellen Kunden erkundigt haben, sollten Sie von einer allgemeinen Idee zu einer spezifischen übergehen. Mit „spezifisch" meine ich, dass Sie eine raffinierte Verbindung zwischen dem, was Sie anbieten, und dem, was der Interessent benötigt, herstellen sollten.

Hier ist ein Beispiel. Sie arbeiten für ein Unternehmen, das Küchengeräte verkauft, und Sie sind der Verkaufsleiter des Unternehmens. Ihr Team muss an Restaurants und Familien verkaufen.

Wenn Sie beispielsweise mit dem Geschäftsführer von McDonald's einen Small Talk halten, können Sie bei diesem Schritt einen konkreten Zusammenhang zwischen dem neuen Grill-Set, das Sie vermarkten, und der Frage herstellen, wie McDonald's einen perfekt gegrillten Burger erreichen kann.

Die allgemeine Idee ist „Küchenausstattung" und das spezifische Element ist „das Grill-Set". Ich schlage vor, dass Sie vom Allgemeinen zum Speziellen wechseln sollten, da dies den Umsatz ankurbelt und Ihnen dabei hilft, exzellente Small Talks durchzuführen.

## 4. Fragen Sie nach den Ansichten des Interessenten

Als Nächstes sollten Sie den potenziellen Kunden nach seiner/ihrer Meinung zum Geschäftszweig und zur Branche fragen. Der Grund, warum Sie dies in einen Small Talk zum Thema Verkauf einbauen sollten, ist, dass Sie so mehr Informationen bekommen, die Ihnen dabei helfen können, einen erfolgreichen Verkaufsabschluss zu erzielen.

So erfahren Sie, wie die potenziellen Kunden über das neue Produkt denken. Wird das Produkt seine/ihre Probleme lösen können? Wenn Sie diese Art von Frage stellen, erhalten Sie die ehrliche Meinung des potenziellen Kunden.

Bereiten Sie einen inhaltlichen Einstieg vor Wenn Ihr potenzieller Kunde entspannt ist, können Sie Ihre Verkaufspräsentation fortsetzen. Jetzt hat der Interessent bereits eine Vorstellung davon, was Sie sagen möchten.

Aber Sie müssen die Initiative ergreifen, nützliche Informationen präsentieren und Respekt für seine Zeit zeigen, indem Sie aufrichtig sind. Sie werden feststellen, dass es für Sie einfacher sein wird, den Verkauf mit diesem Ansatz positiv abzuschließen.

## Small Talk-Fragen (Bonusbereich)

In diesem Abschnitt finden Sie einige kurze Fragen, die eine wertvolle Ergänzung zu dem sind, was Sie bisher gelesen haben. Diese Fragen umfassen unterschiedliche Themen.

1. Was ist der beste Rat für Ihre Karriere, den Sie erhalten haben?
2. Welches ist Ihr Lieblingsrestaurant?
3. Waren Sie schon einmal in Afrika?
4. Wer ist Ihre Lieblingsperson auf Instagram?
5. Was essen Sie am liebsten?
6. Wenn Sie irgendwohin fliegen könnten, wohin wäre das?

7. Haben Sie Podcast-Vorschläge, während wir pendeln?
8. Lesen Sie gerade ein bestimmtes Buch?
9. Wenn Sie einen Film wiederholt ansehen könnten, welcher wäre das?

Dies sind Fragen, die weniger zum Einstieg gedacht sind, sondern die Konversation selbst weiter aufbauen. Sie können sie jederzeit ändern, um die jeweilige Situation zu reflektieren, in der Sie sich befinden. Der springende Punkt ist jedoch, dass diese Fragen Ihnen beim Üben helfen. Und was lässt sich über das Üben sagen? Es macht perfekt. Eine Kenntnis der aktuellen Themen und der Themen, die außerhalb bestimmter Grenzen liegen, ist wahrscheinlich der wichtigste Aspekt von Small Talk.

Das nächste Kapitel ist eine Anleitung dazu, wie Sie das Gespräch am Laufen halten können. Dies sollte nicht zu schwer sein, da Sie die Themen kennen, auf die Sie sich konzentrieren müssen, und wissen, was Sie vermeiden sollten.

KAPITEL 7:

# Die Unterhaltung am Laufen halten

Einige Personen werden zustimmen, dass das Starten eines Small Talks ziemlich einfach ist, besonders wenn man geübt darin ist. Aber wie stellen Sie sicher, dass das Gespräch weitergeht? Wie kommen Sie mit der anderen Person klar? Wie können Sie wissen, was die andere Person sagen wird und wodurch sich die Konversation verändern könnte?

Diese Fragen sind von entscheidender Bedeutung und werden in diesem Kapitel beantwortet. Hier lernen wir, wie Ihnen die Themen nicht ausgehen (damit Sie den Gesprächsfluss aufrechterhalten können). Hier finden Sie auch eine Beschreibung der FORD- und ARE-Methoden.

Der Sinn von all dem ist es, unangenehme Stille zu vermeiden. Wir werden mit Ideen beginnen, die verhindern, dass Ihnen die Themen ausgehen und Sie nicht mehr wissen, was Sie sagen sollen.

## So gehen Ihnen im Gespräch die Themen nicht aus

Wir hatten alle schon einmal diese Momente, in denen sich unser Kopf mitten im Gespräch einfach leer anfühlt. Sie suchen verzweifelt in Ihrem Gehirn nach etwas, das Sie sagen können, und je mehr Sie es versuchen, desto schwieriger wird es.

Unangenehme Stille setzt ein, und das Nachdenken beginnt:

„Bin ich unfähig, einen Small Talk zu führen?"

„Was wird diese Person über mich denken?"

„Was stimmt nicht mit mir?"

Wenn Ihnen dies in der Vergangenheit schon passiert ist, werden Sie zustimmen, dass es sich mies anfühlt. Aber keine Sorge, jetzt werden wir damit fertig (so wie wir es bisher auch gemacht haben). Ihnen ist vermutlich einfach nichts mehr eingefallen, weil Sie nicht gut genug trainiert haben, und wahrscheinlich abgelenkt worden sind, während die andere Person noch sprach.

Im Folgenden finden Sie drei wichtige Strategien, die sehr hilfreich dabei sein werden, ein Gespräch aufrecht zu erhalten.

### *Erste Strategie*

Die erste Strategie ist der „Quick Scan"-Ansatz, mit dem Sie über Neuigkeiten und Informationen informiert bleiben. Scannen Sie jeden Tag bevor Sie losgehen die sozialen Medien, Online-Zeitungen und andere spannende Plattformen nach aktuellen Informationen.

Der Grund, warum Sie sich diese Mühe machen sollten ist, dass Sie die Überschriften oder Themen (die nicht sensibel oder radikal sind) als Gesprächseinstiege verwenden können. Mit dieser Methode verfügen Sie über ein Sicherheitsnetz, mit dem Sie dem Gespräch etwas Neues und Frisches hinzufügen können.

Im Büro können Sie beispielsweise so beginnen:

*Sie:* „Kurz bevor ich das Haus verlassen habe, habe ich einen Beitrag von Serena Williams auf Instagram gesehen."

*Fremder*: „Wirklich? Worum ging es?"

*Sie:* „Sie hat gerade ihre Modelinie auf den Markt gebracht."

*Fremder:* „Wow, ich habe Serena schon immer gemocht. Ich kann es kaum erwarten, die Kollektion zu sehen."

Mit dem obigen Beispiel wird deutlich, dass der andere offensichtlich Mode mag. Diese Methode eignet sich am besten für Personen im Büro oder für andere Personen, von denen Sie eine Vorstellung haben, was sie mögen (Sport, Mode usw.).

## *Zweite Strategie*

Die zweite Strategie ist die „Speichen"-Methode, mit der Sie sich zu verschiedenen Themen mit jedem verbinden können. Das Wort „Speichen" für diese Methode stammt von den Speichen eines Fahrradreifens. Die Speichenmethode besagt, dass man die Fähigkeit besitzt, jedem Thema zu folgen ohne sich direkt mit dem Inhalt auszukennen, so wie die Speichen beim Fahrrad einfach mitlaufen.

Der Small Talk ist das Zentrum, die Speichen (Themen) strahlen vom Zentrum aus. Sie können also beliebig viele andere Themen einbringen, wenn Sie mit dem aktuellen Thema nicht vertraut sind.

Blocken Sie aber die andere Person nicht ab, wenn sie zum Beispiel über Wandern spricht und Sie nichts über Wandern wissen. Sie müssen nicht mit dem Thema Wandern fortfahren. Denken Sie stattdessen über das Thema nach und erwähnen Sie etwas, das dem Wandern ähnelt und mit dem Sie vertraut sind.

Sie können auch die Anfängerrolle spielen, indem Sie Fragen zum Wandern stellen, da die Person Sie mit Informationen versorgen kann und Sie so in der Lage sind, das Gespräch am Laufen zu halten. Insgesamt lehrt Sie die „Speichen"-Methode, dass Sie mit jeder Person über irgendein Thema ins Gespräch kommen können.

Hier ist ein Beispiel:

*Fremder:* „Sind Sie in letzter Zeit mal gewandert?"

*Sie:* „Kann man denn bei diesem Wetter überhaupt wandern?"

*Fremder:* „Ja, natürlich."

*Sie:* „Oh, schön. Ich bevorzuge aber Mountainbike-Rennen. Waren Sie schon mal bei einem dabei?"

*Fremder:* „Ja, und es hat mir sehr gefallen."

Der Grund, warum die „Speichen"-Methode funktioniert ist, dass sie für alle von Vorteil ist. Sie können ohne unangenehme Pausen großartige Gespräche führen.

Sie sollten während des Gesprächs kontinuierlich darauf achten sich nicht ständig zu verbessern oder zu widersprechen. Lassen Sie das Gespräch seinen natürlichen Verlauf nehmen, da es nicht perfekt sein muss, es muss nur gut genug sein.

**Dritte Strategie**

Die dritte Strategie ist als „Schnellgewinn"-Strategie bekannt, mit der Sie lernen, beim Small Talk nicht nachzudenken und nicht zu zögern, wenn Sie einer anderen Person antworten. Wenn Sie zögern, denken Sie nach und geben Antworten wie „Das kann ich nicht sagen" oder „Darauf habe ich keine Antwort". Ebenso kann dies zu verpassten Gelegenheiten führen, da das Zögern es dem anderen erlaubt, die Diskussion zu dominieren. Im weiteren Verlauf wird das, was Sie sich ursprünglich von diesem Gespräch versprochen haben, wahrscheinlich immer weniger relevant.

Wenn Sie aufhören nachzudenken und stattdessen handeln, werden Sie lernen und sich schneller entwickeln. Wie funktioniert diese Strategie?

Stellen Sie sich zunächst einer oder mehreren neuen Personen vor (falls es sich um eine Gruppe handelt). Bringen Sie sich in die Unterhaltung ein, indem Sie Ihre Meinung zum Thema kundtun.

Sprechen Sie als Nächstes interessante Themen an, die an den bisherigen anschließen.

Versuchen Sie weiterhin die Neugierde der anderen Person, Sie näher kennen lernen zu wollen, aufrecht zu erhalten.

Durch aufrechterhalten der Neugierde an der eigenen Person, kann ein Small Talk schnell positiv verlaufen und ein bleibender positiver Eindruck hinterlassen werden. Sie werden mitreißendere Gespräche führen, die eine bleibende Wirkung haben und ein Teil von Ihnen werden. Auf diese Weise fällt es Ihnen nicht schwer etwas zu sagen, wann immer Sie sich auf Diskussionen einlassen.

Der Aufbau von Vertrauen ist auch beim Small Talk von entscheidender Bedeutung, um das gewünschte Ziel zu erreichen. Im Gegensatz zur allgemeinen Meinung kann jeder Mensch Vertrauen aufbauen. Alles, was Sie tun müssen ist, sich an die zwei allgemeinen Ideen zu halten, die ich zuvor erwähnt habe (Übung und Präsenz).

Mit konsequenter Übung und bewusster Präsenz halten Sie jedes Gespräch am Laufen. Mit der Zeit wird sich das alles ganz natürlich für Sie anfühlen.

## Die FORD-Methode

Die einzelnen Buchstaben der FORD-Methode stehen für Themen, die in einem Gespräch als Starthilfe verwendet werden können.

F: Family (Familie). Hier können Sie nach der Familie fragen, um die andere Person besser kennenzulernen. Ab jetzt ist es möglich, dass Sie beide später im Gespräch erneut auf die Familie zurückkommen, wenn Sie mit diesem Einstieg eine gute Grundlage geschaffen haben, wird dies problemlos möglich sein.

O: Occupation (Beruf). Erinnern Sie sich an das, was wir in einem früheren Kapitel dazu besprochen haben? Die Menschen reden gerne über ihre Arbeit. Eine andere Möglichkeit, das Gespräch am Laufen zu halten, besteht darin, ihnen Fragen zu ihrer Arbeit zu stellen.

R: Recreation (Freizeit, Spaß!). Wir alle lieben es, über unsere Freizeit zu sprechen. Dies ist ein großartiges Thema, um die Unterhaltung am Laufen zu halten.

D: Dreams (Träume). Diese Idee bezieht sich auf Spekulationen über die Zukunft, Ambitionen und die Art von Dingen, die die Person tun möchte. Die meisten Menschen fühlen sich entspannt, wenn ihnen Fragen zu ihren Träumen gestellt werden. Nutzen Sie diese Gelegenheit, um großartige Gespräche zu führen.

Wenn Sie die Unbeholfenheit in Ihrem Gespräch ganz ausschließen möchten, müssen Sie ein guter Zuhörer sein. Wenn die Person etwas gesagt hat, was Sie nicht mitbekommen oder nicht verstanden haben, bitten Sie sie höflich, es zu wiederholen, damit Sie verstehen, was sie gesagt hat.

## Die ARE Methode

Die von Dr. Carol Fleming, einer Kommunikationsexpertin, entwickelte ARE-Methode eignet sich hervorragend für Small Talks. Diese Methode ist ein dreiteiliger Prozess, bei dem jeder Buchstabe (ursprünglich aus dem Englischen) die spezifischen Schritte darstellt.

A: Anchor (Anker). Dies ist etwas, was Sie mit der anderen Person verbindet. Nachdem Sie die Person gerade kennengelernt haben, sollte der Ausgangspunkt des Gesprächs ein Kommentar darüber sein, was Sie beide sehen und erleben können.

Der Anker ist eine Möglichkeit, eine unmittelbare Verbindung mit der anderen Person herzustellen, indem die Ereignisse oder gegenwärtigen Umstände, die Sie beide umgeben, genutzt werden. In dieser „A"-Stufe müssen Sie sich keine Sorgen mehr machen, ob Sie mit etwas Intelligentem oder Großartigem aufwarten müssen. Eine angenehme und unkomplizierte Eröffnung reicht aus.

Wenn Sie zum Beispiel beide bei einer Geburtstagsfeier eines älteren Bekannten sind, können Sie sagen: „Was für ein schöner Abend, um einen 80. Geburtstag zu feiern!" Das „A" in der ARE-Methode hilft Ihnen dabei, gut anzufangen und das Gespräch so fortzusetzen.

R: R steht für „reveal" (offenbaren), was bedeutet, dass Sie etwas über sich preisgeben. Was Sie über sich erzählen, sollte immer eine Verbindung zum Inhalt des Gesprächs aufweisen.

Nach der ersten Aussage über den Abend aus dem ersten Teil kann man sagen: „Ich habe einige Veranstaltungen wie diese im letzten Jahr besucht, aber das Wetter war nie so schön."

E: E steht für „encourage" (ermutigen). Dies bezieht sich darauf, wie Sie die Person zu Antworten ermutigen können, indem Sie eine Frage stellen. Wenn wir das Gespräch schlecht führen, ist dies darauf zurückzuführen, dass wir der anderen Person nicht erlauben, seine/ihre Meinung einzubringen. Wenn wir unserem Beispiel folgen, können Sie fragen: „Und Sie? Haben Sie schon einmal an einer solchen Feier teilgenommen?" Wenn die Person eine Antwort gibt, besteht der nächste Schritt darin, den Ball am Laufen zu halten. Wie können Sie dies tun?

Sie können den Ball am Laufen halten, indem Sie weitere Fragen stellen und darauf bezogen Kommentare abgeben. Bemühen Sie sich immer, ein Gleichgewicht zwischen Erklärungen und Fragen zu finden, da zu viele Kommentare von Ihnen die andere Person daran hindert, selbst Kommentare abzugeben. Mehr noch, zu viele Fragen von Ihnen lassen alles wie ein Verhör erscheinen.

Sie fragen sich vielleicht, was passiert, wenn die Unterhaltung ins Stocken gerät? Nun, das können Sie tun: Erinnern Sie sich an FORM!

Ja, wir haben jetzt ein anderes Akronym und das bedeutet:

**Familie:** Sie können die Person bitten, Ihnen von ihrer Familie zu erzählen. Haben sie Kinder? Enkelkinder?

**Beruf** Sie können sie auch fragen, was Ihr Gegenüber beruflich macht, was er an seinem Beruf am meisten liebt und einige andere Informationen über den Beruf (nicht aufdringlich).

**Freizeit:** Freizeitthemen können Fragen zum Urlaub, zu den Inhalten seiner/ihrer Löffelliste usw. sein.

**Motivation:** Mit Motivation ist es Ihr Ziel, die andere Person zu motivieren, mehr Informationen mit Ihnen zu teilen. „Beabsichtigen Sie, später an anderen solchen Veranstaltungen teilzunehmen?"

Die FORM-Methode soll Ihnen helfen, die typische Art des Small Talks zu vermeiden, bei der nervige Fragen und Aussagen wie „Hallo, wie geht es Ihnen?", „Wie war Ihre Woche?" usw. aufkommen.

Noch ein paar Hinweise für Sie:

Erwähnen Sie Ihren Namen mehr als einmal, weil es für die Person leicht ist, Ihren Namen in einer Diskussion zu vergessen. Wiederholung hilft in diesem Fall, das Gedächtnis zu stärken, und es ist eine gute Möglichkeit, einen guten ersten Eindruck zu hinterlassen.

Vermeiden Sie Antworten mit nur einem Wort wie „Ja", „Yeah", „Nein". Diese sind zu abrupt und es sieht so aus, als wären Sie nicht bereit, ein Gespräch zu führen.

Schaffen Sie zum Schluss eines Gesprächs immer ein eindeutiges, klares Ende, indem Sie den Satz „Ich muss ..." verwenden, wie in „Entschuldigung, ich muss schnell telefonieren" oder „Es war schön, Sie kennenzulernen, ich muss jetzt etwas zu essen holen". Sie können auch einige Empfehlungen zum Abschied geben, wie zum Beispiel: „Ich habe Ihre Reiseerzählung genossen. Ich hoffe, bald wieder mit Ihnen zu sprechen."

Ein sehr auffälliges Merkmal von Small Talk ist, dass es ein Muster gibt, und sobald Sie das Muster kennen, können Sie damit Erfolg haben, unabhängig davon, mit wem Sie sprechen. Die Konzepte in diesem Kapitel haben einige dieser Muster aufgezeigt, und die Verwendung dieser Muster zusätzlich zu allem, was Sie bisher gelernt haben, kann für Sie langfristig von großem Nutzen sein.

Im nächsten Kapitel geht es darum, wie Sie den Small Talk elegant beenden können. Was können Sie tun, wenn Sie zu Ende geredet haben? Gehen Sie einfach? Lächeln und winken Sie? Wie genau sollte man einen Small Talk beenden? Das erfahren wir im nächsten Kapitel.

KAPITEL 8:

# Ausstieg planen - Small Talks elegant beenden

Nicht vielen Menschen ist bewusst, dass wir alle üben müssen, wie man ein Gespräch elegant beendet. Infolgedessen lernen die Menschen zwar selbst etwas über die Teilnehmer einer Unterhaltung, aber es fehlt der Plan für den Ausstieg.

Ja, es ist gut, einen hervorragenden ersten Eindruck zu hinterlassen, aber was ist mit einem hervorragenden letzten Eindruck? Was sollten Sie sagen, wenn das Gespräch zu Ende geht? Wie sagt man das? Wie kann ein Konzept für einen eleganten Ausstieg aussehen? Ist es möglich, einen fantastischen bleibenden letzten Eindruck zu hinterlassen? Lassen Sie es uns herausfinden.

## Was sollen Sie sagen, und wie sollten Sie es sagen?

Es gibt verschiedene Gründe, warum eine Person ein Gespräch beenden möchte. Möglicherweise möchten sie es beenden, weil sie zu einer vorherigen Aufgabe zurückkehren müssen oder Besorgungen machen möchten. Es könnte auch sein, dass sie nicht mehr in der Stimmung sind oder die Dinge kurz halten möchten.

Die Art und Weise, wie Sie eine Unterhaltung beenden, hängt auch vom Kontext ab. Vielleicht haben Sie eine andere Person getroffen, oder Sie haben einen unerwarteten Anruf erhalten. Wenn Sie mit jemandem ins Gespräch kommen, ist es im

Allgemeinen immer ratsam, sich Zeit zu nehmen, um das Gespräch auch angemessen zu beenden.

Wenn Sie sich Zeit nehmen, werden Sie in der Lage sein, ein perfektes Ende zu finden. Das Timing ist jedoch nie in Stein gemeißelt, besonders wenn das Gespräch spannend wird und Sie sich mit der anderen Person wohl fühlen. Führen Sie das Gespräch so lange wie möglich weiter und beenden Sie es dann gut.

Also, was sollten Sie sagen, um den Small Talk zu beenden?

### *Beenden Sie es schnell und sauber*

Sie müssen nichts Formelles sagen, um das Gespräch zu beenden oder eine großartige Erklärung abzugeben. Eine große Aussage ist nicht erforderlich, da sie dazu führt, dass Sie die Konversation in die Länge ziehen, was letztendlich die Dinge für Sie und die andere Person unangenehm macht.

Verabschieden Sie sich schnell und sauber, sodass kein Platz für ein weiteres Gespräch bleibt, das vielleicht das gesamte Erlebnis für Sie beide ruiniert. Es ist in Ordnung zu sagen, dass Sie gehen wollen, ohne irgendwelche scheinheiligen Begründungen. Hier einige Beispiele:

- „Ich muss jetzt gehen. War schön mit Ihnen zu reden."
- „Nun, das ist mein Stichwort, um jetzt weiter zu machen. Wir sprechen später?" (Während eines Telefongesprächs)
- „Also gut (dem Gesagten des anderen zustimmen)."
- „Genießen Sie den Rest der Party. Gute Nacht."

Die obigen Beispiele zeigen, wie Sie eine Unterhaltung flink und ohne zusätzliche Kommentare beenden können. Dieser Schritt ist nur eine Möglichkeit, eine Konversation zu beenden. Wir werden im weiteren Verlauf viele weitere hervorheben. Der Punkt hier ist, dass Sie das Gespräch schnell und sauber beenden können.

### *Verlassen einer Gruppendiskussion*

Die Regeln für eine Gruppendiskussion sind anders, da Sie nichts Besonderes sagen müssen. Wenn Sie einer Gruppenunterhaltung auf einer Party beigetreten sind, können Sie bereits nach einigen Minuten entscheiden, ob Sie die Gruppe verlassen möchten.

Alles, was Sie in dieser Situation zu tun haben, ist wegzugehen. Bei Gruppendiskussionen treten Personen ein und aus, ohne den Gesprächsfluss zu behindern. Wenn es Ihnen jedoch zu unangenehm ist, einfach leise davonzulaufen, brechen Sie mit einem kleinen Nicken oder gemeinsam mit anderen Gesprächsteilnehmern auf.

Sie können auch die Person, die neben Ihnen steht, kurz antippen und darüber benachrichtigen, dass Sie gehen.

### *Fassen Sie alles zusammen, was sie gesagt haben*

Eine andere Möglichkeit, das Gespräch elegant zu beenden, besteht darin, alles, was Sie gesagt haben, zusammenzufassen. Diese Methode ist eine hervorragende Möglichkeit, den Übergang vom Small Talk zum Abschluss elegant zu gestalten.

Kommentieren Sie das aktuelle Thema und fassen Sie die Diskussion kurz zusammen, bevor Sie angeben, dass Sie jetzt aussteigen möchten. Hier sind einige Beispiele, die als Leitfaden dienen können:

„Ja, mit dem Unternehmen ist viel passiert. Wie auch immer, ich muss jetzt los. Wir werden zu einem anderen Zeitpunkt fortfahren."

„Sie haben alles gesagt. Der Innenarchitekt hätte es besser machen können. Hoffen wir, dass es das nächste Mal besser wird. Bis später."

### *Gehen Sie, ohne zu viel zu sagen*

Behindern Sie das Ende eines Gesprächs nicht mit übermäßigen Diskussionen über irrelevante Dinge und versuchen Sie nicht, neue Ideen anzubringen, die weitere Diskussionen auslösen. Denken Sie daran, dass Sie am Ende sind und zum Abschluss des Gesprächs bereit sind. Tun Sie dies einfach, ohne es kompliziert zu machen.

### *Elegantes Beenden*

Manchmal kann es schwierig sein, einen Small Talk zu beenden. Aus diesem Grund sollten Sie sich Gedanken darüber machen, wie Sie Ihre Small Talks abschließen können. Wir werden im Folgenden einige Tipps und Ideen dazu betrachten:

### *Sie sind nicht der einzige, der daran denkt, das Gespräch zu beenden*

Wenn Sie das Gespräch unbedingt beenden möchten, sollten Sie wissen, dass Sie nicht allein sind, da die andere Person möglicherweise über dasselbe nachdenkt. Die meisten Menschen, die sich mit Small Talk beschäftigen, wissen, dass es enden wird und sind bereit, es zu dem Zeitpunkt zu beenden, zu dem Sie es beabsichtigen.

Wenn Sie einen eleganten Ausstieg vornehmen, müssen Sie sich keine Sorgen darüber machen, ob Sie die Gefühle der anderen Person verletzen, indem Sie das Gespräch beenden. Zu wissen, dass sie über dasselbe nachdenken, wird Ihnen helfen, sich zu entspannen und es mit Leichtigkeit zu erledigen.

### *Vorausahnen des Endes*

Wenn wir etwas beenden wollen, ist es gut, vorher darauf hinzuweisen. Ja, Small Talk ist kein sehr ernstes Thema, aber wenn Sie großartig darin sind, könnte die Tatsache, dass Sie kurz vor dem Ende stehen, für die andere Person enttäuschend sein.

Damit Sie elegant abschließen können, müssen Sie die Auswirkungen Ihres Ausstiegs abfedern, indem Sie diesen ankündigen, bevor es so weit ist. Wenn Sie dies tun, programmieren Sie auch die Gedanken der anderen Person, damit diese auf das Ende des Gesprächs vorbereitet ist. Es gibt verschiedene Möglichkeiten, das Ende des Small Talks anzukündigen. Die folgenden Beispiele können als Richtlinie dienen.

„Ich habe der Braut versprochen, ihr einen besonderen Gast vorzustellen, aber bevor ich das tue, lassen Sie mich wissen, was Sie denken."

Mit dem obigen Beispiel hat der Sprecher das Ende des Gesprächs bereits angekündigt, indem er der Person mitteilt, dass er/sie bald auf dem Weg zur Braut sein wird (wir gehen davon aus, dass es sich um eine Hochzeit handelt). Einige andere Beispiele:

„Ich kann es kaum erwarten, das Gebäck dort zu probieren, aber was denken Sie über das Dekor?"

„Ich werde den Ausstellungsstand besuchen, gleich nachdem sie mir alles über das neue Produkt erzählt haben, das Ihre Firma nächste Woche auf den Markt bringt."

### *Stellen Sie eine andere Person vor*

Eine andere Möglichkeit, einen Small Talk elegant zu beenden, ist es, Ihrem Gesprächspartner eine andere Person vorzustellen. Dieser Schritt ermöglicht es Ihnen problemlos auszusteigen, indem Sie die andere Person jemand Neuem vorstellen und anschließend die Unterhaltung beenden.

Hier geben Sie der Person, mit der Sie sich unterhalten, die Möglichkeit, sich mit einer anderen Person zu verbinden, während Sie sich elegant verabschieden.

Aber Sie müssen darauf achten, dass Sie nicht nur irgendjemanden vorstellen. Sie sollten sich aber für jemanden entscheiden, der sich auch mit dem Thema des Gesprächs auskennt und somit ein gemeinsamer Kontakt werden könnte.

Wenn die andere Person zum Beispiel über die Dekoration oder Inneneinrichtung auf der Veranstaltung spricht, können Sie ihn/sie dem Innenarchitekten vorstellen. Der richtige Weg, dies auszuführen, besteht darin, sich des Timings, der Präsenz und der Person, die Sie vorstellen, bewusst zu sein.

Bitte entfernen Sie sich nie ganz von Ihrem Gesprächspartner, um die Person einzubinden, die Sie vorstellen möchten. Dies bedeutet, dass Sie den Raum nach möglichen interessanten Personen absuchen müssen, die Sie Ihrem Gesprächspartner vorstellen können, während Sie sich noch mit ihm unterhalten.

Einige Beispiele, die Sie verwenden können:

„Hey, da ist der Chefkoch. Möchten Sie ihn kennenlernen?"

„Sie müssen sich mit diesem DJ bekannt machen, damit er bei Ihrer nächsten Party auflegt."

### *Begründen Sie das Ende des Gesprächs*

Erklären Sie, warum Sie gehen und geben an, dass Sie die Unterhaltung genossen haben. Somit können Sie das Ende des Gesprächs signalisieren und die Chancen für ein späteres weiterführendes Gespräch erhöhen.

Beispiele:

„Ich mag dieses Gespräch, aber ich habe gerade gemerkt, dass es 20:30 Uhr ist und ich muss um 21 Uhr zu Hause sein. Können wir das ein andermal fortsetzen?"

„Oh nein, das Wetter hat sich gerade geändert, und wenn ich jetzt nicht gehe, werde ich vom Regen durchnässt."

Aus den obigen Beispielen können wir schließen, dass die von den Rednern vorgebrachten Argumente ihre Enttäuschung über das Beenden des Gesprächs zum Ausdruck bringen, ihren Ausstieg signalisieren und auch zeigen, wie bedauerlich es ist, dass sie gehen müssen. Diese Methode ist elegant und hilft Ihnen, eine gute Verbindung mit der anderen Person herzustellen.

### *Verwenden Sie das unmittelbare Umfeld*

Sie können auch Ihre unmittelbare Umgebung nutzen, um das Ende des Gesprächs zu konstruieren. Wenn Sie beispielsweise an einer Stelle stehen, an der sich Getränke befinden, können Sie die andere Person dazu ermutigen, sich ebenfalls ein Getränk zu holen. Wohlwissend, dass Sie beide in der Menge verschwinden oder andere Personen treffen und ein Gespräch beginnen.

Wenn es sich zum Beispiel um eine Poolparty handelt, können Sie vorschlagen, dass Sie beide in den Poolbereich gehen. Auf diese Weise können Sie den Small Talk elegant hinter sich lassen. Vergewissern Sie sich jedoch, bevor Sie diese Methode verwenden, dass Sie alles gesagt haben, was Sie sagen müssen, und dass Sie auch bereit sind, die Unterhaltung zu beenden.

## Hinterlassen Sie einen hervorragenden letzten Eindruck

Die Leute erinnern sich an den Anfang und das Ende einer Unterhaltung, haben aber normalerweise Probleme, sich an die Mitte zu erinnern. Denken Sie an einen Roman, der sehr spannend beginnt. Sie werden sich direkt nach dem Lesen an alles erinnern, aber im Laufe der Zeit werden Sie sich wahrscheinlich nur an den Anfang und das Ende und vielleicht an den Höhepunkt erinnern.

Der Autor des Romans hat darauf geachtet, dass Anfang und Ende stimmig sind, und Sie müssen dasselbe tun. Verwenden Sie nicht ihre gesamte Zeit darauf, zu überlegen, wie Sie einen ersten Eindruck hinterlassen sollen, sondern bemühen Sie sich auch, einen guten letzten Eindruck zu hinterlassen. Hier finden Sie Tipps, die Ihnen helfen, einen guten endgültigen Eindruck zu hinterlassen.

## 1. Nehmen Sie vor dem Verlassen physischen Kontakt mit der Person auf.

In den meisten oder allen Fällen hilft physischer Kontakt mit dem Gesprächspartner vor dem Auseinandergehen, um die Verbindung zu festigen. Ein Handschlag ist ein Zeichen für ein gutes Verhältnis und hinterlässt einen bleibenden Eindruck. Es trägt auch dazu bei, dass Sie sehr sympathisch wirken.

Geben Sie einen warmen, aber selbstbewussten Händedruck, während Sie sich trennen. Falls die Person jemand ist, mit dem Sie vertraut sind, können Sie eine unaufdringliche Umarmung geben. In einigen Kulturen der Welt sind Küsschen auf den Wangen ideal, wenn Sie mit Fremden in Kontakt kommen (achten Sie also auch auf die kulturellen Auswirkungen).

Ihr Handschlag sollte fest sein. Achten Sie darauf, dass sich Ihre Handflächen berühren können. In einem festen Händedruck steckt so viel Kraft.

## 2. Beenden Sie das Gespräch mit Augenkontakt und einem Lächeln

Wir haben in den vorangegangenen Kapiteln darüber gesprochen, wie wichtig es ist, Augenkontakt zu halten und zu lächeln. Diese nonverbalen Zeichen sind für das Ende des Gesprächs entscheidend.

Schauen Sie der Person immer direkt in die Augen und erwecken Sie den Eindruck, dass Sie offen, herzlich und aufrichtig sind. Wenn Sie Augenkontakt herstellen, lächeln Sie herzlich und lassen Sie dies das Bild von Ihnen sein, das die Person in seinem/ihrem Kopf behält.

Wenn Sie Augenkontakt herstellen, können Sie auch die Gesichtszüge der Person verinnerlichen, sodass Sie sich an den Small Talk erinnern und diesen aufgreifen können, wenn Sie ihn/sie an einem anderen Ort wiedersehen. Ein Lächeln ist ein enormes nonverbales Kommunikationsmittel für einen guten letzten Eindruck.

### 3. Verlassen Sie das Gespräch in der festen Absicht zu gehen

Vermeiden Sie es, herumzustehen und Ihr Gewicht von einem Fuß auf den anderen zu verlagern, weil Sie zögern, einfach zu gehen. Sie sollten mit einer gewissen Absicht gehen, indem Sie sich freundlich und doch entschieden verabschieden. Überlegen Sie sich, was Sie als Nächstes tun werden, dann können Sie dies erwähnen, während Sie sich verabschieden.

Wenn Sie das Gespräch mit Absicht verlassen, dann sind Sie sich dessen bewusst und tun es, um zu jemandem anderes hinzugehen, um ein Gespräch zu führen. Wenn Sie sich nicht sicher sind, ob sie gehen möchten, führt dies zu einer Menge Unbeholfenheit, die auch jeden Versuch ruiniert, einen hervorragenden letzten Eindruck zu hinterlassen.

Einige Beispiele sind:

„Es war mir ein Vergnügen, mit Ihnen zu sprechen. Jetzt muss ich zu meinem Auto. Vielen Dank."

„Wow, was für eine Erfahrung Sie gemacht haben! Ich hoffe, wir können noch einmal darüber reden. Ich muss den Bräutigam einholen. Vielen Dank."

### 4. Unterbrechen Sie die andere Person nicht

Wenn wir bereit sind, ein Gespräch zu beenden, werden unsere Gedanken manchmal so einseitig, dass wir der anderen Person unangemessen das Wort abschneiden. Ja, wir wissen, dass Sie es eilig haben und dass Sie gehen möchten, aber Sie möchten auch einen guten letzten Eindruck hinterlassen, der erfordert, dass Sie Respekt vor der anderen Person zeigen.

Damit Sie die andere Person nicht unterbrechen, müssen Sie die Kontrolle über das Gespräch übernehmen, indem Sie signalisieren, dass Sie bereit sind, das Gespräch zu beenden. Wenn die Person danach noch spricht, lassen Sie ihn/sie ausreden, und beenden Sie dann das Gespräch (aber unterbrechen Sie die Person nicht).

Wenn Sie die Person nicht ausreden lassen, wird ein falsches Signal bezüglich Ihrer Persönlichkeit an ihn/sie gesendet, und dies ist im Allgemeinen eine unhöfliche Vorgehensweise. Ich weiß, dass manche Leute gerne weiterreden, solange sie nicht unterbrochen werden, aber in solchen Fällen sollten Sie tolerant sein.

Wenn Sie sie jedoch unterbrechen MÜSSEN (dies kann der Fall sein, wenn Sie gehen müssen und die Person nicht aufhört zu sprechen), können Sie die folgenden Ideen verwenden:

„Ich hasse es, Ihren Gedankenstrom zu unterbrechen, aber ich muss gehen."

„Tut mir leid, dass ich unterbreche, aber wenn ich jetzt nicht mit dem Schulleiter spreche, verlässt er das Gebäude."

„Was für eine inspirierende Geschichte. Es ist so traurig, dass ich nicht bleiben kann, um alles zu hören."

## 5. Danken Sie der Person

Denken Sie beim Beenden des Gesprächs daran, der Person zu danken, indem Sie ihr in die Augen schauen und „Danke" sagen. Genauer gesagt, müssen Sie sich bei ihr für ihre Zeit oder für ein großartiges Gespräch bedanken.

Jetzt können Sie sich zweimal bedanken: wenn Sie im Begriff sind, das Gespräch zu beenden, und wenn Sie beabsichtigen, die

Szene zu verlassen. Geben Sie der anderen Person das Gefühl, Sie hätten eine großartige Zeit gehabt, indem Sie sich bedanken.

Einige Beispiele sind:

„Danke für Ihre Zeit, es war schön, mit Ihnen zu plaudern."

„Vielen Dank für Ihre wunderbaren Essensvorschläge. Ich werde viel Spaß mit den Rezepten haben."

**6. Führen Gespräche mit offenem Ende**

Eine andere Möglichkeit, um am Ende einen hervorragenden bleibenden Eindruck zu hinterlassen, besteht darin, die Diskussion offen zu lassen. Wenn Sie diese Person also das nächste Mal treffen, haben Sie beide einen Anknüpfungspunkt, um an der Stelle weiterzumachen, an der Sie aufgehört haben. Die andere Person wird gespannt darauf sein, das Gespräch fortzusetzen und vielleicht sogar darüber nachdenken, wie die nächste Diskussion aussehen wird. Nicht in jeder Situation mag diese Vorgehensweise passend sein. Doch wenn Sie eine Möglichkeit dazu sehen, nutzen Sie diese.

Wir haben bisher eine ausgewogene Herangehensweise erreicht, in der es darum geht, den Small Talk mit jedem elegant zu beginnen und zu beenden. Wenn Sie sich an all diese Ideen und Konzepte halten, können Sie überall ein Gespräch führen. Im nächsten Kapitel konzentrieren wir uns darauf, wie Sie ernsthafte Verbindungen zu Menschen herstellen können.

KAPITEL 9:

# Ernsthafte Verbindungen mit anderen Menschen herstellen

Die Erfahrungen, die wir mit Menschen machen, basieren auf den Verbindungen, die wir mit ihnen aufbauen. Wenn wir gute Beziehungen zu Menschen knüpfen, wird alles andere, was damit zu tun hat – auch wie wir uns mit ihnen unterhalten – angenehmer. Sie können jetzt einen Small Talk initiieren und beenden, aber die Frage ist, ob Sie eine *ernsthafte* Verbindung zu Menschen herstellen können – eine Verbindung, auf der eine dauerhafte Freundschaft aufbaut.

Kennen Sie die Art von Fragen, die zu tieferen Verbindungen führen? Was sind die Anzeichen dafür, dass Sie sich mit jemandem verbinden?

Wenn Sie das Schema in diesem Buch beobachten, neige ich dazu, Ihnen viele Fragen zu stellen, da dies einer der schnellsten Wege ist, viel über das Leben zu lernen. Fragen lehren Sie zwei Dinge:

1. Was wissen Sie?
2. Was wissen Sie nicht?

Wenn Sie eine Frage richtig beantworten können, bedeutet dies, dass Sie dieses Konzept verstanden haben und wenn nicht, wissen Sie was Sie noch lernen und nachlesen müssen. Die von mir gestellten Fragen sollen Ihnen dabei helfen genau dies herauszufinden.

Wir werden nun mit Small Talk-Perspektiven bzw. Ansätzen beginnen, die Ihnen dabei helfen, eine Verbindung zu Menschen herzustellen.

## Small Talk-Perspektiven bzw. Ansätze

Small Talk ist eine der schnellsten und substantiellsten Methoden, mit denen Sie eine Verbindung zu Menschen herstellen können. Wie Sie wissen, gibt es verschiedene Möglichkeiten, wie Sie Small Talk verwenden können, damit er für Sie vorteilhaft ist. Diese müssen hier nicht noch einmal wiederholt werden.

Ziel dieses Abschnitts ist es, Ihnen einige Ansätze zu zeigen, wie Sie ernsthafte Verbindungen zu Menschen herstellen können. Wenn Sie diese Ideen und alle anderen bisher erlernten Konzepte anwenden, können Sie zu einem viel besseren Kommunikator werden, während Sie mit anderen in Kontakt treten.

### *Verwenden Sie, was andere sagen*

Ein ausgezeichneter Ansatz für Small Talk ist es, das, was die andere Person sagt, als Anker für das Gespräch zu verwenden. Dieser Ansatz stellt die Diskussion über die andere Person in den Mittelpunkt und hilft Ihnen, eine perfekte Beziehung zu ihr/ihm herzustellen.

Versuchen Sie immer das, was Ihr Gegenüber sagt, absichtlich als Katalysator für das weitere Gespräch zu verwenden, und helfen Sie dem anderen dabei, den Überblick über das Gespräch zu behalten, indem Sie seine Worte und vorgeschlagenen Themen aufgreifen.

### *Finden Sie heraus, was den anderen speziell macht*

Wir alle haben Eigenschaften, die uns zu etwas Besonderem machen und uns von anderen Menschen unterscheiden. Wenn jemand diese außergewöhnliche Qualität in uns erkennt, fühlen wir uns willkommen, geliebt und geschätzt.

Sie können eine ernsthafte Verbindung zu jemand anderem herstellen, indem Sie herausfinden, was ihn einzigartig macht, und ihn dafür loben. Es muss keine charakterliche Eigenschaft sein (Sie haben die Person schließlich gerade erst getroffen). Es kann einfach etwas Persönlichkeitsbasiertes oder ein sichtbares Attribut sein, das den anderen auszeichnet.

### *Drängen Sie andere Personen nicht dazu, Ihre Meinung anzunehmen*

Eine andere Perspektive, die Sie berücksichtigen müssen, besteht darin, zu vermeiden, dass Sie anderen Menschen Ihre Meinung aufzwingen. Ja, Sie haben eine starke Meinung und möchten, dass die ganze Welt Sie hört. Trotzdem ist Small Talk keine Gelegenheit, um Menschen zu indoktrinieren. Hier können Sie Verbindungen aufbauen und etwas lernen – aber nicht lehren.

Geben Sie der Meinung des anderen immer Raum, und suchen Sie eine gemeinsame Basis mit ihm/ihr. Wir werden in einem anderen Abschnitt dieses Kapitels mehr auf Gemeinsamkeiten eingehen.

### *Offenbaren Sie etwas Persönliches*

Ja, dies ist ein Small Talk-Ansatz, mit dem Sie ernsthafte Verbindungen zu Menschen knüpfen können. Wenn Sie etwas Persönliches teilen, senden Sie eine Nachricht an Ihren Gesprächspartner, dass Sie für eine Beziehung offen sind. Dies ist der Kern für einen großartigen Small Talk.

Aber bitte bedenken Sie, was Sie teilen (wenn Sie diesen Ansatz wählen). Teilen Sie keine übermäßig persönlichen Dinge (z.B. eine Fehlgeburt oder den Tod eines Kindes). Vermeiden Sie es, schmerzhafte Erinnerungen zu teilen. Lernen Sie Ihr Gegenüber zuerst kennen. Sie könnten Herausforderungen bei der Arbeit oder Ihren Kampf um den Kauf eines guten

Grundstückes teilen. Sie dürfen die andere Person nicht abschrecken, indem Sie zu früh zu viel von sich preisgeben.

### *Fragen, die maßgebend für tiefergehende Beziehungen sind*

Nicht alle Fragen führen zu tieferen Verbindungen, einige sind Ja- oder Nein-Fragen, andere erfordern nur prägnante, direkte Antworten. Wenn Sie sich jedoch unbedingt mit jemand anderem verbinden möchten, müssen Sie absichtlich Fragen stellen, die zu tieferen Verbindungen führen.

Im Folgenden finden Sie einige dieser Fragen, die über die Oberfläche hinausgehen und Ihnen helfen, die Person auf einer gut verbundenen Ebene zu erreichen.

1. „Warum leben Sie in dieser Gegend?"
2. „Was ist Ihre Vision für diesen gemeinnützigen Verein?"
3. „Wie fühlen Sie sich in Ihrer aktuellen Lebenssituation?"
4. „Welche neue Fähigkeit würden Sie gerne noch lernen?"
5. „Welche historische Person bewundern Sie?"
6. „Wofür würden Sie bekannt sein, wenn Sie eine Berühmtheit wären?"

## Möglichkeiten, Small Talks bedeutsamer zu gestalten

Während einige Gespräche bedeutsam sind, tauschen Sie bei anderen lediglich Höflichkeiten aus. Sie sollten sich bemühen, Gespräche bedeutsam zu gestalten, und das Stigma, das Small Talk von Natur aus hat, zur Seite schieben: Small Talk ist einfach Zeitverschwendung?! Nein, das ist es nicht – wenn Sie ein überzeugendes Gespräch führen. Dies ist jedoch nicht immer das Beste. Zum Beispiel haben Sie möglicherweise nicht die Absicht, in Zukunft ein Gespräch mit einem Fremden wieder aufzunehmen (aus Gründen, die Ihnen am besten bekannt sind). In diesem Fall möchten Sie sich an einen gewöhnlichen und unverbindlichen Gesprächsstil halten.

Aber wenn Sie eine Beziehung mit der Person anstreben und mit dem Gespräch fortfahren möchten, müssen Sie mehr tun. Mit mehr ist gemeint, dass wir uns an den Hinweisen der folgenden Beispiele orientieren, weil sie hilfreich sein können.

### *Feiern Sie Erfolge*

Wenn Sie Small Talk mit anderen bedeutsamer machen möchten, müssen Sie die Fortschritte feiern, die andere mit Ihnen teilen. Mit Erfolg beziehe ich mich auf die kleinen Informationen, die sie mit Ihnen teilen und die ein Hinweis auf ihren Fortschritt sind.

Sie können kurze Ausrufe einfügen, die Ihre Begeisterung zeigen. Einige Beispiele sind: „Wow", „Erstaunlich" oder „Das ist so gut". Wenn jemand Ihnen erzählt, dass er im Urlaub in der Vatikanstadt war und den Papst getroffen hat, lassen Sie es nicht dahingleiten. Antworten Sie auf die Informationen, indem Sie durch solche Ausrufe seinen/ihren Erfolg feiern.

### *Engagement im Fokus*

Sie können sich auch bedeutsamer unterhalten, indem Sie sich auf die Beziehungen zwischen Ihnen beiden konzentrieren. Welche Diskussionspunkte scheinen Ihnen beiden am meisten zu gefallen? Konzentrieren Sie sich auf diese Punkte und vertiefen Sie diese.

Sie werden feststellen, dass Ihr Small Talk noch bedeutsamer wird, wenn Sie wissen, worauf Sie beide hinauswollen.

### *Den ersten Schritt machen*

Damit Sie ein eingehenderes Gespräch führen können, müssen Sie sich dafür entscheiden, etwas Persönliches mit anderen zu teilen. Wenn Sie dies tun, erkennt die andere Person Ihren Hinweis und tut dasselbe. Manchmal wartet eine Person, um zu sehen ob die andere Person den ersten Schritt unternimmt.

Wenn Sie etwas Tiefergehendes teilen, erhalten Sie eine bedeutsamere Konversation mit einer tief verwurzelten Verbindung, sodass das anschließende Gespräch auf natürliche Weise verlaufen wird. Die Menschen reagieren häufig freundlich auf solche Gesten, also machen Sie den Schritt hin zu einem sich lohnenden und verbindenden Erlebnis.

### *Füllen Sie nicht immer Schweigepausen*

Sie müssen nicht die ganze Zeit über reden, um Schweigepausen zu vermeiden. Wenn Sie dies tun, wird die andere Person faul und überlässt es Ihnen, die Führung zu übernehmen, wodurch das Gespräch letztendlich einseitig wird.

Geben Sie der Person auch Raum, die Führung zu übernehmen, und geben Sie sich manchmal damit zufrieden, zu folgen. Auch wenn Sie jedes Mal, wenn Stille einsetzt, wissen, was Sie zu sagen haben, widersetzen Sie sich dem Drang und lassen Sie das Gespräch auf natürliche Weise fließen.

### *Fördern Sie ausführliche Beschreibungen (wenn Sie Zeit haben)*

Wenn Sie Zeit für einen Small Talk haben, können Sie der anderen Person detaillierte Beschreibungen erlauben, die auch zu einem faszinierenden Gespräch beitragen können. Fördern Sie die Person, wenn diese Begeisterung für ein Thema zeigt, indem Sie Sätze wie „Weiter", „Das muss interessant sein" und „Wow, das wusste ich nicht." verwenden.

Denken Sie daran, dass der Vorbehalt bei diesem Schritt darin besteht, dass er nur angewandt werden sollte, wenn Sie sicher sind, dass Sie Zeit dafür haben. Es wäre nicht sinnvoll, wenn Sie die Person ermutigen und ihm/ihr dann auf dem halben Weg das Wort abschneiden, indem Sie sagen, dass Sie gehen müssen.

## Zeichen, dass Sie sich mit jemandem verbinden

Wie können Sie feststellen, dass die oben genannten Ideen funktionieren? Woher wissen Sie, dass Sie sich im Verlauf des Gesprächs mit jemandem verbunden haben?

In diesem letzten Abschnitt werden Sie die Zeichen entdecken, die angeben, wie gut Sie sich mit einer anderen Person verbunden haben.

Bitte beachten Sie, dass es für einige der folgenden Ideen Ausnahmen gibt, die ich (falls vorhanden) aufzeigen werde.

1. **Bemerken eines kleinen Lächelns**

Ein guter Weg, um zu wissen, dass Sie mit jemandem in Verbindung stehen ist, wenn er/sie Ihnen ein kleines Lächeln schenkt, während Sie sprechen. Dieses Lächeln ist ein Zeichen dafür, dass der andere wirklich Gefallen an Ihrer Gesellschaft hat und sich gerne mit Ihnen unterhält. Erwidern Sie den Gefallen, indem Sie auch lächeln, während der andere spricht.

2. **Haben Sie beide Gemeinsamkeiten?**

Selbst wenn Sie beide kleine Meinungsverschiedenheiten haben, sollten Sie irgendwann während des Small Talks gemeinsame Momente haben, da dies ein Zeichen für eine gute Verbindung ist. In den meisten Fällen trägt das soziale Umfeld immens zur Schaffung einer gemeinsamen Basis bei, da Sie beide auf die Umgebung zurückgreifen können, um über Themen zu sprechen.

Gefällt Ihnen beiden zum Beispiel die Party? Sind Sie beide Kollegen im Büro? Wenn die Leute in der Nähe des Veranstaltungsortes aus dem gleichen Grund wie Sie da sind, besteht eine höhere Wahrscheinlichkeit, dass Sie beide eine gemeinsame Basis finden.

Wenn Sie Schwierigkeiten haben, eine gemeinsame Basis mit der anderen Person zu finden, kann dies bedeuten, dass zwischen

Ihnen beiden einfach keine Verbindung besteht. Aber nicht alle Hoffnung ist verloren. Sie können sich annähern, indem Sie das, was der andere sagt, annehmen und es unterstützen, um eine gemeinsame Basis zu schaffen.

### 3. Hält die Person Augenkontakt?

Augenkontakt ist beim Small Talk von Bedeutung, da er ein sichtbares Zeichen für eine Verbindung ist. Natürlich kennen Sie inzwischen den Unterschied zwischen Blickkontakt und Starren. Wir möchten also nicht, dass die Person uns anstarrt, aber wir möchten auch, dass sie nicht wegschaut.

Wenn die Person absichtlich Augenkontakt vermeidet, hat er/sie keine Verbindung zu Ihnen hergestellt. Sie können der Person helfen, sich zu spiegeln, indem Sie auch Augenkontakt mit ihr aufnehmen. Wenn sie sich jedoch nicht revanchiert, bedeutet dies, dass sie nicht weitersprechen möchte.

### 4. Vertieft der andere sich immer mehr in die Unterhaltung?

Versuchen Sie zu Beginn des Gesprächs herauszufinden, ob die Person versucht, mehr über Sie oder ihr Thema zu erfahren. Nach dem ersten Hallo sollten Sie die Antworten der Person auf Ihre Fragen und was sie Ihnen gesagt hat nachverfolgen.

Wenn Sie allein das Gespräch führen und sie keine weiteren Fragen stellt, bedeutet dies, dass sie nicht an dem Gespräch interessiert ist. Sie können jedoch sicher sein, dass eine Verbindung hergestellt wird, wenn sie nach den ersten drei Minuten gut auf Sie reagiert.

### 5. Teilt der andere bereitwillig Informationen mit Ihnen?

Wenn eine Person bereitwillig Informationen mit Ihnen teilt, ohne dass Sie gefragt haben, ist dies ein Zeichen dafür, dass sie mit Ihnen verbunden ist. Dies ist auch ein Zeichen von Wohlfühlen.

Auf der anderen Seite verbergen manche Personen Informationen, selbst wenn Sie fragen. Dies könnte ein Zeichen dafür sein, dass sie sich mit Ihnen nicht wohl fühlt – oder einfach dafür, dass sie sich mit Small Talk nicht so gut auskennt. Wenn Sie diesen Rückzug spüren, können Sie den anderen erreichen, indem Sie selbst Informationen teilen und beobachten, wie der andere darauf reagiert.

### 6. Spiegelt der andere Sie?

Das Spiegeln ist von entscheidender Bedeutung. Achten Sie beim Sprechen auf die Körperbewegungen der anderen Person. Erinnern Sie sich, als wir in einem vorherigen Kapitel über das Spiegeln gesprochen haben? Laut Kommunikationsstudien neigen Menschen dazu, sich gegenseitig zu reflektieren, wenn sie interessiert sind oder wenn sie eine Verbindung zu jemand anderem hergestellt haben.

Manchmal fühlen wir uns mit der Person so wohl, dass das Spiegeln zu einer unbewussten Handlung wird. Spiegeln hilft uns dabei, der anderen Person zu zeigen, dass wir es mögen, in ihrer Nähe zu sein. Wenn Sie jedoch Gesten machen und die andere Person nicht, könnte dies ein Zeichen dafür sein, dass sie das Gespräch beenden möchte.

### 7. Folgt der andere den Details, die Sie teilen?

Ein weiteres Zeichen, auf das Sie achten sollten ist, ob Ihr Gegenüber den von Ihnen geteilten Details folgt. Wenn Sie sich mit einer Person unterhalten und diese häufig vergisst, was Sie sagen, ist dies ein Zeichen dafür, dass Sie nicht mit ihm/ihr verbunden sind.

Aber wenn die Person von Ihren Erzählungen, Geschichten und Meinungen begeistert ist, haben Sie einen großartigen Small Talk-Freund. Um dieses Zeichen zu überprüfen, können Sie wiederholt etwas sagen und den anderen danach fragen. Wenn der andere es nicht versteht, hat derjenige nicht zugehört, und das bedeutet auch, dass Sie keine Verbindung zu ihm/ihr hergestellt haben.

## 8. Sucht der andere Körperkontakt?

Wenn Menschen eine Verbindung zu Ihnen hergestellt haben, fühlen sich manche so wohl, dass sie Körperkontakt haben wollen. Einige Menschen werden niemals Körperkontakt zu Ihnen aufnehmen – unabhängig davon, was Sie tun – weil sie nur minimale Interaktion mit Ihnen suchen.

Solche Personen geben Ihnen also keinen Händedruck, umarmen Sie nicht und berühren Sie nicht einmal leicht. Wenn Sie Ihre Hand ausstrecken, wird sie möglicherweise weniger fest als erwartet gehalten. Aber auf der positiven Seite, wenn die Person eine Verbindung mit Ihnen hergestellt hat, wird sie professionellen Körperkontakt nicht scheuen.

Bitte beachten Sie, dass es auch vorkommen kann, dass eine Person Sie sympathisch findet, jedoch Probleme mit der Kontaktaufnahme mit Fremden hat. Nehmen Sie es also bitte nicht persönlich, wenn eine Person Ihre Körperkontaktgesten nicht erwidert.

## 9. Was ist mit der „Fußregel"?

Es gibt eine alte Regel, die besagt, dass eine Person, die sich für Sie interessiert, beim Sprechen mit den Füßen auf Sie zeigt. Ja, es ist ein altes Sprichwort, aber es enthält immer noch viel Wahrheit. Nehmen Sie sich während des Gesprächs einen Sekundenbruchteil Zeit, um nach unten zu schauen, ob die Füße der Person in Ihre Richtung zeigen. Wenn es so ist, dann ist es ein gutes Zeichen; dies bedeutet, dass die Person Sie erfolgreich spiegelt und bereit ist, sich in die Richtung zu bewegen, in die Sie das Gespräch führen.

Wenn die Füße Ihres Gegenübers jedoch in eine andere Richtung zeigen, bedeutet dies, dass er nicht mehr interessiert ist und das Gespräch beenden möchte. Bitte beachten Sie, dass dies eine alte Regel und nicht in Stein gemeißelt ist (Menschen können ihre Körperteile schließlich nach eigenem Ermessen bewegen), was bedeutet, dass dies möglicherweise nicht für jede Situation gilt.

## 10. Lässt der andere seinen Schutzschild für Sie fallen?

Ein gutes Zeichen, dass Sie eine Verbindung mit jemandem hergestellt haben ist, wenn dieser seinen Schutzschild fallen lässt. Bei manchen Menschen kann man fühlen, wie die Wände um sie herum noch intakt sind, dadurch dass sie die Arme vor der Brust verschränken, die Schultern versteifen oder die Beine kreuzen.

Aber sobald Sie eine völlig entspannte Person um sich haben, wissen Sie, dass diese ihr Schutzschild entfernt hat und sich frei mit Ihnen fühlt, was als ein Zeichen großer gemeinsamer Verbindung verstanden werden kann.

Sich mit Menschen zu verbinden, ist eine bereichernde Erfahrung. So finden wir letztendlich alle unsere lebenslangen Freunde. Jetzt wissen Sie also, wie Sie solche authentischen Verbindungen aufbauen können, welche es Ihnen auch ermöglichen, erfolgreich mit jedem anderen, egal wo, einen Small Talk zu halten.

Sie haben nun das Fundament. Sie haben alle Fähigkeiten, die Sie benötigen. Jetzt müssen wir diese Fähigkeiten nur noch perfektionieren.

KAPITEL 10:

# Die Kunst des Small Talks beherrschen

Wir haben die meisten grundlegenden und ausführlichen Ideen zur Kunst des Small Talks kennengelernt, die immens dazu beigetragen haben, dass Sie wissen, wie Sie das Gespräch beginnen und wie Sie es langfristig optimal nutzen können. Ich habe Sie immer ermutigt, Ihre Fähigkeiten unter Beweis zu stellen und Small Talk jederzeit zu üben. Auch wenn Sie sich wie ein Profi fühlen, müssen Sie immer noch mehr tun, um ein Meister in etwas zu werden.

Wir werden mit einer Erinnerung beginnen, warum wir Small Talk überhaupt machen. Warum sollte dieser Ihre Zeit wert sein? Und natürlich besprechen wir, was Sie tun können, um es zum Meister zu schaffen. Einige der Ideen, die Sie im Folgenden entdecken werden, kommen Ihnen vielleicht bekannt vor, aber wir werden diese Konzepte unter dem Gesichtspunkt betrachten, meisterlich darin zu werden.

## Die Kunst des Small Talks, und warum dieser Ihre Zeit wert ist

Damit Sie etwas meisterlich beherrschen können, müssen Sie wissen, was es wert ist! Wenn Sie den Grund, warum Small Talk so bedeutend ist, vollständig verstanden haben, werden Sie sich bewusst darum bemühen, dass Sie ein Meister darin werden.

Denken Sie an all die nicht vertrauten Beziehungen, die zu vertrauten wurden. Was war der Wendepunkt für solche Verbindungen? Wie haben sich solche Personen von Fremden zu Freunden entwickelt? Die Antwort ist ganz einfach: Durch Small Talk!

## 1. Small Talk ist spontan

Einer der Vorteile von Small Talk und der Grund, warum es sich lohnt, dies zu lernen, ist die Tatsache, dass dieser ungeplant stattfindet. Bei Reden und anderen Kommunikationsmodellen müssen Sie einige Vorbereitungen durchführen, da von Ihnen erwartet wird, dass Sie einen bestimmten Standard erfüllen.

Bei einem Small Talk müssen Sie jedoch so gut sein wie beim letzten und konsequent darauf aufbauen. Die Spontanität des Small Talk beseitigt auch den Druck, den Sie möglicherweise bei anderen Kommunikationsarten spüren.

## 2. Small Talk kann Sie zu neuen Ideen inspirieren

Ja, mit Small Talk werden Sie immer wieder von neuen Ideen inspiriert, weil Sie mit neuen Menschen interagieren, die unterschiedliche Meinungen über das Leben und die Arbeit haben.

Wenn Sie genau auf den Inhalt der Gespräche achten, werden Sie zustimmen, dass es immer etwas Neues zu lernen gibt. Ihre Sicht auf bestimmte Themen ändert sich auch häufig.

## 3. Es hilft Ihnen, Ihren wahren Wert zu erkennen

Wenn Sie sich mit Small Talk beschäftigen, werden Sie sich durch die Augen einer anderen Person sehen. Wenn die Person Sie lobt und den Wert in dem, was Sie sagen, hervorhebt, werden Sie beginnen, Ihren wahren Wert zu erkennen.

Die meisten Menschen bagatellisieren ihre Meinungen und ihre Sicht auf die Welt, weil sie diese fälschlicherweise für unbedeutend halten. Wenn Sie sich jedoch ein paar Minuten mit jemandem unterhalten und dieser sagt: „Wow, Sie haben eine erstaunliche Perspektive", dann werden Sie lernen, diesen Kommentar zu bewerten, der sich auf Ihr Selbstbild auswirkt.

## 4. Sie werden ein Menschenliebhaber

Small Talk befähigt Sie auch, ein besserer Bewunderer von anderen zu werden. Einige Menschen können nicht gut mit anderen in Kontakt treten, weil sie sich nicht auf ein Gespräch einlassen, von dem sie glauben, dass es fruchtlos ist, und sind so isoliert.

Wenn Sie anfangen, Ihre Gedanken mit anderen zu teilen, wenn Sie anfangen, sich mit Menschen zu verbinden, werden Sie sich in die Vielfalt und Einzigartigkeit der menschlichen Natur verlieben. Diese Idee beeinflusst auch Ihre Fähigkeit, ein besserer Bewunderer von anderen Menschen zu sein, deren Fehler anzuerkennen und ihre Meinungen zu respektieren.

## 5. Es hilft Ihnen, bleibende Eindrücke zu schaffen

Wir haben ein ganzes Kapitel dem Lernen und darüber wie man bleibende Eindrücke schafft, gewidmet, weil dies einfach essentiell ist. Diese bleibenden Eindrücke werden zum Sprungbrett, woraus Folgegespräche entstehen und sich Beziehungen formen.

## 6. Sie können gut mit Menschen

Eines der Kennzeichen von Führung ist die Fähigkeit einer Person, gut mit Menschen umgehen zu können. So können Sie jederzeit Verbindung zu Menschen schaffen, was Ihnen hilft, erfolgreich mit einem höheren Ziel zu führen.

Stellen Sie sich vor, Sie sind ein Manager, der gelegentlich Small Talk mit Mitarbeitern im Büro führt. Sie werden zustimmen, dass Sie durch diese kleinen Unterhaltungen mehr über die Menschen erfahren, die für Sie arbeiten, und wissen, wie Sie ihre Fähigkeiten für das Wohl der Firma und noch besser für deren Wohl einsetzen können.

### 7. Sie haben keine Probleme damit, ein tragfähiges Gespräch zu führen

Schwierigkeiten beim Führen einer fruchtbaren Diskussion mit neuen Menschen ist gerade in diesem digitalen Zeitalter real. Aber eine Person, die erfahren im Small Talk ist, wird sich nicht mit Konversationsmodellen herumschlagen. Solche Leute werden nicht nur großartig beim Einstieg in einen Small Talk sein, sondern sie werden auch wissen, wie man andere Personen mitreißt.

Small Talk hilft Ihnen dabei, eine Konversation von Anfang bis Ende aufzubauen, ohne unangenehme Gesprächspausen und andere Verhaltensweisen, die den Ablauf einer anständigen Konversation beeinträchtigen.

### 8. Ein großartiger Karriere-Booster

In der Unternehmenswelt und an anderen Arbeitsorten sind es diejenigen, die im Small Talk großartig sind, die die Karriereleiter schnell nach oben steigen können, weil sie sich gut mit Menschen verbinden können.

Diese Personen werden die Aufmerksamkeit des Top-Managements auf sich ziehen, da jedes Unternehmen sowohl Ihre Hard- als auch Ihre Soft Skills berücksichtigt. Was Sie für das Unternehmen tun, sind Ihre Hard Skills. Ihre Fähigkeit, effektiv mit Ihren Kollegen und denen, die Sie leiten, zu kommunizieren, sind Ihre Soft Skills. Eine Kombination beider Fähigkeiten wird als bedeutender Karriereschub dienen!

## Best-Practice-Beispiele zur Verbesserung Ihrer Konversationsfähigkeiten

Wenn Sie jemals mit Ihren Konversationsfähigkeiten zu kämpfen hatten, sollten Sie anfangen, sich umso mehr dem Thema Small Talk hinzugeben. Wenn Sie Small Talk anwenden, werden Sie eine deutliche Verbesserung Ihrer

Kommunikationsfähigkeiten und Ihrer Fähigkeit bemerken, Fremde anzusprechen.

Small Talk verändert die Art und Weise, wie Sie Kommunikation sehen, grundlegend. Sie werden es nicht mehr als stressigen Prozess ansehen, sondern als Brücke, die Sie mit anderen verbindet. Aus diesem Grund sollten Sie die Kunst des Small Talks meisterlich beherrschen wollen.

Wir haben den Grundstein für einen meisterhaften Umgang mit Small Talk für Sie gelegt. Jetzt fahren wir fort und lernen alles über bewährte Beispiele, die Ihre Konversationsfähigkeiten verbessern werden.

Die Beispiele, die Sie im Folgenden entdecken werden, sind keine Ideen, die Sie nur einmal umsetzen und dann wieder vergessen sollten. Diese Ideen sollten wiederholt verwendet werden, bis sie ein Teil von Ihnen geworden sind. Sie können zu diesem Kapitel jedes Mal zurückkehren, wenn Sie das Gefühl haben, Ihre Small Talk-Fähigkeiten verbessern zu müssen.

Stellen Sie sich die folgenden Ideen als Gewohnheiten vor, die nur ein Teil von Ihnen werden können, wenn Sie diese bewusst tun. Niemand wurde mit einer hervorragenden Small Talk-Fähigkeit geboren. Wir alle müssen lernen und darauf vertrauen, dass wir umso besser werden, je mehr wir uns anstrengen.

### 1. Stellen Sie sich Ihren Ängsten

Introvertierte Menschen sind nicht die einzigen, die Schwierigkeiten haben, einen Small Talk zu führen, da dies für jeden einschüchternd sein kann. Da es jedoch wichtig ist, müssen wir alle lernen, wie es funktioniert. Der erste Schritt dazu besteht darin, uns unseren Ängsten zu stellen.

Sie müssen den Hauptgrund herausfinden, warum Sie Small Talk nicht mögen, und dann planen, diese Angst zu überwinden. Es kann sein, dass Sie sich in der Nähe von Fremden nicht wohl fühlen. Was können Sie tun, wenn dies der Fall ist? Verbringen Sie mehr Zeit mit den Personen, die Sie nicht kennen!

Wenn Sie sich Ihren Ängsten stellen, können diese Sie nicht länger einschränken!

**2. Nutzen Sie einen Freund**

Um die Kunst des Small Talk zu beherrschen, muss man viel üben, und um sich wohler zu fühlen, sollten Sie eng mit einem Freund zusammenarbeiten. Wenn Sie Ihren Freund besuchen, führen Sie Small Talks über eine Vielzahl von Themen, die sich auf Wetter, Essen, Urlaub usw. beziehen können.

Tun Sie dies, wann immer Sie die Gelegenheit dazu haben, und Sie werden feststellen, dass Sie mit der Zeit immer besser werden. Wenn Sie mit einem Freund sprechen, können Sie mit den verschwitzten Handflächen und dem Gefühl des zugeschnürten Magens umgehen, das durch die Angst vor einem Small Talk verursacht wird.

**3. Stellen Sie Fragen**

Stellen Sie Fragen, wann immer Sie einen Small Talk halten. Wenn Sie an einen neuen Ort gelangen, an dem Ihnen alles fremd ist, lernen Sie die richtigen Fragen zu stellen, die Ihnen dabei helfen, Sicherheit zu gewinnen.

Unabhängig davon, wo Sie sich befinden (in einer größeren oder kleineren Gruppe oder in einem Einzelgespräch) – wenn Sie die richtigen Fragen stellen, werden Sie Ihre Fähigkeiten verbessern. Mithilfe von Fragen können Sie die Konversation in eine Richtung lenken, in der eine Beziehung gedeihen kann.

**4. Einstellen der richtigen Denkweise**

Ihre Denkweise spielt eine entscheidende Rolle für den Erfolg oder Misserfolg beim Small Talk. Wenn Sie immer der Meinung sind, dass Sie nicht erfolgreich einen Small Talk halten können (möglicherweise aufgrund von Fehlern in der Vergangenheit), werden Sie immer damit kämpfen, egal wie gut Sie trainieren.

Stellen Sie Ihre Denkweise richtig, indem Sie sich sagen, dass Sie es tun können! Lassen Sie nicht zu, dass die Fehler der Vergangenheit Ihrem Engagement im Wege stehen. Bevor Sie zu einer Veranstaltung gehen, stellen Sie sich darauf ein, dass Sie Small Talks halten werden und sagen Sie sich, dass diese erfolgreich sein werden, unabhängig davon, mit wem Sie sprechen werden.

### 5. Machen Sie ein Spiel daraus

Manchmal muss man spielen, um ein Konzept meisterhaft zu beherrschen, damit man den Prozess ebenfalls genießen kann. Tricksen Sie sich selbst aus und sehen Sie einen Small Talk als Spaß. Geben Sie sich mindestens eine Stunde Zeit, um jemanden kennenzulernen und etwas über ihn zu lernen.

Ihr Verstand wird eine Veränderung erfahren, und je mehr Sie sich auf diese Art von Spiel einlassen, desto natürlicher wird Ihnen ein Small Talk vorkommen. Geben Sie sich jedes Mal Punkte, wenn Sie es richtig machen, und bauen Sie auf Ihrem vorherigen Erfolg auf, um besser zu werden.

### 6. Seien Sie sie selbst!

Versuchen Sie nicht, jemand anderes zu sein, nur weil Sie denken, dass derjenige im Small Talk im Büro hervorragend oder besser als Sie ist. Sie haben nicht das ganze Buch gelesen, um jetzt jemand anderen nachzuahmen, oder?

Sie haben dieses Buch gelesen, um sich selbst zu verbessern, und Sie haben diese Steigerung bereits erlangt. Was kommt als Nächstes? Sie müssen authentisch sein. Verstellen Sie sich nicht, weil Sie der anderen Person gegenüber „sichtbar" gefallen möchten. Alles was Sie tun müssen ist, Sie selbst zu sein. Seien Sie originell und exzellent!

## 7. Setzen Sie Ihre Erwartungen herab

Sie haben dieses Buch gelesen, das Sie auf die Zukunft mit Small Talks vorbereitet hat, aber andere Menschen haben vielleicht keinen Zugang zu solchen Publikationen. Deswegen beschäftigen sie sich immer noch mit spezifischen Herausforderungen im Gespräch. Bitte minimieren Sie Ihre Erwartungen an andere und folgen Sie dem Gesprächsverlauf.

Lachen Sie nicht über ihre Fehler und unterbrechen Sie das Gespräch nicht, weil Sie den anderen nicht „interessant" finden. Halten Sie die Erwartungen auf ein Minimum reduziert und Sie werden in der Lage sein, Small Talks meisterhaft zu beherrschen.

## 8. Bleiben Sie nicht an der Seitenlinie

An der Seitenlinie zu stehen bedeutet, an jemanden zu kleben und sich hinter ihn zu stellen (zu verstecken), während dieser einen Small Talk hält. Sie sind zu gut, um an der Seitenlinie zu stehen, und Sie wurden darauf vorbereitet, es besser zu machen.

Seien Sie kein Helfershelfer. Seien Sie kein Mauerblümchen. Stehen Sie nicht im Schatten einer anderen Person, denn wenn Sie dies tun, werden Sie niemals den Meistertitel erlangen. Sie haben Ihren Freund vielleicht zu einer Veranstaltung begleitet, aber nachdem Sie ein paar Minuten zusammen dort waren, können Sie sich am Veranstaltungsort zurechtfinden und mit neuen Leuten in Kontakt treten.

## 9. Übernehmen Sie die Verantwortung für den Prozess

Sie müssen die Verantwortung für den Konversationsprozess übernehmen, wann immer Sie mit einer anderen Person sprechen, damit Sie lernen, die Verantwortung für einen Small Talk zu übernehmen. Geben Sie nicht der anderen Person die Schuld, wenn das Gespräch langweilig wird; führen Sie es nicht auf etwas zurück, was die Person gesagt oder getan hat.

Wenn Sie Small Talk meisterhaft beherrschen wollen, müssen Sie bereit sein, Verantwortung zu übernehmen. Wenn Sie

Verantwortung übernehmen, wird es Sie antreiben, Ihr Bestes zu geben und alle bisher in diesem Buch enthaltenen Ideen für sich zu nutzen.

## 10. Hören Sie nicht auf zu üben

Hören Sie vor allem nicht auf, es zu versuchen und zu üben! Ich nutze auch heute noch die Power des Small Talks, weil ich immer für verschiedene Szenarien übe. Wenn Sie gut genug trainieren, werden Sie selbstbewusster, und dies gibt Ihnen die Möglichkeit, den Ton in Ihren Gesprächen anzugeben.

Konsequente Übung ist der Schlüssel zur meisterhaften Beherrschung der Kunst des Small Talks. Mit den in diesem Kapitel geteilten Ideen können Sie sich darauf verlassen, dass Sie auf dem Weg sind, ein Experte darin zu werden.

Wir sind endlich am Ende einer fantastischen Reise angelangt und ich glaube, Sie haben es verdient, auf den Rücken geklopft zu werden. Wir werden diese Reise mit einem abschließenden Abschnitt abrunden, der Sie zu weiterem Handeln anregen wird.

# FINALE WORTE

*Jetzt wissen Sie, was Sie nach einem Hallo als Nächstes sagen sollten!*

Dieses Buch versucht Ihnen beizubringen, wie Sie durch Small Talk bessere Beziehungen aufbauen können. Wir begannen, indem wir einige der Hauptgründe analysierten, warum Menschen Schwierigkeiten haben, mit Fremden ins Gespräch zu kommen. Ängstliche, besorgte und schüchterne Personen waren einige Herausforderungen, die wir besprochen haben, bevor wir zu Lösungen übergegangen sind.

In diesem Buch haben Sie gelernt, wie Small Talk definiert wird und wie Sie Schüchternheit als Individuum überwinden können. Sie haben den Wert sozialer Kompetenzen entdeckt und gleichzeitig einen Einblick in das Konzept der nonverbalen Kommunikation erhalten.

Zu wissen, was nach einem Hallo kommt, ist entscheidend für den Erfolg von einem Small Talk. Während der Kommunikation werden Sie nicht mehr das Gefühl haben, festzustecken, da Sie wissen, wie man Gespräche aufrechterhält.

Die Planung eines eleganten Ausstiegs ist ebenfalls von entscheidender Bedeutung, denn so sehr Sie möchten, dass das Gespräch endet, möchten Sie auch in guter Erinnerung bleiben. Insgesamt haben Sie einen umfassenden Einblick in die Kunst des Small Talks erhalten und wie Sie diesen meisterlich beherrschen können.

Ich habe Ihnen von Anfang an versprochen, dass Sie den Prozess genießen und sich für Small Talk begeistern werden. Ich hoffe, dass dies jetzt zutrifft, aber was Sie aus diesem Text entnehmen, liegt letztendlich an Ihnen.

Wenn Sie nun das Lesen genossen haben, werden Sie sicherlich gerne Small Talks führen, die Ihnen letztendlich dabei helfen, jeden Tag darin ein bisschen besser zu werden. Ich sage es noch einmal: Perfektion ist der Feind des Guten. Erwarten Sie dies nicht gleich nach dem Lesen dieses Buches. Forschen Sie danach. Streben Sie danach. Dann lernen Sie, loszulassen.

Sie werden Fortschritte sehen, wenn Sie üben. Denken Sie daran, dass dies keine Zauberei ist. Dies ist ein Prozess. Sie müssen sich damit befassen, wie es sich mit Ihnen befasst. Mit der Zeit werden Sie sich verbessern.

Druck wird den Weg für Enttäuschungen pflastern. Das ist nicht im Sinne dieses Buches. Ich möchte, dass Sie sich wohl und entspannt fühlen und wissen, dass es konsequenter Übung bedarf, um ein Meister im Small Talk zu werden.

Wenn es jedoch eine Sache gäbe, die in diesem Buch am wichtigsten ist, was glauben Sie, wäre dies?

Es ist das Folgende: Sie können mit jeder Person und an jedem Ort ein Gespräch führen (Small Talk). Ich möchte, dass diese Idee für Sie greifbar wird; diese sollte die ganze Zeit in Ihrem Kopf sein, nur dann sind Sie vorbereitet. Denken Sie an diese Nachricht, wenn Sie auf einer Party sind und sich fragen, ob Sie ein Gespräch mit jemandem beginnen können, der neben Ihnen steht.

Sie können einen Small Talk mit einem Menschen beginnen, den Sie gerade kennengelernt haben, und Sie können dies tun, ohne Angst vor dem Unbekannten zu haben. Sie sind bereit, neue Freundschaften mit Menschen aufzubauen, die Ihrer Welt Farbe verleihen.

Small Talk ist ein wesentlicher Bestandteil Ihres Alltags. Es ist einfach, es als etwas Sinnloses zu bezeichnen, etwas, das Sie nirgendwohin bringt. In Wahrheit trägt es jedoch zu Ihrem Wohlbefinden und Glück bei. Sie werden es wahrscheinlich verpassen, Ihren Seelenverwandten zu treffen, wenn Sie Angst vor einem Small Talk haben.

Denken Sie auch daran, dass die in diesem Buch behandelten Prinzipien nicht nur für direkte persönliche Face-to-Face-Interaktionen gelten. Wir leben im digitalen Zeitalter, und daher wird ein Großteil Ihrer Kommunikation online stattfinden. Sie können heutzutage fast überall Kontakte knüpfen: Facebook, Instagram, YouTube, E-Mail, Snapchat, Kik, WhatsApp, Textnachrichten usw. Über solche sozialen Plattformen können Sie Vertrauen aufbauen und die Kunst des Gesprächs mit anderen meistern.

Zum Abschluss dieser Reise möchte ich noch einmal herausstellen, wie wichtig Selbstvertrauen ist. Sie müssen Selbstvertrauen aufbauen, um die Auswirkungen negativer Gedanken abzuwehren. Um es in die richtige Perspektive zu rücken: Wenn Sie positiv denken, freuen Sie sich darauf, jemanden zu treffen und etwas über ihn und von ihm zu lernen.

Diese Positivität verwandelt sich in Selbstvertrauen, weil Sie sich in einem großen, mentalen Raum für Interaktion befinden. Machen Sie sich keine Sorgen, dass Sie langweilig wirken. Sie sind eine wertvolle Person, die einen einzigartigen Standpunkt und eine besondere Art dies mitzuteilen hat. Die Menschen, mit denen Sie sprechen, können genauso schüchtern sein wie Sie – warum also nicht das Beste aus der Situation herausholen?

Wenn Sie nervös oder ängstlich sind, bevor Sie andere Menschen treffen, freuen Sie sich auf die Begegnung und visualisieren Sie ein erfolgreiches Gespräch. Freude wird Ihre Unruhe in etwas Positives verwandeln und gleichzeitig den Weg weisen, indem Sie interagieren, sich engagieren und etwas Neues lernen.

Die Tatsache, dass dieses Buch hier endet, bedeutet nicht, dass ich Ihnen keine zusätzlichen Tipps für den Erfolg geben kann. Ich möchte, dass Sie in die Welt hinausgehen, sich gestärkt fühlen und bereit sind, leidenschaftlich zu sprechen.

Hier ist eine weitere Idee für Sie: versuchen Sie, Stoizismus zu üben, um die Dinge von einem rationaleren Standpunkt aus zu betrachten. Wir alle ziehen Hosen auf die gleiche Weise an, ein Bein nach dem anderen, also versuchen Sie nicht, Dinge zu beschleunigen. Konzentrieren Sie sich auf den gegenwärtigen Moment, in dem Sie sich unterhalten, und vermeiden Sie es, in Verlegenheit und Was-wäre-wenn-Gedanken, die irrationale Ängste hervorrufen, zu schwelgen.

Sie werden mit Ihrem Training mehr erreichen, wenn Sie in einer vertrauten Umgebung üben. Beginnen Sie nicht damit, in dem Sie an gesellschaftlichen Veranstaltungen teilnehmen, an denen Sie nicht interessiert sind, und halten Sie sich an Umgebungen, in denen Sie sich leicht entfalten können. Das Ziel ist, dass Sie Spaß haben und den Prozess genießen. Fragen Sie sich also: Welche Interessen habe ich? Woran glaube ich? Diese Fragen erleichtern Ihnen den Aufbau von Beziehungen zu Gleichgesinnten.

Erinnern Sie sich an das Vier-Ohren- oder Vier-Seiten-Modell, welche Ihnen die Vorstellung vermittelten, dass eine Aussage einer anderen Person verschiedene Bedeutungen haben kann. Die Nachricht lautet:

1. Tatsacheninformationen: Geben Sie Informationen genau an.
2. Appell: um Anweisung oder Ratschläge von Ihnen zu erhalten.
3. Beziehung: Bezug zu einem Aspekt Ihrer bestehenden Beziehung.
4. Selbstoffenbarung: Geben Sie etwas über sich preis (Motive, Werte, Emotionen, Vorlieben, Abneigungen usw.)

Vergessen Sie nicht, die nonverbalen Hinweise und die Körpersprache der Personen zu interpretieren, mit denen Sie bei Veranstaltungen interagieren. Behalten Sie ihre Gesten, Mimik, Stimmlage und Haltung im Auge. Sie sollten Ihre Körpersprache auch während des Gesprächs dämpfen, damit Ihre Kommunikation nicht als aggressiv fehlinterpretiert wird.

Sie sollten danach streben, sowohl für sich selbst als auch für den anderen eine positive Erfahrung zu erzeugen. Lächeln Sie mehr, sitzen Sie gerade und zeigen Sie Interesse (das ist so wichtig). Würde Ihnen ein Small Talk gefallen, wenn der andere gelangweilt schaut? Natürlich nicht!

Interessieren Sie sich nicht nur für Spannung, sondern auch für das, was der andere sagt, indem Sie aufmerksam zuhören. Seien Sie ein aktiver Teilnehmer, seien Sie positiv, freundlich und ein herzlicher Mensch. Seien Sie die Person, mit der jeder gerne in Kontakt tritt.

Eine andere Möglichkeit, mit einem Small Talk etwas zu gewinnen, besteht darin, das Gespräch durch offene Fragen am Laufen zu halten. Fragen zum Wetter sind nicht offen; dies sind direkte Fragen, die nicht zu spannenden Gesprächen führen. Vermeiden Sie auch kontroverse Themen, die zu übermäßig leidenschaftlichen Ausbrüchen führen (zum Beispiel Politik).

Binden Sie den Gesprächseinstieg an den Anlass, das Ereignis oder den Ort. Sprechen Sie über das Dekor, die Farben, den Hauptgrund für das Spiel, die Organisation usw. Auf diese Weise sind Sie auf der sicheren Seite.

Sprechen Sie über Hobbys, Kunst, was Ihr Gegenüber zu der Veranstaltung mitgebracht hat oder woher sie den Gastgeber kennen. Dies sind Themen, die zu einem faszinierenden Gespräch zwischen Ihnen Ihrem Gesprächspartner führen können. Bereiten Sie Gesprächseinstiege rechtzeitig vor, um Stress zu vermeiden. Wenn Sie sich vorbereiten, sind Sie bereit für alles. Wenn Sie den Small Talk richtig beenden, eröffnet sich für Sie eine Gelegenheit für zukünftige Gespräche. Wenn Sie die Person erneut treffen, können Sie beide dort weitermachen, wo Sie aufgehört haben.

Sie können proaktiv zum Fortbestehen von Beziehungen beitragen, indem Sie nach kurzer Zeit eine Follow-up-Nachricht senden, um die Verbindung aufrechtzuerhalten.

Ich hoffe, dieses Buch hat dazu beigetragen, Ihre Small Talk-Fähigkeiten zu verbessern und sind bereit durchzustarten!

Dies sollte in Zukunft Ihre Formel sein:

LESEN = VERINNERLICHEN = AUSFÜHREN = WIEDERHOLEN!

Ich verbleibe mit den besten Wünschen.

# VERWEISE

English Club, (2019), Small Talk Practice 2: At the office https://www.englishclub.com/speaking/small-talk_practice2office.htm Bridges, F. (2019, April 25).

What to Say After „Hello" https://www.nicknotas.com/blog/what-to-say-after-hello/ Frost, A. (2019).

The Ultimate Guide to Small Talk: Conversation Starters, Powerful Questions, & More. https://blog.hubspot.com/sales/small-talk-guide Callahan, J (2018)

10 Nonverbal Cues That Convey Confidence at Work. https://www.forbes.com/sites/jacquelynsmith/2013/03/11/10-nonverbal-cues-that-convey-confidence-at-work/#1f5b763f5e13 Smith, J. (2013)

Stop overthinking and Never Run Out of Things To say https://goodmenproject.com/featured-content/stop-overthinking-never-run-out-things-say-lbkr/ Schiffer, V. (2019).

The Art of Misunderstanding & The 4 Sides Model of Communication. https://www.medium.com/seek-blog/the-art-of-misunderstanding-and-the-4-sides-model-of-communication-7188408457ba Amintro, (2019).

The Art of small talk: how to start and keep a conversation going, https://www.amintro.com/life/art-small-talk-start-keep-conversation-going/ Hertzberg, K. (2017).

Small Talk 101 for Shy People in the Office. https://www.grammarly.com/blog/small-talk-tips-for-introverts/ Eduard, (2012).

The Best Conversation Starters http://conversation-starters.com/ Khuu, C. (2018).

15 Tips to Get Better at Small Talk. https://www.success.com/15-tips-to-get-better-at-small-talk/

The Art of Small Talk. Body language. https://www.the-art-of-small-talk.com/bodylanguage.html Sedghi, A. (2019).

37 Conversation Starters that make You Instantly Interesting, https://www.readersdigest.ca/health/relationships/interesting-conversation-starters/ Johnson, P. (2016).

7 Ways to Make a Big Impression with Small Talk, https://www.heysigmund.com/7-ways-to-make-a-big-impression-with-small-talk Hey, S. (2019).

Small Talk Practice 2: At the Office, https://www.englishclub.com/speaking/small-talk_practice2office.htm

How To Be Better At Small Talk, https://www.forbes.com/sites/francesbridges/2019/04/25/how-to-be-better-at-small-talk/#318291135ca5 Holiday, R., & Hanselman, S. (2016).

Small Talk for Big Sales, https://www.sellingpower.com/2010/02/02/8361/small-talk-for-big-sales Craig, B. (2010)

Keep Conversations Flowing With the FORD Method, https://curiosity.com/topics/keep-conversations-flowing-with-the-ford-method-curiosity/ Ashley, H. (2018).

Stop Overthinking and Never Run Out of Things To Say, https://goodmenproject.com/featured-content/stop-overthinking-never-run-out-things-say-lbkr/ Jeff, C. (2018)

# ENDLICH DURCHSETZEN!

*Mit mehr Selbstbehauptung und knallhartem Durchsetzungsvermögen zum Erfolg. Wie Sie mutig leben, Grenzen setzen und sich Respekt verdienen*

**GERARD SHAW**

# INHALTSVERZEICHNIS

Einführung ........................................... 269

Kapitel 1: Durchsetzungsvermögen in einer vielfältigen Welt .. 275

    Durchsetzungsvermögen in der Psychologie: Kognitiver, Verhaltens- und sozialer Standpunkt ........................... 275
    Durchsetzungsvermögen in der Kommunikation: Die vier grundlegenden Kommunikationsstile ........................... 277
    Merkmale einer aggressiven, passiven und durchsetzungsfähigen Person. Welche sind Sie? ..................... 281
    Warum ist Durchsetzungsvermögen so wichtig? ................. 283
    Bestandsaufnahme des Durchsetzungsvermögens - eine Selbsteinschätzung ........................................... 285

Kapitel 2: Selbstfindung: Die Kontrolle über Ihr Leben zurückgewinnen ........................................... 291

    Wer wir sind und warum einige von uns nicht durchsetzungsfähig sind ..................................... 291
    Meta-Perzeptionen - wie Sie sich selbst und wie andere Sie sehen ........................................... 295
    Aufbau eines positiven Selbstbildes ........................... 304
    Fallstudie: Die Macht der Perspektive und des positiven Selbstbildes ........................................... 310
    Selbsteinschätzung zur Selbstentdeckung ..................... 310

Kapitel 3: Ihre persönliche Kraft nutzen ........................... 313

    Was ist persönliche Ermächtigung? ........................... 313
    Fallstudie: Wie sich persönliche Ermächtigung anfühlt ......... 318
    Durchsetzungsvermögen und Ermächtigung ................... 319
    Wie man sich positiv durchsetzen kann ....................... 323
    Bauen Sie Ihr Leben auf der Grundlage von Respekt auf ........ 327

## Kapitel 4: Los geht's: Entwicklung des durchsetzungsfähigen Verhaltens ... 331

    Die drei Elemente des durchsetzungsfähigen Verhaltens ... 337
    Kategorien von durchsetzungsfähigem Verhalten ... 337
    Tipps für mehr Durchsetzungsvermögen ... 343
    Wie Sie mit Kritik selbstbewusst umgehen ... 344
    Selbsteinschätzung: Welcher Stil ist Ihrer? ... 346

## Kapitel 5: Die Kunst, "nein" zu sagen ... 349

    Wieso? Warum ist es so schwer, "nein" zu sagen? ... 349
    Wie man im Geschäftsleben "nein" sagt ... 359
    Hausaufgaben für Sie ... 361

## Kapitel 6: Wo sind Ihre Grenzen? ... 363

    Ihre Grenzen verstehen und sie bestimmen ... 363
    Wie Sie Ihre Grenzen setzen ... 365
    Ihre Grenzen setzen - Maßnahmen ergreifen ... 367
    Manchmal funktionieren Grenzen nicht ... 370
    Bereiche, in denen Sie Grenzen setzen müssen ... 373
    Wie man gesunde Grenzen setzt ... 375
    Wie man über seine Grenzen spricht: ASSA-Technik ... 378
    Wie sieht es bei Ihnen aus? ... 382

## Kapitel 7: Durchsetzungsfähige Selbstdarstellung ... 385

    Wenn es schwierig ist, seine Gefühle auszudrücken ... 385
    Techniken, um sich auszudrücken ... 389
    Durchsetzungsfähige Kommunikationsformel:
    Die Botschaft klar vermitteln ... 392
    Hausaufgaben für Sie ... 395

## Kapitel 8: Verlangen und erhalten Sie, was Sie wollen ... 397

    Verlangen Sie, was Sie wollen ... 397
    Durchsetzungsfähige Anfrage-Formel ... 399
    Verlangen Sie nach einer Gehaltserhöhung ... 402
    Durchsetzungsfähige Anfrage zur Informationsbeschaffung . 406
    Hausaufgaben für Sie ... 407

## Kapitel 9: Durchsetzungsvermögen im Alltag ... 409

Durchsetzungsvermögen im täglichen Leben ......................... 409
Durchsetzungsvermögen bei der Arbeit ............................... 411
Durchsetzungsvermögen in Familie und Beziehungen ........... 413
Setzen Sie sich durch und äußern Sie sich ............................ 415
Und nun? ............................................................................. 417

Fazit .................................................................................... 419

Verweise .............................................................................. 423

# EINFÜHRUNG

Sie wollen mehr in Ihrem Leben erreichen. Vielleicht ein besseres Gehalt, einen höheren sozialen Status oder mehr Respekt von den Menschen um Sie herum. Sie wollen, dass Ihr Heute besser ist als Ihr Gestern, und dass Ihr Morgen besser ist als Ihr Heute. Und das haben Sie sich verdient.

Nicht, weil Sie so lange davon geträumt haben, sondern auch, weil Sie darauf hingearbeitet haben, es zu erreichen. Trotzdem verpassen Sie jedes Mal irgendwie die richtige Gelegenheit. Sie fragen sich ständig, was Ihnen fehlt. Oder ist es einfach nur Pech?

Pech? Menschen, die hart arbeiten, sind die Schmiede ihres eigenen Glücks, und Sie sind keine Ausnahme. Zudem sind Sie auch ein rundum netter Mensch, sehr aufrichtig und freundlich.

Warum bekommen Sie also nicht, was Sie verdienen?

Vielleicht sind Sie zu großzügig, und Ihre Großzügigkeit wirkt sich gegen Sie aus. Oder vielleicht fragen Sie nie nach dem, was Sie wirklich wollen, oder Sie sind sich unsicher, wie Sie es verlangen sollen. All das hindert Sie, das zu erreichen, was Sie sich im Leben wünschen und was Sie verdienen.

Dennoch können Sie es genau JETZT bekommen! Sie können es erreichen, ohne Ihre Identität, Ihre Großzügigkeit oder Ihre Selbstachtung zu verlieren.

Sie müssen nur die effektivste Art und Weise entdecken, wie Sie kommunizieren und sich ausdrücken sollen, um das zu bekommen, was Sie sich in Ihren Beziehungen, bei der Arbeit, mit Ihrer Familie, Ihren Freunden und im Leben wünschen. Klingt das gut?

In diesem Buch entdecken Sie den Masterplan zum Erreichen eines effektiven Kommunikationsstils, der Ihnen die Fähigkeiten gibt, das auszudrücken, zu fragen und zu erhalten, was Sie im Leben wollen. Und das Beste daran?

Die in diesem Buch vermittelten Lektionen sind umsetzbar und in Ihrem Alltag anwendbar. Es wird Ihnen leicht fallen, Situationen zu erkennen, auf die Sie sich beziehen können und das erlernte Wissen in Ihrem Alltag anzuwenden.

Ich habe verschiedene Kommunikationstechniken studiert und einige davon herausgegriffen, die jeden in die Lage versetzen, in seinem Leben erfolgreich zu sein. Der durchsetzungsfähige Kommunikationsstil sticht jedoch immer hervor. Ich habe diesen Kommunikationsstil jeden Tag angewendet und versucht, besser zu verstehen, wie er in jedem Aspekt meines Lebens am besten ausgeführt wird: Arbeit, Beziehungen, Familie, Freunde und persönliche Entwicklung.

Um die Wahrheit zu sagen, fühle ich mich in jedem Aspekt meines Lebens gestärkt, seit ich mir der Anwendung eines durchsetzungsfähigen Kommunikationsstils bewusster geworden bin. Ich spüre eine stetig wachsende Macht, mehr Kontrolle über mein Leben zu haben.

Und jetzt möchte ich, dass Sie das Gleiche erleben! Ich möchte, dass Sie die Kontrolle über Ihr Leben übernehmen, dass Sie fähig sind, Ihre Lebenssituationen zu kontrollieren.

Die Lektüre dieses Buches wird Sie auf eine einzigartige Reise führen, auf der Sie ein neues Ich entdecken. Sie werden mit Ihren Stärken arbeiten, anstatt über Ihre Schwächen zu jammern. Es wird Ihre gesamte Perspektive auf das lenken, was Sie tun können, um das zu erreichen, was Sie sich vorgenommen haben.

Es wird Ihnen eine ausgewogene Perspektive Ihres Lebens geben, eine solide Vorstellung von dem Know-how und den wesentlichen Techniken, um durch selbstbewusstes Verhalten und richtige Kommunikation das zu erreichen, was Sie in Ihrem Leben erreichen wollen. Es führt Sie durch das Verständnis von Durchsetzungsvermögen im richtigen Kontext, die Fähigkeiten, es in Ihrem persönlichen Leben angemessen einzusetzen, und einige praktikable Techniken, um diese Kommunikationsfähigkeiten zu einem selbstbewussten Lebensstil zu entwickeln.

Wenn Sie mich eine Sache fragen, die ich Ihnen aus meiner Erfahrung als Kommunikationscoach mitteilen kann, um ein glücklicheres und erfüllteres Leben zu führen, werde ich Ihnen immer sagen, dass Sie die Kraft eines durchsetzungsstarken Kommunikationsstils entdecken sollten, um Ihre Wünsche und Bedürfnisse auszudrücken. Ich rate Menschen, die effektive Kommunikationsfähigkeiten erlernen wollen, immer dazu, diesen durchsetzungsstarken Stil zu erlernen.

Stellen Sie sich vor, dass Menschen ihre langersehnte Gehaltserhöhung oder Beförderung erhalten, nachdem sie die in diesem Buch erlernten Techniken angewendet haben. Oder das Paar, dessen glückliche Ehe auf den Kommunikationsstil zurückzuführen ist, den sie hier gelernt haben. Dies sind nur einige der Erfolgsgeschichten, die ich gehört habe. Wie wird Ihre Erfolgsgeschichte nach der Lektüre dieses Buches aussehen? Stellen Sie sich vor, wie sie aussehen wird - und teilen Sie sie mit mir. Ich kann es kaum erwarten, von Ihnen zu hören.

Außerdem verspreche ich Ihnen, dass alles, was Sie sich vorgestellt haben, bald Wirklichkeit wird, vorausgesetzt, Sie folgen diesem Buch. Auf diesem Weg werden Sie Wissen, Weisheit und die Kunst, Ihre eigene Kraft aufzubauen, erlangen. Und dabei meine ich nicht, Ihre physische Kraft, sondern die innere, mächtige Kraft des Durchsetzungsvermögens. Das ist vielleicht die einzige Kraft, die Ihnen fehlt, um das Leben zu bekommen, welches Sie sich wünschen.

Die Lektionen, die Sie auf dieser Reise lernen werden, geben Ihnen Techniken, um nach innen zu schauen, Ihre Stärken zu entdecken und sich mächtig zu fühlen. Sie werden lernen, wie Sie Durchsetzungsvermögen einsetzen können, um Ihre Ziele zu erreichen, sei es in Beziehungen, im Geschäft, in der Karriere oder einfach im Alltag.

Die große Frage ist: Warum sollten Sie den durchsetzungsstarken Kommunikationsstil erlernen? Die Antwort liegt in den Lebenssituationen, in denen Sie derzeit feststecken - oder vielleicht in ferner Zukunft feststecken werden, wenn Sie diese Kommunikationstechniken nicht jetzt lernen.

Vielleicht sind Sie frustriert von Ihrem Job, Ihrer Gesundheit, Ihren Beziehungen oder Ihrer finanziellen Sicherheit - das reicht aus, um sich zu fragen, was nicht stimmt.

Wenn Sie wirklich vorankommen und aufhören wollen, im Leben stecken zu bleiben, müssen Sie heute handeln. Sie wissen bereits tief in Ihrem Inneren, dass sich etwas verändern muss und dass diese Veränderung jetzt geschehen muss.

Es ist höchste Zeit, dass Sie aufhören, das Opfer Ihrer Umstände zu spielen. Es ist an der Zeit, dass Sie Ihr eigenes Schicksal in die Hand nehmen. Wenn es nicht jetzt geschieht, wird es wahrscheinlich etwas später geschehen. Also stehen Sie auf und machen Sie sich bereit, Ihr Leben selbst zu steuern. Teilen Sie sich mit, stehen Sie für sich selbst ein und machen Sie den ersten Schritt. Lernen Sie das Wie.

Ich weiß, es ist nicht das erste Mal, dass Sie die Notwendigkeit einer Veränderung verspürt haben. Sie haben das schon viele Male erkannt. Aber etwas hat Sie zurückgehalten. Entweder haben Sie nicht die richtigen Techniken gefunden, um sich zu ändern, oder Sie hatten nicht den Mut, es zu tun. Das ist schon in Ordnung. Dieses Buch wird Sie mit den richtigen Fähigkeiten ausstatten, um Ihr Leben zu verändern. Das sind Fähigkeiten, die zu Ihrem Vorteil wirken, sodass Sie nicht von anderen ausgenutzt werden.

Jede Veränderung, selbst eine kleine, scheint am Anfang schwierig zu sein. Das liegt daran, dass wir Gewohnheitstiere sind und gerne innerhalb unserer Komfortzonen leben. Vielleicht sind wir nicht zufrieden mit dem, was wir haben, aber wir haben noch nicht den Mut zu einer Veränderung aufgebracht.

Lassen Sie uns jedoch den Mut finden, den ersten Schritt zur Veränderung zu tun. Wenn Sie eine neue und einzigartige Art und Weise erlernen wollen, wie Sie Ihr Spiel neu spielen und Ihr Leben selbst in die Hand nehmen können, beginnen Sie hier. Das ist der einfachste erste Schritt und er lohnt sich.

Wissen Sie, was Sie wollen, sagen Sie, was Sie wollen, und bekommen Sie, was Sie wollen. Es mag so einfach klingen - und KANN es auch sein. Lernen Sie hier "wie".

*Dieses Buch wird mit einer KOSTENLOSEN Broschüre über das Meistern Ihrer Alltagsroutine geliefert, um Ihre Ruhe und Ihr Selbstvertrauen im Alltag zu verbessern. Eine Anleitung, wie Sie diese Broschüre kostenlos herunterladen können, finden Sie am Ende dieses Buches.*

KAPITEL 1:

# Durchsetzungsvermögen in einer vielfältigen Welt

Was ist also dieses "Durchsetzungsvermögen"? Menschen sehen Durchsetzungsvermögen im Allgemeinen als unhöflich, herrschsüchtig oder aggressiv an. Die Realität sieht jedoch anders aus.

Durchsetzungsvermögen ist eine soziale Fähigkeit. Es ist eine Art der Kommunikation, bei der man seine Wünsche, Bedürfnisse, Standpunkte und Grenzen gegenüber anderen klar und respektvoll zum Ausdruck bringt. Diese Kommunikation findet unabhängig von Ihrem Standpunkt statt. Sie ist nicht egoistisch und nicht unhöflich, sondern einfach nur klar und deutlich in Ihrer Art der Kommunikation.

Durchsetzungsfähig zu sein bedeutet, ruhig und positiv für Ihre Rechte einzutreten, ohne aggressiv zu sein oder das "Unrecht" zu akzeptieren.

## Durchsetzungsvermögen in der Psychologie: Kognitiver, Verhaltens- und sozialer Standpunkt

Eine durchsetzungsfähige Person denkt, verhält sich und spricht anders als andere. Sie ist ruhig, entspannt und weniger ängstlich, auch in Stresssituationen. Das ist normal, denn wenn man sich über seine Wünsche im Klaren ist und weiß, wie man sie anderen mitteilen kann, bauen sich Frustration und Angst nicht auf. Sie werden in Ihren zwischenmenschlichen

Interaktionen nicht ängstlich sein und können Ihre Ziele leicht erreichen.

Auf der anderen Seite sind Menschen, denen es an Durchsetzungsvermögen mangelt, neutraler und ängstlicher. Sie fürchten sich vor dem Ergebnis, wenn sie ihre Gedanken ausdrücken. Was werden andere von ihnen denken? Was ist, wenn sie ihre Anerkennung verlieren? Kurz gesagt, nicht durchsetzungsfähige Menschen werden von anderen kontrolliert und haben keine Kontrolle über sich selbst.

Durchsetzungsfähige Menschen sind standhaft, ohne unhöflich zu sein. Sie berücksichtigen die Meinungen, Gedanken und Wünsche anderer ebenso wie ihre eigenen. Sie reagieren auf positive und negative Emotionen immer in ausgeglichener Weise, ohne aggressiv zu sein, zu schreien oder passiv zu sein. Durchsetzungsvermögen wird auch mit einem geringeren Maß an Stress und Depressionen in Verbindung gebracht.

Durchsetzungsvermögen führt auch zu Transparenz in Ihren Interaktionen. Solche Menschen wissen, wie sie ihre Wünsche mitteilen und Grenzen setzen können, sind aber weder anspruchsvoll noch wütend, wenn Anfragen nicht erfüllt werden.

Sie stellen ihren Standpunkt selbstbewusst dar und können andere sogar dazu bewegen, sich auf ihre Seite zu stellen. Dennoch respektieren sie die Meinung anderer, auch wenn sie von ihrer eigenen abweicht. Sie sind offen für konstruktive Kritik.

Wenn man also das Durchsetzungsvermögen unter verschiedenen Aspekten betrachtet, was kann man daraus schließen?

Es ist klar, dass es bei Durchsetzungsvermögen darum geht, das eigene Verhalten zu kontrollieren, nicht das von anderen. Mit einem durchsetzungsfähigen Verhalten können Sie Ihre Gedanken und Wünsche ehrlich anerkennen. Sie erwarten nicht, dass andere Ihren Forderungen nachgeben.

Man hört auf die Gefühle und Meinungen anderer, respektiert sie, aber letztlich entscheidet man sich dafür oder dagegen, sich ihnen anzuschließen. Selbst wenn Sie sich ihnen anschließen, ist es letztlich Ihre Entscheidung. Eine Entscheidung, die nicht aus Zwang oder Hilflosigkeit getroffen wird. Mit einem durchsetzungsfähigen Verhalten werden Sie kein Mensch, der es immer allen recht machen wird.

Doch jedes großartige Konzept ist mit Vorsicht zu genießen, was auch hier der Fall ist. Es gibt ein optimales Maß an Durchsetzungsvermögen, das man nutzen kann, besonders wenn man eine Führungspersönlichkeit ist. Wenn Sie zu viel oder zu wenig Durchsetzungsvermögen besitzen, verliert es seine gewünschte Wirkung.

Nun werden wir uns genauestens mit den anderen Kommunikationsstilen neben dem Durchsetzungsvermögen befassen.

## Durchsetzungsvermögen in der Kommunikation: Die vier grundlegenden Kommunikationsstile

Wenn ich Menschen aufgrund ihres Kommunikationsstils kategorisieren müsste, würde ich sie in eine der folgenden Kategorien einordnen.

### *Passive Kommunikation*

Was halten Sie von folgenden Aussagen?

*"Ich weiß nichts über meine Rechte."*
*"Ich kann nicht für meine Rechte einstehen."*
*"Die Leute berücksichtigen nie meine Gefühle."*

Diese Aussagen spiegeln eine schwache, depressive, sogar nachtragende Persönlichkeit wider. Sie werden häufig von jemandem getroffen, der nicht für seine eigenen Bedürfnisse und

Gefühle einsteht. Diese negative Ansicht ist eine Folge davon, dass die eigenen Bedürfnisse und Meinungen weder erkannt noch geäußert werden.

Und was passiert, wenn man diese Ideen oder Bedürfnisse nicht äußert?

Sie werden stillschweigend leiden, während sich all dieser Zorn, Schmerz und Groll aufbaut. Letztlich werden diese angestauten Gefühle in einem emotionalen Ausbruch ausgedrückt, der normalerweise in keinem Verhältnis zum auslösenden Vorfall steht. Nach dem Ausbruch fühlen Sie sich vielleicht verlegen oder schuldig, aber Sie kehren trotzdem zum passiven Kommunikationsstil zurück.

Menschen, die eine passive Kommunikation haben, nehmen beim Sprechen selten Augenkontakt auf und haben eine zusammengesunkene Körperhaltung.

Wissen Sie, wie passive Kommunikation Ihr Leben beeinflusst?

Passive Kommunikation kann Folgendes verursachen:

- Angst und Verlust der Kontrolle über das eigene Leben
- Hoffnungslosigkeit und Depression
- Stress, Ärger und Verwirrung
- Anderen zu erlauben, Sie auszunutzen oder Ihre Rechte zu verletzen
- Geringes Selbstwertgefühl und Vertrauen
- Schlechte Entscheidungsfindung

### *Aggressive Kommunikation*

Das genaue Gegenteil des passiven Stils ist aggressive Kommunikation. Ein aggressiver Mensch drückt seine Gefühle aus und setzt sich vehement für seine Bedürfnisse ein. Er ist dominierend, impulsiv und wird leicht frustriert.

Er erniedrigt andere, kritisiert, verletzt ihre Rechte, schaut auf sie herab und verhält sich unhöflich, ohne auf ihre Gefühle oder Meinungen Rücksicht zu nehmen. Nicht nur verbal, sondern auch in der Körpersprache ist er überheblich und aggressiv.

Es ist normal, schlecht über solche Kommunikatoren zu denken, die anderen Furcht und Hass einflößen, und deshalb fehlt es ihnen normalerweise an wahren Freunden oder einem sozialen Kreis.

Menschen, die eine aggressive Kommunikation benutzen, sagen Sätze wie: "Ich bin überlegen und ich habe recht" oder "Ich bin der Chef" oder "Ich weiß es besser als Sie" oder sogar "Ich werde mich durchsetzen, egal was passiert".

### *Passiv-aggressive Kommunikation*

Haben Sie jemals Menschen gesehen, die vor sich hin murmeln, vielleicht nach einer Konfrontation? Das sind die Menschen, die es schwer haben, ihre Meinung von Angesicht zu Angesicht zu äußern oder Probleme direkt zu konfrontieren. Oberflächlich betrachtet scheinen sie passiv zu sein, aber sie zeigen Wut oder Aggressivität auf indirekte oder subtile Weise.

Solche Menschen haben nicht die Stärke, offen und direkt mit dem Objekt Ihres Ärgers umzugehen. Sie werden also nach außen hin Kooperation und Akzeptanz zeigen, aber indirekt ihre Wut durch Spott, Sarkasmus und Spiele zum Ausdruck bringen.

Zu den Auswirkungen passiv-aggressiver Kommunikation gehören:

- Entfremdung von anderen
- Gefühl der Ohnmacht und im Leben nicht voranzukommen
- Unfähigkeit, die wirklichen Probleme im Leben anzusprechen

## *Durchsetzungsfähige Kommunikation*

Durchsetzungsfähige Kommunikation ist ein Kommunikationsstil, bei dem Sie Ihre Gefühle und Meinungen klar kommunizieren und sich für Ihre Rechte einsetzen, ohne die Rechte anderer zu verletzen.

Mit anderen Worten: Sie behalten nicht alles für sich, haben keine emotionalen Ausbrüche und erfinden auch keine Sachen. Sie schätzen sich selbst, Ihre Zeit und Ihre körperlichen, emotionalen und spirituellen Bedürfnisse sowie die der anderen um Sie herum.

Ein durchsetzungsstarker Mensch ist nicht nur ein klarer Kommunikator, sondern auch ein guter Zuhörer. Sie stellen Augenkontakt her, wenn sie mit anderen sprechen, behalten eine entspannte Körperhaltung, sprechen in einem ruhigen und klaren Ton, fühlen sich mit anderen verbunden und hören zu, ohne zu unterbrechen.

Wissen Sie, warum diese Art von Kommunikation mein Favorit ist?

Weil eine durchsetzungsfähige Person:

- sich kompetent fühlt und ihr Leben unter Kontrolle hat
- Probleme mit Zuversicht angeht
- eine respektvolle Umgebung schafft, in der andere wachsen und reifen können
- gut für sich selbst sorgen kann, sowohl körperlich als auch geistig
- echte, gesunde und langlebige Beziehungen aufbauen kann

Dies sind einige der Aussagen, die ich von Menschen, die eine durchsetzungsstarke Kommunikation benutzen, gehört habe:

"Wir können respektvoll miteinander kommunizieren."

"Ich bin zu 100 % für mein Glück verantwortlich."

"Ich habe im Leben immer eine Wahl."

"Ich respektiere Ihre Gefühle und Rechte."

Man darf jedoch nicht vergessen, dass wir nicht bei jeder Interaktion einen einzigen Kommunikationsstil anwenden können. Der durchsetzungsfähige Kommunikationsstil führt eher zu respektvollen und langfristigen Beziehungen. Daher sollte er in den meisten Fällen die bevorzugte Wahl sein.

Manchmal kann aber die Situation einen passiven oder aggressiven Kommunikationsstil erfordern. Der passive Stil wäre zum Beispiel die sinnvollere Option, wenn die Situation mit großer Wahrscheinlich zu Gewalt eskalieren wird. Wenn es jedoch um Ihre eigene Sicherheit geht, wird eine aggressive Kommunikation verhindern, dass sich die Situation verschlimmert.

Daher müssen Sie in jeder Situation den besten Kommunikationsstil nach eigenem Ermessen auswählen. Wenn Sie der Ansicht sind, dass Ihre Meinung durch einen anderen Kommunikationsstil besser vermittelt werden kann, wählen Sie diesen "Stil" für die jeweilige Situation.

Wenn Sie einen Kommunikationsstil häufig verwenden, wird dieser in Ihren Persönlichkeitstyp eingebettet. Sie werden entweder zu einer passiven, aggressiven oder durchsetzungsfähigen Person.

Wie lassen sich diese Persönlichkeiten am besten identifizieren? Lassen Sie uns einige Eigenschaften jedes einzelnen Persönlichkeitstyps untersuchen.

## Merkmale einer aggressiven, passiven und durchsetzungsfähigen Person. Welche sind Sie?

Jeder Persönlichkeitstyp hat seine eigenen Merkmale, die ihn von anderen unterscheiden. Hier ist eine Zusammenfassung der

Persönlichkeitsmerkmale von aggressiven, passiven und durchsetzungsstarken Personen. Welche passen zu Ihnen?

### Merkmale einer aggressiven Person:

- Sie stellt ihre eigenen Bedürfnisse über die der anderen. Sie will, dass ihre Wünsche sofort erfüllt werden.
- Sie spricht über andere Menschen.
- Sie hat keine Kontrolle über ihre Emotionen.
- Sie gibt anderen die Schuld für ihr Versagen.
- Sie kritisiert, erniedrigt und spricht schlecht über andere.
- Sie ist der Ansicht, dass ein starker Angriff die einzige Möglichkeit ist, sich zu verteidigen.
- Sie findet, dass ein ruhiges und freundliches Sprechen ein Zeichen von Schwäche ist und dass man anfällig dafür ist, ausgenutzt zu werden. Sie meint, man müsse laut und stark sein, um zu gewinnen.

### Merkmale einer passiven Person:

- Launisch
- Zurückgezogen
- Hält keinen Blickkontakt
- Hat Angst, ihre Meinung zu sagen, weil sie sich keine Feinde machen will
- Ist unterwürfig, weil sie Konflikte hasst
- Ist zurückhaltend, um die Anerkennung anderer Menschen zu gewinnen

### Merkmale einer durchsetzungsfähigen Person:

- Ist ruhig, gelassen und selbstbewusst in verschiedenen Situationen
- Spricht deutlich, ihre Botschaft ist nicht aufgesetzt
- Kann sich selbst kontrollieren
- Kann sich bei Bedarf anpassen

Zusammengefasst sind die drei Merkmale einer durchsetzungsstarken Person: Selbstvertrauen, Klarheit und

Kontrolle. Aber wie profitiert eine durchsetzungsfähige Person in ihrem Leben?

## Warum ist Durchsetzungsvermögen so wichtig?

Sie werden die Antwort in Kürze erhalten. Durchsetzungsvermögen hat viele Vorteile für Ihr persönliches und berufliches Leben.

### *Durchsetzungsvermögen in Ihrem persönlichen Leben hilft Ihnen*

8. Ihr eigener Herr zu sein. Egal was passiert, Sie können an Ihrem eigenen Leben festhalten und lassen sich von niemandem etwas Negatives sagen.
9. sich durchzusetzen, ohne unhöflich zu sein oder eine Schlägerei zu verursachen - im Gegensatz zu Aggressivität, bei der es darum geht, andere zur Unterwerfung zu zwingen.
10. besser mit Stress umzugehen, weil die Interaktionen klar sind. Sie wissen, was Sie akzeptieren können und wann Sie "nein" sagen müssen, um sich selbst und anderen klare Grenzen zu setzen.
11. Ihr Selbstwertgefühl und Ihr Selbstvertrauen zu verbessern. Nur ein durchsetzungsstarker Mensch hat das Selbstvertrauen, für sich selbst einzustehen.
12. Ihre Entscheidungsfähigkeit zu verbessern. Sowohl passive als auch aggressive Menschen treffen Entscheidungen auf Grundlage ihrer Emotionen. Im Gegensatz dazu nehmen durchsetzungsfähige Menschen eine neutrale Haltung ein, indem sie ihre Emotionen unter Kontrolle halten und ihre Entscheidungen auf Fakten basieren.

## *Durchsetzungsvermögen am Arbeitsplatz ist wichtig für:*

1. Gesunde und langfristige Beziehungen zu Ihren Kollegen. Wenn Sie am Arbeitsplatz klar und transparent kommunizieren und höflich mit allen sprechen, sind die Beziehungen zwangsläufig gut.
2. Die erhöhte Produktivität Ihres Teams. Stellen Sie sich einen Teamleiter vor, der aggressiv und dominant gegenüber seinen Teamkollegen ist. Wie würden Sie sich in seinem Team fühlen? Abgeneigt und voller Hass, richtig? Was wäre jedoch, wenn er durchsetzungsfähig wäre und Ihre Meinungen und Vorschläge schätzen würde? Dann würde sich das gesamte Szenario ändern und Sie würden gerne mit ihm zusammenarbeiten. Die Leistung des gesamten Teams würde sich verbessern.
3. Besseres Verhandlungsgeschick. Sie werden sich nie mit weniger zufrieden geben. Sie sind auch bereit, sich anzupassen, wo es nötig ist.
4. Ein friedlicher und freundlicher Arbeitsplatz, an dem die Gefühle und Meinungen jedes einzelnen respektiert werden. Das schafft ein sicheres Arbeitsumfeld für alle und lässt zudem Raum für neue Denkweisen.
5. Das Erreichen Ihrer beruflichen Ziele. Wenn sich all diese positiven Ergebnisse am Arbeitsplatz entfalten, werden Sie Erfolg haben!

## *Durchsetzungsvermögen macht Beziehungen erfolgreich*

Der Erfolg in Beziehungen hängt von Ehrlichkeit, Klarheit und gegenseitigem Respekt ab. Eine durchsetzungsfähige Person ist mit diesen Verhaltensweisen bestens vertraut, was zu erfolgreichen Beziehungen führt.

Es ist leicht zu erkennen, wie wichtig durchsetzungsstarkes Verhalten ist - im persönlichen Leben, bei der Arbeit und in Beziehungen.

Bevor Sie mit den Techniken fortfahren, um Durchsetzungsvermögen in Ihrem Leben zu integrieren, ist es Zeit für eine Selbsteinschätzung.

## Bestandsaufnahme des Durchsetzungsvermögens - eine Selbsteinschätzung

Es gibt zwei wesentliche Komponenten des Durchsetzungsvermögens:

1. Drücken Sie Ihre Wünsche, Bedürfnisse und Gedanken aus, auch wenn es schwierig ist.
2. Respektieren Sie, was andere wollen, brauchen und denken, auch wenn es schwierig ist.

Um Ihr Können in diesen beiden Komponenten einzuschätzen, haben wir diesen Fragebogen zum Thema Durchsetzungsvermögen entwickelt, um den Grad Ihres Durchsetzungsverhaltens in Ihrem täglichen Leben zu bestimmen.

**Fragebogen zum Durchsetzungsvermögen**

Bitte wählen Sie unten eine Antwort aus, die Sie am besten beschreibt. Die Antworten variieren auf einer Skala von 1 (nicht sehr wie ich) bis 5 (sehr wahrscheinlich ich).

Seien Sie ehrlich! Die Informationen werden verwendet, um Ihnen zu helfen, durchsetzungsfähige Verhaltensweisen in Ihrem Arbeitsumfeld und Ihren Beziehungen zu erlernen. Es gibt keine richtigen oder falschen Antworten. Bewerten Sie sich einfach auf einer Skala von 1 bis 5.

**Schlüssel:** 1 bedeutet: sehr selten; 2 bedeutet: manchmal; 3 bedeutet: normalerweise; 4 bedeutet: oft; 5 bedeutet: immer

| Fragen | nicht sehr wie ich → → →<br>sehr wahrscheinlich ich | | | | |
|---|---|---|---|---|---|
| | 1 | 2 | 3 | 4 | 5 |
| 1. Ich widersetze mich bei etwas, das mir nicht gefällt. | | | | | |
| 2. Ich äußere mich laut, wenn jemand meine Grenzen nicht respektiert, z. B. mit Aussagen wie „Ich lasse mich nicht betrügen" oder „Ich leihe Freunden kein Geld". | | | | | |
| 3. Es fällt mir oft schwer, "nein" zu sagen. | | | | | |
| 4. Ich äußere meine Meinung, auch wenn andere sie nicht teilen. | | | | | |
| 5. Nach einem Streit wünsche ich mir oft, ich hätte gesagt, was ich auf dem Herzen habe. | | | | | |
| 6. Ich neige dazu, mich den Wünschen meiner Freunde oder Kollegen anzuschließen, anstatt meine Gedanken zu äußern. | | | | | |

| | |
|---|---|
| 7. Ich habe manchmal Angst, Fragen zu stellen, die mich dumm wirken lassen. | |
| 8. Ich behalte meine Gefühle für mich, anstatt über sie zu sprechen. | |
| 9. Wenn ich mit meinem Chef nicht einverstanden bin, spreche ich mit ihm oder ihr. | |
| 10. Wenn eine Person sich Geld geliehen hat und mit der Rückgabe überfällig ist, spreche ich mit dieser Person darüber. | |
| 11. Normalerweise bin ich in der Lage, den Leuten zu sagen, wie ich mich fühle. | |
| 12. Wenn ich nicht mag, wie jemand behandelt wird, spreche ich darüber. | |
| 13. Ich spreche über Dinge, die mir wirklich wichtig sind. | |
| 14. Ich achte darauf, die Gefühle anderer nicht zu verletzen, auch wenn sie mir Unrecht getan haben. | |

| | |
|---|---|
| 15. Es fällt mir schwer, meine Gefühle zu kontrollieren, wenn ich mit jemandem verschiedener Meinung bin. | |
| 16. Ich vermeide es, die Intelligenz anderer zu kritisieren, wenn ich mit ihren Ideen nicht einverstanden bin. | |
| 17. Ich höre mir die Meinungen anderer an, auch wenn ich nicht mit ihnen übereinstimme. | |
| 18. Bei Meinungsverschiedenheiten achte ich darauf, den Standpunkt des anderen zu verstehen. | |
| 19. Bei Diskussionen kommuniziere ich mit Körpersprache und höre auch zu. | |
| 20. Selbst bei einem Streit unterbreche ich den anderen nicht. | |

**Wie die Ergebnisse zu interpretieren sind**

Wenn Sie den Fragebogen ausfüllen, wollen Sie bestimmt versuchen, Ihre Punktzahl zu addieren. Die Gesamtpunktzahl hat jedoch keine Bedeutung. Das Durchsetzungsvermögen muss in Bezug auf die Person und die Situation bewertet werden.

Führen Sie die folgenden Schritte aus, um Ihre Antworten auf den Fragebogen zum Durchsetzungsvermögen zu analysieren:

1. Sehen Sie sich Ihre Antworten auf die Fragen 1, 2, 4, 9, 10, 11, 12, 13, 14, 16, 17, 18, 19 und 20 an. Diese Fragen sind auf das Durchsetzungsverhalten ausgerichtet. Sagen Ihnen Ihre Antworten auf diese Fragen, dass Sie immer Ihre Meinung äußern oder sich der Meinung anderer anschießen?
2. Sehen Sie sich Ihre Antworten auf die Fragen 3, 5, 6, 7 und 8 an, die auf passives Verhalten ausgerichtet sind. Spiegeln Ihre Antworten wider, dass Sie eher ein unterwürfiger Mensch sind und sich von anderen kontrollieren lassen?
3. Sehen Sie sich Ihre Antwort auf Frage 15 an, die darauf hinweist, dass Sie andere mehr kommandieren, als Ihnen bewusst ist.

**Zusammenfassung des Kapitels**

- Es gibt vier Kommunikationsstile - passiv, aggressiv, passiv-aggressiv und durchsetzungsfähig. Durchsetzungsvermögen ist der wichtigste und vorteilhafteste Kommunikationsstil. Denken Sie daran, welche Vorteile er Ihnen im persönlichen, beruflichen und gesellschaftlichen Leben bringt.
- Es gibt ein optimales Maß an Durchsetzungsvermögen. Zu viel oder zu wenig davon - und es verliert an Effektivität.
- Haben Sie den Fragebogen ausgefüllt, um Ihren Kommunikationsstil herauszufinden? Wie hoch ist Ihr

Grad an Durchsetzungsvermögen? Niedrig oder hoch? Warum wollen Sie lernen, Ihr Durchsetzungsvermögen zu verbessern?

Beantworten Sie diese Fragen, bevor Sie zum nächsten Kapitel übergehen.

Im nächsten Kapitel werden Sie lernen:

- Warum manche Menschen nicht durchsetzungsfähig sind
- Die Haupthindernisse für die Anwendung des Durchsetzungsvermögens
- Wie Sie sich selbst sehen, wie andere Sie sehen und worauf es ankommt
- Die Fähigkeiten, ein positives Selbstbild aufzubauen

KAPITEL 2:

# Selbstfindung: Die Kontrolle über Ihr Leben zurückgewinnen

Ich bin mir sicher, dass einige von Ihnen bei der Selbsteinschätzung Ihres Durchsetzungsvermögens schlechter abgeschnitten haben als Sie es sich gewünscht hätten. Das ist schon in Ordnung! Die meisten von uns sind so erzogen worden, Durchsetzungsvermögen als unwichtig zu betrachten. Selbst wenn es uns wichtig wäre, fehlt uns oft der Mut, es umzusetzen.

Und warum? Warum können einige von uns nicht durchsetzungsfähig sein? Schließlich haben wir das Recht, unsere Gefühle, Meinungen und Überzeugungen auszudrücken. Und dennoch tun wir es nicht.

## Wer wir sind und warum einige von uns nicht durchsetzungsfähig sind

Jeder von uns ist mit grundlegenden menschlichen Rechten ausgestattet, die respektiert und eingehalten werden müssen. Dazu gehören:

- Das Recht, Gefühle, Meinungen, Werte und Überzeugungen auszudrücken
- Das Recht, seine Meinung zu ändern
- Das Recht, selbst Entscheidungen zu treffen
- Das Recht, sich zu weigern, wenn man etwas nicht weiß oder nicht versteht
- Das Recht, "nein" zu sagen, ohne sich schuldig zu fühlen
- Das Recht, sich nicht durchzusetzen
- Das Recht auf persönliche Freiheit

- Das Recht auf Privatsphäre

Wenn Sie passiv reagieren, vernachlässigen oder ignorieren Sie die Rechte anderer und lassen zu, dass andere sie verletzen. Im Gegensatz dazu missbraucht aggressives Verhalten die Rechte anderer. Durchsetzungsvermögen ist der beste Weg, um ein Gleichgewicht zwischen der Aufrechterhaltung Ihrer Rechte und der Achtung der Rechte anderer herzustellen.

Aber Durchsetzungsvermögen fällt nicht jedem leicht, und zwar aus folgenden Gründen:

**Geringe Selbstachtung und geringes Selbstvertrauen**

Wenn Sie sich selbst schlecht fühlen, gehen Sie passiv mit Menschen um. Das liegt daran, dass Sie glauben, dass die Meinungen und Gefühle anderer wichtiger sind als Ihre eigenen.

Folglich geben Sie anderen die Möglichkeit, Sie zu verunsichern und das Vertrauen in sich selbst weiter zu verlieren. Dieser Teufelskreis verstärkt das niedrige Selbstwertgefühl und die geringe Selbstachtung weiter.

**Beruf mit niedrigem Status und Geschlechterrollen**

Niedrigere Berufe (wie z. B. Arbeiter, Straßenkehrer usw.) und Frauen werden gewöhnlich mit einem nicht durchsetzungsfähigen Verhalten in Verbindung gebracht. Diese Menschen stehen unter enormem Druck, sich ihren Rollen anzupassen, die oft Passivität erfordern. Stellen Sie sich einen Angestellten vor, der seinem Chef gegenüber weniger durchsetzungsfähig ist als gegenüber seinen Kollegen oder Untergeordneten.

**Frühere Erfahrungen**

Wenn Sie von Eltern, Vorbildern oder früheren Erfahrungen gelernt haben, sich nicht durchsetzungsfähig zu verhalten, ist es schwierig für Sie, Ihre Verhaltensweisen zu ändern und sich selbstbewusst zu verhalten.

## Stress und Ängste

Wenn Sie unter Stress stehen, spüren Sie oft einen Verlust der Kontrolle über Ihre Lebenssituationen. Stress und Angst führen in der Regel dazu, dass Gedanken und Gefühle passiv oder aggressiv ausgedrückt werden. Dies erhöht Ihren persönlichen Stress weiter und folglich auch den Stress der Menschen um Sie herum.

## Persönlichkeitsmerkmale

Manche Menschen werden mit Persönlichkeitsmerkmalen geboren, die eher passiv oder aggressiv sind. Sie können wenig tun, um sich selbst zu ändern. Jeder kann jedoch lernen, durchsetzungsfähiger zu werden und gleichzeitig der Persönlichkeit treu zu bleiben, mit der er geboren wurde.

## Unwissenheit über Rechte oder Wünsche

Wenn Sie nicht wissen, welche Rechte Sie haben oder was Sie überhaupt wollen, wird es Ihnen sicherlich schwer fallen, ein durchsetzungsstarkes Verhalten zu entwickeln.

## Können Sie erkennen, was Sie davon abhält, sich durchzusetzen?

Im vorigen Abschnitt habe ich die häufigsten Hindernisse aufgelistet, die Menschen davon abhalten, sich durchzusetzen. Können Sie erkennen, was Sie davon abhält? Darüber hinaus gibt es einige individuelle Bedürfnisse und Verhaltensweisen, die eine Anwendung des Durchsetzungsvermögens beeinträchtigen.

Hier sind einige Beispiele für solche Verhaltensweisen:

## Der Wunsch, um jeden Preis beliebt zu sein

Jeder Mensch will Liebe und Zuneigung. Am Arbeitsplatz kann sich dieser Wunsch jedoch schnell in eine Art Abhängigkeit verwandeln. Anstatt sich durchzusetzen und seine Rechte auszuüben, benimmt man sich eher so, dass man anderen gefällt und deren Anerkennung erhält.

## Zu jedem freundlich sein

Gutmütig zu sein, ist in Ordnung, aber wenn sie eine bestimmte Schwelle überschreitet, macht es Sie zu sensibel für die Meinungen anderer. Dies kann dazu führen, dass Sie Ihre Unabhängigkeit verlieren. Außerdem kann es passieren, dass andere Menschen Sie als selbstverständlich betrachten.

## Intoleranz gegenüber Meinungsverschiedenheiten

Der Versuch, andere um jeden Preis von Ihrer Meinung zu überzeugen, ist impulsiv. Geben Sie anderen Menschen die Freiheit und das Recht, abweichender Meinung zu sein. Sich von Ihrer Meinung zu lösen und anderen die Möglichkeit zu geben, sich zu äußern, führt in der Regel zu Fortschritten und sogar zu Durchbrüchen.

## Der Versuch, alle Situationen zu kontrollieren

Der Mensch ist ein mächtiges Wesen, doch wir können nicht alles und jede Situation kontrollieren. Wir können auch nicht das Verhalten oder die Denkweise anderer Menschen kontrollieren. Wenn Sie dies aber trotzdem versuchen, wirken Sie am Ende aggressiv und zwanghaft gegenüber anderen.

## Besessen von Perfektionismus

Stellen Sie sich einen Chef vor, der will, dass alles perfekt ist. Er kann keinen einzigen Fehler seiner Mitarbeiter tolerieren. Wenn das seine Besessenheit vom Perfektionismus ist, wie wird dann der Arbeitsplatz aussehen?

Das passiert, wenn man bei jeder einzelnen Aufgabe Perfektionismus anstrebt. Man verhält sich aggressiv, nicht durchsetzungsfähig. Das Ergebnis ist, dass Sie die Leute von sich wegstoßen, anstatt gute Beziehungen aufzubauen.

**Der Versuch, Sympathie zu gewinnen, indem man sich überanstrengt**

Wenn Sie sich überarbeiten, um zu prahlen oder Sympathie von anderen zu bekommen, fordern Sie nicht Ihre Grenzen heraus, sondern suchen die Anerkennung anderer.

**Fehlende Akzeptanz des Versagens**

Wenn Sie sagen: "Ich habe nicht das Recht, Fehler zu machen", vergessen Sie, dass es menschlich ist, Fehler zu machen.

**Sich selbst widersprüchliche Ziele setzen**

Das Setzen von Zielen, die Ihren Werten und Bedürfnissen (beruflich und privat) widersprechen, oder Verantwortung in der Hoffnung zu übernehmen, Konflikte zu vermeiden, bereitet Ihnen nur Enttäuschungen. Es ist sinnvoller, sich realistische und relevante Ziele zu setzen und die Schritte zur Erreichung dieser Ziele zu planen.

Nachdem wir alle Hindernisse für das Durchsetzungsvermögen analysiert haben, kristallisiert sich ein Aspekt klar heraus. Alles läuft darauf hinaus, was andere von Ihnen denken. Sie befürchten, die Anerkennung und Wertschätzung der anderen zu verlieren oder Sie wollen sie kontrollieren, damit sie nicht denken, Sie seien inkompetent.

Aber beurteilen Sie richtig, was andere von Ihnen denken? Das werden wir im nächsten Abschnitt herausfinden.

# Meta-Perzeptionen - wie Sie sich selbst und wie andere Sie sehen

Wenn Sie sagen: "Es ist mir egal, was andere von mir denken", machen Sie sich nur selbst etwas vor. Denn letztlich wollen wir alle in das soziale Kollektiv passen. Das Gefühl der

Ausgrenzung oder Ablehnung durch eine Gruppe führt dazu, dass wir uns ängstlich, gereizt und depressiv fühlen.

Um uns sozial anzupassen, müssen wir uns mit anderen verbinden. Und um gute soziale Verbindungen herzustellen, ist es hilfreich, zu verstehen, was andere über uns denken, um unser Verhalten entsprechend ändern zu können.

Zu wissen und wahrzunehmen, was andere von Ihnen denken, wird als "Meta-Perzeption" bezeichnet. Mit anderen Worten: Meta-Perzeptionen sind das, was Sie denken, dass andere über Sie denken. Häufig drehen sich diese Meta-Perzeptionen um unsere Selbstwahrnehmung - was wir über uns selbst denken.

Mark Leary, ein Psychologieprofessor an der Wake Forest University in North Carolina, sagte einmal: "Man filtert die Hinweise, die man von anderen erhält, durch sein Selbstverständnis. Dieses Selbstverständnis wird grundlegend von Ihrer Mutter geprägt. Die Art und Weise, wie Ihre Mutter auf Ihre ersten Schreie und Gesten reagierte, beeinflusst, wie Sie erwarten, von anderen gesehen zu werden. Kinder mit Müttern, die nicht reagierten, verhalten sich so, dass man sich lieber von ihnen distanzieren möchte, während Kinder mit Müttern, die reagierten, selbstbewusster sind und sich gut mit Gleichaltrigen verbinden.

Das in der Kindheit geformte Selbstverständnis setzt sich zwar nicht immer bis ins Erwachsenenalter fort. Passiert es aber doch, braucht es ein wenig Zeit, um es zu verändern, insbesondere wenn dabei negative Selbstauffassungen eine Rolle spielen. William Swann, ein Psychologieprofessor an der Universität von Texas, hat Untersuchungen durchgeführt, die zeigen, dass Menschen mit negativen Selbstauffassungen andere Menschen dazu bringen, ebenfalls negativ über sie zu denken. Dies ist insbesondere dann der Fall, wenn sie den Verdacht haben, andere würden sie mögen.

Sie alle haben eine ziemlich solide Sicht auf sich selbst, aber es ist nicht immer leicht zu bestimmen, was andere über Sie denken. Daher sind Ihre Meta-Perzeptionen oft ungenau. Wie kommt das?

Jede Person, die Sie treffen, wird Sie durch ihre einzigartige Linse wahrnehmen. Wenn eine Person zum Beispiel generell jeden kritisiert, wird sie dasselbe mit Ihnen tun, selbst wenn Sie authentisch sind. Weiterhin sind die Menschen in der täglichen Interaktion manchmal nicht direkt. Sie könnten ihre Äußerungen vortäuschen.

Sie können Ihre Meta-Perzeptionen jedoch präzisieren, indem Sie folgende Schritte befolgen:

Seien Sie neugierig, neue Dinge zu erleben und offen für neue Lebenserfahrungen zu sein. Wenn Sie sich neuen Herausforderungen stellen, werden Sie neue Menschen treffen, von denen Sie Klarheit darüber erhalten, wie Sie von anderen wahrgenommen werden.

Achten Sie darauf, wie Sie sich anderen gegenüber präsentieren. Achten Sie auf Ihre Stimme, Ihren Tonfall, Ihre Kleidung und Ihre Körpersprache. Auf diese Weise können Sie dazu beitragen, Ihren Eindruck, den Sie auf andere machen, zu kontrollieren und Ihre Selbstwahrnehmung zu präzisieren.

Lernen Sie, Ihre Emotionen zu regulieren und gewinnen Sie die Oberhand, indem Sie wissen, was andere von Ihnen denken. Wenn Sie von Ihren Gefühlen überwältigt sind oder sie gar nicht ausdrücken können, wird es schwierig zu interpretieren, wie andere über Sie denken.

Andererseits wird eine genaue Meta-Perzeptionen durch Narzissmus oder aufsässiges und feindseliges Verhalten blockiert. Dies ist beispielsweise dann der Fall, wenn man bei der geringsten Provokation in Tränen ausbricht. Solche Verhaltensweisen ermutigen andere dazu, sich vor Ihnen zu schützen oder Sie sogar anzulügen.

Wenn Sie Angst haben, sozial zu sein und sich gesellschaftlich zu engagieren, blockieren Sie eine genaue Meta-Perzeption. Sie versäumen es, andere Menschen zu ihrer Person/nach Ihrem Leben zu befragen und ihnen die Nervosität bei der Interaktion mit Ihnen zu nehmen.

Daher ist es sehr wichtig, dass Sie in Ihren Meta-Perzeptionen genau sind. Diese belohnen Sie, indem sie Ihnen Wissen darüber vermitteln, wie andere Sie wahrnehmen und sie helfen Ihnen, sich sozial besser zu verhalten.

Andere beurteilen Sie auf Grundlage zweier Arten von Merkmalen - sichtbare und unsichtbare. Die Menschen nehmen Ihre sichtbaren Eigenschaften mehr wahr als Sie selbst. Auf einer Skala der körperlichen Attraktivität bewerten andere Sie fast immer einen Punkt höher als Sie sich selbst bewerten würden.

Was die "unsichtbaren" Eigenschaften betrifft, so sind sie nicht völlig unsichtbar - zumindest nicht für Ihre engen Freunde. Sie sind leicht zu erkennen, wenn Sie ängstlich oder besorgt sind. Ihre negativen Eigenschaften mögen für die meisten Menschen "unsichtbar" sein, aber jemand, der Sie wirklich gut kennt, kann auch diese wahrnehmen.

Niemand möchte jedoch, dass andere ihre negativen Eigenschaften wahrnehmen. Wir selbst wollen sie oft nicht anerkennen, obwohl wir uns ihrer Anwesenheit bewusst sind. Wir ändern unser Verhalten, um ihre Offenlegung zu vermeiden.

An dieser Stelle arbeitet die Selbsterkenntnis gegen Sie. Sie bleiben mit dem, was Sie sind und Ihren negativen Eigenschaften hängen. Ein anderer Bereich, in dem das Selbstbewusstsein wie ein Fluch wirkt, ist die übertriebene Analyse der Reaktionen anderer auf Sie und deren Fehlinterpretation.

Auch unangenehme Gefühle, wie Verlegenheit, Scham und Neid, werden durch das Selbstbewusstsein wahrgenommen. Diese Emotionen sollen uns motivieren und unsere potenziell selbstzerstörerischen Verhaltensweisen einschränken. Wenn Sie sich jedoch übermäßig darüber Sorgen machen, was andere von Ihnen denken, kann dies Ihren Geist und Ihr Verhalten einschränken.

***Wollen Sie wirklich wissen, wie Sie von Menschen wahrgenommen werden?***

Zeugnisse und Jahresberichte können Ihre Leistungen in der Schule und bei der Arbeit aufzeigen. Aber es ist schwierig, eine direkte Kritik an Ihrer Person zu finden, es sei denn, dass jemand in einem hitzigen Streit etwas ausplaudert.

Sie können immer ein Familienmitglied oder einen engen Freund bitten, Ihnen ehrlich zu sagen, was er oder sie von Ihnen hält, aber die Frage ist: Sind Sie bereit, sich deren Perspektive anzuhören?

Das liegt daran, weil wir alle stets gute Dinge über uns selbst hören wollen. Negatives können wir nicht tolerieren. Das schadet unserem Ego. Es verletzt unser Selbstbild. Wir könnten sogar in einen Konflikt mit unseren Liebsten geraten, um unsere eigenen Perspektiven zu schützen.

Aber manchmal braucht man wirklich ein genaues Feedback, z. B. bei der Entscheidung über einen Arbeitsplatzwechsel oder einen Heiratsantrag. Da müssen Sie lernen, die Dinge aus der Perspektive anderer zu sehen.

***Die Perspektive zählt! Die Bedeutung einer anderen Perspektive***

Je nachdem, wo Sie stehen, kann die Ansicht auf Ihr Zimmer sehr unterschiedlich ausfallen. Wenn Sie auf einer Seite des Raumes stehen und Ihr Partner auf der gegenüberliegenden Seite, beschreiben Sie beide denselben Raum, aber Ihre Beschreibungen sind unterschiedlich, einfach weil Sie den Raum von zwei verschiedenen Seiten aus betrachten.

Ebenso können die Perspektiven in subjektiven Angelegenheiten variieren. Dieselbe Tatsache wird für Menschen mit unterschiedlichen Standpunkten eine andere Bedeutung haben. Zum Beispiel kann ein einzelner Scheidungsfall von verschiedenen Rechtsanwälten ganz unterschiedlich betrachtet werden. Und manchmal können zwei Meinungen völlig gegensätzlich sein, aber dennoch sind beide gültig.

Ein Konflikt entsteht jedoch, wenn man andere Perspektiven nicht versteht. Was aus der Sicht einer anderen Person Sinn macht, mag für Sie absurd klingen, weil Sie deren Standpunkt nicht verstehen können. Sie können die Perspektiven anderer Menschen nicht einnehmen, wenn diese sich von der Ihren unterscheiden.

Warum? Jetzt kommt der Clou.

Die Realität spiegelt sich in den Tatsachen wider. Aber für jeden Menschen ist das, was er unter den individuell gegebenen Umständen denkt und fühlt, die für ihn geltende Realität. Was jeder einzelne Mensch denkt und fühlt, treibt sein Handeln weiter an.

Die verhaltenswissenschaftliche Forschung beweist, dass wir die Dinge nicht so sehen, wie sie tatsächlich sind. Wir filtern sie durch unsere Selbsteinschätzung. Unsere Persönlichkeit und die Art und Weise, wie wir von den Situationen beeinflusst werden, bauen die Art und Weise auf, wie wir die Dinge sehen. Wir interpretieren sie entsprechend dem, was wir über uns selbst, über andere und aufgrund unserer früheren Erfahrungen für richtig halten. All dies bildet unsere Perspektive über uns selbst und andere, die schwer zu ändern ist, wenn sie einmal geformt wurde. Diese Tendenz bei Menschen wird als Bestätigungsvorurteil bezeichnet. Wir sehen, was wir sehen wollen und interpretieren Informationen so, dass unsere Perspektive bestätigt wird.

Deshalb ist es schwierig, die Perspektive eines anderen, die sich von unserer unterscheidet, wirklich zu verstehen.

Selbst wenn eine Entscheidung, ein Ereignis oder eine Aussage dieselbe ist, kann sie für jeden Einzelnen oder für eine andere Gruppe eine andere Bedeutung haben. Und jeder von uns hat das Gefühl, dass er recht hat. Doch dies ist der Anfang aller Missverständnisse, Meinungsverschiedenheiten und Argumente.

Wenn es uns gelingen würde, die Perspektive eines anderen zu sehen, hätten wir weniger Konflikte und mehr produktive Gespräche über kritische Themen. Zudem würden wir in schwierigen Situationen vorsichtiger mit unseren Worten und Taten umgehen, um eine Verschlechterung zu vermeiden.

Zum Beispiel ist Theresa May dreimal an Ihrem Versuch gescheitert, den Brexit-Vertrag durch das britische Unterhaus zu bekommen, was das Brexit-Drama viel länger hinausgezögert hat, als die meisten Briten erwarteten.

Können Sie in solchen Angelegenheiten die eigene Perspektive zurückhalten und versuchen, die Dinge von der anderen Seite zu betrachten?

An dem Tag, an dem Sie das tun, werden Sie vielleicht feststellen, dass Ihre eigene Perspektive nicht so genau oder nicht der einzige "richtige" Weg ist. Jedoch ist Ihre Perspektive nicht falsch und Sie sollten nicht versuchen, sie zu wechseln, aber jetzt verstehen Sie vielleicht die andere Perspektive besser.

### *Verkennen einer Perspektive*

Allerdings gibt es einen Haken, wenn man versucht, die Dinge aus der Perspektive eines anderen zu sehen. Diese beiden Fehler müssen Sie vermeiden:

Erstens: Seien Sie sich nicht zu sicher, dass es Ihnen gelungen ist, einen anderen Standpunkt zu interpretieren. Haben Sie es wirklich so gesehen, wie er/sie es gedacht/gewollt hat? Sind Sie sich sicher, dass Sie sich nicht irren? Untersuchungen haben gezeigt, dass es meist ungenau ist, wenn Sie auf die Gedanken und Gefühle einer anderen Person schließen, indem Sie sein Gesicht oder sein Verhalten beobachten.

Zweitens: Vermeiden Sie, zu schnell anzunehmen, Sie hätten die Perspektive des anderen verstanden. Die Perspektive einer anderen Person zu verstehen, bedeutet nicht, dass Sie diese nicht zusätzlich noch höflich hinterfragen dürfen. Wenn man die Perspektive auf falsche Annahmen stützt, zieht man oft eine irreführende Schlussfolgerung und erkennt nicht die wahren Probleme.

Im Fall des Brexit-Deals könnte man zum Beispiel vermuten, dass die Führungskraft korrupt ist oder ein falsches Spiel spielt. Wenn diese Spekulation akzeptiert wird, ohne sie zu hinterfragen, würden die Meinungsverschiedenheiten schließlich zu falschen Urteilen führen, ohne das eigentliche Problem anzusprechen.

### *Wie man andere Perspektiven auf richtige Weise einnimmt*

Wenn man versucht, die Perspektive einer anderen Person zu verstehen, sollte man unbedingt folgende drei Richtlinien beachten:

Betrachten Sie zunächst jede Perspektive, die sich von Ihrer unterscheidet. Seien Sie ehrlich und berücksichtigen Sie jede davon. Wenn Sie die verschiedenen Perspektiven vergleichen, werden Sie vielleicht auf einige Ähnlichkeiten stoßen. Außerdem können Sie sehen, wie die verschiedenen Perspektiven die Stärken und Schwächen der anderen ausgleichen und Sie können eine neue und bessere Perspektive erhalten.

Inklusivität spielt auch eine wichtige Rolle, wenn die Meinungsverschiedenheiten zwischen den Perspektiven auf starken Werten und Prinzipien beruhen. Wenn Sie Ihre eigene Perspektive verfolgen, die von einem dieser Werte oder

Prinzipien angetrieben wird, könnte es dann sein, dass auch andere durch einige dieser Werte und Prinzipien, die Ihnen wichtig sind, motiviert sind? Überlegen Sie sich also, welche Werte oder Prinzipien eine bestimmte Perspektive stützen und wie relevant sie sind.

Interagieren Sie mit Menschen. Es ist nicht leicht sich vorzustellen, was eine andere Person durchmacht, es sei denn, Sie führen ein Gespräch mit ihr. Sie müssen mit der Person interagieren, indem sie ihr Fragen stellen, zuhören, um zu erfahren, was sie fühlt sowie ihre Bedenken und Perspektiven betrachten. Wenn Sie in solche Interaktionen involviert sind, ist es wahrscheinlicher, dass jeder seine wahren Gefühle ausdrückt als einfach nur die Dinge zu sagen, die der jeweils andere hören will. Dies führt zu einem besseren Verständnis der Gefühle, Sorgen und Standpunkte anderer. Mit der Zeit bauen solche qualitativ hochwertigen Interaktionen auch Vertrauen und soziale Zusammenarbeit auf.

Schließlich sollten Sie ein Gleichgewicht zwischen Ihrer Individualität und der Perspektive des anderen finden. Sie müssen sich in die Perspektiven, Emotionen sowie in die Subjektivität anderer Menschen hineinfühlen, jedoch ohne sich von ihnen mitreißen zu lassen. Bleiben Sie leicht distanziert, damit Sie die Situationen und Perspektiven richtig einschätzen können. Losgelöstheit bedeutet nicht, gefühllos zu werden, sondern das Problem zu lösen, ohne sich zu sehr darin zu verstricken. In Bezug auf Meinungen bedeutet Distanz, dass man nicht unbedingt jedes Mal mit den anderen übereinstimmen muss, aber man sollte immer ihre Perspektive verstehen.

Wenn Sie rücksichtsvoller, interaktiver und distanzierter beim Umgang mit Argumenten oder Meinungsverschiedenheiten sind, werden viele Differenzen verschwinden. Es werden sich neue Wege eröffnen, die Sie zu gemeinsamen Zielen führen.

Wenn Sie lernen, die Perspektive des anderen zu schätzen und sie angemessen zu nutzen, können Sie Missverständnisse vermeiden, produktive Gespräche ermöglichen und Ihre gemeinsamen Ziele erreichen.

Worauf kommt es also letztlich an? Wie Sie sich selbst sehen oder wie andere Sie sehen?

Wenn Sie mir mit der Lektüre bis hierher gefolgt sind, wird es für Sie nicht schwer sein, darauf zu antworten. Es ist berechtigt zu schlussfolgern, dass beides wichtig ist. Keines von beiden kann ausgelassen werden. Sie sollten jedoch alles mit einer distanzierten Haltung betrachten.

Wenn Sie die Perspektiven der anderen über sich selbst sammeln, um Ihr Selbstbild zu verbessern oder eine bessere Version Ihrer selbst zu sein, wirkt sich das positiv auf Ihr Leben aus. Wenn Sie sich aber von den Standpunkten anderer einschüchtern lassen, verformt das zu sehr Ihren eigenen Charakter.

Im nachfolgenden Abschnitt werde ich detaillierter über den Aufbau eines positiven Selbstbildes sprechen.

## Aufbau eines positiven Selbstbildes

Das Selbstbild beschreibt, wie Sie sich selbst, Ihre Persönlichkeitsmerkmale und Fähigkeiten sehen und was Sie glauben, das andere über Sie denken. Wenn Sie sich gut fühlen, Ihre Stärken erkennen und gleichzeitig realistisch mit Ihren Schwächen umgehen, dann haben Sie ein positives Selbstbild. Wenn Sie sich dagegen nicht gut fühlen und sich auf Ihre Fehler und Schwächen konzentrieren, während Sie Ihr Versagen überbewerten, haben Sie ein negatives Selbstbild.

Sie beurteilen sich sowohl objektiv als auch subjektiv. Die objektive Beurteilung wird nicht durch persönliche Gefühle, sondern durch verschiedene Faktoren beeinflusst, wie zum Beispiel Ihre Größe, Ihr Gewicht, Ihre Haarfarbe und Ihren IQ. Die subjektive Beurteilung wird von Ihren persönlichen Gefühlen beeinflusst und umfasst u. A. Eigenschaften wie Fürsorge, Zuneigung, Großzügigkeit, Humor und Geduld. Da das Selbstbild eine gesammelte Darstellung Ihrer Selbstbewertung ist, wird es letztlich eher subjektiv als objektiv ausfallen. Menschen sind im Allgemeinen kritischer sich selbst gegenüber und legen mehr Bedeutung auf ihre Fehler als auf ihre Qualitäten. Daher ist ihr Selbstbild meistens nicht repräsentativ.

Das Selbstbild eines Menschen ist mehr oder weniger widerstandsfähig gegen Veränderungen. Es wird jedoch von den eigenen Lebenserfahrungen und den Interaktionen mit anderen beeinflusst. Sowohl positive als auch negative Lebenserfahrungen und Interaktionen mit Familienmitgliedern, Gleichaltrigen und Freunden spielen eine wichtige Rolle bei der Gestaltung des Selbstbildes. Wenn Sie zum Beispiel bei einer Aufgabe scheitern und die Menschen in Ihrer Umgebung Sie ebenfalls kritisieren und ablehnen, können Sie ein negatives Selbstbild entwickeln. Wenn Ihre Familie und Freunde Sie dagegen unterstützen, werden sie Ihre positiven Eigenschaften stärken und Ihnen helfen, Ihr positives Selbstbild zu entwickeln.

So wie Ihr Selbstbild von Ihren Erfahrungen und Beziehungen beeinflusst wird, so prägt das Selbstbild auch Ihre Erfahrungen und Beziehungen. Wenn Sie ein positives Selbstbild haben, werden Sie eine allgemein optimistische Einstellung haben. Wenn Sie in einer solch positiven Einstellung mit anderen Menschen interagieren, wird Sie diese Einstellung aufbauen und sich positiv auf Sie auswirken, was zu einer konstruktiven Beziehung beiträgt. Diese konstruktiven Beziehungen werden Ihr positives Selbstbild weiter stärken.

Ihr Selbstbild ist auch eng mit Ihrem Selbstwertgefühl und Ihrem Selbstvertrauen verbunden. Das Selbstwertgefühl ist die Art und Weise, wie Sie sich selbst schätzen. Selbstvertrauen ist das Vertrauen in Ihr Wissen, Ihr Urteilsvermögen und Ihre Fähigkeiten. Ein schlechtes Selbstbild führt zu geringem Selbstwertgefühl und Selbstvertrauen. Ein positives Selbstbild ist also wichtig, da es sich auf Ihr Denken, Verhalten und Ihre Beziehung zu anderen Menschen in Ihrer Umgebung auswirkt. Es steigert Ihr körperliches, geistiges, emotionales und spirituelles Wohlbefinden und erhöht das Vertrauen in Ihre Beziehungen. Auch die Menschen um Sie herum werden durch Ihr positives Selbstbild positiv beeinflusst.

Die Frage ist jedoch: Wie baut man ein positives Selbstbild auf?

Häufig sind wir das Produkt dessen, was andere von uns erwarten. Wir haben oft den Kontakt zu dem verloren, was und wer wir "eigentlich" sind. Aber jeder von uns kennt sich selbst besser als andere uns kennen. Wir wissen, was wir denken, was wir fühlen, was uns gefällt und was uns nicht gefällt, und doch vergleichen wir uns immer noch mit anderen. Dies spiegelt unsere Unzufriedenheit mit uns selbst wider. Und wir sind unzufrieden, weil wir weit davon entfernt sind, unser wahres Selbst zu verkörpern, was uns unglücklich und emotional leer macht.

Folgen Sie also diesen Schritten, um Ihr wahres Selbst zu entdecken:

**Folgen Sie Ihrer Leidenschaft. Seien Sie Sie selbst, indem Sie Ihren Geist, Ihren Verstand und Ihre Seele pflegen.**

In der heutigen Zeit sind Geld und Reichtum zu den Maßstäben für den Erfolg eines Menschen geworden. Folglich sehen Sie, wie junge Berufstätige höher bezahlte Jobs annehmen, damit andere stolz auf sie sind.

Der Job mag ihnen nicht gefallen, aber da er gut bezahlt wird und ihnen mehr Respekt einbringt, ziehen sie ihn anderen Jobs vor. Sie geben vor, glücklich zu sein, fühlen sich aber möglicherweise ziemlich verzweifelt.

Leider sehen sich die Menschen heute oft nur in Bezug auf ihre Titel und Gehälter. Diese sind zu Bestimmungsfaktoren des Selbstwertes geworden. Stattdessen sollten Sie sich darauf konzentrieren, authentisch zu sein, was wiederum den Verstand, den Geist und die Seele nährt. Entdecken Sie Ihre Leidenschaft und finden Sie Arbeit, die Ihnen Spaß macht.

**Lassen Sie Ihr inneres Kind niemals sterben.**

Was können Sie am besten von einem Kind lernen? Sorgenfrei zu sein!

Kinder kümmern sich nicht darum, was andere über sie denken, weil sie mit sich selbst und ihrem Leben glücklich sind. Sie sind ihre eigene Person, weil sie nicht so modelliert wurden, dass sie in die Gesellschaft und ihre absurden Normen passen. Sie genießen es, zu laufen, zu spielen und zu springen, wo immer sie sind, und es ist ihnen egal, was andere denken.

Mit wachsendem Alter jedoch entspricht man immer mehr den Erwartungen anderer und verliert den Kontakt zu seinem inneren Kind. Seien Sie wie Ihr inneres Kind und werden Sie frei, indem Sie den Augenblick genießen und Spaß haben.

**Finden Sie Ihre inneren Stärken.**

Akzeptieren Sie sich selbst und Ihre Persönlichkeit, egal wie sehr Sie sich von anderen unterscheiden. Sie können ein extrovertierter und spontaner oder ein introvertierter und etwas unbeholfener Mensch sein. Vergessen Sie diese Etiketten, die nicht wichtig sind. Sie sind das, was Sie fühlen und denken. Lassen Sie das ganze Vortäuschen, weil Sie sich anpassen wollen. Seien Sie einfach Sie selbst und finden Sie Ihre Stärken. Wenn andere Menschen aufrichtig sind, werden sie Ihr "wahres" Ich akzeptieren.

**Stimmen Sie sich auf Ihre Gefühle ein.**

Erkennen Sie Ihre Gefühle an, egal ob sie gut oder schlecht sind. Wenn Sie mit Ihren Gefühlen im Einklang sind, verstehen

Sie mehr über sich selbst. Außerdem gibt es Ihnen die Kraft, mit Traurigkeit, Glück, Angst oder Wut umzugehen, ohne gestresst zu werden, und hilft Ihnen, einen friedlichen Seelenzustand zu genießen.

**Werden Sie sich Ihrer Gedanken mehr bewusst.**

Es lässt sich kaum zählen, wie viele negative Gedanken täglich durch Ihren Kopf gehen. Und nach einer gewissen Zeit können diese negativen Gedanken Wirklichkeit werden. Denn das ist das Gesetz der Natur. Jeder Gedanke manifestiert sich in eine Realität. Sie müssen also besonders auf Ihre Gedanken und deren Qualität achten. Regelmäßige Meditation hilft Ihnen, sich Ihrer Gedanken bewusster zu werden und gibt Ihnen die Kraft, sie zu verändern. Beobachten Sie dann den ganzen Tag über Ihre Gedanken. Wenn Sie sich Ihrer Gedanken bewusster werden und diese bei Bedarf ändern, werden Sie sich mehr auf Ihre Gegenwart konzentrieren.

**Vertrauen Sie Ihrer Intuition.**

Es ist immer ratsam, seiner Intuition zu folgen. Sie ist einer der wesentlichsten Bestandteile Ihres Wesens. Wenn Sie beginnen, Ihrer Intuition zu vertrauen, verwandeln Sie sich in Ihr authentisches Selbst, das Ihr "wahres" Ich widerspiegelt.

Sie mögen glauben, dass eine durchdachte Entscheidung praktisch ist und mehr Nutzen bringt, aber das stimmt nicht immer. Praktische Entscheidungen werden auf der Grundlage dessen getroffen, was im Denken für richtig gehalten wird - und nicht auf der Grundlage dessen, was gefühlsmäßig als richtig empfunden wird. Wenn Sie eine Entscheidung treffen, indem Sie Ihrer Intuition folgen, wird Ihre Seele zufrieden sein.

**Kommen Sie aus Ihrem Schneckenhaus heraus.**

Während Sie lernen, Sie selbst zu sein, kommen Sie vielleicht in Versuchung, alles auf einmal zu tun. Sie wollen alle Masken und Heucheleien loswerden und über Nacht völlig authentisch werden. Aber so funktioniert es nicht. Zuerst sollten Sie Ihr unechtes Verhalten in einem sozialen Umfeld erkennen und es dann schrittweise korrigieren. Gehen Sie allmählich aus Ihrem Schneckenhaus heraus, um in Ihrem Leben authentischer zu sein. Beginnen Sie damit, sich kleine Ziele zu setzen, um sich zu verändern und arbeiten Sie schrittweise und konsequent daran, sie nach und nach zu erreichen. Kleine Schritte führen zu einer großen Veränderung. Sie werden Ihre Ziele bald erreichen und sich ganz anders verhalten als zuvor.

**Beruhigen Sie sich. Vertrauen Sie darauf, dass es in Ordnung ist, Sie selbst zu sein.**

Viele Menschen fühlen sich angespannt oder ängstlich, wenn sie versuchen, sie selbst zu sein. Wenn Sie zu diesen Menschen gehören, beruhigen Sie sich zunächst und machen Sie sich klar, dass es völlig in Ordnung ist, "ich selbst" zu sein. Der einzige Weg, dies zu erreichen, ist das Selbstgespräch. Setzen Sie sich einige Minuten lang schweigend hin, beobachten Sie, was sich in Ihrem Kopf abspielt, und machen Sie sich dies in einem inneren Dialog verständlich. So wie wir es einem Kind verständlich machen würden, auf eine zuversichtliche und überzeugende Weise. Machen Sie jetzt dasselbe mit Ihrem Verstand. Sie müssen sich sagen, dass es in Ordnung ist, Ihr wahres Ich zu sein. Wenn andere das nicht mögen, ist das deren Problem. Dieses Selbstgespräch wird Ihre Anspannung und Angst abbauen und Ihnen dabei helfen, in einem sozialen Umfeld besser zu interagieren.

**Umgang mit Angst.**

Gehen Sie einen Schritt weiter und lesen Sie einige Bücher über den Umgang mit Angst. Ihr Mangel an einem positiven Selbstbild könnte mehr als nur mangelndes Selbstvertrauen sein. Es könnte sich um eine ernsthafte soziale Angst handeln. Wenn Sie versuchen, Ihre soziale Angst zu bekämpfen, wird sich dies als nützlich erweisen, um Ihr wahres Selbst zu entdecken.

Wenn Sie durch diese Maßnahmen zu Ihrem "wahren" Selbst finden, versichere ich Ihnen, dass Sie beginnen werden, sich gut mit sich selbst zu fühlen. Sie werden lernen, sich so zu akzeptieren und zu lieben, wie Sie sind. Und wenn das geschieht, werden auch andere beginnen, Sie so zu akzeptieren, wie Sie sind.

## Fallstudie: Die Macht der Perspektive und des positiven Selbstbildes

John freut sich auf seine erste Verabredung. Er mag die junge Frau, mit der er ausgeht, sehr gern, deshalb ist er sehr daran interessiert, einen guten Eindruck zu hinterlassen und mit ihr in Kontakt zu bleiben. Im Laufe des Gespräches merkt er jedoch, dass sie von völlig anderen Werten motiviert und angetrieben wird. Sie hat in fast allem einen unterschiedlichen Geschmack als er. Was tut John nun, um einen guten Eindruck zu hinterlassen?

Er respektiert die Meinungen und Werte der Frau, bietet aber auch seine eigenen an. Anstatt blind ihren Ansichten über die Dinge zu folgen, scheut er sich nicht, ihr offen, aber respektvoll zu widersprechen.

Sein positives Selbstbild und sein hohes Selbstwertgefühl ermöglichen es ihm, seinen Werten treu zu bleiben und erleichtern die Kommunikation mit anderen, auch wenn diese nicht einverstanden sind. Das liegt daran, dass es für John wichtiger ist, sich authentisch zu verhalten als dass ihn seine Verabredung mag.

Was denken Sie also über sich selbst? Haben Sie ein positives oder ein negatives Selbstbild von sich selbst? Das wollen wir mit dem nächsten Fragebogen herausfinden.

## Selbsteinschätzung zur Selbstentdeckung

Ja, ich habe wieder einmal einen weiteren Fragebogen zur Selbstbewertung für Sie. Ich verspreche Ihnen, dass es Spaß macht, diesen Fragebogen auszufüllen. Sie bekommen zudem eine reelle Einsicht Ihrer Selbst - etwas, das sehr wichtig ist, wenn man der Herr seines eigenen Lebens sein möchte.

Konzentrieren Sie sich und beantworten Sie die folgenden Fragen ehrlich:

1. Was sind Ihre Stärken?
    a. Nennen Sie fünf Dinge, die Sie an sich selbst lieben.
    b. Nennen Sie fünf Fähigkeiten, Fertigkeiten oder Talente, die Sie haben.
    c. Nennen Sie fünf Erfolgserlebnisse oder Dinge, die Sie in Ihrem Leben erreicht haben.
    d. Nennen Sie fünf schwierige Situationen, die Sie überwunden haben.
    e. Nennen Sie drei bis fünf Personen, die Sie am meisten unterstützen.
    f. Nennen Sie drei bis fünf Personen, denen Sie in irgendeiner Weise geholfen haben.
    g. Nennen Sie fünf Dinge, für die Sie dankbar sind, sie in Ihrem Leben zu haben.
2. Was sind Ihre größten Hindernisse zur Anwendung von Durchsetzungsfähigkeit?
3. In welchen Bereichen müssen Sie Ihre Perspektive ändern, um Ihr Leben zu verändern?

**Zusammenfassung des Kapitels**

- Geringes Selbstwertgefühl, geringes Selbstvertrauen, Unwissenheit über die eigenen Rechte, Stress und Angst sind die Haupthindernisse für das Durchsetzungsvermögen im täglichen Leben.
- Der Aufbau eines positiven Selbstbildes und die Berücksichtigung der (unterschiedlichen) Perspektiven anderer sind die Schlüssel zum Erreichen eines durchsetzungsstarken Kommunikationsstils.
- Folgen Sie Ihrer Leidenschaft, erkennen Sie Ihre Gefühle an, werden Sie sich Ihrer Gedanken bewusst, finden Sie Ihre inneren Stärken, vertrauen Sie Ihren Intuitionen und

verlassen Sie Ihre Komfortzone, um Ihr wahres Selbst zu entdecken und ein positives Selbstbild aufzubauen.

Im nächsten Kapitel werden Sie lernen:

- Was persönliche Ermächtigung ist und wie man sie erreicht.
- Wie sich persönliche Selbstermächtigung anfühlt.
- Die Beziehung zwischen Durchsetzungsvermögen und Selbstermächtigung.
- Wie man sich positiv durchsetzen kann. '

KAPITEL 3:

# Ihre persönliche Kraft nutzen

Wie im letzten Kapitel besprochen, ermöglicht der Aufbau eines positiven Selbstbildes, dass Sie der Herr Ihres eigenen Lebens sind. Kurz gesagt, Sie fühlen sich dadurch ermächtigt bzw. gestärkt.

Aber warum wollen wir uns alle ermächtigt fühlen?

Weil die Menschen ohne Ermächtigung keine Kontrolle darüber haben, was sie tun. Sie haben kein Vertrauen in sich selbst und in ihre Entscheidungen und deshalb verlassen sie sich darauf, dass andere die Entscheidungen für sie treffen - ihr Ehepartner, ihr Kollege, ihre Kinder oder Gleichaltrige. Sie könnten von ihren Kollegen, Freunden oder der Familie dominiert oder von den Anforderungen ihrer Arbeit überfordert sein.

Im Gegensatz dazu haben ermächtige/gestärkte Menschen die volle Verantwortung für das, was sie tun, was sie im Leben wollen und wie sie es erreichen können.

## Was ist persönliche Ermächtigung?

"Ermächtigung" bedeutet wörtlich "mächtig werden". Das bedeutet nicht, dass man wie ein Sumo-Ringer an Stärke gewinnt oder die einflussreichste Position in seiner Arbeit erreicht. Wahre Ermächtigung erfordert einerseits, dass Sie sich sinnvolle Ziele setzen, indem Sie erkennen, was Sie sich im Leben wünschen und andererseits, entsprechende Maßnahmen zu ergreifen, um diese Ziele zu erreichen und so eine signifikante Veränderung in dieser Welt zu erreichen.

Persönliche Ermächtigung bedeutet daher, die Kontrolle über Ihr eigenes Leben zu übernehmen und nicht zuzulassen, dass andere es für Sie kontrollieren. Seien Sie sich auch darüber im Klaren, dass "Ermächtigung" nicht dasselbe ist wie "Anspruch". Die Menschen, die meinen, einen Anspruch zu besitzen, sind der Meinung, dass alle Vorteile und Privilegien automatisch zu ihnen kommen sollten. Auf der anderen Seite erreichen ermächtigte Menschen Erfolg durch harte Arbeit, Reflexion und Zusammenarbeit.

So einfach es auch klingt, der Prozess der persönlichen Ermächtigung ist kompliziert. Um sich selbst zu ermächtigen, müssen Sie Ihr Selbstbewusstsein entwickeln, das Ihnen hilft, Ihre Stärken und Schwächen zu verstehen. Außerdem müssen Sie sich Ihrer Ziele bewusst sein und verstehen, wie sie sich von Ihrem derzeitigen Standpunkt unterscheiden und welche Verhaltensweisen, Werte oder Überzeugungen Sie ändern müssen, um sie zu erreichen. Der Grad dieser erforderlichen Veränderung ist von Person zu Person unterschiedlich.

Aber ich habe versprochen, Ihnen komplexe Themen zu erleichtern!

Deshalb habe ich einen achtstufigen Prozess skizziert, der Ihnen die Entwicklung Ihrer persönlichen Ermächtigung erleichtern wird. Lassen Sie uns diesen Prozess Schritt für Schritt erlernen.

## Identifizieren Sie ein Ziel, das sich auf Ermächtigung bezieht

Das kann z. B. eine Hausfrau sein, die finanzielle Unabhängigkeit von ihrem Ehepartner anstrebt, oder jemand, der mehr Einfluss auf seine Teamkollegen haben möchte.

## Erweitern Sie Ihr Wissen

Der nächste Schritt besteht darin, mehr über das von Ihnen gesetzte Ziel zu verstehen. Wenn Sie zum Beispiel nicht finanziell von Ihrem Partner abhängig sein wollen, müssen Sie die verschiedenen Möglichkeiten entdecken, Geld durch Arbeit von Zuhause zu verdienen. Öffnen Sie sich also für verschiedene Möglichkeiten. Je offener Sie sind, desto kreativer werden Sie und desto mehr Erfolgsmöglichkeiten eröffnen sich für Sie.

**Steigern Sie Ihr Selbstvertrauen**

Bevor Sie etwas unternehmen, um Ihr Ziel zu erreichen, müssen Sie daran glauben, dass Sie Ihr Ziel erreichen können. Informationen über Ihr Ziel zu haben, ist eine Sache. Aber Sie müssen auch Ihre Stärken und Schwächen erkennen. Darum geht es bei der Selbsterkenntnis. Dazu gehört auch, dass Sie sich Ihrer Werte und Überzeugungen bewusst sind und diese kritisch überprüfen, um sicherzustellen, dass sie voll und ganz gültig sind. Das wird Ihnen helfen einzuschätzen, wo Sie am ehesten etwas erreichen können.

**Arbeiten Sie an Ihren Fähigkeiten und Kompetenzen**

Möglicherweise müssen Sie Ihre Fähigkeiten verbessern, um mehr Einfluss zu erlangen. Diese Fähigkeiten können durch Erfahrung, Ausbildung, Training oder Praxis erworben werden. Wenn Sie nun beginnen, mit immer mehr Menschen zu interagieren und versuchen, sie zu beeinflussen, werden Sie schnell lernen, was funktioniert und wie Sie Ihre Fähigkeiten weiterentwickeln können.

**Handeln und Handlungen setzen**

Der Weg zur persönlichen Ermächtigung wird nicht einfach sein. Auf dem Weg dorthin werden Sie auf Unebenheiten stoßen. Anstatt jedoch beim ersten Hindernis, auf das Sie stoßen, aufzugeben, sollten Sie die Widerstandsfähigkeit und Beharrlichkeit bewahren, um in Bewegung zu bleiben und andere Wege zur Zielerreichung einzuschlagen.

### Laufen Sie Ihren eigenen Marathon

Lassen Sie sich von der Konkurrenz nicht unterkriegen. Machen Sie sich keine Sorgen, wenn das Gras auf der anderen Seite grüner zu sein scheint. Das ist nicht gleichbedeutend mit Ihrem Scheitern. Konzentrieren Sie sich auf Ihr Gras, auf die Chance, die vor Ihnen liegt.

Wenn Sie sich Sorgen über die Konkurrenz machen, insbesondere darüber, was andere tun und was nicht, dann verlieren Sie den Überblick über die Bedeutung dessen, was Sie tun. Ermächtigung hat nichts mit Wettbewerb zu tun, sondern nur mit dem, was Sie zur Welt beitragen.

### Bewerten Sie Ihre Auswirkungen

Bei der Ermächtigung geht es auch darum, den Einfluss, den Sie auf andere und deren Lebenssituation haben, zu verändern. Deshalb ist es wichtig, auch Ihren Einfluss zu betrachten. Zunächst sehen Sie vielleicht keine großen Veränderungen, aber selbst kleine Veränderungen zählen als Erfolg.

### Erweitern Sie Ihr Netzwerk

Ermächtigung entsteht durch Zusammenarbeit, nicht durch Konkurrenz. Erfolg ist nie die Arbeit eines einzigen Menschen. Eine der besten Möglichkeiten, persönliche Ermächtigung zu entwickeln, ist die Vernetzung. Bauen Sie ein Netzwerk von Menschen auf, die Stärken haben, um Ihre Schwächen zu füllen. In einem gemeinschaftlichen Umfeld wird der Erfolg geteilt, und jede Person bestärkt die andere.

Wettbewerb trennt uns und kann manchmal zu Eifersucht oder Wut führen, was Ihnen nicht hilft, langfristige Beziehungen aufzubauen oder erfolgreicher zu sein.

## *Wie wirkt sich die Sprache auf Ihre persönliche Ermächtigung aus?*

Die Art und Weise, wie Sie verbal und nonverbal mit anderen kommunizieren, kann sowohl Sie als auch die Menschen, mit denen Sie kommunizieren, bestärken. Zum Beispiel hat die Verwendung einer positiven und aktiven Sprache, wie "Ich will" und "Ich kann", eine starke Wirkung, während das Gegenteil, nämlich eine negative und passive Sprache, Passivität, mangelnde Kontrolle und Verantwortung für Ihre Handlungen impliziert.

Wenn Sie sich anderen vorstellen, verwenden Sie Ihre eigenen Worte, um sich selbst zu beschreiben und nicht, wie andere Sie definieren. Andernfalls könnten andere Menschen Sie dazu bringen, sich deren Forderungen anzupassen.

Kritisieren Sie eine Person niemals direkt. Wenn Kritik absolut notwendig ist, üben Sie diese mit äußerster Vorsicht aus. Verwenden Sie positive und unterstützende Worte und Sätze, um Kritik auf konstruktive Weise auszuüben. Wenn Ihr Teamkollege zum Beispiel immer zu spät zur Arbeit kommt, aber sehr hart arbeitet, loben Sie seine harte Arbeit. Sagen Sie ihm, wenn er so hart arbeiten kann, kann er auch pünktlich sein. Ihre Worte werden eine magische Wirkung haben. Sie werden ihn darin bestärken, es zumindest zu versuchen, pünktlich zu sein.

Auf diese Weise kann Ihre Sprache eine wichtige Rolle für Ihre persönliche Ermächtigung und die der anderen spielen. Lassen Sie uns nun anhand eines Beispiels sehen, wie sich persönliche Ermächtigung anfühlt.

## Fallstudie: Wie sich persönliche Ermächtigung anfühlt

Amara und Shira sind beste Freundinnen. Sie haben sich beide innerhalb eines Jahres nach ihrer Hochzeit von ihren Ehemännern scheiden lassen. Sie versuchten aufrichtig, ihre Ehen zu retten, aber es ist ihnen nicht gelungen. Auch erhielten sie von ihren Ehemännern nicht die erforderlichen Unterhaltszahlungen.

Fühlen sie sich ermächtigt?

In Amaras Fall ist sie es tatsächlich. Obwohl sie nach der Scheidung einige Tage lang traurig war, beschloss sie, weiterzumachen. Sie wollte sich nicht unterkriegen lassen. Sie nahm eine Arbeit an, die ihr gefiel, fand neue Freunde und bereitet sich nun auf ihre zweite Ehe vor.

Shira hingegen ist deprimiert, frustriert und voller Tränen. Sie ist überzeugt, dass ihr Leben seit der Scheidung zum Stillstand gekommen ist. Jeden Tag gibt sie ihrem Mann die Schuld und wiederholt, dass er sie nicht gut behandelt hat. Sie will arbeiten, sie will neue Leute kennenlernen, aber sie hat Angst, wegen ihrer Scheidung abgelehnt zu werden.

Amara wusste, was sie von ihrem Leben wollte. Also traf sie eine Entscheidung und handelte dementsprechend. Shira hingegen fühlt sich machtlos, ihre Situation zu ändern, also versucht sie es gar nicht erst. Es fehlt ihr an Selbstvertrauen und an der Fähigkeit, das zu erreichen, was sie will. Dies wird zu einem Teufelskreis. Wegen des Mangels an Selbstvertrauen versucht sie es nicht einmal. Und weil sie es nicht versucht, schafft sie es nicht, sich ermächtigt zu fühlen.

Doch Ermächtigung kommt nicht nur vom Erreichen von Zielen. Sie müssen sich zu Wort melden und Stellung beziehen, um sich ermächtigt zu fühlen. Mit anderen Worten: Sie müssen durchsetzungsfähig sein, um sich ermächtigt zu fühlen.

Lassen Sie uns im nächsten Abschnitt die Beziehung zwischen Durchsetzungsvermögen und Ermächtigung untersuchen.

## Durchsetzungsvermögen und Ermächtigung

Betrachten Sie die folgende Situation:

Nancy arbeitet in der Personalabteilung eines Unternehmens. Sie ist eine junge, schöne, verheiratete Frau. Ihr Unternehmen hat eine Firmenreise nach Goa organisiert. Alle ihre Kollegen fahren mit, nur sie nicht. Das liegt daran, dass ihr Mann das Gefühl hat, dass sie ohne ihn nicht auf eine Reise gehen kann. Er denkt, dass sie ohne ihn nicht auf sich selbst aufpassen kann.

Also unterdrückt Nancy ihre Begeisterung für die Reise und passt sich der Situation an. Ein paar Monate später gibt Nancys Chef eine üppige Party bei sich zu Hause und lädt sie und ihren Mann ein. Aber auch hier weigert sich ihr Mann, zur Party zu gehen und findet eine schlechte Ausrede und lässt Nancy auch nicht hingehen.

Immer wieder musste Nancy ihre Gefühle wegen ihres Mannes unterdrücken.

Hört sich das nach Ihnen an?

Nun, das liegt daran, dass Nancy und Sie sich dafür entscheiden, im Stillen zu leiden, anstatt Ihre Gefühle auszudrücken. Sie verhalten sich passiv, damit Sie nicht die Gefühle anderer verletzen. Es mag so aussehen, als ob Sie Ihre Kräfte für das Gute einsetzen und nicht die Gefühle anderer verletzen wollen, aber das ist eine Illusion.

Wenn Sie sich passiv verhalten, fühlen Sie sich wie ein Opfer, das in seiner Lebenssituation gefangen ist und ohne die Hilfe anderer nicht mehr aus ihr herauskommt. Wenn Sie ein Opfer spielen, werden Sie sich niemals ermächtigt fühlen. Stattdessen werden Sie anderen Menschen immer ausgeliefert sein.

Andererseits hätte Nancy auch aggressiv werden können, indem sie ihren Ehemann anschreit oder anbrüllt. Aggressivität entwickelt sich gewöhnlich aus einem Gefühl, Anspruch auf etwas zu haben. Zudem ist Aggressivität eine weit verbreitete Art und Weise, ein Gefühl der Macht zu entwickeln. Einige Menschen glauben, dass Aggressivität der richtige Weg ist, mit solchen Situationen umzugehen, insbesondere indem sie andere kontrollieren. Die Macht der Aggressivität ist jedoch ungesund und kann Ihren Beziehungen ernsthaft schaden. Wenn es zu Ihrer üblichen Methode wird, Kontrolle über Situationen zu erlangen, wird Sie dies von anderen entfremden und kann bei den Beteiligten sogar Angst auslösen.

Neben dem passiven und aggressiven Ansatz zur Kontrolle von Situationen verfolgen einige Menschen auch einen passiv-aggressiven Ansatz. Dabei handelt es sich um eine tödliche Kombination aus zwei ungesunden Ansätzen. Wenn zwei Menschen in einer Beziehung sind, macht dieses passiv-aggressive Verhalten die Dinge viel komplizierter.

In Nancys Fall kann sie sich oberflächlich den Anforderungen ihres Mannes anpassen, ihn aber stillschweigend bestrafen, indem sie beispielsweise kein gutes Essen für ihn kocht. Eine Person mit passiv-aggressivem Verhalten fühlt sich mächtig, aber in Wirklichkeit verliert sie ihre Integrität und reduziert jegliche Möglichkeiten einer gesunden Selbstermächtigung.

### *Gesunde Ermächtigung und welche Rolle Durchsetzungsvermögen dabei spielt*

Wie unterscheiden wir also gesunde Ermächtigung von ungesunder Ermächtigung?

Das ist ganz einfach! Gesunde Ermächtigung erlaubt es den Menschen nicht, auf Kosten anderer zu handeln. Ein Mensch mit gesunder Ermächtigung weiß, wie er sein Leben mit Zuversicht und Zielstrebigkeit führen kann. Wenn eine ermächtigte Person einen Fehler begeht, der jemanden verletzt, entschuldigt sie sich und sucht gesunde Wege zur Lösung, während sie die Bedürfnisse der anderen Person berücksichtigt.

Zusätzlich lässt eine ermächtigte Person den anderen wissen, ob sie sich belästigt oder ausgenutzt fühlt. Liebe und Respekt für sich selbst und andere sind das Lebensmantra eines ermächtigten (gesunden) Menschen.

Wenn Sie sich ermächtigt fühlen, fühlen Sie sich auch befreit. Sie übernehmen Verantwortung für Ihre Handlungen, die nicht durch das Verhalten anderer Menschen beeinflusst werden. Hier sind vier Tipps, die Ihnen helfen sollen, selbstbewusster zu werden und sich in Ihrem Leben ermächtigt zu fühlen:

**Seien Sie freundlich, aber nicht anpassend**

Es gibt einen Unterschied zwischen freundlichen und sich anpassenden Menschen.

Freundlich bedeutet, sich um seine Freunde oder Familie zu kümmern und ihnen in Zeiten der Not zu helfen. Auf der anderen Seite sind Sie dann entgegenkommend, wenn Sie sich auf Kosten Ihrer selbst um sie kümmern. Sie wissen einfach nicht, wann Sie „nein" sagen sollen. Infolgedessen bauen Sie innerlich Wut und Ärger auf. Sie haben das Gefühl, dass die Menschen Ihre Unfähigkeit, "nein" sagen zu können, knallhart ausnutzen.

Sie haben also die Wahl: ob Sie freundlich oder entgegenkommend mit den Menschen umgehen wollen. Wenn Sie sich für "freundlich sein" entscheiden, dann sind Sie nicht nur mit anderen befreundet, sondern auch mit sich selbst.

Verstehen Sie, dass Sie nicht Ihre eigenen Bedürfnisse opfern sollen, um die Bedürfnisse anderer zu befriedigen. Wenn Ihr Freund Sie zum Beispiel um Ihre finanzielle Unterstützung bei etwas bittet, das Sie jedoch nicht tun können, lehnen Sie einfach ab oder bitten Sie um eine Rückerstattung. So fühlen Sie sich nicht als Opfer der Forderungen anderer Menschen.

## Äußern Sie sich, aber werden Sie dabei nicht laut

Wer nicht weiß, was Durchsetzungsvermögen ist, stellt sich vielleicht jemanden vor, der übermäßig hart und anspruchsvoll ist. Beim Durchsetzungsvermögen geht es jedoch darum, sich zu äußern und nicht darum, die Stimme laut zu erheben. Die Stimme laut zu erheben bedeutet, wütend zu werden, wenn die eigenen Bedürfnisse nicht erfüllt werden, oder zu schreien und anderen die Schuld zu geben, wenn diese Sie manipulieren.

Sich zu äußern bedeutet hingegen, sich im Vorfeld der eigenen Bedürfnisse bewusst zu werden. Sie schreien andere nicht an oder geben anderen nicht die Schuld, sondern Sie setzen proaktiv vernünftige Erwartungen und Grenzen. Mit anderen zu kommunizieren, hilft, gesunde und starke Beziehungen aufzubauen und Ihr Selbstwertgefühl zu stärken.

## Definieren Sie Ihre Grenzen

Grenzen sind wichtig, und es ist ebenso wichtig, sie zu definieren. Trotz Festlegung der Grenzen werden einige Leute versuchen, sie zu überschreiten. Und was dann?

Halten Sie Ihre Grenzen gut definiert und bekräftigen Sie diese gegenüber denen, die versuchen, sie zu überschreiten. Komme, was wolle, geben Sie niemals den Forderungen dieser Menschen nach. Sonst werden sie immer wieder versuchen, Ihre Grenzen zu überschreiten.

## Halten Sie nicht an egoistischen "Freunden" fest

Sie wissen, wer Ihre egoistischen "Freunde" sind! Sie sind warmherzig und höflich, aber sie werden nur mit Ihnen interagieren, wenn Sie etwas dafür bekommen.

Können Sie diese Personen als Ihre "wahren" Freunde bezeichnen? Werden sie nicht Ihre Grenzen überschreiten und erwarten, dass Sie ihren Forderungen nachgeben?

Wenn Sie befürchten, sie zu verlieren, seien Sie entspannt! Sie müssen ihnen nicht sagen, dass Sie sie loswerden wollen. Ihre "Freunde" werden Sie automatisch verlassen, wenn sie merken, dass Sie nichts mehr für sie tun werden. Manche versuchen vielleicht, Ihnen ein schlechtes Gewissen einzureden, aber hören Sie einfach nicht hin. Ärgern Sie sich nicht über den Verlust egoistischer Freunde. Es ist gut, dass sie aus Ihrem Leben verschwinden. Sie verdienen wahre Freunde.

Der Mangel an Ermächtigung führt zu einem Gefühl der Hilflosigkeit. Ihr Leben liegt in den Händen anderer. Diese können Sie wie eine Marionette nach deren Launen und Fantasien tanzen lassen. Das erzeugt Angst und Ärger.

Wenn Sie jedoch durchsetzungsfähiger werden, liegt die Macht und Kontrolle wieder in Ihren Händen.

## Wie man sich positiv durchsetzen kann

Es ist ein schmaler Grat zwischen Durchsetzungsvermögen und Aggressivität. Wenn Sie sich gestärkt fühlen wollen, mehr Kontrolle über Ihr Leben haben wollen und ein glückliches, positives und erfülltes Leben führen wollen, müssen Sie durchsetzungsfähig sein.

Dennoch bleibt die Frage offen, wie Sie sich positiv durchsetzen können.

Viele Menschen betrachten sich im Allgemeinen als durchsetzungsfähig, aber in der Realität gab es schon Situationen, in denen sie die Dinge einfach vorbeiziehen ließen. Sie haben sich nicht für sich selbst eingesetzt. Und was war das Ergebnis? Wut, Ärger, Frustration und Schuldgefühle.

Wenn manche Menschen mit einer schwierigen Situation konfrontiert sind, haben sie das Gefühl, dass es leichter ist, wegzulaufen, als sich ihr zu stellen. Das liegt daran, dass ihnen die innere Kraft fehlt, die Ermächtigung, von der wir gesprochen haben.

Es ist jedoch viel effektiver, ein starker und mächtiger Löwe zu sein als eine scheue Maus, die vor der Gefahr davonläuft. Es ist Zeit, das Durchsetzungsvermögen genauer zu betrachten und die Schritte zu lernen, um wie ein "Löwe" in Ihrem Leben zu sein.

Aber warum der Löwe? Weil der Löwe Stärke und Macht symbolisiert, die Sie sich letztlich wünschen und die Ihnen helfen werden, Ihre Lebensziele zu erreichen.

Hier sind sieben einfache Schritte, um sich positiv durchzusetzen:

**Schaffen Sie ein Bild der Stärke in Ihrem Verstand**

Nehmen wir das Beispiel des Löwen, das ich oben genannt habe. Behalten Sie dieses Bild von sich selbst als Löwe im Gedächtnis und erleben Sie es noch einmal, wenn Sie mit einer Situation konfrontiert werden, in der Sie sich durchsetzen müssen. Wenn Ihnen ein Löwe nicht realistisch erscheint, wählen Sie ein Bild, das Ihnen Stärke und Macht vermittelt. Kommen Sie wieder darauf zurück, wenn Sie einen durchsetzungsstarken Impuls brauchen. Ein Bild der Stärke in Ihrem Kopf zu erschaffen, erinnert Sie daran, aufmerksam zu bleiben, um durchsetzungsfähig zu sein. Zudem gibt es Ihnen auch die Zuversicht, sich positiv durchsetzen zu können.

**Glauben Sie an sich und Ihre Werte**

Der erste Schritt zum Durchsetzungsvermögen ist der Glaube an sich selbst und an das, was für Sie wichtig ist. Ohne dieses Selbstbewusstsein oder ein festes Selbstbild wird es schwierig sein, für sich selbst einzustehen und sich durchzusetzen, wenn es nötig ist.

Sie müssen wissen, wer Sie wirklich sind und welche Eigenschaften eine wirklich durchsetzungsfähige Person aus Ihrer Sicht hat. Beginnen Sie noch heute mit der Entwicklung

Ihres Selbstbewusstseins. Finden Sie Ihre Stärken, um die Situationen optimal zu nutzen, in denen Sie an Ihren Überzeugungen festhalten müssen.

**Verstehen Sie Ihre eigenen Grenzen**

Man kann nur dann durchsetzungsfähig sein, wenn man weiß, wo seine Grenzen liegen und wann jemand sie überschreitet. Es ist wichtig, zu definieren und anderen mitzuteilen, was Ihnen unangenehm ist.

Sie müssen sich darüber im Klaren sein, was Sie tolerieren werden und was nicht. Aber bevor Sie dies anderen mitteilen, müssen Sie sich selbst gegenüber im Klaren sein, sonst wissen Sie nicht, wann eine Grenze überschritten wurde.

**Verstehen Sie Ihre Bedürfnisse und Ihr Ziel des Durchsetzungsvermögens**

Was wollen Sie erreichen, indem Sie sich durchsetzen?

Es könnte sein, dass Sie das unangenehme Verhalten einer anderen Person stoppen oder ein bestimmtes Ziel erreichen wollen. Dabei müssen Sie wissen, was Sie wollen und welchen Zweck Sie durch eine positive Selbstbehauptung erreichen wollen. Das liegt daran, dass Ihr Ziel in der Aufregung verloren gehen könnte. Achten Sie also darauf, sich an Ihre Werte zu erinnern, wenn Sie versuchen, Ihr Ziel zu bestimmen.

**Respektieren Sie andere (und sich selbst)**

Wir haben festgestellt, dass es einen schmalen Grat zwischen Durchsetzungsvermögen und Aggressivität gibt. Sie können durchsetzungsfähig sein, ohne andere zu demütigen und ohne andere (und sich selbst) in eine verletzliche oder unbequeme Lage zu bringen.

Wie kann das geschehen? Seien Sie respektvoll. Sie können sich respektvoll und freundlich verhalten, auch wenn Sie sich durchsetzen. Versetzen Sie sich in die Lage anderer und denken

Sie darüber nach, wie Sie gerne behandelt werden möchten. Setzen Sie sich durch und behalten Sie dies im Hinterkopf. Wenn Sie anderen gegenüber respektvoll sind, werden Sie auch Ihre Integrität bewahren und sich so verhalten, dass Sie stolz darauf sein können.

**Erwartungen klar ausdrücken**

Um in jeder Situation durchsetzungsfähig zu sein, ist es unerlässlich, dass Sie klar zum Ausdruck bringen, was Sie von anderen erwarten. Denn wenn Sie sich nicht klar darüber sind, was Sie wollen, wird es erst recht für andere sehr schwer sein, Ihnen das zu geben, was Sie wollen.

Verwenden Sie beim Ausdrücken Ihrer Erwartungen eine klare und direkte Sprache. Vermeiden Sie vage Begriffe oder Wörter, die verwirrend sein könnten. Manchmal ist es nicht leicht, direkt zu sein, aber wenn Sie sich darüber im Klaren sind, was Sie wollen, werden Sie wahrscheinlich eher bekommen, was Sie wollen.

Denken Sie daran: Niemand ist allwissend und kann Ihre Gedanken lesen oder wissen, was Sie wollen. Sie müssen es klar ausdrücken.

**Üben Sie oft sich durchzusetzen**

Sie alle haben es schon einmal gehört: Übung macht den Meister!

Wenn Sie also Ihr Durchsetzungsvermögen verbessern wollen, müssen Sie es oft üben. Das bedeutet nicht, dass man ständig darauf besteht, seinen Willen durchzusetzen, sondern dass man seine Bedürfnisse erkennt und sie genauso hoch schätzt wie jene der anderen.

Denken Sie an die Situationen, in denen Sie hätten durchsetzungsfähig sein können, es aber nicht waren. Denken Sie darüber nach, wie Sie sich positiv durchsetzen können, wenn ähnliche (oder schlimmere) Situationen in der Zukunft auftreten. Üben Sie es! Üben Sie es, so oft Sie können.

## Bauen Sie Ihr Leben auf der Grundlage von Respekt auf

Eine Frage, die Sie vielleicht noch immer beschäftigen könnte: Wie respektiere ich gleichzeitig meine eigenen Bedürfnisse und die der anderen? Muss ich nicht einen Kompromiss suchen für meine eigenen Bedürfnisse, um friedliche Beziehungen zu schaffen? Ist es nicht einfacher, zu schweigen als meine Bedürfnisse zu äußern?

Die Antwort ist kurz: NEIN.

Sie müssen kein Mensch sein, der es immer allen recht machen will, um bessere Beziehungen zu schaffen. Um gute Beziehungen herzustellen, müssen Sie Ihren Selbstausdruck auch nicht zum Schweigen bringen. Dies führt nämlich nur dazu, dass Sie sich passiv verhalten und sich Wut und Groll in Ihnen anstaut. Das Geheimnis liegt darin, sich wieder auf Ihre Bedürfnisse zu konzentrieren und diese entsprechend zu respektieren. Das nennt man Selbstachtung. Dies ist Ihre eigene Fähigkeit, zu sehen, dass Ihr "Selbst" dieselben Grundrechte und dieselbe Würde hat, wie andere Menschen.

In den letzten drei Jahrhunderten nahm die Anzahl der Bürgerrechte der Menschen immens zu. Die von den meisten Ländern unterzeichnete Erklärung der Menschenrechte gewährleistet allen Menschen die gleiche Würde und die gleichen Grundrechte, unabhängig von ihrer sozialen Klasse, ihrem Geschlecht, ihrer Religion usw.

Es ist jedoch überraschend, dass die Menschen ihre Rechte immer noch nicht einfordern oder durchsetzen, obwohl sie diese Rechte besitzen. Das betrifft etwa Menschen, die gemobbt oder schikaniert werden und darüber schweigen, anstatt gegen Ungerechtigkeit zu protestieren. Manche Menschen akzeptieren weniger Lohn für ihre Arbeit, auch wenn sie die gleiche Leistung wie andere Menschen erbringen.

Und warum geschieht dies? Untersuchungen zeigen, dass Menschen, wenn sie sich als gleichwertig mit anderen wahrnehmen, Gleichbehandlung erwarten. Wenn sie es aber nicht tun, betrachten sie Ungleichbehandlung als gerecht und Protest als unangemessen.

Um seine Rechte einzufordern oder sich selbstbewusst zu verhalten, muss man sich also als gleichwertig mit anderen betrachten. Mit anderen Worten, man muss ein gutes Maß an Selbstachtung haben.

Aber was bedeutet es, sich selbst als gleichwertig mit anderen zu sehen? Wie respektiert man gleichzeitig die eigenen Bedürfnisse und die der anderen?

Lassen Sie uns das anhand einiger Beispiele verstehen.

Angenommen, Sie befinden sich in einem Restaurant und sind mit der Bedienung unzufrieden. Eine passive Reaktion wäre, sich ruhig zu verhalten. Eine aggressive Reaktion wäre, den Kellner anzuschreien. Eine durchsetzungsfähige Reaktion wäre, den Kellner in einer freundlichen Art und Weise wissen zu lassen, was Sie wollen. Damit sprechen Sie Ihre Bedürfnisse aus und respektieren gleichzeitig den Kellner.

Sehen wir uns noch einen weiteren Fall an.

Ihr Mitarbeiter ist ein wenig träge und beendet seinen Auftrag nicht rechtzeitig. Anstatt ihn anzuschreien und zu beschimpfen, wäre eine durchsetzungsfähige Reaktion, klare Erwartungen an Ihren Mitarbeiter zu stellen.

Wir können sowohl die Bedürfnisse anderer als auch unsere eigenen respektieren, indem wir "Anfragen" statt "Forderungen" stellen. Forderungen berücksichtigen nicht die Bedürfnisse oder Meinungen der anderen Person und sind in der Regel kontraproduktiv. Anfragen hingegen berücksichtigen die

Bedürfnisse beider Parteien. Menschen reagieren eher auf Anfragen, da sie sich verbunden fühlen und die Wahl haben, ob sie zustimmen oder nicht.

Wenn Sie ein "Nein" nicht akzeptieren wollen, dann ist es eine Forderung. Wenn Sie offen dafür sind, Strategien zu finden, die für beide Seiten funktionieren, dann ist es eine Anfrage. Anfragen erhöhen die Bereitschaft anderer Personen.

Die Bedürfnisse des anderen zu respektieren, bedeutet also nicht, einen Kompromiss für die eigenen Bedürfnisse zu finden, zu schweigen, sich von anderen ausnutzen zu lassen oder ein Mensch zu werden, der es immer allen recht machen will. Vielmehr geht es darum, die Bedürfnisse anderer mitfühlend anzuerkennen und Anfragen (nicht Forderungen) zu stellen, um Ihre eigenen Bedürfnisse zu erfüllen. Schließlich verdienen Sie es, eine Stimme zu haben.

**Zusammenfassung des Kapitels**

- Persönliche Ermächtigung und die Entwicklung von Selbstachtung sind die notwendigen Voraussetzungen für die Entwicklung des Durchsetzungsvermögens.
- Setzen Sie sich ein starkes Ziel, eignen Sie sich Wissen an, arbeiten Sie an Ihren Fähigkeiten und Kompetenzen und arbeiten Sie weiter daran, Ihre Ziele zu erreichen. Dies wird Ihnen helfen, sich von innen heraus gestärkt zu fühlen.
- Glauben Sie an sich und Ihre Werte, verstehen Sie Ihre Bedürfnisse und Ihre Grenzen. Definieren Sie Ihre Erwartungen klar und eindeutig, die Sie anderen gegenüber haben, um sich positiv durchzusetzen und Ihre Selbstachtung zu entwickeln.
- Sie verdienen es, eine Stimme zu haben. Erkennen Sie die Bedürfnisse anderer mitfühlend und klar an und stellen Sie Anfragen (nicht Forderungen), um Ihre eigenen Bedürfnisse zu erfüllen.

Ich würde es begrüßen, wenn Sie die folgenden Fragen beantworten könnten, bevor wir uns mit der Entwicklung eines durchsetzungsfähigen Verhaltens befassen.

1. Sehen Sie sich selbst als gleichwertig mit anderen? Warum oder warum nicht?
2. Nennen Sie drei beliebige Situationen in Ihrem Leben, in denen Sie das Gefühl hatten, Sie hätten sich durchsetzen sollen, dies jedoch nicht taten.
3. In welchen Bereichen fühlen Sie sich nicht befugt, sich durchzusetzen? Wie können Sie sich in diesen Aspekten Ihres Lebens ermächtigt fühlen?

Im nächsten Kapitel werden Sie lernen:

- Warum Durchsetzungsvermögen eine erlernbare Fähigkeit ist
- Drei Schlüsselelemente für durchsetzungsstarkes Verhalten
- Die verschiedenen Kategorien des durchsetzungsfähigen Verhaltens
- Wie man selbstbewusst mit Kritik umgeht
- Wie Sie für sich selbst sprechen können

KAPITEL 4:

# Los geht's: Entwicklung des durchsetzungsfähigen Verhaltens

Jetzt wissen Sie, was Durchsetzungsvermögen ist und welche Qualitäten Sie benötigen, um ein durchsetzungsstarkes Verhalten in sich selbst zu entwickeln. Der eigentliche (und lustige) Teil beginnt jetzt - wie man durchsetzungsfähiges Verhalten entwickelt.

**Durchsetzungsvermögen ist eine erlernte Fähigkeit**

Durchsetzungsvermögen ist nicht nur ein Kommunikationsstil, sondern eine charakteristische Verhaltensweise, bei der man seine Gedanken, Gefühle, Überzeugungen und Meinungen offen ausdrückt, ohne die Rechte anderer zu verletzen.

Und jede Art von Verhalten kann durch konsequentes Üben erlernt werden. Die Praxis des durchsetzungsfähigen Verhaltens ist jedoch mit den folgenden Verhaltensregeln verbunden:

**Was Sie bei durchsetzungsfähigem Verhalten tun sollten**

1. Ihre Bedürfnisse klar und direkt zum Ausdruck bringen
2. Ihre Gedanken ausdrücken, ohne sich schuldig zu fühlen
3. Für das, was Sie glauben, einstehen, auch wenn andere vielleicht nicht zustimmen
4. Ihre Rechte kennen und wissen, wie Sie diese bekommen
5. Effektiv kommunizieren
6. Ihre Gefühle anderen mit Zuversicht vermitteln
7. Selbstständig und unabhängig sein
8. Beharren, bis Ihre Bedürfnisse erfüllt sind

9. Ein Problem analysieren und den Verantwortungsbereich festlegen, bevor Sie eine Maßnahme ergreifen
10. Jederzeit eine positive Einstellung haben
11. Stark sein, wenn andere schwach sind
12. Stolz auf Ihre Errungenschaften sein
13. Den Mut haben, zu träumen und die Fähigkeiten zu entwickeln, diese in die Realität umzusetzen

**Was Sie bei durchsetzungsfähigem Verhalten nicht tun sollten**

1. Um das Thema herum reden, bevor Sie Ihre Bedürfnisse äußern
2. Schuldgefühle oder Angst haben, Ihre Bedürfnisse zu äußern
3. Mit anderen übereinstimmen, egal wie Sie sich fühlen
4. Unkenntnis über Ihre Rechte haben
5. Ineffizient kommunizieren
6. Das erbitten/erbetteln, was Ihnen zusteht
7. Von anderen abhängig sein
8. Aufgeben, wenn Sie Probleme haben
9. Der Niederlage nachgeben
10. Sich leicht von anderen beeinflussen lassen
11. Sich unwohl fühlen bei Ihren Leistungen
12. Angst vor dem Träumen haben

Das Praktizieren von Durchsetzungsvermögen ist kein neues Konzept. Viele Menschen und Organisationen erreichen ihre Ziele seit Jahrzehnten mit der Hilfe von Durchsetzungsvermögen. Hier sind einige Beispiele von Personen, die durch Durchsetzungsvermögen "gewonnen" und ihre Ziele erreicht haben:

- Susan B. Anthony, deren Beharrlichkeit im langen Kampf um das Frauenwahlrecht 1919 den amerikanischen Frauen das Wahlrecht verschaffte.
- Mohandas K. Gandhis Entschlossenheit befreite Indien und inspirierte unterdrückte Menschen auf der ganzen

Welt, seinen gewaltlosen Methoden nachzueifern, um Freiheit zu erlangen.
- Carol Mosely Braun, die die Politiker in Illinois wachrüttelte, als sie den "unbesiegbaren" Alan Dixon in der Vorwahl der Illinois-Demokraten für den US-Senat besiegte.
- Jane Bryne (ehemalige Bürgermeisterin von Chicago), die aufgrund ihres starken Durchsetzungsvermögens von ihrem Job im Rathaus gefeuert wurde, aber ein Jahr später zur Leiterin des Rathauses gewählt wurde.
- Patrick Henry, dessen durchsetzungsstarkes Zitat "Gib mir Freiheit oder gib mir den Tod" zum Schlachtruf der amerikanischen Revolution wurde.
- Jesse Jacksons positive Einstellung überwand Diskriminierung und Armut, um schließlich ein mächtiger nationaler Anführer zu werden.
- Jeanne d'Arc, deren mutige Durchsetzungskraft eine brachliegende französische Armee zum Sieg inspirierte.

Die Menschen, die sich als Macher, Beweger und Überflieger auszeichnen, sind durchsetzungsstarke Personen, auch wenn sich ihre spezifischen Stile unterscheiden.

Wir alle sind zwar mit einem angeborenen Temperament ausgestattet, um uns durchzusetzen. Aber wenn wir aufwachsen und uns sozialisieren, kann dies unsere angeborenen Tendenzen entweder verstärken oder sie einschränken. Die Reaktionen, die wir als Kinder von unserer Familie, von Gleichaltrigen, Kollegen und Autoritätspersonen erhalten, spielen eine wichtige Rolle bei der Gestaltung unserer angeborenen Tendenzen.

Wenn Ihre Familie zum Beispiel Konflikte durch Schreien oder Streiten bewältigt hat, werden Sie lernen, mit Konflikten auf dieselbe Weise umzugehen. Wenn Ihre Familie oder Gleichaltrige jedoch danach leben, die eigenen Gedanken auszudrücken und gleichzeitig die Gedanken anderer zu respektieren, werden Sie wahrscheinlich die gleichen Gewohnheiten entwickeln.

Wenn Sie als selbstbewusstes Individuum aufwachsen, neigen Sie dazu, emotional ausgeglichen zu sein und bessere gesundheitliche Ergebnisse zu erzielen. Durchsetzungsvermögen garantiert jedoch nicht, dass Sie IMMER das bekommen, was Sie wollen. Manchmal werden Sie es bekommen, manchmal nicht, und manchmal werden Sie sich auf eine Lösung einigen, die für beide Seiten zufriedenstellend ist.

Ich weiß, was Sie denken. Sie sind nicht als durchsetzungsfähige Person aufgewachsen. Die Menschen um Sie herum haben Sie immer gelehrt, die Bedürfnisse anderer vor Ihre eigenen zu stellen, erst anderen zu gefallen und dann sich selbst. Und jetzt fällt es Ihnen schwer, sich durchzusetzen. Machen Sie sich keine Sorgen! Wie ich schon sagte, ist Durchsetzungsvermögen eine Fähigkeit, die man in jeder Phase seines Lebens erlernen kann. Sogar jetzt! Schauen wir uns die Thematik also genauer an, um mehr darüber zu erfahren, wie man ein durchsetzungsfähiges Verhalten entwickeln kann.

Wir haben bereits den Unterschied zwischen passiven, aggressiven und durchsetzungsstarken Kommunikationsstilen erörtert. Nun wollen wir diese drei verschiedenen Stile detaillierter untersuchen.

*Aggressives* Verhalten, selbst wenn Sie im Recht sind, sendet folgende Botschaft an andere: "Was ich will, ist wichtiger als das, was Sie wollen." Sie stellen die Bedürfnisse anderer infrage, indem Sie diese, von außen betrachtet, nicht respektieren. Infolgedessen reagieren die Empfänger Ihrer Aggression mit Widerstand und entgegnen Ihnen mit oft mit Wut. Dies kann zu Konflikten, Streitigkeiten, Stress und sogar Hass in Beziehungen führen.

*Passiv* zu sein ist nicht besser. Es ist ein Lebensstil ohne das Wort "Nein", der dem Autofahren ohne Bremsen gleicht. Wenn Sie "nein" sagen, setzen Sie dem, was Sie akzeptieren und was Sie nicht akzeptieren, angemessene Grenzen. Ohne diese Grenzen wird Ihr Leben außer Kontrolle geraten und voller Stress, Wut und Ärger sein. Zur richtigen Zeit und aus dem richtigen Grund "nein" zu sagen, ist gesund, gerechtfertigt und gut. Genau darum geht es beim Durchsetzungsvermögen!

*Durchsetzungsfähiges Verhalten* ist der positive und kontrollierte Ausdruck Ihrer legitimen Bedürfnisse. Es handelt sich um eine gesunde Art und Weise zu kommunizieren, bei der Sie Ihre Selbstachtung aufrechterhalten und auch von anderen respektiert werden.

Das durchsetzungsfähige Verhalten bietet Ihnen eine gesunde Möglichkeit, etwas mit Würde zu verneinen. Durchsetzungsfähig zu sein, ermöglicht es Ihnen, das zu bekommen, was Sie brauchen, ohne andere zu verletzen. Dabei bildet es ein perfektes Gleichgewicht zwischen aggressivem und passivem Verhalten.

Durchsetzungsfähiges Verhalten versetzt Sie in die Lage, ein Leben in Frieden, Respekt und Zusammenarbeit zu führen. Eine durchsetzungsfähige Person setzt sich für sich selbst ein, aber in respektvoller und entschlossener Weise, wobei sie die Gefühle und Rechte anderer anerkennt.

"Ich-Aussagen" spiegeln typischerweise durchsetzungsstarkes Verhalten wider.

Zum Beispiel:

- Ich schaffe es nicht zur heutigen Sitzung.
- Ich würde es begrüßen, wenn Sie mir dabei helfen könnten.
- Ich bin wirklich nicht in der Stimmung, zur Party zu gehen.
- Es tut mir leid, ich habe Ihnen bereits die Konsequenzen erklärt, wenn Sie zu spät zur Arbeit kommen. Jetzt müssen Sie sich ihnen stellen.

Entgegen der allgemeinen Auffassung, ruft durchsetzungsstarkes Verhalten Respekt bei anderen Menschen hervor. Dies ist bei den anderen Kommunikationsstilen jedoch nicht der Fall.

Wenn Sie sich durchsetzungsfähig verhalten, wissen die Leute, dass "Sie meinen, was Sie sagen" und dass es sich dabei um keine Übertreibung und auch nicht um eine Ausrede handelt. Ihr "Ja" bedeutet "ja" und Ihr "Nein" bedeutet "nein". Eine solche klare Kommunikation ist für alle Beteiligten vorteilhaft. Sie verschafft Vertrauen und fördert die Zusammenarbeit.

Die Menschen fühlen sich wohler mit denen, die transparent und offen über ihre Gedanken und Gefühle sprechen. Zu einem durchsetzungsstarken Kommunikationsstil gehört, wie Sie denken, sprechen und wie Sie sich verhalten.

Durchsetzungsfähiges Verhalten reduziert auch Ihren Stresspegel. Passivität hingegen ist gleichbedeutend mit dem Gefühl der Ohnmacht und Überforderung.

Aggressivität stößt häufig auf Widerstand und Gegenangriffe. Diese sind extrem belastend.

Im Gegensatz dazu geht ein durchsetzungsstarkes Individuum ausgewogen, ruhig und entschlossen vor, um das zu bekommen, was es braucht. Sich für den durchsetzungsstarken Kommunikationsstil zu entscheiden, stellt den am wenigsten belastenden Weg dar.

Lassen Sie uns das Durchsetzungsvermögen mithilfe einer wahren Geschichte verstehen.

Julie schätzt es, wenn ihr Mann Jack sich weigert, ihr bei der Hausarbeit zu helfen. Sie weiß, wann er etwas nicht tun kann oder nicht tun will. Außerdem weiß sie, dass er, wenn er "ja" zu etwas sagt, es ernst meint und es auch durchziehen wird.

Jacks selbstbewusstes Verhalten gegenüber Julie ist ein Zeichen von Respekt und Ehrlichkeit. Wenn Julie in einer Angelegenheit nicht mit Jack übereinstimmt, weiß sie, dass sie ihm respektvoll widersprechen kann. So können sie ihre

Probleme gemeinsam bearbeiten und zu einer einvernehmlichen Lösung gelangen.

## Die drei Elemente des durchsetzungsfähigen Verhaltens

Die drei Elemente des durchsetzungsfähigen Verhaltens können mit einem dreibeinigen Stuhl verglichen werden. Sie können auf einem dreibeinigen Stuhl sitzen, ohne sich Sorgen zu machen, dass Sie umfallen könnten. Auf einem Stuhl mit zwei Beinen fallen Sie jedoch sehr wohl um. Durchsetzungsfähiges Verhalten wird auch als dreibeiniges Verhalten charakterisiert.

Die drei grundlegenden Komponenten des durchsetzungsfähigen Verhaltens sind:

1. **Wissen Sie, was Sie wollen.** Machen Sie sich klar, was Sie wollen.
2. **Sagen Sie, was Sie wollen.** Teilen Sie anderen Ihre Absichten, Bedürfnisse und Wünsche klar mit, ohne eine vage oder verwirrende Sprache zu verwenden.
3. **Holen Sie sich, was Sie wollen.** Mit respektvollen, entschlossenen und kontrollierten Kommunikationsmitteln erhöhen Sie die Wahrscheinlichkeit, Ihre begründeten und legitimen Ziele zu erreichen.

## Kategorien von durchsetzungsfähigem Verhalten

Noch bevor Sie den Mund aufmachen, sagt Ihre Körpersprache viel über Sie aus. Sie verkündet anderen, ob Sie sich Ihrer selbst sicher sind oder nicht.

**Eine Körpersprache, die Selbstvertrauen zeigt:**

- Aufrechtes Stehen und Augenkontakt beim Sprechen mit anderen

- Sitzen in einer entspannten, aber professionellen Art und Weise
- Die Initiative ergreifen, um andere bei einem Treffen zu begrüßen und das Gespräch zu eröffnen
- Sich selbstbewusst neben die mächtigste Person im Raum setzen
- Nicht auf die Erlaubnis warten sprechen zu dürfen, wenn Sie das Wort ergreifen wollen
- Organisiert bei der Arbeit sein und die nötigen Informationen parat haben
- Angemessene Kleidung tragen
- Höflich und angenehm bei Diskussionen sein

**Eine Körpersprache, die einen Mangel an Selbstvertrauen zeigt:**

- Zusammengesackte Haltung während des Stehens
- Angst haben, Menschen anzusehen, wenn Sie mit ihnen sprechen
- Steif sitzen, zu gehemmt sein, um sich zu bewegen
- Angst haben, die Initiative zu ergreifen, Menschen zu begrüßen und darauf warten, dass andere die Erlaubnis geben, "Hallo" zu sagen
- Unauffälliges/unscheinbares Sitzen
- Angst haben, das Wort zu ergreifen, bevor man angesprochen wird und eine ausdrückliche Erlaubnis bekommt zu sprechen
- Selten Informationen oder Materialien zu Meetings mitnehmen
- Unter- oder übertriebene Kleidung für bestimmte Anlässe, wie ein Picknick oder eine Party
- Unangenehm, streitlustig oder unhöflich werden, wenn man einen Standpunkt äußert

Eine durchsetzungsfähige Person kommuniziert mit Selbstvertrauen, sowohl in der Körpersprache als auch verbal. Es gibt drei Kategorien von durchsetzungsfähigem Verhalten:

**Durchsetzungsfähige Ablehnung** bedeutet, zum richtigen Zeitpunkt und auf die richtige Art und Weise "nein" zu sagen. „Nein" zu sagen, hilft Ihnen, gesunde Grenzen zu setzen und ermöglicht es anderen, zu erfahren, was diese von Ihnen erwarten können. Durchsetzungsfähige Ablehnung führt dazu, dass Sie sich ermächtigt fühlen. Zudem pflegt sie starke Beziehungen.

Eine nützliche Strategie, mit der Sie mühelos "nein" sagen können, besteht darin, Klarheit darüber zu gewinnen, zu welchen Dingen Sie "ja" sagen möchten. Notieren Sie Ihre drei wichtigsten Prioritäten (die sich mit der Zeit ändern können) in einem Tagebuch oder Notizblock und halten Sie es immer griffbereit. Wenn Sie jemand etwas fragt, prüfen Sie, ob es Ihren Prioritäten entspricht. Wenn ja, können Sie die Anfrage gerne positiv beantworten. Wenn es nicht mit Ihren Zielen übereinstimmt, sagen Sie "nein".

Befolgen Sie diese Schritte, um auf die richtige Art und Weise "nein" zu sagen:

- Geben Sie Ihren Standpunkt an, z. B. wenn Sie eine Aufgabe nicht übernehmen können: "Nein, ich kann nicht."
- Erklären Sie Ihren Grund: Nennen Sie einen triftigen Grund dafür, warum Sie die Aufgabe nicht übernehmen können, z. B. wenn Sie mit anderen wichtigen Themen beschäftigt sind.
- Bringen Sie Ihr Verständnis für die andere Person zum Ausdruck.

Wenn Sie auf die Anfrage eines anderen keine sofortige Antwort parat haben, bitten Sie denjenigen, Ihnen eine gewisse Bedenkzeit zu geben und eine Frist zu setzen, innerhalb derer Sie antworten werden. So bleiben Sie verantwortlich und stellen sicher, dass Sie die Beziehung und sich selbst wertschätzen, indem Sie in der gewünschten Zeitspanne eine konkrete Antwort geben.

Sich **durchsetzungsfähig auszudrücken** bedeutet, den Menschen zu sagen, wie Sie sich fühlen. Ihre Gefühle auszudrücken ist ein wesentlicher Bestandteil einer wirksamen Kommunikation.

**Zehn Situationen, in denen Sie sich ausdrücken müssen:**

- Wenn Sie jemanden lieben
- Wenn Sie starke Emotionen für etwas haben
- Wenn Sie etwas stört
- Wenn Sie das Gefühl haben, dass Sie etwas nicht schaffen, sprechen Sie es aus und bitten Sie um Hilfe.
- Wenn Sie mit jemandem nicht einverstanden sind
- Wenn Sie in einer Situation nicht glücklich sind
- Wenn jemand etwas Großartiges für Sie getan hat
- Wenn Sie eine Frage haben, fragen Sie immer.
- Wenn Sie eine Antwort haben, antworten Sie immer.
- Wenn Sie gute Nachrichten haben, teilen Sie diese immer mit.

Zweifellos müssen Sie sowohl Ihre positiven als auch Ihre negativen Gefühle ausdrücken. Negative Gefühle müssen jedoch mit Vorsicht ausgedrückt werden. Sie selbst müssen die Verantwortung für diese Gefühle übernehmen, anstatt anderen die Schuld zu geben.

Wenn Ihr Freund zum Beispiel zu spät zum Abendessen kommt, könnten Sie sagen: "Du hast mich verärgert, weil Du so spät zum Abendessen gekommen bist". Ihr Freund ist vielleicht zu spät gekommen, aber er ist nicht für Ihre Reaktion verantwortlich. In Wirklichkeit sind Ihre Gefühle das Ergebnis Ihrer eigenen Erwartungen und Hoffnungen. Wenn Sie diese so ausdrücken, dass Sie anderen die Schuld geben, ist es wahrscheinlicher, dass Sie auf eine defensive Reaktion stoßen. Es kann sein, dass die andere Person Ihre Gefühle nicht versteht und das Problem dann ungelöst bleibt.

Wenn ich an Ihrer Stelle wäre, würde ich meine Gefühle so ausdrücken: "Ich war so wütend, als Du zu spät zum Abendessen kamst, weil ich gehofft hatte, eine schöne Zeit mit Dir zu verbringen."

Sehen Sie den Unterschied? Ich habe die Verantwortung für meine eigenen Gefühle übernommen. Wenn Sie Ihre Gefühle klar und deutlich, jedoch ohne Schuldzuweisung ausdrücken, und dabei erklären, warum Sie sich so fühlen, ermöglicht es der anderen Person, Ihre Gefühle zu verstehen und anzuerkennen.

**Durchsetzungsfähig anzufragen** bedeutet, die notwendigen Informationen zu erhalten, sie zu klären und nach dem zu fragen, was Sie wollen. Wenn Ihnen die Fähigkeit fehlt, durchsetzungsfähige Anfragen zu stellen, machen Sie sich und anderen das Leben unnötig schwer. Sie verpassen vielleicht Gelegenheiten, brauchen länger, um Dinge zu erledigen oder machen sie unnötig komplizierter.

Wenn Sie hingegen lernen, Anfragen selbstbewusst zu stellen, respektieren Sie sowohl sich selbst als auch andere. Wenn Sie offen und direkt fragen, was Sie brauchen, sagen Sie: "Ich habe einen Wert" und "Ich schätze Ihre Hilfe". Im Wesentlichen ist es also ein Kompliment an die andere Person.

**Was hindert Sie daran, durchsetzungsfähige Anfragen zu stellen?**

Prüfen Sie, ob eine dieser Aussagen auf Sie zutrifft:

- Wenn jemand meine Bitte ablehnt, bedeutet das, dass er mich nicht mag und/oder nicht respektiert.
- Wenn ich Menschen um Hilfe bitte, bin ich ihnen gegenüber verpflichtet.
- Um Hilfe zu bitten, bedeutet, dass ich schwach bin ODER andere Menschen mich als schwach ansehen.
- Es ist besser, es selbst zu tun, als eine Ablehnung zu riskieren.

- Ich werde andere Menschen stören oder verärgern, wenn ich um Hilfe bitte.
- Ich möchte anderen Menschen nicht zur Last fallen/zu ihrem Stress/ihrer Arbeitsbelastung beitragen.
- Ich verdiene es nicht, um Hilfe zu bitten.
- Ich sollte nicht darum bitten müssen; die Menschen sollten wissen, dass ich Hilfe brauche.
- Andere Menschen helfen mir nur dann, wenn ich mich erfreut darüber zeige.
- Die Menschen sollten mir helfen, da ich wichtiger oder gestresster bin als sie.

Diese Meinungen machen es schwer, um Hilfe zu bitten. Und selbst wenn Sie es tun, werden Sie wahrscheinlich auf Widerstand stoßen. Sie dürfen jedoch nicht vergessen, dass diese Meinungen vielleicht nur Ihre persönlichen Gefühle sind. Nur weil Sie sich so fühlen, muss das noch lange nicht der Wahrheit entsprechen.

Wenn Sie um Hilfe bitten, können Sie außerdem schneller, reibungsloser oder leichter etwas erreichen. Sie könnten einen besseren Job bekommen, etwas Neues erlernen, Ihre Erfahrungen teilen oder jemanden besser kennenlernen. Dies wird Ihnen helfen, bessere Beziehungen aufzubauen und den Menschen zu zeigen, wer Sie wirklich sind (Ihre Authentizität).

Hier sehen Sie eine einfache Vorgehensweise für eine durchsetzungsfähige Anfrage:

**Fragen Sie die Person direkt.** Sprechen Sie sie namentlich an und nennen Sie den Grund, warum Sie Hilfe benötigen. Geben Sie eine klare, kurze Nachricht darüber, was Sie von ihr benötigen. Achten Sie darauf, ruhig zu bleiben, Augenkontakt zu halten und aufrichtig zu sprechen. Vermeiden Sie Schmeicheleien, um die Person von der Hilfe zu überzeugen.

**Bereiten Sie sich darauf vor, ein Gespräch zu führen, bis Sie beide zufriedengestellt sind.** Die andere Person hat auch das Recht, "nein" zu sagen, um Aufklärung zu bitten, zu verhandeln oder Sie über die Probleme zu informieren, die durch Ihre Anfrage verursacht werden könnten. Seien Sie darauf vorbereitet.

Wenn wir Anfragen selbstbewusst stellen, ersparen wir es uns, andere zu manipulieren oder uns wichtig zu machen und Hilfe zu verlangen. Es stärkt auch unser Selbstvertrauen und unser Selbstwertgefühl. Denken Sie jedoch daran, die Antworten der Person auf Ihre Anfragen nicht persönlich zu nehmen.

## Tipps für mehr Durchsetzungsvermögen

- AUGENKONTAKT - Schauen Sie die Person an, mit der Sie die meiste Zeit sprechen, aber starren Sie sie nicht durchgehend an.
- KÖRPERHALTUNG - Stehen oder sitzen Sie der Person gegenüber, aber vermeiden Sie es, übermäßig steif zu sein.
- DISTANZ/KÖRPERKONTAKT - Wenn Sie den Atem der anderen Person spüren, sind Sie wahrscheinlich zu nah. Halten Sie einen angenehmen Abstand zu ihr.
- GESTIK - Verwenden Sie Handgesten, um Ihre Worte zu ergänzen, aber denken Sie daran, dass Sie kein Orchester dirigieren.
- GESICHTSAUSDRUCK - Achten Sie darauf, dass Ihr Gesichtsausdruck mit Ihren Emotionen und dem, was Sie sagen, übereinstimmt. Lachen Sie zum Beispiel nicht, wenn Sie verärgert sind oder runzeln Sie nicht die Stirn, wenn Sie glücklich sind.
- STIMMTON, TONFALL, LAUTSTÄRKE - Um sicherzustellen, dass Ihre durchsetzungsfähige Botschaft gehört wird, achten Sie auf den Ton Ihrer Stimme, den Tonfall Ihrer Stimme (Betonung auf Silben) und die Lautstärke.
- REDEFLUSS - Es ist wichtig, fließend zu sprechen und die Worte effizient auszusprechen.

- TIMING - Das Timing ist wichtig, besonders wenn Sie Ihre negativen Gefühle ausdrücken oder eine Anfrage an jemanden richten. Es ist vielleicht nicht der richtige Zeitpunkt, dies einige Tage später oder direkt vor anderen Leuten zu tun. Tun Sie es, sobald es für beide Parteien Zeit gibt, ihre Probleme alleine zu lösen.
- ZUHÖREN - Dies ist ein wichtiger, aber oft vernachlässigter Teil des Durchsetzungsvermögens. Wenn Sie Ihre Gefühle ausdrücken, ohne die Rechte anderer zu verletzen, müssen Sie auch der anderen Person die Möglichkeit geben, zu antworten.
- INHALT - Je nachdem, welchen Zweck Sie mit Ihrem selbstbewussten Verhalten erreichen wollen, wird der Inhalt Ihrer Botschaft unterschiedlich sein.

## Wie Sie mit Kritik selbstbewusst umgehen

Es gibt drei Möglichkeiten, Ihnen zu helfen, mit Kritik umzugehen und eine Entscheidung darüber zu treffen, welches Verhalten Sie gegebenenfalls ändern sollten. Denken Sie daran, dass die Leute Ihr Verhalten, also was Sie sagen und tun, kritisieren, und nicht, wer Sie sind.

Die drei Möglichkeiten, mit Kritik selbstbewusst umzugehen, sind:

1. Stimmen Sie zu, wenn es der Wahrheit entspricht. Es ist immer möglich, dass das, was andere über Sie sagen, etwas Wahres enthält. Wenn zum Beispiel jemand sagt: "Sie denken immer zu viel über Kleinigkeiten nach", dann geben Sie es zu und sagen Sie: "Ja, manchmal neige ich dazu, bei Kleinigkeiten zu viel nachzudenken."
2. Wenn Sie einen Fehler gemacht haben, akzeptieren Sie ihn. Es wird lediglich etwas über den Fehler gesagt und nichts über Sie selbst als Person. Zum Beispiel sagt Ihr Chef: "Was ist los mit Ihnen, die Datei sollte im PDF-

Format vorliegen." Geben Sie Ihren Fehler zu und versprechen, ihn so schnell wie möglich zu korrigieren.

3. Wenn jemand Sie unnötig kritisiert, fragen Sie, was genau ihn/sie stört. Zum Beispiel, jemand kritisiert Ihre Entscheidung über eine späte Heirat. Sie stimmen zu, dass die Ehe in einem bestimmten Alter geschlossen werden soll, aber die Person macht weiterhin eine große Sache daraus. Fragen Sie an dieser Stelle, was genau ihn/sie beunruhigt.

Wenn Sie eine der drei oben genannten Techniken für den selbstbewussten Umgang mit Kritik anwenden, helfen Sie sich selbst, eine unangenehme Situation zu meistern, ohne sich schuldig oder dumm zu fühlen. Wenn Sie wissen, dass Sie mit Kritik umgehen können, ohne zu schreien oder zu schimpfen, können Sie der Person näher kommen, die Sie sein wollen.

### *Sprechen Sie für sich selbst*

Ist Ihnen klar, dass Sie ein einzigartiger, individueller Mensch sind? Deshalb sollten Sie lernen, wie Sie sich in Ihrer eigenen Haut wohlfühlen und in welchem Stil Sie sich durchsetzen. Einige Menschen sprechen laut und enthusiastisch, aber die Leute hören sie deutlich. Manche wiederum sprechen leiser und weniger, werden jedoch ebenso deutlich gehört.

Ändern Sie also Ihren Stil nicht. Das Geheimnis liegt darin, genau das in Worte zu fassen, was Sie wollen oder brauchen. Wie können Sie also andere dazu bringen, Ihnen zuzuhören?

- Schauen Sie dem Gesprächspartner in die Augen. Wenn Sie klein sind oder einen Rollstuhl benutzen, lenken Sie die Aufmerksamkeit auf sich, indem Sie die Person direkt ansprechen. Wenn die andere Person nicht bereit zu sein scheint, Sie anzusehen, finden Sie eine kluge, aber höfliche Art und Weise, um zu sagen: "Ich bin hier!"
- Sprechen Sie klar und deutlich. Wenn Sie eine Sprachbehinderung haben, beruhigen Sie Ihre Ängste.

Entspannen Sie die Körpermuskulatur, atmen Sie tief ein und langsam aus. Sprechen Sie langsam und so deutlich, wie Sie können. Sie können sich ein beruhigendes Bild, etwa einen Gebirgsbach vorstellen, das Ihnen hilft, den Körper zu entspannen. Wenn Sie ruhig sind, wird sich auch die andere Person entspannen und sich darauf konzentrieren, was Sie sagen.

- Seien Sie zuvorkommend und höflich, aber nicht unterwürfig.
- Wenn die andere Person alle um Sie herum anspricht, nur nicht Sie, sagen Sie ihr freundlich und bestimmt, dass Sie direkt angesprochen werden möchten.
- Überlegen Sie sich, was Sie sagen und wie Sie es sagen wollen, bevor Sie mit dem Sprechen beginnen.

## Selbsteinschätzung: Welcher Stil ist Ihrer?

Wenn Durchsetzungsvermögen nicht Ihr Stil ist, welcher ist es dann? Wählen Sie aus den folgenden Optionen:

- Der **nette Kerl**, der sich nicht traut, etwas zu sagen oder zu tun, was andere verletzen könnte.
- Der **Jammerlappen**, der ständig jammert und sich darüber beschwert, was er braucht, jedoch nicht bekommt oder wie andere ihn behandeln, wenn er um etwas bittet, oder wie schlecht alles ist, aber nie etwas dagegen tut.
- Der **Anhängliche**, der von anderen erwartet, dass sie für seine Rechte eintreten und in seinem Namen intervenieren.
- Das **schweigende Opfer**, das schmollt und glaubt, dass es nichts an seinem Leben ändern kann.
- Die **Märchenprinzessin**, die erwartet, dass alles ohne jegliche Anstrengung ihrerseits geschieht.
- Der **Wartende**, jemand, der auf ein Wunder wartet. Er wartet, wartet und wartet, dass jemand anderes etwas tut.
- Die **Bombe**, die sporadisch wütende Raketen abfeuert.

- Die **ängstliche Katze**, die befürchtet, dass andere auf sie losgehen, wenn sie sich die Mühe macht, etwas zu tun.
- Der **Beschwichtiger**, der sich damit abfindet, seine Bedürfnisse kleinreden zu lassen.

Wie sehen Sie sich selbst, wenn andere Sie kritisieren?

Welche Erwartungen haben Sie, wenn Sie jemanden um Hilfe bitten?

Schreiben Sie Ihre Antworten auf diese Fragen auf, bevor Sie im nächsten Kapitel mehr über Durchsetzungsvermögen erfahren.

**Zusammenfassung des Kapitels**

- Durchsetzungsvermögen ist eine Art von Verhaltens- und Kommunikationsfähigkeit, die erlernt und geübt werden kann, um das zu erreichen, was man sich im Leben wünscht.
- Die drei Geheimnisse, um durchsetzungsfähiges Verhalten zu erlangen, sind: Wissen, was man will; sagen, was man will; und bekommen, was man will.
- Ihre Körpersprache sagt viel über Sie und Ihr Selbstvertrauen aus, noch bevor Sie den Mund aufmachen. Stellen Sie sicher, dass Sie mit Ihrer Körpersprache Selbstvertrauen und Durchsetzungsvermögen vermitteln.
- Ihre Gefühle, Gedanken und Meinungen - sowohl positive als auch negative - auszudrücken, respektvoll "nein" zu bestimmten Anfragen zu sagen und bei Bedarf um Hilfe zu bitten, sind die wesentlichen Elemente eines selbstbewussten Verhaltens.
- Im nächsten Kapitel werden Sie lernen:
- Warum es schwer ist, "nein" zu anderen zu sagen
- Wie man in Alltagssituationen und bei der Arbeit besser "nein" sagen kann
- Die richtige Art, "nein" zu sagen

… ENDLICH DURCHSETZEN!

KAPITEL 5:

# Die Kunst, "nein" zu sagen

Ein wichtiger Aspekt des durchsetzungsfähigen Verhaltens ist die Fähigkeit, zur richtigen Zeit und auf die richtige Weise "nein" zu sagen. Sie kennen die Vorteile, die das durchsetzungsfähige Verhalten für Sie als Person und in Ihren Beziehungen bringt. Aber wird es dadurch einfacher, dass Sie über die Vorteile Bescheid wissen?

Sie können diese Frage nicht bejahen, oder?

## Wieso? Warum ist es so schwer, "nein" zu sagen?

Jennie war noch nicht ganz bereit, zu heiraten. Sie wusste, dass ihr Alter völlig angemessen war, um den Bund der Ehe einzugehen, aber sie wollte sich auf ihre Karriere konzentrieren und ein Jahr später über eine Heirat nachdenken. Ihre Eltern brachten das Thema fast täglich zur Sprache: "Du bist jetzt vierunddreißig", sagten sie. "Wenn du zögerst, wirst du keine gute Partie finden. Du wirst dein ganzes Leben allein verbringen müssen. Warum denkst du also nicht darüber nach, jetzt zu heiraten?" Jennie wusste, dass ihre Eltern wahrscheinlich recht hatten. Doch irgendwo in ihrem Inneren war sie in diesem Moment nicht ganz von der Idee der Ehe überzeugt. Und sie wusste nicht, wie sie das ihren Eltern sagen sollte.

Susans Freunde gingen in einen teuren Club. Sie konnte sich eine Trinknacht nicht wirklich leisten. Sie wollte sich auch nicht betrinken, wusste aber, dass der Abend wahrscheinlich so enden würde. Aber sie konnte einfach keinen Weg finden, wie sie aus dieser Situation hätte herauskommen können, ohne ihre Freunde zu verärgern.

Susie hatte sich vor kurzem von ihrem Mann scheiden lassen. Ihre Eltern und Freunde setzten sie unter Druck, sich auf einer Ehe-Webseite anzumelden. Aber Susie zögerte, sich anzumelden. Ihr Problem war nicht, ob irgendein Typ an ihr interessiert wäre oder nicht, sondern was wäre, wenn sie nicht an ihnen interessiert war? Sie konnte niemanden höflich abweisen. Sie konnte die Gefühle anderer Menschen nicht verletzen. Es fiel ihr schwer, "nein" zu jemandem zu sagen.

Kommt Ihnen eine dieser Situationen bekannt vor?

Viele erfolgreiche Männer betrachten ein "Nein" als wichtigen Teil einer erfolgreichen Lebensstrategie. Zum Beispiel:

Steve Jobs: *"Wenn man sich auf etwas konzentrieren will, muss man "nein" sagen können."*

Warren Buffett: *"Wir müssen das langsame Ja und das schnelle Nein lernen."*

Tony Blair: *"Die Kunst einer Führungskraft besteht darin, "nein" zu sagen, nicht darin, "ja" zu sagen. Es ist sehr einfach, "ja" zu sagen."*

Trotz dieser berühmten Zitate von erfolgreichen Männern ist es für uns nicht leicht, die Kunst des Nein-Sagens zu beherrschen. Warum?

Hier sind die Gründe:

**Angst vor Konflikten**

Die meisten von uns haben Angst vor Konflikten. Wir mögen es nicht, wenn andere wütend auf uns werden oder uns kritisch gegenüberstehen. Deshalb sagen wir nicht "nein", damit wir nicht mit jemand anderem in Konflikt geraten. Jemand anderes kann unser Partner, ein Kollege, ein Freund oder der Chef sein.

Viele Eltern wollen Auseinandersetzungen mit ihren Kindern vermeiden und daher alle ihre Forderungen erfüllen, auch wenn sie wissen, dass sie es nicht tun sollten. Sie haben das Gefühl, dass ihre Kinder aufhören werden, sie zu lieben, wenn sie "nein" zu ihnen sagen.

Diese Angst vor Konflikten wird uns jedoch schon als Kind beigebracht. Wir werden immer belehrt und es wird von uns erwartet, dass wir das tun, was uns Eltern, Lehrer und andere Menschen, die sich in einer Machtposition befinden, sagen. Sie zeigen uns die Angst vor Bestrafungen oder vor dem Verlust ihrer Liebe, wenn wir nicht gehorchen. Und diese Angst vor Konflikten wird von uns bis ins Erwachsenenalter getragen.

Der Wunsch, uns anzupassen und von unseren Altersgenossen gemocht zu werden, hindert uns ebenfalls daran "nein" zu sagen. Untersuchungen zeigen, dass Männer und Frauen ein enormes Bedürfnis haben, zu einer Bezugsgruppe zu gehören. Wir wollen von unseren Freunden oder den Menschen, mit denen wir befreundet sein wollen, akzeptiert werden und deshalb schweigen wir lieber.

**Wir wollen niemanden enttäuschen oder verletzen**

Manchmal tun wir Dinge, durch die sich andere besser fühlen, auch wenn es nicht das ist, was wir tun wollen. Aber können Sie Kompromisse für Ihre eigenen Bedürfnisse finden, nur um andere zum Lächeln zu bringen? Stellen Sie sich vor, Sie müssen am nächsten Tag ein dringendes Projekt einreichen, aber Sie können nicht "nein" sagen zur Einladung zu einer Party Ihres Verwandten, weil Sie ihn nicht enttäuschen wollen.

**Scheint politisch nicht korrekt zu sein**

Für manche ist die Idee, die Bitte eines anderen abzulehnen, politisch nicht korrekt, da sie einen Menschen als egoistisch und unbekümmert erscheinen lässt.

## Schwieriger für Frauen

Frauen fällt es oft schwer, "nein" zu Männern zu sagen, weil sie miteinander auskommen, nett sein und ihre Gefühle nicht verletzen wollen.

## Es ist ein Zeichen von Schwäche

"Nein" zu sagen wird von einigen Menschen als ein Zeichen von Schwäche empfunden, entweder in ihrem eigenen Kopf oder für jene, für die sie arbeiten.

## Die Leute erwarten nicht, dass Sie "nein" sagen

Wenn jemand Sie um etwas bittet, geht er bereits davon aus, dass Sie "ja" sagen werden. Er hat also bereits einen psychologischen Vorteil gegenüber Ihnen, und Sie wollen seine Erwartungen nicht enttäuschen.

Nehmen wir zum Beispiel an, Ihre Mutter bittet Sie, das Abendessen zu kochen, bevor Sie zur Party eines Freundes gehen. Sie weiß, dass Sie sich verspäten, aber sie hat die Bitte geäußert, weil sie sich an diesem Tag nicht wohlfühlt. Das scheint in Ordnung zu sein! Das Problem tritt jedoch auf, wenn Ihre Mutter Sie jedes Mal bittet das Abendessen zu kochen, wenn Sie sich um andere wichtige Dinge kümmern müssen, auch wenn sie sich wohlfühlt.

## Wie andere Sie wahrnehmen werden, wenn Sie "nein" sagen

Sie haben Angst, dass Sie, wenn Sie "nein" sagen, als jemand gesehen werden, mit dem es schwierig ist, auszukommen oder als jemand, der mit anderen nicht zurechtkommt.

Nun, Ihre Interessen und die Interessen derer, mit denen Sie zusammenarbeiten, könnten sich radikal unterscheiden. Aber Sie geben den anderen Interessen nach und gehen einen Kompromiss mit Ihren eigenen Werten ein, damit die Leute nicht schlecht von Ihnen denken.

**"Ja" zu sagen ist für Sie selbstverständlich**

Vielleicht sind Sie einfach ein "Ja"-Typ. Das bedeutet, dass es mit Ihren Werten übereinstimmt. Sie stimmen nicht mit Ihrem Chef überein, nur weil er oder sie Ihr Chef ist. Vielmehr ist es in Ihrer Persönlichkeit von Natur aus eingebettet, "ja" zu sagen.

Sie möchten so hilfreich wie möglich sein, wann immer Sie können. Sie neigen dazu, andere Menschen, deren Bedürfnisse und deren Zeit als wertvoller zu betrachten als sich selbst. Und deshalb ist es egal, um welches Anliegen es sich handelt. Sie sagen einfach lieber "ja" zu allem.

Obwohl es eine nette Lebenseinstellung zu sein scheint, kann sie einen Menschen zermürben, wenn er es auf die Spitze treibt. Es ist immer gut, einen ausgewogenen Ansatz zu wählen und auch seine Zeit und Energie zu sparen. Nur dann können Sie anderen auf die Art und Weise und in dem Ausmaß helfen, wie Sie es wollen.

**"Ja" zu sagen ist positiver als "nein" zu sagen**

Die Welt von heute wird immer negativer. Um Positivität in Ihrem Leben zu haben, müssen Sie diese in Ihr Leben ziehen. Deshalb müssen Sie sich bemühen, "nein" zu den Dingen zu sagen, zu denen Sie sich nicht verpflichten wollen.

**Alle anderen sagen "ja"**

Was bedeutet das? Angenommen, Sie sind auf einer Party im Büro und alle genießen alkoholische Getränke, nur Sie nicht. Denn das widerspricht Ihren Werten. Sie trinken überhaupt keinen Alkohol. Um jedoch zu vermeiden, dass Sie nicht zu Ihren Kollegen passen, nehmen Sie keine Rücksicht auf Ihre eigenen Werte. Sie trauen sich nicht, "nein" zu sagen.

**Unfähigkeit, das Ausmaß der Verpflichtung zu erkennen**

Angenommen, Sie nehmen immer wieder Projekte in Ihrem Büro an. Sie haben zu keinem einzigen davon "nein" gesagt, weil

Sie glauben, dass Sie sie alle bis zum Wochenende abschließen werden. Das passiert, weil anfangs alles super einfach zu sein scheint, aber wenn Sie sich tatsächlich hinsetzen, um daran zu arbeiten, gestaltet sich alles weitaus komplizierter.

**Einen Gefallen erwidern**

Immer wenn Ihnen jemand einen Gefallen tut, fühlen Sie sich verpflichtet, ihn in irgendeiner Form zu erwidern. Das liegt an der menschlichen Psychologie und der Kraft der Gegenseitigkeit. Um einen Gefallen zu bitten oder ihn zu erwidern, ist nicht falsch. Aber Sie müssen darüber nachdenken, wie Sie ihn erwidern wollen. Sie sollten nichts tun, was über Ihre Möglichkeiten oder die Zeit, die Sie dafür aufwenden wollen, hinausgeht.

**Ihren Wert beweisen**

Menschen mit geringem Selbstwertgefühl oder Unsicherheit am Arbeitsplatz sind in der Regel eher dazu geneigt, "ja" zu sagen, um ihren Wert zu beweisen.

Daher müssen Sie nachdenken, bevor Sie eine Anfrage annehmen, und zwar jedes Mal.

Man darf jedoch nicht vergessen, dass diese angegebenen Gründe keine Tatsachen darstellen. Es sind nur die Gedanken oder Meinungen, die Ihnen beigebracht wurden und mit denen Sie aufgewachsen sind. Jede dieser Begründungen kann durch eine starke und echte Meinung und durch ein "Nein" ersetzt werden.

**Was passiert wirklich, wenn man "nein" sagt?**

Ersetzen Sie Ihre alten Gedanken und Meinungen über das Nein-Sagen durch diese:

- Andere haben das Recht zu fragen, und ich habe das Recht zu verweigern. Haben Sie keine Angst, dass sich andere Leute aufregen, wenn Sie deren Bitte ablehnen.

- "Nein" zu sagen bedeutet, den Antrag abzulehnen, nicht die Person abzuweisen.
- Wenn ich zu einer Sache "ja" sage, dann sage ich eigentlich "nein" zu etwas anderem. Ich habe immer die Wahl.
- Probleme entstehen, weil ich die Schwierigkeiten überschätze, die die andere Person damit haben wird, meine Ablehnung zu akzeptieren. Aber wenn ich meine Gefühle offen und ehrlich zum Ausdruck bringe, wird sich der andere ebenfalls befreit fühlen, seine eigenen Gefühle auszudrücken.
- Wenn Sie zu einer Anfrage einer Person "nein" sagen, bedeutet das nicht, dass sie keine weiteren Anträge stellen darf.

**Wie Sie besser "nein" sagen können**

Sobald Sie die persönlichen Gründe identifiziert haben, die Sie davon abhalten, "nein" zu sagen, ist es an der Zeit, folgende Techniken einzusetzen:

- Üben Sie in kleinen oder unwichtigen Situationen "nein" zu sagen, z. B. wenn Sie beim Einkaufen etwas Bestimmtes nicht kaufen.
- Halten Sie eine Minute inne und atmen Sie durch, bevor Sie "ja" sagen. Das gibt Ihnen ein wenig Zeit, um Ihre eigenen Bedürfnisse zu beurteilen und entsprechend zu reagieren.
- Lassen Sie sich von anderen beraten, wenn Sie eine Unterstützung für Ihren eigenen Standpunkt benötigen. Ich werde gleich mehr dazu sagen.
- Fallen Sie nicht auf "alle anderen" rein. Es ist fast überall so, dass "alle anderen" das Gleiche machen, oder ebenfalls möchten, dass Sie das tun, wonach Sie gefragt werden.
- Nehmen Sie sich eine Minute Zeit und fragen Sie sich, ob Sie Schuldgefühle, Angst, Enttäuschung oder andere

Emotionen verspüren, wenn Sie nicht das tun, was von Ihnen verlangt wird. Können Sie das tolerieren? Sollten Sie die Anfrage lieber akzeptieren als diese Emotionen zu empfinden?
- Bewerten Sie das Ergebnis. Wie schlimm wird es ausfallen? Lohnt es sich, nachzugeben oder nicht?

Um die Kunst des Nein-Sagens zu erlernen, denken Sie daran, dass Sie Ihre Meinung in den meisten Fällen ändern können. Sie haben nicht nur eine Möglichkeit. Es wird noch viele weitere geben.

## Unterstützung beim "Nein"- Sagen bekommen

Die meisten von uns fühlen sich viel besser, wenn sie zu jemandem "nein" sagen können, wenn sie die Unterstützung von Freunden oder Menschen haben, denen sie vertrauen.

Die oben genannten Beispiele werden fortgesetzt:

Jennie sprach mit ihren Freunden über das Verhalten ihrer Eltern hinsichtlich der Ehe. Sie halfen ihr, die Bedenken ihrer Eltern zu verstehen, aber sie erklärten ihr auch, wie sie ihre Gefühle in Worte fassen kann.

Susies Freundinnen zeigten ihr mehrere Möglichkeiten, wie sie Männern indirekt „nein" sagen kann, wie z. B. nicht abheben, wenn sie anrufen oder Ausreden finden. Aber Susie stimmte ihnen nicht zu. Sie stellte fest, dass ein nettes, aber entschlossenes "Nein" nur ein Teil des Prozesses ist und sie dies nicht zu einem gemeinen oder schlechten Menschen macht.

Susan sprach auch mit ein paar Freunden, die nicht zur Trinkgruppe gehörten. Sie unterstützten ihre Ansicht, dass eine Trinknacht reine Zeitverschwendung ist und man viel Geld für etwas ausgibt, das einem ein schlechtes Gefühl gibt und die Leistung am nächsten Tag beeinträchtigt. Sie sagten ihr, dass ihre Freunde es nicht einmal bemerken würden, wenn sie nicht mitgehen würde.

Susan lehnte also ab und nach einigen Versuchen, ihre Meinung zu ändern, ließen die Mädchen sie in Frieden. Und es gab keine Veränderung in der Art und Weise, wie sie in der Arbeit behandelt wurde.

Aber jetzt kommt der schwierigste Teil!

### *Wie sagt man am besten "nein"?*

Selbst durchsetzungsfähige Menschen finden sich in Situationen wieder, in denen sie zu Dingen "ja" sagen, die sie in Wirklichkeit nicht tun wollen. Das kann in manchen Situationen angemessen sein. Wenn Ihr Chef Sie zum Beispiel bittet, etwas zu tun und Sie es nicht tun wollen, können Sie Ihr Durchsetzungsvermögen nicht üben, indem Sie "nein" sagen - Sie wollen nicht entlassen werden!

Aber nehmen wir an, Ihr Freund bittet Sie um etwas, wofür Sie einfach keine Zeit haben, und Sie sagen "ja", dann werden Sie gestresst sein.

Sehen wir uns nun einige Auswirkungen an, wenn Sie nicht in der Lage sind, "nein" zu sagen:

- Sie verspüren Wut und Ärger gegenüber der Person, zu der Sie "ja" gesagt haben, obwohl diese nichts falsch gemacht hat. Dieser Groll baut sich mit der Zeit so weit auf, dass Sie ihn nicht mehr tolerieren können.
- Sie sind zunehmend frustriert und enttäuscht von sich selbst.
- Sie sind überarbeitet und sehr gestresst, wenn Sie mehr Arbeit auf sich nehmen, als Sie verkraften können.
- Auf lange Sicht gesehen, können Sie ein geringes Selbstwertgefühl, Depressionen und Angstzustände bekommen.
- Unter Umständen sind manche Menschen in der Lage, "nein" zu sagen, aber auf aggressive Art und Weise, ohne Rücksichtnahme auf die andere Person. Das kann dazu

führen, dass man Sie nicht mag und sich die Menschen von Ihnen entfremden, was keine gute durchsetzungsfähige Kommunikation ist.

Es gibt einige Grundprinzipien, die Sie beachten müssen, wenn Sie "nein" sagen wollen:

- Sagen Sie der Person, dass es Ihnen schwer fällt, die Anfrage zu akzeptieren.
- Seien Sie direkt und ehrlich, aber nicht unhöflich.
- Seien Sie höflich. Sagen Sie etwas wie "Danke, dass Sie gefragt haben, aber [...]."
- Halten Sie Ihre Nachricht kurz. Erklären Sie Ihre Handlungen und Gründe für Ihr "Nein" nicht allzu lange.
- Sprechen Sie langsam und mitfühlend.
- Entschuldigen Sie sich nicht und geben Sie keine ausführliche Begründung für Ihr "Nein" an.
- Übernehmen Sie die Verantwortung dafür, "nein" zu sagen. Suchen Sie keine Ausreden und geben Sie anderen keine Schuld.
- Bieten Sie gegebenenfalls Alternativen an, um das Problem zu lösen.

Denken Sie daran, dass es Ihr Recht ist, "nein" zu sagen, wenn Sie etwas nicht tun wollen. Außerdem ist es besser, von Anfang an ehrlich zu sein, als aufgrund eines "Ja" innerlich Wut und Groll zu verspüren.

**Angemessene Methoden, "nein" zu sagen**

Es gibt eine Reihe von Möglichkeiten, "nein" zu sagen, die je nach der jeweiligen Situation besser geeignet sind.

- **Das direkte "Nein"** - Wenn Sie jemand bittet, etwas zu tun, was Sie nicht tun wollen, sagen Sie einfach "nein", ohne sich zu entschuldigen. Diese Technik ist zwar hart und direkt, aber bei Verkäufern recht effektiv.
- **Das reflektierende "Nein"** - Hier erkennen Sie mitfühlend den Inhalt der Anfrage an und fügen dann am

Ende Ihre durchsetzungsfähige Ablehnung hinzu. Zum Beispiel: "Ich weiß, dass Sie sich auf die Reise nach Goa freuen, aber ich kann nicht kommen."

- **Das begründete "Nein"** - Bei dieser Methode geben Sie einen kurzen und wahren Grund für Ihre Ablehnung an. Zum Beispiel: "Ich kann nicht mit Ihnen einkaufen gehen, weil ich morgen diesen Auftrag einreichen muss."
- **Das aufgeschobene "Nein"** - Es ist kein definitives "Nein". Sie lehnen die Anfrage momentan ab, aber lassen Raum für ein zukünftiges "Ja". Verwenden Sie diese Methode jedoch nur, wenn Sie der Anfrage wirklich nachkommen wollen. Zum Beispiel: "Ich kann heute nicht zu Ihren Eltern kommen, aber ich könnte es irgendwann in der nächsten Woche schaffen."
- **Das fragende "Nein"** - Es ist kein direktes "Nein", sondern lässt eine anderweitige Möglichkeit offen. Zum Beispiel: "Gibt es ein anderes Kleid, das ich für Sie kaufen könnte?"
- **Das wiederholte "Nein"** - Kann in mehreren Situationen verwendet werden, in denen Sie die Ablehnung immer wieder wiederholen. Ohne Erklärung, ohne Entschuldigung wiederholen Sie die Ablehnung immer wieder. Dies ist besonders hilfreich bei hartnäckigen Anfragen.

## Wie man im Geschäftsleben "nein" sagt

Ist Ihnen schon einmal aufgefallen, wie oft Sie ein Projekt annehmen und Ihre Entscheidung später bereuen? Stimmen all diese Projekte tatsächlich mit Ihren Geschäftszielen überein?

Wenn Sie solche Projekte nicht ablehnen können, werden Sie den Preis dafür bezahlen. Verpasste Fristen, verlorene Kunden, körperliche und geistige Erschöpfung, Frustration und Stress. Wenn Sie gewohnt sind, jede einzelne Anfrage zu akzeptieren, verlieren Sie den Fokus und werden von Ihren Zielen abgelenkt. Das ist ein zu hoher Preis, den Sie zahlen müssen.

Lernen Sie also, wie Sie Ihre Zeit und Energie in diesen typischen Geschäftsszenarien effektiv nutzen können, indem Sie richtig reagieren.

**Der Schmarotzer** ist ein aufdringlicher Interessent, der versucht, Sie zu überzeugen, seine Arbeit kostenlos zu erledigen. Informieren Sie ihn über den Wert Ihrer Arbeit und wie er sie bezahlen kann.

Vereinbaren Sie eine offizielle Absprache mit dem Interessenten, zeigen Sie ihm Ihren Arbeitsplan und stellen Sie fest, ob Sie zusammenarbeiten können. Wenn es nicht so läuft, wie Sie es sich vorgestellt haben, bleiben Sie trotzdem professionell und freundlich. Sie können andere Ressourcen in Ihrem Netzwerk oder Bücher, Blogs oder Kurse empfehlen. Ihre Ehrlichkeit und Unterstützung wird von den Interessenten geschätzt. Ansonsten gibt es nichts zu verlieren, da der Interessent nie die Absicht hatte, das Geschäft mit Ihnen abzuschließen.

Kennen Sie diese Art von Kunden, die immer wieder Änderungen am Projekt vornehmen? Auch nach der Unterzeichnung des Vorschlags? Diese Menschen nehmen immer wieder schleichende Erweiterungen am Projekt vor! Solche Leute verlangen oft Änderungen, die den Zeitplan des Projektes überschreiten und Sie vollkommen verwirren. Seien Sie in solchen Fällen beim ersten Treffen direkt, klar und offen. Setzen Sie klare Grenzen für alle Ad-hoc-Anforderungen. Erklären Sie, wie Sie das Projekt nach der Unterzeichnung handhaben (z. B. Ablehnung, Zeitstrafen, hohe Kosten usw.). Dadurch wird sichergestellt, dass der Interessent es sich zweimal überlegt, bevor er Änderungen nach der Unterzeichnung des Projektes vornehmen möchte.

**Die Sackgasse.** Ungeplante Besprechungen bringen Ihren Kalender durcheinander, sind zeitaufwendig und erschöpfen Sie. Bevor Sie zu einem solchen Treffen "Ja" sagen, sollten Sie sich überlegen, wie nützlich es für Ihr Projekt ist.

Nehmen Sie sich eine Minute Zeit, um Ihren Zeitplan durchzugehen, die Vor- und Nachteile der Besprechung zu analysieren und dann dem Antragsteller mit einer zuversichtlichen Antwort zu antworten. Wenn es Ihre Zeit nicht wert ist, sagen Sie einfach "nein".

Oder wenn es schwierig ist, "nein" zu sagen und Sie sich mehr Informationen wünschen, um eine Entscheidung zu treffen, dann informieren Sie sich zuerst, bevor Sie sich festlegen. Und schließlich, wenn Sie einem Treffen zustimmen, entscheiden Sie über das Zeitlimit Ihrer Diskussion.

### *Wie Ihnen das Nein-Sagen im Geschäftsleben hilft*

Beschenken Sie sich selbst, indem Sie "nein" zu den Dingen sagen, die Sie nicht tun wollen. Das füllt Ihren Terminkalender nicht so sehr, reduziert Ihre Ängste und Sie können sich - sowohl körperlich als auch geistig - auf die Dinge konzentrieren, die für Ihr Unternehmen wirklich wichtig sind. Durch ein "Nein" schützen Sie Ihre Energie und Ihre wichtigste Ressource: die ZEIT.

"Nein" zu sagen ist ein wertvolles Gut.

## Hausaufgaben für Sie

Bevor wir mit der nächsten Einheit weitermachen, habe ich hier Ihre Hausaufgaben aufgelistet:

1. Schildern Sie eine (oder mehrere) Situationen in Ihrem Leben, in denen Sie "nein" sagen wollten, aber nicht in der Lage waren, es zu tun.
2. Schreiben Sie einen Grund (oder mehrere Gründe) auf, der/die Sie davon abhält/abhalten, "nein" zu sagen.
3. Erinnern Sie sich an das Gespräch, in dem Sie der Anforderung nachgegeben haben. Was hat Sie dazu gebracht, sie anzunehmen? Stellen Sie sich dann dasselbe

Gespräch vor und üben Sie, mit Zuversicht "nein" zu sagen.

**Zusammenfassung des Kapitels**

- Zum richtigen Zeitpunkt und auf die richtige Weise "nein" zu den Wünschen anderer zu sagen, ist entscheidend für Ihre Gesundheit, Ihr Wohlbefinden und die Aufrechterhaltung starker Beziehungen.
- Wir vermeiden jedoch, dass wir "nein" zu anderen sagen, weil wir Angst vor Konflikten haben oder dass wir sie mit einem "Nein" verletzen oder enttäuschen könnten.
- Ärger, Groll, Frustration, Stress, Depression, Angst und geringes Selbstwertgefühl resultieren aus unserer Unfähigkeit, zur richtigen Zeit "nein" zu sagen.
- Durchsetzungsvermögen lehrt uns, wie wir respektvoll "nein" zu anderen sagen und gleichzeitig unsere eigenen Bedürfnisse respektieren können.

Im nächsten Kapitel werden Sie lernen:

- Was Grenzen sind
- Warum Sie sich Grenzen setzen sollten
- Bereiche, in denen Sie Ihre Grenzen setzen können
- Wie man gesunde Grenzen setzt

KAPITEL 6:

# Wo sind Ihre Grenzen?

Leider sind die Grenzen, die wir uns selbst setzen, für andere nicht sichtbar. Sie sind nicht wie eine Mauer oder ein "Nicht-Überschreiten"-Schild, das wir mit uns herum tragen. Trotzdem müssen Sie Grenzen setzen und andere darüber informieren. Das ist wesentlich für Ihre Gesundheit, Ihr geistiges Wohlbefinden und sogar für Ihre Sicherheit.

Folgende Grenzen müssen Sie setzen:

- Persönlicher Freiraum
- Sexualität
- Gedanken und Gefühle
- Besitztümer
- Zeit und Energie
- Kultur, Religion und Ethik

Es ist keine Wissenschaft, seine eigenen Grenzen zu setzen und die Grenzen anderer zu respektieren, aber dennoch müssen Sie lernen, wie man sie setzt. Egal, ob Sie Ihrer Familie oder Fremden gegenüber Grenzen setzen wollen, hier lesen Sie, wie Sie damit beginnen können.

## Ihre Grenzen verstehen und sie bestimmen

Das Wort "Grenze" wird in der Regel missverstanden. Meistens wird damit assoziiert, dass man sich von anderen trennt. Das Setzen klarer Grenzen bietet jedoch gesunde Regeln für das, was man in persönlichen oder beruflichen Beziehungen akzeptiert.

Die Vorteile der Grenzziehung sind:

## Gesunde Beziehungen und gesteigertes Selbstwertgefühl

Melissa Coats, eine lizensierte professionelle Beraterin, sagt, dass *"Grenzen Beziehungen davor schützen, unsicher zu werden. Sie bringen uns tatsächlich näher zusammen als weiter auseinander und sind daher in jeder Beziehung notwendig."*

Grenzen zu haben, ermöglicht es Ihnen, Prioritäten zu setzen, sei es in der Selbstfürsorge, im Beruf oder in Beziehungen.

## Die Grenzen sollten flexibel sein

Die Grenzen sollten nicht unabänderlich sein. Sie müssen sie von Zeit zu Zeit neu bewerten und die notwendigen Änderungen vornehmen. Zu fixe oder zu unflexible Grenzen führen eher zu Problemen als zu Vorteilen.

## Grenzen helfen, Ihre emotionale Energie zu bewahren

Wenn man nicht für sich selbst eintreten kann, scheint man seine Identität zu verlieren. Ihr Selbstwertgefühl schwindet. Sie werden verbittert gegenüber anderen sein. Wenn Sie jedoch Ihre Grenzen setzen, sind Sie beruhigt und sparen Ihre Energie für Ihre Selbstfürsorge.

## Grenzen geben Ihnen Raum zum Wachsen

Unsere Gefühle sind nicht immer so einfach. Manchmal fühlt es sich kompliziert an. Grenzen zu setzen und sie bei Bedarf zu brechen, zeigt Ihre Verwundbarkeit. Mit Ihren Freunden einfach offen über Ihre komplexen Gefühle zu sprechen, zeigt Ihre Glaubwürdigkeit. Und wenn Sie das tun, heißen Sie andere willkommen, sich Ihnen gegenüber zu öffnen, wenn sie es brauchen.

Verwundbar zu sein und zu viel persönliche Informationen preiszugeben sind jedoch zwei verschiedene Sachen. Verwundbarkeit ist echt und bringt die Menschen einander näher. Im Gegensatz dazu wirkt ein Übermaß an persönlichen Informationen emotional erdrückend und die Beziehung zu einer anderen Person wird erzwungen.

Hinweise auf ein Übermaß an persönlichen Informationen sind:

- Jemanden in sozialen Medien persönlich anzugreifen
- Keinen Filter zu haben, wer Ihre täglichen Dramen in den sozialen Medien ansieht
- Persönliche Details mit neuen Bekanntschaften zu teilen, in der Hoffnung, die Freundschaft zu beschleunigen
- Dominierende, einseitige Gespräche zu führen
- Die Erwartung zu haben, dass Freunde und Familie Ihnen immer bereitstehen, wenn Sie eine emotionale Therapie brauchen

Wenn Sie zu viel teilen, könnten Sie die Grenzen anderer Menschen überschreiten.

## Wie Sie Ihre Grenzen setzen

Für das Festlegen Ihrer Grenzen können Sie keine Anleitung per Google-Suche finden. Jeder von uns hat seine eigenen Grenzen, die von Mensch zu Mensch variieren.

Was formt unsere Grenzen?

- Unser Erbe oder unsere Kultur
- Wo wir wohnen oder woher wir stammen
- Ob wir introvertiert, extrovertiert oder irgendwo dazwischen sind
- Unsere Lebenserfahrungen
- Unsere Dynamik in der Familie

Wir alle haben eine unterschiedliche Familiendynamik. Jeder von uns versteht Situationen anders. Und wir alle verändern unsere Grenzen, wenn wir älter werden und andere Perspektiven einnehmen. Einen Maßstab für alle gibt es nicht.

Die Selbstreflexion hilft, die eigenen Grenzen zu setzen. Sie schließt das Wissen über folgende drei Aspekte ein:

**1. Was sind Ihre Rechte?**

Identifizieren Sie Ihre grundlegenden Menschenrechte, wenn Sie Ihre Grenzen setzen. Diese umfassen:

- Das Recht, "nein" zu sagen, ohne sich schuldig zu fühlen
- Das Recht, mit Respekt behandelt zu werden
- Das Recht, den eigenen Bedürfnissen und denen anderer gleich viel Bedeutung beizumessen
- Das Recht, Ihre Fehler und Versäumnisse zu akzeptieren
- Das Recht, den unangemessenen Erwartungen anderer nicht zu entsprechen

Wenn Sie sich Ihrer Rechte bewusst sind und an sie glauben, wird es leichter, sie zu respektieren. Wenn Sie Ihre eigenen Rechte respektieren, hören Sie auf, Energie dafür zu verwenden, anderen zu gefallen, die Ihre Rechte nicht respektieren.

**2. Was sagen Ihnen Ihre Instinkte?**

Sie können klar erkennen, wenn jemand Ihre Grenzen verletzt oder wenn Sie eine Grenze nach Ihrem Bauchgefühl setzen müssen. Anzeichen, wie eine erhöhte Herzfrequenz, Schwitzen, Engegefühl in der Brust und Bauchschmerzen, sagen Ihnen, dass Sie sich in einer Situation nicht wohlfühlen und eine Grenze ziehen müssen. Ballen Sie zum Beispiel die Fäuste, wenn Sie Ihren Mitbewohner beim Lesen Ihres Tagebuchs finden? Verkrampft sich Ihr Kiefer, wenn Sie jemand nach Ihrem Eheleben fragt?

**3. Welche Werte haben Sie?**

Ihre Grenzen und Ihre Moral sind eng miteinander verbunden. Identifizieren Sie Ihre zehn wichtigsten Werte und wählen Sie davon die drei bedeutendsten aus. Welche Herausforderungen stehen diesen Werten gegenüber? Dies sagt Ihnen, ob Sie sich starke und gesunde Grenzen gesetzt haben.

# Ihre Grenzen setzen - Maßnahmen ergreifen

Tipps, wie Sie Ihre Grenzen selbstbewusst festlegen können:

**1. Setzen Sie Durchsetzungsvermögen ein**

Das selbstbewusste Setzen von Grenzen zeigt Ihre Einstellung und stellt zudem sogar einen freundlichen Umgang mit anderen dar. Mit einer durchsetzungsstarken Sprache sind Sie nicht unfreundlich, sondern direkt und klar, ohne den Empfänger zu kritisieren. Aggressive Sprache hingegen wirkt unfreundlich und aufdringlich.

Die Verwendung von "Ich-Aussagen" spiegelt Durchsetzungsvermögen wider. Es zeigt Selbstvertrauen und setzt eine gute Grenze, indem Ihre Gedanken und Gefühle ohne Angst ausgedrückt werden.

Betrachten Sie zum Beispiel diese beiden Sätze:

**Erstens:** *"Lassen Sie die Finger von meinem Tagebuch!"*

**Zweitens**: *"Ich empfinde es als Übergriff, wenn Sie mein Tagebuch lesen, weil es mein privater Ort ist, in dem ich meine Gedanken niederschreibe."*

Welcher davon erlaubt Ihrer Meinung nach anderen, Ihre Privatsphäre zu respektieren? Der zweite Satz natürlich. Denn er ist klar, nicht verhandelbar und drückt aus, was Sie wollen und warum.

**2. Entwickeln Sie die Gewohnheit, "nein" zu sagen**

Wie bereits besprochen, helfen Sie sich selbst, wenn Sie "nein" sagen. Sie brauchen sich der Person, die Sie ablehnen, nicht zu erklären.

**3. Schützen Sie Ihre Freiräume**

Setzen Sie Grenzen für Ihre persönlichen Sachen, physische und emotionale Abstände sowie für Ihre Zeit und Energie. Nehmen Sie dazu die Hilfe Ihrer technischen Geräte in Anspruch.

- Schließen Sie Ihre privaten Gegenstände in einer Schublade oder Box ein.
- Verwenden Sie statt eines Tagebuches in Papierform ein kennwortgeschütztes digitales Tagebuch.
- Planen Sie unabänderliche Zeiten für sich alleine ein oder Zeiten, in denen Sie Dinge tun können, die Sie lieben.
- Verwenden Sie Passwörter oder andere Sicherheitsfunktionen auf Geräten und diversen Konten.
- Planen Sie eine bestimmte Zeit für die Beantwortung von E-Mails oder Texten ein.
- Nutzen Sie die "Abwesenheitsnotiz" für E-Mail-Konten, wenn Sie im Urlaub sind.
- Versenden Sie eine Ankündigung Ihrer Abwesenheit im Voraus.
- Löschen Sie vorübergehend E-Mail- und Messaging-Anwendungen, wenn Sie nicht kontaktiert werden möchten.
- Verwenden Sie die "Nicht-stören"-Funktion Ihres Telefons und anderer Geräte.
- Versprechen Sie sich, nicht auf Nachrichten oder Anrufe zu antworten, die an persönliche Konten gesendet werden.

Andere erwarten vielleicht, dass wir während der arbeitsfreien Zeit auf berufliche E-Mails antworten. Dies kann jedoch Ihr Wohlbefinden und Ihre Beziehungen beeinträchtigen. Bemühen Sie sich also, ein Gleichgewicht zwischen Ihrer Arbeit und Ihrem Privatleben herzustellen, und zwar so oft wie möglich.

Als Erwachsener haben Sie auch das Recht, die Privatsphäre Ihrer E-Mail-Konten und Nachrichten zu schützen. Teilen Sie anderen Ihre Grenzen auch über Ihre digitalen Geräte mit.

**4. Bitten Sie um Unterstützung**

Wenn Sie psychisch krank, depressiv oder ängstlich sind oder ein Trauma erlebt haben, kann es für Sie schwierig sein, Ihre Grenzen zu definieren und durchzusetzen. Wenden Sie sich in solchen Fällen an eine psychiatrische Fachkraft.

## *Wie Sie die Grenzen anderer Menschen erkennen und respektieren*

So wichtig es ist, unsere eigenen Grenzen zu respektieren, so wichtig ist es auch, andere anzuerkennen und zu ehren, damit wir sie nicht überschreiten.

Aber wie machen wir das? Folgen Sie einfach diesen drei Regeln:

**1. Überprüfen Sie die Hinweise**

Das Beachten von sozialen Hinweisen hilft Ihnen, die Grenzen anderer zu erkennen. Wenn sich jemand mit Nähe unwohlfühlt, wird er sich während des Gespräches zurückziehen, wenn Sie auf ihn zugehen.

Hier sind einige Hinweise darauf, dass andere mehr Raum wünschen:

- Kein Augenkontakt
- Sich wegdrehen oder seitwärts drehen
- Einen Schritt zurücktreten
- Kurze Antworten im Gespräch
- Übermäßiges Nicken
- Unerwartet hohe Stimme
- Gesten, die Nervosität widerspiegeln, wie z. B. das Sprechen mit den Händen oder schnelles Sprechen
- Verschränken der Arme oder Versteifung der Körperhaltung
- Zusammenzucken

### 2. Achten Sie auf neurodiverse Verhaltensweisen

Neurodiversität oder neurodiverse Verhaltensweisen werden von Menschen durch Autismus, Legasthenie, ADHS und anderen Entwicklungsstörungen gezeigt. Solche Menschen verwenden ständig bestimmte Gesten oder haben schlechten Augenkontakt oder Schwierigkeiten, ein Gespräch zu beginnen. Achten Sie auf solche Verhaltensweisen, wenn Sie mit jemandem sprechen, der eine Entwicklungsbehinderung hat.

### 3. Bitten Sie um Erlaubnis

Unterschätzen Sie nie die Macht des Hinterfragens. Erkundigen Sie sich immer, bevor Sie sich auf eine körperliche Berührung, wie z. B. eine Umarmung, einlassen, oder ob Sie der anderen Person eine persönliche Frage stellen können.

### Grenzen sind dazu da, um uns zu helfen

Das Setzen von Grenzen sollte eher als Stärkung unserer Beziehungen zu anderen betrachtet werden, als dass wir Mauern errichten, um Menschen fernzuhalten. Darüber hinaus können uns Grenzen helfen, einen Hinweis auf schädliche Verhaltensweisen zu erhalten. Oft vernachlässigen wir unsere Instinkte und halten sie für unvernünftig. Aber wenn sich etwas ständig unangenehm oder unsicher anfühlt, ist dies ein Zeichen für Probleme.

Achten Sie darauf, wenn jemand Ihre Grenzen immer wieder überschreitet oder verletzt. Bitten Sie die Menschen in Ihrem Leben zudem darum, Ihnen ehrlich zu sagen, wenn auch Sie versehentlich an deren Grenzen stoßen.

## Manchmal funktionieren Grenzen nicht

Das Setzen von Grenzen ist eine fortgeschrittene Form des Durchsetzungsvermögens. Sie beinhaltet eine Stellungnahme darüber, wer Sie sind, was Sie zu tun oder zu lassen bereit sind und wie Sie in Ihren Beziehungen behandelt werden wollen.

Aber selbst wenn Sie Ihre Grenzen gesetzt haben, funktionieren sie manchmal nicht! Trotz Ihrer Bemühungen werden Ihre Grenzen oft ignoriert oder überschritten! Es frustriert Sie, aber es ist nicht immer die Schuld des anderen. Hier ist der Grund, warum Ihre Grenzen nicht funktionieren, obwohl Sie diese selbstbewusst kommunizieren:

- Sie setzen die Grenze im Zorn oder durch Nörgeln, zum Beispiel "Ich habe es Ihnen schon hundertmal gesagt..."
- Ihr Ton ist eher vorwurfsvoll oder kritisch, als klar und deutlich.
- Sie haben keine Konsequenzen für die Überschreitung Ihrer Grenze festgelegt.
- Sie ziehen Ihre Aussage zurück, wenn Sie mit Vernunft, Wut, Drohungen, Beschimpfungen oder Schweigen herausgefordert werden.
- Ihre Konsequenzen sind zu beängstigend oder zu unrealistisch, um sie auszuführen.
- Sie erkennen die Bedeutung Ihrer Bedürfnisse und Werte nicht ausreichend an.
- Sie üben die Konsequenzen nicht stringent, d. h. jedes Mal, wenn Ihre Grenzen überschritten werden, aus.
- Sie geben nach, weil Sie den Schmerz des anderen mitfühlen und seine Gefühle und Bedürfnisse über Ihre eigenen stellen.
- Ihre Konsequenzen bestehen daraus, dass sich andere ändern müssen. Die Konsequenzen sollen nicht jemanden bestrafen oder sein Verhalten ändern, sondern erfordern, dass Sie Ihr Verhalten ändern.
- Ihnen fehlt Unterstützung, die Ihr neues Verhalten betont.
- Ihre Worte und Handlungen widersprechen einander. Denken Sie daran, dass Taten „lauter sprechen" als Worte. Taten, die jemanden für die Verletzung Ihrer Grenzen belohnen, beweisen, dass Sie es nicht ernst meinen. Zum Beispiel:

- Sie sagen Ihrer Nachbarin, dass sie immer zuerst anrufen soll, bevor sie in Ihre Wohnung kommt, und dann erlauben Sie ihr, ungebeten in Ihr Zuhause zu kommen.
- Sie sagen jemandem, er solle nach neun Uhr abends nicht mehr anrufen, Sie gehen aber trotzdem ans Telefon.
- Sie sagen Ihren Kolleginnen und Kollegen, dass sie am Sonntag keine E-Mails an Sie verschicken sollen und trotzdem beantworten Sie diese am Sonntag.
- Sie nörgeln oder beschweren sich über ein unerwünschtes Verhalten, ergreifen aber keine Maßnahmen.

**Was können Sie tun?**

Beim Setzen von Grenzen ist es entscheidend, dass Sie Ihre Gefühle, Bedürfnisse und Werte (z. B. Ehrlichkeit, Treue, Privatsphäre und gegenseitiger Respekt) erkennen. Respektieren Sie diese oder überschreiten Sie sie? Sobald Sie Ihre Komfortzone kennen, können Sie Ihre Grenzen leicht bestimmen. Bewerten Sie Ihre aktuellen Grenzen in allen Bereichen, indem Sie über Folgendes nachdenken:

- Welche spezifischen Verhaltensweisen haben Sie zugelassen, die Ihre Werte verletzen oder Ihre Bedürfnisse und Wünsche beeinträchtigen?
- Wie wirkt sich das auf Sie und Ihre Beziehungen aus?
- Können Sie das Risiko und die Anstrengung auf sich nehmen, Ihre Grenzen aufrechtzuerhalten?
- Welche Rechte meinen Sie zu haben?
- Haben Sie etwas gesagt oder getan, das nicht funktioniert hat? Warum?
- Mit welchen Folgen können Sie leben, wenn jemand Ihre Grenzen verletzt? Halten Sie immer Ihr Wort und ziehen

Sie die Konsequenzen durch. Machen Sie keine „leeren" Drohungen.
- Wie werden Sie mit der Reaktion des anderen umgehen?

Um Ihre Grenzen aufrechtzuerhalten und sie zum Funktionieren zu bringen, müssen Sie die Überzeugung haben, dass die Grenze notwendig und angemessen ist. Diese Überzeugung entsteht, wenn Sie sich dessen bewusst werden, wie viel Sie in Ihren Beziehungen und für Ihre Gesundheit einbüßen müssen, wenn Sie die Grenzen nicht einhalten.

## Bereiche, in denen Sie Grenzen setzen müssen

Es gibt mehrere Bereiche, in denen Grenzen gelten:

- Materielle Grenzen, um zu bestimmen, ob Sie Geld, Autos, Kleidung, Bücher, Lebensmittel usw. geben/zur Verfügung stellen möchten.
- Physische Grenzen, um Ihren persönlichen Freiraum, Ihre Privatsphäre und Ihren Körper zu schützen. Geben Sie die Hand oder geben Sie Umarmungen - wem und wann? Wie reagieren Sie auf laute Musik, Freizügigkeit oder verschlossene Türen?
- Geistige Grenzen gelten für Ihre Gedanken, Werte und Meinungen. Wissen Sie, was Sie glauben? Können Sie an Ihren Meinungen festhalten? Können Sie jemandem offen zuhören, ohne zu versteifen?
- Emotionale Grenzen trennen Ihre Gefühle und die Verantwortung von anderen. Gesunde Grenzen verhindern, dass Sie anderen die Schuld zuschieben oder die Schuld annehmen. Sie projizieren Ihre negativen Gefühle nicht auf jemand anderen. Emotionale Grenzen schützen Sie auch davor, sich für die negativen Gefühle anderer schuldig zu fühlen und deren Kommentare persönlich zu nehmen. Wenn Sie mit starken Emotionen, Argumenten oder einer defensiven Haltung reagieren, haben Sie möglicherweise schwache emotionale Grenzen.

- Sexuelle Grenzen schützen Sie bei sexuellen Berührungen und Aktivitäten.
- Spirituelle Grenzen beziehen sich auf Ihre Überzeugungen und Erfahrungen in Verbindung mit einer höheren Macht.

**Interne Grenzen**

Interne Grenzen regulieren Ihre Beziehung zu sich selbst. Betrachten Sie diese als Selbstdisziplin und gesunden Umgang mit Zeit, Gedanken, Emotionen, Verhalten und Impulsen.

Wenn Sie Dinge, die Sie weder tun müssen noch wollen, hinauszögern oder sich überarbeiten, ohne genügend Ruhe zu bekommen, vernachlässigen Sie Ihre inneren körperlichen Grenzen. Wenn Sie mit Ihren negativen Gedanken und Gefühlen nicht umgehen und nicht im Gleichgewicht bleiben können, haben Sie schwache innere emotionale Grenzen.

Gesunde physische und emotionale innere Grenzen helfen Ihnen, sich nicht mit den Gefühlen und Problemen anderer Menschen zu beschäftigen. Sie denken eigenständig und priorisieren sich selbst, anstatt der Kritik oder den Ratschlägen anderer zuzustimmen. Da Sie selbst für Ihre Gefühle und Handlungen verantwortlich sind, geben Sie anderen keine Schuld. Wenn man Ihnen die Schuld gibt und Sie sich nicht verantwortlich fühlen, könnten Sie, anstatt sich zu verteidigen oder sich zu entschuldigen, sagen: "Dafür übernehme ich keine Verantwortung."

**Schuld und Ärger**

Wenn Sie sich verärgert oder schikaniert fühlen und anderen Menschen oder Situationen in Ihrem Leben die Schuld daran geben, bedeutet dies, dass Sie sich keine Grenzen gesetzt haben. Wenn Sie sich ängstlich oder schuldig fühlen, sie zu setzen, denken Sie daran, dass Ihre Beziehungen darunter leiden können. Wenn Sie Grenzen setzen, fühlen Sie sich gestärkt, weniger ängstlich und ohne Groll oder Schuldgefühle. Außerdem erhalten Sie mehr Respekt von anderen und Ihre Beziehungen verbessern sich.

## Wie man gesunde Grenzen setzt

Führen Sie die folgenden Schritte durch:

### Denken Sie daran: Keine Grenzen = wenig Selbstwertgefühl

Selbstbewusstsein und Durchsetzungsvermögen sind die ersten Schritte dafür, um Grenzen zu setzen. Ihre Grenzen sind Ihre Werte. Grenzen zeigen anderen, wie viel oder wie wenig Sie sich selbst respektieren. Grenzen sind Ihr bester Freund.

### Entscheiden Sie, was Ihre Grundwerte sind

Wer sind Sie? Was sind Ihre Werte? Was ist Ihre Komfortzone und was genau ist Ihnen unangenehm? Ich mag es zum Beispiel nicht, wenn ich bei der Arbeit an meinem Laptop gestört werde. Deshalb stelle ich mein Telefon auf "nicht stören", während ich arbeite. In meinen Beziehungen schätze und erwarte ich Ehrlichkeit, wertvolle Zeit und hundertprozentige Transparenz. Sobald Sie sich darüber im Klaren sind, was Ihnen am wichtigsten ist, können Sie den nächsten Schritt tun, dies anderen mitzuteilen.

**Profi-Tipp:** Anstatt Ihre Grenzen um eine schwierige Beziehung herum zu schaffen, machen Sie Ihre Grenzen um sich herum. Zum Beispiel geht es bei der Abgrenzung meiner Zeit am Telefon darum, zu respektieren, dass ich dazu neige, den Fokus zu verlieren, wenn ich während wichtiger Schreibarbeiten abgelenkt werde. Vielmehr soll diese Grenze meinen Stress und meine Frustration verringern anstatt Telefonanrufe zu vermeiden.

## Man kann andere nicht ändern, aber sich selbst

Wir alle wollen, dass sich andere ändern. Wir streiten uns mit unseren Partnern, Eltern oder Gleichaltrigen und hoffen und erwarten, dass sie sich ändern. Obwohl wir wissen, dass wir andere nicht ändern können, versuchen wir es trotzdem manchmal. Erinnern Sie sich also immer daran, dass Sie weder für das verantwortlich sind, was ein anderer sagt noch für die Entscheidungen, die er trifft oder für seine Reaktionen.

Fazit?

Da Sie andere Menschen nicht ändern können, ändern Sie die Art und Weise, wie Sie mit ihnen umgehen. Wenn wir unser Verhalten ändern, wird sich auch die Welt um uns herum ändern.

Brahma Kumaris, eine spirituelle Organisation, empfiehlt immer, zuerst Ihre Gedanken über die andere Person zu ändern und positiv über sie zu denken, egal wie sie sich verhält. Dadurch ändert sich Ihr Verhalten der anderen Person gegenüber und diese wird motiviert, sich selbst zu ändern. Hört sich diese Kettenreaktion nicht gut an?

## Bestimmen Sie die Konsequenzen im Voraus

Was tun Sie also, wenn jemand Ihre Grenzen überschreitet (was definitiv geschehen wird)? Entscheiden Sie sich im Vorhinein über die Konsequenzen und kommunizieren Sie diese klar und deutlich. Drohen Sie jedoch nicht ohne entsprechend zu handeln und geben Sie auch nicht nach, wenn andere Ihre Grenzen verletzen.

Wenn mich zum Beispiel mein Freund während meiner Arbeitszeit wiederholt anruft, gehe ich einfach nicht ans Telefon. Der beste Weg, um Ihre eigenen Grenzen und die Folgen der Grenzüberschreitung herauszufinden, besteht darin, sich ruhig hinzusetzen und nur an sich selbst zu denken. Denken Sie daran, dass es bei Grenzen darum geht, Ihre eigenen Bedürfnisse zu erfüllen und nicht darum, die Entscheidungen anderer Menschen zu beurteilen.

**Lassen Sie Ihr Verhalten für Sie sprechen**

Vermitteln Sie den Menschen um Sie herum Ihre Grenzen klar und deutlich und lassen Sie dann Ihr Verhalten für Sie sprechen. Die Menschen werden Ihre Grenzen testen, ausreizen und missachten. Aber Sie müssen daran festhalten und die Konsequenzen, die Sie festgelegt haben, jedes Mal durchziehen, wenn jemand die Grenzen missachtet, die Sie sich selbst gesetzt haben.

Wenn Sie nicht verärgert reagieren, weil Ihre Grenzen verletzt wurden, so deutet dies auf ein gesünderes Ich hin - in emotionaler und physischer Hinsicht.

**Sagen Sie, was Sie meinen, und meinen Sie, was Sie sagen**

Sie mögen vielleicht die gesündesten Grenzen gesetzt haben, aber wenn Sie diese nicht klar kommunizieren, werden Sie leicht manipulierbar sein. Darüber hinaus entstehen verwirrende Beziehungen für Sie und alle Beteiligten.

Wenn Sie das eine sagen und das andere tun, fangen die Menschen an, Ihren Charakter oder Ihre Authentizität infrage zu stellen. Warum ein solches Risiko eingehen?

Manchmal haben wir Angst davor, unsere Freunde oder Familie zu konfrontieren und ihnen die Wahrheit über unsere Gefühle zu sagen. Wir haben Angst zuzugeben, dass wir es hassen, in bestimmte Restaurants zu gehen, oder dass wir eigentlich keine Zeit mit dem gemeinen Cousin eines Freundes verbringen wollen, oder dass wir es hassen, wenn unser Chef an einem Freitag für 18:00 Uhr eine Deadline setzt.

Aber bedenken Sie: Je mehr Sie sich mit Ihren Grenzen und Werten auseinandersetzen, desto klarer können Sie diese anderen vermitteln.

## Wie man über seine Grenzen spricht: ASSA-Technik

"Ding dong!"

Ja, das ist Ihre Türklingel! Aber was ist, wenn es zum ungünstigsten Zeitpunkt klingelt? Was ist, wenn es auch jedes Mal von derselben Person kommt?

Meine Mutter, eine leidenschaftliche Hausfrau, stört das sehr. Wissen Sie, warum? Unsere Nachbarn sind schuld. Jeden zweiten Tag um 14:30 Uhr klingeln die Nachbarskinder an der Tür, um sich zu erkundigen, wo deren Mutter ist oder ob diese den Hausschlüssel bei uns vergessen hat. Und das genau zur Zeit des Mittagsschlafes meiner Mutter. Sie steht frühmorgens um 4:30 Uhr auf und erledigt alle ihre Aufgaben. Nach dem Mittagessen hat sie das Bedürfnis, sich zu entspannen und ein kleines Nickerchen zu halten.

Dank der Nachbarn und deren Kinder kann sie die meiste Zeit nicht ungestört schlafen. Sie hat ihre Nachbarn mehrmals über ihr Nickerchen informiert, aber ohne Erfolg.

*"Kann sie den Zweitschlüssel des Hauses nicht an ihre Kinder weitergeben? Sie sind alt genug. Oder warum ist sie nicht zu Hause, wenn ihre Kinder von der Schule kommen? Sie stören mich jeden Tag beim Schlafen."* Das murmelt meine Mutter häufig vor sich hin. Und Ihr Murmeln ist berechtigt, denn sie hat passiv auf ein solches Verhalten unserer Nachbarn reagiert. Sie will sie nicht anschreien, aber die Aufforderung, nicht zu stören, hat auch nicht funktioniert.

Sollte sie also deren Verhalten weiterhin akzeptieren? Oder sollte sie die Nachbarn anschreien und sie dazu bringen, sich an ihre Anweisungen zu halten?

Nun, keine dieser Optionen scheint die richtige Wahl zu sein! Passiv zu sein und das grenzüberschreitende Verhalten zu akzeptieren, macht sie wütend; es ist nur so, dass sie es nicht ausdrückt. Aber sie wird es nicht lange zurückhalten können. Und die Nachbarn anzuschreien wird auch nicht weiterhelfen. Stattdessen wird es nur die Beziehung ruinieren.

Kommt Ihnen das bekannt vor? Oder sind Sie mit einer ähnlichen Situation konfrontiert? Wie gehen Sie damit um? Wie sollten Sie mit Menschen umgehen, von denen Sie als selbstverständlich angesehen werden?

Folgen Sie diesen fünf Schritten:

**Schritt 1: Definieren Sie Ihre Grenzen**

Setzen Sie Ihre Grenzen fest und halten Sie sich an diese. Welche Verhaltensweisen sind Sie bereit, von anderen Menschen zu akzeptieren und welche nicht? Das bedeutet nicht, dass Sie unnachgiebig sind, sondern lediglich, dass Sie eine Grenze haben und sich daran halten.

**Schritt 2: Vergeben bedeutet nicht, dass man nicht entsprechend handelt**

Die meisten von uns haben eine versöhnliche Natur. Das wurde uns so beigebracht. Vergebung ist eine Eigenschaft von Mut und hilft den Menschen, sich zu verändern. Aber wenn Sie jemandem ständig sein schlechtes Verhalten verzeihen, wird es noch viel schlimmer. Das tut diesen Menschen natürlich nicht gut. Ständiges Vergeben und ständige Akzeptanz solchen Verhaltens, fördern vielmehr das schlechte Verhalten dieser Personen.

Untersuchungen zeigen, dass Menschen, die ihre Ehepartner beleidigen, Gegenstände werfen oder irgendeine Art von Gewalt zeigen, aggressiver werden, wenn ihre Partner ihnen wiederholt vergeben.

Obwohl Vergebung andere dazu zwingen kann, sich zu ändern, muss sie von einer angemessenen Handlung begleitet werden. Mit angemessen meine ich nicht, dass man aggressiv handelt, sondern dass man eine Grenze für seine Toleranz setzt.

Wie also setzen Sie diese Grenze für das schlechte Verhalten anderer?

## Schritt 3: Üben Sie die ASSA-Technik

Um Durchsetzungsvermögen zu üben, brauchen Sie eine Strategie, sei es für den Umgang mit einem Kollegen, einem respektlosen Partner oder einem unhöflichen/launischen Nachbarn. Durchsetzungsvermögen ist eine ruhige, klare Kommunikation und kein verbaler Ansturm.

Wenn wir uns über das Verhalten von jemandem ärgern, schreien wir oft, aber derjenige kennt vielleicht nicht wirklich den Grund für unsere schlechte Laune. Erwarten Sie nicht, dass die Leute Ihre Gedanken lesen und wissen, dass Sie verärgert sind. Erzählen Sie ihnen von Ihrer schlechten Laune und dem Grund dafür.

Befolgen Sie die "ASSA"-Technik, welche steht für:

**Aufmerksamkeit:** Machen Sie die Person, mit der Sie sprechen möchten, darauf aufmerksam. Zum Beispiel: "Ich möchte mit Ihnen über die Widerworte sprechen, die Sie vor meinen Freunden geben." Sie machen keine Vorwürfe und verwenden keine emotionale Sprache, um Ihren Standpunkt zu verdeutlichen.

**Sagen:** Nennen Sie Ihr Problem. Was und warum genau ist es ein Problem: "Ich mag es nicht, wenn Sie mich anschreien. Ich fühle mich dadurch beleidigt, und ich glaube, es lässt Sie vor meinen Freunden unhöflich aussehen."

**Suchen** Sie die Vorteile eines besseren Verhaltens. Sagen Sie: "Wenn Sie in Zukunft nicht mit mir übereinstimmen, wäre es besser für Sie, ein privates Gespräch mit mir zu führen. Dadurch zeigen Sie sich reifer und tragen somit zu einer Lösung unseres Konfliktes bei."

**Arbeiten** Sie daran, sich in Zukunft anders zu verhalten. "Sollen wir uns darauf einigen, dass Sie mir von nun an keine

Widerrede mehr halten? Wenn Sie mit mir reden wollen, tun Sie das privat in unserem Zimmer."

Sollten diese Personen ihr schlechtes Verhalten künftig wiederholen, erinnern Sie diese daran, was Sie vereinbart hatten.

Achten Sie auf die Klarheit dieser Art von Kommunikation. Sie haben weder das schlechte Verhalten passiv akzeptiert, noch haben Sie die Ruhe verloren und jemanden beleidigt.

Diese Art von durchsetzungsstarker Kommunikation ist eine wirkungsvolle Methode, um das schlechte Verhalten von jemandem zu korrigieren. Auch wenn sie das Verhalten der anderen Person vielleicht nicht ändern (zumindest nicht sofort), haben Sie ihr die Gelegenheit gegeben, sich besser zu verhalten und Ihre Grenzen offen kommuniziert.

**Schritt 4: Bleiben Sie ruhig**

Das ist sehr wichtig. Wenn Menschen Ihre Grenzen überschreiten, ist es ganz natürlich, dass Sie die Ruhe verlieren. Aber Sie können die Situation mit ein wenig Geistesgegenwart bewältigen. Und dafür müssen Sie ruhig bleiben. In dem Moment, in dem Sie anfangen zu kritisieren, zu schreien oder zu jammern, fängt die Gegenseite an, sich zu wehren. In einer solchen Situation ruhig zu bleiben, erfordert Übung. Deshalb ist es wichtig, dass Sie das, was Sie sagen werden, einstudieren.

**Schritt 5: Seien Sie ehrlich**

Wir haben alle schon einmal ein schreckliches Geschenk von einem Verwandten oder Freund erhalten, und obwohl es uns nicht gefallen hat, haben wir so getan, als ob es großartig wäre. Denn wir glauben, dass Ehrlichkeit ihre Gefühle verletzen würde. Aber wenn Sie ehrlich sind, erhalten Sie mehr Respekt vor sich selbst und vor anderen. Letztlich wird es der anderen Person helfen, ihr eigenes Verhalten ernsthaft zu betrachten und zu bewerten. Dadurch werden die Menschen nicht gezwungen sein, unter der Illusion zu leben, dass ihr Verhalten in Ordnung sei, wenn es in Wirklichkeit nicht der Fall ist.

Manchmal muss man eine klare, prägnante und direkte Sprache verwenden.

## Wie sieht es bei Ihnen aus?

1. Haben Sie Ihre Grenzen bei der Arbeit und in Beziehungen gesetzt? Wenn nicht, was hindert Sie daran, es zu tun?
2. In welchen Situationen haben Sie das Gefühl, dass Menschen Ihre Grenzen überschreiten?
3. Wie reagieren Sie auf Menschen, die dies tun? Vergeben Sie ihnen und lassen Sie sie Ihre Grenzen wieder überschreiten oder ergreifen Sie konkrete Maßnahmen?

**Zusammenfassung des Kapitels**

- Sie können Grenzen setzen für Ihren persönlichen Freiraum, Ihren Besitz, Ihre Sexualität, Ihre Gedanken und Gefühle, Ihre Zeit und Energie, Ihre Kultur, Ihre Religion und Ihre Ethik.
- Wenn Sie sich gesunde Grenzen setzen und die Grenzen anderer Menschen respektieren, verbessern Sie Ihr Selbstwertgefühl, bewahren Ihre emotionale Energie, geben sich selbst Raum zum Wachsen und bauen gesunde Beziehungen auf.
- Ihre Grenzen werden jedoch nicht funktionieren, wenn Sie diese unter Einfluss von Wut setzen, die Grenzen zu unflexibel gestalten, anderen gegenüber kritisch sind oder im Falle einer Grenzüberschreitung keine Konsequenz ziehen.
- Vermitteln und erklären Sie Ihre Grenzen mithilfe der „ASSA"-Technik.

Im nächsten Kapitel werden Sie lernen:

- Warum es schwierig ist, seine Gefühle auszudrücken

- Tipps, wie Sie Ihre Gefühle offen kommunizieren können
- Techniken zur Selbstdarstellung
- Durchsetzungsfähige Kommunikationsformel

KAPITEL 7:

# Durchsetzungsfähige Selbstdarstellung

Die zweite Kategorie von durchsetzungsfähigem Verhalten ist die Darstellung dessen, was und wie man fühlt. Gefühle offen auszudrücken ist jedoch nicht für jeden selbstverständlich. Männer haben es in der Regel schwerer, ihre Gefühle auszudrücken, aber nahezu jeder Mensch findet es irgendwann in seinem Leben schwierig, seine Gefühle auszudrücken.

## Wenn es schwierig ist, seine Gefühle auszudrücken

Wenn Sie begreifen, warum Sie Schwierigkeiten haben, Ihre Gefühle offen auszudrücken, dann ist das ein wichtiger Schritt zur Änderung Ihres Verhaltens. Sie können lernen, wie Sie Ihre Gefühle ausdrücken können, genauso schnell wie Sie lernen können, wie man einen Wasserhahn repariert oder einen Knopf an ein Hemd näht.

Hier sind die neun häufigsten Gründe, warum es für Menschen schwierig ist, ihre Gefühle anderen gegenüber auszudrücken:

**Sie wissen nicht genau, was Sie fühlen**

Eine Person kann Gefühle, wie Traurigkeit, Ablehnung, Respektlosigkeit, Verletzung oder Scham, empfinden, aber es ist besser, präzise zu sein. Wenn Sie genau wissen, was Sie fühlen, hilft es Ihnen, mit sich selbst, den Werten, die Sie haben und denen, nach denen Sie leben möchten, im Einklang zu sein. Es erhöht auch die Wahrscheinlichkeit, von anderen verstanden zu werden.

## Angst vor Konflikten

Wir haben Angst vor aggressiven Gefühlen oder generell Konflikten mit Menschen. Sie glauben, dass sich Menschen mit guten Beziehungen nicht auf verbale "Kämpfe" oder intensive Auseinandersetzungen einlassen sollten. Außerdem befürchten Sie, dass die Offenbarung Ihrer Gedanken und Gefühle gegenüber den Menschen, die Ihnen wichtig sind, dazu führt, dass diese Sie ablehnen.

Dies wird manchmal als "Vogel-Strauß-Phänomen" bezeichnet - den Kopf in den Sand zu stecken, anstatt Beziehungsprobleme anzusprechen.

## Emotionaler Perfektionismus

Manche Menschen glauben, dass sie keine Gefühle, wie Wut, Eifersucht, Depression oder Angst, haben sollten. Sie meinen, sie sollten immer rational sein und ihre Gefühle unter Kontrolle haben. Wenn sie diese Gefühle ausdrücken, werden sie als schwach und verletzlich dargestellt. Sie befürchten, dass sie von anderen Menschen kritisiert oder abgelehnt werden, wenn diese wissen, wie sie sich wirklich fühlen.

## Angst vor Missbilligung und Ablehnung

Manche Menschen haben Angst vor Ablehnung und dem Alleinsein, sodass sie ihre Gefühle lieber unterdrücken, anstatt sie auszudrücken. Dafür nehmen sie sogar Beschimpfungen in Kauf. Sie haben ein übermäßig großes Bedürfnis, anderen zu gefallen und deren Erwartungen zu erfüllen. Solche Menschen haben Angst, dass es anderen nicht gefällt, wenn sie ihre Gedanken und Gefühle ausdrücken.

## Passiv-aggressives Verhalten

Passiv-aggressives Verhalten bringt Sie dazu, sich zu sperren und Gefühle, wie Ärger oder Wut, in sich zu verbergen, anstatt sie zu offenbaren. Sie schweigen andere absichtlich an, was eine beliebte Strategie ist, um ihnen Schuldgefühle zuzuweisen.

## Hoffnungslosigkeit

Wenn Sie davon überzeugt sind, dass sich Ihre Beziehung nicht verbessern kann, egal was Sie tun, hören Sie auf, Ihre Gefühle auszudrücken. Sie haben das Gefühl, dass Sie bereits alles versucht haben und nichts funktioniert. Sie geben Ihrem Ehepartner (oder Partner) die Schuld, dass er zu stur und unsensibel sei, sich zu ändern.

Diese Überzeugungen stellen eine sich selbsterfüllende Prophezeiung dar - sobald Sie aufgeben, unterstützt eine manifestierte Hoffnungslosigkeit Ihr vorhergesagtes Ergebnis.

## Geringes Selbstwertgefühl

Aufgrund eines geringen Selbstwertgefühls haben die Menschen das Gefühl, dass sie nicht berechtigt sind, ihre Gefühle auszudrücken oder andere um das zu bitten, was sie wollen. In einem solchen Fall versuchen Sie immer, anderen Menschen zu gefallen und deren Erwartungen zu erfüllen.

## Spontaneität

Nur dann, wenn man verärgert ist, hat man das Recht zu sagen, was man denkt und fühlt. Wenn Sie dieser Aussage zustimmen, drücken Sie lediglich in diesen Situationen Gefühle aus. Wenn Sie jedoch während eines ruhigen und strukturierten oder halbstrukturierten Gespräches Ihre Gefühle offenbaren, führt dies bei anderen Menschen nicht zu dem Eindruck, dass Sie ihnen etwas "vortäuschen" oder versuchen, sie unangemessen zu manipulieren.

## Gedankenlesen

Sie erwarten, dass andere wissen, wie Sie sich fühlen und was Sie brauchen (obwohl Sie ihnen dies noch gar nicht mitgeteilt haben). Diese Erwartung ist jedoch nur ein Vorwand, um sich nicht öffnen zu müssen, und Sie sind danach verärgert, weil sich die Menschen nicht um Ihre Bedürfnisse zu kümmern scheinen.

**Märtyrertum**

Sie haben Angst zuzugeben, dass Sie wütend, verletzt oder verärgert sind, weil Sie niemandem die Genugtuung geben wollen, zu wissen, dass Ihnen sein Verhalten etwas ausmacht. Sie sind stolz darauf, Ihre Emotionen zu kontrollieren und sich nicht verletzt zu zeigen, was jedoch einer klaren und funktionellen Kommunikation zuwiderläuft.

**Tipps, sich zu öffnen**

Wenn Sie erst einmal herausgefunden haben, warum es Ihnen so schwer fällt, sich auszudrücken, können Sie daran arbeiten, dies effektiver und selbstbewusster zu tun. Hier sind ein paar Tipps, die Ihnen helfen, Ihre Gefühle besser zu offenbaren:

**1) Seien Sie sich im Klaren über Ihren Wunsch, Ihre Gefühle offen mitzuteilen**

Fragen Sie sich, warum Sie Ihre Gefühle überhaupt mitteilen wollen. Erwarten Sie, dass sich die andere Person ändert? Teilen Sie Ihre Gefühle mit, um sich abzureagieren? Oder wollen Sie einen Ratschlag? Oder teilen Sie Ihre Gefühle mit anderen, um sich selbst besser kennenzulernen?

Seien Sie sich über Ihre Gründe und Erwartungen im Klaren, ob Sie Ihre Gefühle mit einem Therapeuten, einem Freund oder einem geliebten Menschen teilen möchten.

**2) Erkennen Sie die Vertrautheit der Mitteilung von Gefühlen an**

Bevor Sie sich auf das eigentliche Gespräch über Ihre Gefühle einlassen, ist es wichtig, dass Sie anerkennen, dass dieser Austausch intim ist. Ihr Vertrauen in andere und in Sie selbst beeinflusst Ihre Offenheit, Ihre Gefühle mitzuteilen.

**3) Fangen Sie klein an**

Wenn Sie sich nicht wohl dabei fühlen, Ihre Gefühle zu offenbaren, tauchen Sie dann auch nicht kopfüber ein.

Experimentieren Sie stattdessen zunächst, indem Sie die Dinge mitteilen, die Ihnen am wenigsten unangenehm sind.

**4) Beginnen Sie mit den Menschen, denen Sie am meisten vertrauen**

Beginnen Sie damit, Ihre Gefühle den Menschen mitzuteilen, denen Sie am meisten vertrauen: dem besten Freund, Ihren Geschwistern oder einem Elternteil.

**5) Achten Sie auf die Erfahrung**

Berücksichtigen Sie die Erfahrung, die Sie machen, wenn Sie Ihre Gefühle mitteilen, damit Sie es beim nächsten Mal noch besser machen können. Welcher Teil fühlte sich gut an? Werden Sie es beim nächsten Mal wieder mitteilen? Wenn nicht, was brauchen Sie, damit Sie sich beim Mitteilen Ihrer Gefühle wohler fühlen?

**6) Denken Sie an die schädlichen Auswirkungen unterdrückter Gefühle**

Denken Sie daran, dass es nichts nützt, seine Gefühle zu verbergen. Wenn Sie Ihre Gefühle unterdrücken, minimieren oder verleugnen, werden Sie diese auch bei anderen weniger wahrnehmen. Im Gegensatz dazu erhöht die Anerkennung Ihrer Gefühle Ihr Einfühlungsvermögen. Das Erkennen und Annehmen Ihres Schmerzes ist eine Form der Empathie. Dieses Bewusstsein erhöht Ihre Fähigkeit, sich in andere hineinzuversetzen.

## Techniken, um sich auszudrücken

Häufig verbinden Menschen ausdrucksstarkes Durchsetzungsvermögen mit der Einforderung ihrer Rechte, wenn sie das Gefühl haben, dass sie von jemandem schlecht behandelt wurden. Mehr Durchsetzungsvermögen kann Ihnen aber auch helfen, auf positive Weise Ihren Zielen näher zu kommen.

Durchsetzungsvermögen kann Ihnen helfen:

- In Besprechungen Ihre Meinung zu äußern, wenn Sie das wollen
- "Nein" zu sagen, wenn Sie etwas nicht tun wollen
- Positive Ziele auszudrücken und die erforderlichen Ressourcen anzufragen, um sie zu verwirklichen

Bekommen Sie, was Sie wollen, wenn Sie selbstbewusst kommunizieren? Nun, es gibt keine Garantie dafür, aber Sie werden Zufriedenheit erlangen, wenn Sie sich auf eine positive, selbstbewusste Weise ausdrücken. Sie werden sich selbst besser fühlen und auch in der Kommunikation mit anderen. Dies erhöht die Wahrscheinlichkeit, genau das zu bekommen, was Sie brauchen oder wollen. Vorausgesetzt, Sie können exakt ausdrücken, was es ist.

### *Techniken für durchsetzungsfähige Äußerungen*

### Planen Sie im Voraus, was Sie sagen wollen, visualisieren Sie die Situation und seien Sie positiv

Benutzen Sie "Ich-Aussagen", um sich auszudrücken. "Ich-Aussagen" helfen Ihnen, sich auf Ihre eigenen Gedanken, Gefühle und Bedürfnisse zu konzentrieren und die anderen Menschen anzuerkennen. Der eigentliche Fokus in "Ich-Aussagen" liegt dabei auf den Bereichen "Ich fühle", "Ich will" oder "Ich denke". Die Identifizierung Ihrer Gedanken, Gefühle und Wünsche in einer Situation hält Sie davon ab, jemand anderem die Schuld zu geben oder sich in den Emotionen des Augenblicks zu verlieren. Vermeiden Sie Worte, die die Kraft Ihrer Botschaften schwächen, wie zum Beispiel *könnte, entschuldigen Sie, normalerweise nicht, vielleicht, angenommen, möglich, vielleicht, äh... oder ähm...*

Zum Beispiel: "Wenn Sie mich anschreien, bin ich verärgert und niedergeschlagen, was sich negativ auf meine Arbeitsweise auswirkt. Ich möchte, dass Sie aufrichtig und in einem normalen

Ton mit mir sprechen, damit ich meine Arbeit besser machen kann."

**Bleiben Sie dran und wiederholen Sie**

Wiederholen Sie Ihre Anfrage mehrmals, damit Sie die Wichtigkeit Ihrer Nachricht verdeutlichen. Geben Sie nicht auf, wenn Sie beim ersten Mal abgelehnt wurden.

Zum Beispiel: Nachdem Sie Ihre Akte zur Überprüfung angefordert und keine Antwort erhalten haben, sagen Sie: "Ich verstehe, dass Sie sehr beschäftigt sind mit [...]. Ich schätze Ihren Beitrag zu meinem Projekt sehr, damit ich meine Arbeit zu Ende führen kann."

**Einfühlsam sein und die Gefühle anderer anerkennen**

Zum Beispiel: "Ich weiß, Sie wollen, dass der Auftrag morgen fertig wird, aber ich schaffe es wirklich nicht, da ich mich um andere wichtige Angelegenheiten kümmern muss."

**Nennen Sie die Konsequenzen, wenn das Verhalten nicht geändert wird**

Zum Beispiel: "Wenn Sie nicht genügend Zeit für das Schreiben des Inhalts einplanen, wird er nicht erstklassig werden und ich muss ihn erneut schreiben. Ich würde es bevorzugen, das nicht tun zu müssen."

**Reagieren Sie auf Kritik nicht defensiv**

Wenn jemand Sie kritisiert, erwartet er von Ihnen, dass Sie mit dem, was er sagt, nicht einverstanden sind oder sich ihm widersetzen und dass Sie defensiv reagieren. Sie können jedoch kritische Bemerkungen relativieren und trotzdem Ihren Standpunkt respektieren. Sie können einem Teil des Gesagten zustimmen, ohne defensiv zu sein.

Wenn zum Beispiel jemand sagt: "Das war eine schlechte Präsentation, die Sie während des Meetings gehalten haben."

Dann könnten Sie antworten: "Ja, ich merke, dass ich mich in einigen Bereichen verbessern könnte."

Wenn Sie mit einigen Punkten der Kritik einverstanden sind, können Sie darauf reagieren, indem Sie versuchen zu verstehen, was zu der Kritik geführt hat. Wenn Sie mit dem obigen Beispiel fortfahren, könnten Sie fragen, was verbessert werden könnte, und sagen: "Eigentlich hätte ich besser sein können. Was könnte Ihrer Meinung nach verbessert werden?"

**Erkennen Sie Ihre Schwächen oder Fehler an**

Das nennt man "negative Behauptung". Wir alle haben Bereiche, in denen wir uns verbessern können. Wir können jedoch unsere Fehler und Schwächen anerkennen, ohne uns selbst minderwertig fühlen zu müssen.

# Durchsetzungsfähige Kommunikationsformel: Die Botschaft klar vermitteln

Selbstvertrauen und Durchsetzungsvermögen werden oft als gleichbedeutend angesehen, unterscheiden sich jedoch in vielerlei Hinsicht.

Durchsetzungsvermögen bedeutet, sich selbstbewusst zu verhalten und nicht zu zögern, seine Wünsche und Überzeugungen zum Ausdruck zu bringen. Selbstvertrauen wird definiert als die Eigenschaft, sich seiner selbst und seiner Fähigkeiten sicher zu sein.

Der Hauptunterschied zwischen den beiden ist die Kommunikation. Sie können nur dann durchsetzungsfähig sein, wenn es jemanden oder etwas gibt, gegenüber dem Sie sich durchsetzen können, während Selbstvertrauen von innen kommt und isoliert existieren kann.

Durchsetzungsvermögen kann nicht ohne zugrundeliegendes Selbstvertrauen und nur in Situationen existieren, in der Kommunikation stattfindet. Durchsetzungsvermögen kann durch eine starke Körpersprache, einen bestimmten Tonfall und eine bestimmte Ausdrucksweise dargestellt werden. Selbstvertrauen hingegen braucht nichts für seine Existenz. Einfach ausgedrückt: Man kann selbstbewusst sein, ohne durchsetzungsfähig zu sein, aber man kann nicht durchsetzungsfähig sein, ohne selbstbewusst zu sein.

Daher kann es schwierig sein, sich zu äußern und sich auszudrücken. Manchmal kann es sogar überwältigend sein, wenn man schüchtern ist, kein Selbstvertrauen hat oder aus einer Kultur kommt, in der es als unangebracht gilt, sich zu äußern. Es kann sich auch unangenehm und unnatürlich anfühlen, wenn Sie eher dazu neigen, Ihre Frustration und Unzufriedenheit indirekt oder passiv zu äußern.

Aber denken Sie daran, dass Ängste vor dem Sprechen zwar schwer zu überwinden sind, aber nicht unmöglich. Die Verwendung einer sogenannten "Durchsetzungsformel" kann helfen.

Diese Durchsetzungsformel kann in jeder Situation bei Ihnen zu Hause oder am Arbeitsplatz angewendet werden. Lassen Sie uns die drei Komponenten der durchsetzungsfähigen Kommunikationsformel lernen.

**Beginnen Sie mit einer kurzen, einfachen, objektiven Aussage über das Verhalten der anderen Person.** Zum Beispiel: "Wenn Sie mich bei meiner Arbeit unterbrechen..." Hier ist es Ihr Ziel, die Aufmerksamkeit der anderen Person zu gewinnen, ohne dass sie sich gleich wehren möchte. Die Erklärung sollte kurz, auf den Punkt gebracht und emotionslos sein, damit Ihre Botschaft vermittelt und ihr nicht sofort widersprochen wird oder sich die andere Person gleich distanzieren möchte.

**Beschreiben Sie die negativen Auswirkungen des Verhaltens der anderen Person.** Erklären Sie, warum das Verhalten der Person ein Problem für Sie darstellt. Wenn zum

Beispiel der erste Teil der Formel lautet: "Wenn Sie mich bei meiner Arbeit unterbrechen", können Sie hinzufügen: "verliere ich meinen Gedankenfluss." Ziel ist es, eine Logik von Ursache und Wirkung aufzubauen. Verknüpfen Sie eine objektive Aussage über das Verhalten der Person mit den Auswirkungen, die dieses Verhalten auf Sie hat.

**Beenden Sie mit einer gefühlvollen Aussage.** Hier müssen Sie angeben, wie sich das beleidigende Verhalten der anderen Person nicht nur negativ auf Ihre Handlungen, sondern auch auf Ihre Gefühle ausgewirkt hat. Ein Beispiel für eine gefühlvolle Aussage könnte lauten: "Ich fühle mich ängstlich" oder "Ich fühle mich abgelenkt".

Wenn man alles zusammenfügt, erhält man folgende Aussage: "Wenn Sie mich bei meiner Arbeit unterbrechen, verliere ich meinen Gedankenfluss und fühle mich abgelenkt."

Natürlich ist es selbst mit dieser Formel nicht immer einfach, sich durchzusetzen. Es ist durchaus möglich, dass der Empfänger negativ auf Ihre Botschaft reagiert. Deshalb müssen Sie jeder Reaktion mit einer ruhigen, beständigen und selbstbewussten Präsenz begegnen.

Was Sie tun können, ist, möglichst viele Beweise zu sammeln, um Ihre Aussage über das beleidigende Verhalten des anderen zu stützen. Sie könnten die Fälle verfolgen, in denen Sie sich durch die Handlungen der Person verletzt, erniedrigt oder beleidigt fühlten. Benutzen Sie diese Aufzeichnung nicht, um an der anderen Person zu nörgeln. Verwenden Sie diese nur als Sicherheitsmaterial, wenn Ihr Gegenüber Sie widerlegt und überzeugt werden muss. Diese Beweise erhöhen die Wahrscheinlichkeit, dass der andere Ihre Botschaft anhört und letztlich die beabsichtigte Wirkung auf den Empfänger hat.

Man darf nicht vergessen, dass es keine Einheitslösung gibt. Sie können und sollten Ihren eigenen Stil bewahren, um Ihre Botschaft so authentisch wie möglich zu gestalten.

Es fällt vielen von uns sehr schwer, das Wort zu ergreifen. Und niemand kann garantieren, dass die erwünschten Ergebnisse erzielt werden. Die andere Person kann sofort positiv reagieren; oder sie kann mit einer erheblichen Verzögerung positiv reagieren; oder sie kann überhaupt nicht reagieren. Aber für Sie ist es ein bedeutender Sieg, wenn Sie den Mut aufbringen, Ihre Meinung und Ihre Frustration überhaupt zu äußern.

## Hausaufgaben für Sie

Beantworten Sie die folgenden Fragen, bevor Sie mit dem nächsten Kapitel fortfahren:

1. Was hindert Sie daran, anderen gegenüber Ihre Gefühle zu äußern?
2. Wenn Sie jemals Ihre Gefühle geäußert haben, wie war die Reaktion der anderen Person?
3. Wie wahrscheinlich ist es, dass Sie in Zukunft derselben Person (oder anderen) gegenüber Ihre Gefühle zum Ausdruck bringen werden?

**Zusammenfassung des Kapitels**

- Menschen fällt es schwer, ihre Gefühle auszudrücken, weil sie nicht genau wissen, was sie fühlen. Die Angst vor Konflikten, Missbilligung und Ablehnung, emotionalem Perfektionismus, passiv-aggressivem Verhalten oder geringem Selbstwertgefühl hindern Sie auch daran, sich auszudrücken.
- Sobald Sie sich über Ihre Gefühle im Klaren sind, beginnen Sie damit, Dinge mitzuteilen, die Ihnen am wenigsten unangenehm sind. Teilen Sie Ihre Gefühle den Menschen mit, denen Sie am meisten vertrauen: dem besten Freund, Ihren Geschwistern oder einem Elternteil.
- Um sich selbstbewusst auszudrücken, planen Sie zunächst, was Sie sagen wollen. Beginnen Sie mit einer kleinen, objektiven Aussage über das unerwünschte Verhalten, beschreiben Sie, wie es Sie beeinflusst und

schließlich, wie Sie sich fühlen. Denken Sie daran, während der gesamten Diskussion ruhig und einfühlsam zu bleiben.

Im nächsten Kapitel werden Sie lernen:

- Wie Sie durch Fragen das bekommen, was Sie wollen
- ERPG/Durchsetzungsfähige Anfrage-Formel
- Wie man um eine Gehaltserhöhung bittet
- Tipps für durchsetzungsfähige Fragen

KAPITEL 8:

# Verlangen und erhalten Sie, was Sie wollen

## Verlangen Sie, was Sie wollen

Viele von uns finden es unglaublich schwierig, etwas zu verlangen, besonders bei der Arbeit, obwohl die Anfrage völlig legitim ist. Sie fragen sich vielleicht, was Ihre Kollegen von Ihnen denken werden. Werden Sie als gierig abgestempelt? Aufdringlich? Werden sie dadurch irritiert? Die Liste ist endlos!

Wenn es Ihnen schwer fällt, etwas zu verlangen, dann finden Sie hier sieben Tipps, wie Sie das verlangen können, was Sie wollen:

### Haben Sie keine Schuldgefühle

Haben Sie keine Schuldgefühle, wenn Sie eine Bitte äußern. Schuldgefühle haben meistens Menschen, die jedem gefallen möchten und keine Unannehmlichkeiten verursachen wollen. Erinnern Sie sich immer daran, dass es nicht gierig ist, etwas zu verlangen. Es ist nicht falsch, sondern eher eine gesunde Art von Selbstfürsorge.

### Fangen Sie klein an

Fangen Sie klein an, z. B. indem Sie nach einem anderen Tisch in einem Restaurant fragen. Auf diese Weise gewöhnen Sie sich daran, wie es sich anfühlt, eine kleine, einfache Anfrage zu stellen. Sie werden auch anfangen zu erkennen, dass nichts Schlimmes passiert, wenn Sie Ihre Bedürfnisse äußern.

## Gehen Sie nicht davon aus, dass andere Ihre Gedanken lesen können

Wir gehen oft davon aus, dass unser Ehepartner, unser Chef, unsere Arbeitskollegen oder sogar unsere Freunde unsere Gedanken lesen können. Wenn sie sich also nicht so verhalten, wie wir es erwarten, sind wir am Ende verletzt und verärgert. Damit eine Beziehung gedeiht, müssen beide Parteien die Verantwortung dafür übernehmen, ihre Bedürfnisse klar zu kommunizieren.

## Seien Sie sich der Person bewusst, von der Sie etwas verlangen

Die Psychologin Susan Krauss Whitbourne schrieb, dass wir uns "der Person, von der wir etwas verlangen und ihrer Bedürfnisse bewusst sein müssen, anstatt uns nur auf das zu konzentrieren, was wir uns von einer Situation erhoffen". Versetzen Sie sich in die Lage der anderen Person, und Sie können Ihre Anfrage so gestalten, dass sie auch für die andere Person vorteilhaft ist, was die Wahrscheinlichkeit einer positiven Antwort erhöht.

Wenn Sie die Anfrage jedoch aufschieben, weil der Zeitpunkt nie richtig zu sein scheint, sind es vielleicht Ihre eigenen Gefühle der Unzulänglichkeit oder Unsicherheit, die Sie davon abhalten, diesen Schritt zu wagen.

## Seien Sie ehrlich

Ehrlichkeit ist immer die beste Politik. Drücken Sie ehrlich aus, was Sie brauchen und warum Sie es brauchen und versichern Sie der anderen Person, dass es in Zukunft keine Reveländerungen geben wird.

## Fragen Sie und Sie werden erhalten... aber Sie müssen fragen

Man sagt: "Wenn man etwas will, muss man danach fragen und riskieren, es nicht zu bekommen, ansonsten liegt die Chance, es nicht zu bekommen, bei 100 %." Stellen Sie sich nur vor, was Sie im Leben nicht haben könnten, wenn Sie nicht danach fragen würden: Jobs, Gehaltserhöhungen oder einfach nur das Autogramm von jemandem.

**Stellen Sie sich das schlechteste Ergebnis vor**

Wenn Sie Angst haben, etwas zu verlangen, atmen Sie tief durch und stellen Sie sich das schlechteste Ergebnis vor, das möglich ist. In der Regel wird es ein einfaches "Nein" sein, was nicht gerade lebensbedrohlich ist. Ich habe diese Taktik angewandt, als ich um meine Gehaltserhöhung bat, und sie hat definitiv geholfen. Im schlimmsten Fall würde mein Chef höflich "nein" sagen, aber ich hätte immer noch einen Job, zu dem ich jeden Tag ziemlich gerne gehe. Es kann unglaublich frustrierend sein, mit der einfachen Aufgabe zu kämpfen, das auszusprechen, was man will. Aber die gute Nachricht ist, dass man diese Fähigkeit im Laufe der Zeit verbessern und verfeinern kann.

## Durchsetzungsfähige Anfrage-Formel

Wenn Sie jemanden auffordern möchten, sein Verhalten zu ändern oder das zu bekommen, was Sie wollen, gibt es eine einfache "ERPG"-Formel, die Sie verwenden können. ERPG steht für Empathie, Respekt, Problem und Goal (Ziel).

Bevor Sie die Formel anwenden, sollten Sie ein klares Verständnis Ihrer Ziele haben. Machen Sie sich klar, wie sich andere verhalten sollen, welche Maßnahmen zu ergreifen sind, wie deren Reaktion aussehen könnte und wie Sie darauf reagieren werden. Wenn möglich, stellen Sie die durchsetzungsfähige Anfrage an dem Ort und zu der Zeit, die für Sie am besten geeignet sind.

## *ERPG-Formel*

### Empathie und Respekt aufbauen und positive Gefühle ausdrücken

Versuchen Sie, die Gefühle des anderen zu verstehen, bevor Sie die Anfrage stellen und teilen Sie ihm/ihr dies auch mit.

Zum Beispiel: "Ich weiß, dass Sie nicht in der Lage sein werden, kurzfristig einen anderen freiberuflichen Autor für diesen Auftrag zu engagieren, aber ich hoffe, Sie verstehen, dass ich derzeit überfordert bin."

Zeigen Sie Ihren Respekt und Ihre Achtsamkeit für die andere Person. Erkennen Sie die Teile des Verhaltens der anderen Person an, die dafür sorgen, dass Ihr Gespräch positiv und ohne Schuldzuweisungen verlaufen wird.

Zum Beispiel: "Ich weiß Ihre Unterstützung zu schätzen, dass alle meine Aufträge rechtzeitig bezahlt werden."

### Benennen Sie das Problem und die negativen Gefühle

Sprechen Sie in einer überzeugenden Art und Weise, sodass Ihr Problem gelöst und nicht gegen Sie verwendet wird. Bitten Sie um Hilfe, aber geben Sie den anderen nicht die Schuld an Ihren negativen Gefühlen. Wenn Sie über das Verhalten anderer verärgert sind, denken Sie daran, dass Sie Ihre eigenen Gefühle und Ihre eigene Art, wie Sie auf das Verhalten anderer reagieren, kontrollieren können. Trotzdem können Sie Ihr Problem und Ihre negativen Gefühle ausdrücken und um Hilfe bitten.

Zum Beispiel: "Wenn Sie mir ständig die Schuld für meine Fehler in der Vergangenheit geben, tut mir das weh, und ich beginne, mich zu verteidigen, anstatt mich mit dem eigentlichen Thema zu befassen."

## Nennen Sie das Ziel und fordern Sie ein neues Verhalten an

Manchmal reicht es nicht aus, das Problem nur zu benennen. Sie müssen vielleicht über das Problem sprechen, aber auch über das Ziel, das Sie erreichen wollen.

Geben Sie an, welche Art von neuem Verhalten Sie wünschen und wie es sich auf Sie auswirken würde. Aber lassen Sie zu, dass die anderen Personen ihr neues Verhalten so weit wie möglich selbst wählen. Wenn andere die Kontrolle haben, sind sie eher bereit, zu helfen und Lösungen für das Problem zu finden. Die andere Person kann sogar eine bessere Lösung finden als Sie. Dieser Ansatz bringt die andere Person dazu, auf Ihr Problem Rücksicht zu nehmen und Ihnen bei der Lösung zu helfen, anstatt sich in die Defensive zu begeben.

Zum Beispiel: "Anstatt mir die Schuld für meine Fehler in der Vergangenheit zu geben, könnten Sie beschreiben, was ich getan habe und wie ich mich in Zukunft verbessern kann. Dann würde ich weniger Defensive zeigen und Ihren Vorschlägen mehr entgegenkommen."

## Gehen Sie der Anfrage nach

Wenn die Person Ihrer Bitte ausweicht, Sie angreift, manipulativ wird, Ihnen ein schlechtes Gewissen oder Ärger bereitet, sich entschuldigt oder sich einfach weigert, etwas zu tun, verwenden Sie andere durchsetzungsfähige Techniken, wie die bereits beschriebene Wiederholung, die Besänftigung der Wut oder den Abschluss eines Vertrages.

Notieren Sie beim Abschluss eines Vertrages die Punkte der Zustimmung (und möglicherweise auch die Punkte der Uneinigkeit). Die Vereinbarung sollte schriftlich festgehalten und von beiden Parteien unterzeichnet werden.

Wenn Sie die oben genannten Schritte der ERPG-Formel befolgen, achten Sie darauf, dass Sie einen durchsetzungsstarken

Kommunikationsstil verwenden. Versetzen Sie sich oder andere nicht in eine defensive Haltung. Versuchen Sie, so ruhig, rational und hilfreich wie möglich zu bleiben.

- Verwenden Sie Formulierungen, wie "machen Sie weiter" oder "Sie haben es nicht so gemacht, wie ich es wollte" oder "Sie haben auf mich gewartet, bis ich die Entscheidung treffe" oder "geben Sie mir negatives Feedback".
- Vermeiden Sie die Verwendung kritischer Wörter, wie *schlechte Arbeit*, *abhängig*, *unwürdig* oder generell Schimpfwörter.
- Achten Sie auf nonverbale Reaktionen, wie zum Beispiel Augenkontakt.
- Verwenden Sie "Ich-Aussagen".
- Seien Sie direkt.
- Vermeiden Sie eine zögerliche Wortwahl.
- Bleiben Sie beim Thema.
- Nehmen Sie eine verständnisvolle, fürsorgliche, aber dennoch feste Haltung ein.

Die obigen Schritte der Formel lassen sich in einem Satz wie folgt zusammenfassen:

„Ich verstehe/mag […]. Wie auch immer, wenn Sie […], fühle ich mich/denke ich […]. Ich würde es sehr schätzen, wenn Sie […]."

## Verlangen Sie nach einer Gehaltserhöhung

Neben der Forderung nach einem neuen Verhalten kann auch die Forderung nach einer Gehaltserhöhung Schwierigkeiten bereiten. Sie wissen, dass Sie Ihrem Unternehmen oder Ihrer Organisation einen großen Mehrwert gebracht haben und fühlen sich zu einer Gehaltserhöhung berechtigt.

Wie können Sie also auf selbstbewusste und erfolgreiche Art und Weise nach einer Gehaltserhöhung fragen?

## Recherchieren Sie Ihren Mehrwert für Ihren Arbeitgeber

Bevor Sie nach einer Gehaltserhöhung fragen, recherchieren Sie in Ihrem Unternehmen. Recherchieren Sie, wie wertvoll Sie bisher für Ihr Unternehmen waren. Sehen Sie sich die Gewinne an, die Sie gemacht haben, oder sogar die Verluste, die Sie möglicherweise erlitten haben. Sehen Sie sich Ihre Abteilung an und berechnen Sie Ihre derzeitige Produktivität, wenn möglich, im Vergleich zu der eines Vorgängers. Wenn Sie zum Beispiel im Kundenservice arbeiten, haben Sie die Kundenzufriedenheit steigern können?

## Vergleichen Sie Ihren Wert mit dem Ihrer Konkurrenz

Recherchieren Sie im Internet, wie hoch Ihr Marktwert ist oder was Sie für die Konkurrenz wert wären. Wenn Sie momentan nicht das verdienen, was Sie in vergleichbaren Unternehmen oder Organisationen verdienen würden, ist dies ein Vorteil für Sie bei der Aushandlung einer Gehaltserhöhung.

## Vereinbaren Sie ein Treffen mit Ihrem Chef

Vereinbaren Sie einen Termin, um Ihre Gehaltserhöhung mit Ihrem Chef zu besprechen. Sagen Sie nicht, dass Sie um eine Gehaltserhöhung verlangen werden, sondern sagen Sie, dass Sie etwas Wichtiges zu besprechen haben und einen Termin vereinbaren möchten.

Schreiben Sie sich vor der Besprechung die konkreten Gründe auf, warum Sie eine Gehaltserhöhung verdienen und gehen Sie das Gespräch innerlich durch, um eine selbstbewusste und überzeugende Durchführung zu gewährleisten. Nennen Sie während des Treffens zunächst die Fakten, die Sie recherchiert haben, bevor Sie eine Gehaltserhöhung beantragen.

Wenn Ihr Vorgesetzter während des Treffens Anrufe entgegennimmt oder so tut, als müssten Sie sich beeilen, bitten

Sie darum, den Termin auf einen Zeitpunkt zu verlegen, an dem Sie die volle Aufmerksamkeit Ihres Vorgesetzten haben können.

**Betteln Sie nicht, stellen Sie keine Forderungen und drohen Sie nicht mit der Kündigung**

Betteln Sie Ihren Chef nicht an und drohen Sie ihm auch nicht mit der Kündigung. Das kann sich kontraproduktiv auswirken, weil Ihr Chef dann möglicherweise negative Gefühle Ihnen gegenüber entwickeln könnte.

**Sagen Sie, was Sie wollen**

Überlegen Sie sich einen konkreten Betrag, den Sie erhalten möchten. Seien Sie vernünftig, aber nicht zurückhaltend. Erhöhen Sie den Betrag dann um mindestens fünfzig Prozent, damit Sie etwas Spielraum zum Verhandeln haben.

**Verhandeln Sie den konkreten Betrag**

Wenn Ihr Chef einer Erhöhung zustimmt, aber einen geringeren Betrag, als den von Ihnen verlangten, anbietet, machen Sie ein Gegenangebot mit einem höheren Betrag. Fahren Sie mit den Verhandlungen fort, bis Sie und Ihr Chef sich auf einen angemessenen Betrag geeinigt haben.

**Was ist, wenn Ihr Chef „nein" sagt?**

Ihr Chef kann Ihre Forderung nach einer Gehaltserhöhung einfach ablehnen. Seine Antwort könnte darin bestehen, sich über die derzeitigen Probleme zu beschweren, die das Unternehmen oder die Organisation momentan hat, und darüber, dass es nicht möglich sei, einen weiteren Cent herauszuholen.

Darauf antworten Sie, dass Sie verstehen, dass die Firma Probleme hat, aber auch Sie selbst haben persönliche finanzielle Verpflichtungen. Sagen Sie, dass es nicht fair ist, Sie für die Probleme des Unternehmens zu bestrafen. Teilen Sie ihm mit, dass Sie sich voll und ganz für das Unternehmen einsetzen und entsprechend auch erwarten, fair entschädigt zu werden.

Ihr Chef könnte auch die Richtlinien des Unternehmens nutzen, um Ihnen eine Gehaltserhöhung zu verwehren. Arbeiten Sie mit Ihrem Vorgesetzten zusammen, um Wege zu finden, die Politik zu umgehen oder überlegen Sie sich Gründe, warum Sie eine Ausnahme von der Regel sein sollten.

**Akzeptieren Sie keine symbolische Gehaltserhöhung**

Anstelle einer Gehaltserhöhung könnte Ihnen Ihr Chef auch eine kleine Prämie oder Vergünstigungen anbieten, wie zum Beispiel der Nutzung eines Firmenwagens oder eines schöneren Büros. Nehmen Sie diese nicht an. Damit signalisieren Sie, dass Sie bereit sind, Ersatzangebote zu akzeptieren anstatt der von Ihnen gewünschten Gehaltserhöhung. Sagen Sie Ihrem Chef lieber, dass Sie damit nicht einverstanden sind und wiederholen Sie den Betrag, den Sie sich wünschen.

**Akzeptieren Sie eine Beförderung**

Eine der besten Möglichkeiten, eine Gehaltserhöhung zu bekommen, ist eine Beförderung. Sie können dies auf drei verschiedene Arten tun.

Erstens können Sie innerhalb der Organisation auf die nächste Ebene aufsteigen. Zweitens können Sie mehr Verantwortung übernehmen. Dazu müssen Sie vielleicht manche Tätigkeiten auf niedrigeren Ebenen eliminieren. Und drittens können Sie eine neue Stelle mit einem neuen Titel für sich selbst schaffen.

Wenn Sie glauben, dass die dritte Option die beste ist, entwerfen Sie eine Stellenbeschreibung, bevor Sie in die Besprechung gehen. Beschreiben Sie, was fehlt und legen Sie einen Plan zur Lösung des Problems vor. Geben Sie z. B. an, was Ihre Tätigkeit beinhalten würde, welcher Zeitrahmen für die Ausführung der Aufgaben vorgesehen ist, welche Kosten anfallen würden und wie hoch Sie den Gewinn einschätzen. Sprechen Sie mit Ihrem Chef, wie er Sie dabei unterstützen kann und gehen Sie dann auf dem Dienstweg nach oben, um Ihren Plan genehmigen zu lassen.

**Akzeptieren Sie keine Beförderung ohne einen Titel oder eine Gehaltserhöhung**

Wenn Ihr Chef eine Beförderung ohne einen neuen Titel oder ohne Gehaltserhöhung anbietet, lehnen Sie diese sofort ab. Denn wahrscheinlich wird von Ihnen erwartet, dass Sie zusätzlich zu der Arbeit, die Sie bereits leisten, weitere Verantwortung übernehmen. Und das ist inakzeptabel.

Sagen Sie Ihrem Chef, dass eine Beförderung ohne Gehaltserhöhung keine wirkliche Beförderung ist. Wenn Ihnen eine neue Position angeboten wird, stellen Sie sicher, dass diese mit Verantwortung sowie mit einer Gehaltserhöhung verbunden ist, die dem neuen Titel angemessen ist.

Punkte, die Sie sich merken sollten, wenn Sie um eine Gehaltserhöhung bitten:

- Wählen Sie den richtigen Zeitpunkt.
- Seien Sie beim Betrag nicht übermäßig zurückhaltend.
- Stellen Sie kein Ultimatum.
- Vermeiden Sie, dass Sie zu viele persönliche Informationen preisgeben.

## Durchsetzungsfähige Anfrage zur Informationsbeschaffung

Wenn Sie versuchen, Informationen von Ihren Kunden, Freunden oder der Familie zu erhalten, wird der durchsetzungsfähige Quotient von der Länge der Frage und dem Format bestimmt.

Längere Fragen, die Ihre Intention und Hintergründe einschließen, können dazu führen, dass sich die Interessenten unter Druck gesetzt fühlen, auf eine bestimmte Art und Weise zu antworten. Gleich auf den Punkt zu kommen, klingt dagegen durchsetzungsfähiger.

### *Tipps für durchsetzungsfähige Fragen*

**Nehmen Sie sich heraus**

Benutzen Sie keine Pronomen, einschließlich "ich" und "mich". Eine durchsetzungsfähige Person fragt nach dem, was sie will und wartet auf die Antwort.

**Zeigen Sie keine Abneigung gegen zukünftige Antworten**

Akzeptieren Sie die Antwort der anderen Person und fragen Sie, ob es etwas gibt, das Sie zukünftig gemeinsam erreichen können.

**Wählen Sie Ihre Verben sorgfältig aus**

Wenn Sie Ihrem Gegenüber Folgendes sagen: "Ich möchte gerne Ihren Chef sprechen", ist das keine Fragestellung und wirkt aggressiv. Wenn Sie den Manager treffen wollen, sagen Sie lieber: "Ich würde Ihrem Chef gerne die Vorteile unseres Produktes erklären. Wäre es möglich, dass wir uns treffen?"

Es ist immer am besten, bei kurzen Fragesätzen zu bleiben und Vorab-Erklärungen zu vermeiden.

## Hausaufgaben für Sie

1. Was hält Sie davon ab, andere Menschen nach dem zu fragen, was Sie wollen?
2. Haben Sie wirklich das Gefühl, dass Sie eine Gehaltserhöhung verdienen? Warum haben Sie dann noch nicht danach gefragt?
3. Stellen Sie Ihren Kunden die richtigen Fragen, und zwar auf die richtige Art und Weise?

**Zusammenfassung des Kapitels**

- Wenn wir zu sehr darüber nachdenken, was andere denken könnten, wird es zunehmend schwieriger, das zu verlangen, was wir wollen.
- Bevor Sie andere auffordern, ihr Verhalten zu ändern, sollten Sie Empathie und Respekt für sie entwickeln. Geben Sie Ihre positiven Gefühle an, gefolgt vom Problem und am Ende dem Ziel oder der Anfrage nach dem neuen Verhalten.
- Wenn Sie Ihren Chef nach einer Gehaltserhöhung oder einer Beförderung fragen, recherchieren Sie zunächst und notieren Sie die Fakten, die Sie dazu berechtigen. Vereinbaren Sie ein direktes Treffen mit Ihrem Chef und nennen Sie diese Fakten, bevor Sie eine Gehaltserhöhung beantragen. Betteln Sie niemals um eine Gehaltserhöhung und drohen Sie auch nicht mit einer Kündigung. Sagen Sie klar und deutlich, was Sie wollen.
- Stellen Sie Ihren potenziellen Kunden niemals lange Fragen oder Fragen, die sie zu einer bestimmten Antwort zwingen. Sagen Sie, was Sie wollen und warten Sie auf die Antwort. Geben Sie niemals Vorab-Erklärungen.
- Im nächsten Kapitel werden Sie lernen:
- Wie man Durchsetzungsvermögen im täglichen Leben übt
- Wie man bei der Arbeit durchsetzungsfähig sein kann
- Wie man Durchsetzungsvermögen in der Familie und in Beziehungen übt
- Wie man für sich selbst einsteht und für sich selbst spricht

KAPITEL 9:

# Durchsetzungsvermögen im Alltag

## Durchsetzungsvermögen im täglichen Leben

Jeder möchte mehr Selbstvertrauen haben, aber nicht jeder weiß, wie man sich durchsetzen kann. Wenn Sie lernen, sich durchzusetzen, können Sie sich leicht ausdrücken und haben bessere Chancen, das zu bekommen, was Sie wollen.

Hier sind sieben einfache Wege, um durchsetzungsfähiger zu werden:

1. Verstehen Sie, dass Durchsetzungsvermögen eine Fähigkeit ist.
2. Seien Sie respektvoll gegenüber denen, mit denen Sie kommunizieren. Achten Sie auf Ihre Körpersprache sowie auf Ihre Worte und stellen Sie sicher, dass diese übereinstimmen.
3. Verstehen und akzeptieren Sie die Unterschiede zwischen Ihrem Standpunkt und dem Standpunkt anderer.
4. Sprechen Sie so, dass die andere Person nicht beschuldigt wird oder sich schuldig fühlt. Seien Sie einfach, direkt und prägnant und sagen Sie, was Sie für richtig halten.
5. Verwenden Sie "Ich-Aussagen", um durchsetzungsfähig zu sein, ohne feindselig zu wirken.
6. Bleiben Sie ruhig, wenn Sie sich ausdrücken.
7. Setzen Sie sich selbst Grenzen, die Ihnen helfen zu entscheiden, was Sie erlauben und was nicht.

**Wenn Sie mit einer Forderung konfrontiert werden, sollten Sie Folgendes bedenken:**

Jeder, auch Sie, hat das Recht, eine Forderung nicht zu akzeptieren. Sie haben das Recht, "nein" zu sagen, ohne sich zu rechtfertigen.

Wenn Sie eine Forderung ablehnen, erklären Sie, dass es die Forderung ist, die abgelehnt wird, und nicht die Person.

Wenn Sie die Forderung abgelehnt haben, bleiben Sie bei dieser Entscheidung. Wenn Sie dem Druck nicht standhalten können, werden andere lernen, dass man Sie beeinflussen kann. Sie haben jedoch das Recht, Ihre Meinung zu ändern, sofern sich die Umstände ändern.

**Wenn Sie Kritik erhalten:**

- Nehmen Sie sich Zeit, um zu entscheiden, ob die Kritik gerechtfertigt ist oder ob es einen anderen Grund dafür gibt.
- Erkennen Sie alle Teile der Kritik an, die der Wahrheit entsprechen, auch wenn sie schwer zu akzeptieren sind.
- Reagieren Sie nicht mit Gegenkritik.
- Vermeiden Sie es, andere zu kritisieren. Geben Sie stattdessen konstruktives, wenn auch negatives, Feedback, um deren Verhalten zu ändern.
- Wenn Sie eine Rückmeldung geben, konzentrieren Sie sich eher auf das Problem oder die Situation, als auf die Person.

Ein Kompliment ist eine positive Art und Weise, Unterstützung und Zustimmung zu vermitteln und das Selbstvertrauen der anderen Person zu stärken. Manche Menschen finden es jedoch schwierig oder peinlich, Komplimente zu geben oder zu erhalten.

Wenn Ihnen ein Kompliment gemacht wird, danken Sie der Person, die das Kompliment gemacht hat und nehmen Sie es an, unabhängig davon, ob Sie ihr tatsächlich zustimmen oder nicht. Wenn Sie ein Kompliment machen, stellen Sie sicher, dass es ernst gemeint ist.

## Durchsetzungsvermögen bei der Arbeit

Um Durchsetzungsvermögen bei der Arbeit zu üben, folgen Sie diesen Schritten:

**Erkennen Sie Ihren Wert.** Haben Sie eine realistische und respektvolle Perspektive auf Ihren Wert als Person.

**Erkennen Sie Ihre Rechte am Arbeitsplatz.** Aushänge, das Handbuch der Richtlinien für Mitarbeiter, Ihre Stellenbeschreibung usw.

**Kennen Sie Ihre Grenzen,** um Stress und Frustration zu vermeiden.

### *Bereiten Sie sich vor und üben Sie*

Üben Sie Ihr Durchsetzungsvermögen in Ihren engen Beziehungen. Stellen Sie sich vor, wie es sein könnte, Ihrem Kollegen oder Ihrem Chef etwas Schwieriges mitzuteilen. Fragen Sie sich selbst:

Was ist mein Ziel? Was und wie würde ich es gerne sagen?

Spielen Sie es in Ihrem Kopf durch, indem Sie sich sowohl das ideale Szenario als auch das Szenario, das Ihnen am meisten Angst macht, vergegenwärtigen. Wenn Sie dies nicht tun, könnte es sein, dass Sie im entscheidenden Moment nervös werden und aufgeben.

Vermeiden Sie Worte, die Ihre Sprache ungeschickt, zögerlich oder unentschlossen klingen lassen, wie zum Beispiel *hmm, äh, wissen Sie, nun* usw.

Kontrollieren Sie die Lautstärke Ihrer Stimme und vermeiden Sie eine erniedrigende Sprache.

Wenden wir nun diese Schritte auf einige Situationen am Arbeitsplatz an.

**Situation Nr. 1: Ihren Plan im Team durchsetzen**

Ihr Team ist für die Einführung einer neuen Werbekampagne zuständig und Sie haben eine tolle Idee. Sie organisieren ein Treffen, um zu besprechen, wie man beginnen kann und sind gespannt darauf, Ihre Idee vorzuschlagen.

- **Passiver Ansatz:** Sie warten, bis Ihr Chef den ersten Vorschlag macht. Dann nicken Sie passiv mit dem Kopf zu all seinen Vorschlägen, anstatt Ihre Idee zu präsentieren oder gar Möglichkeiten zur Verbesserung seiner Strategie vorzuschlagen.
- **Aggressiver Ansatz:** Sie schlagen Ihre "perfekte" Idee sofort Ihren Teamkollegen vor, reden ununterbrochen und beginnen mit der Zuweisung von Aufgaben. Wenn jemand eine Alternative vorschlägt, lehnen Sie diese sofort ab.
- **Durchsetzungsfähige Herangehensweise:** Sie präsentieren Ihre Idee und begrüßen die Vorschläge aller Teammitglieder. Wenn Sie sich die verschiedenen Vorschläge anhören, erkennen Sie deren Stärken an. Übernehmen Sie zudem eine Rolle bei der Lösung möglicher Herausforderungen.

Mit einem durchsetzungsfähigen Ansatz legen Sie Ihren Fall so dar, dass Sie die Perspektiven der anderen anerkennen und Ihre Ideen mit sachlichen Argumenten, statt mit Emotionen, untermauern. Sie tragen erfolgreich zum Gespräch bei und erniedrigen dabei nicht die anderen Teammitglieder.

**Situation Nr. 2: Sie haben um eine Gehaltserhöhung gebeten, aber Ihr Chef reagiert nicht**

Nachdem Sie bei einem Treffen mit Ihrem Chef um eine Gehaltserhöhung gebeten haben, sagt er, dass Sie noch sechs Monate warten müssen, da die Firma im Moment einfach nicht in der Lage sei, Gehaltserhöhungen zu vergeben. Er versichert, dass Sie für eine Gehaltserhöhung in Betracht gezogen werden, wenn die Zeit dafür reif ist.

**Passiver Ansatz:** Sie sind innerlich sehr enttäuscht, bringen aber Ihre Enttäuschung nicht zum Ausdruck und stimmen Ihrem Chef noch während des Gespräches im Büro zu. Später, wenn Sie daheim sind, beschweren Sie sich stundenlang darüber, weil Sie das Gefühl haben, es sei völlig ungerecht.

**Aggressiver Ansatz:** Sie teilen Ihrem Chef mit, dass Sie beginnen werden, nach Möglichkeiten in anderen Unternehmen zu suchen, wo Sie von jemandem so behandelt werden, wie Sie es verdienen.

**Durchsetzungsfähiger Ansatz:** Sie respektieren sich selbst und Ihr Bedürfnis nach einer fairen Vergütung und verstehen auch die Argumentation Ihres Chefs. Sie fragen also nach mehr Informationen über die Zukunft des Unternehmens und definieren konkrete Ziele und Vorgaben, die Sie überprüfen können, wenn Sie Ihre Gehaltsvorstellung in Zukunft wieder aufgreifen.

## Durchsetzungsvermögen in Familie und Beziehungen

Es ist viel einfacher, eine durchsetzungsfähige Kommunikation mit Ihrer Familie aufzubauen. Es bietet Ihnen folgende Vorteile:

- Bessere emotionale und mentale Gesundheit
- Verbessert Ihre sozialen und persönlichen Fähigkeiten
- Besseres Verständnis und bessere Kontrolle über Ihre Emotionen
- Verbessert Ihr Selbstwertgefühl und Ihre Entscheidungsfähigkeit

- Führt zu Selbstachtung und verdientem Respekt von anderen

Hier sind einige Möglichkeiten, welche die durchsetzungsfähige Kommunikation mit Ihrer Familie fördern:

**Vermeiden Sie Vergleiche**

Eltern sollten ihre Kinder nicht mit anderen vergleichen. Zum Beispiel: "John, du hast deine Hausaufgaben nicht gemacht. Du solltest eher wie Harry sein, der alle Hausaufgaben erledigt, bevor er auf den Spielplatz geht."

Vergleiche erzeugen Unsicherheit und Gefühle von Unterlegenheit, Angst und ungesunde Konkurrenz.

**Seien Sie einfühlsam**

Durchsetzungsfähige Kommunikation beginnt mit Respekt gegenüber anderen. Wenn alle Familienmitglieder verstehen, wie jedes einzelne Familienmitglied denkt und fühlt, wird es leichter sein, einen gesunden Dialog zu führen.

**Bitten Sie um eine Meinung**

Lassen Sie Ihre Kinder an Entscheidungen teilhaben, welche sie selbst und die Familie betreffen. Das stärkt ihr Selbstvertrauen und sie haben das Gefühl, dass ihre Meinung zählt.

**Teilen Sie sich mit**

Damit Kinder ihre Gefühle und Gedanken Ihnen gegenüber ausdrücken können, brauchen Sie ein Vorbild, dem sie folgen können. Erzählen Sie ihnen von Ihrem Tag, Ihren Sorgen und Interessen. Hören Sie ebenfalls aufmerksam zu, wenn Kinder Ihnen etwas mitzuteilen haben. Geben Sie ihnen bei Bedarf Ratschläge, anstatt sie zu verurteilen oder zu schimpfen. Bestrafen Sie Kinder nie dafür, dass sie Ihnen die Wahrheit gesagt haben.

# Setzen Sie sich durch und äußern Sie sich

Jeden Tag treffen Sie Dutzende von kleinen Entscheidungen. Manchmal ist es leicht, Ihre Ideen durchzusetzen, während es manchmal wiederum besser zu sein scheint, sich anzupassen, um potenzielle Konflikte zu vermeiden.

Wenn Sie sich jedoch von Menschen überrumpeln lassen, kann das Ihre Gefühle von Stress und Angst verstärken und schließlich Ihr Selbstwertgefühl verringern.

Wenn Sie lernen, für sich selbst einzustehen, wird Ihnen dies helfen, Ihr Leben selbst zu steuern, an Ihre Kraft zu glauben und sich darin zu ermutigen, Ihre Träume zu verwirklichen.

Nutzen Sie also die folgenden einfachen, aber wirksamen Schritte, um in jeder Situation für sich selbst einzustehen:

### Üben Sie, transparent und authentisch zu sein

Es braucht Übung, aber wenn Sie lernen, sich offen und ehrlich auszudrücken, werden Sie sich daran gewöhnen, dass andere Ihnen zuhören.

### Machen Sie kleine, aber wirkungsvolle Schritte

Beginnen Sie mit kleinen Schritten, um für sich selbst einzustehen. Bereits das Erlernen des selbstbewussten Gehens – mit aufgerichtetem Kopf und zurückgezogenen Schultern - wird Ihnen helfen, sich sicherer zu fühlen und selbstbewusster zu erscheinen. Tragen Sie dieses Selbstvertrauen im Alltag mit sich. Hat Sie jemand in der U-Bahn aus der Reihe geschubst? Bitten Sie diese Person höflich, zurückzutreten.

### Wenn Sie jemand angreift, warten Sie ab

Manchmal treffen Sie auf Menschen, die versuchen, Sie zu überrumpeln. Bleiben Sie ruhig, aber durchsetzungsfähig, wenn jemand versucht, Sie zu schikanieren. Gehen Sie nicht auf diese Person ein und reagieren Sie auch nicht mit Aggression.

### Finden Sie heraus, was Sie stört

Es erfordert eine Menge Mut, sich etwas oder jemandem zu stellen, das/der Sie stört. Aber wenn Sie sich dem stellen, befähigt es Sie, sich zu verbessern. Gleichzeitig wird die Kontrolle des anderen über Sie verringert. Die Menschen können Ihre Gedanken nicht lesen, Sie müssen Ihre Bedürfnisse äußern.

### Klären Sie die Situation erst ab, bevor Sie in den Angriff übergehen

Es ist verlockend, einen selbstgerechten Standpunkt einzunehmen, besonders wenn die andere Person völlig im Unrecht zu sein scheint. Aber widerstehen Sie Ihrem Drang, mit Emotionen zu reagieren. Atmen Sie stattdessen durch und erklären Sie der anderen Person in aller Ruhe Ihre Perspektive. Vermeiden Sie einen aggressiven Tonfall und beschuldigende Worte.

### Übung, Übung und Übung

Wenn Sie die Zusammenhänge erst einmal verstanden haben, üben Sie die Anwendung des Durchsetzungsvermögens in Situationen, in denen Sie für sich selbst einstehen müssen.

### Seien Sie bei der Äußerung Ihrer Gedanken bedacht

**Denken Sie an Ihre Zeit.** Ziehen Sie sich zurück, wenn es angebracht ist oder trennen Sie sich respektvoll von Menschen oder Situationen, die Ihren Zeitplan unnötig beeinträchtigen.

Denken Sie daran, dass niemand Ihre Gefühle, Gedanken und Meinungen entkräften kann. Zu lernen, für sich selbst einzustehen, wird nicht über Nacht geschehen. Es braucht Zeit, um sich mit Durchsetzungsvermögen vertraut zu machen. Während Sie sich in der Lernphase befinden, stellen Sie sich vor, dass Sie ein Schauspieler sind, der seine neue Rolle zu spielen lernt. Stellen Sie sich vor, dass Sie die durchsetzungsstärkste Person sind, die Sie kennen. Wie werden Sie also in einer schwierigen Situation mit sich selbst umgehen?

## Und nun?

1. Verstehen Sie jetzt, was "Durchsetzungsvermögen" ist?
2. Fühlen Sie sich in Situationen wohl, in denen Sie "nein" sagen, in denen Sie sich selbst mitteilen oder in denen Sie danach fragen, was Sie wollen?
3. Sind Sie jetzt besser gerüstet, aufzustehen und für sich selbst zu sprechen?

**Zusammenfassung des Kapitels**

- Durchsetzungsvermögen ist eine Fähigkeit, die geübt und gelernt werden kann.
- Seien Sie respektvoll gegenüber denjenigen, mit denen Sie kommunizieren. Verstehen und akzeptieren Sie die Unterschiede zwischen Ihrem Standpunkt und dem anderer. Bleiben Sie ruhig, wenn Sie sich ausdrücken. Verwenden Sie "Ich-Aussagen", um durchsetzungsfähig, aber nicht feindselig zu sein.
- Setzen Sie Ihre Grenzen.
- Erkennen Sie Ihren Wert, kennen Sie Ihre Rechte am Arbeitsplatz, sprechen Sie in einer klaren, direkten Sprache und vermeiden Sie degradierende Worte, die Sie durchsetzungsfähig klingen lassen.
- Teilen Sie sich mit, fragen Sie nach der Meinung anderer und seien Sie einfühlsam, um Durchsetzungsvermögen in der Familie und in Beziehungen auszuüben.
- Machen Sie kleine, aber wirkungsvolle Schritte, indem Sie aufstehen und für sich selbst sprechen.

# FAZIT

Der Erfolg bei der Arbeit und in Beziehungen hängt von Ihrer Kommunikation ab. Ihr Kommunikationsstil sollte so sein, dass er es Ihnen ermöglicht, all das auszudrücken, zu fragen und zu erhalten, was Sie im Leben wollen.

Es gibt drei Kommunikationsstile - passiv, aggressiv und durchsetzungsfähig. Aber nur der durchsetzungsfähige Stil befähigt Sie, ein Gewinner im Leben zu sein. Passive Kommunikation macht Sie schwach, unterwürfig und ermöglicht es anderen, Sie auszunutzen. Ein aggressiver Stil hingegen lässt Sie dominant, hochmütig und gleichgültig gegenüber den Gefühlen, Gedanken und Meinungen anderer erscheinen.

Durchsetzungsvermögen ist die einzige Art der Kommunikation, die Ihre Interessen und die der anderen in perfekter Balance hält. Weder halten Sie Ihre eigenen Gedanken und Gefühle für besser als die anderer Menschen, noch geben Sie der Perspektive und den Forderungen anderer unnötig nach. Beides ist für Sie gleich wichtig.

Wenn Sie einen durchsetzungsstarken Kommunikationsstil in Ihrem täglichen Leben anwenden, verbessern Sie Ihr Selbstwertgefühl. Sie fühlen sich sicherer, treffen bessere Entscheidungen, respektieren sich selbst und gewinnen auch den Respekt anderer Menschen. Sie können gesunde und dauerhafte Beziehungen bei der Arbeit sowie mit Freunden und Familie aufbauen.

Unsere eigenen Ängste und Vermutungen behindern uns jedoch darin, die Fähigkeit der durchsetzungsstarken Kommunikation zu erlernen und zu üben. Wir glauben, dass Durchsetzungsvermögen zu Konflikten mit unseren Freunden und unserer Familie, Kollegen und Gleichaltrigen führt und wir deren Liebe und Wertschätzung verlieren. Aber genau das

Gegenteil ist tatsächlich der Fall. Sie werden mehr von anderen respektiert, wenn Sie sich selbst respektieren und für sich selbst, Ihre Rechte, Gedanken, Gefühle und Meinungen einstehen.

Seien Sie neugierig und offen für neue Lebenserfahrungen. Achten Sie darauf, wie Sie sich anderen gegenüber präsentieren, wie Sie sprechen, wie Ihr Tonfall, Ihre Kleidung und Ihre Körpersprache ist. Ihre Körpersprache verrät viel über Ihr Selbstvertrauen. Sich dessen bewusst zu sein, ist ein wichtiger Aspekt der durchsetzungsfähigen Kommunikation.

Das Erlernen der Fähigkeit zur selbstbewussten Kommunikation beginnt mit dem Aufbau eines positiven Selbstbildes. Sie müssen eine rationale und positive Sichtweise auf Ihre Fähigkeiten, Fertigkeiten und Stärken haben. Dies bestärkt Sie darin, sich sinnvolle Ziele im Leben zu setzen und diese zu erreichen. Sie sind einzigartig und Ihr Beitrag zu dieser Welt ist es auch. Niemand anderes kann diesen Beitrag so leisten, wie Sie. Aber um diese Kraft erkennen zu können, müssen Sie positiv über sich selbst denken.

Durch das Erlernen des durchsetzungsstarken Kommunikationsstiles eignen Sie sich folgende Qualitäten an:

- Sie können Ihre Bedürfnisse und Ideen klar, direkt und ohne Schuldgefühle zum Ausdruck bringen.
- Sie können für Ihre eigenen und die Rechte anderer einstehen.
- Sie können Ihre Gefühle anderen selbstbewusst vermitteln.
- Sie verfügen über Selbstständigkeit und Unabhängigkeit.
- Sie zeigen Beharrlichkeit in komplexen Situationen.
- Sie erhalten gute analytische Fähigkeiten.
- Sie haben jederzeit eine positive Einstellung.
- Sie sind stolz auf Ihre Errungenschaften.

- Sie haben den Mut, zu träumen und die nötigen Fähigkeiten zu entwickeln, Ihre Träume in die Realität umzusetzen.

Um den durchsetzungsstarken Kommunikationsstil zu praktizieren, müssen Sie wissen, was Sie wollen, danach fragen und es schließlich bekommen. So einfach ist das.

Durchsetzungsfähige Kommunikation umfasst drei Komponenten:

1. Sagen Sie zur richtigen Zeit und auf die richtige Art und Weise "nein". Es gehört dazu, sich selbst gesunde Grenzen zu setzen und andere wissen zu lassen, was Sie akzeptieren werden und was nicht - sei es deren Verhalten oder deren Forderungen. Das Setzen von Grenzen ist für Sie entscheidend, um Ihre emotionale Energie zu bewahren, sich selbst einen Freiraum zu geben, in dem Sie wachsen können, Ihr Selbstwertgefühl und Ihre Beziehungen zu verbessern und zu vermeiden, dass Sie sich von anderen Menschen manipulieren lassen - sei es in geschäftlichen, beruflichen oder in persönlichen Beziehungen. Sie legen nicht nur Ihre eigenen Grenzen fest, sondern respektieren auch die Grenzen anderer, wenn diese sich welche gesetzt haben.
2. Drücken Sie deutlich und selbstbewusst aus, wie Sie sich selbst und wie Sie das Verhalten anderer Ihnen gegenüber wahrnehmen. Sie übernehmen die volle Verantwortung für Ihre Gefühle, ohne die andere Person zu beschuldigen. Stellen Sie einen direkten Augenkontakt her, verwenden Sie "Ich-Aussagen", eine normale Stimme und einen festen Tonfall, um Ihre Botschaft anderen zu vermitteln.
3. Bitten Sie andere um das, was Sie wollen, ohne Ihre Würde zu verlieren und seien Sie einfühlsam und respektvoll gegenüber den Bedürfnissen, Gefühlen und Meinungen anderer Menschen.

Und das Beste daran?

Durchsetzungsfähige Kommunikation kann im Alltag, bei der Arbeit, in der Familie und in Ihren Beziehungen eingesetzt werden. Wenn Sie im Leben erfolgreich sein, gesunde Beziehungen aufbauen oder mehr Respekt von anderen gewinnen wollen, müssen Sie lernen, wie Sie sich durchsetzen können. Dies ist eine Fähigkeit, die Sie zu einem Gewinner macht.

Ich habe Ihnen ein detailliertes Konzept vorgestellt, wie Sie die Fähigkeit der durchsetzungsstarken Kommunikation erlernen und auf Ihr Leben anwenden können. Also üben Sie diese Schritte und gestalten Sie Ihr Leben nach Ihren Wünschen.

# VERWEISE

Assertiveness | Psychology Today.
https://www.psychologytoday.com/us/basics/assertiveness

Thackray, V. (2016). 7 revealing facts about the psychology of assertiveness - PostiveChangeGuru.com.
https://positivechangeguru.com/psychologists-assertive-you/

Choosing Your Communication Style | UMatter.
https://umatter.princeton.edu/respect/tools/communication-styles

The 4-Types of Communication Styles.
https://www.linkedin.com/pulse/20140626185020-15628411-the-4-types-of-communication-styles

Liyanage, S. (2015). Assertive Communication.
https://www.slideshare.net/SamithaLiyanage1/assertive-communication-50744208

10 Benefits of Being More Assertive. http://www.magforliving.com/10-benefits-of-being-more-assertive/

9 Advantages of Assertiveness. https://threeinsights.net/book/9-advantages-of-assertiveness/

Kumar, D. (2014). The Importance of Being Assertive in the Workplace.
https://www.careeraddict.com/the-importance-of-being-assertive-in-the-workplace

The Importance of Assertive Leadership.
http://www.leadershipexpert.co.uk/importance-assertive-leadership.html

2011-2019, C. Skillsyouneed. C. Why People Are Not Assertive | SkillsYouNeed.
https://www.skillsyouneed.com/ps/assertiveness2.html

Three Barriers that Would Stop You from Being Assertive. (2018).
http://compasscenterforleadership.com/three-barriers-that-would-stop-you-from-being-assertive/

Metaperceptions: How Do You See Yourself? https://www.psychologytoday.com/us/articles/200505/metaperceptions-how-do-you-see-yourself

Chan, D. (2016). Learning to see things from another's perspective, Opinion News & Top. https://www.straitstimes.com/opinion/learning-to-see-things-from-anothers-perspective

How to Be Yourself and Cultivate a Positive Self-Image. https://www.developgoodhabits.com/positive-self-image/

Self-Image - how you see yourself positive or negative. http://destinysodyssey.com/personal-development/self-development-2/self-concepts-self-constructs/self-image/

2011-2019, C. Skillsyouneed. C. (n.d.-a). Personal Empowerment | SkillsYouNeed. https://www.skillsyouneed.com/ps/personal-empowerment.html

Campbell, S. (2017). 8 Steps to Personal Empowerment. https://www.entrepreneur.com/article/288340

What Is Personal Empowerment?: Taking Charge of Your Life and Career. https://www.mindtools.com/pages/article/personal-empowerment.htm

Marsden, L. (2014). 4 Tips to be Assertive and Empower Your Life - Laurie Marsden. https://lauriemarsden.com/4-tips-assertive-empower-life/

how to be a lion: 7 steps for asserting yourself positively. https://www.positivelypresent.com/2010/05/how-to-be-a-lion.html

Tartakovsky, M. M. S. (2018). Assertiveness: The Art of Respecting Your Needs While Also Respecting Others' Needs. https://psychcentral.com/blog/assertiveness-the-art-of-respecting-your-needs-while-also-respecting-others-needs/

https://www.pennstatehershey.org/documents/1803194/10660403/OAW+Assertiveness+Training+1.pdf/9f8788f4-219d-4fc1-a034-24551034d840

Kass, A. Three Keys to Assertive Behavior. https://www.gosmartlife.com/marriage-intelligence-blog/bid/148841/three-keys-to-assertive-behavior

Leinwand, L. (2016). Why Is Saying 'No' So Important? https://www.goodtherapy.org/blog/why-is-saying-no-so-important-1110165

Doherty, Y. (2014). 10 Reasons You Should Speak Up And Never Regret Saying How You Feel. https://www.elitedaily.com/life/culture/speak-dont-regret-saying-feel/823735

Ramey, S. (2016). Assertive Communication: Express What You Feel Without... https://exploringyourmind.com/assertive-communication-express-feel-without-guilt/

How to be less emotional reactive. (2019). https://cassdunn.com/how-to-be-assertive/

Louise, E. (2019). Here's How to Ask For Help Courageously and Assertively! [2 Step Process] | The Launchpad - The Coaching Tools Company Blog. https://www.thecoachingtoolscompany.com/how-to-be-more-assertive-ask-for-help/

Why Is It Hard to Say "No" and How Can You Get Better at It? https://www.psychologytoday.com/us/blog/the-couch/201601/why-is-it-hard-say-no-and-how-can-you-get-better-it

Be More Effective - 12 Reasons Why It's So Hard to Say, "No." https://www.bemoreeffective.com/blog/12-reasons-why-its-so-hard-to-say-no/

https://www.cci.health.wa.gov.au/~/media/CCI/Consumer%20Modules/Assert%20Yourself/Assert%20Yourself%20-%2006%20-%20How%20to%20Say%20No%20Assertively.pdf

Dondas, C. (2019). 7 Tips on How to Say NO in an Assertive Way... https://lifestyle.allwomenstalk.com/tips-on-how-to-say-no-in-an-assertive-way/

Wilding, M. L. (2018). 3 Ways to Say No and Be More Assertive in Business. https://psychcentral.com/blog/3-ways-to-say-no-and-be-more-assertive-in-business/

Chesak, J. (2018). The No BS Guide to Protecting Your Emotional Space. https://www.healthline.com/health/mental-health/set-boundaries#how-to-define-your-boundaries

Lancer, D. L. (2019). 10 Reasons Why Boundaries Don't Work. https://www.whatiscodependency.com/setting-boundaries-limits-codependency/

Lancer, D. L. (2019). The Power of Personal Boundaries. https://www.whatiscodependency.com/the-power-of-personal-boundaries/

mindbodygreen. (2019). 6 Steps To Setting Good Boundaries. https://www.mindbodygreen.com/0-13176/6-steps-to-set-good-boundaries.html

5 Golden Keys to Assertiveness and Setting Boundaries | Hypnosis Downloads. (2019). https://www.hypnosisdownloads.com/blog/5-golden-keys-to-assertiveness-and-setting-boundaries

Grohol, J. Psy. D. M. (2018). 10 Reasons You Can't Say How You Feel. https://psychcentral.com/lib/10-reasons-you-cant-say-how-you-feel/

Bennett, T. (2018). Why Is It So Hard to Express My Emotions? - Thriveworks. https://thriveworks.com/blog/hard-express-emotions/

Assertiveness. https://www.emotionalintelligenceatwork.com/resources/assertiveness/

admin. (2019). The difference between confidence and assertiveness. http://buildyp.blogspot.com/2012/05/difference-between-confidence-and.html?m=1

A Simple Way to Be More Assertive (Without Being Pushy). (2018). https://hbr.org/2017/08/a-simple-way-to-be-more-assertive-without-being-pushy

Sheffield, T. (2015). How To Ask For What You Want & Be More Assertive. https://www.bustle.com/articles/122147-how-to-ask-for-what-you-want-be-more-assertive

Assertive Requests: Be more persuasive and diplomatic. http://web.csulb.edu/%7Etstevens/assert%20req.html

Foolproof Ways to Use Assertiveness to Request a Raise. https://www.selfgrowth.com/articles/foolproof-ways-to-use-assertiveness-to-request-a-raise

Hoffman, J. The Secret to Asking Sales Questions Assertively, Not Aggressively. https://blog.hubspot.com/sales/asking-sales-questions-assertively-not-aggressively

Daskal, L. (2018). 7 Powerful Habits That Make You More Assertive. https://www.inc.com/lolly-daskal/7-powerful-habits-that-make-you-more-assertive.html

2011-2019, C. Skillsyouneed. C. (n.d.-a). Assertiveness in Specific Situations | SkillsYouNeed. https://www.skillsyouneed.com/ps/assertiveness-demands-criticism-compliments.html

Sese, C. (2018). 6 Tips for Being More Assertive at Work. https://www.goodtherapy.org/blog/6-tips-for-being-more-assertive-at-work-0113155

How to Be Assertive and Get What You Want at Work. (2013). https://money.usnews.com/money/blogs/outside-voices-careers/2013/06/20/how-to-be-assertive-and-get-what-you-want-at-work

Wilding, M. (2019). How to Be More Assertive at Work (Without Being a Jerk). https://www.themuse.com/advice/how-to-be-more-assertive-at-work-without-being-a-jerk

Lica, A. (2019). Assertive Communication with Your... https://exploringyourmind.com/assertive-communication-with-your-family/

Becoming Assertive? 4 Reasons Your Family Won't Like It. https://www.arenewedlife.com/becoming-assertive-4-reasons-family-wont-like/

Are You Too Nice? 7 Ways to Gain Appreciation & Respect. https://www.psychologytoday.com/us/blog/communication-success/201309/are-you-too-nice-7-ways-gain-appreciation-respect

Hutchison, M. (2015). 6 Assertive Ways To Get The Respect You DESERVE. https://www.yourtango.com/experts/moira-hutchison/how-gain-respect-others

Patel, D. (2018). 10 Powerful Ways to Stand Up for Yourself in Any Situation. https://www.success.com/10-powerful-ways-to-stand-up-for-yourself-in-any-situation/

Steber, C. (2019). 11 Little Ways To Stand Up For Yourself Every Day, No Matter What. https://www.bustle.com/articles/169607-11-little-ways-to-stand-up-for-yourself-every-day-no-matter-what

How to Speak Up for Yourself with Wisdom and Courage. https://www.psychologytoday.com/us/blog/prescriptions-life/201809/how-speak-yourself-wisdom-and-courage

Galinsky, A. (2017). How to speak up for yourself. https://ideas.ted.com/how-to-speak-up-for-yourself/

# DIE 7 TECHNIKEN DER KONFLIKTLÖSUNG

*Meistern Sie gewaltfreie und effektive Kommunikationsfähigkeiten, um alltägliche Konflikte am Arbeitsplatz, in Beziehungen und in wichtigen Gesprächen zu lösen*

**GERARD SHAW**

# INHALTSVERZEICHNIS

Einführung .................................................................. 433

Kapitel 1: Die Welt der Konflikte verstehen ........................ 437

Kapitel 2: Die Grundlagen des Konfliktmanagements .............. 449

Kapitel 3: Konfliktmanagement-Technik 01 - Die Beherrschung der Konversation durch verbale Kommunikation ..................... 463

Kapitel 4: Konfliktmanagement-Technik 02 - Die Beherrschung der Konversation durch nonverbale Kommunikation ................ 479

Kapitel 5: Konfliktmanagement-Technik 03 - Der Umgang mit Emotionen ............................................................. 495

Kapitel 6: Konfliktmanagement-Technik 04 - Meinungsänderung durch Überzeugungsarbeit und Verhandlung ................................................................ 507

Kapitel 7: Konfliktmanagement-Technik 05 - Emotionale Intelligenz entwickeln, damit Sie Konflikte wie eine Führungskraft lösen können ................................................ 521

Kapitel 8: Konfliktmanagement-Technik 06 - Die Strategie des Friedens ................................................................. 533

Kapitel 9: Konfliktmanagement-Technik 07 - Die Kraft der Aufgeschlossenheit ........................................................ 551

Fazit ............................................................................ 559

Verweise ...................................................................... 563

# EINFÜHRUNG

Warum ist Konfliktmanagement so wichtig? In diesem Buch werden Sie lernen, dass Konflikte und Fähigkeiten zum Konfliktmanagement für Ihren Erfolg und Ihr persönliches Wachstum entscheidend sind. Jeder Mensch erlebt Konflikte während seines gesamten Lebens. Konflikte entstehen, weil jeder Mensch einzigartig ist. Wir alle interpretieren und kommunizieren Gedanken unterschiedlich, und wir haben nicht immer die gleichen Vorlieben oder den gleichen Standpunkt. Konflikte können als ungesund und schädlich angesehen werden, und sie können uns oft stressen und unser Glück und unsere Leistungsfähigkeit beeinträchtigen. Wenn wir jedoch den Konflikt nutzen, um ein besseres Verständnis mit den Menschen um uns herum zu entwickeln, kann dies eine positive Erfahrung sein. Denn durch Konflikte kann man viel über sich selbst lernen und so Hilfsmittel für das tägliche Leben erhalten.

Dieses Buch ist für Menschen wie Sie konzipiert, die sich nicht sicher sind, wie sie mit Konflikten umgehen sollen. Vermeiden Sie Konflikte und Konfrontationen? Hatten Sie schon immer Probleme damit Ihre Meinung zu äußern? Eskalieren Ihre Konflikte und gerät immer alles außer Kontrolle? Wünschen Sie sich, dass mehr Positives aus den Konflikten in Ihrem Leben herauskommt? In den ersten beiden Kapiteln dieses Buches erfahren Sie, was Konflikte sind, wodurch sie verursacht werden und wie jeder von uns auf seine eigene Weise damit umgeht. Der Rest des Buches bietet Ihnen sieben Techniken, die im Detail erklärt werden, damit Sie jeden Konflikt mit Zuversicht angehen und lösen können.

Diese sieben Techniken sind:

4. Die Beherrschung der Konversation durch verbale Kommunikationsmittel.

5. Die Beherrschung der Konversation durch nonverbale Kommunikationsmittel.
6. Die Beherrschung der Emotionen.
7. Meinungsänderung durch Überzeugungsarbeit und Verhandlung.
8. Entwicklung emotionaler Intelligenz, damit Sie Konflikte wie eine Führungskraft lösen können.
9. Die Strategie des Friedens.
10. Die Kraft der Aufgeschlossenheit.

Diese sieben Techniken werden in diesem Buch in allgemeiner Form sowie in vielfältiger Weise vorgestellt, damit Sie unsere Techniken an Ihre Situation anpassen können. Anhand von Beispielen werden Konzepte veranschaulicht, sodass Sie die Informationen in den richtigen Kontext stellen können. Einer der Gründe, warum Konflikte schwierig zu lösen sind, liegt darin, dass wir in unseren eigenen Gedanken feststecken und darauf bestehen unseren Standpunkt zu vermitteln. Es gibt viel mehr als nur Ihre eigenen Standpunkte, die es zu berücksichtigen gilt. Durch Einfühlungsvermögen und effektives Zuhören können wir uns auf positivere Weise auf andere einlassen. Engagement, Selbstreflexion und die in diesem Buch vorgestellten Techniken vermitteln Ihnen das Wissen, um Konflikte und deren Ursachen besser zu verstehen.

Sie werden in der Lage sein Ihre eigenen Auslöser zu identifizieren und zu erkennen, wie Sie zum Streit beitragen. Oft ist uns nicht bewusst, dass wir zu dem Problem beitragen. Dieses Buch soll Ihnen helfen, einen Schritt zurückzutreten, Ihre Emotionen in den Griff zu bekommen, Sie zum Erfolg zu motivieren und Konflikte mit Zuversicht zu lösen. Unsere Methoden sind einfach zu befolgen, sodass Sie sie schnell erlernen und jederzeit üben können.

Dieses Buch wird Ihnen helfen, Konflikte in Ihnen selbst zu verstehen und zu begreifen, wie Sie anstehende Konflikte erkennen, wie Sie zu Konflikten mit anderen beitragen und welche äußeren Faktoren bei der Lösung eine Rolle spielen.

Wenn Sie dieses Buch zu Ende gelesen haben, werden Sie eine andere Sichtweise auf Konflikte und Konfliktmanagement haben. Wenn Sie der Konflikte in Ihren Beziehungen und in Ihnen selbst satt sind, warum sollten Sie dann länger mit der Lösung warten? Anstatt zu zögern, können Sie mit der Lösung des Problems beginnen, indem Sie jetzt mehr darüber lesen. Dieses Buch gibt Ihnen alle Methoden, die Sie brauchen, damit Sie in jeder Situation, in der Sie sich befinden, wissen, was Sie sagen sollen, wie Sie es sagen sollen und wie Sie ein positiveres Ergebnis erzielen können. Wenn Sie dieses Buch lesen und unsere sieben Techniken anwenden, werden Sie besser gerüstet sein, um Probleme und Konflikte in Ihrem eigenen Leben zu lösen.

Dieses Buch kommt mit einer KOSTENLOSEN Broschüre über das Meistern der Routine, die Ihre Ruhe und Ihr Selbstvertrauen täglich verbessern wird. Am Ende dieses Buches finden Sie Anweisungen, wie Sie sich Ihr Exemplar heute noch sichern können.

KAPITEL 1:

# Die Welt der Konflikte verstehen

Was ist ein Konflikt? Ein Konflikt entsteht in der Regel, wenn zwei oder mehr Personen sich in einer Sache nicht einig sind und die Uneinigkeit zu Wut, Feindseligkeit oder Hass führt. Ein Unterschied in der Wahrnehmung, den Überzeugungen oder Meinungen steht oft im Vordergrund eines Konfliktes. Sie können aber auch mit sich selbst im Konflikt stehen. Vielleicht stellen Sie Ihre Wahrnehmungen oder Überzeugungen in Frage, oder Sie sind sich nicht sicher, welche Entscheidungen Sie treffen sollen. Vielleicht stehen Sie infolge eines Konfliktes mit jemand anderem in Konflikt mit sich selbst. Drei der Hauptdiskussionsthemen, die am häufigsten zu Konflikten führen, sind: Geld, Religion und Politik. Diese Themen lassen sich mit den Begriffen Wirtschaft, Werte und Macht beschreiben.

**Wirtschaftlicher Konflikt**: Den beteiligten Gruppen oder Einzelpersonen stehen nur begrenzte Ressourcen zur Verfügung. Jeder Einzelne hat seine eigene Meinung darüber, wie die begrenzten Ressourcen rationiert werden sollen. Die Individuen diskutieren oder debattieren über die Verteilung von Reichtum oder Vermögen. Wenn sie sich nicht einigen können, eskaliert das Thema zu einem Konflikt zwischen den Parteien.

**Wertekonflikt**: Diese Konflikte treten typischerweise dann auf, wenn die Überzeugungen und die Moral einer Person mit denen einer anderen Person in Konflikt stehen. Die Auseinandersetzung dreht sich oft um Verhalten, Religion, Kultur oder soziale Fragen. Eine Partei möchte, dass die andere(n) Partei(en) glaubt (glauben) oder sich in einer Weise verhält (verhalten), die mit der sozialen Norm übereinstimmt, die sie für überlegen hält. Die Weigerung einer der beiden Parteien sich zu ändern, kann zum Konflikt eskalieren.

**Machtkonflikt:** Machtkonflikte entstehen vor allem im politischen und organisatorischen Bereich, mit autoritären Persönlichkeiten oder Gruppen des öffentlichen Lebens. Machtkonflikte können aber auch zwischen Einzelpersonen auf persönlicher Ebene entstehen. Wenn sich die politischen Werte unterscheiden oder eine Person oder Gruppe versucht, die Entscheidungsfreiheit anderer Parteien zu beschränken, kann dies zu einem Konflikt führen.

Unabhängig davon, ob der Konflikt auf Wirtschaft, Werten oder Macht beruht, ist der erste Schritt zur Lösung des Konfliktes, die Ursachen zu ergründen. Wenn Sie verstehen, worum es in dem Konflikt geht und warum er eskaliert ist, ist die Wahrscheinlichkeit größer, dass es Ihnen gelingt, die problematische Situation zu lösen oder beiseite zu legen. Egal, ob der Konflikt in uns oder mit anderen passiert, wenn wir einen Schritt zurücktreten und die Ursachen des Konfliktes bewerten, lernen wir die Grenzen der anderen und unserer selbst kennen.

Viele Menschen betrachten Konflikte als etwas Schlechtes, aber sie können auch etwas Positives sein. Ein Konflikt ist dann negativ und ungesund, wenn sich die Menschen im Konflikt angegriffen, verletzt, ungehört, irregeführt oder missverstanden fühlen. Was einen Konflikt gesund macht, ist die Bereitschaft, ihn zu lösen. Ein Konflikt ist positiv, wenn er dazu führt, dass beide Parteien beschließen sich darauf zu einigen, nicht zuzustimmen oder Kompromisse einzugehen, um die Situation zu entschärfen.

Es gibt sehr ungesunde Methoden Konflikte zu lösen, und darauf greifen die meisten Menschen zurück, wenn sie mit belastenden Angelegenheiten umgehen. Einige Menschen haben grundlegende Charaktereigenschaften wie Wutanfälle, Überlegenheitskomplexe, narzisstische oder soziopathische Züge. Dies treibt sie dazu impulsiv zu handeln und sich impulsiv zu verhalten oder mit Feindseligkeit und Wut zu reagieren, wenn sie damit konfrontiert werden. Andere Menschen sind vielleicht in einem Umfeld aufgewachsen, in dem Konflikte auf negative oder verletzende Weise gelöst wurden, sodass sie dieses Verhalten nachahmen. Manche Menschen vermeiden Konflikte ganz und gar. Einige der ungesunden Arten, wie Menschen mit Konflikten umgehen, sind unten aufgeführt.

**Meiden und Verleugnen:** Vermeiden oder Verleugnen wird eingesetzt, wenn sich Menschen aus der Situation heraushalten und sich weigern sie zu besprechen oder zu lösen. Sie tun oft so, als gäbe es kein Problem und sagen Dinge wie "Alles in Ordnung." oder "Es gibt kein Problem.", wenn sie nach dem Thema gefragt werden. Dies führt selten zu einer Lösung. Das Problem verschwindet nicht. Stattdessen verweilt es im Hintergrund und schwelt, um sich später in eine größere Auseinandersetzung zu verwandeln.

**Schuldzuweisung:** Dies tritt auf, wenn eine Partei der anderen Partei vorwirft, an der Situation schuld zu sein. Die Schuldzuweisungen ergeben sich aus Wut und persönlicher Unsicherheit und eskalieren im Konflikt nur noch weiter. Die Person, die die andere beschuldigt, denkt, dass sie die Situation dadurch lösen kann, indem sie die andere Partei für ihre Handlungen verantwortlich macht. Dies kann als Angriff wahrgenommen werden und dazu führen, dass der andere in die Defensive gedrängt wird, sich weigert, die Schuld zu übernehmen und im Gegenzug die andere Partei beschuldigt. Dies kann schnell eskalieren und zu hitzigen Kämpfen führen.

**Macht und Einfluss:** Der Versuch, einen Konflikt auf diese Weise zu lösen, bedeutet, dass die Parteien auf Kosten des anderen um den "Sieg" konkurrieren. Der primäre Zweck ist es, die Auseinandersetzung zu gewinnen, anstatt die Perspektive des anderen zu verstehen. Negative Verhaltensweisen können dazu dienen, die andere Partei zum Aufgeben zu verleiten oder sie zum Verlieren zu bringen. Zu den Taktiken gehören Bedrohungen der Arbeitsplatzsicherheit, das Ausnutzen von Dingen gegeneinander, Beschwerden, Sabotage usw. Wenn jemand "gewinnt", mag er denken, dass der Kampf vorbei ist; der "Verlierer" wird jedoch wahrscheinlich nachtragend, ängstlich oder traurig sein.

**Manipulation:** Manipulation gibt es in vielen Formen, z. B. Gehirnwäsche, psychische Gewalt, Kontrolle über das Vermögen, passive Aggressivität, Schuldgefühle und ungerechte Kompromisse. Manipulatoren versuchen lediglich, eine Situation zu ihren Gunsten zu lösen, und ihre vermeintlichen Bemühungen um eine Lösung sind in der Regel eigennützig. Beispiele für manipulatives Verhalten sind folgende Szenarien: Eine Person hat einen Vorschlag, lässt es aber so aussehen, als wäre der Vorschlag von der anderen Person gekommen, um die Chance zu erhöhen, dass der Vorschlag akzeptiert wird. Es kann ein Kompromiss vorgeschlagen werden, der aber für eine Partei nicht fair zu sein scheint. Wenn diese Partei sich nun weigert, sieht es so aus, als sei sie nicht kooperativ. Man könnte sagen: "Wenn du wirklich loyal wärst, würdest du X für mich tun."

## Phasen des Konfliktes

Ein Konflikt kann sowohl positiv als auch negativ sein und sowohl positive als auch negative Folgen haben. Eine positive Art und Weise, an einen Konflikt heranzugehen, besteht darin, aus der Situation zu lernen. Aus einer positiven Perspektive brauchen wir den Konflikt, um unsere Fähigkeiten zur Problemlösung zu entwickeln und um unser persönliches Wachstum zu fördern. Das Ergebnis kann positiv sein, wenn sich die Parteien einvernehmlich einigen. Der Konflikt kann negativ sein, wenn wir uns dafür entscheiden, aggressiv damit umzugehen. Der Ausgang ist negativ, wenn der Konflikt zur Zerstörung einer Beziehung führt. Unabhängig davon, ob der Konflikt positiv oder negativ ist, gibt es gemeinsame Phasen für alle Konflikte.

Die fünf Phasen des Konfliktes sind:

11. Die verborgene Phase.
12. Die wahrgenommene Phase.
13. Die gefühlte Phase.
14. Die offensichtliche Phase.
15. Die Phase des Nachspiels.

Die **verborgene Phase** eines Konfliktes bedeutet, dass etwas geschieht, das später zu einer ungünstigen Situation führt, aber niemand sich dessen bewusst ist. Ihr Mitbewohner bittet Sie beispielsweise darum, Shampoo und Spülung für ihn aus dem Supermarkt zu holen, da Sie ohnehin dort hingehen. Wenn Sie in den Laden kommen, kaufen Sie ein Shampoo und eine Spülung, ohne zu wissen, dass er diese Marke nie benutzen würde. Dies ist die latente Phase des Konfliktes. Keiner von Ihnen wusste, dass diese Transaktion ein Problem mit sich bringen würde.

Die **wahrgenommene Phase** eines Konfliktes besteht, wenn beide Parteien oder die Gruppe von Personen wissen und verstehen, dass ein Konflikt stattfindet. Wenn Sie mit den Haarprodukten nach Hause kommen, kommt es zu einem Streit, weil ihm die Marke, die Sie ihm gekauft haben, nicht gefällt und er sie nicht behalten will. Sie meinen, er sollte mit dem, was Sie ausgewählt haben, zufrieden sein, da er nicht spezifiziert hat, was er will. Ebenso können zwei Mitarbeiter, die gemeinsam an einem Projekt arbeiten, unterschiedliche Vorstellungen darüber haben, was zu tun ist. Niemand ist zu Kompromissen bereit, und sie beginnen sich darüber zu streiten, welchen Plan sie unterstützen wollen.

In der **gefühlten Phase** werden Gefühle wie Angst, Nervosität oder Wut von einer oder von allen Person(en) im Konflikt empfunden. Im Beispiel mit den Mitbewohnern geschieht die gefühlte Phase, wenn beide Personen, aufgrund der fehlenden Kommunikation und der anschließenden Beschuldigung über das Shampoo und die Pflegespülung, aufgebracht sind. Ihr Mitbewohner ist verärgert, weil er annimmt, Sie wüssten, welche Art von Shampoo Sie kaufen sollten, weil Sie sich die gleiche Dusche teilen. Sie sind verärgert, weil er undankbar ist für den Gefallen, den Sie ihm getan haben.

In der **offensichtlichen Phase** ist der Konflikt jetzt im Gange und entweder eskaliert er oder es werden Versuche unternommen, ihn zu lösen. Im Beispiel der beiden Mitbewohner sind diese nach einem längeren Streit bereit, entweder selbst einkaufen zu gehen oder genauer zu sagen, was sie wollen. Wenn der Konflikt am Arbeitsplatz zwischen zwei Mitarbeitern eskaliert, könnten diese einen Manager fragen, welcher Ansatz am besten zu den Bedürfnissen des Kunden passt.

Die letzte **Phase** ist das **Nachspiel**. Dies geschieht nachdem die vorhergehenden Phasen ihren Lauf genommen haben und das Problem auf die eine oder andere Weise gelöst wird. Am Beispiel der Mitbewohner und des Arbeitsplatzes hatten beide Konflikte eine positive Nachwirkung. Eine negative Folge wäre gewesen, wenn der Streit der Mitbewohner so weit eskaliert wäre, dass sie nicht mehr zusammenleben könnten, oder wenn einer der Mitarbeiter gekündigt hätte, weil er es nicht ertragen konnte, dass er sich nicht durchgesetzt hat.

Neben dem Verständnis der verschiedenen Phasen des Konfliktes ist es wichtig, die verschiedenen Arten des Konfliktes zu verstehen. Es gibt fünf grundlegende Arten von Konflikten.

16. Konflikt mit sich selbst.
17. Zwischenmenschlicher Konflikt.
18. Der Konflikt zwischen einer Person und einer Gruppe.
19. Der Konflikt zwischen Gruppen.
20. Der Konflikt zwischen Organisationen.

Die erste Art von Konflikt ist der **Konflikt mit sich selbst**. Das bedeutet in der Regel, dass Sie erwägen, einen Wert, eine Grenze oder eine Moral zu verletzen, die Ihnen wichtig ist, oder dass Sie eine schwierige Entscheidung treffen müssen. Vielleicht denken Sie über die Meinung einer anderen Person nach und wissen nicht, wie Sie reagieren sollen. Vielleicht sind Sie sowohl ehrlich als auch loyal, und ein Freund bittet Sie, für ihn zu lügen. Das würde Ihre Werte verletzen, und Sie könnten in einen Konflikt geraten, weil Sie Ihrem Freund gegenüber ehrlich und loyal sein wollen. Sie könnten sich fragen, ob er für Sie wirklich einen Freund darstellt, wenn er Sie bittet, in Ihrem Namen unehrlich zu sein. Dies sind bedeutende innere Konflikte.

Die nächste Art von Konflikt ist der **zwischenmenschliche Konflikt**. Dieser ist wahrscheinlich die häufigste Art von Konflikten, und er findet zwischen zwei oder mehreren Personen statt. Ein Beispiel dafür wäre, wenn zwei Menschen in die gleiche Person verliebt sind und beide um die Aufmerksamkeit dieser Person konkurrieren. Ein weiteres Beispiel ist am Arbeitsplatz zu finden. Drei Personen kommen für eine Beförderung in Frage, und alle haben die Stelle gleichermaßen verdient, aber nur eine Person kann sie bekommen. Dies führt zu Konflikten zwischen den Mitarbeitern, wenn sie miteinander konkurrieren und wenn einer "gewinnt". Es kann auch zu Konflikten zwischen den Mitarbeitern und dem Arbeitgeber führen, der für die Entscheidung verantwortlich ist.

Die dritte Art von Konflikt ist der **Konflikt zwischen einer Person und einer Gruppe**. Der Konflikt zwischen einer Gruppe und einer Einzelperson entsteht, wenn eine Person nicht mit dem Standpunkt der Gruppe übereinstimmt, aber aufgrund der Vorteile, die sich aus der Teilnahme an der Gruppe ergeben, mit dieser auskommen will. Wenn Sie zum Beispiel in einem Buchclub sind und konstruktive Kritik über Ihre Ansichten erhalten, stimmen Sie möglicherweise nicht mit der Gruppe überein. Sie können nur dann in der Gruppe bleiben, wenn Sie miteinander auskommen, also müssen Sie entscheiden, ob die Meinungsverschiedenheit wichtiger ist als Ihre Beteiligung an der Gruppe insgesamt. Ein anderes Beispiel ist die Teilnahme an einer Gruppe, die sich streitet, weil einige Leute eine Petition für etwas erstellen wollen, aber Sie glauben, dass es Zeitverschwendung für die Gruppe ist.

**Der Konflikt zwischen Gruppen** entsteht vor allem am Arbeitsplatz und in Unternehmen und Betrieben. So kann es beispielsweise zu Konflikten innerhalb eines Unternehmens kommen, wenn ein neuer CEO und ein neues Management-Team zur Umstrukturierung eingestellt werden. Wenn diese mit Ideen für die Schaffung einer neuen Abteilung des Unternehmens kommen, werden die Leute, die schon lange im Unternehmen tätig sind, die Ideen der Neuankömmlinge möglicherweise nicht begrüßen. Dies kann zu Konflikten zwischen Mitarbeitergruppen führen.

**Der Konflikt zwischen Organisationen** tritt hauptsächlich zwischen zwei Organisationen auf, z. B. zwischen Käufern und Lieferanten, Gewerkschaften und Unternehmen, Regierungsbehörden und Interessengruppen. Diese Organisationen können sich voneinander unterscheiden oder unterschiedliche Prioritäten hinsichtlich dessen haben was geschehen soll oder wie die Dinge funktionieren sollen.

Der Konflikt kann persönlicher oder beruflicher Natur sein. Er kann zwischen zwei Personen oder zwei Großkonzernen stattfinden. Er kann in kleinem oder großem Ausmaß stattfinden. Ganz gleich was passiert, es ist wahrscheinlich, dass wir in unserem Leben auf Konflikte stoßen. Das Erkennen und Verstehen der dem Konflikt zugrunde liegenden Ursachen ist ein wichtiger Aspekt des Konfliktmanagements.

## Ursachen von Konflikten

Es gibt viele Ursachen für Konflikte. Um positive Ergebnisse zu erzielen und Fehler zu vermeiden, ist es wichtig, die Ursachen von Konflikten zu verstehen. Wir wissen, dass die Ursachen von Konflikten in der Regel mit Wirtschaft, Werten und Macht zusammenhängen. Ungeachtet dessen, worüber die Menschen streiten, gibt es viele Handlungen und Verhaltensweisen, die gewöhnlich zur Einleitung oder Eskalation von Konflikten führen. Diese häufigen Konfliktursachen sind:

- Fehlende Kommunikation.
- Mangel an Informationen.
- Fehlinterpretation.
- Unterschiedliche Perspektiven.
- Destruktive Denkmuster.
- Die Unfähigkeit, unsere Emotionen zu regulieren.

Diese Dinge können die Entwicklung eines Konfliktes beeinflussen, sei es bei der Arbeit, in Ihren Beziehungen oder in Ihnen selbst. Die häufigste Art und Weise, einen Konflikt zu verhindern, bevor er beginnt, ist, sich selbst und seiner Umgebung bewusst zu werden. Wir können unsere Reaktionen und Verhaltensweisen kontrollieren. Wenn Probleme auftauchen, liegt das meistens daran, dass man den Emotionen freien Lauf lässt, ohne innezuhalten und sich von der ganzen Situation zu entfernen. Viele Menschen haben damit zu kämpfen, weil sie sich ihrer Gefühle nicht bewusst sind, weil sie emotional impulsiv sind oder die Zeichen um sie herum nicht erkennen. Hier sind weitere Beispiele für die Ursachen von Konflikten in den verschiedenen Bereichen unseres Lebens:

*Beruflicher Konflikt*

- Manipulationstechniken, um in der Karriereleiter des Unternehmens voranzukommen.
- Wettbewerb um Anerkennung, Beförderung oder Gehaltserhöhungen.
- Nicht genügend Wachstum innerhalb eines Unternehmens oder einer Organisation.
- Unterschiedliche Überzeugungen darüber, wie das Management sein sollte.
- Terminzwänge.
- Mangel an Informationen zwischen verschiedenen Gruppen.
- Unterschiedliche Meinungen und Denkweisen.

*Beziehungen und zwischenmenschlicher Konflikt in Beziehungen*

- Starke Emotionen.
- Beurteilung oder Etikettierung.
- Defensive oder offensive Kommunikationsmethoden.
- Schlechte Kommunikationsfähigkeiten.
- Unklare Signale.
- Pessimistisches Verhalten.

*Persönlicher Konflikt*

- Wenn eine Handlung nicht mit Ihren moralischen oder persönlichen Werten übereinstimmt.
- Unterschiedliche Meinungen oder Überzeugungen von jemand anderem.
- Wenn Sie sich in einer kompromittierenden Situation befinden.
- Eine Identitätskrise - oder wenn Sie sich selbst nicht ausreichend kennen.

Sobald wir die Phasen und Ursachen eines Konfliktes erkennen, sind wir besser gerüstet, ihn anzugehen und seinen Ausgang zu beeinflussen.

## Zusammenfassung des Kapitels

Wie Sie gelernt haben, sind Konflikte und ihre Lösung komplizierter, als die meisten denken. In diesem Kapitel konnten wir feststellen, was ein Konflikt ist und wie er beginnt. Des Weiteren wurden folgende Themen behandelt:

- Ungesunde Art und Weise, mit Konflikten umzugehen.
- Die Phasen von Konflikten.
- Die Ursachen von Konflikten.
- Die Arten von Konflikten.

In den folgenden Kapiteln lernen Sie zunächst die Grundlagen des Konfliktmanagements kennen, dann die sieben

Techniken des Konfliktmanagements und wie diese in der Praxis umgesetzt werden können.

KAPITEL 2:

# Die Grundlagen des Konfliktmanagements

Bevor wir in die sieben Techniken des Konfliktmanagements eintauchen, müssen wir zunächst die Grundlagen des Konfliktmanagements verstehen. Beim Konfliktmanagement geht es nicht nur darum, sich seiner selbst bewusst zu werden und Geduld mit sich selbst und mit der Person zu haben, mit der man im Konflikt steht. Es geht darum zu begreifen, warum sich jemand so verhält, wie er es tut, seine eigenen Emotionen zu regulieren und die besten Problemlösungen zu finden, die man dann im richtigen Moment einsetzen kann. Zu den Grundlagen des Konfliktmanagements gehört es, die Anzeichen eines Konfliktes zu erkennen, bevor er entsteht, was während des Konfliktes zu tun ist und wie man auf die Folgen eines Streits reagieren soll.

Jeder hat seine eigene Art und Weise, mit Konflikten umzugehen und Lösungen zu finden, und kein Konflikt ist gleich, weil keine Person oder Situation identisch ist. Konfliktmanagement ist eine wichtige Lebenskompetenz, denn sie kann Ihnen helfen, das Leben besser zu meistern, erfolgreicher zu werden und schwierige Situationen taktvoller und professioneller zu bewältigen. Man könnte meinen, dass das Konfliktmanagement voraussetzt, dass man nie die Beherrschung verliert. Das ist falsch.

Wir sind alle Menschen und machen Fehler, sagen Dinge, die wir nicht meinen, und vergessen, was wir von Zeit zu Zeit praktiziert haben. In der Lage zu sein, einen Konflikt zu lösen, bedeutet nicht, dass man sich nie zu Wort melden oder die Beherrschung verlieren darf. Manchmal müssen wir unsere Meinung durchsetzen, um unseren Standpunkt zu verdeutlichen.

Das Konfliktmanagement lehrt uns jedoch, wie wir vermeiden können, unsere Ruhe auf eine Weise zu verlieren, die andere verletzt oder die Lösung der schwierigen Situation gefährdet.

Menschen, die mit Streit und Gewalt zu kämpfen haben, können ein grundlegendes Problem im Umgang mit schwierigen Situationen oder Konfrontationen haben, weil sie ihre eigenen Überzeugungen und Meinungen nicht von denen anderer Menschen trennen können. Wenn jemand die Konfliktauslöser dieser Menschen identifizieren kann, kann er lernen mit jeder Konfrontation umzugehen oder sich darauf vorzubereiten. Wenn man versteht, was die Ursache des Problems ist, kann man leicht einen Schritt zurücktreten und auf kreative Problemlösungen, Teambildung und langfristige Beziehungen hinarbeiten. Dazu müssen Sie herausfinden, was Ihre typische Reaktion auf einen Konflikt ist und wann sie normalerweise einsetzt. Zu lernen, wie man Konfrontationen schnell löst, hat viele Vorteile. Einige davon werden im Folgenden erörtert.

## Stärkere Beziehungen

Die meisten starken, positiven Beziehungen basieren auf Vertrauen, Loyalität, Zuverlässigkeit, Grenzen und Respekt. Wenn Sie lernen, wie man Konflikte löst und verstehen, woher sie kommen, können Sie gesündere Beziehungen aufbauen. Ehrlichkeit, gesunde Grenzen und persönliches Durchsetzungsvermögen sind die Grundlagen starker Beziehungen. Nicht jeder Konflikt ist falsch oder ungesund, und es kann in Ordnung sein sich zu streiten oder gesunde Meinungsverschiedenheiten zu haben. Das liegt daran, dass man die Perspektive des anderen verstehen muss, um Beziehungen aufzubauen.

Eine Person muss beispielsweise einen Mitbewohner finden und stellt daher eine Anzeige ins Internet. Sie sehen diese und alles, was angeboten wird, klingt unglaublich gut. Also reagieren Sie darauf und nach ein paar Wochen sind Sie eingezogen. Nach einiger Zeit entsteht ein Konflikt, weil diese Person einen Hund mit nach Hause gebracht hat. Sie sind allergisch und haben ihm schon einmal gesagt, dass Sie gegen Tierhaare allergisch sind. Er hat sich Ihren Wünschen widersetzt, weil er dachte, dass Sie zu diesem Zeitpunkt nicht zu Hause sein würden und dass es keine große Sache sei. Daraufhin bricht ein Streit aus. Nach einer Weile geht Ihr Mitbewohner mit dem Hund spazieren, bis der Besitzer ihn abholt. Als er nach Hause kommt, führen Sie ein gesundes und ruhiges Gespräch. Der Mitbewohner sagt, er habe nicht gemerkt, dass Sie so allergisch sind und dass er in Zukunft kein Tier mehr mit nach Hause bringen wird. Sie glauben, dass er aufrichtig ist und dass man ihm vertrauen kann. Dadurch wächst die Beziehung und Sie bauen eine engere und stärkere Freundschaft auf.

## Zielerreichung und Erfolg

Konfliktmanagement-Kenntnisse, können einen bedeutenden Einfluss auf Ihre Fähigkeit haben, erfolgreich zu sein und Ihre Ziele zu erreichen. Wenn Sie Ihre Denkweise ändern, neue Sichtweisen verinnerlichen, Körpersprache und effektive Strategien des Zuhörens erlernen, sind Sie besser gerüstet, alle Herausforderungen anzunehmen. Zum Konfliktmanagement gehört es, sich bewusst zu werden, wie Sie sprechen, wie Ihre Botschaft wahrgenommen wird und wie Sie diese richtig präsentieren können. Dies erfordert Selbstbewusstsein. Man kann nicht einfach eine Konfrontation kommen sehen und sofort wissen, wie man damit umgehen muss. Man muss wissen, was die andere Partei denkt oder fühlt. Diese Fähigkeiten zu beherrschen, erfordert Zeit, Hingabe und Motivation. Beharrlichkeit und Selbstdisziplin sind der Schlüssel zum erfolgreichen Setzen und Erreichen von Zielen.

## Das Zeigen von exzellenten Führungs- und Teammanagement-Fähigkeiten

Konfliktmanagement-Fähigkeiten helfen Ihnen, Situationen so zu betrachten, dass jede Konfrontation als ein "Wir" anstatt als ein "Ich" gesehen wird. Eine Führungskraft soll an andere denken und daran, welche Auswirkungen die Entscheidungen auf das Team haben könnten. Eine gute Führungspersönlichkeit zeigt Einfühlungsvermögen für andere und versucht zu verstehen, wie sich Entscheidungen auf die Menschen in ihrem Umfeld auswirken könnten. Andere Menschen effektiv zu führen, erfordert Engagement und die Hingabe, dem Gesagten (dass Sie etwas tun werden) auch Taten folgen zu lassen. Das Konfliktmanagement befähigt Sie ein Anführer zu sein und ein stärkerer Teil eines Teams zu werden.

## Neue Perspektiven einnehmen

Unsere Perspektiven haben einen großen Einfluss auf unser Handeln. Einige Menschen sind stur, andere sind flexibel. Einige Menschen sind ungeduldig, andere sind geduldig. Manche Menschen sind verschlossen, andere offen. Die Fähigkeit zum Konfliktmanagement hilft Ihnen zu definieren, wer Sie sind und wie Sie einen Streit wahrnehmen und darauf reagieren. Es geht darum zu lernen, wie andere fühlen und denken und offen zu sein für das Verstehen neuer Standpunkte. Das Konfliktmanagement gibt Ihnen weitere Einblicke in die Fähigkeit, wie Sie Ihre Perspektive mit den Ansichten anderer kombinieren können, damit ein gerechtes Ergebnis erzielt werden kann.

Es stimmt, dass wir Konflikte nicht vermeiden können und dass sie wahrscheinlich früher oder später in unser Leben treten werden. Meistens wird ein Konflikt als eine schlechte Sache angesehen, weil er starke Emotionen auslöst. Konflikte können jedoch auch positiv sein, da sie eine Gelegenheit darstellen, Sie als Individuum wachsen zu lassen. Nehmen Sie Veränderungen an und seien Sie offen für die Perspektiven anderer.

# Theorien zum Konfliktmanagement

Im Laufe der Geschichte gab es viele Theorien zum Konfliktmanagement. Vier der wichtigsten Theorien werden im Folgenden erörtert.

### Erste Konfliktmanagement-Theorie: Morton Deutsch - Kooperatives Modell

Die erste Theorie ist das Kooperationsmodell von Morton Deutsch. Seine Theorie basiert auf zwischenmenschlichen Beziehungen, die entweder durch Kooperation oder Wettbewerb motiviert sind. Der kooperative Prozess ermöglicht es uns, Streitigkeiten zu lösen, indem wir offen für die Ideen und Ansichten einer anderen Person sind. Dies hat einen positiven Effekt. Wettbewerb bedeutet jedoch, dass zwei Parteien nicht kooperieren können, weil sie ein inneres Motiv haben, zu konkurrieren und zu gewinnen. Die Theorie von Deutsch besagt, dass der Wettbewerb in einem Konflikt fast immer negative Folgen haben wird, da eine Person als "Gewinner" und die andere als "Verlierer" herauskommt. Seine Forschung legt nahe, dass ein konstruktives Konfliktmanagement aus einem kooperativen Charakter resultiert sowie dem Wunsch, Probleme zu lösen. Deutsch kam zu dem Entschluss, dass beide Parteien, wenn sie kooperativ sind, leichter zu einem Verständnis für die Ansichten des anderen gelangen können. Er glaubte, dass dies durch das Erlernen der Normen der Zusammenarbeit erreicht werden könne. Diese Normen sind Ehrlichkeit, Respekt, Anerkennung, Einfühlungsvermögen, Vergebung und ein gegenseitiges Verständnis der Situation und des Konfliktes.

### Zweite Konfliktmanagement-Theorie: Roger Fisher und William Ury - Verhandlung nach dem Prinzip

In der "Theorie der Verhandlung nach dem Prinzip" wurden Fisher und Ury in der Harvard-Universität zusammengebracht, um an einem Projekt namens "Das Verhandlungsprojekt" zu arbeiten. Im Jahr 1943 studierte Fisher an der Universität Jura und interessierte sich sehr dafür die Streitigkeiten der Menschen zu lösen. Er war von Urys Forschungsarbeit über Friedensverhandlungen im Nahen Osten so beeindruckt und lud ihn ein, mit ihm zusammenzuarbeiten, nachdem er 1960 Professor in Harvard wurde. Gemeinsam schrieben sie das Buch "Getting to Yes", das schnell zu einem Bestseller wurde. Durch die Zusammenarbeit mit Fisher und seinen Lehren wurde Ury zum Mediator und Verhandlungsberater.

Die in "Getting to Yes" diskutierte "Theorie der Verhandlung nach dem Prinzip" erörtert, wie ein gutes Verhandlungsergebnis erreicht werden kann. Die Theorie besagt, dass Menschen Problemlöser sind und dass eine gute Einigung vernünftig und effizient ist. Das bedeutet, dass die Interessen beider Parteien befriedigt werden. In ihren Ergebnissen legten Fisher und Ury vier wesentliche Grundsätze dafür fest, wie Verhandlungen effektiv gestaltet werden können. Diese sind: Die Person (oder Personen) vom Problem (oder Konflikt) zu trennen, sich auf Tagesordnungen und nicht auf Situationen zu konzentrieren, Ideen für gegenseitiges Verständnis zu schaffen und objektive Richtlinien zu verwenden. Der Schwerpunkt dieser Theorie besteht darin, dass jede Konfliktpartei (Person) durch Verhandlungen über diese Bedingungen eine Einigung und einen Kompromiss erzielen soll.

### *Dritte Konfliktmanagement-Theorie: John Burton - Modell der menschlichen Bedürfnisse*

Burtons Modell der menschlichen Bedürfnisse basiert auf der Überzeugung, dass Konflikte eine soziale Angelegenheit oder ein persönliches Problem sind, das mit menschlichen Bedürfnissen zusammenhängt. Burton sagt, wenn soziale Ungerechtigkeit die Ursache von Konflikten ist, dann ist es irrelevant zu versuchen sie zu lösen, solange die sozialen Normen nicht korrigiert werden. Burton schlägt vor, dass die sozialen Normen an die Bedürfnisse jedes Einzelnen angepasst werden müssen. Er glaubt, dass Aggression und antisoziales Verhalten auf soziale Umstände und die Verleugnung menschlicher Bedürfnisse zurückzuführen sind. Er kommt zu dem Entschluss, dass, um zukünftige Konflikte und destruktives Verhalten zu stoppen, soziale Veränderungen erreicht werden müssen, z. B. müssen Mitarbeiter anerkannt werden und Jugendliche eine Rolle in der Gesellschaft erhalten. Burton behauptet, dass es nicht die Menschen sind, die sich für die Gesellschaft ändern müssen, sondern die Gesellschaft, die sich für die Menschen ändern muss.

### *Vierte Konfliktmanagement-Theorie: Bush, Folger und Lederach - Konflikttransformation*

Die Konflikttransformationstheorie schlägt vor, dass wir, anstatt zu versuchen, Konflikte zu lösen oder zu bewältigen, sie transformieren sollten. Die Transformation erfordert eine Lösung, die den Interessen aller Gruppen gerecht wird. Die Idee von Bush, Folger und Lederach zur Konflikttransformation erfordert eine Änderung der Einstellung und des Verhaltens eines Individuums und der Beziehung zwischen zwei oder mehreren Konfliktparteien. Lederach sagt, dass, wenn wir uns auf die gegenseitigen Bedürfnisse und das gegenseitige Verständnis anstatt auf die Unterschiede zwischen den Parteien konzentrieren, wir dann eher dazu in der Lage sind, den Konflikt in einen Dialog zu verwandeln und Probleme kooperativ zu lösen.

Nachdem wir nun einige wichtige Theorien des Konfliktmanagements verstanden haben, wollen wir uns nachfolgend damit befassen, wie wir unser eigenes Verhalten und unsere eigenen Reaktionen auf Konflikte identifizieren können.

## Problemlösendes Verhalten

Wenn wir das Verhalten von Menschen betrachten, beobachten wir, wie sie in verschiedenen Situationen handeln, ihre Werte, ihre Persönlichkeit und ihre Eigenschaften. Was genau sind also problemlösende oder konfliktlösende Verhaltensweisen? Das sind Verhaltensweisen, die Menschen haben, wenn sie versuchen eine unangenehme Begegnung zu entschärfen oder ein Problem zu lösen. Durchsetzungsvermögen ist eines der häufigsten Verhaltensweisen, die Menschen im Konfliktfall anwenden. Andere übliche Verhaltensweisen, die Menschen zeigen, wenn sie mit einer Konfrontation oder einem Streit umgehen, sind:

- Anpassung.
- Vermeidung.
- Kompromisse.
- Zusammenarbeiten.
- Wettbewerb.

Die **anpassende** Verhaltensweise ist, wenn Menschen alle ihre Bedürfnisse und Wünsche für die der anderen zurückstellen. Das mag zwar wie ein guter Ansatz erscheinen, kann aber in Wirklichkeit verletzend sein, da derjenige, der sich anpasst, das Gefühl haben könnte, dass er nicht in der Lage ist, das zu bekommen, was er sich von der Situation wünscht. Dies kann zu einem Mangel an Vertrauen oder Selbstwertgefühl führen oder darauf zurückzuführen sein. Obwohl dies ein gutes Verhalten sein kann, um eine Situation zu entschärfen oder zu verhindern, dass ein Problem kurzfristig eskaliert, kann es als eine Form der Vermeidung oder zur Verdrängung des Grundproblems verstanden werden. Die einzige Situation, in der diese Methode nützlich sein kann, ist, wenn das Problem für Sie nicht so wichtig ist oder wenn Sie manipuliert oder gedrängt wurden, sich zu einigen und Sie nicht mehr kämpfen wollen. Manchmal kann sie auch eingesetzt werden, um eine Angelegenheit elegant zu beenden.

Das Verhalten des **Vermeidens** bedeutet in den meisten Fällen Angst oder mangelnde Verantwortung. Die Technik des Vermeidens besteht darin, entweder so zu tun, als gäbe es keinen Konflikt, das Problem zu ignorieren oder es so lange zu verschieben, bis das Problem "sich von alleine löst". Diese Art des Konfliktmanagements ist vielleicht die ineffizienteste Art im

Umgang mit Konflikten. Es kann aus der Angst vor Konfrontation resultieren oder wenn die Person das Gefühl hat, dass sie zu überlegen sei, um sich mit solchen "unbedeutenden" Themen zu befassen. Dieser Ansatz kann verwendet werden, wenn jemand glaubt, dass er das Argument sowieso nicht "gewinnen" kann oder wenn er auf mehr Informationen wartet, um seinen Fall zu untermauern.

Ein **Kompromiss** kann effizient und effektiv sein, wenn sich beide Parteien gleichwertig durchsetzen. Es ist ein positives Verhalten, das darauf beruht, einen Mittelweg oder etwas zu finden, auf das jede Partei zu verzichten bereit ist, um etwas anderes zu gewinnen. Dies ist am besten durchsetzbar, wenn der Streit zwischen zwei Personen und nicht innerhalb einer großen Gruppe geführt wird. Ein Kompromiss kann wirksam sein, wenn das Ziel darin besteht, eine einvernehmliche Lösung zu erreichen. Ein Kompromiss kann schwierig zu erreichen sein, wenn sich beide Parteien weigern, ihren Standpunkt zu verändern.

Zu den Verhaltensweisen der **Zusammenarbeit** gehört die Erwartung, dass alle gewinnen. Wenn dies nicht möglich ist, sollte das Konfliktmanagement zu Kompromissen und Verhandlungsstrategien führen. Diese Art von Verhalten ist vielleicht die Methode, die sich im Konfliktmanagement am meisten lohnt, da sie allen hilft, zusammenzuarbeiten und auf Augenhöhe zu sein. Jeder gewinnt und alle profitieren davon. Dies führt oft dazu, dass beide Parteien alles bekommen, was sie brauchen, da jede Partei der anderen beim Erreichen ihrer Ziele hilft.

**Wettbewerb** ist nur dann ein positives Verhalten, wenn er Spaß macht und friedlich ist, wie z. B. kleine Glücksspiele, freundschaftliche Wetten, Spiele, Sport oder Rennen. Andere Mittel des Wettbewerbs, wie z. B. mit Ihrem Partner um ein Interesse zu konkurrieren, das nur eine Person gewinnen kann, ist ein negatives Verhalten. Das Konkurrenzverhalten ist bei einer streitlustigen Person, die immer das letzte Wort haben muss, üblich. Auch wenn Sie ihre Probleme ansprechen, Ihren Standpunkt beweisen und Ihre Bedenken definieren, verlieren Sie in den Augen einer wettbewerbsorientierten Person dennoch, eben aufgrund ihres Wettbewerbs. Die wettbewerbsorientierte Person will jemand anderen "übertrumpfen" oder ihren Standpunkt beweisen, ohne den Standpunkt eines anderen anzuhören.

Jeder hat seine eigene Art, mit einer unangenehmen Situation umzugehen. Einige sind aggressiver als andere, während andere aufgeben, um zu gewinnen. Ein wirksames Konfliktmanagement erfordert manchmal, dass man "seine Kämpfe aussucht". Manchmal sind wir nicht in der Lage, zu gewinnen, oder wir haben keine Zeit zum Streiten. Wir müssen lernen, wann wir sprechen und wann nicht bzw. wann wir zuhören sollten. In allen Fällen müssen wir die Problemlösung und das Konfliktmanagement in positiver Absicht angehen und Prinzipien, wie Offenheit, Einfühlungsvermögen, Gleichheit und eine positive Einstellung, anwenden.

## *Offenheit*

Offen zu sein bedeutet, einen "offenen Geist" zu haben. Dies erfordert, dass wir effektiv zuhören, bevor wir aus einem emotionalen Impuls heraus reagieren, und dass wir uns die Zeit nehmen, den Standpunkt der anderen Person wirklich zu berücksichtigen. Ihr Hauptziel ist es, den Standpunkt des anderen zu erkennen, Ihre wahren Gefühle zu formulieren und dann gemeinsam das Grundproblem und eine wirksame Lösung zu finden. Die Verwendung von Aussagen und Fragen wie "Ich fühle..." und "Was empfindest du, wenn...?" können Ihnen helfen, in Konfliktsituationen offener zu sein.

## *Einfühlungsvermögen*

Einfühlungsvermögen bedeutet, wirklich zu versuchen, die Erfahrung, die Perspektive und die Gefühle der anderen Partei zu verstehen. Es erfordert, dass Sie aufmerksam zuhören, um den

Standpunkt der anderen Partei zu verstehen. Sie müssen alle Vorurteile oder früheren Vorstellungen über die Partei, mit der Sie in Konflikt stehen, beiseitelegen. Sie müssen wirklich versuchen, deren Erfahrung oder deren Standpunkt mitfühlend zu betrachten. Eine einfühlsame Aussage, wie "Ich wusste nicht, dass ich dir dieses Gefühl vermittelt habe" oder "Ich wusste nicht, dass diese Entscheidung für dich so ausgehen würde", kann helfen. Wenn Sie einfühlsam sind, ohne raffiniert zu sein, wenn Sie eine positive Sprache verwenden, ohne herablassende Töne zu benutzen, dann kann dies der Person zeigen, dass Sie ihre Bedürfnisse verstehen und das Problem wirklich lösen wollen.

### *Gleichberechtigung*

Behandeln Sie die Menschen so, als wären sie mit Ihnen gleichgestellt. Viele Menschen sagen, sie wüssten, was Gleichberechtigung bedeutet, doch sie blicken auf die Obdachlosen herab oder lehnen Ihre Chefs oder Menschen ab, die anders sind als sie. Die Wahrheit ist, dass es immer jemanden geben wird, der robuster, stärker, klüger oder wohlhabender ist als Sie, aber Sie werden auch robuster, stärker, klüger oder wohlhabender sein als jemand anderer. Gleichberechtigung bedeutet, dass alle Vorurteile beiseitegelegt werden und Sie sehen, dass andere Menschen denselben Wert haben wie Sie, unabhängig von ihrem wirtschaftlichen oder sozialen Status. Um dies zu praktizieren, sollten Sie die Ideen aller nur auf der Grundlage ihres Wertes berücksichtigen.

### *Positive Einstellung*

Wenn Sie mit einer negativen Einstellung an Angelegenheiten herangehen und Negativität ausstrahlen, werden Sie von Natur aus pessimistisch sein. Wenn Sie sich für eine positive Einstellung und Optimismus entscheiden, bringen Sie die Stimmung aller Beteiligten in Schwung und motivieren sich und andere, Lösungen zu finden, anstatt sich auf Probleme zu konzentrieren. Um eine positive Einstellung zu üben, drücken Sie

Ihren Enthusiasmus für die Suche nach einer Lösung aus und helfen Sie anderen, indem Sie Wert auf ihre Meinungen legen.

Wenn wir uns auf diese positive Art und Weise verhalten, können wir sicher sein, dass wir eine Lösung finden, gesündere Beziehungen aufzubauen und schneller Erfolg zu haben als diejenigen, die destruktiv und negativ sind. Wenn Sie dafür bekannt sind, Lösungen auf positive, unkomplizierte und effiziente Art und Weise zu finden, werden Sie von anderen mehr geschätzt, fühlen sich besser in Ihrer Haut und erhalten weitere Möglichkeiten in Ihrer Karriere und in Ihrem Leben.

## Zusammenfassung des Kapitels

Wie Sie inzwischen gelernt haben, gibt es unterschiedliche Ansätze des Konfliktmanagements. Um einen erfolgreichen Ausgang zu erreichen, erfordert das Konfliktmanagement eine positive Einstellung und ein positives Verhalten. Wenn Sie normalerweise aggressiv auf einen Konflikt reagieren oder Hintergedanken haben, wird der Konflikt eskalieren und für alle Beteiligten negativ enden. Jeder Mensch ist anders, denkt auf seine Weise, hat seine eigenen Ansichten und handelt nach dem, was er für richtig hält. Wenn wir positive Strategien anwenden, die die Bedürfnisse aller Parteien berücksichtigen, ist es wahrscheinlicher, dass wir eine gerechte Lösung für unseren Konflikt finden.

In diesem Kapitel haben Sie die Grundlagen des Konfliktmanagements kennengelernt. Insbesondere wurde Folgendes behandelt:

- Die Vorteile des Konfliktmanagements.
- Vier bekannte Konflikt-Theorien.
- Typische Verhaltensweisen und Reaktionen zur Problemlösung.
- Wie man an Konflikte herangeht und sie deeskaliert.

Das nächste Kapitel beschreibt die erste von sieben Techniken zur Beherrschung von Konfliktmanagement. Sie werden lernen, wie man die richtige Botschaft durch effektive verbale Kommunikation vermittelt. Sie werden verstehen, wie wirkungsvoll ein Dialog ist und warum man mit manchen Menschen schwieriger sprechen kann, als mit anderen.

KAPITEL 3:

# Konfliktmanagement-Technik 01 - Die Beherrschung der Konversation durch verbale Kommunikation

Es gibt vier Hauptformen der Kommunikation: verbale, nonverbale, schriftliche und visuelle Kommunikation. Die verbale Kommunikation wird oft als die wesentlichste Form der Kommunikation bezeichnet. Wenn wir über verbale Kommunikation nachdenken, was fällt uns da ein? Es ist ein Gespräch über Interessen oder Themen, die wir uns gegenseitig mitteilen. Es gibt endlos viele potenzielle Diskussionsthemen. Aber reden wir miteinander oder reden wir aufeinander ein? In der heutigen Zeit kommunizieren Menschen über Texte, E-Mails, soziale Medien oder andere schriftliche Kommunikationsformen. Selbst wenn wir mit jemandem von Angesicht zu Angesicht sprechen, geschieht dies häufig am Telefon oder auf digitalen Geräten. Das hindert uns daran, effektiv zuzuhören, und wir versäumen den Dialog völlig. Viele Menschen glauben, dass ein Dialog dann stattfindet, wenn zwei oder mehrere Personen eine Diskussion führen, wobei jeder abwechselnd spricht. Beim Dialog geht es jedoch nicht nur darum, miteinander zu reden. Es geht darum, zu verstehen, was kommuniziert wird und zu bestimmen, was die Botschaft von den verwendeten Worten ist. Verbale Kommunikation hat viel mehr Komponenten als nur das Sprechen. Es geht darum, zu lernen zuzuhören, Einsicht zu gewinnen, zu denken, bevor man reagiert und letztlich darum, Konflikte so effizient wie möglich zu verhindern. Wenn Sie verbale Kommunikation mit nonverbaler kombinieren (was Sie im nächsten Kapitel lernen werden), können Sie zu einem Meister der Kommunikation werden.

Verbale Kommunikation ist die Fähigkeit, dem, der redet zuzuhören, es so zu interpretieren, wie es der Redner meint, und seine Botschaft zu verstehen, um angemessen auf seine Aussage zu reagieren. Viele Menschen hören, was gesagt wird, aber folgen nicht dem, was sie hören. Schlechtes Zuhören führt zu Fehlinterpretationen der Fakten, was zu Konflikten führen kann. Das Problem ist, dass die meisten Menschen nicht wirklich zuhören, um zu verstehen. Sie hören zu, um zu antworten, und sie konzentrieren sich zu sehr auf die Dinge, die sie sagen wollen, statt auf das, was die andere Person gerade gesagt hat. Die Lösung für dieses Problem besteht darin, effektives Zuhören zu erlernen und sich dann darauf zu konzentrieren, Ihre Botschaft in den richtigen Begriffen zu äußern.

Die Grundfähigkeiten, die Sie für eine effektive verbale Kommunikation benötigen, sind:

**Effektives Sprechen**

- Wählen Sie die richtigen Worte, um Ihre Botschaft zu vermitteln. Wer ist Ihr Publikum?
- Verwenden Sie den richtigen Ton und seien Sie nicht herablassend, abweisend oder aggressiv.
- Reagieren Sie gezielt auf das, was die andere Person gesagt hat.
- Achten Sie darauf, dass es keine missverständlichen Signale aus widersprüchlichen Aussagen gibt.

**Kontext**

- Machen Sie sich bewusst, mit wem Sie sprechen und was für diese Person wichtig ist.
- Verstehen Sie das Thema, über das Sie sprechen. Sammeln Sie bei Bedarf weitere Informationen.
- Stellen Sie sicher, dass der Ort und die Zeit für das Gespräch angemessen sind.

**Aktives Zuhören**

- Seien Sie aufgeschlossen.
- Bleiben Sie unvoreingenommen.
- Vermeiden Sie es, an eine Antwort zu denken, bis Sie die Aussage des anderen vollständig gehört haben.
- Seien Sie geduldig und nehmen Sie sich die Zeit zum Zuhören. Stellen Sie Fragen, wenn Ihnen etwas unklar ist.
- Bleiben Sie auf den Sprecher konzentriert. Schauen Sie nicht Fernsehen, während der Sprecher redet, kontrollieren Sie nicht Ihr Telefon und wechseln Sie nicht das Thema.
- Hören Sie sich den ganzen Satz an, nicht nur einzelne Wörter, die Sie während des Gespräches gehört haben. Sie könnten die Gesamtaussage missverstehen.

Um zu lernen, sich effektiv zu unterhalten, braucht man Übung und Geduld. Sie können sowohl sprechen als auch zuhören, indem Sie Fragen stellen, wenn Sie etwas nicht verstehen. Wenn Sie Fragen stellen, signalisieren Sie dem Redner auch, dass Sie mehr wissen wollen, dass Sie die Botschaft, die er zu vermitteln versucht, mit Begeisterung verstehen wollen und dass Sie sein Recht auf Zuhören respektieren. Es zeigt auch, dass Sie bereit sind, sich zu engagieren, ohne das Gespräch auf sich selbst zu lenken, was zudem eine Beziehung und Vertrauen aufbaut. Der letzte Schritt zur Meisterung einer effektiven verbalen Kommunikation ist das respektvolle Beenden des Gespräches. Sobald das Gespräch dem Ende zu nahen scheint, indem z. B. eine längere Pause eintritt, können Sie das Gespräch mit den entsprechenden Schlussworten beenden. Dazu könnten Sie respektvoll sein und das Gesagte zusammenfassen oder Folgendes sagen: "Das war wirklich interessant. Ich bin froh, dass wir die Gelegenheit hatten, zu sprechen."

## Effektives Sprechen

Ein Teil der verbalen Kommunikation ist es, zu lernen, wie man effektiv sprechen kann. Effizientes Sprechen ist ebenso wichtig wie Geduld und Zuhören. Eines der Probleme in der heutigen Gesellschaft ist es, dass sich niemand Zeit nehmen will, sich gegenseitig beim Sprechen zuzuhören. Wir sind alle zu sehr damit beschäftigt, unseren eigenen Gedanken zuzuhören und zu versuchen, sie schnell zu äußern. Wir nehmen uns oft nicht die Zeit, sorgfältig darüber nachzudenken, was wir sagen wollen. Mit sozialen Medien, Netzwerken und Werbeaktionen unterhalten wir uns zwar miteinander, aber wir reden nicht und wir konzentrieren uns nicht auf das Gespräch, sondern auf uns selbst. Wenn Sie zum Beispiel zu einer sozialen Veranstaltung gehen, haben Sie vielleicht die Absicht, für sich und Ihre Ideen zu werben. Wie viele Menschen gehen zu einer Versammlung, nur um etwas über andere Menschen zu erfahren und sich ihre Perspektive anzuhören? Effektives Sprechen beginnt mit effektivem Zuhören.

Ein Teil des effektiven Sprechens erfordert es, "zu sagen, was man meint, und zu meinen, was man sagt". Mit anderen Worten: Sie müssen aufrichtig und wahrhaftig sein und die Dinge, die Sie versprochen haben, auch umsetzen. Effektives Sprechen erfordert, dass Sie Ihre Botschaft entsprechend so vermitteln, wie Sie auch wollen, dass man sie umsetzt. Wenn Sie eine positive Reaktion wollen, sollten Sie auch ermutigende Töne und Worte verwenden. Wenn Sie sich Hilfe von anderen wünschen, verwenden Sie einen fragenden Ton oder ein Fragewort, je nachdem, welche Art von Feedback Sie wollen. Effektives Sprechen erfordert die richtige Wortwahl und den richtigen Tonfall. Wichtig sind auch Ihre Atmung, die Tonhöhe Ihrer Stimme und die Klarheit Ihrer Botschaft. Auch das Tempo, in welchem Sie die Botschaft vermitteln und die Vielfalt der Wortwahl spielen eine wichtige Rolle, um souverän zu sprechen.

## *Wortwahl*

Die Worte, die Sie verwenden, sind der wichtigste Aspekt des effektiven Sprechens, und sie müssen sorgfältig gewählt werden, um sicherzustellen, dass sie die gewünschte Wirkung haben. Sie müssen den Kontext der Situation berücksichtigen und wissen, mit wem Sie sprechen. Mit einem Kind oder einem Ausländer würden Sie nicht dieselben schwer zu verstehenden, komplizierten Wörter verwenden wie mit einer höherstehenden akademischen Person oder einem Muttersprachler. Nehmen Sie Rücksicht auf Ihre Zuhörer und verwenden Sie Wörter, von denen Sie wissen, dass sie verstanden werden. Wenn Sie sich nicht sicher sind, verwenden Sie kürzere Sätze und eine einfache Sprache, um sicherzustellen, dass jeder versteht, was Sie sagen wollen. Wenn Sie Beispiele verwenden, beschreiben Sie Situationen, auf die sie sich beziehen können. Die Wortwahl sollte immer positiv und kraftvoll sein und nicht negativ oder herablassend.

## *Tonfall*

Es gibt so viel, was man über die Stimmung, den Beweggrund und die Einstellung einer Person sagen kann, wenn man nur auf den Tonfall ihrer Stimme hört. Eine zurückhaltende Person zum Beispiel spricht ruhig und zögerlich. Die Tonhöhe und der Tonfall des Sprechers lassen vermuten, dass sie schüchtern ist, kein Selbstvertrauen und keine Führungsqualitäten hat. Bei einer schüchternen Person würden Sie mit einer einfühlsamen und beruhigenden Art auf sie zugehen und sie mit einer ruhigen und leisen Stimme ermutigen, Ihnen zuzuhören.

Jemand, der selbstbewusster ist, wird dagegen einen festen und souveränen Tonfall haben. Das setzt voraus, dass sie wissen, worüber sie sprechen und dass sie eine Führungsrolle übernehmen könnten. Überlegen Sie, wie Sie mit anderen sprechen. Wirken Sie schüchtern, selbstbewusst oder sind Sie irgendwo dazwischen? Der Tonfall Ihrer Stimme ist wichtig, da er den Eindruck, den Sie bei anderen hinterlassen und deren Bereitschaft, Ihren Standpunkt anzuhören, beeinflusst.

## *Die Wirkung des Atmens*

Emotionen kommen in unserer Stimme zum Ausdruck. Wenn wir nervös oder ängstlich sind, wird unser Atem kurz und wir könnten hyperventilieren oder unsere Stimme ist vielleicht gehackt und zögerlich. Wenn wir uns wohlfühlen, bleibt unser Atem ruhig und gleichmäßig, was dazu beiträgt, dass auch unsere Stimme gleichmäßig ist. Unser Atem beeinflusst auch unsere Körpersprache. Wenn unsere Atmung beispielsweise sporadisch ist, unsere Körperhaltung steif ist und sich unsere Muskeln angespannt fühlen, senden diese Hinweise der Körpersprache Signale an unser Gehirn, die uns ängstlich machen und den ruhigen Fluss unserer Stimme stören. Stellen Sie sich vor, dass Sängerinnen und Sänger nicht über ihre Scheu und Zurückhaltung hinwegkommen, wenn sie vor großen Menschenmengen auf der Bühne stehen. Sie würden nicht so selbstbewusst und kompetent klingen wie im Studio, wo nur wenige Personen anwesend sind. Sänger und Redner vor Publikum üben ihre Atmung und nehmen sich selbst auf, sodass sie ihre Stimmfehler erkennen und korrigieren können. Achten Sie darauf, dass Sie tief und regelmäßig atmen, um beim Sprechen Selbstvertrauen zu vermitteln. Tiefes und gleichmäßiges Atmen hat eine beruhigende Wirkung, die Ihnen hilft, entspannter und konzentrierter zu sein und Ihre Rede zu mäßigen. Die Atmung beeinflusst den Ton, die Tonhöhe und die Lautstärke. Das Thema Atmung wird später im Buch wieder auftauchen, also erinnern Sie sich an das, was Sie hier gelernt haben, denn es wird später noch eingehender thematisiert. Das unterstreicht, wie wichtig die Atmung für effektives Sprechen ist.

## *Lautstärke*

Die Wahl der Lautstärke Ihrer Stimme bestimmt, wie effektiv man Ihnen zuhört. Die Atmung spielt eine wichtige Rolle dafür, wie laut oder leise Sie sprechen. Wenn wir tief einatmen, sind wir in der Lage, unsere Stimme laut zu projizieren, was manchmal notwendig ist. Wenn wir zum Beispiel versuchen, in einer Gruppe oder in einem großen Raum gehört zu werden, ist leises Sprechen unwirksam. Sie möchten, dass man Ihre Stimme auch im hinteren Teil des Raumes hört. Wenn Sie jedoch mit jemandem sprechen, der direkt vor Ihnen steht, wollen Sie ihn nicht anschreien. Stattdessen werden Sie die Lautstärke reduzieren, sodass nur diese Person Sie hören kann oder eine Lautstärke wählen, die nicht übermäßig ist. Es ist einfacher, mit ruhiger, leiser Stimme zu sprechen, wenn Sie ruhig und gleichmäßig atmen.

### *Transparenz und Klarheit*

Transparenz und Klarheit bestimmen oft die Ebene, auf der Sie verstanden werden und auf der man Ihnen vertraut. Es geht im Wesentlichen darum, keine gemischten Botschaften zu senden. Wir können das eine meinen, aber etwas anderes implizieren, oder wir können etwas so kompliziert erklären, dass der Punkt missverstanden wird. Tun Sie so, als würde es Ihnen gut gehen, obwohl Sie eigentlich aufgebracht sind? Reden Sie "um den heißen Brei" herum? Dies führt zu gemischten Botschaften. Das macht es schwierig, Konflikte zu lösen, weil sich niemand auf die eigentlichen Themen konzentriert.

### *Stille und Pausen*

Um die Botschaft, die Sie in einer angemessenen Weise vermitteln wollen, zu senden, müssen Sie eine starke Rede mit angemessenen Pausen verbinden. Wenn Sie ständig sprechen, hat die andere Partei keine Möglichkeit zuzuhören, die Informationen zu verarbeiten und dann zu reagieren. Wenn Sie mit einer Idee oder einem Satz fertig sind, machen Sie eine kurze Pause, bevor Sie zum nächsten Punkt übergehen. Das gibt der anderen Person Zeit, über das, was Sie gesagt haben, nachzudenken. Sehen Sie die andere Person an, um zu erkennen, ob sie antworten möchte. Geben Sie ihr die Möglichkeit zu sprechen, wenn sie es wünscht.

## Komplizierte Gespräche

Die meisten Konflikte entstehen aufgrund oder während komplizierter Gespräche. Ein kompliziertes Gespräch ist eine Diskussion über ein Thema, das für eine Person unangenehm ist. Die meisten Menschen führen nicht gerne komplizierte Gespräche, weil sie die Folgen und die Unvorhersehbarkeit des Ergebnisses fürchten. In der Regel entstehen komplizierte Gespräche dadurch, dass man sich fragt, was passiert ist, oder dadurch, dass starke Emotionen entstehen und es Meinungsverschiedenheiten über Überzeugungen oder Verhaltensweisen oder Fragen zur persönlichen Identität gibt. Effektive Sprech- und Hörstrategien können eine eskalierte Auseinandersetzung in eine Lerngelegenheit verwandeln. Eine Sache, die man immer im Hinterkopf behalten sollte, wenn man in eine harte Diskussion kommt, ist, dass man in einem hitzigen Moment niemanden, außer sich selbst, kontrollieren kann. Das bedeutet letztlich, dass Sie sich einen Moment Zeit nehmen sollten, um sich zusammenzureißen. Lassen Sie uns drei schwierige Situationen und deren Bewältigung zum Wohle aller Beteiligten betrachten.

### *"Was ist passiert?"*

In der Regel glaubt eine Person, die sich im "Was ist passiert"-Konflikt befindet, alles über ein Ereignis, die Beweggründe der gegnerischen Partei und deren Gefühle zu wissen. Eine Situation kann aufgrund eines Missverständnisses oder hastig ausgesprochener Wörter schnell eskalieren. Wenn Sie zum Beispiel aus Wut auf Ihren Freund unbeabsichtigt etwas gesagt haben, könnte er annehmen, dass Sie es gesagt haben, um ihn zu verletzen und daraus schließen, dass Sie eine gehässige Person sind. Ein weiterer "Was ist passiert"-Moment kann auftreten, wenn eine Person denkt, dass die andere Person an allem schuld ist oder sie denkt, dass sie selbst an allem schuld ist. Das kann zu Schuld, Ablehnung und Verärgerung führen. Der Denkansatz "alles meine/deine Schuld" ist verletzend, weil sie jemandem ein schlechtes Gefühl gibt und den Glauben verstärkt, dass nur eine Person schuld ist.

Ein besserer Weg, den Konflikt zu betrachten, besteht darin, zuzugeben, dass alle Parteien an den Ereignissen, die zu der Meinungsverschiedenheit geführt haben, beteiligt waren. Finden Sie heraus, wer für welche Phasen des Ereignisses verantwortlich ist, ohne die Schuldigen zu benennen. In der Hitze des Gefechts könnten Sie annehmen, dass Sie alle Seiten der Geschichte kennen. Dieser Ansatz ist engstirnig und bringt Sie nicht weiter. Stattdessen müssen Sie sich gegenseitig anhören, indem Sie Ihre Fähigkeiten des aktiven Zuhörens einsetzen und versuchen, es aus der Perspektive des anderen zu betrachten. Es ist mehr als wahrscheinlich, dass die andere Partei die Situation anders wahrgenommen hat als Sie. Wenn Sie ein kompliziertes Gespräch beginnen, sollten Sie daran denken, dass Sie ein Recht auf Ihre eigenen Gefühle und Gedanken haben, aber Sie können nie vorhersagen oder annehmen, dass Sie wissen, was im Kopf des anderen vor sich geht.

### *Übermäßige Emotionen*

Übermäßige Emotionen können Wut, Aufregung, Traurigkeit oder Verwirrung sein. Wenn die Emotionen verstärkt sind, kann es eine Herausforderung sein, sie zu überwinden und sich darauf zu konzentrieren, jemand anderem zuzuhören. Irrationale Emotionen sind etwas, das wir zuerst behandeln müssen, bevor wir uns auf eine komplizierte Diskussion einlassen können. Andernfalls werden sie uns davon abhalten, die Realität zu sehen und den Standpunkt des anderen zu verstehen. Die Herausforderung bei Gesprächen mit übermäßigen Emotionen besteht darin, dass sie schwer zu deeskalieren sind und wir letztlich der anderen Partei die Schuld dafür geben, dass wir uns so fühlen, wie wir uns fühlen. In diesen Momenten sind wir schwach, und weil wir glauben, dass die andere Partei der Grund für unser Problem ist, haben wir das Gefühl, dass es in ihrer Verantwortung liegt, das Problem zu lösen und dafür zu sorgen, dass wir uns besser fühlen. Der Fehler bei dieser Denkweise besteht darin, dass wir tatsächlich jederzeit die totale Kontrolle darüber haben, wie wir uns fühlen. Anstatt nach Mitgefühl zu suchen oder nach jemandem, der uns beruhigt, liegt die Macht zur Selbstregulierung in unseren eigenen Händen. Wenn intensive Gefühle ein kompliziertes Gespräch eskalieren lassen, benutzen wir verletzende Worte oder vermeiden es, ruhig mit der Person zu sprechen, die uns verärgert hat. Analysieren Sie Ihre eigenen Gefühle, identifizieren Sie den Auslöser für die übermäßige Emotion und diskutieren Sie ohne Beurteilung oder Schuldzuweisung, was Sie verärgert hat. Das wird dazu beitragen, den Konflikt zu entschärfen.

### *Persönliche Identität*

Diese Art von Gespräch existiert in uns selbst. Es geht darum, was wir uns selbst sagen und wie sehr wir auf unsere innere Kritik hören. Es geht darum, wer wir sind und wie wir uns anderen gegenüber präsentieren. Die persönliche Identität beeinflusst, wie wir andere und uns selbst sehen und wie wir davon ausgehen, wie andere uns sehen. Wenn wir uns vor der Außenwelt verteidigen wollen, errichten wir Abwehrmauern um uns herum oder ziehen uns zurück. Wenn wir unberechenbar sind, haben wir ein Alles-oder-nichts-Selbstbild, um uns zu schützen. Wenn uns jemand dazu bringt, unsere Identität oder unsere Meinungen oder Handlungen infrage zu stellen, kann dies zu Konflikten in uns selbst und mit anderen führen. Es ist wichtig zu verstehen, dass, eine Meinungsverschiedenheit mit jemandem zu haben, nicht gleich bedeutet, dass Ihre persönliche Identität infrage gestellt wird. Wir alle wollen gehört, gesehen und geschätzt werden.

## Komplizierte Gespräche managen

Komplizierte Gespräche zu führen ist unangenehm, und manchmal vermeiden wir diese Art von Diskussionen, um nicht die Konsequenzen tragen zu müssen. Je mehr wir jedoch Dinge vermeiden, desto mehr werden wir Konflikte in unserem Leben haben, weil wir nicht lernen, wie wir Probleme effektiv lösen können. Während eines Konfliktes neigen wir dazu, Dinge zu sagen und zu tun, bevor wir Zeit hatten, darüber nachzudenken. Dies führt dazu, dass Konflikte eskalieren. Wenn wir die Dinge weiterhin auf diese Weise tun, enden wir mit einer Geschichte von zerbrochenen Freundschaften, Partnerschaften und dem Verlust von Arbeitsplätzen. Anstatt unserem Verstand zu lehren, dass es besser ist, sich zu verteidigen, damit wir nicht verletzt werden, sollten wir uns schulen, wie man ein Problem zum Nutzen aller Parteien lösen kann.

Der erste Schritt zur Bewältigung eines komplizierten Gespräches besteht darin, sich geistig vorzubereiten. Zwingen Sie sich, ruhig und nicht feindselig zu sein. Seien Sie bereit, in sich selbst hineinzuschauen, um zu erkennen, wie Sie zum Konflikt beigetragen haben. Fragen Sie sich, warum Sie die Debatte führen und was Sie sich davon versprechen. Beginnen Sie die Diskussion zu einem guten Zeitpunkt und an einem geeigneten Ort. Beginnen Sie damit, das Gespräch einzuleiten und zu erklären, was Sie beabsichtigen. Stellen Sie sicher, dass Sie ruhig und konzentriert sind. Beobachten Sie die andere Person und achten Sie auf klare Anzeichen, die zeigen, dass sie für diese Diskussion bereit ist. Sobald beide bereit sind, sich auf das Gespräch einzulassen und das Problem zu lösen, können Sie mit der großen Diskussion fortfahren. Vergewissern Sie sich, dass Ihre Gedanken klar sind und schreiben Sie sie gegebenenfalls auf. Einer der ersten Fehler, den Menschen machen, wenn sie ein schwieriges Gespräch beginnen, ist, dass sie den Konflikt nur aus ihrer Perspektive beschreiben. Das Sprechen aus der Sicht einer dritten Person hilft, die Dinge reibungsloser zu gestalten, weil es das Gespräch neutraler gestaltet. Fragen Sie die andere Partei nach ihrer Sichtweise und schenken Sie dem Redner dann volle Aufmerksamkeit, wenn er antwortet. In jedem Konflikt besteht das Ziel darin, die Dinge in einer reifen und ruhigen Art und Weise zu besprechen und sich auf die Lösung des Problems zu konzentrieren. Sobald alle Gedanken geäußert wurden, können Sie damit beginnen, herauszufinden wie Sie das Problem lösen können. Rechnen Sie damit, dass es zu Meinungsverschiedenheiten kommen kann und machen Sie sich klar, dass es auch danach möglicherweise noch Spannungen gibt. Wenn am Ende der Diskussion keine Lösung erreicht wird, sollten Sie vielleicht in Erwägung ziehen, die Dinge für eine Weile ruhen zu lassen. Etwas Zeit und Abstand können beiden Parteien die Möglichkeit geben ihren Standpunkt zu bewerten.

Hier sind einige positive Möglichkeiten, wie Sie sich dem Konflikt annähern und herausfordernde Gespräche führen können:

### *Bleiben Sie bei einer faktenbasierten Diskussion*

Wenn man sich an die Tatsachen hält, ist es einfacher, sich auf das Ziel des Gespräches zu konzentrieren, das darin besteht, ein Problem oder einen Konflikt zu lösen. Während des Gespräches sollte Ihre Absicht darauf ausgerichtet sein, sich sowohl den Standpunkt des anderen anzuhören als auch Ihren Standpunkt zu vermitteln. Jede Person sollte die Gelegenheit erhalten, die Fakten so zu formulieren, wie sie sie versteht. Entscheiden Sie, worüber Sie sich einig sind und stimmen Sie zu, sachlich die Punkte herauszufinden, bei denen Sie sich nicht einig sind. Das Gespräch sollte strikt auf Fakten basieren, bis es gelöst ist. Nachdem das Problem gelöst ist, können Sie entscheiden, ob Sie andere Themen diskutieren wollen oder nicht.

### *Seien Sie durchsetzungsfähig, aber einfühlsam*

Manchmal müssen wir erkennen, dass das, was wir sagen, beleidigend oder verletzend wirken kann, wenn es missverstanden wird. Wenn Sie an der Reihe sind zu sprechen und Sie wissen, dass etwas als beleidigend oder verletzend interpretiert werden kann, dann eröffnen Sie Ihre Rede damit, den potenziellen Konflikt vorab anzusprechen und damit zu entschärfen. Zum Beispiel: "Was ich jetzt sage, könnte Sie beleidigen oder verärgern, und das will ich nicht, deshalb entschuldige ich mich im Voraus. Ich fühle mich xxx." Seien Sie immer objektiv, indem Sie zeigen, wie Sie sich fühlen. Vermeiden Sie gleichzeitig Aussagen, die als Schuldzuweisung interpretiert werden können. Das Ziel ist es, Ihre Meinung zu bekräftigen und dabei auch zu berücksichtigen, wie andere sich fühlen. Denken Sie daran, dass das, was Sie sagen, zu einem größeren Konflikt führen könnte.

### *Bleiben Sie selbstbewusst und transparent*

Wir scheinen selbstbewusster zu sein, wenn wir unsere Stimme in der richtigen Lautstärke und im richtigen Ton effektiv einsetzen. Wenn wir uns über unseren Standpunkt im Klaren sind und den Standpunkt der anderen vorhersehen, ist es leichter, unseren Standpunkt selbstbewusst zu vermitteln. Mit Offenheit und Transparenz in die Diskussion zu gehen, hat den Vorteil, dass es uns dazu bringt, die Argumente zu verstehen und ehrlich zu sein. Teilen Sie Ihre Informationen frei mit und fragen Sie nach der Meinung des anderen.

### *Nehmen Sie nichts persönlich*

Wenn wir in einen Konflikt verwickelt sind, nehmen wir uns oft alles zu Herzen, was gesagt wird, was wiederum unsere Gefühle verletzt und uns zu irrationalen Reaktionen veranlassen kann. Hören Sie objektiv zu und versuchen Sie, das, was die andere Person sagt, nicht zu persönlich zu nehmen. Versuchen Sie, sich auf das Thema zu konzentrieren und nicht darauf, wie Sie sich im Konflikt fühlen. Wenn Sie einen Konflikt durch ein kompliziertes Gespräch lösen, seien Sie ehrlich, hören Sie gut zu und lassen Sie die Sensibilität aus dem Spiel. Wenn die andere

Person bereit ist, mit Ihnen zu reden, wird sie höchstwahrscheinlich nicht die Absicht haben, Sie weiter zu verletzen, sondern offen und ehrlich mit Ihnen sein.

### *Seien Sie neugierig und bleiben Sie interessiert*

Schalten Sie alle Ablenkungen aus, damit Sie bei der anderen Person völlig präsent sein können. Zeigen Sie Neugierde und Interesse und lassen Sie die Gegenseite wissen, dass Sie wirklich ihre Perspektive verstehen wollen. Das bestätigt Ihr Vorhaben, dass Sie das Problem lösen wollen und dies nicht aufgrund Ihrer eigenen egoistischen Bedürfnisse tun. Legen Sie alle Erwartungen beiseite, vermeiden Sie Vorurteile und stellen Sie sicher, dass Sie bereit sind, auf die Gefühle und Meinungen des anderen zu hören.

### *Enden Sie mit einer Lösung oder einem Sinn*

Wenn Sie sich auf das Gespräch eingelassen und die Perspektiven des anderen angehört haben, fassen Sie zusammen, wo das Thema derzeit steht. Fassen Sie die Hauptstandpunkte und alle Bereiche zusammen, in denen Meinungsverschiedenheiten und Gemeinsamkeiten bestehen. Wenn es eine Lösung für den Konflikt gegeben hat, bestätigen Sie, zu welcher Lösung sie kamen. Wenn es keine Lösung gegeben hat, zwingen Sie sich, erneut zu diskutieren, nachdem Sie die Gelegenheit hatten, das Gesagte zu überdenken.

## Zusammenfassung des Kapitels

Verbale Kommunikation ist die Grundlage für die Lösung von Konflikten. Verbale Kommunikation erfordert Geschicklichkeit und Übung. In diesem Kapitel haben Sie gelernt:

- Was verbale Kommunikation ist.
- Wie Sie einen Dialog am besten einsetzen.
- Was effektives Sprechen ist.

- Welche verschiedenen Fähigkeiten Sie benötigen, um die richtige Botschaft zu vermitteln.
- Was aktives Zuhören ist.
- Was ein kompliziertes Gespräch ist.
- Wie man mit herausfordernden Gesprächen umgeht.

Im nächsten Kapitel erfahren Sie etwas über nonverbale Kommunikation und warum sie für ein erfolgreiches Konfliktmanagement unerlässlich ist. Sie werden etwas über Körpersprache lernen, wie man die Körpersprache eines anderen liest und wie man Situationen mit Hilfe der nonverbalen Kommunikation lösen kann.

KAPITEL 4:

# Konfliktmanagement-Technik 02 - Die Beherrschung der Konversation durch nonverbale Kommunikation

Die nonverbale Kommunikation ist eine Möglichkeit, sich ohne Worte auszudrücken. In Wahrheit verwenden wir jedes Mal, wenn wir sprechen, und jedes Mal, wenn wir einen Raum betreten, non-verbale Kommunikation. Wir benutzen die nonverbale Kommunikation als eine Möglichkeit, mit anderen zu kommunizieren. Es gibt viele Komponenten der nonverbalen Kommunikation. Es ist die Art und Weise, wie man sich bewegt, zuhört, schaut, steht, sich präsentiert und reagiert. Wenn Sie sich Ihrer Körpersprache bewusst werden, können Sie lernen, die richtige Botschaft zu vermitteln. Ihre Körpersprache kann den Ausgang Ihrer Gespräche und Streitigkeiten beeinflussen. Wussten Sie zum Beispiel, dass die Entfernung, die Sie zwischen sich und anderen Menschen halten, eine nonverbale Kommunikationstaktik ist? Oder dass Ihre Emotionen bei Ihren Bewegungen und Ihrem Gesichtsausdruck eine Rolle spielen? Wussten Sie, dass Sie sich Ihrer selbst und anderer bewusst werden müssen, um nonverbale Kommunikation zu steigern?

Ein Konflikt kann entstehen, wenn Sie eine negative Körpersprache benutzen oder wenn verbale und nonverbale Kommunikation entgegengesetzte Signale verwenden. Wenn Ihre Stimme zum Beispiel ruhig und leise ist, aber Ihre Arme verschränkt sind und Sie keinen Augenkontakt herstellen, kann dies herablassend oder unhöflich wirken. Wenn Sie jedoch eine offene, nicht bedrohliche Körpersprache verwenden und jemandem ins Gesicht blicken und Augenkontakt halten, zeigt dies, dass Sie ihn als gleichwertig behandeln und bereit sind, zu hören, was gesagt wird. Im Folgenden werden einige Beispiele für nonverbale Kommunikation behandelt.

## Gesichtsausdrücke

Die meisten von uns wissen, dass wir unseren Gesichtsausdruck dazu nutzen, uns selbst auszudrücken. Ein Augenzwinkern ist ein Zeichen für einen Flirt oder ein gemeinsames Geheimnis, ein Lächeln ist ein Zeichen von Freundlichkeit oder Zustimmung, eine hochgezogene Augenbraue ist ein Zeichen von Sarkasmus oder Unverständnis, eine gerunzelte Stirn steht für eine Person, die tief in Gedanken versunken oder über etwas besorgt ist usw. Im Allgemeinen kann man durch den Blick in das Gesicht einer Person erkennen, wie sie sich fühlt oder in welcher Stimmung sie ist. Wussten Sie, dass der Gesichtsausdruck eine universelle Sprache ist? Wenn Sie traurig sind, könnten Sie Tränen vergießen oder die Stirn runzeln. Ein Lächeln ist ein Gesichtsausdruck, der für Glück steht. Wut wird mit hochgezogenen Augenbrauen, intensiven Blicken, zusammengebissenen Zähnen und gespitzten Lippen dargestellt. Diese Gesichtsausdrücke sind in allen Ländern der Erde gleich.

## Bewegung und Körperhaltung

Das Nachahmen der Körperhaltung oder der Gestik einer Person ist normalerweise ein Zeichen dafür, dass sich eine Verbindung herstellt. Es ist eine Möglichkeit, der anderen Person ein besseres Gefühl zu geben. Was unsere Bewegungen und Körperhaltungen über unsere Stimmungen und die Art und Weise, wie wir uns durchs Leben bewegen, aussagen, ist enorm. Wenn Sie zum Beispiel in einer geraden Körperhaltung gehen und Ihr Kopf und Ihre Augen geradeaus schauen, bedeutet das, dass Sie eine selbstbewusste Person auf einer Mission sind. Wenn Sie mit einer krummen Haltung gehen, die Augen auf den Boden gerichtet sind und Ihr Tempo langsam ist, wirken Sie vielleicht nicht selbstbewusst oder Sie wirken verärgert. Abgesehen davon hat jeder seinen eigenen Bewegungsstil, daher ist es ungerecht zu sagen, dass die Körpersprache immer mit einem bestimmten Gemütszustand übereinstimmt. Manche Menschen bewegen sich sehr viel, was für Sie ein Zeichen von Angst sein kann. Doch nur weil dies auf Angst oder geringes Vertrauen hindeutet, bedeutet das nicht unbedingt, dass es diesem Menschen an Selbstwertgefühl mangelt oder er ängstlich ist.

## Gestik

Die Mimik ist universell, aber die Gestik, wie z. B. ein Handzeichen, ist es nicht. Was "Daumen hoch" in einem Teil der Welt signalisiert, bedeutet in einem anderen Teil der Welt vielleicht nicht dasselbe. Zu den Gesten gehören Winken, Zeigen, Händeschütteln, Sprechen mit den Händen (mit den Händen in der Luft wedeln oder die Finger als eine Art Zeichensprache benutzen, um sich zu verständigen). Menschen mit ähnlichem kulturellen Hintergrund oder aus ähnlichen Regionen haben in der Regel gemeinsame Gesten und können sich größtenteils verständigen.

## Augenkontakt

Ein herausragendes Merkmal der freundlichen Kommunikation ist es, direkt in die Augen eines anderen zu blicken. Wenn Sie ein ernsthaftes Gespräch führen, nehmen Sie Augenkontakt mit Ihrem Chef auf. Normalerweise schauen Sie Ihrem Freund in die Augen, wenn Sie versuchen, einen Streit oder eine Debatte zu lösen. Es gibt verschiedene Arten, Menschen anzusehen, die Sie freundlich, ernst, wütend oder traurig erscheinen lassen können. Die Art und Weise, wie Sie jemanden ansehen, kann verschiedene Arten von Botschaften vermitteln. So würden Sie zum Beispiel Ihren Chef nicht so ansehen wie Ihren

Mann oder Ihre Frau. Augenkontakt kann je nach Verwendung Interesse, Feindseligkeit oder Zuneigung ausdrücken.

## Berührungen

Eine leichte Berührung auf die Wange steht für Interesse oder Zuneigung. Ein Stupser nach einem Witz deutet auf eine gemeinsame Erfahrung und eine enge Verbindung hin. Ein fester Griff am Arm, am Bein oder anderen Körperteilen deutet auf Feindseligkeit, Kontrolle oder Angst hin. Wie Sie sehen können, kann Kommunikation durch Berührung viele Botschaften vermitteln. Wie würden Sie einen schwachen oder übermäßig starken Händedruck interpretieren? Wie fühlen Sie sich bei einer engen und festen Umarmung? Bei einer Berührung geht es nicht nur um den körperlichen Kontakt, den Sie von jemandem bekommen, sondern auch um die Emotion, die erzeugt wird. Wenn Sie zum Beispiel eine Umarmung von einem Familienmitglied erhalten, werden Sie sich glücklich und wohlbehütet fühlen, während Sie sich vielleicht nicht wohlfühlen, wenn Sie eine Umarmung von jemandem erhalten, mit dem Sie im Konflikt stehen.

## Persönlicher Freiraum

Persönlicher Freiraum, auch bekannt als Nähe, ist die Entfernung zwischen Einzelpersonen oder Gruppen. Der Abstand zwischen Menschen kann unser Gefühl von Komfort oder Sicherheit beeinflussen. Wenn Sie zum Beispiel in der Schlange vor einem Lebensmittelgeschäft stehen und die Person hinter Ihnen buchstäblich im Nacken spüren, was würden Sie tun? Wie würden Sie sich fühlen und warum? Wäre es in einem ähnlichen Szenario in Ordnung, wenn die Person, die so nahe bei Ihnen steht, ein Ehepartner oder ein bester Freund wäre?

Die Abstände zwischen den Menschen bilden die Grenze unserer Komfortzone. Wenn Sie zum Beispiel die Art von Person sind, die ihren eigenen Raum um sich herum mag, dann werden

Sie eine Grenze haben, wie nahe Sie sogar Ihre Freunde an Sie heranlassen. Vielleicht mögen Sie es nicht, Menschen zu umarmen, um Hallo zu sagen. Wenn Sie eher eine berührungsfreundliche Person sind, dann ist weniger Raum kein Problem für Sie. Sie mögen es, jeden zu umarmen oder jedem die Hand zu schütteln. Jeder Mensch empfindet die Nähe zu anderen Menschen anders. Die Unklarheiten darüber, wie viel Raum die Menschen zwischen sich benötigen, kann zu Konflikten führen oder das Konfliktmanagement erschweren.

Nonverbale Kommunikation kann sehr schnell schiefgehen. Die Art und Weise, wie Sie sich benehmen, wie Sie andere wahrnehmen, Ihre Präsenz, Ihre Handlungen und Ihre Ausdrücke, all das kommuniziert, ohne dass Worte benutzt werden. Wenn Sie gut pokern können, dann können Sie Ihre Körpersprache gut verbergen. Wenn Sie schlechte nonverbale Kommunikationsfähigkeiten haben oder diese nicht kontrollieren können, könnte jemand, der mit Ihnen pokert, Ihren Bluff schnell durchschauen, was zu einem Verlust für Sie führt. Wenn die nonverbale Kommunikation schiefgeht, liegt das oft daran, dass es gemischte Signale gibt. Die Person ist sich der Botschaften, die sie sendet, nicht bewusst. Dies erschwert es der anderen Partei, die Körpersprache zu interpretieren. Hier ist ein Beispiel: Person A und Person B haben sich erst vor einer Woche kennengelernt und sind zu einem Kaffee verabredet. Person A hat ein nervöses Zucken und findet es schwierig, Blickkontakt zu halten. Person B sitzt aufrecht und hat eine selbstbewusste Körperhaltung, die sie auch von Person A erwartet. Während der ganzen Verabredung ist Person A nicht nervös und das Gespräch verläuft gut, aber ihre Körpersprache wirkt nicht sehr interessiert. Person B interpretiert diese nonverbale Kommunikation als respektlos und weist Person A darauf hin. Dies führt zu einem Streit darüber, dass Person B nicht das Gefühl hat, dass Person A interessiert ist oder zuhört. Person A versucht sich zu entschuldigen, ist sich aber ihrer Körpersprache noch immer nicht bewusst und schaut Person B nicht an, während sie sich entschuldigt, sodass Person B nicht das Gefühl hat, dass die Entschuldigung echt war und am Ende beleidigt ist. Die Verabredung endet mit einer Meinungsverschiedenheit.

Das Problem hier ist, dass Person A nicht wusste, wie ihr Verhalten wahrgenommen wurde und Person B die Körpersprache von Person A falsch interpretiert hat. Person A hat sich schon immer so verhalten, sodass sie kein Fehlverhalten ihrerseits empfand. Da sich Person B und Person A jedoch nicht sehr gut kennen, erhielten sie gemischte Signale, die sie verärgerten. Die nonverbale Kommunikation kann sehr schieflaufen, deshalb ist es wichtig, dass wir verstehen, wie sie zum Konflikt beitragen kann. Lernen Sie angemessene und effektive Wege der nonverbalen Kommunikation kennen. Das wird Ihnen helfen, die Botschaft so zu vermitteln, wie Sie es wollen.

## Anzeichen dafür, dass ein Konflikt bevorsteht

Konflikte können in jeder Situation auftreten und sie entstehen, wenn man am wenigsten damit rechnet. Das Ziel ist es, Wege zu finden, diese zu lösen oder zu entschärfen, bevor sie beginnen. Die meisten Menschen sind sich der Anzeichen für einen bevorstehenden Konflikt nicht bewusst. Sie müssen wissen, worauf sie achten sollten. Lesen Sie Ihre eigene Körpersprache und die der anderen. Meistens können Sie die Anzeichen negativer Gefühle lesen, indem Sie einfach auf bestimmte nonverbale Hinweise achten. Einige Symptome sind mit den Fingern tippen oder mit den Füßen am Boden klopfen, Druck auf die Schläfen ausüben, Stirnrunzeln, sich den Nacken reiben, hochgezogene Augenbrauen oder eine verkrampfte Körperhaltung. Wenn Sie sich selbst dabei erwischen, wie Sie aufgebracht sind oder erkennen, dass Ihre Geduld nachlässt, ist es vielleicht an der Zeit, eine Pause für Sie selbst einzulegen, um sich zu sammeln, bevor ein Streit stattfindet. Manche Menschen wissen vielleicht nicht einmal, dass Sie sich belästigt fühlen, sodass dies ein guter Zeitpunkt ist, sich zu beruhigen. Wenn Sie merken, dass Ihr Gesprächspartner diese nonverbalen Anzeichen benutzt, können Sie dieses Wissen nutzen, um die Situation zu entschärfen.

Achten Sie darauf, dass die nonverbalen Hinweise richtig interpretiert werden. Zum Beispiel ist das Klopfen mit dem Fuß oder das Tippen mit den Fingern oft ein Zeichen von Angst und Irritation. Dasselbe gilt für eine unregelmäßige Atmung. Oftmals atmen wir tief aus, wenn wir verärgert oder frustriert sind, sodass es den Anschein haben kann, dass jemand verärgert ist, wenn er dasselbe tut. In Wirklichkeit könnte es einfach nur sein, dass er kurzatmig oder ängstlich ist. Schauen Sie sich verschiedene Ausdrücke ihrer Körpersprache an und leiten Sie eine Schlussfolgerung ab. Wenn Sie die Augenbrauen nach oben ziehen oder die Stirn runzeln und ihr Gesichtsausdruck an Ekel oder Enttäuschung erinnert, ist das ein Zeichen dafür, dass ein Streit ausbrechen könnte. Emotionale Signale, wie Angst oder plötzliche Bewegungen einer Person, können darauf hindeuten, dass sie wütend ist. Wenn jemand hin und her läuft, könnte er tief in Gedanken versunken oder wütend sein. Wenn es also viele Signale gibt, die mit der Körpersprache kommuniziert werden und manche vielleicht für verschiedene Menschen nicht die gleiche Bedeutung haben, wie erkennt man dann, ob jemand wütend ist oder nicht? Wenn Sie sich nicht sicher sind, fragen Sie die Menschen einfach.

Stellen Sie sich vor, Sie beobachten Ihre Nachbarn in ihrem Vorgarten, wie sie streiten. In diesem Beispiel verwenden wir die Frau als diejenige, die auf den Mann wütend ist. Sie können nicht hören, was vor sich geht, aber Sie sehen, wie sie ihre Arme wild um sich herum schlägt, ihren Kopf von einer Seite zur anderen schüttelt, ihr Gesicht rot wird und sie ihre Füße so bewegt, als ob Ameisen sie beißen würden. Der Mann steht ganz still da und versucht zu gehen, indem er ihr den Rücken zudreht. Dann sieht man, dass sie seinen Arm fest umklammert und zu schreien scheint. Man sieht deutlich, wie ihre Augen zornig sind und wie Sie ihre Zähne fest zusammengebissen hat. Der Mann dreht sich dann zu ihr um und versucht, sie zu umarmen, aber sie wendet sich ab, indem sie ihren ganzen Körper von ihm wendet und zur Haustür marschiert. Der Mann geht. In diesem Beispiel erkennen Sie die von der Frau verwendete Körpersprache als Frustration und Wut, aber warum? Woher wussten Sie, dass sie einen Streit hatten? Während der gesamten Situation waren ihr Gesichtsausdruck und ihre Körperbewegungen wütend und aufgebracht. Sie blickte finster drein, ihre Arme schlugen wild um sich herum, sie schrie, sie wollte seine Umarmung nicht akzeptieren. Dies alles sind deutliche Anzeichen von Wut oder Frustration.

In diesem konkreten Beispiel ist das Paar zu diesem Zeitpunkt nicht in der Lage, den Konflikt zu lösen. Beide Parteien gehen weg, was eine sehr klare Körpersprache ist. Bevor ein Konflikt bis zu diesem Punkt eskaliert, sollten Sie die negative Körpersprache auf ein Minimum reduzieren, um ein Gespräch auf Kurs zu halten. Einige Dinge, die dazu führen können, dass ein Konflikt entsteht oder eskaliert, sind folgende:

- **Abgelenkt werden:** Während des Gespräches können Ablenkungen eine andere Person verärgern und die Botschaft vermitteln, dass Sie nicht hören wollen, was sie zu sagen hat.
- **Keinen Augenkontakt herstellen:** Fehlender Augenkontakt zeigt, dass Sie nicht auf den Sprecher fokussiert sind. Wenn Augenkontakt für Sie ein Problem darstellt, teilen Sie es mit und nutzen Sie andere Formen der Kommunikation, um zu zeigen, dass Sie bereit sind zuzuhören.
- **Auf Ihr Telefon oder andere digitale Geräte schauen:** Selbst wenn Sie glauben, dass Sie mit Ihrer vollen Aufmerksamkeit zuhören, tun Sie es nicht. Wenn Sie während eines Gespräches digitale Geräte und Telefone benutzen, hören Sie dem Sprecher nur teilweise zu, da Ihre Augen auf Ihr Telefon schauen. Sie können nicht vollständig verstehen, wie sich die Person fühlt oder

was ihre Botschaft ist, wenn Sie nicht vollständig zuhören und ihre Körpersprache beobachten.

- **Abwesend sein oder nicht antworten:** Diese Körpersprache zeigt einen Mangel an Respekt, und die Person wird das Gefühl haben, dass es keinen Sinn hat, ein Gespräch zu führen, da Sie nicht wirklich zuzuhören scheinen. Einer Person zu antworten zeigt, dass Sie ihr zuhören und über das Gesagte nachdenken.
- **Zu schnelles oder zu leises Sprechen:** Ob Sie es glauben oder nicht, zu schnelles oder zu leises Sprechen kann Menschen verärgern, weil sie sich zu sehr bemühen müssen, Sie zu verstehen. Es kann auch ein Zeichen von mangelnder Vertrauenswürdigkeit sein. Es kann schwer zu verstehen sein und zu Missverständnissen oder Frustration führen.
- **Eindringen in den persönlichen Freiraum:** Der persönliche Freiraum definiert den Grad unseres Wohlbefindens in der Umgebung anderer. Er kann aufgrund unserer Moral, unserer Grenzen und Werte oder aufgrund unserer persönlichen Erfahrungen entstanden sein. Wenn uns unser Freiraum einmal genommen wird, haben wir das Gefühl, dass uns die gegnerische Partei nicht respektiert, und wir fühlen uns vielleicht in die Enge getrieben oder angegriffen. Wir können durch den Mangel an persönlichem Freiraum so abgelenkt werden, dass wir uns nicht auf den Dialog konzentrieren können. Wir handeln dann möglicherweise defensiv, um uns selbst zu schützen oder sind impulsiv.
- **Geschlossene Körpersprache:** Wenn Sie im Konflikt stehen, nehmen Sie eine geschlossene Körperhaltung ein, um zu zeigen, dass Sie sich zur Sicherheit verteidigen wollen. Wenn Sie sich jedoch nur unterhalten, impliziert eine geschlossene Körperhaltung, dass Sie unnahbar, mürrisch oder uninteressiert sind.

Eine positive Körpersprache zeigt, dass Sie Wert auf etwas legen und aufmerksam sind. Wenn Sie das nächste Mal mit jemandem sprechen, denken Sie über Ihre Körpersprache nach und stellen Sie sich dann vor, diese Person ahmt Ihre Körpersprache nach. Wie würden Sie sich fühlen? Was würden Sie denken? Verwenden Sie Körpersprache, um Ihre Botschaft zu vermitteln, um die Signale zu verstehen, die Sie aussenden, wenn Sie auf bestimmte Art und Weise handeln sowie um die Stimmungen der anderen zu beurteilen. Wenn Sie die Botschaft vermitteln wollen, dass Sie wütend und frustriert sind, dann verwenden Sie die Körpersprache, die diese Botschaft vermittelt. Wenn Sie darstellen wollen, dass Sie glücklich sind, dann müssen Sie offene, positive, nonverbale Hinweise verwenden, die diese Botschaft vermitteln.

## Techniken zur Zerstreuung des Konfliktes

Ein effektives Konfliktmanagement durch nonverbale Kommunikation beinhaltet, andere zu sehen, gesehen zu werden und/oder von Angesicht zu Angesicht mit anderen zu interagieren. Der Gebrauch von nonverbaler Kommunikation kann eine weitere Eskalation von Konflikten verhindern. Die meisten Konflikte finden am Arbeitsplatz oder zu Hause statt. Dies kann sich auf unsere beruflichen oder privaten Beziehungen auswirken. Für die Beispiele in diesem Abschnitt werden Szenarien aus dem Arbeits- und Beziehungsalltag verwendet. Hier sind einige Vorschläge, wie man nonverbale Hilfsmittel zur Zerstreuung von Konflikten einsetzen kann, bevor sie eskalieren:

- Nehmen Sie sich einen persönlichen Moment Zeit für sich selbst.
    - Zählen Sie bis zehn, zwanzig, dreißig usw., bis Sie sich beruhigt haben.
    - Atmen Sie tief durch die Nase ein und durch den Mund aus, wobei Sie versuchen sollten, die gesamte Luft aus den Lungen zu pressen.

- Machen Sie Ihren Kopf frei von Gedanken und kehren Sie dann zum Gespräch oder zum Konfliktpunkt zurück.
  - Nehmen Sie alles bewusst wahr. Beobachten Sie und achten Sie auf alles.
  - Was fühlen Sie?
  - Welche Körpersprache verwenden Sie?
  - Wie verhält sich die andere Person?
  - Was drückt der Sprecher mit seiner Körpersprache aus?
  - Wie viel Abstand ist zwischen Ihnen und der anderen Person?
- Bleiben Sie gelassen.
  - Halten Sie Augenkontakt, aber versuchen Sie, die andere Person nicht anzustarren.
  - Atmen Sie in einem gleichmäßigen, ruhigen Tempo.
  - Halten Sie Ihren Gesichtsausdruck offen, freundlich oder neutral.
  - Seien Sie bereit, zuzuhören und einfühlsam zu sein.
  - Stehen oder sitzen Sie gerade.
  - Versuchen Sie, nicht zu zappeln oder sich von Ihrer Umgebung ablenken zu lassen.
  - Hören Sie zu.
  - Hören Sie aufmerksam zu.
  - Lehnen Sie sich ein wenig nach vorne, damit die andere Person erkennt, dass Sie aufmerksam sind.
  - Nicken Sie regelmäßig mit dem Kopf, um zu zeigen, dass Sie zugehört und alles verstanden haben.
  - Wenn Sie unsicher sind, verwenden Sie einen fragenden Blick, um Ihre Verwirrung zu vermitteln.

Meistens, wenn wir ruhig bleiben und effektiv zuhören, können wir einen Konflikt zerstreuen, bevor er beginnt. Dabei müssen Sie sich Ihrer eigenen Emotionen, Gedanken und Verhaltensweisen völlig bewusst sein, damit Sie positive Reaktionen zeigen können. Zeigen Sie während des gesamten Gespräches Einfühlungsvermögen und sorgen Sie dafür, dass Sie sich auch sicher fühlen. Bleiben Sie ruhig und offen, auch wenn die gegnerische Partei frustriert oder feindselig erscheint. Ihre positive non-verbale Kommunikation wird eine beruhigende, besänftigende Wirkung auf andere haben. Wenn ihre Körpersprache weiterhin in eine negative Richtung eskaliert, ist es manchmal am besten, das Gespräch zu beenden und wegzugehen. Dies gilt insbesondere dann, wenn Ihre Sicherheit infrage gestellt wird.

### *Erlernen der POP-Methode*

POP ist ein Akronym für Person, Objekt und Platz. Diese Methode wird vor allem am Arbeitsplatz oder bei gewalttätigen Konflikten eingesetzt. Manchmal ist die Lösung eines Konfliktes keine Option, deshalb müssen wir über POP lernen, um uns vor Gefahren zu schützen. Haben Sie jemals eine erhöhte Nervosität oder Angst empfunden? Sie zittern vielleicht, können nicht denken oder sich bewegen. Sie haben vielleicht Atembeschwerden oder Übelkeit. Es ist fast so, als würden Sie alles vergessen haben und alles, was übrig bleibt, ist der Wunsch zu überleben. In einem Zustand der Angst oder überwältigender Emotionen kann Ihr Körper eine Kampf- oder Fluchtreaktion haben.

Die **Person** bezieht sich auf die Partei, mit der Sie in Konflikt stehen. Der erste Teil des POP-Modells verlangt, dass Sie die Einzelheiten darüber berücksichtigen, mit wem Sie in Konflikt stehen. Beachten Sie ihre Größe, ihr Gewicht, ihre ethnische Zugehörigkeit, ihr Alter, ihr Geschlecht, ihren Körpertyp usw. Beobachten Sie die Fakten objektiv und ohne Beurteilung. Nur weil jemand kräftig, einschüchternd und gefährlich aussieht, heißt das nicht, dass er sich bedrohlich verhält. Ebenso kann jemand, der klein oder zierlich ist, gefährlicher sein als er aussieht. Versuchen Sie, die tieferen Aspekte der Persönlichkeit und des Verhaltens dieser Person zu verstehen. Wie ist ihr Temperament, was sind ihre Eigenschaften, wie ist ihr mentaler oder emotionaler Zustand usw.? Hat sie aggressive Tendenzen? Wie verletzlich ist sie?

**Objekt** bezieht sich darauf, welche Gegenstände sich im Raum befinden und für Sie und die Person, mit der Sie in Konflikt stehen, zugänglich sind. Sind Waffen vorhanden? Gibt es spitze oder schwere Gegenstände in Ihrer Nähe oder in der Nähe der anderen Person, die als Waffe oder zur Verteidigung eingesetzt werden können? Wenn Sie unsicher sind und keine sichtbaren Anzeichen einer Waffe sehen, kann es trotzdem sein, dass es eine Waffe gibt. Zu Ihrer eigenen Sicherheit ist es am besten, wenn Sie glauben, dass die Person so ausgerüstet ist, dass sie Ihnen Schaden zufügen könnte, wenn der Konflikt physisch eskaliert. Denken Sie daran, dass alles als Waffe benutzt werden kann, auch ein Telefonbuch, eine Flasche, eine Gabel usw.

Mit **Platz** ist der Ort gemeint, an dem Sie sich befinden. In welcher Umgebung befinden Sie sich? Dazu gehören Orte wie Bars, im Freien, bei Ihnen zu Hause, bei einem Freund, am Arbeitsplatz usw. Die Beobachtung Ihrer Umgebung spielt eine wichtige Rolle bei der Einschätzung dessen, was in der Hitze des Gefechts passieren könnte. Wenn Sie zum Beispiel bei der Arbeit sind, ist es weniger wahrscheinlich, dass jemand eine Szene macht, während es, wenn Sie allein mit der Person sind, hitzig oder gewalttätig werden könnte. Sind Sie irgendwo, wo Sie sich auskennen? Kennen Sie alle Ausgänge? Achten Sie darauf, ob es Nacht oder Tag ist, ob es regnet oder schneit, ob es kalt oder warm ist, denn das kann sich auf den Grund auswirken, warum die Person in einem launischen oder wütenden Zustand ist.

Vertrauen Sie im Zweifelsfall Ihrem Bauchgefühl. Wenn jemand eine Körpersprache verwendet, die Sie als bedrohlich empfinden, finden Sie einen Weg, um schnell wieder aus der Sache herauszukommen. Die wichtigste Regel, um sich sicher zu fühlen, ist immer, sich Ihrer selbst, der anderen Person und Ihrer Umgebung bewusst zu sein.

### *Erlernen der SAFER-Methode*

Das Akronym für **SAFER** bedeutet - Schreiten Sie zurück, Abschätzen der Bedrohung, Finden Sie Hilfe, Evaluieren Sie Optionen, Reagieren Sie. Diese Methode kann überall angewendet werden, auch am Arbeitsplatz, zu Hause oder an öffentlichen Orten. Wenn Sie die Körpersprache einer Person bedroht, können Ihnen diese Hilfsmittel helfen, auf die Gefahr zu reagieren.

**Schreiten Sie zurück:** Das bedeutet, stehen bleiben, schauen, zuhören und ruhig bleiben. Impulsives Handeln kann die Gefahr eskalieren lassen und uns daran hindern, entscheidende Fakten zu berücksichtigen. Wenn wir irrational handeln, denken wir nicht klar und können keine klugen Entscheidungen auf Grundlage von Fakten treffen.

**Abschätzen der Bedrohung:** Aus Ihrer Lektion über POP wissen Sie, wie man die Situation auf Gefahren einschätzen kann. Schauen Sie sich die Person an, lesen Sie ihre Körpersprache, nehmen Sie an, dass Waffen vorhanden sind und schätzen Sie Ihre Umgebung auf Waffen oder Abwehrmittel ein.

**Finden Sie Hilfe:** Schauen Sie nach einem Fluchtweg oder einer Rettung. Es kann eine Tür oder ein Fenster sein, ein Transport- oder Kommunikationsmittel oder eine andere Person. Finden Sie heraus, wer sich in Ihrer Umgebung befindet und wie weit diese Person entfernt ist. Wenn Sie zu Hause sind, ist Ihr Nachbar zu Hause? Wie weit ist Ihr Telefon entfernt? Wenn Sie bei der Arbeit sind, wo befindet sich die nächste Person? Wenn es so aussieht, als gäbe es keine Hilfe, bleiben Sie ruhig und denken Sie weiter nach und beobachten Sie.

**Evaluieren Sie Optionen:** Nachdem Sie die Möglichkeiten, Hilfe zu erhalten, durchgespielt haben, entscheiden Sie, welcher der beste Weg zu Ihrer Sicherheit ist. Ist ein Gespräch eine Möglichkeit, um die verärgerte Partei zu beruhigen oder müssen

Sie die Hilfe eines anderen in Anspruch nehmen? Müssen Sie einen Ausweg finden?

**Reagieren Sie:** Nachdem Sie alle Ihre Optionen in Erwägung gezogen haben, besteht der letzte Schritt darin, Ihre Entscheidung durchzuführen. Seien Sie darauf vorbereitet, dass nicht alles so läuft, wie Sie es sich vorgestellt haben und stellen Sie sicher, dass Sie einen Plan B und gegebenenfalls sogar einen Plan C haben.

## Zusammenfassung des Kapitels

Es kann Zeit, Geduld und Übung erfordern, um vollständig zu verstehen, wie uns nonverbale Kommunikation helfen kann, Konflikte zu entschärfen. Die Beherrschung der nonverbalen Kommunikation wird es Ihnen erleichtern, das Verhalten der Menschen vor, während und nach einem Konflikt zu lesen. Sie wird Ihnen auch helfen, Ihre eigene Körpersprache zu beherrschen, um sicherzustellen, dass Sie die richtige Botschaft vermitteln und nicht zu Missverständnissen beitragen.

In diesem Kapitel haben Sie gelernt:

- Was nonverbale Kommunikation ist und warum sie wichtig ist.
- Wie man Anzeichen eines Konfliktes erkennt, bevor er entsteht.
- Wie man eine Situation entschärft, bevor sie eskaliert.
- Die POP-Sicherheitsmaßnahmen.
- Die SAFER-Sicherheitsmaßnahmen.

Im nächsten Kapitel erfahren Sie etwas über Emotionen, wie sie zu einem Konflikt beitragen und wie Sie diese während einer Konfliktsituation handhaben können.

KAPITEL 5:

# Konfliktmanagement-Technik 03 - Der Umgang mit Emotionen

Wenn es um Emotionen und Konflikte geht, dann sind wir so in einem Gespräch verwickelt, dass wir uns möglicherweise nicht mehr bewusst sind, wie wir uns im Moment fühlen. Dies geschieht, weil wir in einer freundlichen und vertrauten Umgebung nicht so sehr mit unseren Gefühlen im Einklang sein müssen. Wir machen es uns so bequem, dass wir vielleicht nicht merken, dass ein Konflikt entsteht. Vielleicht war ein Wort oder eine störende Aussage der Auslöser, oder eine bestimmte Stimmung oder Körpersprache hat Sie oder die andere Person plötzlich überrumpelt. Wenn sich ein Konflikt aufbaut, beschleunigt sich die Herzfrequenz, die Atmung wird kurz, der Kopf ist voller Gedanken usw. All diese gesteigerten Emotionen nehmen zu und ehe man sich versieht, sagt man Dinge, die man nicht meint, tut Dinge aus einem emotionalen Impuls heraus und wird wütend, depressiv, ängstlich usw.

Wie können Sie also verhindern, dass Ihre Emotionen außer Kontrolle geraten? Wie beginnen Sie, die Anzeichen dafür zu erkennen, dass Sie oder die Menschen um Sie herum emotional werden? Sie müssen sich Ihres emotionalen Zustands vor und während des Konfliktes bewusst sein. Sie müssen sich zwingen, das Verhalten von sich selbst und anderen zu beobachten. Sie müssen Strategien zur Selbsterkenntnis lernen und in fast jedem Moment achtsam sein, damit Sie Ihre Emotionen beherrschen können.

## Selbstbewusstsein entwickeln

Selbstbewusstsein ist die Fähigkeit, die eigenen Gedanken, Gefühle, den eigenen Charakter, die Beweggründe und Wünsche zu erkennen und wahrzunehmen. Eine Person, die die Fähigkeit hat, sich ihrer selbst bewusst zu sein, bemerkt, wenn ihr Herz schneller schlägt oder wenn sich ihre Körpersprache oder ihr Tonfall verändert. Die Selbstbewussten nehmen sich die Zeit, sich in jeder Situation selbst zu reflektieren. Selbstbewusstsein erfordert, dass man mit sich selbst und seiner Persönlichkeit im Einklang ist und sein typisches Verhalten versteht. Sie müssen Ihre Stärken, Schwächen und Überzeugungen kennen und wissen, was Sie zu der Person macht, die Sie sind. Bei Selbsterkenntnis geht es aber nicht nur um Sie selbst. Es geht auch darum, zu sehen und zu verstehen, wie andere Sie wahrnehmen und zu erkennen, wenn Sie etwas getan haben, das andere verärgert haben könnte. Es geht darum, zu wissen, was Sie bewegt und das Bewusstsein zu haben, andere Menschen zu verstehen und zu begreifen, wie sie sich fühlen. Es kann an Ihnen oder an der Umgebung liegen oder in der anderen Person selbst. Die Entwicklung von Selbstbewusstsein ist entscheidend, um Dinge zu verstehen und zu bemerken, bevor sie geschehen. Dies spielt eine wichtige Rolle bei der Lösung oder Zerstreuung von Konflikten. Hier sind einige Hinweise, die Sie befolgen können, um sofort mit der Arbeit an Ihrer Selbstwahrnehmung zu beginnen:

### *Treten Sie einen Schritt zurück und beobachten Sie sich selbst*

Manchmal sind wir so in unserem eigenen Leben gefangen, dass wir vergessen, einen Schritt zurückzutreten, um uns selbst zu reflektieren. Wenn man sich die Zeit nimmt, sich selbst objektiv zu betrachten, kann man definieren, welche Aspekte man an sich selbst nicht mag und daran arbeiten, sie zu verändern. Sich selbst auf diese Weise kennenzulernen, ist unglaublich lohnenswert. Folgendes könnten Sie unternehmen:

- Denken Sie an Dinge, auf die Sie stolz sind.
- Identifizieren Sie Ihre Stärken und Schwächen.
- Machen Sie sich Ihre Stärken zunutze.
- Arbeiten Sie an Ihren Schwächen.
- Belohnen Sie sich häufig selbst.
- Üben Sie oft Selbstdisziplin.
- Denken Sie darüber nach, was Sie wirklich glücklich macht.
- Seien Sie ehrlich zu sich selbst.

**Führen Sie ein Tagebuch**

Das Führen eines Tagebuchs ist nachweislich vorteilhaft für unser Leben, in vielerlei Hinsicht. Sie können alles in Ihr Tagebuch schreiben. Einige Beispiele sind:

- Ihr Leben.
- Ihre Ängste und Sorgen.
- Ihre Ziele und Bestreben.
- Ihre Stärken und Schwächen.
- Ihre Gedanken.
- Ihre Träume.
- Notizen über andere Menschen.
- Ihre Meditationstechniken (was funktioniert und was nicht).
- Ihre Fitnessziele und -leistungen.
- Ein Bericht über Ihre Ernährung.

Die Möglichkeiten sind endlos. Beim Führen eines Tagebuches geht es darum, das zu schreiben, was einem durch den Kopf geht, sodass man sich der Gedanken befreit, es aus einer anderen Perspektive betrachten und einen Einblick in sich selbst gewinnen kann. Manchmal wird es als eine Möglichkeit benutzt, Gedanken loszulassen, indem man sie aufschreibt, damit man zu anderen Gedanken übergehen kann. Es ist eine Technik der Selbstreflexion, die nachweislich die Stimmung verbessert und Sie dazu motiviert, herauszufinden, was Sie in Ihrem Leben wollen.

### *Üben Sie Selbstreflexion*

Wachen Sie jeden Tag auf und fragen Sie sich, was Sie sich von dem Tag wünschen. Was wollen Sie erreichen? Wie wollen Sie heute leben? Fragen Sie sich am Ende jeden Tages, ob Sie das, was Sie sich heute vorgenommen haben, erreicht haben. Fragen Sie sich, ob Sie irgendetwas anders machen würden. Denken Sie über die Höhen und Tiefen des Tages nach und definieren Sie, wie Sie es morgen besser machen können. Bei diesen Fragen geht es nicht um die Beurteilung Ihrer Selbst, sondern darum, Ihren Geist zu öffnen, um Ihre Gedanken und Ihr Verhalten zu erkennen und zu verstehen. Selbstbewusstsein und Selbstreflexion helfen Ihnen, sich selbst zu kennen, was dazu führt, dass Sie realisieren, was Sie im Leben erreichen wollen und Sie dies auch höchstwahrscheinlich tun werden.

### *Üben Sie Achtsamkeit*

Achtsamkeit bedeutet Einssein mit sich selbst in diesem gegenwärtigen Moment. Legen Sie Ihre Gedanken, Gefühle und Überzeugungen beiseite und leben Sie einfach im Hier und Jetzt. Wenn Sie zum Beispiel eine schöne, warme Tasse Tee trinken, sehen Sie sie an, als hätten Sie sie noch nie zuvor gesehen. Schmecken Sie den Tee zum ersten Mal. Halten Sie zum ersten Mal eine heiße Tasse in der Hand. Bemerken Sie zum ersten Mal die verschiedenen Farben auf Ihrer Tasse. Achtsamkeit bedeutet, das Gefühl zu üben und den Moment, in dem man sich gerade befindet, in seiner ganzen Fülle zu erleben. Im Moment lesen Sie einen Abschnitt über Selbsterfahrung, weil Sie lernen wollen, wie Sie Konflikte schnell und effizient lösen können. In diesem Moment ist also nichts anderes wichtig. Denken Sie nicht darüber nach, was draußen passiert oder was jemand anderes tut. Alles, was zählt, ist jetzt, und der Rest der Welt kann warten. Tada! Sie haben gerade einen kurzen Moment der völligen Achtsamkeit hinter sich gebracht. Achtsam zu sein, bedeutet nicht:

- Sich selbst zu verurteilen.

- Sich selbst oder alles um einen herum infrage zu stellen.
- Über eine Sache nachzudenken und sich dann zu einer anderen Sache hinreißen zu lassen.

Die ersten paar Male, wenn Sie Achtsamkeit üben, könnten eine Herausforderung sein und Sie könnten abgelenkt werden. Wenn das passiert, bringen Sie sich zurück in den Moment und konzentrieren Sie sich wieder auf das, was Sie zu diesem Zeitpunkt erleben.

### *Bitten Sie um Feedback*

Zu wissen, was andere von Ihnen denken, aber es nicht persönlich zu nehmen, kann Ihnen helfen, zu erkennen, woran Sie arbeiten müssen. Sie können Ihren engsten Freund fragen, wie Sie wirklich sind oder wie Sie auf andere wirken, und wenn Ihnen die Antwort nicht gefällt, können Sie daran arbeiten, dies zu ändern. Wenn Ihnen die Antwort gefällt, dann beglückwünschen Sie sich dazu, dass Sie genau so wahrgenommen werden, wie Sie sein wollen. Nutzen Sie die Selbstwahrnehmung, wenn Sie ein Verhalten verbessern wollen und versuchen Sie herauszufinden, wann dies geschieht. Einen Auslöser, eine Emotion oder einen Rückschlag in dem Moment zu erkennen, in dem es passiert, kann manchmal nur durch das Feedback von anderen erreicht werden, denen Sie vertrauen.

Selbstbewusstsein entsteht, wenn wir offen für konstruktive Kritik sind und uns selbst und andere dabei nicht beurteilen. Es ist in Ordnung, wenn es Ihnen an Selbstvertrauen fehlt oder wenn Sie sich täglich infrage stellen. Wenn Sie Strategien zur Selbstwahrnehmung erlernen, können diese auch zur Entwicklung des Selbstwertgefühls beitragen.

## Umgang mit Wut während eines Konfliktes

Eine Situation führt oft zu Konflikten, wenn jemand das Gefühl hat, dass etwas ungerecht ist und er wütend wird. Wir alle haben unterschiedliche Persönlichkeiten, unterschiedliche

Überzeugungen und unterschiedliche Vorgehensweisen. Keine zwei Menschen sind gleich, und obwohl man nie sicher sein kann, wie jemand reagieren wird, ist Wut eine häufige Emotion, die Menschen während eines Konfliktes zum Ausdruck bringen. Viele Beziehungen enden, weil jemand die Wut während eines Konfliktes nicht bewältigen kann. In extremen Fällen kann dies zu Aggression und Gewalt führen.

Manche Menschen haben ein wütendes Temperament oder sind anfälliger für Wutausbrüche oder wütende Reaktionen. Dieses Temperament kann auf frühere Erfahrungen, erlerntes Verhalten oder innere Konflikte zurückzuführen sein. Die Überwindung der Wut erfordert die Akzeptanz, dass es ein Problem gibt. Wird man aus dem Nichts heraus wütend? Macht Sie eine Person wütender als alle anderen? Lösen bestimmte Situationen oft intensive Emotionen aus? Finden Sie heraus, was Ihre Auslöser sind und arbeiten Sie dann daran, Ihre Wut zu beherrschen, bevor sie zu einem Konflikt beiträgt.

Hier sind ein paar Möglichkeiten, wie Sie mit Wut oder anderen intensiven Emotionen umgehen können, wenn Sie sich in einer Konfliktsituation befinden.

### *Geduld*

Der Umgang mit Wut und anderen Emotionen erfordert nicht nur Geduld mit einer anderen Person, sondern auch mit sich selbst. Geduld als Mittel zur Selbsterkenntnis erfordert, dass man innehält, wenn man ein intensives Gefühl spürt und es unterdrückt, bevor es zu einem Konflikt beiträgt. Bei Geduld geht es um Zeit; Zeit, um Perspektiven zu erwägen, Zeit, um Ihrer Wut zu erlauben, sich zu beruhigen, Zeit, um mit dem Weinen aufzuhören, Zeit, um zu atmen, Zeit, um zuzuhören. Geduld funktioniert auch mit anderen. Wenn Sie sich die Zeit nehmen, eine Situation in aller Ruhe anzugehen, ist es weniger wahrscheinlich, dass die andere Person die Situation zum Eskalieren bringt, da unser geduldiges Verhalten eine beruhigende Wirkung auf die Menschen um uns herum hat.

*Atmung*

Die Anwendung von Atemtechniken zur Bewältigung intensiver Emotionen während eines Konfliktes erfordert, dass Sie daran arbeiten, Ihren Körper im Auge zu behalten. Atmen Sie langsam und tief und konzentrieren Sie sich auf den Moment. Die richtige Atmung wirkt bei fast allen intensiven Emotionen beruhigend. Wenn Sie wütend sind, hysterisch werden oder eine Panikattacke haben, werden Sie feststellen, dass Ihr Atem sich verkürzt oder dass Sie hyperventilieren oder den Atem anhalten. Dies ist der Zeitpunkt, an dem Sie sich einen Moment Zeit nehmen sollten, um einfach nur zu atmen. Am besten atmen Sie Ihre Frustration durch tiefe Atemzüge aus. Es gibt ein paar Möglichkeiten, tief zu atmen. Hier ist eine Methode dafür:

21. Wenn Sie dazu in der Lage sind, gehen Sie an einen ruhigen Ort, wo Sie allein sein können.
22. Sie können diese Übung sitzend, stehend oder liegend durchführen.
23. Manche Menschen finden es hilfreich, eine Hand auf den Bauch und eine Hand auf die Brust zu legen, um die Konzentration zu erleichtern.
24. Diese Übung wird meistens mit geschlossenen Augen durchgeführt, aber die Augen können auch auf etwas Beruhigendes oder Schönes gerichtet werden.
25. Atmen Sie 3-5 Sekunden lang durch die Nase ein, lassen Sie dabei den Bauch und dann die Brust aufsteigen.
26. Halten Sie den Atem für drei Sekunden an.
27. Lassen Sie den Atem langsam durch den Mund für 3-5 Sekunden los.
28. Wiederholen Sie das Atemmuster, wobei Sie sich darauf konzentrieren, Ihren Bauch und dann Ihren Brustkorb mit Luft zu füllen und dann vollständig, aber langsam auszuatmen.
29. Wiederholen Sie die Atemübung, bis Sie spüren, wie sich Ihr Körper und Ihr Geist beruhigen. Manche Menschen

machen bis zu zehn Wiederholungen mehrmals am Tag als Teil ihrer regelmäßigen Gesundheitsroutine!
30. Beenden Sie die Atemsitzung, indem Sie die Augen öffnen und langsam wieder normal atmen.
31. Stehen Sie vorsichtig und langsam auf.

Manche Menschen praktizieren auch die Variante, bei der nur der Bauch oder nur der Brustkorb mit Luft gefüllt und dann ausgeatmet wird. Probieren Sie alle Varianten aus und finden Sie heraus, was für Sie am besten funktioniert.

Wenn Sie versuchen, während eines Konfliktes diskret zu atmen, bringen Sie einfach Ihre Hände in eine bequeme Position und atmen Sie tief, ruhig und langsam. Schon das eine oder andere Mal kann ausreichen, um eine beruhigende Wirkung zu erzielen.

*Weggehen*

Manchmal kann ein Streit aus dem Ruder laufen, und dann kann es zu verletzenden Worten und Taten kommen. Bevor dies geschieht, sollten Sie sich von dem entfernen, was Sie verärgert. Wenn es sich um eine Person handelt, lassen Sie sie wissen, dass Sie sich nicht weiter beteiligen möchten und Sie eine Pause brauchen. Sagen Sie ihr, dass Sie weggehen, um den Kopf frei zu bekommen, und nicht, weil Sie nicht bereit sind, den Konflikt zu lösen. Manchmal wird die Person nach Ihnen rufen, wenn Sie weggehen, aber in manchen Situationen ist das Ihre einzige Möglichkeit. Wenn Sie weggehen, lenken Sie Ihren Geist von dem ab, was Sie bedrückt. Einige Dinge, die Sie tun können, sind:

- Gehen Sie ein wenig joggen.
- Machen Sie einen Spaziergang im Park oder um den Block.
- Arbeiten Sie an einem Projekt, das Sie gerade durchführen.
- Gehen Sie Ihrem Hobby nach.

- Schauen Sie sich eine Sendung an, hören Sie Musik oder ein Hörbuch.
- Lesen Sie ein Buch, E-Book, eine Zeitschrift oder einen Blog.
- Rufen Sie einen Freund oder ein Familienmitglied an, um zu sehen, wie es ihnen geht.
- Machen Sie einige tiefe Atemzüge.

Das mag offensichtlich erscheinen, oder Sie könnten denken, dass es sich eigentlich gar nicht um eine Methode handelt. Wenn unsere Emotionen verstärkt sind, denken wir oft nicht nach, bevor wir handeln, oder wir sagen Dinge, um den Konflikt weiter eskalieren zu lassen. Waren Sie schon einmal in einer Meinungsverschiedenheit, bei der Sie unterbrochen wurden oder bei der nichts, was Sie sagten, zu funktionieren schien? Da werden Stimmen laut, die Körpersprache wird negativ, der Gesichtsausdruck feindselig oder traurig, und was immer Ihnen durch den Kopf geht, kommt ungefiltert aus Ihrem Mund heraus, bevor Sie es zurücknehmen können. Geduld und Atmung sollten eingesetzt werden, bevor ein Streit eskaliert. Wenn es aber nötig ist, lassen Sie die gegnerische Partei wissen, dass Sie weggehen, um sich etwas Zeit zum Nachdenken zu nehmen, bevor Sie reagieren, damit Sie nicht das Falsche sagen.

## *Lachen Sie ein wenig*

Okay, Sie fragen sich wahrscheinlich, ob man Humor verwenden sollte, aber Sie sind besorgt, ihn zur richtigen Zeit und am richtigen Ort einzusetzen, richtig? Manchmal eskalieren Konflikte, weil wir die Dinge zu ernst nehmen, oder wir nehmen uns nicht die Zeit, über uns selbst zu lachen, um eine Situation zu lindern. Humor kann wirksam sein, um Ärger zu lösen und auf eine Lösung hinzuarbeiten. Achten Sie darauf, dass der Humor für keine der beiden Parteien eine Beleidigung darstellt. Wenn Sie und Ihr Partner zum Beispiel mitten in einem großen Streit sind, könnten Sie statt einer weiteren Eskalation eine humorvolle Erklärung abgeben, wie zum Beispiel: "Mensch, wenn es noch hitziger wird, müssen wir vielleicht jemanden holen, der uns abspritzt." Das sollte dazu führen, dass Sie beide miteinander lachen. Achten Sie darauf, dass Sie miteinander und nicht übereinander lachen. Hoffentlich wird die Situation dadurch leichter. Solange Sie aufrichtig sind und darauf achten, dass es keinen Sarkasmus oder herablassende Bemerkungen gibt, kann Humor Sie an einen positiveren Ort bringen.

### *Positives Selbstgespräch*

Oftmals hören wir zu sehr auf unsere innere Kritik oder die Meinung anderer, und das lässt uns unsere Identität oder unseren Standpunkt infrage stellen. Wenn jemand Sie in einem schwierigen Gespräch beleidigt hat oder darauf besteht, dass Sie sich irren, sollten Sie, anstatt negativ zu reagieren und den Konflikt eskalieren zu lassen, positive Selbstgespräche zur Bewältigung Ihrer Emotionen nutzen. Sie können zu sich selbst sagen:

- Ich glaube an mich selbst.
- Atme ... (Ihr Name), es ist okay, das wird nicht ewig so weitergehen.
- Mir geht es gut, ich bin voll und ganz in der Lage, angemessen mit mir selbst umzugehen.
- Sie sind verrückt, und sie meinen nicht, was sie sagen.
- Ich bin zuversichtlich, was meinen Standpunkt betrifft.
- Ich werde nicht zulassen, dass mich ihre Worte verletzen oder mein Selbstwertgefühl beeinträchtigen.
- Ich werde nicht wütend reagieren.

Bei einem positiven Selbstgespräch geht es darum, sich zu beruhigen, sich selbst zu unterstützen und an seinen Standpunkt zu glauben. Akzeptieren Sie die an Sie gerichtete Negativität nicht.

## Vergebung

Vergebung kann schwer sein. Sie erfordert, dass Sie Ihren Zorn loslassen und keinen Groll mehr hegen. Sie können auf eine andere Person oder sogar auf sich selbst wütend sein. Es könnte sein, dass jemand Ihnen oder jemandem, den Sie lieben, etwas Schlimmes angetan hat. Es könnte daran liegen, dass Sie mit etwas nicht einverstanden sind, das getan wurde, ohne vorher nach Ihrer Erlaubnis oder Meinung zu fragen. Manche Dinge sind leichter zu vergeben als andere. Es geht bei der Vergebung nicht immer darum, einer anderen Person zu vergeben, sondern darum, sich selbst zu vergeben, dass Sie zu den Konflikten in Ihrem Leben beigetragen haben oder dass Sie etwas Schlimmes getan haben. Wenn Sie an Wut, Frustration oder Hass festhalten, bedeutet das, dass Sie in Ihrem Geist und in Ihrem Herzen weniger Platz für die glücklichen und positiven Dinge im Leben haben.

## Mehr Entgegenkommen und weniger Stolz

Oft trübt der Stolz unseren Blick. Wir fühlen uns überlegen oder wir konkurrieren, um einen Streit zu gewinnen, weil es in unserer Natur liegt. Wenn Ihr Stolz es Ihnen nicht erlaubt, einen Rückzieher zu machen und den Bedürfnissen anderer entgegenzukommen, dann werden Sie wahrscheinlich eine Menge Konflikte in Ihrem Leben haben. Vielleicht hat man Ihnen beigebracht, mit anderen so zu verfahren, wie diese es mit Ihnen getan haben. Aber warum müssen Sie sich diesen Überzeugungen anpassen und darauf abzielen, jemand anderem zu schaden? Nur weil Sie jemand beleidigt oder mit Ihnen nicht einverstanden ist, heißt das nicht, dass Sie wütend sein oder Vergeltung üben müssen. Wenn Sie in einer hitzigen Auseinandersetzung waren, sind Sie dann mit dem Bedauern über etwas, das Sie gesagt oder getan haben, weggegangen? Wenn Sie mit "Ja" antworten, dann geschah dies nur deshalb, weil Ihnen der Stolz in die Quere gekommen ist. Lassen Sie Ihr aufgeblasenes Ego los und bleiben Sie entgegenkommend, während Sie sich in

Durchsetzungsvermögen und Kontrolle Ihrer persönlichen Grenzen üben.

Diese Techniken wurden erörtert, um Ihnen Optionen zu geben, wenn Sie sich in einer Konfliktsituation befinden. Keine bestimmte Strategie oder Methode funktioniert für jede Person. Sie können verschiedene Taktiken ausprobieren, sich die Ergebnisse ansehen und entscheiden, welche Hilfsmittel in verschiedenen Situationen am besten für Sie funktionieren. Nur Sie wissen, was für Sie am besten funktioniert, also probieren Sie etwas für eine Weile aus, und wenn es nicht funktioniert, versuchen Sie etwas anderes. Möglicherweise müssen Sie eine Kombination von Strategien anwenden, um mit Ihren eigenen Emotionen während eines Konfliktes umgehen zu können.

## Zusammenfassung des Kapitels

Die vielleicht wichtigste Lektion, die Sie in diesem Kapitel gelernt haben, ist, dass wir durch den Umgang mit unseren Emotionen eine bessere Chance haben, Konflikte zu lösen. Die Bewältigung unserer Emotionen durch die Entwicklung des Selbstbewusstseins und der Umgang mit Emotionen, wie Wut, können uns helfen, einen Konflikt zu entschärfen, bevor er eskaliert.

In diesem Kapitel haben Sie gelernt:

- Wie man Selbstbewusstsein entwickelt.
- Techniken zur Bewältigung übermäßiger Emotionen, bevor sie eskalieren.
- Wie man die Wut während eines Konfliktes loslassen kann.

Im nächsten Kapitel erfahren Sie, wie Sie Überzeugungs- und Verhandlungstechniken einsetzen können, um die Meinung der Menschen in Ihrer Umgebung zu ändern.

KAPITEL 6:

# Konfliktmanagement-Technik 04 - Meinungsänderung durch Überzeugungsarbeit und Verhandlung

Bei der vierten Technik des Konfliktmanagements geht es darum, wie man die Meinung der Menschen, einschließlich Ihrer eigenen, durch Perspektive, Überzeugung und Verhandlungen ändern kann. Wir versuchen oft, einen Streit auf dieselbe Weise zu lösen, wie wir frühere Konflikte gelöst haben, doch die gegenwärtige Situation kann sich von der früheren Erfahrung unterscheiden. Was die meisten Menschen nicht erkennen, ist, dass es keine "Einheitslösung" für einen Konflikt gibt.

Der Grund, warum es wichtig ist, die Perspektive von sich selbst und anderen zu verstehen, ist, dass man sich in die Art und Weise hineinfühlen kann, wie ein Konflikt für jemand anderen erscheint. Sobald Sie verstehen, was geschieht, können Sie andere besser dazu bringen, Ihre Sicht der Dinge zu sehen. Wie Sie in den vorangegangenen Kapiteln gelernt haben, schränkt die emotionale Reaktion oder die verbale und nonverbale Aggressivität die Möglichkeiten zum Konfliktmanagement ein. Wenn Sie die Perspektive eines anderen verstehen, erfahren Sie, wie die Person denkt und warum sie so reagiert, wie sie es tut. Während eines Konfliktes ziehen manche Menschen die Perspektive des anderen nicht in Betracht, weil sie zu stolz sind oder einen Streit gewinnen wollen, anstatt den Konflikt zum gegenseitigen Nutzen beider Parteien zu lösen. Wenn das Ziel darin besteht, zu einer Einigung oder einem Kompromiss zu kommen, dann können Opfer gebracht werden, um einen Mittelweg und eine Lösung zu finden. Wenn Sie auf einen

Konflikt in wettbewerbsorientierter oder stolzer Weise reagieren, weil Sie das Argument "gewinnen" wollen, kann das Ergebnis sein, dass Sie dadurch Ihren Job, Ihren Freund oder Ihren Ehepartner verlieren.

Wenn wir die Perspektive eines anderen Menschen einnehmen, um seine Position zu verstehen, kann das unsere Chancen erhöhen, andere zu überzeugen und eine Lösung auszuhandeln. Die Vorteile des Verstehens und des Hineinversetzens in die Perspektive anderer sind:

- Mehr Informationen über die Situation erhalten.
- Mehr über sich selbst und einen anderen Menschen erfahren.
- Befähigt Sie, effektive verbale und nonverbale Strategien zu wählen.
- Verbesserung der Fähigkeit des Zuhörens.
- Verbesserung der Chancen für gesündere Beziehungen.
- Hilft uns, zu definieren, wer wir sind.
- Schaffung von Empathie.

Laut Michael Carroll, einem Experten für neurolinguistisches Programmieren (NLP), bedeutet die sogenannte "Dreifach-Position", dass man eine Kombination aus drei verschiedenen Sichtweisen verwendet, um die Perspektiven einer Situation vollständig zu erfassen und zu verstehen. Die erste Position besteht darin, sich selbst zu betrachten, was Sie auch im vorangegangen Kapitel über die Selbstwahrnehmung gelernt haben. Die zweite Position besteht darin, die Dinge von der anderen Seite zu betrachten und Einfühlungsvermögen und emotionale Intelligenz zu nutzen, um die Chancen für eine Lösung zu erhöhen. Die dritte Position ist, die Situation aus der neutralen Überblicksperspektive zu betrachten. Wenn man schließlich die dreifache Position erreicht, kann man die Perspektive jeder Partei sowie das Gesamtbild betrachten, um ein besseres Verständnis der Gesamtsituation zu schaffen.

## Erste Position: Sich selbst

Denken Sie bei der ersten Position in der gleichen Weise, als würden Sie beim Schreiben die Ich-Erzählperspektive verwenden. Es ist Ihre Perspektive und Ihre persönliche Meinung darüber, was während eines Ereignisses oder einer Situation geschieht. Die erste Position bedeutet, dass Sie die Dinge nur aus Ihrer eigenen Sicht betrachten und nicht aus der Sicht eines anderen. Die Ich-Perspektive kann sowohl negativ als auch positiv sein. Oft wird die erste Position von Menschen eingenommen, die konkurrenzbetont, engstirnig und egozentrisch sind. Sie kann um des eigenen Egoismus-Willens genutzt werden, sie kann aber auch genutzt werden, um ganz mit sich selbst in Einklang zu sein. Es kann positiv sein, wenn man seine eigenen Emotionen voll und ganz spürt und ein klares Bild seines persönlichen Zieles verfolgen kann.

## Zweite Position: Andere

Ein Beispiel für jemanden, der die zweite Position benutzt, ist ein Therapeut, ein Verkäufer, ein Vermittler oder ein Richter. Diese Personen müssen die Perspektive der anderen klar verstehen, um ihre Arbeit verrichten zu können. Diese Arten von Menschen haben ein signifikantes Verhandlungsgeschick und können die Denkweise eines anderen verstehen. Die zweite Position ähnelt dem Erzählen oder Betrachten eines Sachverhalts aus dem Blickwinkel der zweiten Person in einer Geschichte. Beim Geschichtenerzählen verwendet der Autor beispielsweise "Du/Er/Sie/Ihr"-Aussagen und erzählt die Geschichte auf eine Weise, die direkt zum Publikum spricht. Der Standpunkt der zweiten Person bezeichnet eine allgemeine Art des Erzählens und Sprechens und nicht die persönliche Sichtweise einer Person aus deren Erfahrung. Beim Konfliktmanagement erfordert die Sichtweise aus der zweiten Position Einfühlungsvermögen und Verständnis, wenn es um die Gedanken und Gefühle eines anderen geht.

## Dritte Position: Beobachter

Eine Geschichte aus der Sicht der dritten Person zu erzählen, erklärt jeden Aspekt der Geschichte. Dies wird auch als Erzählperspektive bezeichnet. Sie berichten nicht aus der Perspektive eines einzelnen Charakters, stattdessen beschreiben Sie das ganze Bild, z. B. „Er fühlte sich XXX", „Sie sagte XXX". Es ist die Erklärung dessen, was mit jeder Figur in einer Geschichte geschieht. Die dritte Position ist die letzte Position in der dreifachen Wahrnehmungserfahrung, in der Sie als Individuum einen Schritt zurücktreten und die Szene als Ganzes betrachten können. Stellen Sie sich vor, Sie würden einen Schritt aus sich/Ihrem Selbst heraus machen." Sie schauen nicht mehr auf Ihre eigenen Emotionen und empfinden kein Mitgefühl mehr für die Perspektive oder die Gedanken eines anderen. Stattdessen haben Sie einen vollständigen Schritt aus der Situation heraus gemacht und betrachten sie nun als Außenstehender - als dritte Person. Diese Position ist hilfreich, wenn Sie über das Verhalten jedes Einzelnen nachdenken oder eine Situation objektiv, nicht urteilend und nicht emotional bewerten wollen.

## Die Kombination: Dreifache Position

In der dreifachen Positions-Perspektive kombinieren Sie erfolgreich all diese Positionen und nutzen sie, um einen Konflikt effektiv zu lösen. Typischerweise entsteht ein Streit, wenn jede Konfliktpartei in der ersten Position stecken bleibt. Letztlich ist es nicht unsere Schuld, wenn wir die Dinge von der ersten Position aus betrachten, denn wir sind alle einzigartig und individualistisch und oft auf unsere eigenen Bedürfnisse ausgerichtet, daher macht es nur Sinn, dass wir die Dinge von der ersten Position aus betrachten. Wenn Sie aktiv Ihre Empathie-Fähigkeiten verbessern, üben Sie die zweite Position aus. Wenn Sie die Beobachtung der Gesamtsituation üben, beherrschen Sie die dritte Position. Jetzt können Sie die dreifache Position einnehmen, indem Sie die Positionen gleichzeitig benutzen, was letztlich am hilfreichsten bei der Lösung von Konflikten ist. Diese Fertigkeiten können vor, während und nach einem Konflikt eingesetzt werden.

Bei dieser Perspektive geht es darum, Ihre Selbstwahrnehmung, Ihre sozialen Fähigkeiten, Ihre Führungsqualitäten und Ihr Wahrnehmungsvermögen zu nutzen, um eine Situation vollständig zu verstehen und sie ganz neu zu definieren. Der Gebrauch der dreifachen Position fördert den Erfolg beim Konfliktmanagement. Wenn Sie den Rest dieses Kapitels lesen, denken Sie an die Macht der Perspektive, die die Methode der Dreifach-Position bietet.

## Was ist Überzeugung? Was ist Verhandlung?

Konfliktmanagement erfordert, dass wir lernen, wie wir die Meinung anderer durch Überzeugungen und Verhandlungen ändern können. Überzeugung und Verhandlung mögen zwar ähnlich erscheinen, unterscheiden sich aber deutlich voneinander. Im Grunde besteht der grundlegende Unterschied zwischen Überzeugung und Verhandlung darin, dass Überzeugung die Kunst ist, jemanden so zu informieren, dass er seine Meinung ändert und Ihren Standpunkt einnimmt. Verhandlungen sind jedoch eher wie ein Geschäft oder ein Handel, bis sich beide Personen auf einen endgültig vereinbarten Standpunkt einigen. Sowohl bei Überzeugungen als auch bei Verhandlungen ist es von grundlegender Bedeutung zu verstehen, was das Hauptinteresse aller beteiligten Parteien ist.

### *Überzeugung*

Überzeugung ist die Fähigkeit, jemanden dazu zu bringen, etwas zu tun, indem man Fragen stellt, seinen Standpunkt darstellt oder mit der Absicht spricht, dass er eine andere Denkweise annimmt. Überzeugung ist eine Form der Kommunikation, die Information, Überredung, Unterhaltung und Erzählung umfasst. Es ist bekannt, dass Überredung eine manipulative Taktik sein kann, aber wenn sie mit der richtigen Motivation eingesetzt wird, müssen Überredungstechniken keine hinterhältige Absicht haben. Um überzeugend zu sein, müssen Sie zuerst Ihre Situation oder Ihre Argumentation erklären und dann alle Vorteile Ihres Standpunktes erläutern. Zu den Überzeugungstechniken gehören:

- Diskutieren.
- Informieren.
- Überzeugen.
- Beeinflussen.
- Gemeinsamkeiten finden.

## *Verhandlung*

Verhandeln bedeutet, eine Einigung zwischen allen Parteien zu erreichen, was eine Strategie des Konfliktmanagements ist. Das Ergebnis einer Verhandlung ist in der Regel, dass keine Partei genau das bekommt, was sie verlangt hat, aber beide Parteien bekommen Teilaspekte von dem, was sie wollen. Dies geschieht, indem man sich gegenseitig darüber einigt, welche Zugeständnisse für beide Seiten möglich sind. Während einer Verhandlung sind Fairness, gegenseitiges Verständnis und Nutzen sowie die Aufrechterhaltung von Vertrauen und Nähe wesentliche Faktoren, die es zu berücksichtigen gilt. Die Verhandlung verwendet folgende Hilfsmittel:

- **Befragung:** Stellen Sie der anderen Partei Fragen, um ein Verständnis für die Fakten oder die Perspektive und Bedürfnisse der anderen Partei zu erhalten.
- **Sich erkundigen:** Finden Sie die Bedürfnisse aller Parteien heraus und erklären Sie sich diese gegenseitig. Nutzen Sie die Antworten auf die Fragen, um das Gespräch anzuregen.
- **Motivation:** Verstehen Sie, was die Parteien dazu motiviert, zu argumentieren oder auf ihren Standpunkt zu bestehen. Werden sie von Moral, monetären oder anderen spezifischen Aspekten angetrieben?

- **Prioritäten:** Was ist es, das jede Partei am meisten will, und was wird jede Partei aufgeben, um den Konflikt zu lösen?

*Wie wählen Sie?*

Bei der Frage, welche Taktik oder Technik man anwenden soll, wenn man versucht, die Meinung oder Perspektive einer Person zu ändern, muss man entscheiden, ob das Hauptziel ein Ergebnis ist, das allen Konfliktparteien zugutekommt. Die meisten Menschen werden Überzeugungsarbeit der Verhandlung vorziehen, weil ihr Hauptzweck darin besteht, jemanden zu überzeugen, ihren Standpunkt zu vertreten. Sie werden die Bedürfnisse der anderen Person möglicherweise nicht wirklich verstehen oder nicht einmal Wert darauf legen.

Andere Menschen werden sich für Verhandlungen entscheiden, wenn es darum geht, eine gemeinsame Basis zu finden. Die meisten Menschen greifen zur Taktik des Überzeugens, weil wir in erster Linie die Perspektive der ersten Position einnehmen, und es ist schwierig, mit jemandem zu verhandeln, wenn wir nur unsere eigenen Bedürfnisse berücksichtigen. Verhandlungen können nur möglich werden, wenn wir die zweite Position nutzen. Es ist jedoch nicht die Regel, dass man nur das eine oder das andere benutzt. Wenn Überzeugungsarbeit mit Verhandlung kombiniert wird, kann es sein, dass das Endergebnis besser ausfällt, als wenn man nur einen Ansatz wählt, um die Meinung eines anderen zu ändern.

## Wie man einen Konflikt durch Überzeugung und Verhandlung löst

Dieser Abschnitt des Kapitels soll Ihnen helfen, Überzeugungs- und Verhandlungsstrategien zu identifizieren, damit Sie beides zur Lösung von Konflikten verwenden können. Wenn Sie sich darauf konzentrieren, überzeugend zu sein, müssen Sie Emotionen berücksichtigen und sich emotionale Intelligenz aneignen, um einen Einblick zu erhalten, wie Sie Ihre

Zuhörer beeinflussen können. Wenn Sie sich auf Verhandlungen konzentrieren, müssen Sie Einfühlungsvermögen und die Körpersprache von jemandem berücksichtigen, bevor Sie Ihren Kompromiss vorschlagen.

### *Einsatz positiver Überzeugungstechniken beim Konfliktmanagement*

Eine positive Einstellung zum Konflikt erhöht die Chance auf eine einvernehmliche Lösung. Es gibt viele positive Überzeugungstechniken, die Sie anwenden können. Fünf davon werden wir nachfolgend erörtern: positive Bestärkung, Respekt, Opportunismus, Anerkennung und Erfolg.

### 1. Positive Bestärkung

Die positive Bestärkung wird bei der Entwicklung von Kindern eingesetzt. Dabei werden schlechte oder herausfordernde Verhaltensweisen ignoriert und positive Verhaltensweisen bestärkt. Anstatt Wutausbrüche und Aggressivität zu beachten, loben Sie Ihr Kind bei jeder guten Sache, die es tut. Wenn ein Kind zum Beispiel ein hübsches Bild malt oder von sich aus bis zehn zählt, klatschen Sie und sagen: "Wow, gut gemacht". Wenn ein Kind jedoch einen Wutausbruch hat, ignorieren Sie es, anstatt es anzuschreien.

Positive Bestärkung als Überzeugungstechnik erfordert, dass Sie die Handlungen der anderen Person loben, um sie zu ermutigen, in einer für Sie günstigen Weise zu handeln. Wenn Sie einen potenziellen Konflikt vorhersehen, könnten Sie sich für die vorherige Rücksichtnahme bedanken, die Ihnen die Person entgegengebracht hat. Wenn Sie zum Beispiel versuchen, einen Freund zu überreden, Ihnen mit Ihrem Lastwagen zu helfen, könnten Sie damit beginnen, ihm noch einmal für das letzte Mal zu danken, als er Ihnen geholfen hat.

## 2. Respekt

Diese Strategie beinhaltet, dass man wirklich Rücksicht nimmt auf die Stärken oder die Leistungen der anderen Person. Man kann sie an ihre besten Eigenschaften erinnern, um ihr zu helfen, sich vorzustellen, wieder etwas Großzügiges oder Hilfreiches zu tun. Wenn Sie zeigen wollen, dass Sie jemanden respektieren und an ihn glauben, beweisen Sie dies, indem Sie erklären, warum. Verbildlichen Sie der Person, dass sie die einzige ist, die Ihnen wirklich helfen kann. Dies wird sie ermutigen, darüber nachzudenken, es zu tun.

## 3. Opportunismus

Suchen Sie nach Gelegenheiten, das zu bekommen, was Sie brauchen oder wollen, indem Sie die Gewohnheiten und Vorlieben der anderen Person kennen. Wenn Sie sich beispielsweise Geld leihen müssen und wissen, dass ein großzügiger Kollege gerne Kaffee trinkt, könnten Sie sich mit ihm in seinem bevorzugten Café treffen, mit ihm Kaffee trinken und ihn dann dazu überreden, Ihnen Geld zu leihen.

## 4. Anerkennung

Ähnlich wie bei den beiden vorherigen Strategien, bedeutet die Verwendung von Anerkennung als Überzeugungsmittel, die Leistungen von jemandem zu nutzen, um zu erreichen, was man will. In einem Konfliktszenario, wie einem Streit mit einem Mitarbeiter, der sich zu sehr in Ihr persönliches Leben einmischt, sollten Sie möglicherweise zuvor eine positive Situation schaffen, damit Sie sich wohlfühlen, mit ihm über das Thema zu sprechen. Sie könnten ihm sagen, wie sehr seine Fähigkeiten zum Erfolg eines kürzlich durchgeführten Projekts beigetragen haben. Dann könnten Sie ihm sagen, dass Ihnen die Arbeit mit ihm wirklich Spaß gemacht hat, Sie aber Ihr Privatleben lieber für sich behalten und nur über die Arbeit sprechen möchten.

### 5. Erfolg

Wenn Sie auf jemanden treffen, der einen Wettbewerbscharakter hat, dann können Sie dies auf positive Weise nutzen, um den Konflikt mit ihm zu lösen. Für die meisten konkurrierenden Menschen ist der Erfolg das Hauptziel in ihrem Leben. Sie können dem anderen erklären, auf welche Weise Sie erfolgreich sind und welchen Vorteil derjenige hätte, sich mit Ihnen abzustimmen. Das wird dazu beitragen, diese Person davon zu überzeugen, dass es besser wäre, mit Ihnen befreundet zu bleiben, als in einem Streit mit Ihnen zu verharren.

Diese Strategien mögen manipulativ erscheinen, aber bedenken Sie Ihre Absichten, die hinter der Überzeugungsarbeit stecken. Wenn Ihr Beweggrund darin besteht, die Hilfe zu erhalten, die Ihnen beiden zugutekommt, wird dies zu einem positiven Ergebnis führen. Sind Ihre Absichten dagegen egoistisch, werden Sie als nicht authentisch angesehen und wahrscheinlich wenig Erfolg bei der Lösung des Konfliktes haben. Denken Sie immer an die Bedürfnisse der anderen Person, bevor Sie Überzeugungs- und Verhandlungstaktiken anwenden.

### *Einsatz von Verhandlungstechniken beim Konfliktmanagement*

Verhandlungstechniken sind einfacher als Überzeugungstechniken, weil es leichter ist, Kompromisse einzugehen, als jemanden völlig auf Ihre Seite zu bringen. Die Kunst, einen Mittelweg zu finden, Kompromisse zu schließen und gegenseitigen Nutzen zu erzielen, steht im Mittelpunkt der Verhandlung. Überzeugungsarbeit kann im Gespräch vor einer Verhandlung stattfinden, oder man kann direkt mit der Verhandlung beginnen. Wenn Sie sich direkt in die Verhandlung stürzen, könnte es so aussehen, als seien Sie aggressiv und würden das Gespräch nur in Erwägung ziehen, um etwas zu erreichen. Wenn Sie andererseits erklären, wie Sie den Konflikt wahrnehmen und fragen, ob Sie eine Lösung in Form eines Kompromisses ausdiskutieren wollen, haben Sie eine größere

Wahrscheinlichkeit, dass Ihre Verhandlung Erfolg hat. Drei effektive Verhandlungstaktiken sind:

1. **Berücksichtigen Sie die Interessen und Werte jeder Partei**

Wenn Sie einen Konflikt mit dieser Taktik lösen, stellen Sie sicher, dass Sie Ihre eigenen Überzeugungen von denen der anderen Partei trennen. Identifizieren Sie die Werte der anderen Person, damit Sie die Probleme um diese herum lösen können. Die gegnerische Partei wird Ihnen mehr vertrauen, wenn Sie ihr zunächst mitteilen, dass Sie ihren Standpunkt gehört und ihre Werte berücksichtigt haben. Machen Sie deutlich, dass Sie nicht versuchen, ihr das, was ihr wichtig ist, wegzunehmen, nur weil Sie sich im Konflikt befinden. Legen Sie alles andere beiseite und konzentrieren Sie sich auf das bestehende Problem.

2. **Entwickeln Sie Ihre verbale und nonverbale Kommunikationsstrategie, bevor Sie sich an die andere Partei wenden**

Üben Sie, was Sie sagen wollen und wie Sie sich präsentieren, bevor Sie sich auf die andere Partei einlassen. Dies trägt wesentlich zur Lösung eines Konfliktes bei und wird Ihnen helfen, Ihre Botschaft selbstbewusst zu vermitteln und Sie gegenüber den Reaktionen der anderen Person widerstandsfähiger zu machen. Sie müssen nicht jedes Wort und jedes Argument, das Sie verwenden wollen, auswendig lernen. Machen Sie eine Liste mit Stichpunkten und üben Sie auf verschiedene Art und Weise, wie Sie es sagen wollen, wobei Sie sich die Zeit nehmen sollten, zu überlegen, wie jedes Wort klingt und wie es von der anderen Person interpretiert werden könnte. Probieren Sie während des Übens auch verschiedene Arten des Stehens oder Sitzens aus, während Sie die Informationen vermitteln. Achten Sie darauf, dass Ihre Körperhaltung und Ihre Handgesten ruhig und nicht bedrohlich sind.

## 3. Überlegen Sie, welche Gemeinsamkeiten Sie haben und geben Sie diese Informationen weiter

Verhandeln ist wie ein Geschäft abschließen. Es geht darum, zu handeln und auf dem aufzubauen, was beide Konfliktparteien interessiert. Beide Parteien sollten etwas von dem bekommen, was sie wollen, und dem anderen etwas abgeben. Wenn Sie und Ihre Schwester zum Beispiel zufälligerweise das gleiche Kleidungsstück gekauft haben, weil es Ihnen gleich gut gefällt, kann es zu einem Konflikt kommen, wenn Ihre Schwester möchte, dass Sie Ihres zurückgeben. Sie argumentiert, dass sie nicht mit dem gleichen Kleidungsstück wie dem Ihren gesehen werden will, vor allem nicht zur gleichen Zeit. Sie könnten damit beginnen, diesen Konflikt zu lösen, indem Sie Ihrer Schwester sagen, dass Sie beide einen guten Geschmack haben. Dann könnten Sie vorschlagen, dass Sie das Kleidungsstück an jenen Tagen, an denen Sie sich gegenseitig sehen werden, nicht tragen und dass Sie z. B. an Feiertagen oder Wochenenden, wenn Sie beide anwesend sind, beide ein anderes Outfit wählen. Auf diese Weise können Sie beide das Kleidungsstück behalten, und keiner von Ihnen wird gesehen, wie Sie es zur gleichen Zeit tragen. Zählen Sie Möglichkeiten auf, wie Sie beide das Kleidungsstück genießen können und konzentrieren Sie sich auf die Situation, wenn Sie gleichzeitig gesehen werden, anstatt darauf zu bestehen, dass nur eine Person das Kleidungsstück behalten darf.

Während eines Konfliktes oder einer Auseinandersetzung gibt es Unterschiede in der Persönlichkeit, den Werten und den Meinungen, die das Ergebnis beeinflussen können. Es kann sein, dass die Grenzen aufgrund von etwas, das gesagt wurde, überschritten wurden. Wenn Sie diese Bedenken mit der anderen Partei besprechen, erhalten Sie einen Einblick in die Unterschiede Ihrer Meinungen, sodass Sie Wege zur Umgehung dieser Unterschiede aushandeln können. Sie und Ihr Vorgesetzter sind beispielsweise der Meinung, dass das Management anders gehandhabt werden sollte. Sie denken, dass es mehr Unterstützung für die Mitarbeiter geben sollte, aber Ihr Chef ist der Meinung, dass es mehr kundenorientierte Unterstützung geben sollte. Der Konflikt besteht darin, dass persönliche Meinungsverschiedenheiten darin bestehen, was Vorrang haben sollte. Zur Lösung dieses Konfliktes könnte es gehören, herauszufinden, warum Sie anders denken und einen Einblick in beide Aspekte der Angelegenheit zu erhalten. Vielleicht könnten Sie für beide Aspekte Verbesserungen aushandeln. Bei erfolgreichen Verhandlungen geht es darum, gemeinsam an der Lösung von Konflikten zu arbeiten, sodass beide Seiten gewinnen und der Konflikt endet. Manchmal müssen Sie Ihre Differenzen wirklich verstehen, damit Sie eine gemeinsame Basis finden können.

## Zusammenfassung des Kapitels

Die Meinung anderer und Ihrer selbst zu ändern, bedeutet, die gesamte Situation zu betrachten, einen Strategieplan zu entwerfen und sie mit Überzeugungs- und Verhandlungsstrategien zu lösen. In diesem Kapitel haben Sie gelernt, die Perspektive der Dreifach-Position anzuwenden und Verhandlungen und Überzeugungsarbeit als Konfliktlösungstechnik einzusetzen. Lassen Sie uns rekapitulieren, was Sie in diesem Kapitel erfahren haben. In diesem Kapitel haben Sie gelernt:

- Die dreifache Position.
- Was Überzeugungsarbeit ist.
- Was Verhandlung ist.
- Wie man überzeugt.
- Wie man verhandelt.
- Wie man einen Konflikt durch die Kombination von Überzeugungsarbeit und Verhandlungen löst.

Im nächsten Kapitel erfahren Sie, wie Sie Ihre emotionale Intelligenz entwickeln können. Dies wird Ihnen helfen, erfolgreich zu sein und Konflikte wie eine große Führungskraft zu lösen.

KAPITEL 7:

# Konfliktmanagement-Technik 05 - Emotionale Intelligenz entwickeln, damit Sie Konflikte wie eine Führungskraft lösen können

Viele große Führungskräfte haben Erfolg, weil sie Meister im Umgang mit Konflikten und deren Lösungen sind. Wie erreichen sie dies? Sie haben ihre emotionale und soziale Intelligenz entwickelt, damit sie in der Lage sind, alle auftretenden Probleme zu lösen. Sie können lernen, Konflikte wie eine Führungskraft zu lösen. Was macht eine große und erfolgreiche Führungspersönlichkeit aus? Wie trägt die emotionale Intelligenz zum Erfolg bei? Hier sind einige Merkmale großer Führungskräfte:

- Führungspersönlichkeiten arbeiten an den Bedürfnissen der Gruppe und stellen gewöhnlich andere vor sich selbst.
- Führungspersönlichkeiten sind durchsetzungsfähig, aber nicht aggressiv.
- Führungspersönlichkeiten sind großartige Gesprächspartner und Redner.
- Führungspersönlichkeiten lernen die Menschen in ihrer Umgebung kennen.
- Führungspersönlichkeiten sind ehrlich, aber taktvoll.
- Führungspersönlichkeiten wissen, wie sie die Menschen in ihrer Umgebung beeinflussen können.

Man muss keine große Führungspersönlichkeit sein, um emotionale Intelligenz erfolgreich zu entwickeln. Jeder kann diese Fähigkeit erlernen und anwenden. Was genau ist also emotionale Intelligenz? Es ist die Fähigkeit, die eigenen Emotionen zu kontrollieren und zu regulieren, während man die Emotionen anderer versteht und einfühlsam damit umgeht. Jeder kann die Fähigkeiten erlernen, die man braucht, um emotional intelligent zu sein. Aber nicht jeder kann seine Fähigkeiten einsetzen, wenn intensive Emotionen involviert sind. Große Führungspersönlichkeiten haben diese Fähigkeit, weil sie ihren Verstand trainiert haben, auch während eines Konfliktes emotional stabil zu sein. Das erlaubt ihnen, große Menschenmengen und Gruppen von Menschen mit Selbstvertrauen und Selbstsicherheit zu führen. Eine der wichtigsten Fähigkeiten, die für die emotionale Intelligenz erforderlich ist, ist die Selbstmotivation. Das bedeutet, dass Sie nicht motiviert sind, weil es um Reichtum oder Macht geht, sondern weil Sie sich persönlich weiterentwickeln wollen. Es kann auch bedeuten, dass Sie in der Lage sind, Dinge von anderen zu erreichen, ohne Druck auszuüben. Lassen Sie uns vier Hauptfähigkeiten besprechen, die mit emotionaler Intelligenz zu tun haben. Wenn Sie diese effektiv zusammen einsetzen, können Sie mit Zuversicht sagen, dass Ihre emotionale Intelligenz hoch ist. Die vier Fertigkeiten sind:

32. Selbstmotivation.
33. Selbstregulierung.
34. Selbstbewusstsein.
35. Empathie.

Einige Menschen haben diese Fähigkeiten in einem höheren Maß entwickelt als andere. Andere Menschen haben nur wenige oder vielleicht gar keine dieser Fähigkeiten. Wenn Sie jedoch nicht über all diese Fähigkeiten verfügen oder noch an ihnen arbeiten, wird Ihnen dieses Kapitel helfen. Jede Führungskraft ist auf ihre eigene Weise anders, aber was sie alle gemeinsam haben, ist, dass sie wissen, dass Konfliktmanagement Teamarbeit, Selbstreflexion, Verhandlungen und Respekt erfordert. Die effektivsten Führungskräfte verfügen auch über eine hohe emotionale Intelligenz. Durch das Erlernen der verschiedenen

Fähigkeiten, die zu einer hohen emotionalen Intelligenz führen, erlernen Sie Führungsqualitäten, die Ihnen die Fähigkeit geben, Konflikte zu lösen. Da wir in Kapitel fünf bereits etwas über Selbstbewusstsein gelernt haben, werden wir uns nun auf Selbstmotivation, Selbstregulierung und Empathie konzentrieren.

## Wie man sich selbst motiviert

Selbstmotivation ist die Fähigkeit, die Initiative zu ergreifen und danach zu streben, etwas zu tun, ohne von jemand anderem gefragt oder unter Druck gesetzt zu werden. Es ist die Fähigkeit, etwas zu sehen und danach zu streben, sein Ziel zu verwirklichen und nur von sich selbst oder dem Traum vom erfolgreichen Ausgang angetrieben und motiviert zu werden. Manche Menschen interpretieren dies vielleicht als den Gedanken, sie seien motiviert, Geld zu verdienen und erfolgreich zu sein, aber darum geht es bei der Selbstmotivation in Wirklichkeit nicht. Eine wirklich emotional intelligente Person motiviert sich selbst, ohne über Geld, Macht, Lob oder Anerkennung nachzudenken, weil sie das nicht braucht, um ihr Verlangen nach dem, was sie will, zu sättigen. Wenn es um Konfliktmanagement und Selbstmotivation geht, muss man einen Konflikt wirklich lösen wollen und keine Angst haben, das schwierige Thema anzusprechen. Seien Sie proaktiv und zögern Sie nicht. Nutzen Sie Ihre Tatkraft und Ihren Ehrgeiz, um während des Konfliktes durchzuhalten. Hier sind einige Möglichkeiten, wie Sie Ihre emotionale Intelligenz aufbauen können:

### *Umgeben Sie sich mit positiven Menschen und einem positiven Umfeld*

Jeder weiß, dass negatives Verhalten nur noch mehr Negativität in Ihr Leben zieht. Wenn Sie sich mit positiven Menschen oder hochmotivierten Gleichgesinnten umgeben, wird Ihre Selbstmotivation deutlich zunehmen und Ihre Perspektive wird positiver und hoffnungsvoller sein. Der größte Unterschied zwischen einem negativen und einem positiven Menschen besteht darin, dass ein positiver Mensch mit Lösungen kommt und nicht nur auf die Probleme hinweist, während ein negativer Mensch nur Ausreden findet, um Probleme nicht zu lösen und sich auf die negativen Aspekte des Themas konzentriert. Ein positiver Mensch wird in jeder schlechten Situation das Gute sehen, während ein pessimistischer Mensch immer das Negative sieht.

### *Überdenken Sie nicht zu viel*

Die meisten Menschen, die alles überdenken sind die, die zu sehr auf ihre innere Kritik hören oder Perfektionisten sind. Wenn man an etwas arbeitet, über das man nachdenken muss, analysiert man instinktiv jeden Aspekt davon, wenn man seine Erwartungen zu hoch steckt. Nicht alles muss perfekt sein. Bitten Sie um Feedback, aber seien Sie nicht besessen davon. Fakt ist, dass Perfektionisten oft daran scheitern, dass sie sich zu sehr um Exzellenz bemühen, anstatt einfach nur etwas auf einem akzeptablen Qualitätsniveau zu erreichen. Ein Projektergebnis kann zum Beispiel perfekt sein, aber es hat zu viel Zeit in Anspruch genommen, den Rahmen gesprengt und das Budget überschritten.

### *Verfolgen Sie Ihren Erfolg*

Im Laufe unseres Lebens erreichen wir Großes, aber es wird nur selten anerkannt oder belohnt, weil wir von anderen nicht bemerkt werden. Ein Mensch, der sich selbst motiviert, erkennt diese Leistungen jedoch an und belohnt sich selbst, wenn er eine Aufgabe erfüllt, an der er gearbeitet hat. Im Laufe der Zeit werden Sie mehr und mehr Belohnungen und Erfolge erleben, fügen Sie diese also Ihrer Erfolgsbilanz hinzu. Ein Jahr später können Sie auf das zurückblicken, was Sie erreicht haben, und das wird Sie zusätzlich motivieren, weiterzumachen.

*Seien Sie behilflich*

Die Wissenschaft sagt, das Beste, was Sie tun können, um Ihre Stimmung zu heben, ist anderen zu helfen. Unabhängig davon, ob sie reicher oder ärmer sind als Sie, wenn Sie jemandem helfen, werden Glückshormone in Ihrem Gehirn ausgeschüttet, was Sie motiviert. Wenn zum Beispiel jemand zu Ihnen kommt und traurig ist oder die Luft rauslassen will, werden Sie ihn natürlich aufmuntern wollen. Wenn Sie diese Person durch motivierende und positive Worte aufmuntern, werden Sie sich selbst auch besser fühlen. Diese positive Energie führt zu mehr Selbstmotivation, um Ihren Weg zum Erfolg fortzusetzen.

Um emotionale Intelligenz zu erlangen, müssen Sie sich selbst motivieren und nach positiven Ergebnissen streben. Sie brauchen die Motivation, um auf dem Weg zu bleiben und gesunde Gewohnheiten aufzubauen, sodass Ihnen die Aneignung der Aspekte der emotionalen Intelligenz, wie Selbstregulierung und Empathie, leichter fallen.

## Wie Selbstregulierung Konflikte verringert und wie man sie entwickelt

Denken Sie bei Selbstregulierung an Selbstkontrolle. Es ist die Fähigkeit, Ihre Emotionen zu verarbeiten und sie in Konfliktsituationen zu beruhigen. Es ist ein weiterer Aspekt im Umgang mit Ihren Emotionen. Selbstregulation erfordert zunächst einmal Selbstbewusstsein. Selbstbewusstsein ermöglicht es Ihnen, zu erkennen, wenn Sie wütend oder enttäuscht sind.

Die Selbstregulierung gibt Ihnen die Möglichkeit, sich zu beruhigen, bevor Sie einen Konflikt eskalieren lassen. Der Aufbau Ihrer Selbstregulierungsfähigkeiten steigert Ihre emotionale Intelligenz und hilft Ihnen, rationale Entscheidungen zu treffen, was beim Konfliktmanagement von wesentlicher Bedeutung ist.

In Kapitel fünf haben Sie etwas über Selbstbewusstsein und die Auslöser Ihrer Emotionen gelernt. Wenn Sie wissen, wodurch sie ausgelöst werden und was Sie stört, können Sie Ihre Emotionen und deren Einfluss auf einen Konflikt mithilfe der Selbstregulation effektiver steuern. Wenn Sie Selbstregulation erlernen, können Sie:

- Ihre emotionalen Reaktionen verzögern.
- Effiziente Wege entwickeln, um sich selbst zu beruhigen.
- Ihre Gedanken reflektieren.
- Die Emotionen anderer verstehen.
- Gelassenheit gewinnen.

Einige selbstregulierende Strategien sind:

### *Seien Sie offen für Veränderungen*

Engstirnige Menschen sind so sehr in ihrer eigenen Welt, dass sie nicht bereit sind, die Meinung anderer Menschen wertzuschätzen. Wenn man aufgeschlossen ist, kann man Veränderungen und Abwechslung in seinem Leben leichter bewältigen, als wenn man engstirnig ist. Jemand, der sich gut selbst reguliert, ist zum Beispiel offen für Spontaneität und widerstandsfähig gegen Veränderungen, wenn es sein muss. Wenn Sie zum Beispiel in Ihrem Job zurückgestuft wurden, könnten Ihre verstärkten Emotionen zu Konfrontationen mit Ihrem Chef führen. Dieser Mangel an Selbstregulierung könnte die Situation noch weiter eskalieren lassen und möglicherweise dazu führen, dass Sie Ihren Job ganz verlieren.

### *Üben Sie Selbstdisziplin*

Selbstdisziplin ist, wenn Sie Ablenkungen vermeiden und eine Arbeit oder Aufgabe allein erledigen können, ohne dass Sie jemand anderer dazu drängt. Es bedeutet, dass Sie Ihre Schwächen definieren und an ihnen arbeiten können, sie zu verbessern, ohne sie als Hindernis oder Wegweiser für Ihren Erfolg zu sehen. Beharrlichkeit und Kontrolle sind die Grundlagen für die Selbstregulierung Ihrer Emotionen und die

Überwindung Ihrer Schwächen. Menschen, die selbstdiszipliniert sind, verfügen über eine höhere emotionale Intelligenz und sind stärker darauf konzentriert, wie sie das, was sie im Leben brauchen, erreichen können. Das fördert die Chancen auf eine Konfliktlösung, weil Selbstdisziplin hilft, die Aufmerksamkeit auf das zu richten, was wirklich wichtig ist.

### *Sprechen Sie mit Ihrer inneren Kritik*

Ein Teil der Selbstregulierung ist die Fähigkeit, der inneren Kritik zu antworten und seine negativen Gedanken neu zu formulieren. Wenn Ihnen zum Beispiel jemand sagt, dass Sie nicht besonders kreativ sind oder dass Sie schlechte Kommunikationsfähigkeiten haben, beginnen Sie vielleicht, daran zu glauben. Wenn Sie sich jedoch darin üben, diesen Glauben nicht überhandnehmen zu lassen, können Sie Ihre Gefühle über sich selbst und andere regulieren. Letztlich werden Sie die negativen Dinge nicht mehr belasten, die andere Leute und die Sie sich selbst sagen, und Sie werden ihnen mit positiven Argumenten begegnen können. Sie können dies üben, indem Sie jeden Morgen positive Mantras zu sich selbst sagen und sich den Erfolg vergegenwärtigen.

### *Atmen Sie unter Druck*

Die Selbstregulierung setzt voraus, dass man in einer Umgebung mit hohem Druck ruhig bleiben kann. Wenn Sie zum Beispiel in einem schnelllebigen Unternehmen arbeiten, werden Sie sich unter Druck gesetzt fühlen, Ihr Bestes zu geben und schnell zu handeln. Bei der Selbstregulierung geht es darum, Ihre Selbstwahrnehmung so zu steuern, dass Sie vor anderen Menschen die Ruhe bewahren können. Eine effektive Atmung ermöglicht es uns, jeder Situation mit Ruhe und Gelassenheit zu begegnen. Wir haben in den vorangegangenen Kapiteln über die Atmung gesprochen und gelernt, dass eine tiefe, regelmäßige Atmung beruhigend wirkt und uns hilft, uns zu konzentrieren. Üben Sie dies, indem Sie Atemtechniken und andere

Entspannungsmethoden, wie Meditation, anwenden, wenn Sie sich unter Druck gesetzt fühlen.

### *Identifizieren Sie das Ergebnis*

Wenn Sie rational darüber nachdenken können, wie das Ergebnis Ihrer Handlungen während eines Konfliktes aussehen wird, können Sie die Fähigkeit zur Selbstregulierung Ihrer Emotionen und Verhaltensweisen weiterentwickeln. Da die Selbstregulierung darauf beruht, dass Sie sich selbst und die Auslöser, die Sie verärgern, kennen, können nur Sie den richtigen Ansatz zur Lösung von Konflikten wählen. Denken Sie nach, bevor Sie handeln, und bedenken Sie die Konsequenzen Ihrer Handlungen. Selbstregulierung erfordert, dass Sie die Verantwortung für Ihren Beitrag zu einem Problem übernehmen und Wege finden, um es effizient zu lösen. Dies erfordert ein Bewusstsein dafür, was das optimale Ergebnis der Situation ist.

## Wie Empathie einen Konflikt lösen kann

Einfühlungsvermögen ist die Grundlage der emotionalen Intelligenz. Bei der emotionalen Intelligenz geht es darum, die eigenen Gefühle zu verstehen und gleichzeitig die Gefühle anderer zu erkennen. Einfühlungsvermögen ist die Fähigkeit, sich in die Lage anderer Menschen zu versetzen und ihre Seite der Dinge zu sehen. Hochgradig einfühlsame Menschen fühlen den Schmerz der anderen um sie herum. Wenn zum Beispiel Ihr Freund traurig ist, sind Sie es auch. Wenn Ihr Familienmitglied wütend ist, spüren Sie möglicherweise, dass Sie einen Teil der Wut "abbekommen". Was hat also Einfühlungsvermögen mit Konfliktmanagement zu tun?

Während sich einige Menschen der Emotionen anderer bewusst sind, können manche Menschen nicht einfühlsam sein. Konfliktmanagement erfordert, dass man den Standpunkt von jemandem sieht, um das Problem wirksam lösen zu können. Wie können wir also lernen, empathischer zu sein?

### *Gehen Sie an Ihre Grenzen*

Wenn wir unbequeme oder ungewohnte Dinge tun, lernen wir, uns persönlich weiterzuentwickeln, uns an Veränderungen anzupassen und mit jedem Konflikt umzugehen, der auf uns zukommt. Indem Sie etwas Neues lernen, wie z. B. ein Musikinstrument zu spielen oder ein Bild zu malen, oder indem Sie etwas Anstrengendes tun, wie z. B. Sport zu treiben oder auch indem Sie neue Leute kennenlernen, werden Sie entspannter, bescheidener und geschickter. Bescheidenheit ist ein entscheidender Faktor für die Entwicklung von Einfühlungsvermögen. Gehen Sie an Ihre Grenzen, damit Sie als Person wachsen können.

### *Bitten Sie um konstruktive Kritik*

Zum Einfühlungsvermögen gehört auch zu verstehen, wie andere Sie und Ihre Schwächen sehen, damit Sie zum Nutzen anderer daran arbeiten können. Besuchen Sie Ihre engsten Freunde oder Menschen, die Ihr wahres Ich kennen, und fragen Sie sie, wie Sie auf Konflikte oder Beziehungsprobleme reagieren. Wenn Ihnen jemand sagt, dass Sie gut helfen, aber schlecht zuhören können, dann wissen Sie, dass Sie an Ihren Fähigkeiten des Zuhörens arbeiten müssen.

### *Melden Sie sich öfter bei anderen*

Das Gegenteil von Einfühlungsvermögen ist, nur den eigenen Nutzen in Dingen zu sehen, was zeigt, dass man egoistisch oder egozentrisch ist. Um diese Gewohnheit zu brechen, immer nur über sich selbst sprechen zu wollen oder Dinge zu tun, die nur Ihnen helfen, sollten Sie sich bewusst bemühen, sich bei den Menschen, die Ihnen wichtig sind, zu melden. Anstatt jemanden um Hilfe zu bitten, rufen Sie jemanden an, um zu sehen, ob er Ihre Hilfe brauchen könnte. Anstatt jemanden zu bitten, sich mit Ihnen zu treffen, in der Absicht, eine Gegenleistung zu bekommen, rufen Sie an und fragen Sie, ob Sie ihn zum

Mittagessen oder Kaffee einladen können, nur weil Sie hören wollen, was es Neues in seinem Leben gibt.

### *Sehen Sie den Standpunkt eines anderen*

Auch wenn es für manche Menschen eine Herausforderung ist, die Perspektive eines anderen zu sehen, erhöht die bewusste Entscheidung, wirklich auf den Standpunkt eines anderen zu hören, Ihr Einfühlungsvermögen. Wenn Sie sich auf ein Gespräch einlassen, hören Sie wirklich auf das, was die andere Person Ihnen erzählt, und denken Sie darüber nach, wie Sie sich fühlen würden, was Sie denken würden und was Sie tun würden, wenn Sie in der Situation der anderen Person wären.

### *Hören Sie auf zu urteilen*

Verurteilen Sie nicht. Nur weil Sie etwas nicht tun würden, was jemand anderes tut, heißt das nicht, dass Sie klüger sind als er. Jeder hat seine eigenen Gründe dafür, warum er tut, was er tut. Urteilen ist das Gegenteil von Empathie und sollte nicht Teil der Gedanken sein, wenn man sich darin übt, empathischer zu sein, und wenn man versucht, Konflikte zu lösen.

### *Stellen Sie einfühlsame Fragen*

Zeigen Sie im Gespräch, dass Sie mehr wissen wollen und dass Sie sich für die Seite Ihres Gegenübers interessieren, indem Sie Fragen zum Thema stellen. Sie wissen zum Beispiel nichts über die Ausbildung von Hunden, aber jemand anderes prahlt über seine beruflichen Fertigkeiten, wie ein schlecht erzogener Hund zu trainieren ist. Wenn Sie aufgrund Ihrer Abneigung gegen Hunde, Ihres Desinteresses an seiner Tätigkeit oder anderer persönlicher Ansichten keine Beziehung zu ihm aufbauen können, könnten Sie beginnen, Fragen zu stellen. Einige einfühlsame Fragen könnten z. B. sein: "Wie haben Sie sich gefühlt, als der Hund auf Sie gesprungen ist? Warum haben Sie diesen Beruf gewählt, wenn er so schwierig ist? Was ist der schlimmste Tag, den Sie je hatten, und wie sind Sie damit umgegangen? Welche Teile des Jobs machen Ihnen am meisten Spaß?" Wenn Sie mehr darüber erfahren, was eine andere Person fühlt und erlebt, können Sie beginnen, sich mehr auf deren Situation zu beziehen.

Sie werden Einfühlungsvermögen entwickeln, indem Sie diese Fähigkeiten in die Praxis umsetzen und dadurch persönliches Wachstum erfahren. Empathie ist nicht nur ein Zeichen hoher emotionaler Intelligenz, sondern auch einer der wichtigsten Zeichen einer einflussreichen Führungspersönlichkeit. Einfühlungsvermögen kann Ihnen helfen, in vielen Aspekten Ihres Lebens voranzukommen, weil es Ihnen hilft, auf einer höheren Ebene mit anderen in Beziehung zu treten. Wenn wir wirklich mit anderen eine Beziehung eingehen, ist es weniger wahrscheinlich, dass wir mit ihnen in Konflikt geraten.

## Zusammenfassung des Kapitels

Die Entwicklung der vier Aspekte der emotionalen Intelligenz, die wir diskutiert haben, können sich sehr positiv auf die Lösung von Konflikten auswirken. Eine hohe emotionale Intelligenz bedeutet, dass Sie sich mit der Situation auseinandersetzen, sie aus der Sicht eines anderen sehen, sich in andere hineinfühlen und Ihre eigenen Emotionen so regulieren können, dass der Konflikt nicht weiter als nötig eskaliert.

In diesem Kapitel haben Sie gelernt:

- Was emotionale Intelligenz ist.
- Wie Sie Ihre emotionale Intelligenz erhöhen können.
- Was Selbstmotivation ist und warum sie wichtig ist.
- Was Selbstregulierung ist und wie man sie beim Konfliktmanagement einsetzt.
- Was Empathie ist und wie man sie zur Lösung eines Konfliktes einsetzt.

Im nächsten Kapitel erfahren Sie, wie Sie mit einem Konflikt Frieden schließen können, auch wenn der Konflikt nicht gelöst werden kann. Sie werden die konstruktive Gegenüberstellung verstehen und erfahren, wie sie sich auf die vielen Aspekte beim Schließen von Frieden mit streitlustigen und engstirnigen Menschen bezieht.

KAPITEL 8:

# Konfliktmanagement-Technik 06 - Die Strategie des Friedens

In diesem Kapitel lernen Sie die Strategie des Friedens kennen. Schließlich ist das Ziel des Konfliktmanagements ein friedlicher Abschluss. Eine Lösung, bei der alle Parteien ein gerechtes Ergebnis erhalten und ein tieferes Verständnis füreinander entwickeln, ist das, was wir anstreben. Unabhängig davon, welche Strategien angewandt werden oder wie erfolgreich sie sind, besteht das Ziel letztlich in der Beendigung des Konfliktes. Um während oder nach eines Konfliktes Frieden zu schaffen, müssen Sie positive Lösungen, die auf gegenseitigem Verständnis beruhen, effektiv einsetzen. Wenn Sie sich um einen friedlichen Ausgang Ihrer Konflikte bemühen, gibt es viele Hilfsmittel, mit denen Sie Möglichkeiten zur Lösung schaffen können. Diese Hilfsmittel basieren auf konstruktiver Gegenüberstellung, der Erkenntnis, dass man nicht immer recht haben muss, und darauf, dass man weiß, wann man sich würdevoll zurückziehen muss.

## Konstruktive Gegenüberstellung

Nähern Sie sich der Konfliktsituation, indem Sie eine konstruktive Gegenüberstellung schaffen. Eine konstruktive Gegenüberstellung findet statt, wenn Sie mit der anderen Partei kommunizieren können und erkennen, dass es einen Konflikt gibt und ihn lösen wollen. Nähern Sie sich der anderen Partei mit Aufrichtigkeit in Ihren Worten und Ihrem Herzen. Verwenden Sie eine Körpersprache, die nicht bedrohlich wirkt. Beginnen Sie damit, Verantwortung für Ihren Beitrag zum Konflikt zu übernehmen. Seien Sie sich darüber im Klaren, dass Sie die

Perspektive der anderen Partei verstehen, zu einer gegenseitigen Vereinbarung kommen und Frieden schließen wollen. Hier sind einige Hilfsmittel, die Sie vor und während einer konstruktiven Gegenüberstellung einsetzen können:

### *Beobachten Sie die Situation*

Wie Sie in Kapitel sechs gelernt haben, geht die dreifache Position einen Schritt zurück und betrachtet den Konflikt als Ganzes, wobei die Bedürfnisse der einzelnen Parteien immer noch berücksichtigt werden. Treten Sie einen Schritt zurück und betrachten Sie jeden Aspekt des Konfliktes. Was ist die Wurzel des Konfliktes? Was trägt zur Eskalation des Konfliktes bei? Wie ist der Standpunkt der einzelnen Parteien? Gibt es eine gemeinsame Grundlage? Ist dies ein sicherer, angemessener Raum für die konstruktive Gegenüberstellung? Gibt es genug Zeit für ein gutes Gespräch? Ist die andere Partei argumentativ, verärgert oder feindselig? Welche Art von Körpersprache wird von den Parteien verwendet? Spiegeln sie Ihre Körpersprache wider? Drücken sie eine Körpersprache aus, die verschlossen oder wütend ist? Wie fühlt sich die Stimmung im Raum an?

Setzen Sie Ihre emotionale Intelligenz und Ihre Beobachtungsgabe ein, um Informationen zu sammeln, die Ihnen bei der Entwicklung einer Strategie für die Situation helfen können. Regulieren Sie Ihre Emotionen und seien Sie objektiv, damit Sie ruhig vorgehen können. Im Umgang mit Konflikten ist es immer am besten, von Angesicht zu Angesicht zu sprechen, damit Sie die Situation vollständig beobachten können.

### *Identifizieren Sie alle Ihre Optionen*

Um alle Ihre Optionen zu ermitteln, verwenden Sie die Informationen, die Sie bei der Beobachtung der Situation gesammelt haben. Berücksichtigen Sie objektiv verschiedene Ansätze für die konstruktive Gegenüberstellung. Gehen Sie verschiedene Szenarien in Ihrem Kopf durch. Verwenden Sie das, was Sie über die Situation, die Themen und die andere Partei wissen, um sich vorzustellen, was passieren würde, wenn Sie einen Ansatz verwenden würden, und stellen Sie sich dann vor, was passieren würde, wenn Sie einen anderen Ansatz verwenden würden. Auf welche Worte werden sie am ehesten hören? Müssen Sie Anpassungen oder Abgleichungen vornehmen, um die Chance auf ein erfolgreiches Ergebnis zu erhöhen? Sollten Sie sitzen oder stehen? Sollten Sie allein sein oder an einem öffentlichen Ort? Denken Sie darüber nach, wie die möglichen Ergebnisse für jedes mögliche Szenario aussehen könnten, das Ihnen einfällt. Denken Sie zum Beispiel an folgende Szenarien. Wenn Sie stehen und Ihr Gegenüber sitzt und Sie sagen: "Ich glaube, Sie irren sich in einer Sache, und ich möchte darüber sprechen", wird es wahrscheinlich nicht gut ausgehen. Es besteht die Möglichkeit, dass sich die Person eingeschüchtert fühlt und "okay" sagt, sodass Sie mit dem Gespräch, welches auf Sie konzentriert ist, beginnen können. Es besteht eine größere Wahrscheinlichkeit, dass die Person das Gefühl hat, dass Sie überheblich sind, ihr die Schuld für etwas geben und sie sich aufregt oder wütend wird. Wenn Sie jedoch damit beginnen, dass Sie beide sitzen und sagen: "Ich glaube, wir hatten ein Missverständnis und ich möchte darüber sprechen", besteht eine gute Chance, dass die Person für das Gespräch empfänglich und daran interessiert ist, das Missverständnis zu klären. Die Identifizierung Ihrer Optionen gibt Ihnen die Möglichkeit, die bestmögliche Lösung zu wählen. Betrachten Sie die verschiedenen Möglichkeiten, die Sie haben. Ordnen Sie sie als Plan A, B und C ein, nur für den Fall, dass die Person nicht in der von Ihnen erwarteten Weise reagiert und Sie einen anderen Ansatz ausprobieren müssen.

### *Bestätigen Sie, dass Sie den Standpunkt Ihres Gegenübers verstanden haben*

Manchmal ist es zur Lösung von Konflikten am besten, wenn man sich über die Standpunkte aller Beteiligten und deren Ähnlichkeiten oder Unterschiede klar wird. Das Wichtigste beim Schaffen des Friedens ist das gegenseitige Verständnis. Lassen

Sie die andere Partei wissen, dass Sie erkennen, dass es ein Problem gibt und Sie ihren Standpunkt verstehen wollen. Bitten Sie sie, ihre Sichtweise des Konfliktes zu erklären, und hören Sie genau zu, was sie sagt. Bestätigen Sie, was sie Ihrer Meinung nach gesagt hat, und fragen Sie sie, ob dies richtig ist. Stellen Sie Fragen, wenn Sie sich über etwas unsicher sind. Bestätigen Sie ihre Antwort, anstatt sie sofort mit Ihrem Standpunkt zu vergleichen. Danken Sie der anderen Partei, dass sie Ihnen beim Verstehen hilft. Es ist dann in Ordnung zu sagen: "Ich glaube, ich verstehe Ihren Standpunkt jetzt besser. Ist es in Ordnung, wenn ich meinen Standpunkt erläutere und wir dann vielleicht über die Ähnlichkeiten und Unterschiede unserer Meinungen sprechen können? Sobald Sie Ihre Standpunkte ausgetauscht haben, haben Sie beide die Gelegenheit zu erkennen, dass die Meinung des anderen gültig ist, auch wenn sie sich von Ihrer unterscheidet. Wenn sie offen für eine Diskussion ist, vergleichen Sie Ihre beiden Standpunkte und sprechen Sie über Ihre gemeinsame Basis, falls es eine gibt. Geben Sie eine Rückmeldung über die Meinung der anderen Partei und bitten Sie um eine Rückmeldung über Ihre. Versuchen Sie, sich an Fakten zu halten, anstatt persönliche Ansichten zu äußern, oder seien Sie sich zumindest darüber im Klaren, was Fakten und was Meinungen sind. Sprechen Sie offen darüber, was genau die Wurzel des Konfliktes ist.

### *Erinnern Sie sich an vergangene Erfolge (NICHT vergangene Fehler)*

Allzu oft greifen wir auf Fehler der Vergangenheit zurück, die jemanden automatisch in die Defensive drängen. Stattdessen kann man auf die positiven Dinge hinweisen, die schon einmal gesagt und getan wurden. Beziehen Sie diese auf die Situation, in der Sie sich jetzt befinden, oder sagen Sie, wie ein Konflikt in der Vergangenheit zwischen Ihnen fair gelöst wurde. Über frühere Erfolge zu sprechen, kann Ihnen helfen, den Konflikt auf gesunde, friedliche Weise zu entschärfen. Wenn zum Beispiel jemand sagt: "Ich bin wütend, weil Sie es nicht verstehen, und Sie haben Sie nie verstanden", können Sie dafür sorgen, dass sich die andere Partei wohler fühlt und das Gespräch umdrehen, indem Sie in einem ruhigen Tonfall antworten und sagen: "Ich verstehe, dass dies im Moment Ihre Gefühle sind. Ich möchte Sie daran erinnern, dass es wirklich gut funktioniert hat, als wir uns auf XXX geeinigt und durchgezogen haben. Das hat uns geholfen, uns gegenseitig zu verstehen. Es ist wichtig für mich, dass wir das ausarbeiten." Besprechen Sie, wie Sie sich erfolgreich einigen konnten, wenn bestimmte Wörter, Sätze, Körpersprache, Tageszeit, Ort usw. verwendet wurden. Diskutieren Sie, wie es sich anfühlt, wenn Sie eine beschuldigende oder verletzende Sprache verwenden. Entscheiden Sie sich für ein positives Gespräch. Einigen Sie sich darauf, Standpunkte auszutauschen und ein konstruktives Gespräch über die erfolgreiche Lösung Ihres aktuellen Konfliktes zu führen. Sprechen Sie darüber, was in der Vergangenheit für Sie funktioniert hat, damit Sie die aus diesen Situationen gelernten Lektionen anwenden können.

## *Nehmen Sie sich Zeit für die Verarbeitung von Gedanken und passenden Antworten*

Oftmals warten wir während eines Konfliktes ungeduldig auf eine Antwort auf das, was wir gesagt haben, und deshalb üben wir Druck auf den anderen aus, sofort zu reagieren. Das führt nur zu mehr Konflikten, weil es die Angst oder die Feindseligkeit verstärkt. Das kann häufig auch dazu führen, dass wir Dinge sagen, die wir nicht wirklich meinen. Die Situation kann schnell eskalieren, und es kann sogar zu Gewalt kommen, wenn es jemand zu weit treibt. Wir sind so sehr darauf bedacht, das Ganze zu beenden, dass wir zu sehr drängen und uns nicht die Zeit nehmen, das Gesagte wirklich zu überdenken. Stattdessen sollten Sie sich beide die Zeit nehmen, in Ruhe Ihre Punkte vorzutragen, dem anderen zuzuhören, das Gesagte sorgfältig zu überdenken und einen klaren Weg nach vorn anzustreben. Lassen Sie nicht zu, dass Ihr Wunsch, schnell aus der unbequemen Situation herauszukommen, Ihr Bedürfnis beeinträchtigt, sich die Zeit für klare Gedanken und Überlegungen zu nehmen.

### Legen Sie Pausen ein

Wenn Sie sich aufgeregt fühlen oder feststellen, dass die gegnerische Partei aufgeregt ist, schlagen Sie vor, dass Sie beide eine Pause vom Gespräch einlegen. Bitten Sie um einen Kaffee für Sie beide, oder schlagen Sie vor, zunächst ein leichteres Thema zu besprechen, mit der Absicht, später darauf zurückzukommen. Vergessen Sie jedoch nicht, darauf zurückzukommen, wenn es Ihnen beiden besser geht, denn das Vermeiden oder Ignorieren von Konflikten wird es wahrscheinlich noch schlimmer machen, wenn der Streit zu einem späteren Zeitpunkt wieder aufgenommen wird.

Bei der konstruktiven Gegenüberstellung geht es darum, nicht zu urteilen, sondern sicherzustellen, dass Sie sich voll und ganz in das Gespräch einbringen. Um Frieden zu schaffen, müssen Sie offen dafür sein, Ihren Konflikt zum Nutzen beider Parteien zu lösen, auch wenn der einzige Nutzen darin besteht, dass beide Parteien den Streit beenden. Wenn Sie sich in einem Konflikt befinden, ergreifen Sie die Initiative und suchen Sie aktiv nach Möglichkeiten, ihn zu lösen. Manchmal ist eine konstruktive Gegenüberstellung schwierig, weil Sie der Person, mit der Sie in Konflikt stehen, möglicherweise zu nahe stehen. Um konstruktiv an die Sache heranzugehen, müssen Sie Situationen aus jeder Perspektive betrachten, auch objektiv, wie es ein Therapeut oder ein Mentor tun würde. Stellen Sie fest, wie Sie sich fühlen, was die andere Person für Sie bedeutet, und entscheiden Sie, ob Sie die Situation von einer dreifachen Position aus betrachten können. Nicht alle Konflikte werden gelöst, aber alle Gespräche müssen irgendwann zu einem Ende kommen. Wenn Sie versuchen, eine schwierige Diskussion zu beenden, schlagen Sie vor, eine Pause einzulegen, bis Sie beide sich beruhigen und rational denken können.

# Sie müssen nicht immer recht haben

Konkurrierende Menschen sind diejenigen, die am meisten streitlustig sind, denn sie müssen ihren Standpunkt klarmachen und werden erst dann Ruhe geben, wenn andere zustimmen, dass sie recht haben. Klingt das nach Ihnen oder jemandem, den Sie kennen? Wenn es jemand ist, den Sie kennen, versuchen Sie einfach mal nichts zu sagen, was zu einer Argumentation führen könnte. Sie könnten sagen: "Sie scheinen überzeugt zu sein, dass es wahr ist, also werde ich darüber nachdenken." Alles, was Sie kontrollieren können, sind Sie selbst und Ihre Reaktion. Warum also einen Streit riskieren, wenn Sie bereits wissen, dass diese Person recht haben muss und niemals nachgeben wird?

Wenn Sie die Person sind, die konkurriert, ist es vielleicht am besten, sich folgende Fragen zu überlegen, damit Sie nicht zu Ihrem eigenen schlimmsten Feind werden. Einige der wichtigsten Lektionen, die Sie lernen können, sind: Sie müssen nicht immer recht haben, manche Argumente sind es nicht wert, gewonnen zu werden, der Fehler könnte tatsächlich bei Ihnen liegen, Sie haben es vielleicht falsch verstanden, oder Sie sind vielleicht gemein oder stolz. Seien Sie immer bereit, die Verantwortung für Ihre eigene Rolle in einem Konflikt zu übernehmen.

### *Habe ich recht oder bin ich stolz?*

Die Wahrheit ist, dass Sie vielleicht denken, Sie hätten recht, aber in Wirklichkeit sind Sie vielleicht nur übertrieben rechthaberisch, stolz und egozentrisch. Meinungen zu haben, ist nicht schlecht; wenn man sie jedoch mit einer konkurrierenden Natur und schlechten Konfliktlösungsfähigkeiten mischt, kann es sein, dass man mit den Menschen nicht zurechtkommt. Was ist, wenn es mehr darauf ankommt, wie Sie in Konflikten mit anderen umgehen, als darauf, ob Sie recht haben und die anderen nicht? Vielleicht haben Sie den Antrieb und das Selbstvertrauen, sich zu äußern, und Sie glauben zu wissen, wovon Sie reden. Was ist, wenn Sie sich tatsächlich irren? Versuchen Sie zu überlegen, wie oft Sie schon recht hatten. Ist es die ganze Zeit der Fall, oder glauben Sie nur, dass Sie immer recht haben? Vielleicht sind es die Menschen einfach nur satt, mit Ihnen zu streiten. Der ständige Versuch, anderen zu beweisen, dass Sie recht haben, ist hochmütig.

Manchmal möchte man aufgrund seines Wettbewerbscharakters recht haben. Es kann daraus resultieren, dass wir von anderen nicht ernst genommen werden oder uns in unserer Jugend vernachlässigt gefühlt haben. Durch den Wettbewerb fühlen wir uns besser, denn wenn wir Argumente gewinnen, fühlen wir uns erfolgreich und wie ein Gewinner. Wettbewerbsorientiert zu sein trägt nicht zu einer wirksamen Lösung von Konflikten bei. Seien Sie nicht so wettbewerbsorientiert. Seien Sie kooperativ. Wenn Sie das nächste Mal mit einem Konflikt konfrontiert werden, konzentrieren Sie sich nicht darauf, zu gewinnen oder recht zu haben. Überlegen Sie sich, ob nicht jemand anderes recht haben könnte, um zu sehen, wie Sie sich fühlen. Wenn Sie sich emotional erdrückt oder unangemessen wütend fühlen, weil Sie einen Streit nicht gewinnen, ist es vielleicht am besten, sich mit den zugrunde liegenden Ursachen zu befassen. Lassen Sie sich beraten, um Ihre Grundmuster zu erkennen, damit Sie in Zukunft nicht die Gelegenheit verpassen, engere Beziehungen zu anderen aufzubauen.

### *Lohnt es sich, das Argument zu gewinnen?*

Stellen Sie fest, ob es sich lohnt, ein Argument zu gewinnen, und wenn ja, verstehen Sie, was Sie dafür in Ihrer Beziehung, Ihren Umständen oder Ihrer Sicherheit opfern müssen. Vielleicht lohnt es sich nicht zu gewinnen. Es ist in Ordnung, wenn man jemand anderem seinen Willen lässt. Schauen Sie sich Ihr Umfeld an und analysieren Sie die Situation. Wo sind Sie? Mit wem reden Sie? Worum geht es bei dem Streit? Müssen Sie wirklich gewinnen? Wenn Sie gewinnen, riskieren Sie dann, einen Freund oder einen geliebten Menschen zu verlieren, weil diese so verletzt von Ihrer Herangehensweise an das Gewinnen sind? Riskieren Sie, jemanden zu beleidigen oder zu verärgern, der sich in einer Machtposition befindet? Es ist ein großer Unterschied, ob Sie mit Ihrem Chef über dessen Reaktion auf Ihr fertiges Projekt streiten oder ob Sie mit Ihren Freunden über ein lokales politisches Thema streiten. Während einer Debatte mit Ihren Freunden ist es in Ordnung, eine freundschaftliche Auseinandersetzung energisch zu gewinnen; allerdings können Sie selbst bei der kleinsten Meinungsverschiedenheit mit Ihrem Chef den Job verlieren. Bei einem Streit mit Ihrer Frau über Kindererziehung ist es vielleicht nicht angebracht, immer zu gewinnen; bei einer Meinungsverschiedenheit über einen Männerabend könnte es jedoch in Ordnung sein. Wenn Ihnen jemand vorschlägt, etwas Unsicheres gemeinsam zu tun und Sie das nicht wollen, ist es sehr wichtig, dass Sie den Streit gewinnen. Wenn Ihnen jemand vorschlägt, etwas Langweiliges zu tun und Sie das nicht wollen, hat es eigentlich keine großen Konsequenzen, wer gewinnt.

### *Was hat den Konflikt verursacht?*

Anstatt sich mit Ihren Freunden, Ihrem Ehepartner, Ihrem Chef oder mit einem Familienmitglied zu streiten, erinnern Sie sich lieber daran, was diesen aktuellen oder andere Konflikte in der Vergangenheit verursacht hat. Ist dies ein wiederkehrender Streit oder eine neue Meinungsverschiedenheit? Handelt es sich um eine Meinungsverschiedenheit über etwas Immaterielles, oder gibt es eine Möglichkeit, den Konflikt auf der Grundlage von Fakten zu lösen? Gibt es etwas zu gewinnen oder zu verlieren, das den Konflikt anheizt? Identifizieren Sie die Ursache dieser Konfrontation, um einen konstruktiven Weg finden zu können, damit umzugehen. Wenn Sie gemeinsam an der Lösung des Konfliktes arbeiten, stellen Sie sicher, dass Sie sich beide darüber einig sind, was die eigentliche Ursache des Konfliktes ist.

*Sind Sie gehässig oder verletzend?*

Wenn wir zu sehr in eine Situation verwickelt sind, können wir gehässig werden, indem wir vergangene Ereignisse aufgreifen oder absichtlich verletzende Dinge sagen. Normalerweise versuchen wir nicht absichtlich, die andere Partei zu verletzen; da wir sie aber kennen, wissen wir auch, welche Knöpfe wir drücken müssen, um eine Reaktion zu erhalten. Fragen Sie sich, ob Sie die andere Person absichtlich provozieren. Sagen Sie Dinge, die sie gemein oder verletzend findet? Wenn Sie der anderen Partei gegenüber gehässig sind, wird ein Streit eskalieren und möglicherweise Ihre Beziehung beenden.

## Wenn ein Konflikt nicht gelöst werden kann

Manchmal kann man sich einfach nicht einigen und die Diskussion muss beendet werden. Frieden zu schaffen muss nicht immer bedeuten, dass der Konflikt zur Zufriedenheit aller Parteien gelöst wurde. Manchmal bedeutet Frieden zu schließen einfach nur, dass man sich einigt, nicht einverstanden zu sein und ohne Ärgernis getrennte Wege geht. Unter diesen Umständen müssen Sie verstehen, wann es angebracht ist, die Dinge einfach loszulassen. Wenn zum Beispiel die andere Partei nicht von ihrem Standpunkt ablässt, und egal, was Sie sagen, dies nur zu einer Eskalation des Streits führen wird, könnten Sie sich dafür entscheiden, nichts mehr zu sagen.

Je nachdem, in welcher Art von Konflikt Sie sich befinden und mit wem Sie konfrontiert sind, ist es immer gut zu wissen, wann Sie etwas ausdiskutieren sollten, wann Sie eine Weile schweigen und wann Sie die Sache ganz loslassen sollten. Wie können wir also sicher sein, wann wir die Dinge ausdiskutieren sollten und wann nicht? Wann sollte man einfach Frieden mit der Situation schließen und wann sollte man weitermachen? Denken Sie über Folgendes nach:

- Ist der Konflikt groß oder klein?

- Wird es in einer Woche eine Rolle spielen oder etwas ändern, wenn es nicht geklärt wird?
- Was sind die Folgen von gewinnen, verlieren oder weggehen?
- Lohnt es sich, die Person, mit der Sie im Konflikt sind, zu verlieren?
- Lohnt es sich, sich selbst im Moment zu verlieren?
- Sind Sie hungrig, müde, emotional, oder trägt etwas anderes zu dem Streit bei?

Manchmal ist es leicht, Frieden zu schließen. Wenn der Konflikt etwas Kleines und Dummes ist, machen Sie einen Scherz daraus und sagen Sie: "Mensch, das ist doch ziemlich dumm und außer Kontrolle geraten, finden Sie nicht auch?" Wenn Sie diese kühne Aussage machen, achten Sie jedoch darauf, dass es sich um so etwas wie einen Streit über das Schneiden von Kartoffeln oder den Film handelt, den Sie sich ansehen wollen. Manchmal bemerken wir nicht, dass kleine Dinge zu unserem Verhalten beitragen können. Wenn wir im Moment hungrig, müde, stolz oder egoistisch sind, können wir ein kleines Problem zu einem feindlichen Konflikt eskalieren lassen. Wenn ein Problem von geringer Bedeutung ist, sollten Sie schnell sagen: "Dieses Thema ist es nicht wert, dass wir darüber streiten." Beobachten Sie die Situation objektiv und entscheiden Sie dann, ob Sie besser einfach zu streiten aufhören und lieber Frieden schließen sollten.

## Einen Konflikt elegant beenden

Um einen Konflikt friedlich zu beenden, müssen Sie einen positiven oder neutralen Schlussstrich ziehen. Es bedeutet auch, das Ergebnis zu akzeptieren, ohne Groll oder starke Gefühle zu hegen. Viele Menschen betrachten Konflikte als ein Problem, sehen sie aber selten als eine Gelegenheit für positive Veränderungen und inneres Wachstum. Auch wenn der Konflikt etwas Negatives zu sein scheint, ist er in Wirklichkeit etwas Positives, weil er uns hilft zu definieren, wer wir sind und wer jemand anderes ist, und zwar auf einer tieferen Ebene. Man hat den Konflikt nicht elegant beendet, wenn man den Streit nicht wirklich beendet hat. Wenn Sie einfach an der Feindseligkeit festhalten, mit dem Vorhaben, später weiter zu streiten, oder wenn Sie planen, die Person in Zukunft zu meiden, oder wenn einer von Ihnen am Ende enttäuscht und ungehört weggeht, dann haben Sie nichts gelöst. Einen Konflikt elegant zu lösen bedeutet, zu wissen, was man sagen soll, wann man aufhören soll zu reden und wann man gehen soll. Hier ist eine Zusammenfassung einiger der wesentlichen Fähigkeiten, um Frieden zu schaffen und einen Konflikt würdevoll zu beenden:

- Behalten Sie negative Gedanken für sich. Sprechen Sie sie nicht laut aus.
- Konzentrieren Sie sich auf positive Gemeinsamkeiten.
- Üben Sie effektives Zuhören.
- Bestätigen Sie die Gefühle der anderen Person.
- Bleiben Sie beim Thema.
- Bringen Sie zur Sprache, was in der Vergangenheit funktioniert hat.
- Sagen Sie keine verletzenden Dinge.
- Konzentrieren Sie sich auf die Lösung, nicht darauf, recht zu haben.
- Erinnern Sie sich daran, warum Sie diese Person in Ihrem Leben schätzen.
- Halten Sie sich fern davon, einen Wettbewerb daraus zu machen.

In diesem Kapitel geht es darum, was zu tun ist, wenn Sie einen Konflikt nicht lösen können, aber Frieden schaffen wollen. Es geht darum, wie Sie den Konflikt beenden und friedlich davongehen können. Dazu sind sowohl Taten als auch Worte nötig. Manchmal eskaliert der Konflikt aufgrund der Worte, die Sie verwenden. Schauen wir uns einige Beispiele dafür an, wie Sie positive, konstruktive Dinge sagen und auf die Schaffung von Frieden hinarbeiten können.

*"Das musste ich hören, danke. Ich werde es im Gedächtnis behalten."*

Diese Aussage bestätigt die Person, mit der Sie sprechen. Selbst wenn Sie ihrer Meinung oder Ansicht nicht zustimmen oder sich nicht darauf beziehen, zeigt dies, dass Sie versuchen, sie zu verstehen, und dass Sie sich mehr Gedanken darüber machen werden. Es hilft ihr, zu wissen, dass Sie ihr zugehört haben und dass Sie für ihren Standpunkt offen sind.

*"Ich habe etwas zu sagen. Ist jetzt ein guter Zeitpunkt, um Ihnen davon zu erzählen?"*

Diese Aussage kann mitten in einem Streit oder vor Beginn eines möglicherweise schwierigen Gespräches verwendet werden. Sie lässt die andere Person wissen, dass Sie eine Meinung haben und angehört werden wollen, aber dass Sie ihre volle Aufmerksamkeit benötigen. Manchmal kann sie auch jemandem bewusst machen, dass er vielleicht vom Thema abweicht oder sich zu viel herausnimmt und dass Sie jetzt an der Reihe sind.

*"Was halten Sie davon, wenn wir nach Fakten suchen?"*

Wie bereits erwähnt, geht es bei einigen Argumenten darum, recht zu haben. In einigen Fällen ist es möglich, zu beweisen, welcher Standpunkt tatsächlich richtig ist. In dieser Situation müssen beide Parteien vereinbaren, das Ergebnis der Tatsachenfeststellung zu respektieren.

*"Ich interpretiere das, was Sie gesagt haben, wie XXX. Ist das richtig? Bitte helfen Sie mir zu verstehen, wenn ich mich irre."*

Zu einer effektiven verbalen Kommunikation gehört es, das, was der Redner zu Ihnen gesagt hat, so umzuformulieren, dass Sie sicher sind, es verstanden zu haben. Wenn Ihnen nicht klar ist, was gesagt wurde, können Sie die andere Partei bitten, sich selbst zu erklären oder Beispiele zu nennen. Das zeigt, dass Sie versuchen, die ganze Geschichte zu verstehen, ohne voreilige Schlüsse zu ziehen.

***"Ich fühle mich mit dieser Idee nicht sehr wohl, können wir uns etwas anderes einfallen lassen?"***

Diese Aussage zeigt, dass Sie, obwohl Sie zugehört haben, was die andere Person gesagt hat, nicht einverstanden sind, aber dennoch gemeinsam an der Lösung des Problems arbeiten wollen. Dies ist ein wirksames Mittel, um die Einleitung für die Anwendung von Verhandlungs- und Überzeugungstechniken zu eröffnen, die Sie zuvor kennengelernt haben.

Wenn Sie denken, bevor Sie sprechen, und konstruktive, positive Dinge sagen, können Sie Ihre Chancen deutlich erhöhen, den Konflikt mit einer Lösung oder zumindest mit der Gewissheit zu verlassen, dass Sie Ihr Bestes versucht haben.

## Wie man sich entschuldigt

Sie denken sicher: "Ich weiß, wie man sich entschuldigt, warum ist das überhaupt ein Thema?" Entschuldigungen können aggressiv oder unehrlich wirken, wenn man sich nur deswegen entschuldigt, weil es die andere Partei will, um den Konflikt zu lösen. Die Regel Nummer eins beim Entschuldigen ist, dass man es auch so meinen muss. Es muss aufrichtig sein.

Der einzige Weg, um zu zeigen, dass Sie aufrichtig sind, ist, wirklich über den Konflikt nachzudenken und es wirklich zu bedauern, dass Sie jemanden verletzt haben. Sie müssen auch bereit sein, das, wofür Sie sich entschuldigt haben, in Zukunft nicht mehr zu tun. Vielleicht ist Ihr Ehepartner zum Beispiel sauer auf Sie, weil Sie die Wäsche nicht zusammenlegen oder im Haus nicht helfen. Vielleicht haben Sie Ihre eigene Meinung, dass Sie sehr wohl helfen, es aber unbemerkt bleibt. Um den Streit zu beenden, bevor er beginnt, können Sie sich jedoch automatisch entschuldigen. Dann tun Sie es jedoch wieder, denn Ihre erste Entschuldigung war nicht aufrichtig. Sie hatten nie die Absicht,

Ihr Verhalten tatsächlich zu ändern. Sie haben sich entschuldigt, um den Konflikt in diesem Moment zu beenden. Bei dieser Art von Entschuldigung bedeutet diese bald nichts mehr, und die andere Person wird wahrscheinlich das Vertrauen in Sie und Ihre Aufrichtigkeit verlieren.

So klingt eine echte Entschuldigung:

***"Ich kann sehen, dass ich Sie verletzt habe. Es tut mir leid."***

Stellen Sie sicher, dass die Entschuldigung von innen kommt und dass Sie sie wirklich ernst meinen. Seien Sie darauf vorbereitet, zu erklären, wie Sie andere verletzt haben und was Ihnen leid tut. Andernfalls wird eine Entschuldigung unaufrichtig, spontan und unehrlich wirken. Die gegnerische Partei kann Ihnen möglicherweise nicht mehr vertrauen, wenn Sie sich in Zukunft tatsächlich entschuldigen. Hier sind einige Beispiele dafür, wie sich eine unaufrichtige oder unehrliche Entschuldigung anhört:

- "Wie auch immer, es tut mir leid."
- "Wenn Sie eine Entschuldigung von mir wollen, hier ist sie, es tut mir leid."
- "Es tut mir leid, dass Sie so XXX sind."
- "Sie haben recht, ich werde wohl nie lernen, es Ihnen recht zu machen."
- "Es ist alles meine Schuld. Ich bin ein so schrecklicher Mensch."

Was genau macht also eine echte Entschuldigung aus? Die besten Entschuldigungen beinhalten folgende Aspekte:

- Überstürzen Sie nichts und erklären Sie, warum Sie sich für das, was Sie getan haben, entschuldigen.
- Übernehmen Sie die Verantwortung für die Rolle, die Sie in der Auseinandersetzung gespielt haben, erwarten Sie nichteine Entschuldigung zurückzubekommen und bitten Sie auch nicht um eine Entschuldigung.

- Rechtfertigen Sie nicht, was Sie getan haben, erklären Sie, warum Sie getan haben, was Sie getan haben, und geben Sie zu, dass es der falsche Ansatz war.
- Versprechen Sie, die notwendigen Änderungen vorzunehmen, um sicherzustellen, dass sich so etwas nicht wiederholt.
- Bitten Sie um Verzeihung.
- Halten Sie alle Versprechen ein, die Sie gemacht haben.

### *Anerkennung*

Eine ordnungsgemäße und respektvolle Entschuldigung wird besser verstanden und angenommen, wenn Sie anerkennen, dass es einen Streit gibt und dass Sie nicht glücklich darüber sind, mit der Person in Konflikt zu geraten. Fassen Sie den Streit aus der Perspektive der dritten Position zusammen. Wenn Sie aufrichtig sind, den Streit und Ihre Rolle im Streit anerkennen und über die gesamte Situation nachgedacht haben, können Sie schnell klären, was falsch ist und was Sie beim nächsten Mal anders machen werden.

### *Verantwortung*

Manche Menschen sind zu sehr in der Hitze des Gefechts gefangen, um über ihre eigenen Handlungen oder darüber nachzudenken, wie sie zur Eskalation des Konfliktes beigetragen haben. Verantwortung zu übernehmen bedeutet, dass man zugibt, was man getan hat, um zum Konflikt beizutragen und dass man dies die andere Person wissen lässt. Um sich darin zu üben, Verantwortung zu übernehmen, können Sie Folgendes tun:

- Das Szenario betrachten, ohne der anderen Person oder den anderen Parteien die Schuld zuzuweisen.
- Betrachten Sie den Beitrag aller, einschließlich Ihres eigenen.
- Entschuldigen Sie sich für das, was Sie getan haben.
- Lernen Sie aus Ihren Fehlern.
- Wählen Sie einen friedlichen Ansatz.

Verantwortung für Ihre Handlungen zu übernehmen bedeutet nicht zwingend, dass Sie sich entschuldigen müssen. Allein die Tatsache, dass Sie erkannt haben, was Sie falsch gemacht haben, bedeutet, dass Sie dem friedlichen Lösen von Konflikten einen Schritt näher gekommen sind.

## *Verständnis und Einfühlungsvermögen*

Nachdem Sie den Konflikt anerkannt und die Verantwortung dafür übernommen haben, wie Ihre eigenen Gedanken und Handlungen zur Auseinandersetzung beigetragen haben, zeigen Sie Einfühlungsvermögen und Mitgefühl, indem Sie darüber nachdenken und erklären, wie Sie glauben, dass die andere Person fühlt. Wahres Verständnis kann erst nach Beendigung des Konfliktes entstehen, wenn Sie die Gelegenheit hatten, darüber nachzudenken.

Wenn Sie sich entschuldigen, vergewissern Sie sich, dass Sie sich Gedanken gemacht haben. Denken Sie daran zuzuhören, was die andere Person sagt. Geben Sie ihr die Chance, auf die Entschuldigung zu antworten. Es mag Ihre Absicht sein, dass Ihnen vergeben wird, aber das geschieht nicht immer sofort. Manchmal ist das Akzeptieren, dass jemand mehr Zeit braucht, die einzige Möglichkeit, ein Problem vorläufig zu lösen. Vergessen Sie nicht, sich selbst zu verzeihen. Sehen Sie sich im Spiegel an, entschuldigen Sie sich bei sich selbst und vergeben Sie sich für die Art und Weise, wie Sie die Dinge gehandhabt haben. Das Festhalten an Wut und Hass oder Verrat kann Angst und großen Stress verursachen. Vergebung ist nicht immer möglich, aber wenn Sie einen ungelösten Konflikt mit Ihrer eigenen Herangehensweise zufrieden verlassen, können Sie auch in Zukunft weiter lernen und Fähigkeiten für das Lösen von Konflikten entwickeln.

## Zusammenfassung des Kapitels

Ob Sie nun konstruktiv kritisieren, konfrontativ agieren oder lösungsorientiert handeln, beim friedlichen Konfliktmanagement geht es darum, positive Wege zu finden, wie man einen Konflikt elegant beenden kann. Wenn ein Konflikt nicht gelöst werden kann, ist es am besten, still zu sein und zuzuhören, Ihren Beitrag zu erkennen und den Wunsch loszulassen, recht haben zu wollen. Wenn es bei der Entschuldigung lediglich darum geht, einen Konflikt zu beenden, nur um ihn zu beenden, handeln Sie unehrlich. Wenn Sie sich entschuldigen, weil Sie es tatsächlich meinen, ist die Wahrscheinlichkeit größer, dass Sie die schwierige Situation friedlich beenden, auch wenn Sie den Konflikt nicht vollständig lösen können. Nun kennen Sie Techniken, um einen Konflikt effektiv und friedlich zu beenden, auch wenn es keine echte Lösung gibt oder Ihnen nicht vergeben wird.

In diesem Kapitel haben Sie gelernt:

- Was eine konstruktive Gegenüberstellung ist.
- Wann man einen Konflikt beendet und wann nicht.
- Wann man einen ungelösten Konflikt loslassen sollte.
- Wie man ein schwieriges Gespräch elegant beenden kann.
- Wie man sich authentisch entschuldigt.

Im nächsten Kapitel lernen Sie, wie Sie Ihren Geist öffnen und Probleme und Konflikte neu überdenken können. Indem Sie Ihren Standpunkt neu formulieren und den Konflikt nutzen, um Ihr Leben positiv zu verändern, können Sie ein weiteres Hilfsmittel erlernen, welches Ihnen zur Verfügung steht, wenn Sie sich bemühen, Konflikte in Ihrem Leben zu lösen.

KAPITEL 9:

# Konfliktmanagement-Technik 07 - Die Kraft der Aufgeschlossenheit

Aufgeschlossen zu bleiben bedeutet, sich unterschiedlicher Perspektiven bewusst zu sein, alternative Interpretationen zu finden und die eigene Denkweise neu zu formulieren. Der Grund, warum diese Technik so vorteilhaft ist, liegt darin, dass unser Verstand oft so stark in unsere eigenen Denkmuster eingebunden ist, dass wir vergessen, dass jemand anderes eine eigene Perspektive hat. Wie Sie in diesem Buch gelernt haben, kann eine konkurrierende Natur oder eine verschlossene Körperhaltung den Konflikt verschärfen. Aufgeschlossenheit beeinflusst unser Verhalten und legt fest, wie wir an Konflikte und Diskussionen herangehen. Die meisten Menschen fühlen sich wohl dabei, ihre Gedanken für sich zu behalten oder sich zu verschließen, weil sie sich während des Konfliktes unangenehm oder defensiv fühlen und eine verschlossene Haltung ihnen ein Gefühl von Sicherheit gibt. Ohne sich dessen bewusst zu sein, trägt diese Art von Verhalten zu einer Eskalation des Konfliktes oder der Auseinandersetzung bei. Sie könnten sich fragen: "Warum sollte ich mir erlauben, verletzlich zu sein, wenn ich mich bedroht fühle? Wenn mich die andere Konfliktpartei weiterhin demütigt und ich mich dabei nicht wohlfühle, warum sollte ich es dann versuchen?"

In diesem Zustand der Verschlossenheit könnten wir auf eine Entschuldigung warten oder denken, dass die andere Partei den ersten Schritt machen muss, bevor wir bereit sind, eine Lösung des Konfliktes in Betracht zu ziehen. In einigen Fällen ist diese Vorgehensweise gesund, wenn Sie das Gefühl haben, dass die andere Partei Ihnen wirklich Unrecht getan hat und Sie Raum und Zeit brauchen, um die Situation zu überdenken. Bevor Sie jedoch denken, dass die andere Partei den ersten Schritt machen muss, sollten Sie Ihre Beziehung und die Gesamtperspektive des Konfliktes betrachten. Treten Sie einen Schritt zurück und bewerten Sie die Gesamtsituation, bevor Sie eine plötzliche und dauerhafte Entscheidung treffen. Würde eine offene Einstellung das Verständnis des Problems erleichtern? Sind Sie bereit, andere Perspektiven in Betracht zu ziehen? Gibt es etwas, das Sie tun können, um die Situation besser zu verstehen? Was können Sie kontrollieren und was können Sie in dieser Angelegenheit nicht kontrollieren? Vielleicht fragen Sie sich, warum Sie sich öffnen sollten, wenn Ihnen nicht danach ist? Vielleicht haben Sie Angst davor, verletzt zu werden. Das ist ganz natürlich. Es hat jedoch viele Vorteile, wenn man sich für die Perspektiven anderer und für das Potenzial eines positiven Ergebnisses öffnet.

Hier sind einige Vorteile:

- Sie könnten erfahren, dass Sie nicht der/die einzige sind, der/die sich bedroht fühlt.
- Sie könnten entdecken, dass das Verhalten Ihres Gegenübers auf Angst zurückzuführen ist.
- Sie könnten vielleicht erkennen, dass sich Ihr Gegenüber während eines Konfliktes unbewusst nicht selbst beherrschen kann.
- Sie bleiben unvoreingenommen, indem Sie aufgeschlossen sind.
- Sie können vielleicht den Grad der Feindseligkeit verringern, was die Chance auf eine Lösung des Konfliktes verbessert.

In Kapitel sieben haben Sie gelernt, wie bedeutend emotionale Intelligenz ist und wie sie Ihnen bei der Lösung von Konflikten helfen kann. Einfühlungsvermögen kann Ihnen helfen zu verstehen, dass Verschlossenheit die Dinge nur noch weiter eskalieren lässt, weil Sie sich dem Denken und Fühlen der anderen Person verschließen. Das heißt nicht, dass Ihre Gefühle und Meinungen keine Rolle spielen. Die letztliche Ursache des zunehmenden Konfliktes könnte jedoch darin liegen, dass Sie beide die gleichen Gefühle haben, aber nicht wissen, wie Sie sie ausdrücken sollen. Also, wie bringt man das in Ordnung? Bleiben Sie bewusst aufgeschlossen und richten Sie Ihr Denken neu aus. Erinnern Sie sich an die Bedeutung des effektiven Zuhörens. Aufgeschlossen zu bleiben erfordert aktives Zuhören.

## Den Verstand umorientieren für ein effektives Konfliktmanagement

Das Konzept der Neuorientierung besteht darin, die Dinge anders zu sehen, als man es bisher getan hat. In den vorhergehenden Kapiteln haben Sie das Konzept der Empathie gelernt, d. h. die Meinung eines anderen zu verstehen und zu begreifen, wie er fühlt und denkt. Den Verstand umzuorientieren bedeutet nicht, über den Tellerrand hinauszuschauen oder an das große Ganze zu denken. Eine neue Denkweise zu entwickeln bedeutet, die Art und Weise, wie man seinen eigenen Blickwinkel sieht oder betrachtet, so umzugestalten, dass man für die Meinungen anderer empfänglich ist. Dies ermöglicht es uns, unsere Perspektiven zu erweitern und uns weiterzuentwickeln, um neue Informationen aufzunehmen, die auf der Sichtweise anderer basieren.

Wenn Sie sich in einen Konflikt begeben, haben Sie in der Regel bereits eine Interpretation dessen, was das Problem ist, wie es gelöst werden kann und woher es kommt. Nur Sie können Ihre eigenen Gedanken kennen und wissen, was Sie dagegen tun wollen. Sie verstehen jedoch nicht wirklich, was ein anderer fühlt und denkt. Es könnte völlig anders sein als das, was Sie angenommen haben. Mit Hilfsmitteln der emotionalen Intelligenz, wie Einfühlungsvermögen, können Sie versuchen, Ihr Bestes zu geben, um mit der Person oder den Personen, mit denen Sie in Konflikt stehen, eine Beziehung aufzubauen. Bei der Neuorientierung Ihres Verstandes geht es weder darum, die

Dinge aus Ihrer eigenen Sicht anders zu betrachten, noch geht es darum, die Dinge nur aus der Perspektive eines anderen zu betrachten. Es geht darum, zu verstehen, dass man den Konflikt aus vielen Sichtweisen betrachten kann und dass es viele gültige und ungültige Komponenten für den Standpunkt jedes Einzelnen gibt. Eine Möglichkeit, sich darin zu üben, seinen Standpunkt neu zu formulieren, besteht darin, sich von verschiedenen Personen, die nicht in den Konflikt involviert sind, beraten zu lassen.

Eine der Barrieren für die Neuorientierung Ihrer Denkweise in einem Konflikt besteht darin, dass wir während eines Streites wieder zur Ich-Perspektive zurückkehren und uns in dem Wunsch verfangen, gewinnen zu wollen. Wenn man jedoch ruhig und gelassen bleibt, kann man seine Denkweise umstrukturieren und eine gesunde Sichtweise auf die Situation gewinnen. Man kann mehr als nur seine eigenen Gedanken umorientieren. Sie können die Bedingungen des gesamten Konfliktes neu definieren, indem Sie der anderen Partei helfen, die größere Perspektive und die positive Seite der Situation zu erkennen. Um den Konflikt neu zu gestalten und damit den Ausgang eines Konfliktes zu verändern, müssen Sie jedoch zunächst Ihren eigenen Geisteszustand neu definieren. Streben Sie danach, alle Aspekte des Themas zu verstehen und dann das Anliegen in Ruhe anzugehen. Hier sind einige Möglichkeiten, Ihre Denkweise neu zu formulieren:

### *Die Wurzel des Problems untersuchen*

Der erste Schritt, um Ihre Meinung über den Konflikt zu ändern, besteht darin, die zugrunde liegende Ursache zu ermitteln. Viele Streitigkeiten eskalieren, weil wir uns in der Hitze des Streits verfangen und uns auf das konzentrieren, was in diesem speziellen Moment gesagt wird. Manchmal ist uns jedoch nicht klar, dass die Dinge, die gerade jetzt gesagt und getan werden, nichts mit der eigentlichen Wurzel der Krise zu tun haben. Wenn Ihr Chef Ihnen zum Beispiel vorwirft, weniger hart zu arbeiten wie alle anderen und Ihnen empfiehlt, sich mehr anzustrengen, dann liegt das vielleicht nicht daran, dass Sie nicht hart genug arbeiten. Die zugrunde liegende Ursache kann darin bestehen, dass Ihr Chef einen harten Tag oder eine harte Zeit in seinem eigenen Leben hat und das an Ihnen auslässt. Oder es kann sein, dass Sie nicht hart genug arbeiten, weil Sie müde sind, da Sie die ganze Nacht mit Ihrem Baby wach waren.

## *Das Negative umformulieren*

Sobald Sie herausgefunden haben, was die Ursache des Streits ist, können Sie das Negative daran neu formulieren und positiver über das Szenario denken. Einige Möglichkeiten, dies zu tun, sind:

- Ändern Sie die Intensität des Gespräches, indem Sie ruhig sprechen und eine nicht bedrohliche Körpersprache verwenden.
- Verwenden Sie Einfühlungsvermögen und Mitgefühl.
- Finden Sie heraus, was für beide Parteien funktionieren könnte.
- Finden Sie eine positive Sache, über die Sie sich beide einig sind.
- Formulieren Sie das Problem neu, um sicherzustellen, dass Sie beide es verstehen.
- Leiten Sie die Diskussion wieder auf das zugrunde liegende Problem zurück.
- Konzentrieren Sie sich auf eine Lösung.

Um den Konflikt mit Ihrem Chef effektiv neu zu gestalten, können Sie sich aufrichtig entschuldigen und erklären, dass Sie zu Hause eine schwere Zeit durchmachen, aber versuchen werden, sich zu konzentrieren. Oder wenn Ihr Chef einen harten Tag hat, können Sie höflich Folgendes sagen: "Es tut mir leid, dass es Ihnen so vorkommt, aber ich habe heute tatsächlich XXX erreicht." Lassen Sie Ihren Chef wissen, dass Sie Ihr Bestes gegeben haben.

Das Hauptaugenmerk bei der Neuorientierung liegt darauf, die Sichtweisen beider Parteien darüber, wie sich der Streit anfühlt, zu verändern und etwas Positives zu sagen, das zu einer Lösung führt.

## Konflikt als positiv betrachten

Fast alle Menschen, die mit einer anderen Person in Konflikt geraten sind, halten das für eine schlechte Sache. Streitigkeiten und Auseinandersetzungen zwischen Ihnen und einem anderen Menschen sollten jedoch nicht grundsätzlich als etwas Schlechtes angesehen werden. Wenn wir über die eigentlichen Ursachen von Konflikten sprechen, erfordert ein Teil der Neuorientierung Ihrer Denkweise, dass Sie den Konflikt als etwas Gesundes betrachten. Wenn Sie erst einmal richtig und klar denken, können Sie den Konflikt auf die richtige Art und Weise angehen. Unabhängig davon, ob Sie durch den Konflikt wütend, traurig oder enttäuscht sind, gibt es viele Gründe, warum ein Konflikt eine positive Sache in Ihrem Leben sein kann. Wie ein Sprichwort lautet, regnet es immer, bevor Sie einen Regenbogen sehen. Stellen Sie sich den Konflikt als den Regen vor und die Lösung als den Regenbogen.

Drei Arten von Wachstum können durch Konflikt und Konfliktmanagement entstehen. Diese sind:

### *Persönliches Wachstum*

Konflikte helfen Ihnen, Ihre eigenen tiefen Emotionen und Gedanken zu definieren. Das hilft Ihnen, Erleuchtung zu erlangen, Veränderungen zu akzeptieren und ein tieferes Verständnis von sich selbst zu bekommen. Wir wachsen und entwickeln uns, wenn wir uns selbst herausfordern und Konflikten mit Aufgeschlossenheit begegnen.

### *Relationales Wachstum*

Es können immer Konflikte mit anderen Menschen bestehen. Der Prozess des Konfliktmanagements hilft Ihnen jedoch, sowohl individuell als auch in der Beziehung zu anderen zu wachsen, indem Sie ein tieferes Verständnis dafür gewinnen, wie jemand anderes denkt. Wenn Sie mit anderen zusammenarbeiten, um positive Ergebnisse zu erzielen, werden sich auch Ihre Beziehungen auf positive Weise entwickeln.

## *Strukturelles Wachstum*

Strukturelles Wachstum kommt aus Ihrem Arbeitsumfeld. Bei der Arbeit kann es manchmal zu Konflikten kommen. Hätten wir keinen Konflikt bei der Arbeit, würden wir vielleicht nie wirklich verstehen, wie groß unsere Verantwortung ist, was die Menschen um uns herum über unsere Arbeit denken oder was andere von uns brauchen. Wir würden nicht lernen, professionell zu sprechen, unseren Stolz zurückzuschrauben und Konflikte elegant zu lösen. Diese Qualitäten könnten dazu führen, dass wir als Führungskraft anerkannt werden oder als jemand, der in einem herausfordernden Arbeitsumfeld widerstandsfähig gegen Veränderungen ist. Wir gewinnen strukturelles Wachstum, wenn wir lernen, wie wir trotz des Konfliktes erfolgreich sein können.

Abgesehen von diesen drei Arten des Wachstums und den Möglichkeiten, die wir durch die Erfahrung von Konflikten gewinnen, gibt es viele andere Gründe, warum Konflikte eine positive Sache sein können. Einige der Gründe, warum ein Konflikt positiv sein kann, sind folgende:

- Eröffnet uns Einsicht.
- Gibt uns die Möglichkeit, uns auszudrücken.
- Hilft uns, unsere Grundbedürfnisse zu bewerten.
- Lehrt uns Verantwortung und Einfühlungsvermögen.
- Lehrt uns zuzuhören, um zu verstehen.
- Zeigt uns unsere eigenen Verhaltensweisen und ungesunden Muster.
- Verwandelt etwas Negatives, wie einen Konflikt, in positive Lösungen, indem man auf Bedürfnisse eingeht.

- Erlaubt uns, an unseren Kommunikationsfähigkeiten zu arbeiten.
- Hilft uns, unsere Werte zu erkennen und klare Grenzen zu setzen.
- Fördert emotionales Gleichgewicht und Kontrolle.
- Erlaubt uns, Probleme aus dem Blickwinkel anderer zu betrachten.

Wenn man es genau betrachtet, ist der Konflikt eine großartige Sache, besonders wenn es Ihr Ziel ist, ein Problem zu lösen und positive Beziehungen zu anderen aufzubauen.

# FAZIT

Das Problem mit Konflikten ist, dass sie immer um uns herum sind. Egal, wohin wir gehen, was wir tun oder wie wir denken, der Konflikt findet uns unweigerlich. Sie befinden sich vielleicht nicht gerade in einem Konflikt, aber Sie haben ihn wahrscheinlich in der Vergangenheit erlebt. Wahrscheinlich werden Sie auch in Zukunft Konflikte erleben. Es ist unerlässlich, über Techniken und Hilfsmittel zu verfügen, um Konflikte zu erkennen, zu entschärfen und zu lösen.

Ist der Konflikt selbst wirklich das Problem oder ist es die Art und Weise, wie wir damit umgehen? Wie Sie in diesem Buch gelernt haben, geht es beim Konfliktmanagement darum, wie man mit dem Konflikt umgeht und wie man das Endergebnis der Situation verändert. Es gibt gesunde Wege, mit Konflikten umzugehen, und es gibt auch negative Wege, damit umzugehen. Dieses Buch hat Ihnen die Vor- und Nachteile, die Höhen und Tiefen, die negativen und positiven Aspekte von Konflikten und Konfliktmanagement dargelegt, sodass Sie beim nächsten Mal, wenn Sie damit konfrontiert werden, effektiv damit umgehen können.

Fragen Sie sich, was Sie von der Lektüre dieses Buches mitnehmen können. Vergleichen Sie Ihre Denkweise vor der Lektüre dieses Buches mit dem, was Sie jetzt fühlen und glauben. Fragen Sie sich, was Sie jetzt wissen, was Sie vorher nicht wussten. Was war Ihr Beitrag zu Konflikten, in die Sie verwickelt waren? Wie werden Sie die Dinge jetzt anders handhaben? Wie können Sie etwas über sich selbst und andere lernen? Wie können Sie Lösungen finden, von denen beide Seiten profitieren? Es ist vorteilhaft, diese Fragen zu stellen, da sie zu positiven Verhaltensweisen führen. Konflikte können nicht vermieden oder ignoriert werden.

In der Einleitung habe ich Ihnen versichert, dass Sie ein besseres Verständnis dafür gewinnen werden, wie man Konflikte besser lösen kann, und dass Sie herausfinden werden, welche Rolle Sie bei der Eskalation von Problemen spielen. Haben Sie nun ein besseres Verständnis von sich selbst und von anderen? Gibt es Dinge, die Sie über sich selbst gelernt haben, die Sie vorher nicht wussten? Inzwischen sollten Sie eine andere Perspektive auf die Streitigkeiten haben, an denen Sie beteiligt waren. Sie sollten auch über eine Vielzahl von Techniken verfügen, die Ihnen bei der Lösung von Konflikten in Ihrem Leben helfen werden.

In diesem Buch haben Sie sieben verschiedene Techniken gelernt, die Ihnen beim Konfliktmanagement helfen können. Durch das Üben und Beherrschen dieser Techniken werden Sie persönliches und berufliches Wachstum erreichen und erfahren, welche Vorteile die Fähigkeiten des Konfliktmanagements für Ihr Leben bringen. Erinnern Sie sich an diese Techniken und wenden Sie sie an, wenn Sie sich das nächste Mal in einer Situation befinden, die Konfliktmanagement erfordert.

36. Lassen Sie uns die sieben Techniken noch einmal durchgehen, um sicherzustellen, dass dieses Buches mit den besten Ratschlägen für Sie beendet wird:
37. Beherrschung der Konversation durch verbale Kommunikationsmittel.
38. Beherrschung der Konversation durch nonverbale Kommunikationsmittel.
39. Umgang mit Emotionen.
40. Meinungsänderung durch Überzeugungsarbeit und Verhandlung.
41. Entwicklung emotionaler Intelligenz, damit Sie Konflikte wie eine Führungskraft lösen können.
42. Die Strategie des Friedens.
43. Die Kraft der Aufgeschlossenheit.

Ich wünsche Ihnen von nun an, dass Sie jeder Herausforderung und jedem Konflikt mit Anmut und

Dankbarkeit begegnen. Üben Sie weiterhin unsere sieben Techniken, entwickeln Sie sich weiter und bewegen Sie sich in allen Aspekten Ihres Lebens in Richtung Wachstum. Jetzt, wo Sie wirksame Hilfsmittel zur Lösung von Konflikten in Ihrem Leben haben, sind die Möglichkeiten grenzenlos. Hören Sie jetzt nicht auf und erreichen Sie Ihre Ziele und Träume mit Zuversicht.

Ich wünsche Ihnen alles Gute.

# VERWEISE

B. Spangler (2003) Reframing.
https://www.beyondintractability.org/essay/joint_reframing

Brenda (2016) The Awesome Communication Tool: Reframing.
http://brendahooper.com/the-awesome-communication-tool-reframing/

C. Childs (2019) 8 Steps to Continuous Self Motivation Even During the Difficult Times. https://www.lifehack.org/articles/featured/8-steps-to-continuous-self-motivation.html

D, Bellafiore Interpersonal Conflict and Effective Communication.
http://www.drbalternatives.com/articles/cc2.html

D, Prothrow-Stith Conflict Resolution: The Human Dimension.
https://www.gmu.edu/programs/icar/ijps/vol3_1/burton.htm

D, Stone, B Patton, and S Heen Difficult Conversations: How To Discuss What Matters Most Handout. https://www.mdmunicipal.org/DocumentCenter/View/3656/Difficult-Conversations-Handout?bidId

D.W Johnson (2019) The Importance of Taking the Perspective of Others.

https://www.psychologytoday.com/ca/blog/constructive-controversy/201906/the-importance-taking-the-perspective-others

Dr. T, Alessandra (2018) Conflict Resolution Behaviors.

https://assessments24x7.com/blog/conflict-resolution-behaviors/

E. Katrina (2014) 7 Tips to Follow to End Any Argument Peacefully.
https://www.realsimple.com/work-life/work-life-etiquette/sticky-situations/things-say-keep-peace

H. Shorey (2017) Managing Relationship Conflict: Letting Go of Being Right. https://www.psychologytoday.com/ca/blog/the-freedom-change/201710/managing-relationship-conflict-letting-go-being-right

J. Segal, M. Smith, L. Robinson, and G. Boose (2019) Nonverbal Communication. https://www.helpguide.org/articles/relationships-communication/nonverbal-communication.htm

J.C. Williamson (2017) Effective Apologies Turn Conflict Aftermath into Healing Afterglow. https://www.huffpost.com/entry/effective-apologies-turn-_b_11950994

L Puhn (2017) 10 Things to Say to Keep the Peace.

https://www.realsimple.com/work-life/work-life-etiquette/sticky-situations/things-say-keep-peace

M, Clayton (2017) Roger Fisher, and William Ury: Principled Negotiation.

https://www.pocketbook.co.uk/blog/2017/06/27/roger-fisher-william-ury-principled-negotiation/

M, Dixit (2004) Theories of Conflict Resolution.

http://www.ipcs.org/comm_select.php?articleNo=1531

M. Carroll (2012) The Application of NLP Perceptual Positions. https://www.nlpacademy.co.uk/articles/view/resolving_conflict_by_exploring_different_perspectives/

Melissa (2018) The 5 Aspects of Emotional Intelligence and Why They Matter.

https://awato.org/5-aspects-emotional-intelligence-matter/

Nick (2016) POP for Safety.

https://nicholas-davies.com/pop-for-safety/

P. Scott (2016) The Power of Constructive Confrontation. https://cmoe.com/blog/the-power-of-constructive-confrontation/

PON Staff (2019) Four Conflict Negotiation Strategies for Resolving Value-Based Disputes.

https://www.pon.harvard.edu/daily/dispute-resolution/four-negotiation-strategies-for-resolving-values-based-disputes/

R. Reece, Emotional Intelligence and Conflict Management.

http://emotionalintelligenceworkshops.com/emotional-intelligence-conflict-management.htm

Rob (2014) 5 Stages of Conflict and Workplace Conflict Resolution. https://blog.udemy.com/stages-of-conflict/

S, Amaresan (2019) 5 Conflict Management Styles for Every Personality Type. https://blog.hubspot.com/service/conflict-management-styles

S, Kukreja, Types of Conflict Situations. https://www.managementstudyhq.com/types-of-conflict-situations.html

S, London, The Power of Dialogue. http://scott.london/articles/ondialogue.html

S. Campbell (2016) The Benefits of Conflict. https://www.entrepreneur.com/article/279778

S. Kline, 8 Ways to Improve Self- Regulation. http://preventchildabuse.org/wp-content/uploads/2016/10/8-Ways-to-Improve-Self-Regulation.pdf

S.J. Scott (2019) What is Self-Awareness and How to Develop it. https://www.developgoodhabits.com/what-is-self-awareness/

Stefan Jacobson (2017) The Benefits of Conflict Resolution. https://www.conovercompany.com/the-benefits-of-conflict-resolution/

T. Coke (2015) The Power of an Open Mind. https://www.hrmagazine.co.uk/article-details/the-power-of-an-open-mind

Unknown (2012) What Makes an Apology Authentic and Effective as a Resolution of Conflict? https://www.choiceconflictresolution.com/2012/10/31/what-makes-an-apology-authentic-and-effective-as-a-resolution-of-conflict/

Unknown (2014) What is the Difference Between Negotiation and Persuasion? https://www.scotwork.com.au/negotiation-blog/2014/what-is-the-difference-between-negotiation-and-persuasion/

Unknown (2015). Signs of Frustration. https://flowpsychology.com/signs-of-frustration/

Unknown (2016) 8 Ways to Improve Your Empathy. https://andrewsobel.com/eight-ways-to-improve-your-empathy/

Unknown (2017) 14 Ways to Approach a Conflict and Difficult Conversations at Work. https://www.forbes.com/sites/forbescoachescouncil/2017/07/17/14-ways-to-approach-conflict-and-difficult-conversations-at-work/#237397023cfd

Unknown (2018) Why Conflict is Good. https://www.christianmuntean.com/why-conflict-is-good/

Unknown (2019) Summary of Cooperation and Competition. https://www.beyondintractability.org/artsum/deutsch-cooperation

Unknown (2013) What is Conflict? - Understanding Conflict. http://www.typesofconflict.org/what-is-conflict/

Unknown, Conflict De-Escalation Techniques. https://vividlearningsystems.com/safety-toolbox/conflict-de-escalation-techniques

Unknown, Dynamic Risk Assessment - SAFER. http://www.conflictresolutionmanchester.com/risk-assessment.htm

Unknown, Life Skills Development Module Three: Conflict Management.

https://wikieducator.org/Life_Skills_Development/Module_Three/Unit_3_:_Conflict_Management/Elements_of_conflict

Unknown, Skills You Need - Effective Speaking. https://www.skillsyouneed.com/ips/effective-speaking.html

Unknown, Skills You Need - Verbal Communication Skills. https://www.skillsyouneed.com/ips/verbal-communication.html

Unknown, Summary of Difficult Conversations: How To Discuss What Matters Most. https://www.beyondintractability.org/bksum/stone-difficult

Unknown, Ten Persuasion Techniques. http://www.how-to-negotiate.com/ten-persuasion-techniques.html

V. Greene, Persuasive Tactics to Close Your Next Deal. https://www.neurosciencemarketing.com/blog/articles/persuasive-tactics.htm#

VC. Nuance, Deal with Anger in a Conflict Situation. https://visihow.com/Deal_with_Anger_in_a_Conflict_Situation

Young Entrepreneur Council (2018). 14 Negative Body Language Signals and Speech Habits to Avoid. https://www.forbes.com/sites/theyec/2018/05/04/14-negative-body-language-signals-and-speech-habits-to-avoid/#1a6da62622f5

# KRAFTVOLLE KÖRPERSPRACHE

*Mehr Erfolg im Beruf und in Beziehungen. Wie Sie Ihre eigene nonverbale Kommunikation perfektionieren und die Mimik, Gestik und Haltung anderer Menschen richtig lesen*

**GERARD SHAW**

# INHALTSVERZEICHNIS

Einführung .................................................................. 573

Kapitel 1: Der wissenschaftliche Hintergrund
der Körpersprache ..................................................... 579

    Die neurowissenschaftlichen Hintergründe
    der Körpersprache .................................................. 580
    Mehr über Körpersprache lernen ............................ 584
    Die verschiedenen Körperteile der Körpersprache ...585
    Zusammenfassung des Kapitels ............................... 588

Kapitel 2: Eine Botschaft übermitteln und empfangen ............ 589

    Kommunikationshindernisse .................................. 591
    Nonverbale Kommunikation ................................... 594
    Die fünf Rollen der nonverbalen Sprache ................597
    Warum sind nonverbale Hinweise so wichtig? ....... 599
    Zusammenfassung des Kapitels ............................... 601

Kapitel 3: Was bedeutet es, wenn Ihr Körper spricht? ............ 603

    Wie Sie sich darauf vorbereiten, die Körpersprache zu lesen . 604
    Der Kontext ist wichtig ............................................ 605
    Acht häufig vorkommende Körpersprache-Codes, die Sie
    entschlüsseln können .............................................. 606
    Wie Sie die Körpersprache in Abhängigkeit von der
    Stimmungslage lesen ............................................... 613
    Wie Sie den Körper Ihres Gegenübers Schritt für Schritt
    scannen .................................................................... 616
    Fallstudie ................................................................. 617
    Zusammenfassung des Kapitels ................................618

Kapitel 4: Wie Sie durch Ihre Körpersprache eine
einnehmende Persönlichkeit entwickeln ......................... 619

    Die Körpersprache des „Clubs der Gewinner" ........ 621

    Neun Möglichkeiten, um (positive) Aufmerksamkeit
    zu erzielen .................................................................... 623
    Zusammenfassung des Kapitels ............................................ 632

Kapitel 5: In der Öffentlichkeit sprechen und
Präsentationen halten ............................................................. 635

    Wie Sie den Raum betreten ..................................................... 636
    Vorbereitung und Beginn der Präsentation ...............................637
    Die grundlegende Körpersprache, um einen Vortrag
    zu meistern ............................................................................ 640
    Charisma und Körpersprache ..................................................647
    Zusammenfassung des Kapitels ...............................................652

Kapitel 6: Wie Sie bedeutungsvolle Beziehungen zu anderen
Menschen aufbauen .................................................................. 655

    Häufige Signale, die andere Menschen Ihnen senden ............ 656
    Menschen gehen Beziehungen zu Menschen ein, die sie
    mögen. Nutzen Sie deshalb Ihre Körpersprache, um
    sympathischer zu wirken ....................................................... 662
    Wie Sie herausfinden können, ob Sie jemand anlügt ............. 678
    Vertrauen und Ihre Körpersprache ..........................................681
    Üben Sie Einfluss aus ............................................................ 684
    Zusammenfassung des Kapitels ............................................. 689

Kapitel 7: Vielseitige Körpersprache- Übungen für jeden Tag ..693

    Verwenden Sie die Körpersprache, um Ihr eigenes Leben
    und Ihren Charakter zu verbessern ........................................ 696
    Wie Sie die Fähigkeit, Körpersprache zu lesen, verbessern .... 700
    EQ: Genauso wichtig wie der IQ ............................................. 703
    Zusammenfassung des Kapitels ............................................. 706

Schlussfolgerung ........................................................................709

Verweise ..................................................................................... 713

Bonusheft ...................................................................................717

# EINFÜHRUNG

Möchten Sie gerne andere Menschen beeinflussen und engere Beziehungen mit ihnen eingehen? Vielleicht kennen Sie jemanden, der andere immer genau lesen zu können scheint oder stets weiß, was eine andere Person denkt. Oder möchten Sie gerne in der Lage sein, in der Öffentlichkeit Reden oder Präsentationen zu halten, haben jedoch Angst, dass man Ihnen Ihre Nervosität ansieht?

Haben Sie großartige Ideen, können diese aber nicht vermitteln? Vielleicht liegt es daran, dass Ihre Körpersprache die falsche Botschaft ausstrahlt. Oder vielleicht möchte Ihr Gegenüber Ihnen etwas anhand seiner Körpersprache mitteilen, was Sie jedoch nicht verstehen. Können Sie erkennen, was Ihnen Ihr Gegenüber „sagen" will, ohne dies jedoch verbal zu artikulieren?

Wenn Sie mit einem der oben genannten Probleme zu kämpfen haben, dann hilft Ihnen dieses Buch bei der Lösung dieser Probleme weiter. Sie werden lernen, was Körpersprache ist und auf welche Art und Weise sie angewendet wird. Noch wichtiger ist jedoch, dass Sie in diesem Buch Informationen erhalten werden, die Sie tatsächlich in Ihrem Alltagsleben anwenden können. Sie werden erfahren, wie Sie lesen können, was eine andere Person Ihnen mit ihrer Körpersprache zu sagen versucht, und wie Sie Ihre eigene Körpersprache dazu verwenden, um Informationen zu vermitteln. Erzielen Sie Ihre gewünschten Ergebnisse, indem Sie an Ihrer nonverbalen Kommunikation arbeiten.

Haben Sie jemals in den Spiegel geschaut und sich gedacht: „Oh Mann, heute habe ich es aber drauf!" Möglicherweise waren Sie schick für eine Veranstaltung zurechtgemacht. Ich erinnere mich an ein Ereignis, als ich gerade frisch mit dem College fertig war und auf eine Party ging. Ich hatte mir damals kurz vorher ein

Motorrad gekauft, tauchte in meiner Motorradkluft bei der Party auf und sah total cool aus. Und ich kann mich noch gut daran erinnern, wie mich die Leute den ganzen Abend über anstarrten und sich nach mir umdrehten. Sie schenkten mir ihre Aufmerksamkeit und beachteten mich. Es war nicht so, dass ich mich mit meiner Lederjacke plötzlich in einen zweiten James Dean verwandelt hätte. Aber ich strahlte bei dieser Party Selbstbewusstsein aus und alle reagierten darauf.

Das Beste daran ist, dass Sie sich keine neue Kleidung kaufen müssen. Sie müssen sich auch nicht unbedingt selbstbewusst fühlen. Sie müssen nur Selbstbewusstsein ausstrahlen, damit die Leute Sie bemerken und Ihnen ihre Aufmerksamkeit schenken. Vielleicht gehen Sie nicht so gerne auf Partys, möchten jedoch, dass Sie Ihr Chef bei der Arbeit häufiger wahrnimmt. Oder Sie halten eine Präsentation und möchten, dass die Leute Ihnen Aufmerksamkeit schenken.

Möchten Sie all diese Geheimnisse erfahren? Ich habe dieses Buch geschrieben, weil ich gelernt habe, wie ich mit großem Erfolg an meiner eigenen Körpersprache arbeite. Ich habe dabei meine eigenen Erfahrungen mit wissenschaftlich erwiesenen Erkenntnissen kombiniert und verrate Ihnen in diesem Buch alles darüber. Ich habe meine Fähigkeiten verbessert, tiefgehende Beziehungen mit anderen Menschen einzugehen. Diese Beziehungen ermöglichen mir ein wunderbares Netzwerk für mein privates und berufliches Leben und meine effektiven Kommunikationsfähigkeiten verschaffen mir ebenfalls kontinuierlich neue Möglichkeiten.

Das Wissen über die Körpersprache und deren Anwendung wird durch wissenschaftliche Studien gestützt. Ich gehe jedoch nicht näher auf die theoretischen Aspekte ein, da dies nicht den gewünschten Erfolg bringt (ich überlasse all diese Theorien Doktoranden). Stattdessen habe ich ein Buch geschrieben, das voller praktischer Ratschläge steckt. Sobald Sie das Wissen verinnerlicht haben, können Sie es zusammen mit den Techniken anwenden, die ich Ihnen in diesem Buch zur Verfügung stelle.

Ich bin ein großer Fan von den Vorteilen der nonverbalen Kommunikation und bin fest davon überzeugt, dass das Wissen, wie man nonverbale Hinweise geschickt einsetzt und interpretiert, Ihr Leben zum Besseren verändern kann. Und damit bin ich nicht allein! Ich kenne Aussagen anderer Menschen und kenne die Veränderungen, die stattfinden, wenn Menschen lernen, nonverbal zu „kommunizieren". Menschen, die das Wissen in diesem Buch nutzten, erwarben ein ganz neues Vokabular, das sie vorher nicht hatten. Sie strahlen Vertrauen und Erfolg nicht nur beruflich, sondern in allen Lebensbereichen aus. Jeder profitiert davon, wenn unsere Nachrichten korrekt und mit weniger Missverständnissen übermittelt werden.

Wenn Sie dieses Buch lesen und die Schritte in die Tat umsetzen, können auch Sie von Tag zu Tag erfolgreicher werden. Ich habe zahlreiche wertvolle Informationen gesammelt, die Ihnen dabei helfen werden, Ihre Kommunikationsfähigkeiten, Ihren Stil sowie Ihre Fähigkeiten mit Menschen zu interagieren, zu verbessern. Sich anderen Personen zu präsentieren, auch denen, die Sie nicht kennen, muss keine schwierige Aufgabe sein!

Dieses Buch richtet sich an all diejenigen Personen, die in jedem Aspekt ihres Lebens erfolgreich sein möchten, sei es in ihren Beziehungen, in ihrer beruflichen Karriere oder auch nur, um die Ziele zu erreichen, die sie sich gesetzt haben. Viele junge Erwachsene verlassen sich auf E-Mails und soziale Medien, um miteinander in Kontakt zu bleiben. Doch im wirklichen Leben müssen Sie auch persönlich erscheinen. In der heutigen Welt geht es nicht nur um die Worte, die Sie verwenden. Es geht darum, wie Sie Ihre Botschaft übermitteln, wenn Sie mit anderen Personen sprechen.

Wörter sind nur ein Teil von dem, was Sie sagen. Doch auch der Rest Ihres Körpers kommuniziert. Tatsächlich findet der Großteil der Kommunikation von Angesicht zu Angesicht über

Ihre visuellen Sinne statt, nicht über Ihre auditorischen. Die Techniken in diesem Buch zeigen Ihnen, wie Sie sich richtig bewegen (oder nicht bewegen!), und zwar passend zu dem, was Sie sagen möchten. Wenn Sie sich ohne großen Abstand neben eine Person setzen, dann wissen Sie genau, was Sie dieser Person sagen. Und wenn Sie die Arme verschränken, dann ist die Nachricht, die Sie senden, beabsichtigt.

Sie werden in diesem Buch lernen, andere Menschen zu lesen, da das Lesen der Körpersprache eine Fähigkeit ist, die sich erlernen lässt, genauso wie Lesen oder Fahrradfahren. Und genau wie beim Fahrradfahren gilt auch hier: Je häufiger Sie üben, desto besser werden Sie. Wenn eine Person, mit der Sie sich unterhalten, ihre Arme verschränkt, dann werden Sie wissen, was diese Person Ihnen eigentlich mitteilen will!

Sobald Sie Maßnahmen ergreifen, werden Sie eine Verbesserung Ihrer Fähigkeiten feststellen, und zwar nicht nur in Bezug auf die Kommunikation mit anderen Personen, sondern auch mit sich selbst. Einige nonverbale Hinweise erzeugen tatsächlich positive Rückkopplungsschleifen für Sie, wenn Sie sie anwenden. Sie werden herausfinden, wie Sie diese nonverbalen Hinweise erfolgreich anwenden können. Je mehr Sie beispielsweise Ihre Körpersprache anwenden, um Vertrauen zu vermitteln, desto selbstbewusster fühlen Sie sich. Andere Personen werden dieses Verhalten bemerken und positiv auf Sie reagieren, was Sie wiederum selbstsicherer macht! Auch wenn Sie die Körpersprache-Techniken nur anwenden, um Ihr Erscheinungsbild zu verbessern, so werden Sie ebenfalls von den Ergebnissen begeistert sein.

Wie werden Sie charismatischer oder stechen aus einer Menschenmenge hervor? Wie entwickeln Sie bedeutungsvolle Beziehungen zu anderen Menschen? Wie sprechen Sie vor einem Publikum, sodass dieses mehr von Ihnen sehen will? Zunächst einmal werde ich die wissenschaftlichen Hintergründe der Körpersprache näher erläutern – wie Informationen über die

Dinge, die Sie sehen, hören, riechen, schmecken und fühlen, zu Ihrem Gehirn gelangen und wie diese die Freisetzung von chemischen Botenstoffen (Neurotransmitter und Hormone) auslösen, welche wiederum zahlreiche Auswirkungen auf Ihren Körper haben.

Wenn Sie erst einmal verstanden haben, wie Körper und Gehirn miteinander verbunden sind, werde ich Ihnen die „Anzeichen" der Körpersprache für bestimmte Stimmungslagen und Emotionen erklären. Sie werden die Geheimnisse erfahren, wie Sie Ihre Emotionen kontrollieren können. Anschließend werden Sie dazu in der Lage sein, die Reaktionen von anderen Menschen zu lesen. Welche Körperteile kommunizieren am meisten und an welcher Stelle sollten Sie mit dem „Lesen" beginnen? Wonach sollten Sie bei anderen Menschen suchen, sodass Sie deren Botschaft verstehen?

Zu diesem Zeitpunkt werden Sie bereits ein solides Hintergrundwissen zum Thema Körpersprache haben. Danach konzentriere ich mich darauf, wie man mitreißende Präsentationen hält, betrügerische Absichten bei anderen erkennt, charismatisch wird und bedeutungsvolle Beziehungen aufbaut.

Schließlich verrate ich Ihnen Tipps und Tricks für den Alltag. Die Körpersprache ist eine Fähigkeit, die man entweder nutzt oder verlernt. Ihre Fähigkeit, ohne Worte zu kommunizieren, wird sich verbessern, je mehr Sie an ihr arbeiten. Wenn Sie jedoch damit aufhören, werden Sie diese Fähigkeit langsam verlieren. Hierbei handelt es sich nicht um eine Fähigkeit, mit der man sich nur kurz beschäftigt, um sie dann wieder zu vergessen. Glücklicherweise erfordern diese Schritte keine intellektuellen Gedanken, tiefe Meditationen oder anderen zeitaufwändigen Prozesse. Nonverbale Kommunikation ist eine Gewohnheit, die Sie für den Rest Ihres Lebens verwenden werden, und es handelt sich hierbei nicht um eine Fähigkeit, die besser funktioniert, wenn Sie sie auf die lange Bank schieben.

Wenn Sie jetzt alles sofort anwenden könnten, was Sie über die nonverbale Kommunikation in diesem Buch lernen werden, dann würden sich in diesem Moment neue Möglichkeiten für Sie ergeben. Sie wären dazu in der Lage, bedeutungsvolle Verbindungen zu anderen Menschen zu knüpfen und sogar ehrliche und tiefe Beziehung mit Ihrem Publikum einzugehen ... Und zwar jetzt sofort.

Möchten Sie gern Ihr Leben zum Besseren zu verändern? Dann müssen Sie Maßnahmen ergreifen. Wenn Sie tun, was Sie schon immer getan haben, dann werden Sie bekommen, was Sie schon immer bekommen haben. Einstein sagte: „Die Definition von Wahnsinn besteht darin, dieselben Dinge immer und immer wieder zu tun, jedoch andere Ergebnisse zu erwarten."

Sie müssen nicht Ihr komplettes Leben oder Ihren Tagesablauf auf den Kopf stellen oder alles in Frage stellen, was Sie von morgens bis abends tun. Sie müssen jedoch wahrscheinlich einige Anpassungen vornehmen und üben, andere Personen in Bezug auf die Botschaften beobachten, die diese ohne Worte aussenden. Um jedoch Möglichkeiten zu schaffen und sich weiterzuentwickeln, müssen Sie Maßnahmen ergreifen.

Worte sind wichtig. Und die richtigen Worte sind der Schlüssel.

Nutzen Sie jedoch dazu auch die Macht der Körpersprache, um Ihre Botschaften nonverbal ausdrücken.

Lesen Sie also weiter und finden Sie heraus, welche Schritte Sie unternehmen müssen ... Und dann setzen Sie diese Schritte in die Tat um.

KAPITEL 1:

# Der wissenschaftliche Hintergrund der Körpersprache

Sie haben wahrscheinlich bereits davon gehört, fragen sich aber möglicherweise, was genau man unter Körpersprache versteht. Die Körpersprache ist ein Gespräch ohne Sprache, die nur mit Hilfe von Mimik und körperlichen Gesten stattfindet. Zur Körpersprache gehören auch Tonfall, Körperhaltung, Lautstärke, Sprechgeschwindigkeit, Augenkontakt sowie weitere Aspekte. Die nonverbale Kommunikation ist oft wichtiger als die Worte, die Sie tatsächlich sagen, um Ihre Botschaft zu übermitteln.

Möglicherweise haben Sie der Körpersprache vorher nicht allzu viel Aufmerksamkeit geschenkt, was in Ordnung ist. Vielleicht sind Ihnen jedoch bereits einige Beispiele aufgefallen, bei denen die Körpersprache ein wichtiger Faktor war.

Stellen Sie sich eine Person vor, die auf den Boden schaut und den Kopf hängen lässt. Die Person hat eine zusammengesackte Körperhaltung, ihre Schultern hängen herunter und sie sieht Ihnen nicht in die Augen. Würden Sie dieser Person glauben, wenn sie Ihnen mit monotoner Stimme „Ich bin gerade so glücklich" sagen würde? Natürlich nicht. Die Art und Weise, wie diese Person sich körperlich ausdrückt, ist nicht die eines glücklichen Menschen.

Stellen Sie sich nun im Gegensatz dazu jemanden vor, der mit gerader Körperhaltung vor Ihnen steht, Ihnen direkt in die Augen sieht und mit einem Lächeln im Gesicht fest Ihre Hand drückt. Würden Sie dieser Person glauben, wenn sie zu Ihnen „Ich bin gerade so glücklich" sagen würde? Vermutlich ja, denn die Körpersprache dieser Person ist positiv.

Für die Kommunikation sind sowohl Körpersprache als auch Sprache notwendig. Wir lernen in der Schule, von unseren Eltern oder vielleicht auch aus Film und Fernsehen, wie man spricht. Aber oftmals lernen wir nicht, wie wir unseren Körper einsetzen können, um zu unterstreichen, was wir meinen.

Bei der Verwendung der Körpersprache geht es nicht darum, Ihre Persönlichkeit zu verändern oder eine andere Person zu werden! Es geht darum, Ihre Kommunikationsfähigkeit zu verbessern und Ihre sozialen Fähigkeiten zu erweitern. Die Körpersprache ist keine exakte Wissenschaft, da sie auf menschlichem Verhalten basiert und nicht alle Menschen in jeder Situation gleich reagieren.

Die Körpersprache ist sowohl angeboren als auch erlernbar. Wir Menschen haben uns mit einigen Aspekten der Körpersprache weiterentwickelt, die fast schon reflexiver Natur sein können. Dies sind die Verhaltensweisen, von denen Sie möglicherweise nicht einmal wissen, dass Sie sie ausführen. Andere Verhaltensweisen basieren auf der jeweiligen Kultur, weswegen diese von Land zu Land unterschiedlich sein können.

Die nonverbale Kommunikation kam vor dem Sprechen, sodass sie immer ein Teil von uns sein wird. Beobachten Sie doch einmal Tiere und die Art und Weise, wie diese ohne Sprache miteinander kommunizieren. Charles Darwin begann mit wissenschaftlichen Untersuchungen, wie Menschen und Tiere nonverbal kommunizieren, und ein Großteil des heutigen Wissens beruht auf diesen Grundlagen.

## Die neurowissenschaftlichen Hintergründe der Körpersprache

Unser Gehirn steuert unsere freiwilligen und unfreiwilligen Körperbewegungen. Der Mensch besitzt ein zentrales Nervensystem, das aus Nerven im Rückenmark und dem Gehirn selbst besteht. Wir haben zudem periphere Nerven überall im

Körper, die Informationen aufnehmen und weitergeben. Wenn Ihre Nase beispielsweise an einer Blume riecht, senden die beteiligten peripheren Nerven Signale an das Rückenmark. Diese Signale sind elektrischer und/oder chemischer Natur. Das Rückenmark leitet die Signale dann bei Bedarf an die sensorischen Verarbeitungszentren des Gehirns und an andere Funktionsbereiche weiter.

Ein Teil des Zentralnervensystems ist das autonome Nervensystem, das nicht bewusst kontrolliert wird. Dieses System reguliert unter anderem die Atmung, die Pumpbewegungen des Herzens sowie die Freisetzung der Energiereserven der Muskeln. Es besteht aus zwei Teilen, die konträr zueinander arbeiten und sich gegenseitig überwachen.

Das sympathische Nervensystem erhöht die Stimulation und Aktivierung. Es setzt chemische Stoffe frei, um die Atmung zu beschleunigen und die Blutgefäße zu erweitern. Dadurch wird die Durchblutung von Körperteilen minimiert, die diese in einem Zustand erhöhter Wachsamkeit nicht benötigen, wie z. B. das Verdauungssystem. Das Gegenteil, das parasympathische System, kommt während Ruhe und Entspannung ins Spiel: Die Atmung verlangsamt sich, das Verdauungssystem wird angeregt usw.

Das menschliche Gehirn enthält zudem den präfrontalen Kortex, der die Entscheidungsfindung, das Denken und andere komplexe Verhaltensweisen steuert. Wenn Maßnahmen ergriffen werden müssen, leitet das Gehirn diese Absicht an die Motoneuronen des peripheren Systems zurück. Diese Nerven signalisieren dann den entsprechenden Muskeln, die Aktion auszuführen.

Natürlich dauert dieser Vorgang viel kürzer, als ihn zu beschreiben! Einige Aktionen müssen nicht einmal zuerst zum Gehirn gelangen. Wenn ein Reflexnerv stimuliert wird (Sie berühren eine heiße Herdplatte), werden die erforderlichen Motoneuronen aktiviert (Sie ziehen Ihre Hand zurück).

Der präfrontale Kortex ist nur beim Menschen vorhanden, Tiere haben keinen. Wir haben jedoch einige Teile des Gehirns mit Tieren gemeinsam. Möglicherweise haben Sie schon einmal von einem Teil des Gehirns gehört, der als „Eidechsen-" oder „Reptilienhirn" bezeichnet wird. Dieser ältere Teil des Gehirns ist für den „Kampf oder Flucht"-Reflex verantwortlich und wenn dieser Teil des Gehirns aktiv ist, dann ist der präfrontale Kortex inaktiv.

Das liegt daran, dass wir uns in der afrikanischen Savanne neben wilden Tieren, die uns töten konnten, zu Menschen entwickelt haben. Die Menschen, die damals überlebt haben, waren diejenigen, die weggerannt sind, sobald sie einen Löwen gesehen haben, weil ihr Kampf- oder Fluchtreflex aktiviert wurde. Sie hätten nicht überlebt, wenn ihr präfrontaler Kortex erst einmal überlegt hätte, welche Maßnahmen nun zu ergreifen sind! Doch wie kommt es zu diesem Kampf- oder Fluchtreflex?

Ob Sie es glauben oder nicht, diesem Reflex liegen zu 100 % chemische Botenstoffe und elektrische Prozesse zugrunde, die im Gehirn aktiv sind. Wenn Nerven durch elektrische Signale miteinander kommunizieren, setzen sie chemische Botenstoffe frei, die als Neurotransmitter bezeichnet werden. Diese Neurotransmitter können entweder den nächsten Nerv anregen („go") oder ihn hemmen („no-go"). Dieses System bestimmt, welche Nachrichten weitergeleitet werden.

Neurotransmitter gibt es in den verschiedensten Formen. Zusätzlich zur Auslösung der „Go-/No-Go"-Prozesse können sie ebenfalls die Stimmung und das Verhalten beeinflussen. Die Vorbereitung des Körpers auf Maßnahmen erfolgt in zwei Varianten: Noradrenalin und Adrenalin. Noradrenalin erhöht die Wachsamkeit und befindet sich während des Schlafens im Körper auf dem niedrigsten Stand. Noradrenalin fokussiert die Aufmerksamkeit und beschleunigt Ihren Herzschlag. Es ist auch verantwortlich für Angst und Nervosität. Adrenalin erhöht ebenfalls die Herzfrequenz und beschleunigt die Durchblutung

Ihrer Muskeln. Angst, Schweiß und Unsicherheit stehen ebenfalls mit Adrenalin in Verbindung.

Zu den Glücks-Botenstoffen gehören Dopamin und Serotonin. Neuronen setzen Dopamin frei, wenn Sie Freude und Aufregung verspüren. Dopamin fordert Ihren Körper auf, mehr von dem zu tun, was in Ihnen ein Glücksgefühl auslöst. Wie man bei verschiedenen Suchterkrankungen erkennen kann, ist das nicht immer gut! Serotonin wird zum Behandeln von Schlafstörungen, zur Stimmungsaufhellung und zur Bekämpfung von Depressionen eingesetzt.

Hormone ähneln Neurotransmittern. Aber anstatt Informationen zwischen den Nerven weiterzugeben, arbeiten sie im Blutkreislauf. Einige chemische Botenstoffe wie Adrenalin können sowohl Hormone als auch Neurotransmitter sein. Adrenalin und das Hormon Cortisol werden freigesetzt, wenn sich das Gehirn in einem bewussten Zustand befindet. Weitere Hormone sind Oxytocin, das die Bindung beim Menschen fördert; Androgene, einschließlich Testosteron, die die männliche Geschlechtsreife fördern, sowie Östrogene wie Östradiol, die die weibliche Geschlechtsreife steuern.

Die Neurotransmitter sind wichtig für die Regulierung von Emotionen und Gefühlen. Serotonin kann zum Beispiel Wut und Gewalttätigkeit reduzieren. Sie müssen in der Lage sein, sich zurückzuhalten anstatt Ihren Emotionen freien Lauf zu lassen, wenn Sie sicherstellen möchten, dass Sie die richtigen Signale für Ihre nonverbale Kommunikation senden. Achten Sie außerdem darauf, dass Ihre Emotionen der Nachricht, die jemand anderes Ihnen senden möchte, nicht im Wege stehen!

All diese Systeme und chemischen Botenstoffe beeinflussen Ihre Körpersprache. Ihr Gehirn erkennt eine Bedrohung und sendet Signale aus, um Ihren Körper in Alarmbereitschaft zu versetzen. Der Teil Ihres Gehirns, der für den Kampf- oder Fluchtreflex verantwortlich ist, kann jedoch nicht den Unterschied zwischen der Bedrohung durch einen Tiger und der

Bedrohung durch das Sprechen vor einem Publikum erkennen. In beiden Situationen findet die gleiche chemische Freisetzung von Adrenalin und Cortisol statt, die Ihr Herz beschleunigt und Sie unter anderem nervös macht. Zu einem späteren Zeitpunkt in diesem Buch werde ich darüber sprechen, was Sie tun können, um die Bedrohungsstufe zu verringern, damit Sie charismatisch und selbstbewusst auftreten können, anstatt unsicher zu sein.

## Mehr über Körpersprache lernen

Es gibt einige Dinge an uns Menschen, die nicht geändert werden können. Wenn Sie Angst haben, treten bestimmte chemische Reaktionen auf. Menschen (und Tiere) können jedoch konditioniert oder trainiert werden, um einen Reiz mit einer Reaktion zu verbinden.

Zum Beispiel haben Sie wahrscheinlich schon einmal vom Pawlowschen Hund gehört. In seinen Experimenten konditionierte Pawlow Hunde, um Futter mit dem Läuten einer Glocke in Verbindung zu bringen. Mit der Zeit begannen die Hunde, Speichel zu produzieren, wenn sie eine Glocke hörten.

Es gibt eine biologische Grundlage für dieses Verhalten. Hunde produzieren Speichel, wenn es Fütterungszeit ist. Die klassische Konditionierung erfordert eine biologische Grundlage, und zwar unabhängig davon, ob Sie mit Hunden oder Menschen arbeiten. Während ihres gesamten Lebens werden die Menschen konditioniert und das oftmals, ohne es zu wissen. Wir sind biologisch darauf trainiert, bei potenziellen Bedrohungen wachsam zu sein. Zum Beispiel wird die Farbe Rot verwendet, um auf verschiedene Arten Gefahr zu signalisieren. Wenn wir die Farbe Rot sehen, werden wir oft wachsam, auch unbewusst.

Menschen können aber auch ohne eine biologische Grundlage Dinge erlernen. Dieser Prozess wird als operante Konditionierung oder Lernen aus Erfahrung bezeichnet. Es müssen nicht einmal Ihre eigenen Erfahrungen sein, obwohl diese sicherlich der beste

Lehrer sind! Sie können von Dingen lernen, die jemand anderes getan hat oder von Dingen, über die Sie gelesen haben. Das menschliche Gehirn verwendet Verknüpfungen, um sich selbst die Arbeit zu erleichtern. Diese verschiedenen Arten des Lernens und Konditionierens beeinflussen die Körpersprache.

Dies kann uns auch dabei helfen, unsere Gewohnheiten zu ändern. Wollen Sie eine bessere Körpersprache haben? Dann müssen Sie sie erlernen. Die beste Möglichkeit, um dies zu tun, besteht darin, dass Ihr Gehirn erkennt, dass die neuen Verhaltensweisen mit positiven Verstärkungen einhergehen. Doch zuerst müssen Sie verstehen, woher die Gewohnheit kommt, und dann können Sie die Kontrolle darüber übernehmen. Die Neuprogrammierung Ihrer Körpersprache muss konsequent durchgeführt werden, damit sie weiterhin besteht.

## Die verschiedenen Körperteile der Körpersprache

Unser Körper besitzt vier Hauptkommunikatoren, die anderen Menschen mitteilen, was wir wirklich fühlen, und zwar unabhängig davon, was wir sagen. Um sicherzustellen, dass Ihre Botschaft übermittelt wird, müssen Sie diese Aspekte der Körpersprache kontrollieren und sicherstellen, dass sie mit dem übereinstimmen, was Sie sagen möchten. Der erste Schritt zur Verbesserung Ihrer nonverbalen Kommunikation besteht darin, sich Ihres Körpers bewusst zu werden. Was sagt Ihr Körper jetzt aus und was soll er kommunizieren?

### 1. Ihr Kopf – es geht nicht nur allein um Ihr Gesicht!

Selbst Ihre Kopfhaut liefert Hinweise auf Ihren geistigen Zustand. Hatten Sie keine Zeit, sich die Haare zu bürsten? Dann werden Sie erschöpft aussehen. Wer eine Glatze hat, muss auf seine Augenbrauen achten, die stärker auffallen, wenn kein Haaransatz vorhanden ist. Augenbrauen können dazu genutzt werden, um sich auszudrücken, Sie müssen dies jedoch bewusst tun.

Winzige Bewegungen um Augen und Mund, sogenannte Mikroexpressionen, können Sie verraten. Die Mikroexpressionen können anderen Menschen mitteilen, ob Sie Angst haben oder ob Sie sie täuschen. Sie müssen lernen, wie Sie diese Mikroexpressionen steuern können, was glücklicherweise möglich ist.

Weder jemanden anzustarren noch Augenkontakt zu vermeiden ist höflich oder teilt einer Person auf freundliche Art und Weise mit, dass Sie an ihr interessiert sind. Es ist wichtig, das richtige Maß an Augenkontakt herzustellen.

Ihr Kinn und Ihr Hals liefern ebenfalls Hinweise. Wenn Sie Ihr Kinn herausstrecken, sehen Sie stur aus. Die meisten Menschen möchten ihre Körpersprache verbessern, damit sie sympathischer wirken, sich ihnen neue Möglichkeiten eröffnen und sie neue Freunde finden. Widerspenstig zu erscheinen führt jedoch nicht zu diesen Zielen!

Eine ausgeglichene Person steht mit geradem Hals da, lässt weder ihre Schultern hängen noch schaut sie zur Decke. Jede dieser Körperhaltungen sendet eine Nachricht von Desinteresse oder mangelnder Selbstsicherheit aus.

## 2. Oberkörper – inklusive Hände und Arme

Einige Botschaften der Körpersprache bedeuten unterschiedliche Dinge in unterschiedlichen Kontexten. Sie müssen sich dieser Tatsache bewusst sein, wenn Sie „kommunizieren", aber auch, wenn Sie andere Menschen lesen. Wenn Sie sich Mitgefühl erhoffen, lassen Sie Ihre Schultern ein wenig hängen. Doch wenn Sie Ihre Schultern immerzu hängen lassen, dann wird dies als Mangel an Selbstbewusstsein interpretiert. Eine Körpersprache mit geraden Schultern ist die Körperhaltung einer glücklichen, selbstbewussten Person.

Arme können sehr ausdrucksstark sein! Herumzappeln lässt Sie nervös oder gelangweilt aussehen. Ihre Arme sind fest vor Ihrem Oberkörper verschränkt? Dann wirken Sie wütend und defensiv. Wenn Sie die Hände in die Hüften stemmen, lässt Sie dies arrogant erscheinen. Doch diese Pose kann auch dazu führen, dass Sie sich sicherer fühlen, sodass Sie im Privatleben diese Pose nutzen können, wenn Sie einen kleinen Ego-Schub brauchen.

Wenn Sie sitzen, können Sie mit Ihren Händen am einfachsten eine neutrale Ausstrahlung erreichen, wenn Sie sie in Ihrem Schoß falten. Handflächen, die nach oben zeigen, weisen auf eine bittstellerische Position hin.

### 3. Beine – Sie sollten wissen, wie Sie sie nutzen

Wenn Sie im Sitzen die Beine überkreuzen, wirken Sie defensiv. Eine offene Haltung kann zwar einladend sein, Sie sollten die Beine jedoch nicht so weit öffnen, dass es vulgär wirkt! Und wenn Sie ein Mann sind, vermeiden Sie „Manspreading" und nehmen Sie nicht zu viel Platz in der Öffentlichkeit ein.

Frauen, die Röcke tragen, müssen vorsichtig sein, wie sie sitzen. Wenn Sie nervös sind und sich fragen, ob Ihr Rock zu kurz ist, werden dies bald auch alle anderen um Sie herum tun. Lösung: Tragen Sie keine zu kurzen Röcke, wenn Sie einen guten Eindruck hinterlassen möchten. Einen längeren Rock zu tragen ist einfacher, als sich ständig Sorgen darüber zu machen, ob Sie zu tiefe Einblicke gewähren.

Sind Sie im Allgemeinen nervös oder ängstlich? Dies drückt sich oft durch unruhige Beine aus (ob Sie das wollen oder nicht!). Das Überschlagen der Beine an den Knöcheln ist eine neutrale Position, genau wie die Hände in den Schoß zu legen (vorausgesetzt Ihre Kleidung ist angemessen lang).

### 4. Füße

Müssen Sie irgendwo hin? Dann trippeln Sie wahrscheinlich nervös mit Ihren Füßen, und das kann unhöflich wirken. Ein stetiger Gang lässt Sie selbstbewusst wirken. Auch wenn Sie sich nicht sehr sicher fühlen, können Sie sich dennoch so bewegen, als ob Sie es wären. Heben und senken Sie Ihre Füße in einem regelmäßigen Tempo, während Sie gehen.

Wenn Sie stolpern, schlurfen oder sich auf andere Weise nicht mit einer guten Körperhaltung bewegen, wirken Sie möglicherweise ängstlich oder sogar zwielichtig.

## Zusammenfassung des Kapitels

- Die Körpersprache lenkt von Ihrer verbalen Kommunikation ab oder unterstreicht diese, und zwar je nachdem, wie Sie sie einsetzen.
- Bewegungen werden durch das Gehirn über Nerven, Neuronen, Neurotransmitter und Hormone kontrolliert.
- Während einige unserer Bewegungen unbewusst geschehen, so laufen andere bewusst ab und wir können lernen, wie man diese kontrolliert.
- Neue Angewohnheiten, wie die der Körpersprache, lassen sich durch Erfahrung erlernen.
- Es gibt vier Bereiche des Körpers, die wichtig für die nonverbale Kommunikation sind: Kopf, Oberkörper, Beine und Füße.

Im nächsten Kapitel lernen Sie den grundlegenden Kommunikationsprozess, die Hindernisse dabei sowie die Art und Weise, wie die Körpersprache dazu beiträgt, kennen.

KAPITEL 2:

# Eine Botschaft übermitteln und empfangen

Der Kommunikationsprozess ist nicht ganz so einfach wie das Gespräch zwischen zwei Personen. Ungefähr drei Viertel der Zeit eines Mitarbeiters werden in zwischenmenschlichen Situationen am Arbeitsplatz verbracht und es kommt häufig zu Missverständnissen auf der einen Seite oder zu Fehlinterpretationen auf der anderen. Stellen Sie sich vor, welche Nachrichtenmenge in jedem Gespräch verloren geht! Und wenn 75 % des Arbeitslebens auf diese Weise verbracht werden, wie viel Zeit und Produktivität gehen dann verloren?

Eine Person muss sich entscheiden, welche Botschaft sie vermitteln möchte. Dann wählt sie die Wörter, den Ton und die Art, wie sie sich ausdrückt. Dies kann klar und eindeutig gemacht werden oder nicht.

Einige dieser Entscheidungen laufen auch nicht immer ganz bewusst ab. Wollten Sie schon einmal etwas sagen, doch am Ende war die Botschaft, die aus Ihrem Mund herauskam, eine ganz andere?

Nachrichten sind normalerweise auch mit den Emotionen, der Stimmungslage und den Gefühlen des Sprechers in Bezug auf die Unterhaltung und den darin beteiligten Personen aufgeladen. Der Sprecher ist möglicherweise immer noch wütend über ein Ereignis, das vorher stattgefunden hat, was dazu führt, dass sich der Gesprächsverlauf völlig anders entwickelt.

Der Empfänger muss während der Unterhaltung die Nachricht entschlüsseln – nicht nur die Wörter, sondern auch den Kontext, den Tonfall, die Gesten und die Ausdrücke. Infolgedessen unterscheidet sich die Interpretation manchmal erheblich von der Absicht des Sprechers! Der Hörer kann auf widersprüchliche Emotionen und Gefühle schließen oder die Wörter aus einer anderen Perspektive betrachten. Ein Empfänger wird auch von seiner eigenen Stimmung und seinen eigenen Emotionen beeinflusst, die sowohl mit dem jeweiligen Gespräch zusammenhängen können als auch nicht.

Das Senden und Empfangen von Nachrichten läuft auch nicht nur zwischen einzelnen Personen ab. Wir kommunizieren ebenfalls mit einer Gruppe von Menschen oder einem Publikum. Die Personen im Publikum oder in der Gruppe können unterschiedlich interpretieren, was der Sprecher gesagt hat.

Es gibt eine Bürgermeisterin in einer amerikanischen Stadt, die oft sehr schnell auf die Fragen ihrer Wähler mit „Verstehe" antwortet. Dieses Wort kann verschiedene Dinge bedeuten, von daher ist die Absicht dieser Bürgermeisterin manchmal nicht klar. Je nach ihrem normalen Sprechtempo könnte dies als abweisend oder einfach als ihre Art zu sprechen gedeutet werden (wie sich herausstellte, ist sie eine schnelle Rednerin).

Meint sie damit „Verstehe, ich bin keine Idiotin, Sie Dummkopf, und nun hören Sie auf zu reden"? Oder „Verstehe, ich verstehe, was Sie sagen, ich gehe nun in mein Büro und arbeite daran"? Oder „Verstehe, keine weiteren Erklärungen nötig, hören Sie auf zu reden"? Oder „Verstehe, das ist ein Thema, das schon mehrmals angesprochen wurde, aber wir konnten darauf noch keine Antwort finden"?

Wenn Sie sich verärgert oder missverstanden fühlen, dann könnte es sein, dass Sie denken, dass die Bürgermeisterin Ersteres meinte. Wenn Sie sie respektieren und wissen, dass sie hart für die Menschen in Ihrer Stadt arbeitet, dann interpretieren Sie Ihre Botschaft vermutlich wie im letzten Beispiel. Wenn Sie erst einmal die Grundlagen der Körpersprache (welche in Kapitel 3 erklärt werden) verstanden haben, dann werden Sie dazu in der

Lage sein, die nonverbale Kommunikation der Bürgermeisterin mit dem, was sie sagt, zu kombinieren.

Mit anderen Worten: Es passiert sehr leicht, dass man Dinge missversteht. Es kann passieren, dass eine Nachricht nicht so empfangen wird, wie sie ausgesendet wurde, oder dass sie überhaupt nicht empfangen wird. Zum Beispiel hätte die Bürgermeisterin „Verstehe" sagen können, weil sie das Problem kennt und ihre Mitarbeiter bereits daran arbeiten. Oder Sie können Ihre Aussage auch so interpretieren: „Halten Sie den Mund, Sie Dummkopf!"

Nonverbale Hinweise können dem Empfänger dabei helfen, die Nachricht zu entschlüsseln oder zu einer völlig anderen Schlussfolgerung führen. Deshalb ist es wichtig, sich dessen bewusst zu sein, was Sie verbal und nonverbal sagen, um Ihre beabsichtigte Botschaft zu vermitteln. Achten Sie ebenfalls auf die Bedeutung der empfangenen Signale, damit Sie genauer verstehen, was andere Menschen Ihnen mitteilen möchten.

## Kommunikationshindernisse

Wenn Menschen miteinander sprechen, gibt es mehrere Hindernisse, die eine erfolgreiche Botschaft überwinden muss, insbesondere wenn sich die Personen nicht sehr gut kennen. Viele dieser Schwierigkeiten können auch innerhalb einer Kultur auftreten. Das heißt, jemand, der in Südlondon aufgewachsen ist, kann eine andere Person, die ebenfalls aus Südlondon stammt, völlig missverstehen, obwohl sie dieselbe Kultur teilen. Von daher können Sie nicht davon ausgehen, dass die Person, die Ihnen zuhört, versteht, was Sie sagen, nur weil Sie eine ähnliche Erziehung genossen haben.

### 1. Sprache

Keine zwei Menschen erleben Wörter auf die gleiche Weise. Wenn beispielsweise jemand von „der Farbe Rot" spricht, haben Personen, die dieser Person zuhören, eindeutige Bilder für „Rot" im Sinn. Für manche Menschen kann dies ein warmes Rot sein, für andere eher ein Blaurot. Die Farbe Rot kann also von Person zu Person heller oder dunkler sein.

In Bezug auf Sprache gibt es viel Raum für Interpretationen und keine Garantie dafür, dass der Empfänger die Wörter auch so interpretiert, wie der Absender sie beabsichtigt hat. Ein Sprecher könnte versuchen, so anschaulich wie möglich zu sprechen und zum Beispiel sagen „so rot wie ein Feuerwehrauto". Dann wird jede Person, in deren Stadt die Feuerwehrleute Feuerwehrautos fahren, wahrscheinlich eine Farbe im Sinn haben, die der beabsichtigten Farbe des Sprechers recht nahekommt. Aber diejenigen, die aus Regionen stammen, wo die Feuerwehrautos gelb, weiß oder andersfarbig sind, werden diese Beschreibung nicht verstehen.

### 2. Wahrnehmungsvoreingenommenheit

Wir sind sehr beschäftigt! Ständig prasseln viele Informationen auf uns ein, die wir filtern und bewerten müssen. Von daher verwendet unser Gehirn Verknüpfungen oder Faustregeln für diese vielen Informationen, um den Arbeitsaufwand zu reduzieren.

Hier kommen nun Stereotypen, sich selbst erfüllende Prophezeiungen und Projektionen zum Tragen. Zum Beispiel könnte es sein, dass Sie das Stereotyp verwenden, dass Frauen nicht an Naturwissenschaften interessiert sind. Wenn Sie mit einer Frau über ein naturwissenschaftliches Thema sprechen, gehen Sie also davon aus, dass sie nichts darüber weiß. Möglicherweise erklären Sie ihr also etwas, das sie bereits kennt, insbesondere wenn die betreffende Frau in einem naturwissenschaftlichen Berufsfeld arbeitet.

## 3. Beziehungen

Eine Erfahrung aus der Vergangenheit mit einer Person beeinflusst, wie Sie diese Person interpretieren. Wenn sie sich beim ersten Treffen als arrogant erwiesen hat, werden Sie sie beim nächsten Mal wohl auch als arrogant interpretieren, auch wenn sie sich in dem Moment nicht überheblich verhält. Wenn Sie die Person für unehrlich oder nicht vertrauenswürdig halten, empfangen Sie ihre Nachricht wahrscheinlich nicht so, wie das die Person beabsichtigt hatte. Wir sind eher dazu bereit, jemandem einen Vertrauensbonus zu geben, von dem wir glauben, dass er uns in der Vergangenheit gut behandelt hat.

In der Arbeitswelt schaffen Unterschiede in der Hierarchie ebenfalls Barrieren. Es kann sein, dass ein Mitarbeiter seinen Chef, der „Verstehe" sagt, ganz anders interpretiert als seinen Kollegen, der dasselbe sagt. Die sprechende Person geht davon aus, dass ihre Zuhörer dieselben Annahmen haben wie sie, was bei einer großen, vielfältigen Belegschaft wahrscheinlich nicht der Fall ist.

## 4. Kulturelle Unterschiede

Wenn Sie mit jemandem mit einem anderen kulturellen Hintergrund sprechen, dann kann es sehr leicht passieren, dass die Nachricht falsch bei Ihrem Gegenüber ankommt, insbesondere wenn Ihnen die andere Kultur unbekannt ist. Es gibt zahlreiche Gesten, die in einer Kultur höflich sind und in einer anderen nicht oder natürlich auch umgekehrt.

Diese Unterschiede umfassen Wahrnehmungen in Bezug auf Privatsphäre, Zeit und persönliche Distanz/Diskretionsabstand. Einige Kulturen neigen dazu, Pünktlichkeit als Tugend und Verspätung als Zeichen von Respektlosigkeit zu betrachten. Andere Kulturen legen möglicherweise mehr Wert auf Beziehungen und akzeptieren Verspätungen bei einer höhergestellten Funktion.

Einige Kulturen, insbesondere solche mit europäischem Ursprung, erfordern eine größere Distanz zwischen zwei Personen, die interagieren (persönliche Distanz/Diskretionsabstand). In anderen Kulturen nähert man sich möglicherweise viel stärker an, und zwar nicht, um die Privatsphäre zu verletzen, sondern weil die Menschen es gewohnt sind, einen geringen Abstand zueinander zu halten, wenn sie miteinander sprechen.

## Nonverbale Kommunikation

Bis zu 90 % der Kommunikation zwischen Menschen ist nonverbal. Leider sind die verbalen und nonverbalen Botschaften oft unterschiedlich. Der Empfänger muss herausfinden, welche Botschaft wahrscheinlicher ist, zusätzlich zur Interpretation der tatsächlich verwendeten Wörter. Die meisten Menschen gehen davon aus, dass die Körpersprache die wahre Sprache ist und eher das widerspiegelt, was der Sprecher fühlt, als die verbale Sprache.

Es fällt jedem schwer, einer anderen Person zu vertrauen oder einen Vertrauensvorschuss zu geben, die widersprüchliche Botschaften aussendet. Der Unterschied zwischen dem, was eine Person mit Worten aussagt, und dem, was sie mit ihrem Körper signalisiert, legt nahe, dass diese Person etwas zu verbergen hat. Auch die Botschaft selbst wird dadurch verfälscht. Doch auch wenn der Sprecher nichts zu verbergen hat, weiß das Publikum immer noch nicht, was seine Botschaft bedeuten soll. Die Übermittlung einer klaren Nachricht, die Sie senden möchten, hängt von der Körpersprache ab, die die Sprache unterstützt.

Die nonverbale Kommunikation besteht aus vier Komponenten: visuell, taktil, vokal und räumlich.

Zu den visuellen Hinweisen gehören Gesichtsausdrücke, Körperhaltung und Gesten. Diese sind für den Menschen in Bezug auf die Kommunikation sehr wichtig. Wir Menschen haben uns so entwickelt, dass wir von den Gesichtern anderer Menschen angezogen werden. Emotionen werden weniger verbal ausgedrückt, sondern eher durch unsere Mimik und andere körpersprachliche Signale demonstriert. Dies liegt daran, dass sich die menschliche Sprache erst später in der Evolutionsgeschichte entwickelt hat als Emotionen!

Unsere Körperhaltung weist auf unsere Stimmungslage und Emotionen hin. Im Gegensatz zu anderen nonverbalen Signalen ist unsere Körperhaltung in allen Kulturen und Ethnien ziemlich ähnlich. Eine feste Körperhaltung mit hochgezogenen Schultern und einem festen Blick weist auf Selbstsicherheit hin. Herabhängende Schultern, ein Blick, der sich zum Boden richtet, sowie Hände, die den Schritt bedecken („Feigenblatt"-Position) lassen darauf schließen, dass es sich hierbei nicht um eine glückliche oder selbstbewusste Person handelt. Die tatsächliche Stimmung kann dabei von defensiv über nervös bis sogar zu betrügerisch reichen.

Gesten sind der Schlüssel zur Kommunikation. Sie können Ihre Hände verwenden, um einen Punkt hervorzuheben, über den Sie gerade sprechen, oder Ihre Handflächen nach oben drehen, um zu zeigen, dass Sie sich bei einer Sache nicht sicher sind. Bestimmte Gesten können jedoch sehr leicht falsch interpretiert werden, da so viele von ihnen in unterschiedlichen Kulturen unterschiedliche Bedeutungen haben.

Eine andere Person zu berühren, wie eine Hand auf ihren Arm zu legen oder sie zu umarmen, ist der taktile Aspekt. Diese taktilen Komponenten der nonverbalen Kommunikation werden oft verwendet, um Interesse oder Fürsorge für eine Person zu signalisieren. Charismatische Menschen tun dies sehr oft (weitere Informationen zur charismatischen Körpersprache finden Sie in Kapitel 5). Ein Händedruck ist ebenfalls eine taktile Komponente und ein fester Händedruck zeigt sowohl Selbstsicherheit als auch Herzlichkeit gegenüber der anderen Person an. Ein quetschender oder schlaffer Händedruck sendet hingegen negative Signale aus.

Der vokale Aspekt der Körpersprache liegt nicht in den verwendeten Wörtern oder der verwendeten Sprache, sondern in der Intonation und Geschwindigkeit Ihrer Sprache. Stellen Sie sich vor, Sie sagen zu Ihrem Teamkollegen „Verstehe", wenn Sie miteinander Fußball spielen. Bei einer anderen Gelegenheit sagen Sie „Verstehe" zu Ihrem Kollegen, wenn er über einer Tabelle brütet, die Sie sich gerade zusammen ansehen. Und bei einer dritten Gelegenheit sagen Sie „Verstehe" zu Ihrem Vorgesetzten, der Ihnen gerade erklärt hat, warum Sie eine Zelle in dieser Tabelle ändern müssen.

Denken Sie, dass Sie in jeder dieser drei Situationen mit derselben Stimmlage „Verstehe" sagen würden? Natürlich nicht. Wenn Sie dieselbe Tonlage bei Ihrem Chef anwenden wie bei Ihrem Kollegen, dann könnte es passieren, dass Sie gefeuert werden! Sie haben mit Sicherheit auch Ihre Sprechgeschwindigkeit angepasst. Auch haben Sie das Wort „Verstehe" eher schnell und abweisend zu Ihrem Kollegen gesagt und langsamer zu Ihrem Chef, um ihm zu zeigen, dass Sie verstanden haben, was er Ihnen sagen wollte.

Der vokale Aspekt kann ebenfalls in unterschiedlichen Kulturen missinterpretiert werden. Was unterstützend in einer Kultur klingt, kann in einer anderen Kultur ziemlich unhöflich sein. Auch werden einige Sprachen viel schneller als andere gesprochen.

Die räumliche Komponente der Körpersprache umfasst Zeit, Raum und Bild. Wenn Sie zu früh oder zu spät zu einem Meeting kommen, sendet dies häufig eine bestimmte Nachricht aus. Eine verspätete Ankunft kann Dominanz, Abneigung oder Desinteresse signalisieren. Auf der anderen Seite kommt jemand, der entweder an dem diskutierten Thema oder an seiner Karriereleiter interessiert ist, normalerweise zu früh zu einem Meeting.

Das Verletzen des Diskretionsabstands einer Person ist ebenfalls ein nonverbaler Hinweis. Dadurch fühlen sich die

Menschen unwohl, möglicherweise sogar bedroht. Dies ist jedoch von Kultur zu Kultur sehr unterschiedlich. Amerikaner haben zum Beispiel einen viel größeren Diskretionsabstand als viele Menschen aus anderen Kulturen. Menschen aus den USA benötigen ungefähr 60 Zentimeter Abstand von ihren engsten Freunden und 60-120 Zentimeter bei nicht so engen Freunden. Bei Fremden ist dieser Diskretionsabstand sogar noch größer. Aufgrund dieses großen Diskretionsabstands berühren Amerikaner ihre Mitmenschen auch seltener als Menschen aus anderen Kulturen.

Menschen kommunizieren auch mit Gegenständen, Kleidung oder anderen Aspekten des Aussehens. Oft signalisieren „Dinge" unsere Werte. Jemand, der eine teure Designerhandtasche trägt, scheint Luxus zu schätzen. Diese Hinweise können jedoch auch falsch interpretiert werden. Denken Sie also daran, den Kontext zu berücksichtigen. Wenn diese Person ansonsten ein normales Standardauto fährt und keine Designerkleidung trägt, dann hat diese Person die Tasche möglicherweise als Geschenk erhalten oder im Schlussverkauf ergattert, weil sie die Tasche schön fand.

## Die fünf Rollen der nonverbalen Sprache

Sie wissen jetzt, dass ein Großteil der Botschaft einer Person durch verschiedene Ausdrücke kommuniziert wird, die nicht in Worten ausgedrückt werden. Die Körpersprache kann bei der verbalen Kommunikation unterschiedliche Rollen spielen und sie entweder verstärken oder beeinträchtigen.

### 1. Wiederholung

Die Körpersprache kann die Botschaft der Sprache wiederholen. Wenn ein Freund zu Ihnen sagt „Ich bin so glücklich!", dann kann es sein, dass er lächelt oder Sie vielleicht sogar umarmt. Diese Person wird aufrecht vor Ihnen stehen und Sie direkt ansehen.

## 2. Widerspruch

Die nonverbalen Hinweise können auch das Gegenteil von dem bedeuten, was eine Person sagt. In diesem Fall erhält der Empfänger eine widersprüchliche Botschaft. Sie müssen herausfinden, ob die Worte oder aber die Körpersprache die Wahrheit sagen. Ihr Freund sagt zu Ihnen: „Ich bin so glücklich!" Doch er lächelt nicht, sein Blick ist auf den Boden gerichtet und er hat die Arme vor der Brust verschränkt.

Die Worte Ihres Freundes stimmen in diesem Fall überhaupt nicht mit seiner Körpersprache überein. Woran würden Sie glauben, an seine Worte oder an seine Körpersprache? Ist Ihr Freund nun also unglücklich oder glücklich? Die meisten Menschen würden auf unglücklich tippen oder, anders ausgedrückt, der Körpersprache glauben. Und damit hätten sie wahrscheinlich recht!

## 3. Ersatz

Vielleicht müssen die Wörter ja auch überhaupt nicht gesagt werden. Stellen Sie sich vor, jemand rollt mit den Augen. Benötigt diese Person dazu Worte? Dieses besondere Signal scheint auch kulturübergreifend ziemlich ähnlich zu sein.

Oder Sie haben sich gerade verlobt und treffen sich mit einem Freund. Sie zeigen ihm Ihren Ring und lächeln. Es besteht kein Grund, die Worte „Ich bin verlobt!" zu sagen, es sei denn, dass Sie Ihre gute Nachricht unbedingt auch verbal ausdrücken möchten.

## 4. Ergänzung

Die Körpersprache kann die verbale Sprache ergänzen. Sie können jemanden verbal in einem Meeting loben und ihm dann später zur Anerkennung auf den Rücken klopfen. Hierbei handelt es sich nicht zu 100 % um eine Wiederholung, da ein Klopfen auf den Rücken nicht unbedingt mit einem Lob gleichzusetzen ist. Es handelt sich jedoch augenscheinlich um eine positive Geste, mit der Sie Ihre Worte ergänzen.

### 5. Akzentuierung

Die nonverbale Sprache kann eine Sache unterstreichen, die der Sprechende hervorheben möchte. Eine leidenschaftliche Person könnte beispielsweise auf den Tisch schlagen. Oder, wenn Sie wütend auf das sind, was der Sprechende sagt, können Sie einen Schuh nach ihm werfen, während Sie ihn anschreien.

Wenn Sie versuchen, die enorme Gewinnsteigerung zu demonstrieren, die Ihr Produkt in den letzten Monaten erzielt hat, können Sie Ihre Hand nach oben strecken.

Beobachten Sie als Übung eine sprechende Person bei Ihrem nächsten Treffen, egal ob es sich um ein formelles Treffen oder ein Mittagessen mit Freunden handelt. Achten Sie darauf, ob Sie erkennen können, was die Gesten des Sprechenden bedeuten. Akzentuiert er die Wörter? Lenkt er davon ab? Diese Übung wird Ihnen dabei helfen, Ihr Bewusstsein für die Körpersprache und deren Verwendung in Bezug auf die Kommunikation zu stärken.

## Warum sind nonverbale Hinweise so wichtig?

Wenn Sie andere Menschen beeinflussen, bessere Beziehungen aufbauen und erfolgreicher sein möchten, dann müssen die Menschen Ihnen vertrauen. Menschen machen Geschäfte mit Personen, die sie mögen und denen sie vertrauen. Und wie oben erwähnt, wirken Sie so, als hätten Sie etwas zu verbergen, wenn die verbale Nachricht nicht mit den nonverbalen Hinweisen übereinstimmt. Niemand vertraut einer Person, die einen Teil von sich selbst geheim zu halten scheint.

Die meisten Menschen, die mit einem Konflikt zwischen den beiden Botschaften konfrontiert sind, gehen davon aus, dass der nonverbale Hinweis der echte ist. Senden Sie bewusst widersprüchliche Signale aus? Sagen Sie eine Sache, meinen jedoch eine andere? Wenn Sie nicht darauf achten, was Ihre Körpersprache aussagt, dann wissen Sie nicht, ob Sie (mit Ihrem Körper) das aussagen, was Sie auszusagen glauben oder zu sagen beabsichtigen. Außerdem ist Ihnen möglicherweise nicht bewusst, wie andere Personen auf Sie reagieren. Wenn das, was Sie verbal ausdrücken, mit dem übereinstimmt, was Ihre Körpersprache signalisiert, dann werden Sie effektiver.

Haben Sie schon einmal erlebt, dass Sie etwas in einem Café bestellen wollten, Ihnen aber plötzlich komplett die Worte fehlten? Wusste der Café-Mitarbeiter dann trotzdem, was Sie sagen wollten? Dann können Sie sich bei Ihrer Körpersprache bedanken!

Es ist ebenfalls wichtig, dass Sie verstehen, was andere Menschen alles versuchen, um mit Ihnen zu kommunizieren. Wenn Sie dazu neigen, sehr viel zu reden, dann werden die Leute Ihnen unter Umständen signalisieren, dass Sie zum Schluss kommen sollen: Ihr Publikum wird den Blick schweifen lassen, mit den Füßen klopfen, gähnen usw. Wenn Sie sich dieser Ausdrücke und ihrer Bedeutung bewusst sind, können Sie ein besserer Gesprächspartner sein! Und zudem werden die Menschen Sie weniger langweilig finden, wenn Sie erkennen, dass Sie Ihr Publikum verlieren und sich dementsprechend anpassen können.

Selbst wenn Sie die Sprache nicht zu 100 % verstehen, so können Sie dennoch die Körpersprache einer Person lesen, um herauszufinden, was diese Ihnen zu sagen versucht. Wenn sie unterstreicht, was sie sagt, indem sie einen Schuh nach Ihnen wirft oder auf den Tisch schlägt, dann werden Sie wissen, dass diese Person eine Leidenschaft für das hat, worüber sie spricht!

Im Gegensatz dazu sind Sie möglicherweise auch gewarnt, wenn eine Person nicht vertrauenswürdig erscheint. Eine solche Person drückt eine Sache verbal aus und sagt jedoch etwas völlig anderes mit ihrem Körper. Dieser Person ist das möglicherweise nicht bewusst, Sie müssen dennoch herausfinden, welche der beiden Nachrichten die wahre ist. Denn wenn diese Person betrügerische Absichten hat, müssen Sie dies herausfinden, bevor Sie sich dazu entscheiden, mit ihr Geschäfte zu machen!

## Zusammenfassung des Kapitels

- Leider ist der Kommunikationsprozess nicht so einfach, dass wir einfach Wörter in einem kohärenten Rahmen zusammensetzen können und diese dann von einer anderen Person gehört und verstanden werden!
- Sowohl die verbale als auch die nonverbale Sprache kann aufgrund einer Vielzahl von Faktoren falsch interpretiert werden, darunter Kultur, Arbeitshierarchie, und frühere Begegnungen mit dem/den Zuhörer(n).
- Die nonverbale Kommunikation umfasst Berührungen, visuelle Hinweise wie Gesichts- und Körperausdrücke, Tonfall sowie Zeit und persönliche Distanzzone (Komfortzone).
- Die Körpersprache kann die verbale Sprache verbessern, indem sie diese wiederholt, ergänzt oder akzentuiert. Sie kann aber auch die verbale Sprache beeinträchtigen, wenn das, was der Körper sagt, nicht mit dem übereinstimmt, was durch Worte ausgesagt wird.

Nun da Sie die Bedeutung der Körpersprache kennen, erfahren Sie im dritten Kapitel, wie Sie Ihr neu erlangtes Wissen praktisch anwenden können.

KAPITEL 3:

# Was bedeutet es, wenn Ihr Körper spricht?

Es gibt viele Signale, die Ihnen eine andere Person auf nonverbale Art und Weise senden kann. Dabei sind einige Signale offensichtlicher als andere. Wenn Sie sich nicht sicher sind, ob Sie die Körpersprache anderer Menschen korrekt lesen können, dann machen Sie es sich leicht und werfen Sie einen Blick auf das Gesamtbild. Verbringen Sie nicht zu viel Zeit damit, nach kleinen Signalen zu suchen, sodass Sie verpassen, was diese Menschen Ihnen tatsächlich sagen wollen! Lesen Sie die großen Gesten, nicht die kleinen. Solange Sie den großen Gesten Aufmerksamkeit schenken, werden Sie wissen, ob Ihr Publikum gelangweilt oder interessiert ist.

Haben Sie schon einmal mit einer Sache begonnen, dann darüber nachgedacht und schließlich komplett den Faden verloren? Das kommt ziemlich häufig vor. Tänzer verfügen beispielsweise über etwas, das man als Muskelgedächtnis bezeichnet. Tanz-Anfänger stellen oftmals fest, dass sie die Schritte automatisch ausüben. Sobald sie jedoch über die Schritte nachdenken, scheinen sich ihre Füße zu verheddern. Hierbei handelt es sich um das „Gesetz der umgekehrten Wirkung". Es tritt dann auf, wenn Sie versuchen, Ihr Bewusstsein dazu zu zwingen, etwas zu tun, um das sich normalerweise Ihr Unterbewusstsein kümmert.

Die kleinen Signale der Körpersprache einer anderen Person werden von Ihrem Unterbewusstsein entschlüsselt. Sobald Sie anfangen, darüber nachzudenken und nach ihnen zu suchen, werden Sie überall kleine Zeichen sehen und ein harmloses Zucken mit einem subtilen Zeichen verwechseln.

Lassen Sie Ihr Unterbewusstsein die Einzelheiten regeln. Einige der im vorherigen Kapitel behandelten Nerven befinden sich nämlich tatsächlich in Ihrem Verdauungssystem. Also stimmt es, dass es so etwas wie das Bauchgefühl tatsächlich gibt!

## Wie Sie sich darauf vorbereiten, die Körpersprache zu lesen

Denken Sie nicht zu viel nach! Glücklicherweise müssen Sie nicht zu analytisch vorgehen, um solide Kenntnisse in Bezug auf die Körpersprache und der Interpretation von Nachrichten zu erlangen. Betrachten Sie das Gesamtbild und suchen Sie nach den offensichtlichen Signalen: Lächeln (oder kein Lächeln) oder die Positionierung von Armen, Beinen und Händen. Mit nur einem Blick erhalten Sie die Informationen, nach denen Sie suchen. Das schnelle Lesen der offensichtlichen Hinweise reicht oft aus, um an Ihr Ziel zu gelangen.

Es ist hilfreich, entspannt zu sein, wenn Sie versuchen, andere Personen zu lesen. Doch auch wenn Sie nervös und angespannt ist, müssen Sie ruhig und kontrolliert vorgehen. Mit anderen Worten ausgedrückt: Lernen Sie sich in unangenehmen Situationen wohl zu fühlen. Achtsame Atem- und Entspannungstechniken können Ihnen dabei helfen, diese geistige Haltung zu erreichen. Lange Meditationssitzungen sind jedoch dazu nicht erforderlich (was gut ist, weil Sie nicht immer Zeit dafür haben!).

Wenn Sie sich bedroht oder ängstlich fühlen, dann werden die Hormone und Neurotransmitter, über die wir im ersten Kapitel gesprochen haben, aktiv. Um einen erhöhten Herzschlag und andere Auswirkungen Ihrer Kampf-oder-Flucht-Reaktion zu vermeiden, können Sie eine einfache Atemtechnik ausprobieren. Atmen Sie 3 Sekunden lang ein, halten Sie 3 Sekunden lang inne und atmen Sie 3 Sekunden lang aus. Wiederholen Sie diese Übung 3 Mal. Eine weitere Möglichkeit zur Selbstentspannung ist die Box-Atem-Methode. Atmen Sie 3 bis 4 Sekunden lang ein, halten Sie 3 bis 4 Sekunden lang inne, atmen Sie 3 bis 4 Sekunden lang aus, halten Sie wieder 3 bis 4 Sekunden lang inne und so weiter.

Atem-Entspannungstechniken sind besonders hilfreich, wenn Sie sich in der Öffentlichkeit befinden. Andere Menschen werden es vermutlich nicht bemerken, dass Sie sie ausführen. Sie können diese Übungen auch hinter der Bühne machen, bevor Sie Ihre Power-Pose ausführen, um sich selbstbewusster zu fühlen. (Ich werde in einem der nächsten Kapitel über Power-Posen sprechen. Es ist in vielen Situationen sehr wichtig, selbstbewusst zu wirken, und zwar egal, ob Sie es wirklich sind oder nicht.)

Achten Sie darauf, dass Ihnen Ihre Emotionen nicht in die Quere kommen, wenn Sie andere Menschen lesen! Wenn Sie sich gestresst, gelangweilt oder defensiv fühlen, kann dies Ihre Denkweise beeinflussen. In einer solchen Situation kann es passieren, dass Sie sich nicht so ausdrücken können, wie Sie es wollen, oder dass Sie das, was eine Person zu Ihnen sagt, nicht auf die Art und Weise interpretieren können, wie es beabsichtigt war. Zudem kann es vorkommen, dass Ihr Gegenüber dies bemerkt und ebenfalls seine eigene Ausdrucksweise ändert.

## Der Kontext ist wichtig

Wenn Sie andere Menschen lesen, sollten Sie immer daran denken, dass man die Körpersprache immer in den richtigen Kontext bringen muss. Zum Beispiel hatte ich bereits erwähnt, dass fest vor dem Oberkörper verschränkte Arme Wut oder eine Verteidigungshaltung signalisieren können. Dieses Verhalten kann man jedoch auch oft bei Menschen beobachten, denen kalt ist. Wenn Sie sich in einem Iglu befinden und sich mit einer Person unterhalten, dann muss diese nicht unbedingt wütend oder defensiv sein. Vielleicht ist ihr einfach nur kalt!

Sie sollten ebenfalls den Körperbau einer Person in Betracht ziehen. Es kann sein, dass eine Person nicht aufgrund eines bestimmten Gefühls ihre Schultern hängen lässt, sondern weil sie Rückenschmerzen hat oder weil dies einfach nur ihre natürliche Körperhaltung ist. Nicht mit seinem Gegenüber Augenkontakt halten zu können ist nicht unbedingt ein Anzeichen dafür, dass eine Person lügt, vor allem wenn jemand eine Sozialphobie hat. Vielleicht findet diese Person Augenkontakt zu halten sehr unangenehm, sodass es nichts mit der Unterhaltung zu tun hat. Oftmals haben Personen, die Arthritis in den Händen haben, keinen festen Händedruck.

Im Gegensatz dazu benötigen andere Menschen möglicherweise einen sanften Schubs, um sich aus ihrer Komfortzone zu befreien. Wenn es sich um Menschen handelt, die stets ein Pokerface bewahren, dann müssen Sie solche Zeitgenossen überraschen, damit Sie deren Schutzwall durchbrechen können. Menschen, die schüchtern sind und sich defensiv fühlen, tragen oftmals einen Gegenstand wie ein Notizbuch mit sich herum, den sie als Schutzschild vor ihren Körper halten. Sie können solchen Menschen einen Drink anbieten, sie darum bitten, etwas zu halten, oder eine andere Aktion vorschlagen, damit sie sich entspannen.

Abgesehen davon gibt es weitaus offensichtlichere Signale, die Sie ziemlich schnell erfassen können. Sie können nach diesen Signalen Ausschau halten, ohne merkwürdig zu wirken, und verstehen, was sie bedeuten. Solche Signale sind in verschiedenen Kulturen und Regionen der Welt weit verbreitet und helfen Ihnen dabei, die tatsächliche Botschaft der anderen Person herauszufinden.

## Acht häufig vorkommende Körpersprache-Codes, die Sie entschlüsseln können

### 1. Augen

Wussten Sie, dass Menschen normalerweise nach links oben schauen, wenn sie sich an etwas erinnern? Und ganz nach oben gen Himmel, wenn sie ihre Fantasie einsetzen? Wenn die andere Person nach rechts schaut, könnte es sein, dass sie lügt. Manchmal bedeutet zu starkes Zwinkern auch, dass diese Person betrügerische Absichten hat. Und wenn sie Ihnen nicht in die Augen, sondern zur Seite schaut, dann kann dies ebenfalls darauf hinweisen, dass diese Person Ihnen nicht die Wahrheit sagt.

Dem Gegenüber nicht in die Augen zu schauen kann auch Langeweile bedeuten. Wenn eine Person während des Gesprächs nach unten blickt, dann könnte dies bedeuten, dass sie nervös oder unterwürfig ist.

Denken Sie an das letzte Mal, als Sie mit jemandem gesprochen haben, der nicht viel Augenkontakt mit Ihnen hielt. Was für einen Eindruck hatten Sie dabei? Wahrscheinlich waren Sie nicht der Meinung, dass diese Person selbstbewusst war oder sich darüber gefreut hat, mit Ihnen zu sprechen!

Eine Person, die sich tatsächlich mit Ihnen unterhalten möchte, hat möglicherweise aufgrund der chemischen Botenstoffe, die die Aufmerksamkeit fördern, erweiterte Pupillen. Dies ist etwas schwerer zu erkennen als andere Hinweise! Verbringen Sie jedoch nicht zu viel Zeit damit, Ihrem Gegenüber in die Augen zu schauen, um festzustellen, ob seine Pupillen größer werden oder nicht. Achten Sie stattdessen auf andere Signale, die Ihr Gegenüber aussendet.

## 2. Gesicht

Die Augen mögen das Fenster zur Seele sein, doch das Lächeln ist ein Anzeichen für die Stimmungslage. Lächelt Ihr Gegenüber? Ist es ein ehrliches Lächeln? Wenn ja, dann handelt es sich um einen glücklichen Menschen, der sich mit Ihnen unterhält. Ein Lächeln in Kombination mit geringfügig hochgezogenen Augenbrauen bedeutet, dass die Person gute Laune hat und sich auf das Gespräch mit Ihnen freut.

Ein verkniffenes oder halbes Lächeln signalisiert jedoch genau das Gegenteil. Es kann sein, dass Ihr Gegenüber gelangweilt, unsicher, verwirrt oder etwas anderes ist, jedoch auf keinen Fall glücklich und interessiert. Denken Sie immer daran, dass die Stimmung oder diese negativen Signale nicht unbedingt etwas mit Ihnen persönlich zu tun haben müssen. Nehmen Sie es also nicht persönlich, wenn Sie im Gesicht Ihres Gesprächspartners ein falsches oder verkniffenes Lächeln bemerken.

Kneift Ihr Gesprächspartner die Lippen fest zusammen? Dann handelt es sich ebenfalls nicht um einen glücklichen Menschen. Entspannte Gesichtszüge weisen auf eine positive Stimmungslage hin. Tatsächlich sind entspannte Gesichtszüge und -muskeln im Allgemeinen positive Signale. Denken Sie daran, was Sie tun, wenn Sie gestresst sind. Verkrampft Ihr Unterkiefer? Knirschen Sie mit den Zähnen? Haben Sie verspannte Schultern, die Sie nach oben ziehen? Die meisten Menschen reagieren nicht auf Stress, indem sie sich entspannen. Sie reagieren auf Stress, indem sie sich verkrampfen und verspannen.

Wenn Ihr Gesprächspartner seinen Mund berührt oder diesen bedeckt, während er spricht, dann kann es sehr gut möglich sein, dass Sie angelogen werden. In diesem Fall macht sich das Unterbewusstsein bemerkbar, das versucht, keine falschen Aussagen zu machen (oder die Person isst gerade und möchte nicht, dass sie aus Versehen Essen auf Sie spuckt. Kontext!)

### 3. Körperliche Nähe

Dieser spezielle Hinweis wird, wie in Kapitel 1 erwähnt, mit Sicherheit von der Kultur beeinflusst. Unterschiedliche Kulturen haben unterschiedliche soziale Richtlinien.

Vorbehaltlich dieser Einschränkung kommen Menschen, die sich mit Ihnen beschäftigen möchten oder positiv über Sie denken, Ihnen näher. Wenn Sie mit guten Freunden zusammen sind, neigen Sie dann dazu, näher bei ihnen zu sitzen als bei jemandem, den Sie nicht kennen? Oder eher weiter weg?

Wenn Sie sich einer anderen Person nähern und diese sich zurückzieht, dann ist dies ein guter Indikator dafür, dass sich diese Person während Ihrer gemeinsamen Unterhaltung nicht wohl fühlt! Eine Person, die in einiger Entfernung zu Ihnen steht, ist möglicherweise von Natur aus schüchtern oder etwas zurückhaltend. Suchen Sie nach weiteren Hinweisen, um herauszufinden, ob diese Person wirklich nicht persönlich mit Ihnen sprechen möchte oder ob sie sich nur ein bisschen unwohl fühlt, wenn sie sich mit Menschen unterhält, die sie nicht kennt.

**4. Gespiegelte Gesten und Bewegungen**

Es ist für Menschen selbstverständlich, die Gesten von anderen Personen nachzuahmen, die ihnen wichtig sind oder die sie besser kennenlernen möchten. Wenn Sie einen Ellbogen auf den Tisch lehnen und die andere Person dies auch innerhalb weniger Sekunden tut, wird Ihre Bewegung gespiegelt. Nippen Sie an Ihrem Getränk. Nippt Ihr Gegenüber nun auch an seinem Drink?

Wir werden in den nächsten Kapiteln mehr auf diesen Aspekt eingehen, doch das Spiegeln einer anderen Person ist eine gute Möglichkeit, um sie dazu zu bringen, Sie zu mögen und Ihnen zu vertrauen.

**5. Bewegungen des Kopfes und des Halses**

Waren Sie jemals in einem Kurs oder einem Meeting, in dem der Präsentator immer weitersprach und einfach nicht zum Ende kam? Haben Sie dabei immer schneller mit Ihrem Kopf genickt, um diese Person dazu zu bringen, endlich den Mund zu halten?

Ein langsames Nicken weist auf einen geduldigen Zuhörer hin. Diese Person interessiert sich für das, was Sie zu sagen haben. Sie versucht nicht verzweifelt, Sie zum Schweigen zu bringen, sondern zeigt Ihnen, dass sie Sie versteht. Es kann auch sein, dass diese Person ihren Kopf ein wenig zur Seite neigt, um noch mehr Interesse zu bekunden.

Wenn Ihr Gegenüber den Kopf beim Sprechen überhaupt nicht bewegt, dann ist das ein Zeichen dafür, dass diese Person sehr ernst ist oder Autorität besitzt. Wenn Sie ständig wie ein Wackeldackel mit Ihrem Kopf nicken, dann werden die Leute Sie auch genauso ernst nehmen wie einen Wackeldackel. Zu viel Bewegung wirkt nervös, nicht selbstbewusst.

Vielleicht befanden Sie sich schon einmal in einer Situation, in der Sie mit Ihren Kollegen sprachen, während Sie auf den Beginn eines Meetings warteten. Was geschah, als Ihr Chef den Raum betrat? Alle hörten auf zu sprechen und waren aufmerksam. Die Personen, die nicht so viel Macht besitzen, werden seltener angeschaut. Um die wichtigste Person in einem Raum auszumachen, sollten Sie nach der Person Ausschau halten, die von allen angesehen wird.

Eine Person ist unsicher oder argwöhnisch, wenn sie ihren Kopf nach hinten bewegt.

Rasches Schlucken ist oftmals ein Anzeichen für Angst oder Beschämung. Menschen, die dies versuchen zu verstecken, halten sich oftmals eine Hand an ihre Kehle. Personen, die Bewegungen machen, um etwas zu verbergen, haben auch tatsächlich etwas zu verheimlichen, so einfach ist das! Hier spricht das Unterbewusstsein aus ihnen.

### 6. Beine und Füße

Ein Blick auf die Position der Füße einer Person ist eine großartige Möglichkeit, um herauszufinden, wie sie sich wirklich fühlt! Wir kontrollieren oftmals die Gesichter und

Gesten unserer Gesprächspartner, achten aber nicht so sehr auf ihre Füße.

Wohin zeigen die Füße der anderen Person? Wenn sie Ihnen zugewandt sind, dann möchte sie sich wahrscheinlich mit Ihnen unterhalten. Interessierte und engagierte Menschen wenden sich Ihnen mit ihren Füßen und Gesichtern zu. Wenn ihre Füße jedoch nicht in ihre Richtung zeigen, dann möchte diese Person vermutlich gehen. Um das herauszufinden, müssen Sie nicht stundenlang auf den Boden schauen. Ein kurzer Blick sollte genügen und Ihnen verraten, ob Ihr Gegenüber an einem Gespräch interessiert ist oder nicht.

Wenn Sie nach unten schauen, dann kann es passieren, dass die Füße der anderen Person nach innen zeigen oder um ein Stuhlbein gewickelt sind. Kommt Ihnen das wie eine selbstbewusste Körpersprache vor? Wahrscheinlich nicht. Dies sind Anzeichen dafür, dass sich die Person, die Sie beobachten, unbehaglich oder ängstlich fühlt.

Die Körperhaltung einer Person ist ebenfalls ein guter Indikator für ihre wahren Gefühle. Ein entspannter, schulterbreiter Stand weist auf eine selbstbewusste, entspannte Person hin oder zumindest auf jemanden, der versucht, so zu wirken!

Wenn eine Person ihre Beine und Füße aneinanderpresst, dann signalisiert das Angst. Die Person versucht damit, sich kleiner zu machen. Ebenso ist das Überkreuzen von Beinen oder Füßen ein weiterer Versuch, kleiner zu wirken. Eine selbstbewusste Person möchte stattdessen mehr Platz einnehmen.

## 7. Hände

Wenn Menschen Gesten mit ihren Händen machen, tendieren sie dazu, sie auf jemanden zu richten, mit dem sie eine Beziehung haben. Diese Bewegungen können je nach

Position auch die Ellbogen umfassen. Mit dem Finger auf jemanden zu zeigen gilt zumindest in Deutschland als unhöflich. Doch Ihre Hände zeigen normalerweise in Richtung der Person, an der Sie interessiert sind, genau wie Ihre Füße.

Menschen benutzen ihre Hände ebenfalls, um beim Sprechen zu gestikulieren. Offene, schwungvolle Gesten können normalerweise bei Menschen beobachtet werden, die sich ihrer selbst und ihrer Aussagen sicher sind.

Wenn sich eine Person hinsetzt und ihren Kopf oder ihr Kinn auf einer Hand abstützt, dann zeigt sie Interesse an dem, was die andere Person sagt.

Negative oder ungünstige Gesten sind ebenfalls ziemlich eindeutig erkennbar. Die Hände in den Taschen oder am Kopf zu halten, weist auf Nervosität oder Täuschungsabsichten hin. Wenn eine Person sitzt und dabei ihren Kopf mit beiden Händen abstützt, signalisiert dies normalerweise Langeweile.

Jemand, der sich beim Sprechen einen Gegenstand wie eine Aktenmappe oder eine Tasche als Schutzschild vor die Brust hält, verteidigt sich gegen die andere Person. Dies ist eine ziemlich eindeutige Geste. Oftmals hat diese nichts mit der Person zu tun, gegen die sie sich „verteidigt"! Es ist eher ein Zeichen dafür, dass sie nervös ist oder sich im Allgemeinen defensiv fühlt.

**8. Arme**

Wie bereits erwähnt, können verschränkte Arme Wut und Abwehr, aber auch Angst oder Abschottung signalisieren. Wenn die verschränkten Arme jedoch mit einer entspannten und selbstbewussten Körperhaltung kombiniert werden, kann dies tatsächlich eine positive Einstellung signalisieren.

In die Hüften gestemmte Hände stehen für Dominanz, zumindest in der Öffentlichkeit. Das Stehen mit weit gespreizten Beinen und in die Hüfte gestemmten Händen ist eine Power-Pose, bei der sich viele Menschen sicherer fühlen, insbesondere wenn sie vor einem großen Publikum eine Präsentation halten möchten.

## Wie Sie die Körpersprache in Abhängigkeit von der Stimmungslage lesen

Es gibt viele Gesten und Ausdrücke, auf die Sie achten können, wenn Sie versuchen, die nonverbale Kommunikation einer anderen Person zu verstehen. Wie Sie oben gesehen haben, können verschiedene Körperteile auf unterschiedliche Weise in ein Gespräch einbezogen werden.

Dies bedeutet jedoch auch, dass das Lesen der Körpersprache anderer Menschen keine exakte Wissenschaft darstellt. Es gibt allgemeine Hinweise darauf, was jemand mit seinem Körper sagen möchte, doch diese Gesten und Positionen können unterschiedlich interpretiert werden, je nachdem, welchen Hintergrund sie haben oder ob eine Störung oder ein körperliches Problem vorliegt, das die Körpersprache verändert.

Oft besteht der Weg zur Lösung offensichtlicher Widersprüche darin, zu prüfen, ob der Großteil der Hinweise in die eine oder andere Richtung führen. Wenn der Großteil der Signale von einer Person stammt, die entspannt und glücklich ist, dann ist ein Signal, das normalerweise auf Anspannung und Angst hinweist, wahrscheinlich auf äußere Einflüsse wie das Wetter zurückzuführen.

Diese Methode funktioniert auch in die andere Richtung. Stellen Sie sich jemanden vor, der zusammengesunken dasitzt, die Hände ballt und auf den Boden starrt, dessen Füße jedoch in Ihre Richtung zeigen. Ist diese Person begeistert von Ihnen? Nein, ihre Fußstellung ist wahrscheinlich nur ein Zufall.

Nachfolgend finden Sie allgemeine körpersprachliche Signale für verschiedene Arten von Stimmungen und Emotionen.

## 1. Glücklich / positiv / interessiert

Wenn sich Menschen gut fühlen, dann neigen sie dazu, eine gute Körperhaltung anzunehmen. Arme, Beine und Hände sind entspannt. Ihr Körper ist Ihnen direkt zugewandt. Sie lächeln womöglich, und zwar handelt es sich um ein echtes Lächeln, kein halbgares. Sie nehmen regelmäßig direkten Augenkontakt mit Ihnen auf, starren jedoch nicht unbeholfen.

Wenn solche Menschen mehr von Ihnen hören wollen und sich für Sie interessieren, dann werden sie wahrscheinlich näher zu Ihnen kommen. Wahrscheinlich nicken solche Menschen langsam, während sie das aufnehmen, was Sie sagen, oder neigen ihre Köpfe etwas zur Seite. Im Sitzen kann es sein, dass solche Menschen ihren Kopf auf den Ellbogen abstützen.

Im Allgemeinen sind die Hände, Ellbogen und Füße auf Sie gerichtet. Sie reflektieren oder spiegeln die Gesten wider, die Sie machen. Zudem sind ihre Pupillen erweitert.

Wenn Sie einen Schluck Wasser nehmen, werden sie dies ebenfalls tun. Menschen, die sich mit Ihnen beschäftigen möchten, werden Ihre Gesten widerspiegeln.

## 2. Betrügerische Absichten

Jemandem, der Sie anlügt, fällt es oft schwer, Ihnen direkt in die Augen zu sehen. Es kann sein, dass so jemand nach rechts oben blickt oder zu oft blinzelt.

Beim Sprechen kann es passieren, dass eine solche Person ihre Lippen berührt oder ihren Mund bedeckt hält. Alternativ dazu kann es auch sein, dass diese Person ihre Hände in ihre Taschen steckt, sodass man sie nicht mehr sehen kann.

Wenn die Körpersprache dieser Person darauf hinweist, dass sie etwas versteckt oder verheimlicht, dann ist es sehr wahrscheinlich, dass diese Person es nicht ehrlich mit Ihnen meint.

### 3. Bedroht / ängstlich / nervös

Diese Menschen schauen Ihnen ebenfalls nicht in die Augen. Es kann sein, dass solche Menschen ihre Beine aneinander oder um ein Stuhlbein wickeln, wenn sie sitzen. Auch blinzeln solche Menschen sehr oft oder schlucken häufig. Eine ängstliche Person steht mit zusammenpressten Beinen da. Es ist ebenfalls möglich, dass ihre Arme verschränkt sind, um sich körperlich kleiner zu machen.

Möglicherweise stellen Sie auch fest, dass diese Personen ihre Schultern hängen lassen und Ihnen ihren Körper meist nicht zuwenden. Oftmals halten sie einen Gegenstand vor ihrem Körper, um Sie und andere Menschen von sich fernzuhalten.

Jemand, der sich ängstlich fühlt, sieht wahrscheinlich auch ziemlich angespannt aus – verkrampfter Kiefer, geballte Hände, zusammengepresster Mund. Vermutlich schauen sich solche Menschen im Raum um und suchen nach Bedrohungen. Sie konzentrieren sich nicht besonders auf Sie (es sei denn, sie sehen Sie in irgendeiner Weise als Bedrohung an).

### 4. Negativ (oder zumindest nicht positiv) Ihnen persönlich gegenüber eingestellt

Wenn eine Person schnell mit dem Kopf nickt, sollten Sie wahrscheinlich eine Pause machen! Schauen Sie sich die Füße dieser Person an. Wenn ihre Füße von Ihnen weg zeigen, dann wäre diese Person wahrscheinlich lieber woanders. Und wenn sie beim Sitzen mit beiden Händen ihren Kopf abstützt, dann langweilt sie sich.

Wenn sie lächelt, ist es kein echtes Lächeln, sondern ein erzwungenes oder sogar ein falsches. Die Lippen können zusammengepresst sein. Dieser Mensch ahmt Ihre Gesten nicht nach. In Bezug auf Augenkontakt sieht er Sie möglicherweise gar nicht erst an.

## Wie Sie den Körper Ihres Gegenübers Schritt für Schritt scannen

Bisher haben wir all diese Indikatoren und Hinweise Stück für Stück analysiert – zuerst nach Körperteilen und dann nach Stimmung. Doch wie setzt man diese Stücke nun zusammen? Denken Sie daran, dass es die größeren Bewegungen und Ausdrücke sind, die Ihnen einen schnellen Überblick darüber geben, was die andere Person Ihnen zu sagen versucht.

### 1. Allgemeine Körperhaltung

Welchen Eindruck bekommen Sie, wenn Sie die Körperhaltung einer anderen Person im Großen und Ganzen studieren? Steht sie aufrecht und entspannt da? Oder lässt sie ihre Schultern hängen? Können Sie erkennen, ob ihre Muskeln angespannt sind? Scheint sich die Person kleiner zu machen? Oder nimmt sie eine ganze Menge Platz ein? Wenn sie Gesten macht, sind ihre Bewegungen klein und eingeschränkt oder sind sie ausdrucksstark?

### 2. Gesicht

Das Erste, worauf Sie achten, weil es ein wichtiger Indikator ist, ist ein Lächeln. Wenn eine Person lächelt, ist es ein ehrliches Lächeln? Wenn Sie anfangen, mit dieser Person zu sprechen, nimmt sie dann Augenkontakt mit Ihnen auf? Nickt sie, während Sie sprechen, und nimmt sie das auf, was Sie sagen? Oder nickt sie heftig und ihre Augen huschen durch den Raum? Ist ihr Gesicht entspannt oder ist ihr Kiefer angespannt?

### 3. Arme, Beine, Hände und Füße

Sind diese entspannt und zeigen in Ihre Richtung?

Oder presst diese Person ihre Beine, Arme, Füße und Hände zusammen? Versteckt sie ihre Gliedmaßen oder sind sie auf jemand anderen gerichtet?

## Fallstudie

Stellen sie sich vor, dass Sie sich in einem Büro befinden und zwei Personen namens Pat und Chris beobachten, die einander zugewandt sind.

Pat steht gerade da, ihre Beine sind schulterbreit voneinander entfernt. Sie nickt langsam, während sie zuhört, was Chris zu ihr sagt. Ihre Füße sind Chris zugewandt. Ihre Handhaltung ist entspannt und geöffnet. Sie lächelt sanft und sieht Chris direkt an.

Chris' Beine sind zusammengepresst und er hält einen Ordner dicht vor seiner Brust. Seine Füße zeigen ein wenig nach innen. Er sieht Pat meistens an, doch manchmal schweift sein Blick in eine andere Richtung ab. Er lächelt nicht, und wenn er gerade nicht spricht, presst er seine Lippen aufeinander.

Was schlussfolgern Sie als Ergebnis Ihrer Beobachtungen?

Pat ist selbstbewusst und interessiert sich dafür, was Chris sagt. Er ist ein wenig nervös und verhält sich defensiv.

Wie ist die Beziehung zwischen den beiden? Da Pat keine Dominanz ausstrahlt, ist sie nicht seine Chefin oder Vorgesetzte, sondern versucht zu erreichen, dass er sich entspannt. Es kann sein, dass Chris neu in der Firma oder einfach nur ein nervöser Mensch ist.

Das schnelle Lesen der Körpersprache ist eine Übung, die Sie überall machen können, wenn Sie andere Menschen beobachten. Probieren Sie es einmal aus, wenn Sie morgens zur Arbeit pendeln, wenn Sie in der Kantine, in einem Café oder sogar bei einer Networking-Veranstaltung sind. Studieren Sie die Art und Weise, wie sich die Menschen verhalten. Wie wirkt deren

Körpersprache auf Sie? Wenn sich zwei Menschen miteinander unterhalten, versuchen Sie herauszufinden, wie die Beziehung der beiden zueinander ist.

## Zusammenfassung des Kapitels

Unser Unterbewusstsein oder Bauchgefühl erledigt eine Menge Arbeit für uns, indem es die Körpersprache anderer Menschen liest, insbesondere in Bezug auf Mini-Bewegungen, die die meisten Menschen unbewusst machen.

- Wir müssen nicht allzu sehr über die nonverbale Kommunikation einer anderen Person nachdenken und viel Zeit damit verbringen, diese zu analysieren.
- Es gibt offensichtliche Gesten und Hinweise, die wir lesen können, um zu verstehen, wie sich jemand fühlt oder was uns unser Gegenüber sagen will.
- Unterschiedliche Körperteile drücken nonverbale Botschaften auf unterschiedliche Art und Weise aus.
- Im Allgemeinen signalisieren offene und entspannte Körperhaltungen, Gesichtsausdrücke und Gesten positive Emotionen und Interesse.
- Im Gegensatz dazu fühlen sich Menschen nicht wohl, die sich klein machen oder offensichtlich angespannt wirken. Mit diesen Personen muss man auf eine ganz bestimmte Art und Weise umgehen.

Im nächsten Kapitel werden Sie lernen, wie Sie eine einnehmende Körpersprache entwickeln, um eine großartige Persönlichkeit zu erhalten!

KAPITEL 4:

# Wie Sie durch Ihre Körpersprache eine einnehmende Persönlichkeit entwickeln

Sie wissen jetzt, wie Sie Vertrauen und Interesse ausstrahlen können (weitere Details dazu finden Sie im letzten Kapitel. Da Sie erfahren haben, wie andere Menschen auf nonverbale Art kommunizieren, kennen Sie jetzt einige der Gesten und Körperhaltungen, die Sie verwenden können, wenn Sie vor anderen Menschen sprechen müssen.

Doch Ihr Ziel besteht darin, erfolgreich zu sein! Erfolg erfordert mehr als nur ein Lächeln, wenn Sie mit jemandem sprechen. In der Tat kann ein zu starkes Lächeln negative Konsequenzen haben und Sie nervös oder weniger selbstbewusst erscheinen lassen.

Denken Sie an Menschen, die Sie bewundern und denen Sie gerne zuhören. Sie müssen diese Menschen nicht persönlich kennen. Vielleicht handelt es sich um Fernsehpersönlichkeiten oder Sie kennen sie aus dem Internet. Wie wirken diese Personen? Scheinen sie unsicher oder nervös zu sein? Wenn sie interviewt werden, schweift der Blick des Interviewers umher? Wenn die interviewte Person charismatisch und anziehend ist, dann werden Sie feststellen, dass sich der Interviewer ganz auf seinen Gast konzentriert, es sei denn, er wendet sich direkt an das Publikum.

Oder vielleicht beobachten Sie Ihre Kollegen im Büro. Wenn Sie sich in einem Meeting befinden und Ihr Chef noch nicht da ist, unterhalten Sie und Ihre Kollegen sich wahrscheinlich untereinander oder jeder beschäftigt sich mit seinem Mobiltelefon. Doch was passiert, wenn der Geschäftsführer oder ein anderer Vorgesetzter den Raum betritt? Jeder schaut ihn an, legt das Handy beiseite und beendet das Gespräch mit seinem Tischnachbarn. Schauen Sie sich die Person an, die in der Hierarchie am höchsten gestellt ist. Zappelt diese Person herum, scheint sie ängstlich oder in einer defensiven Haltung zu sein? Oder betritt sie den Raum, als würde ihr das ganze Gebäude gehören?

Haben Sie in letzter Zeit mal eine Comedy-Show besucht? Lachen Sie mehr bei einem Komiker, der weiß, dass er lustig ist, als bei einem, der geradezu erleichtert aussieht, wenn jemand während seines Auftritts kichert?

Wir Menschen ziehen es vor, anderen Menschen zu folgen, die selbstbewusst erscheinen. Denken Sie darüber nach, wem Sie Ihre Aufmerksamkeit schenken wollen und welche Art von Person Ihre Aufmerksamkeit auf natürliche Art und Weise anzieht. Möchten Sie einer Person zuhören, die unsicher wirkt und Augenkontakt vermeidet, wenn sie sich mit Ihnen unterhält?

Es ist nur wichtig, dass eine Person selbstsicher wirkt, und zwar unabhängig davon, wie sich diese Person zu diesem Zeitpunkt fühlt. Es darf keine nervöse, ängstliche oder defensive Körpersprache an den Tag gelegt werden. Wenn dies passiert, verliert die Person ihr Publikum. Um Macht zu haben, müssen andere Menschen die Macht dieser Person anerkennen. Und wenn eine Person auf irgendeine Art und Weise Schwäche zeigt, dann verliert sie diese Macht.

Vielleicht fühlen Sie sich gerade selbst unsicher. Das Thema Körpersprache mag neu für Sie sein und Sie erkennen Ihre eigene Körpersprache in der Beschreibung von defensiven, ängstlichen oder negativ eingestellten Personen wieder. Das ist völlig in Ordnung. Sie müssen nicht tatsächlich selbstbewusst sein, um so zu tun, als wären Sie es! Und ein weiterer Vorteil ist: Je selbstsicherer Sie sich geben, desto selbstbewusster werden Sie auch tatsächlich sein. Es handelt sich hierbei um eine positive Rückkopplungsschleife. Wenn Sie sich selbstbewusst geben und sich selbstbewusst fühlen, dann werden andere Menschen auf Ihr Selbstbewusstsein reagieren, was wiederum dazu führt, dass Sie noch selbstsicherer werden.

Was können Sie noch tun, wenn Sie Selbstbewusstsein ausstrahlen möchten? Sie können sich selbst so konditionieren, mit mehr Selbstbewusstsein zu agieren. Glücklicherweise befinden wir uns im Zeitalter des Internets, weswegen es viele Videos von erfolgreichen Menschen wie Richard Branson, Steve Jobs und Mark Cuban gibt. Möchten Sie selbstbewusster sein? Studieren Sie die Körpersprache dieser Menschen und kopieren Sie sie. Üben Sie diese Bewegungen und stärken Sie damit Ihr eigenes Selbstvertrauen.

## Die Körpersprache des „Clubs der Gewinner"

Was halten Sie davon, den Handschlag durch die sogenannte Ghettofaust zu ersetzen? Hygienefanatiker wie Richard Branson mögen dies lieber. Ein sogenannter „Fist Bump" lässt Sie ein wenig unkonventionell und cool erscheinen. Oder Sie zeigen ein doppeltes „Daumen hoch", was Jack Ma von Alibaba (ein chinesisches Unternehmen, das dem US-Konzern Amazon ähnelt) gerne macht. Dieses Zeichen wird in China mit dem Buddhismus assoziiert, sendet jedoch auch gegenüber Amerikanern und Europäern eine positive Botschaft aus.

Ich sprach im letzten Kapitel über das Thema Spiegeln von Bewegungen, was auch Mark Zuckerberg oft macht. Interessanterweise werden Sie empathischer, wenn Sie die Bewegungen und Gesten einer anderen Person spiegeln, und die Wahrscheinlichkeit erhöht sich, dass Sie die Botschaft dieser Person besser verstehen.

Sheryl Sandberg tendiert beispielsweise dazu, sich zu ihrem Publikum oder zu der Person, mit der sie gerade spricht, zu neigen. Sie beugt sich vor und streckt ihren Kopf kontrolliert nach vorne. Auf diese Art und Weise zeigt sie ihren Zuhörern, dass sie eine Menge Ideen hat und sich für ihr Publikum interessiert.

Im nächsten Kapitel werde ich stärker auf das Thema Sprechen in der Öffentlichkeit eingehen, doch die Sache, die Steve Jobs so effektiv machte, war seine Angewohnheit, stets sehr viel Augenkontakt mit seinem Publikum zu halten. Es kann sehr kraftvoll wirken, wenn das Publikum merkt, dass es direkt angesprochen wird.

Mark Cubans Lieblingsgeste ist sein ehrliches Lächeln. Es strahlt Herzlichkeit aus, kann jedoch auch Respekt einfordern, wenn es mit einer autoritären Körpersprache wie ausladenden Gesten einhergeht.

Die deutsche Kanzlerin Angela Merkel ist bekannt dafür, ihre Finger zu einer Raute zu formen. Sie müssen dabei nicht sitzen, um das zu tun, da dies auch im Stehen funktioniert. Formen Sie hierzu mit Ihren Fingern ein Dreieck. Dabei sollten sich Ihre Fingerspitzen jedoch nur sanft berühren. Diese Handhaltung ist ebenfalls großartig, wenn Sie nicht wissen, was Sie mit Ihren Händen tun sollen, wenn Sie gerade nicht gestikulieren.

Bedenken Sie bei all diesen Beispielen, dass diese Gesten allesamt sehr natürlich wirken. Keine dieser Gesten sind merkwürdige Verrenkungen, die Sie wochenlang vor dem Spiegel üben müssen, um sie zu meistern. Vielleicht machen Sie bereits einige davon. Mit anderen Worten ausgedrückt: Die effektive und erfolgreiche Nutzung der Körpersprache muss nicht schwierig oder unnatürlich sein.

Darüber hinaus strahlen all diese Bewegungen Herzlichkeit aus. Sie wirken dadurch nicht streng oder unnahbar, denn dies würde Sie unsympathisch erscheinen lassen. Sie müssen kein strenger Lehrer oder Roboter sein, um eine Nachricht effektiv zu übermitteln. Tatsächlich sind Sie weniger effektiv, wenn Sie wie ein Roboter wirken! Selbstbewusst zu sein und eine einnehmende Persönlichkeit zu haben bedeutet, dass Sie vertrauensvoll, offen und freundlich wirken. Eine solche Person möchten andere Menschen gern kennenlernen, um eine Verbindung aufzubauen und von ihr beeinflusst zu werden.

## Neun Möglichkeiten, um (positive) Aufmerksamkeit zu erzielen

Alle oben genannten Personen sind für ihre physische Präsenz bekannt. Andere Menschen schenken diesen Personen ihre Aufmerksamkeit, wenn sie Reden halten, und zwar zum Teil deswegen, weil sie mächtige Menschen sind, die Einfluss auf ihrem Fachgebiet haben, doch auch wegen der selbstbewussten Körpersprache, die sie in der Öffentlichkeit an den Tag legen. Hier sind sechs Möglichkeiten, um auf sich aufmerksam zu machen, damit sich andere Menschen auf Ihre Botschaft einlassen.

Viele dieser Tipps basieren darauf, selbstbewusst zu sein oder zu erscheinen. Menschen schenken einer Person, die nicht selbstsicher ist, nicht viel Aufmerksamkeit. Sie hören lieber einer Person zu, die selbstbewusst ist, auch wenn diese Person nicht wirklich weiß, wovon sie spricht! Solange die Person ihre Selbstsicherheit nur gut genug vortäuscht, werden andere ihr glauben.

### 1. Gehen Sie auf Ihre Mitmenschen zu und bieten Sie ihnen einen festen Händedruck an

Warten Sie nicht darauf, bis die andere Person Ihre Hand schüttelt. Machen Sie einen Schritt nach vorne und bieten Sie ihr zuerst Ihre Hand an. Dies ist ein Hinweis darauf, dass Sie sich selbstbewusst und sicher in Ihrer Haut fühlen.

Beim Thema Händeschütteln ist eine weiche Hand ein absolutes No-Go! Greifen Sie die Hand Ihrer Mitmenschen mit festem Griff, jedoch nicht so fest, dass es schmerzhaft ist. Schütteln Sie die Hand einige Male, halten Sie dabei Augenkontakt und lassen Sie dann die Hand los. Wenn Sie nicht wissen, ob Ihr Händedruck zu leicht oder zu fest ist, bitten Sie Freunde und Kollegen um Feedback.

**2. Bewegen Sie sich nicht zu stark**

Bedrohte Tiere senken oft den Kopf. Ihre Augen huschen herum und suchen nach einer Fluchtmöglichkeit. Wir Menschen sind auch Tiere und dasselbe Verhalten gilt auch für uns.

Wenn Sie beim Sprechen Ihren Kopf zu stark bewegen, sehen Sie machtlos aus. Den Kopf ruhig zu halten vermittelt Ernsthaftigkeit und Autorität. Dies gilt insbesondere für Frauen, die aufgrund ihres Geschlechts häufig weniger ernst genommen werden.

Hören Sie auf, herumzuzappeln. Das hat Ihnen Ihre Mutter sicherlich auch schon in Ihrer Kindheit gepredigt! Wir Menschen zappeln auf verschiedene Arten herum, doch das muss nun ein Ende haben. Sich an den Haaren herumzuspielen, mit den Füßen zu wippen, Hände und Finger zu kneten, sich ständig im Gesicht und am Hals zu berühren ... All diese Dinge lassen Sie ängstlich aussehen. Möglicherweise müssen Sie es sogar üben, stillzusitzen und -zustehen!

Probieren Sie Posen und Körperhaltungen aus, bei denen Sie nicht zappeln können, insbesondere solche, die an und für sich schon machtvolle Gesten sind. Zum Beispiel ist es ein Zeichen von Autorität und Selbstvertrauen, wenn Sie die Fingerspitzen beider Hände zusammenführen. Diese Fingerhaltung hindert Sie auch daran, sich im Gesicht, am Hals oder an den Haaren herumzuspielen.

Viele körpersprachliche Signale wirken sich positiv aus, wenn Sie sie ausführen, sollten jedoch nicht übertrieben werden. Zum Beispiel wirken Menschen, die häufig mit ihren Händen und Armen gestikulieren, positiver als Menschen, die dies nicht tun. Sobald diese Gesten jedoch zu hektisch werden oder in der Luft oberhalb Ihres Kopfes stattfinden, wirkt diese Person nicht mehr autoritär. Diese Gesten lassen Sie erscheinen, als hätten Sie die Kontrolle verloren, wodurch Sie machtlos wirken.

Kurz gesagt: Einige Bewegungen sind vorteilhaft und lassen Sie selbstbewusster und sympathischer wirken, jedoch müssen diese kontrolliert ausgeführt werden, um eine positive Wirkung zu erzielen. Diese Gesten müssen so aussehen, als würden Sie bewusst eine Entscheidung treffen, um diese Bewegungen auszuführen. Sie dürfen es auf keinen Fall übertreiben und wild herumgestikulieren.

### 3. Durch Schein zum Sein

Vortäuschung funktioniert nicht immer und in jedem Bereich. Wenn Sie beispielsweise Angst haben, können Sie nicht einfach so tun, als hätten Sie keine. Man wird Ihnen an Ihrer Körpersprache ansehen, dass Sie Angst haben.

Im Gegensatz dazu ist es oft wichtig, selbstbewusste Positionen wie Machtposen, Körperhaltungen und Gesten anzuwenden. Diese Körperhaltungen signalisieren nicht nur anderen Menschen, dass Sie selbstbewusst sind, sondern helfen Ihnen auch dabei, sich selbstsicherer zu fühlen! Wenn Ihr Selbstvertrauen im Laufe der Zeit wächst, werden diese Gesten authentischer werden.

Eine Machtpose ist der schulterbreite Stand. Dadurch wirken Sie größer und nicht klein und ängstlich. Diese Machtpose bezeichnen wir als Superman-Stand. Es ist zwar nicht immer ratsam, die Füße auf dem Schreibtisch abzulegen, doch auch dabei handelt es sich um eine Machtpose.

Das Motto „Dress for Success" ist ein tatsächliches Konzept, jedoch nicht in dem Sinne, ob Sie einen schicken Anzug tragen sollten oder nicht (das hängt ganz von Ihrem

Berufsfeld ab). Je sicherer Sie sich in Ihrer Kleidung fühlen, desto selbstsicherer werden Sie sein.

Tragen Sie daher nichts, was kneift oder kratzt oder das ständig angepasst werden muss. Wenn Sie an Ihrer Kleidung herumspielen, sehen Sie nervös aus. Tragen Sie etwas, von dem Sie wissen, dass Sie darin gut aussehen und dass Sie darin stehen oder sitzen können. Kleiden Sie sich für den Job, den Sie anstreben, nicht für den Job, den Sie bereits haben. Auch Ihre Kleidung soll Selbstsicherheit ausstrahlen.

Und wenn Sie etwas vortäuschen möchten, dann machen Sie es richtig (wer hätte gedacht, dass Sie etwas falsch und richtig vortäuschen können?). Mit anderen Worten ausgedrückt: Achten Sie darauf, dass Sie Gesten und Machtposen wohlüberlegt einsetzen.

Es ist oftmals keine gute Idee, mit Ihrem Finger auf etwas oder jemanden zu zeigen. Einige Menschen sind der Meinung, dass dies Dominanz ausstrahlt, jedoch lesen die meisten diese Geste als elterliche Kontrollgeste oder sogar als drohende Geste. Denken Sie daran, dass das Geheimnis einer einnehmenden Körpersprache Sympathie und Selbstbewusstsein ist. Niemand mag Rowdys.

**4. Achten Sie auf Ihre Handflächen**

Es hat eine Bedeutung, ob Ihre Handflächen nach oben oder nach unten zeigen. Wenn Ihre Handflächen nach unten zeigen, ist das eine selbstbewusste Haltung. Es ist egal, ob Sie an einem Schreibtisch sitzen oder stehen, um eine Präsentation zu halten: Wenn Sie Ihre Handflächen nicht zeigen, signalisieren Sie damit Vertrauen und Autorität. Wenn Sie sich hinter einem Schreibtisch befinden, müssen Sie Ihre Handflächen möglicherweise gelegentlich nach oben drehen, damit Sie nicht überheblich wirken!

Handflächen, die nach oben zeigen, strahlen weniger Macht aus. Sie haben womöglich bereits bemerkt, dass die

Handflächen von anderen Menschen nach oben zeigen, wenn sie ihre Gedanken präsentieren und um Akzeptanz bitten. Mit nach unten zeigenden Handflächen haben Sie mehr Kontrolle über das Gespräch.

In einigen Fällen ist es jedoch möglicherweise besser, wenn Ihre Handflächen nach oben zeigen, obwohl dies eher eine flehende Handhaltung ist. Je nach Umstand hilft Ihnen eine solche Geste dabei zu vermitteln, dass Sie vertrauenswürdig sind.

Sorgen Sie in jedem Fall für trockene Handflächen, wenn Sie jemand anderem die Hand schütteln. Eine verschwitzte Handfläche ist definitiv nicht sehr sympathisch!

Es ist ebenfalls wichtig, dass Sie eine entspannte Handhaltung haben. Geballte Fäuste weisen auf Ärger hin. Wenn Sie einen Gegenstand wie eine Handtasche oder ein Notizbuch zu fest umklammern, dann bedeutet dies Nervosität. Legen Sie solche Gegenstände in diesem Fall besser ab. Dadurch vermeiden Sie auch, dass Sie einen Schutzschild zwischen sich und andere Personen halten.

Wenn Sie Ihre Hände hinter Ihrem Rücken oder in Ihren Hosentaschen verstecken, so deutet dies darauf hin, dass Sie etwas zu verbergen haben. Wenn Sie als offen wahrgenommen werden möchten, sollten Sie darauf achten, wohin Ihre Handflächen zeigen und dass Ihre Gesprächspartner sie jederzeit im Blick haben.

Wenn Sie sitzen, ist eine „Rautenhaltung" Ihrer Finger à la Angela Merkel eine einladende, aber dennoch selbstbewusste Geste. Probieren Sie es aus!

Menschen vertrauen anderen Menschen, die „mit ihren Händen sprechen". Seien Sie also nicht schüchtern und setzen Sie Ihre Hände ein. Bevor sich die menschliche Sprache entwickelte, gab es bereits die nonverbale Kommunikation und die Hände sind ein wichtiger Teil davon.

Wenn Sie Ihre Hände zeigen, dann wirken Sie vertrauenswürdig.

## 5. Legen Sie Daumen und Zeigefinger aneinander

Diese Geste ist besonders effektiv, wenn Sie ein bestimmtes Argument hervorheben möchten. Verwenden Sie diese Geste sparsam, dann wirken Sie selbstbewusst und autoritär. Wenn Sie sie jedoch zu häufig einsetzen, dann sieht das komisch aus.

## 6. Ziehen Sie Ihre Augenbrauen nach oben

Diese Geste lässt darauf schließen, dass Sie offen und aufgeschlossen sind. Menschen, die sich verletzlich fühlen, sind oftmals defensiv und verschlossen. Aus diesem Grund ist Offenheit ein Anzeichen für Selbstbewusstsein. Wenn Sie Ihren Kopf langsam drehen und Ihre Augenbrauen nach oben ziehen, wenn Sie eine andere Person ansehen, dann ist dies ein Hinweis darauf, dass Sie aufmerksam sind. Denken Sie zur Inspiration an Roger Moores Darstellung von James Bond.

## 7. Stehen (oder sitzen) Sie aufrecht

Das hat Ihnen Ihre Mutter sicherlich schon im Kindesalter beigebracht. Halten Sie Ihren Kopf und Ihre Schultern gerade. Eine gute Körperhaltung ist nicht nur ein Anzeichen für Selbstbewusstsein und Kompetenz, sondern lindert auch unnötige Rücken- und Nackenschmerzen und erleichtert die Atmung. Ob Sie es glauben oder nicht, aber eine gute Körperhaltung ist auch wichtig für Ihr Selbstbewusstsein! Wenn Sie nicht richtig atmen, sind Sie vermutlich angespannt und Ihre Stimme ist dann höher als sonst. Eine entspannte Atmung ist eine selbstbewusste Atmung.

Wenn Sie sitzen, sollte Ihr Rücken gerade sein und Ihre Füße sollten flach auf dem Boden stehen. Wenn Sie klein sind, dann kann es vorkommen, dass Sie bei einigen Stühlen mit Ihren Füßen den Boden nicht berühren können. In einer solchen Situation sollten Sie besser stehen, vor allem wenn die Alternative darin besteht, dass Sie Ihre Beine wie ein Kind baumeln lassen müssen. Wenn Sie sich zuhause befinden, dann ist ein Hocker eine gute Lösung für dieses Problem.

Nehmen Sie Raum ein. Vermeiden Sie es, dass Sie klein wirken, was andere Menschen als machtlos und verletzlich einschätzen. Sie sollten weder Ihre Arme noch Ihre Beine verschränken, da Sie sonst kleiner wirken. Hängende Schultern oder eine nach vorne gebeugte Körperhaltung lassen Sie machtlos erscheinen. Denselben Effekt hat es, wenn Sie Ihre Hände in einer Feigenblatt-Position vor Ihrem Schoß halten. Ihre Arme sollten sich seitlich neben Ihrem Körper befinden.

Dies ist ein weiterer wichtiger Tipp für Frauen, von denen in vielen Kulturen erwartet wird, dass sie untergebener sind oder Männern untergeordnet: Weibliche Chefs müssen genauso wie ihre männlichen Kollegen Selbstbewusstsein ausstrahlen. Es besteht kein Grund, Ihre Beine zusammenzupressen oder Ihre Arme eng an Ihren Oberkörper zu drücken. Wenn Sie sich hinter einem Tisch oder Schreibtisch befinden, sollten Sie die Materialien darauf ausbreiten. Wenn Sie stehen, sollten Sie wenigstens einen schulterbreiten Stand einnehmen, besser noch hüftbreit. Ihre Füße befinden sich fest auf dem Boden.

Obwohl Sie mehr Raum einnehmen, wenn Sie die Hände in die Hüften stemmen, empfinden dies viele Menschen als aggressiv. Vermeiden Sie diese Pose. Versuchen Sie, Ihre Hände an den Fingerspitzen zusammenzuführen oder mehr mit Armen und Händen zu gestikulieren.

## 8. Gesichtsausdrücke inkl. Lächeln

Wahrscheinlich hat Ihnen Ihre Mutter das früher auch schon ständig gesagt und das aus gutem Grund. Ein Lächeln hilft Ihnen dabei, vertrauenswürdig zu gelten, was dazu führt, dass die Menschen Ihnen Aufmerksamkeit schenken und sich für Sie interessieren. Genau wie Machtposen hat auch ein Lächeln eine Rückkopplungsschleife: Ein Lächeln macht Sie glücklicher.

Ein Lächeln ist die Machtpose der Wahl für zahlreiche mächtige Menschen. Ein ehrliches Lächeln wirkt aufgeschlossen und zeugt von Sympathie und Vertrauenswürdigkeit. Ein herzliches Lächeln signalisiert, dass Sie sich für die andere Person interessieren.

Versuchen Sie, Ihrem Gegenüber nicht ins Gesicht zu gähnen! Sie können Langeweile nicht noch deutlicher signalisieren, auch wenn Ihr Gähnen möglicherweise einen anderen Grund hat.

## 9. Augenkontakt

Das bedeutet nicht, dass Sie Ihrem Gegenüber geradezu in die Augen starren sollen. Sie müssen vermeiden, zu lange auf den Boden zu schauen oder Ihr Gegenüber nicht direkt anzusehen, was ängstliche und ausweichende Gesten sind. Selbstbewusste Menschen schauen ihrem Gegenüber direkt in die Augen. Lassen Sie Ihren Blick nicht von Person zu Person oder im Raum umherschweifen, wenn Sie sich inmitten einer Unterhaltung befinden. Dadurch wirken Sie gelangweilt und desinteressiert.

Tragen Sie eine Brille? Wenn ja, dann wirken Sie arrogant, wenn Sie andere Menschen über den Rand Ihrer Brille ansehen. Wenn Sie sie stattdessen durch Ihre Gläser hindurch anschauen, ist dies viel freundlicher und aufgeschlossener.

Wenn Sie sich in einem geschlossenen Raum befinden, dann tragen Sie keine Sonnenbrille. Da die Menschen dadurch Ihre Augen nicht sehen können, sieht es so aus, als würden Sie etwas verbergen wollen.

Es ist einfach, mit Hilfe Ihrer Körpersprache sympathisch zu erscheinen. Sie können die Aufmerksamkeit von anderen Menschen auf sich ziehen, noch bevor Sie Ihren Mund öffnen. Und das Beste daran ist, dass Sie sich dafür in diesem Moment nicht sonderlich selbstsicher fühlen müssen. Sie können an Ihrer Selbstsicherheit arbeiten, indem Sie die oben erwähnten Techniken üben.

Selbstbewusstsein ist nicht dasselbe wie Arroganz. Selbstbewusst zu sein bedeutet nicht, sich als etwas Besseres zu fühlen oder ich-bezogen zu sein. Diese beiden Dinge sind nicht sonderlich sympathisch! Eine gewinnende Persönlichkeit ist aufgeschlossen, freundlich und vertrauenswürdig.

Ein weiterer Faktor, auf den Sie achten sollten, ist die Telefon-Etikette. Diese ist immer sehr hilfreich, vor allem jedoch besonders nützlich, wenn Sie mit einer Person sprechen, die vor der Smartphone-Ära aufgewachsen ist. Wenn Sie auf Ihr Smartphone schauen oder damit herumspielen, wenn eine andere Person gerade spricht, so können Sie äußerst respektlos wirken. Ihre Körpersprache sagt das zumindest aus, egal ob Sie es wirklich sind oder nicht.

Wenn Sie von anderen Menschen respektiert werden wollen, dann müssen Sie andere Menschen ebenfalls respektieren. Die Menschen respektieren niemanden, der sich selbst als Anführer bezeichnet, jedoch unhöflich ist, andere herabwürdigt oder ignoriert. Eine gute Telefon-Etikette ist von grundlegender Bedeutung. Wenn Sie sich in einem Gespräch befinden, dann müssen Sie nicht auf Ihr Smartphone schauen oder einen Anruf annehmen (außer wenn Sie Ersthelfer sind). Es ist ebenfalls unhöflich, in Anwesenheit anderer Menschen Anrufe entgegenzunehmen.

Die beste Möglichkeit, um einer anderen Person Ihr Interesse zu signalisieren, besteht darin, dass Sie sich auf Ihre gemeinsame Unterhaltung konzentrieren. Lassen Sie Ihren Blick nicht im Raum umherschweifen, schauen Sie nicht auf den Boden und überprüfen Sie Ihr Handy nicht ständig, wenn jemand Ihrem Instagram-Post einen Like gegeben hat. Checken Sie auch nicht alle zwei Sekunden Ihre E-Mails, sondern schenken Sie Ihrem Gegenüber Aufmerksamkeit, seien Sie ehrlich an ihm interessiert, lächeln Sie und halten Sie Augenkontakt. Wenn Sie das tun, dann wird Ihr Gegenüber überzeugt sein, dass Sie eine tolle Persönlichkeit haben!

Eine selbstbewusste Körpersprache ist die Sprache von erfolgreichen, charismatischen Personen. Und Sie können diese Sprache erlernen, indem Sie die oben erwähnten Techniken verwenden.

## Zusammenfassung des Kapitels

- Erfolgreiche Menschen zu beobachten ist eine gute Möglichkeit, um herauszufinden, wie andere Menschen Selbstbewusstsein ausstrahlen.
- Um Ihr Selbstbewusstsein zu verbessern, sollten Sie mächtige und erfolgreiche Menschen im Fernsehen oder im Internet beobachten und sie so gut wie möglich nachahmen.
- Selbstbewusstsein ist eine Eigenschaft, die Sie erlernen können. Das Vortäuschen von Selbstbewusstsein führt dazu, dass Sie tatsächlich selbstsicherer werden.
- Bestimmte Gesten wie ein fester Händedruck und kontrollierte Armbewegungen lassen Sie selbstsicherer erscheinen. Dasselbe gilt für Augenkontakt und ein ehrliches Lächeln.

- Üben Sie eine selbstbewusste Körpersprache, um die Aufmerksamkeit von anderen Menschen zu erlangen.

Im nächsten Kapitel werde ich Ihnen erklären, wie Sie die nonverbale Kommunikation dazu nutzen, um in der Öffentlichkeit zu sprechen. Stellen Sie sicher, dass Sie und Ihr Publikum wissen, wovon Sie sprechen, und dass es sich lohnt, Ihnen zuzuhören.

KAPITEL 5:

# In der Öffentlichkeit sprechen und Präsentationen halten

Worin besteht der wichtigste Aspekt der nonverbalen Kommunikation, wenn Sie vor Publikum sprechen? Dass Sie Selbstbewusstsein ausstrahlen! Ihr Publikum möchte einen Experten sprechen hören, weswegen Sie sich wie einer verhalten müssen, und zwar egal, ob Sie sich selbstsicher fühlen oder nicht. Glücklicherweise ist Selbstbewusstsein etwas, das Sie vortäuschen können, und wenn Sie so tun, als seien Sie selbstsicher, dann werden Sie immer selbstsicherer werden!

Die meisten Menschen werden nervös, wenn sie vor Publikum sprechen müssen, und zwar insbesondere dann, wenn sie es nicht gewöhnt sind. Neben der nonverbalen Kommunikation, über die ich in diesem Kapitel sprechen werde, gibt es noch weitere Dinge, die Sie vor einer Rede vorbereiten müssen. Zunächst einmal müssen Sie Ihre wichtigsten Punkte kennen. Wenn Sie versuchen, sich an diese Punkte zu erinnern, oder Ihre Präsentation einfach nur ablesen, führt dies zu einer schlechten Körpersprache, weswegen Sie dies vermeiden sollten. Und Sie sollten sicherstellen, dass Sie Ihre Rede vorher üben. Wie viel Zeit benötigen Sie hierfür? Stellen Sie sicher, dass Sie genügend Zeit für Ihre einstudierte Rede haben.

Eine gute Vorbereitung wird Ihnen dabei helfen, sich selbstsicherer zu fühlen. Und es gibt noch weitere Möglichkeiten, bei denen Ihre Körpersprache Ihnen dabei helfen wird, ein besserer Präsentator und Redner zu werden.

## Wie Sie den Raum betreten

Sie kennen wahrscheinlich den Spruch, dass es keine zweite Chance für den ersten Eindruck gibt. Dieser Spruch scheint zwar ein bisschen klischeehaft zu sein, ist aber wahr. Ihre Präsentation vor Publikum beginnt in dem Moment, in dem Sie sich in der Öffentlichkeit befinden! Wenn jemand Sie beim Betreten des Raumes beobachtet, muss er Ihre Selbstsicherheit sofort wahrnehmen können.

Jedes Mal, wenn Sie vor einem Publikum stehen, ist es wichtig, aufrecht zu stehen und eine gute Körperhaltung zu haben. Herabhängende Schultern bringen Ihnen keinen Respekt ein. Verlagern Sie im Stehen Ihr Gewicht auf beide Füße. Dies hilft Ihnen dabei, still zu stehen und nervöse Bewegungen zu vermeiden. Denken Sie daran, dass übermäßige Bewegungen den Eindruck erwecken, schwach und machtlos zu sein. Genau das möchten die Leute, die Ihnen zuhören, nicht sehen.

Vermeiden Sie es, beim Gehen zu schlurfen. Sie wirken dann so, als ob Sie nicht wüssten, wohin Sie gehen! Heben und senken Sie Ihre Füße bewusst. Hier ein Trick: Es sollte immer so aussehen, als ob Sie genau wüssten, wohin Sie gehen. Es spielt keine Rolle, ob das wirklich stimmt oder nicht. Sie müssen nur diesen Eindruck erzeugen.

Genauso wie es keine gute Idee ist, auf den Boden zu schauen, wenn Sie sich mit einer Person unterhalten, sollten Sie ebenfalls nicht nach unten schauen, wenn Sie einen Raum betreten. Halten Sie Ihren Kopf gerade und Ihren Blick nach vorne gerichtet. Dadurch erlangen Sie Respekt von Ihren Mitmenschen. Es ist ebenfalls keine gute Idee, Arroganz auszustrahlen. Dadurch werden Sie angeberisch anstatt zuversichtlich erscheinen. Und seien Sie nicht unhöflich! Vermeiden Sie es, anderen Menschen zu nahe zu kommen und sie anzurempeln.

## Vorbereitung und Beginn der Präsentation

Gehen Sie mit selbstbewussten Schritten auf das Rednerpult zu oder wo immer Sie sprechen. Geben Sie sich und dem Publikum einen Moment Zeit, um sich zu entspannen, bevor Sie anfangen zu reden. Verlagern Sie Ihr Gewicht gleichmäßig auf beide Füße. Nehmen Sie Augenkontakt mit den Zuschauern auf. Atmen Sie tief ein, um Ihren Körper zu beruhigen, damit Ihre Nervosität Sie nicht übermannt.

Wenn Sie zum ersten Mal eine Präsentation halten, fühlen Sie sich möglicherweise sicherer, wenn Sie hinter dem Rednerpult bleiben. Sie können Ihre Hände auf dem Rednerpult ablegen, um zu vermeiden, mit den Händen herumzuzappeln, insbesondere wenn Sie ein Mensch sind, der sich viel bewegt, wenn er nervös ist. Wenn Sie fest an einer Stelle stehen, fühlen Sie sich möglicherweise geerdet. Außerdem haben Sie jedes Mal, wenn Sie einen kurzen Blick nach unten werfen, Ihre Notizen genau vor Ihren Augen.

Das Publikum mag es jedoch, wenn Sie den Schutzschild oder die Barriere zwischen sich und dem Publikum entfernen, indem Sie sich auf der Bühne umherbewegen. Eine Eigenart der menschlichen Natur ist, dass wir Menschen mögen, die uns physisch näher sind. Wenden Sie sich also direkt an Ihr Publikum, insbesondere wenn Sie Ihren Vortrag bereits einige Male gehalten haben und ihn ziemlich gut kennen. Sie können einen bestimmten Punkt hervorheben, indem Sie auf das Publikum zugehen, um dieses Argument zu verstärken und dann zu Ihrem Ausgangspunkt zurückkehren.

Wenn Sie Ihre Schlüsselargumente bringen, dann sollten Sie sich dabei nicht bewegen. Liefern Sie Ihre Schlüsselargumente dann, wenn Sie sich direkt vor Ihrem Publikum befinden und dabei stillstehen. Denken Sie daran, dass Stille Autorität vermittelt. Wenn Sie also fest an einer Stelle stehen, kann sich das Publikum auf Ihre Worte konzentrieren. Vervollständigen Sie den Gedanken oder die Idee, bevor Sie sich weiter auf der Bühne umherbewegen.

Auch durch Gesten können Sie wichtige Teile Ihres Vortrags unterstreichen. Wenn Sie natürliche Bewegungen bei Anekdoten verwenden, über die Sie berichten, wirken Sie dadurch selbstsicherer. Sprechen Sie über einen Anstieg? Dann heben Sie dabei Ihren Arm, jedoch nicht höher als Ihre Schultern. Wenn Sie sich nicht sicher sind, welche Gesten natürlich aussehen oder zu Ihrem Vortrag passen, suchen Sie im Internet nach einer Person, die über Ihr Thema spricht. Achten Sie genau auf diesen Vortrag. Sehen die Gesten natürlich aus? Helfen die Gesten dabei, das Thema zu verdeutlichen? Wenn ja, dann üben Sie diese Gesten.

Wie bei vielen körpersprachlichen Kommunikationsarten müssen Sie ein passendes Gleichgewicht finden. Gestikulieren Sie, aber nicht zu viel! Gestikulieren Sie nur, um damit Fachwissen zu signalisieren. Wenn Sie es übertreiben, dann sehen Sie nervös und unsicher aus. Wenn Sie Ihr Gewicht ständig von einem Bein auf das andere verlagern, sich permanent im Gesicht oder am Hals berühren, immerzu Ihre Haare zurechtrücken und wiederholt mit Ihrem Stift klicken, dann sind dies nervöse Gesten. Während Sie sich nicht so regungslos verhalten sollten, dass das Publikum Sie für einen Roboter hält, sollten Sie gleichzeitig nicht so viele Gesten machen, dass Sie unberechenbar und nicht vertrauenswürdig wirken. Ihre Bewegungen sollten zurückhaltender Natur sein.

Angenommen, Sie haben sich einige Videos angesehen und kennen die wichtigsten Punkte, über die Sie sprechen möchten. Wie integrieren Sie nun Gesten in Ihren Vortrag? Suchen Sie beim Schreiben oder bei der Gliederung Ihres Vortrags (effektive Präsentationen werden normalerweise nicht wortwörtlich aufgeschrieben) nach Stellen, an denen Gesten Ihre Präsentation bereichern würden.

Wo hat die Person in dem Internetvideo, das Sie sich angesehen haben, Gesten verwendet, um ihren Vortrag zu verbessern? Haben Sie Anekdoten oder Geschichten, bei denen gewisse Gesten passen würden? Was sind die wichtigen Punkte, die Ihr Publikum aus Ihrem Vortrag mitnehmen soll? Verstärken Sie diese Punkte mit Ihrer Körpersprache.

Wenn Sie wissen, welche Bewegungen Sie verwenden möchten, wird Ihr Vortrag um Längen besser. Und das ist noch nicht alles! Durch die Gesten wissen Sie auch, was Sie während Ihrer Präsentation mit Ihren Händen tun sollen. Wenn Sie während Ihres Vortrags Ihre Hände starr vor Ihrem Schritt halten, sehen Sie so ziemlich alles außer selbstbewusst aus! Wenn Sie dagegen Ihre Hände und Arme für Bewegungen verwenden, dann kann dies nicht passieren.

Nutzen Sie die Kraft der Emotionen, während Sie Ihren Vortrag entwickeln. Wenn beispielsweise Brené Brown eine Rede hält, deutet sie oft auf ihr Herz. Dadurch wirkt sie ernst und signalisiert, dass sie aus ihrem Herzen spricht.

Menschen treffen Entscheidungen auf der Grundlage von Emotionen und begründen sie anschließend mit Fakten. Wenn Sie Ihr Publikum dazu bringen können, etwas zu fühlen, dann wird es Ihnen mehr Aufmerksamkeit schenken. Dies führt wiederum dazu, dass Sie sich während Ihres Vortrags sicherer und selbstbewusster fühlen.

Welche Emotionen verbinden Sie mit dem Thema des Vortrags? Welche Gefühle soll Ihr Publikum verspüren? Wie können Sie Ihre Körpersprache dazu nutzen, um diese Gefühle auszudrücken? Schauen Sie sich das Internetvideo über Ihr Vortragsthema nochmals unter diesem Aspekt an, um weitere Anregungen zu halten. Je emotionaler Ihr Publikum mit dem Vortrag verbunden ist, desto wahrscheinlicher ist es, dass es so reagiert, wie Sie es möchten.

Sie üben Ihre Rede sicherlich ein, oder? Dasselbe gilt für Ihre Bewegungen. Üben Sie Ihren Vortrag zusammen mit den Bewegungen, von denen Sie denken, dass sie Ihre Präsentation mitreißender und besser machen. Sie können vor einem Spiegel üben oder sich mit einer Kamera aufnehmen. Passen Ihre Bewegungen zu Ihren Worten? Gibt es noch mehr Stellen, an denen Sie Gesten verwenden können? Effektive Sprecher nutzen mehr Bewegungen während ihrer Vorträge als weniger effektive Redner. Integrieren Sie mehr Bewegungen, um die Bedeutung oder den Einfluss Ihrer Worte zu bekräftigen.

## Die grundlegende Körpersprache, um einen Vortrag zu meistern

Wenn Sie Ihre Rede einstudiert und sich für Ihre Gesten entschieden haben, dann sollten Sie sicherstellen, dass Sie sich mit dem Publikum beschäftigen, wenn Sie Ihren Vortrag halten. Ihr Publikum ist nur gekommen, um Sie zu hören (und zu sehen). Es nimmt sich dafür extra Zeit, also sollte sich Ihr Vortrag auch lohnen. Ihr Publikum sollte nicht das Interesse an dem verlieren, was Sie sagen. Achten Sie darauf, dass sich Ihr Publikum vollständig auf Sie konzentriert und nicht auf die Bäume vor dem Fenster oder auf seine Mobiltelefone.

Wie können Sie das schaffen? Und wieder einmal ist die Körpersprache die Lösung! Wenn Sie die Macht Ihrer Körpersprache bestmöglich nutzen, fühlen sich die Menschen von Ihnen angezogen.

Mussten Sie sich schon einmal den Vortrag eines wirklich langweiligen Redners anhören? Falls ja, haben Sie ihm die ganze Zeit über zugehört oder haben Sie irgendwann einmal abgeschaltet? Haben Sie den Redner im Auge behalten oder haben Sie aus dem Fenster gestarrt, in Ihr Notizbuch gekritzelt oder Spiele auf Ihrem Handy gespielt? Wollten Sie am liebsten aus dem Raum flüchten? Ein solcher Vortrag fühlte sich wahrscheinlich wie reine Zeitverschwendung an, selbst wenn der Inhalt interessant oder sogar relevant war.

Seien Sie selbst kein langweiliger Redner. Vermutlich hat dieser Redner die ganze Zeit über von seinen Notizen abgelesen, vielleicht sogar in einer monotonen Stimme. Vermutlich hat er Sie erst gar nicht angesehen oder sogar seine Folien Wort für Wort vorgelesen.

Es ist möglich, dass dieser Vortrag so langweilig war, dass Sie sich nicht einmal mehr an den Namen des Vortragenden erinnern konnten. Oder Sie haben sich seinen Namen notiert, damit Sie nie wieder einen Vortrag von ihm besuchen. Können Sie sich an einen Punkt aus dem Vortrag erinnern oder haben Sie nach einigen Minuten völlig abgeschaltet?

Eben! Denken Sie darüber nach, was dieser Redner gemacht hat ... und machen Sie genau das Gegenteil! Hier sind sechs Möglichkeiten, wie Sie Ihre nonverbalen Fähigkeiten dazu nutzen, um Ihre Präsentationen vor Publikum zu verbessern. Egal, ob Sie etwas präsentieren oder eine Rede halten, diese Ratschläge werden Ihnen dabei helfen, einen besseren Eindruck zu machen.

### 1. Finden Sie ein gesundes Maß an nervöser Energie

Sie werden vermutlich nicht die Ruhe selbst sein. Auch erfahrene Redner sind nervös, bevor sie eine Bühne betreten oder einen Vortrag halten. Eine gewisse Energie ist sogar gut für Ihre Präsentation. Ein wenig Stress ist gut. Die Neurotransmitter und Hormone aus dem ersten Kapitel helfen Ihnen dabei, sich zu konzentrieren und erhöhen Ihre Durchblutung und Ihren Herzschlag.

Doch zu viel Stress führt dazu, dass Sie am ganzen Körper zittern und eine nervöse Körpersprache haben. Das richtige Gleichgewicht ist der Schlüssel!

Versuchen Sie, tiefe Atemzüge zu nehmen, die Sie sogar in Ihrem Bauch spüren können. Atmen Sie langsam ein und wieder aus. Sie können die Atemübung auch mit Entspannungstechniken kombinieren. Ballen Sie Ihre Fäuste beim Einatmen und entspannen Sie sie wieder beim Ausatmen. Wenn Sie Ihre angespannten Muskeln lösen, denkt Ihr Gehirn, dass Sie entspannt sind. Und dann werden auch die chemischen Botenstoffe, die die Angst auslösen, langsam weniger werden.

Diese Entspannungstechniken sollten Sie am besten hinter der Bühne oder zumindest nicht in Sichtweite Ihres Publikums machen. Denken Sie daran: Sie versuchen, ruhig, cool, sympathisch und entspannt zu wirken. Ihr Publikum muss Ihnen nicht dabei zusehen, wie Sie mit Ihrer Nervosität zu kämpfen haben.

**2. Vermeiden Sie es, Ihrem Publikum den Rücken zuzuwenden**

Wir Menschen achten stark auf Gesichter. Auf diese Art und Weise erhalten wir Informationen über andere Menschen. Tatsächlich ist unser Gehirn so daran gewöhnt, nach Gesichtern zu suchen, dass wir Gesichter auch in leblosen Objekten wie dem Mond, in Früchten oder sogar in Toastbrot erkennen (dieser Effekt ist als Pareidolie bekannt).

Unsere Faszination für Gesichter ist auch der Grund, warum Sie als Passant im Gegensatz zu Radfahrern stets auf den Verkehrsfluss zulaufen sollten, wenn Sie auf einer Straße gehen. Die Wahrscheinlichkeit ist dadurch höher, dass andere Menschen Ihr Gesicht sehen und erkennen, dass Sie ein Mensch sind, und Sie nicht umfahren!

Gesichter und Gesichtsausdrücke sind ein wichtiger Bestandteil der Kommunikation. Menschen lesen Emotionen nicht aus den Worten einer anderen Person, sondern aus ihrer Körpersprache. Wenn jemand Ihre Körpersprache nicht lesen kann, kann es passieren, dass diese Person die Nachricht, die Sie übermitteln möchten, nicht versteht oder falsch interpretiert. Ihr Publikum muss in der Lage sein, während Ihres Vortrags Ihr Gesicht zu sehen, damit es versteht, was Sie sagen.

Wenn Sie sich von den Personen abwenden, mit denen Sie sprechen, wird auch Ihre Verbindung zu ihnen unterbrochen. Haben Sie sich jemals mit einer Person verbunden gefühlt, die Ihnen den Rücken zudreht? Natürlich nicht! Wir Menschen gehen nur Verbindungen mit anderen Menschen ein, deren Gesichter wir sehen können. Warum sind Webinare und Online-Video-Chats so beliebt? Weil sich die Anrufer so gegenseitig sehen können.

Damit Ihre Zuhörer bei der Sache bleiben, müssen Sie eine Verbindung zu ihnen aufbauen. Und damit das geschieht, dürfen Sie ihnen nicht Ihren Rücken oder Ihr Profil zuwenden. Ihr Publikum muss Sie direkt von vorne sehen.

### 3. Lesen Sie nicht von Ihren Notizen ab

Haben Sie jemals eine Präsentation mit einem großartigen Redner gesehen, entweder live oder auf Video? Jemand, der Ihre Aufmerksamkeit voll und ganz auf sich gezogen hat? Doch wie hat er das gemacht? Vermutlich hat dieser Redner sehr selten auf seine Notizen geblickt und größtenteils frei zum Publikum gesprochen. Sicherlich hat dieser Redner Augenkontakt mit seinen Zuhörern aufgebaut und mit ihnen interagiert.

Wenn Sie auf Ihre Notizen starren, können Sie nicht mit Ihren Zuhörern interagieren. Wie bauen Sie eine Verbindung zu anderen Menschen auf? Nicht, indem Sie sie nicht ansehen, und schon gar nicht, indem Sie nur auf das Rednerpult vor Ihnen blicken.

Wenn Sie nicht aufschauen, sehen Sie außerdem unsicher aus. Wenn Sie die ganze Zeit Ihre Notizen im Auge behalten, sieht es so aus, als ob Sie Ihren Vortrag nicht gut kennen. Im Gegensatz dazu weiß jemand, der kaum oder gar nicht auf seine Notizen blickt, eindeutig, wovon er spricht!

Sie müssen die wichtigsten Punkte, über die Sie sprechen möchten, unbedingt auswendig kennen. Schreiben Sie nur Schlüsselwörter und -sätze auf Ihre Notizzettel, damit Sie keinen der Punkte vergessen. Auf diese Weise können Sie einfach gelegentlich auf Ihre Notizen schauen, um sicherzustellen, dass Sie nichts vergessen haben. Dadurch hat Ihr Publikum das Gefühl, dass Sie ein kompetenter und sachkundiger Redner sind.

## 4. Sehen Sie Ihr Publikum direkt an, anstatt nur Ihren Blick schweifen zu lassen

Wenn Sie Ihren Blick über die Köpfe der Menschen schweifen lassen, während Sie sprechen, bricht Ihre Verbindung zu Ihrem Publikum ab. Ihre Zuhörer merken, dass Sie über sie hinweg schauen und sie nicht direkt ansehen. Denken Sie, dass Sie dadurch selbstsicher wirken? Auf keinen Fall! Sie wirken höchstwahrscheinlich sehr nervös.

Denken Sie daran, dass Sie ein Experte für all die Dinge sind, über die Sie sprechen. Auch wenn Sie sich nicht selbstsicher fühlen, so müssen Sie dennoch selbstsicher wirken. Stellen Sie Augenkontakt mit bestimmten Personen im Publikum her. Dies machen alle selbstbewussten Sprecher so, die ihr Thema kennen. Selbst die Zuhörer, die Sie in diesem Moment nicht ansehen, werden Ihre Expertise dadurch respektieren.

Durch Augenkontakt wird auch eine direkte Verbindung zwischen Ihnen und der Person hergestellt, die Sie anschauen. Sie sind zwar die einzige Person, die gerade spricht, und doch fühlt sich Ihr Vortrag auf diese Weise eher wie ein Dialog als ein Monolog an. Auf diese Art und Weise erhält dieser bestimmte Zuhörer den Eindruck, dass Sie die Probleme kennen, die er durchgemacht hat, und dass die Lösung, über die Sie gerade sprechen, speziell für diese bestimmte Person entwickelt wurde.

Halten Sie wie beim Bewegen auf der Bühne Augenkontakt für einen ganzen Satz oder Gedanken, bevor Sie zur nächsten Person und Idee übergehen. Andernfalls wird die Verbindung unterbrochen oder der Augenkontakt scheint eher zufällig als beabsichtigt zu sein.

## 5. Ihr Körper sollte Ihrem Publikum stets zugewandt sein und Sie sollten die zuvor eingeübten Gesten verwenden

Wenn Sie defensiv oder verschlossen erscheinen, sehen Sie so aus, als ob Sie am liebsten woanders wären oder als ob Sie nicht hinter Ihren Aussagen stehen. In beiden Fällen handelt es sich also nicht um eine positive Nachricht. Dies deutet darauf hin, dass Sie sich Ihrer Botschaft nicht sicher sind und sich nicht mit Ihrem Publikum beschäftigen möchten.

Auch wenn das oben Gesagte zutrifft, so möchten Sie dies Ihren Zuhörern dennoch nicht mitteilen! Vermeiden Sie es, die Arme zu verschränken oder Ihre Notizen wie einen Schutzschild zwischen sich und dem Publikum zu halten. Dies ist ebenfalls ein weiterer Grund, um hinter dem Rednerpult hervorzutreten, da es nun keinen Schutzschild mehr zwischen Ihnen und dem Publikum gibt. Hierbei handelt es sich zwar um eine verletzliche Position, doch wenn Sie dies absichtlich tun, signalisieren Sie damit Vertrauen.

Bewegen Sie sich umher. Wenn Sie einem Redner dabei zusehen müssen, wie er absolut regungslos auf der Bühne steht und sich nicht bewegt, so ist das langweilig! Wenn Sie sich dem Publikum körperlich nähern, wirken Sie ebenfalls sympathischer. Je näher Sie Ihrem Publikum auch physisch sind, desto besser ist die Verbindung zwischen Ihnen und Ihren Zuhörern. Natürlich müssen Sie Ihren Vortragsinhalt sehr gut kennen, um Ihre Notizen auf dem Rednerpult liegen lassen und sich ein wenig auf der Bühne umherbewegen zu können.

Wenn Sie sich auf Ihre Zuhörer zu bewegen, um eine wichtige Aussage zu machen, sollten Sie darauf achten, dass Sie sich nun nicht mehr bewegen, während Sie Ihre Aussagen erklären. Bleiben Sie still auf der Stelle stehen, bis Sie mit Ihrer Ausführung fertig sind. Danach können Sie wieder an den Ausgangspunkt zurückkehren.

Gesten zu verwenden kann eine große Wirkung entfalten, insbesondere wenn Sie still stehen. Sie haben diese Bewegungen vorher einstudiert, weswegen sie natürlich aussehen und an den richtigen Stellen während Ihres Vortrags eingesetzt werden. Sie heben also beispielsweise Ihren Arm nicht, wenn Sie über einen Einbruch der Zahlen sprechen. Viele Menschen benutzen auch in ihrem Privatleben viele Gesten. Wenn Sie zu diesen Menschen gehören, dann nur weiter so. Ihre natürlichen Bewegungen lassen Sie authentisch erscheinen.

Je mehr geeignete Bewegungen Sie während Ihres Vortrags verwenden, desto besser. Zuhörer finden Redner, die mehr Gesten benutzen, besser als solche, die wenig gestikulieren. Wie überall ist hier jedoch auch das richtige Maß wichtig! Wenn Sie während Ihrer Präsentation wie wild mit Ihren Armen herumfuchteln, wird dadurch Ihr Vortrag auch nicht besser.

## 6. Vermeiden Sie Machtposen *während* des Vortrags

Ich habe die Auswirkungen von Machtposen bereits im vorherigen Kapitel erörtert. Wenn Sie eine Machtpose einnehmen, fühlen Sie sich selbstsicherer und können selbstbewusster auftreten. Je selbstsicherer Sie sind, desto mehr Menschen werden auf Sie reagieren. Wenn Sie sich nervös fühlen oder einen kleinen Selbstbewusstseinsschub benötigen, können Sie hinter der Bühne ein paar Machtposen ausführen und einige Sekunden lang halten. Achten Sie jedoch darauf, dass Sie außer Sichtweise des Publikums sind.

Wieso außer Sichtweise des Publikums? Wie bereits erwähnt, möchten die Leute nicht sehen, wie Sie versuchen, selbstbewusster zu wirken. Sie wollen eine selbstbewusste Person sehen, sobald diese die Bühne betritt.

Zudem sehen die meisten Machtposen aggressiv aus. Die Superman-Pose, bei der Sie im breiten Stand dastehen und die Hände in die Hüften stemmen, wirkt bedrohlich. Als Redner möchten Sie, dass das Publikum Sie und Ihr Selbstbewusstsein respektiert. Sie wollen nicht, dass Ihre Zuhörer das Gefühl haben, dass Sie sie dominieren oder einschüchtern wollen.

Ein guter Redner versucht nicht, das Publikum zu etwas zu zwingen, auch wenn seine Rede eine Aufforderung beinhaltet, was bei den meisten Reden dazugehören sollte. Sie möchten, dass Ihre Zuhörer das Gefühl haben, dass das, was Sie ihnen sagen, wertvoll für sie ist. Nur aus diesem Grund sollten Ihnen Ihre Zuhörer zuhören und nicht, weil Sie sie einschüchtern.

## Charisma und Körpersprache

Sie haben wahrscheinlich bereits von charismatischen Menschen gehört und vielleicht sogar eine Person getroffen, die viel Charisma besitzt. Der frühere US-Präsident Bill Clinton ist für sein Charisma bekannt. Immer wenn er mit einer Person sprach, egal um wen es sich handelte – Lastwagenfahrer, Kellner, politische Gegner –, gab er diesen Personen stets das Gefühl, die einzige Person im Raum zu sein.

Wir Menschen hören gerne charismatischen Personen zu und lernen von ihnen. Meistens fällt es uns leichter, mit charismatischen Personen eine Verbindung aufzubauen als mit weniger charismatischen Menschen. Selbst wenn Sie sich nicht sicher sind, ob Sie im Moment über diese Eigenschaft verfügen, so können Sie sie glücklicherweise genauso lernen und üben, wie Sie es mit der Körpersprache tun.

Wie wird Charisma definiert? Es handelt sich hierbei um die Kombination von drei Faktoren: Präsenz, Macht und Herzlichkeit.

Präsenz bedeutet, sich ganz in diesem Augenblick zu befinden. Wenn Sie mit einer Person sprechen, so konzentrieren Sie sich nur auf sie. Genauso wie Clinton es vorgemacht hat, sollen Sie so tun, als wäre die Person, mit der Sie gerade sprechen, die einzige Person im Raum. Schauen Sie nicht auf Ihr Telefon, blicken Sie nicht auf Ihre Schuhe und halten Sie nicht Ausschau, ob noch eine interessantere Person den Raum betreten hat. Präsent zu sein ist ebenfalls eine Möglichkeit, um Respekt zu signalisieren und mit seinem Gegenüber eine Verbindung aufzubauen. Sie können keine Beziehung zu einer anderen Person, geschweige denn mit einem Publikum, aufbauen, wenn Sie gedanklich nicht bei der Sache sind.

Macht ist die Fähigkeit, andere zu beeinflussen. Pure Macht ist nicht einnehmend oder sympathisch. Pure Macht verkörpert der Rüpel, der Ihnen das Geld für das Mittagessen wegnehmen kann, weil er größer ist als Sie. Ohne die Komponenten Präsenz und Herzlichkeit ist Macht dominierend, aggressiv und konfrontativ. Es ist schwierig, mit einer solchen Person eine Verbindung aufzubauen. Der springende Punkt einer Präsentation ist jedoch, tatsächlich eine Verbindung zu Ihrem Publikum herzustellen und es dazu zu bringen, Ihrem Aufruf zum Handeln zu folgen oder was auch immer der Sinn Ihres Vortrags ist. Mit anderen Worten ausgedrückt: Ihre Präsentation sollte das Publikum in eine Position bringen, in der Sie es beeinflussen können.

Durch Herzlichkeit erscheinen Sie freundlich und nahbar. Wenn Sie jedoch nur herzlich sind, wird Ihnen diese Eigenschaft nicht dabei helfen können, erfolgreich zu sein. Sympathisch und herzlich zu sein ist eine tolle Charaktereigenschaft, reicht jedoch nicht aus. Wenn Sie Herzlichkeit jedoch mit Präsenz und Macht kombinieren, wird eine runde Sache daraus. Sie sind nicht überheblich, jedoch auch kein Fußabtreter. Sie werden ein nahbarer Anführer, der seinen Einfluss dazu verwendet, um anderen Leuten zu helfen, und nicht, um ihnen zu schaden.

Jeder kann daran arbeiten, mehr Charisma zu entwickeln. Vermutlich werden Sie kein zweiter Bill Clinton werden, jedoch ist es möglich, Ihre Präsenz zu verbessern, indem Sie aufmerksam sind, wenn Sie mit anderen Menschen reden. Wenn Sie selbstsicherer sind, können Sie auch andere Menschen besser beeinflussen. Und selbst wenn Sie von Natur aus kein enthusiastischer und fröhlicher Mensch sind, so können Sie dennoch Ihre Körpersprache verwenden, um ein wenig herzlicher zu wirken. Bei der Entwicklung von Charisma geht es darum, die Hindernisse für die Verbesserung dieser drei Eigenschaften zu überwinden. Ich habe dies in drei Schritten zusammengefasst.

**1. Fühlen Sie sich wohl, auch wenn Sie sich unwohl fühlen.**

Es ist normal, dass Sie sich manchmal unwohl fühlen, das geht jedem Menschen hin und wieder so. Sie sind da keine Ausnahme, weswegen Sie sich davon nicht behindern lassen sollten. Atemübungen, Meditation und ein wenig Gelassenheit helfen Ihnen dabei, das Unwohlsein auszuhalten, bis Sie sich daran gewöhnt haben.

Wenn Sie ein herzlicher Mensch sind, jedoch über wenig Macht verfügen, dann kann es sich merkwürdig anfühlen, Ihre Fähigkeit zu verbessern, andere Menschen zu beeinflussen. Das ist vollkommen in Ordnung, bedeutet jedoch nicht, dass Sie nicht weiter daran arbeiten sollten.

**2. Verwandeln Sie negative in neutrale Gedanken.**

Ein Gedanke ist nur ein Produkt einiger zufälliger Gehirnsignale und nicht unbedingt wahr. Wenn Sie eine innere Stimme haben, die immerzu kritisch ist, geben Sie ihr einen Namen. Es sind nicht Sie, der diese negativen Gedanken denkt oder übermäßig kritisch ist, es ist einfach nur die negative Natalie oder die negative Nellie.

Wenn Ihre negative Stimme auftaucht, dann wissen Sie, dass es nur die negative Natalie ist, die da spricht! Vielleicht sagt Natalie so etwas wie: „Ich kann das nicht." Diese Aussage in einen neutralen Gedanken zu verwandeln, könnte ungefähr so aussehen: „Ich kann das zwar jetzt noch nicht tun, ich werde jedoch lernen, wie es geht." Oder: „Ich kann das jetzt nicht tun, weil ich nicht die Zeit habe, um diese Sache anzugehen und das ist in Ordnung." Oder auch: „Ich kann das nicht und ich muss es auch nicht, wenn ich nicht will."

3. **Suchen Sie das Positive! Wenn Sie den negativen Gedanken identifiziert haben, finden Sie das Positive an der Situation. Können Sie sich eine Möglichkeit vorstellen, bei der sich das Ganze zum Besseren entwickeln wird?**

Wenn die negative Nellie ankommt mit „Ich schaffe das nicht", dann könnte die positive Aussage sein: „Ich schaffe es im Moment nicht, ich lerne jedoch, wie ich es schaffen kann, und in einigen Monaten werde ich es schaffen." Oder: „Ich kann es nicht schaffen, aber ich kann stattdessen etwas anderes tun, was mein Leben besser macht."

Keiner dieser Vorschläge sagt aus, dass die negativen Gedanken ignoriert werden sollen, da Ihnen dies eigentlich nicht weiterhilft. Ihr Gehirn weiß immer noch, dass diese negativen Gedanken da sind. Wenn Sie Ihre negativen Gedanken anerkennen und sie in neutrale und später in positive Gedanken umwandeln, kommen Sie besser mit Ihren negativen Gedanken klar.

Sie können jedoch auch die Barrieren abbauen oder die Hindernisse überwinden, um Ihr gewünschtes Charisma zu entwickeln. Es gibt zahlreiche körpersprachliche Bewegungen, die Ihnen dabei helfen können.

Einige dieser Bewegungen habe ich Ihnen bereits in vorherigen Absätzen oder Kapiteln verraten. Behalten Sie zum Beispiel eine gute Körperhaltung bei, ohne sich dabei kleiner zu machen, als Sie wirklich sind. Auch das ist eine Machtpose. Denken Sie daran, dass Menschen von einer Person beeinflusst werden möchten, die selbstbewusst ist. Eine aufgeschlossene und offene Körpersprache ohne Verteidigungshaltung ist eine großartige Möglichkeit, um Selbstsicherheit zu projizieren.

Seien Sie wie James Bond. Möchte er anderen Menschen gefallen? Haben Sie das Gefühl, dass er die Bestätigung von anderen Menschen braucht? Natürlich nicht. Er ist das Paradebeispiel für Selbstsicherheit! Seine Körperhaltung ist erhaben und selbstbewusst, nicht zappelig oder unruhig. Er ist ein großartiges Vorbild für all diejenigen, die charismatisch sein wollen, ohne dabei jedoch arrogant zu wirken. Streben Sie jedoch wie immer nach einem Gleichgewicht. Übertreiben Sie es nicht und seien Sie nicht unnahbar und distanziert! Denken Sie daran, dass Macht durch Herzlichkeit und Präsenz abgemildert werden muss.

Ein großartiger Schritt, um Ihr Charisma zu verbessern, besteht darin, die Person zu spiegeln, mit der Sie sprechen, wenn sich diese in einer positiven Stimmung befindet! Wenn diese Person ihre Schultern hängen lässt und ihren Blick abwendet, dann sollten Sie ihre Körpersprache nicht widerspiegeln. Aber Sie können trotzdem eine Geste nachahmen, wie zum Beispiel eine Handbewegung. Sie müssen nicht genau dieselbe Geste nachahmen, sondern sie einfach nur verstärken oder in einem kleineren Umfang nachmachen. Spiegeln Sie normale Gesten, die sich für Sie angenehm anfühlen. Wenn Ihr Gesprächspartner etwas Ungewöhnliches tut oder etwas, das nicht zu Ihnen passt, müssen Sie es nicht spiegeln.

Das Spiegeln anderer Personen hilft Ihnen beim Präsenz-Aspekt. Um nachzuahmen, was Ihr Gegenüber tut, müssen Sie sich dessen bewusst sein. Wenn Sie auf Ihre Schuhe starren oder sich nach dem Ausgang umsehen, werden Sie die Bewegungen verpassen, die Ihr Gegenüber macht. Durch das Spiegeln der Bewegungen Ihres Gegenübers wirken Sie zudem auf ihn herzlicher. Wir ahmen solche Menschen nach, die wir mögen. Wenn Sie Ihr Gegenüber spiegeln, müssen Sie ihn also mögen. Und wenn Sie Ihr Gegenüber mögen, sind die Chancen höher, dass auch er Sie herzlich und freundlich findet.

Was ist jedoch, wenn Ihr Gegenüber wütend ist? Imitieren Sie besser keine geballten Fäuste oder konfrontative Haltungen! Durchbrechen Sie die wütende Haltung Ihres Gegenübers, indem Sie ihn dazu bringen, etwas zu halten. Bieten Sie ihm einen Drink an. Auf diese Weise muss Ihr Gegenüber seine Faust öffnen, um das zu nehmen, was Sie ihm anbieten. Nutzen Sie im Anschluss daran Ihre eigene positive Körpersprache. Lächeln Sie, stehen Sie mit einer aufrechten Körperhaltung da und benutzen Sie positive Handbewegungen. Sobald Ihr Gegenüber seine Ruhe wiedererlangt hat, können Sie ihn spiegeln.

Oder Sie entschließen sich dazu, sich vom Ort des Geschehens zu entfernen. Im nächsten Kapitel werde ich stärker darauf eingehen, wie Sie eine Verbindung mit Menschen aufbauen, für die Sie sich tatsächlich interessieren. Wenn Sie sich dazu entscheiden, keine Verbindung mit einer wütenden Person einzugehen, so ist diese Entscheidung völlig in Ordnung. Anstatt zu versuchen, die Stimmung einer anderen Person zu verändern, können Sie einfach den Ort des Geschehens verlassen. Vielleicht finden Sie an einem anderen Ort eine Person, mit der Sie stattdessen Ihr Charisma trainieren möchten.

## Zusammenfassung des Kapitels

Selbstbewusstsein ist der Schlüssel, wenn es darum geht, in der Öffentlichkeit zu sprechen. Vom Schein zum Sein lautet die

Devise! Eine gute Idee besteht darin, sich selbst kurz vor der Präsentation nochmals einen Selbstbewusstseinsschub zu holen. Machen Sie dies jedoch außerhalb der Sichtweite Ihres Publikums.

- Betreten Sie einen Raum und eine Bühne so, als wüssten Sie genau, wohin Sie gehen möchten und was Sie dort zu tun haben.
- Beim Vorbereiten Ihres Vortrags sollten Sie ebenfalls die Körpersprache mit einbeziehen, die Ihre Worte unterstreichen soll. An welchen Stellen können Sie Gesten und Bewegungen verwenden? An welchen Stellen können Sie auf Emotionen zurückgreifen? Schauen Sie sich zur Inspiration einen guten Redner an, der über dasselbe Thema wie Sie spricht.
- Auch während des Vortrags sollten Sie Ihre Körpersprache beibehalten, sodass Ihr Publikum kontinuierlich das Gefühl hat, eine besondere Verbindung zu Ihnen zu haben. Stehen Sie aufrecht, nähern Sie sich Ihren Zuhörern und bauen Sie Augenkontakt auf.
- Charisma ist eine Fähigkeit, die Sie erlernen können und die auf den drei Faktoren Herzlichkeit, Macht und Präsenz basiert. Die Körpersprache kann Ihnen bei der Verbesserung all dieser drei Faktoren helfen.
- Wenn Sie lernen wollen, wie Sie charismatischer werden, bedeutet dies, dass Sie Hindernisse wie Unbehagen oder negative Gedanken überwinden müssen.
- Nutzen Sie Machtposen wie eine aufrechte Körperhaltung und einen zielstrebigen Gang, um machtvoller zu wirken.
- Um herzlicher und präsenter zu wirken, spiegeln Sie die Bewegungen Ihres Gegenübers.

Wir haben insbesondere in diesem Kapitel viel darüber gesprochen, wie man eine Beziehung zu anderen Menschen aufbaut. Im nächsten Kapitel nehmen wir diese Fähigkeiten und wenden sie an, um tiefere Beziehungen zu unseren Mitmenschen aufzubauen.

KAPITEL 6:

# Wie Sie bedeutungsvolle Beziehungen zu anderen Menschen aufbauen

Beziehungen zu anderen Menschen aufbauen zu können ist ein wichtiger Überlebensmechanismus für uns Menschen. Auch introvertierte Menschen brauchen eine Gemeinschaft! Diese Gemeinschaften mögen zwar kleiner sein als die von extrovertierten Personen, jedoch ist die Kommunikation mit anderen Menschen dennoch auf jeden Fall der Schlüssel für ein glückliches und bedeutungsvolles Leben. Jeder braucht Menschen, zu denen er eine tiefe und vertrauenswürdige Verbindung hat.

Es ist nicht immer einfach, einen Menschen zu finden, mit dem eine solche sinnvolle Beziehung besteht. Eine solche Beziehung kann romantischer Natur sein, muss es aber nicht. Es kann auch eine starke Freundschaft sein, bei der man sich in schwierigen Situationen aufeinander verlässt.

Die nonverbale Kommunikation ist sehr wichtig, um Menschen zu finden und kennenzulernen. Wenn Sie die Nachricht lesen können, die jemand anderes aussendet, wissen Sie, ob er daran interessiert ist, eine Beziehung zu Ihnen aufzubauen. Und je sympathischer Ihre Körpersprache ist, desto wahrscheinlicher ist es, dass Sie eine Beziehung zu einem anderen Menschen aufbauen können.

Wenn sie richtig angewandt wird, erleichtert die Körpersprache die Kommunikation. Veränderungen der Stimmlage, des Gesichtsausdrucks und der Gesten tragen dazu bei, die Botschaft zu verdeutlichen und für andere verständlicher zu machen. Wenn Sie andere Menschen zum ersten Mal treffen und ihre nonverbalen Signale lesen können, ist es wahrscheinlicher, dass Sie verstehen, was sie Ihnen sagen möchten. Die nonverbale Kommunikation kann Ihnen auch bei der Entscheidung helfen, ob Sie mehr Zeit mit dieser Person verbringen möchten! Auf der anderen Seite kann sie Ihnen ebenfalls dabei helfen, die richtigen Leute anzuziehen, wenn Sie wissen, welche Körpersprache Sie sympathischer (oder weniger sympathisch) macht.

## Häufige Signale, die andere Menschen Ihnen senden

Einige körpersprachliche Indikatoren sind sehr eindeutig in Bezug auf das, was sie bedeuten. Sie sind unmissverständlich und weisen deutlich darauf hin, ob die Emotion oder die Stimmung Ihres Gegenübers positiv oder negativ ist. Andere Indikatoren sind jedoch nicht so eindeutig und es kann sein, dass diese ein wenig mehr Übung erfordern, um sie zu entschlüsseln. Hier sind einige dieser Indikatoren, sortiert nach Eindeutigkeit und Stimmungslage.

### 1. Eindeutig positiv

Ein (echtes) Lächeln signalisiert, dass die Person an Ihnen und an dem, was Sie zu sagen haben, interessiert ist. Wenn das Lächeln verkrampft ist oder die Augen dabei nicht involviert sind, dann bedeutet dies etwas ganz anderes!

Menschen neigen dazu, sich körperlich solchen Menschen anzunähern, die sie mögen und/oder in deren Nähe sie sich wohl fühlen. Aus diesem Grund ist eine Person, die sich für das interessiert, was Sie zu sagen haben, wahrscheinlich in Ihrer Nähe oder rückt näher an Sie heran.

Eine sanfte Berührung, wie ein Klopfen auf die Schulter, lässt Sie ebenfalls wissen, dass die Person, mit der Sie sprechen, sich wohl in Ihrer Nähe fühlt. Je nachdem, wie Ihre Beziehung zu einer bestimmten Person ist, kann eine solche

Berührung auch eine Umarmung oder ein Klopfen auf die Schulter, den Arm oder den Rücken sein. Haben Sie jemals jemanden umarmt, den Sie nicht mochten? Ich auch nicht!

Berührungen haben ebenfalls einige kulturelle Konnotationen. Amerikaner bevorzugen tendenziell mehr persönlichen Freiraum und es ist auch weniger wahrscheinlich, dass sie ihr Gegenüber während eines Gesprächs häufig berühren. Andere Kulturen brauchen weniger persönlichen Freiraum. Sie berühren häufiger die Menschen, in deren Nähe sie sich wohl fühlen.

Hat eine Person einen festen, selbstbewussten Gang? Dann handelt es sich um jemand, der selbstsicher ist! Solange diese Person sich nicht angeberisch gibt, ist dies kein Zeichen von Arroganz. Selbstbewusste Menschen sehen normalerweise so aus, als wüssten sie, wohin sie gehen, und zwar ganz egal, ob das wirklich stimmt oder nicht!

Freude wird durch nach oben gerichtete Blicke ausgedrückt. Wenn jemand nach oben blickt, so ist dies jedoch nicht unbedingt ein Zeichen dafür, dass Sie jemandem Freude bereitet haben! Sie können einen nach oben gerichteten Blick jedoch als Zeichen nehmen, sich der Person zu nähern. Es ist viel einfacher, jemanden kennenzulernen, der sich in einer positiven Stimmung befindet.

Eine Person, die Augenkontakt mit Ihnen hält, interessiert sich für Sie und möchte mehr über Sie wissen. Wenn diese Person mit Ihnen spricht und Sie direkt ansieht, nehmen Sie das als Zeichen, dass diese Person möglicherweise eine Verbindung mit Ihnen aufbauen möchte!

**2. Eindeutig negativ**

Wenn Ihnen Ihr Gegenüber hingegen nicht in die Augen schaut, so bedeutet dies, dass die andere Person nicht an Ihnen interessiert ist, insbesondere wenn sie nach unten blickt oder sich nach einer interessanteren Person oder sogar nach dem Ausgang umschaut, damit sie flüchten kann. Es kann sein, dass diese Person auf ihr Mobiltelefon sieht oder sogar die Augen schließt. Eine solche Person wird zudem ein falsches Lächeln aufsetzen.

Eine weitere Möglichkeit besteht darin, dass eine solche Person herumzappelt. Unruhige Hände und Füße sind normalerweise ein Zeichen von Langeweile. Sie könnten zum Beispiel sehen, wie sie mit ihren Händen auf dem Tisch oder den eigenen Beinen trommelt. Es ist ebenfalls möglich, dass Ihr Gegenüber mit den Füßen wippt. Wenn Sie sehen, dass Ihr Gegenüber unruhig vor Ihnen umherzappelt, ändern Sie die Taktik. Diese Person möchte Ihnen damit etwas sagen!

Anstatt Ihr Verhalten anzupassen, sollten Sie diese Person in Ruhe lassen und jemand anderes finden, der nicht so offensichtlich von Ihrer Anwesenheit gelangweilt ist!

Wenn Sie jemanden beim Reiben der Augen erwischen, ist er möglicherweise müde. Es kann jedoch auch sein, dass dieser Mensch ungeduldig ist, insbesondere wenn er seine Brille abnimmt und sich den Nasenrücken reibt.

Ihr Gegenüber kann anstelle von gelangweilt auch defensiv sein. Es ist ebenfalls möglich, dass er sich unwohl fühlt. Verschränkt er seine Arme vor seinem Oberkörper? Das muss nicht unbedingt bedeuten, dass er versucht, sich von Ihnen abzuschirmen. Es handelt sich dabei um eine defensive Bewegung, die darauf hindeutet, dass sich Ihr Gegenüber nicht wohl in Ihrer Nähe fühlt.

Ein weiterer klarer Indikator für Nervosität ist Räuspern. Manchmal haben Menschen Erkältungen oder Allergien, die eine laufende Nase verursachen. Aber wenn die Stimme Ihres Gegenübers normal klingt und er andere Anzeichen von Nervosität oder Langeweile zeigt, so ist es keine Erkältung, die sein Räuspern verursacht.

Wenn Sie jemanden sehen, der wütend zu sein scheint, überlegen Sie, ob Sie sich wirklich an ihn wenden möchten. Es ist viel schwieriger, Ihre Körpersprache bei einer Person anzuwenden, die gerade wütend ist. Ihre Wut hat vielleicht nichts mit Ihnen direkt zu tun, sondern mit der Person, mit der sie zuvor gesprochen hat, oder mit einer vorhergehenden Situation. Unabhängig davon spielt es im Moment keine Rolle, ob Sie die Quelle ihres Zorns sind oder nicht. Wie oben bereits erwähnt, ist es viel einfacher, sich an einen Menschen zu wenden, der positiv wirkt.

Achten Sie auf Personen, die die Hände in die Hüfte gestemmt haben. Solch eine Person ist wahrscheinlich wütend und hat möglicherweise ihre Geduld verloren.

Sind die Hände Ihres Gegenübers zu Fäusten geballt? Dann sollten Sie Abstand halten, da dies oftmals ein Anzeichen für Gewalt ist. Wenn Sie nicht zwingend mit diesem Menschen interagieren müssen, dann lassen Sie es sein.

Sie kennen es wahrscheinlich, dass kleine Kinder mit ihren Füßen auf den Boden stampfen, wenn sie wütend oder frustriert sind oder wenn sie nicht bekommen, was sie wollen. Dieses Verhalten gibt es bei einigen Erwachsenen ebenfalls! Wenn Sie eine Person sehen, die mit ihren Füßen auf den Boden stampft, dann ist sie wahrscheinlich wütend oder versucht, Sie einzuschüchtern. Versuchen Sie nicht, mit einer Person eine Verbindung aufzubauen, die aufstampft, um Sie einzuschüchtern, wie man es bei einem Bären oder ein wilden Hund versucht!

### 3. Mehrdeutig

#### a. Hände hinter dem Rücken

Wenn Sie diese Geste sehen, müssen Sie etwas mehr Körpersprache lesen, um sicherzustellen, dass Sie die Nachricht richtig verstehen.

Beim Militär ist das Stehen mit den Händen hinter dem Rücken ein Zeichen für Respekt. Wenn Sie mit jemandem sprechen, der bei der Armee ist oder war, könnte dies der Grund dafür sein. Personen, die Ihnen ihren Respekt zeigen, sind möglicherweise daran interessiert, eine Beziehung zu Ihnen aufzubauen.

Wie ich bereits in einem früheren Kapitel erwähnt habe, ist das Zeigen der Hände ein Zeichen dafür, dass man aufgeschlossen ist. Diese Geste war vor Hunderten von Jahren ein Zeichen dafür, dass Sie keine Waffe tragen. Es handelt sich um ein Signal der Verwundbarkeit, das zeigt, dass Sie selbstsicher genug sind, um unbewaffnet auf eine andere Person zuzugehen.

Wenn sich die Hände einer Person hinter ihrem Rücken befinden, was verheimlicht Sie Ihnen dann also? Dies kann ein Indikator dafür sein, dass die Person nicht vertrauenswürdig ist. Es kann sein, dass diese Person eine Beziehung zu Ihnen aufzubauen versucht, was Sie aber nicht erwidern möchten.

Andererseits kann das Nicht-Zeigen der Hände auch als Zeichen der Macht angesehen werden. In diesem Fall signalisieren Hände hinter dem Rücken eine Person, die versucht, ihr Gegenüber zu dominieren. Mit anderen Worten interessiert sich diese Person nicht besonders für das, was Sie ihr zu sagen haben.

**b. Die Brust nach vorne strecken**

Diese Geste ist in der Regel geschlechtsspezifisch, auch wenn beide Geschlechter sie hin und wieder ausüben.

Männer drängen normalerweise darauf, andere einzuschüchtern. Genau wie viele Tiere versuchen sie auf diese Weise, größer auszusehen, um ihre Macht zu demonstrieren. Sie wollen stark aussehen. Hierbei handelt es sich oft um einen Versuch, andere Männer einzuschüchtern. Es kann aber auch eine nonverbale Kommunikationsform sein, um Frauen anzulocken.

Frauen schieben normalerweise ihre Brust heraus, um Männer anzulocken, anstatt sie einzuschüchtern. Manchmal benutzen sie diese Geste jedoch auch als Machtdemonstration.

### c. Anstarren

Die Botschaften hinter dieser Geste ähneln denen aus dem zweiten Punkt. Diese Geste muss nicht geschlechtsspezifisch sein, doch die Gründe dafür (Dominanz oder Anziehung) sind dieselben.

Die andere Person starrt Sie womöglich an, weil sie Sie attraktiv findet. Sie möchte, dass Sie zurückstarren oder auf andere positive Weise reagieren.

Oder sie starrt Sie an, weil es um einen Machtvergleich geht. Die erste Person, die den Blick abwendet, verliert. Die dominantere Person wendet den Blick nicht zuerst ab.

Unabhängig davon, ob ein Blick Dominanz oder Anziehung signalisiert, ist es für den Empfänger normalerweise ziemlich offensichtlich, was die Nachricht ist. Wenn nicht, helfen Ihnen andere körpersprachliche Hinweise dabei, um festzustellen, was die Person, die Sie anstarrt, Ihnen zu sagen versucht.

### d. Den Kopf schief legen

Oftmals deutet ein geneigter Kopf auf Verwirrung hin. Haben Sie schon einmal gesehen, was passiert, wenn ein Mensch mit einem Hund spricht? Hunde neigen dabei ihre Köpfe zur Seite, während sie versuchen zu verstehen, was ihnen ihr Herrchen sagen will. Das Gleiche gilt für Menschen, obwohl wir dabei nicht so süß aussehen.

Ein leichtes Neigen des Kopfes kann auch Interesse signalisieren. Jemand, der beim Sprechen den Kopf schief legt und nicht verwirrt aussieht, sagt Ihnen möglicherweise einfach, dass er an dem interessiert ist, was Sie zu sagen haben.

Hoffentlich haben die meisten Leser dieses Buches niemals mit der letzten Botschaft zu tun, die eine Kopfneigung aussenden kann! An Orten, an denen es normalerweise viel Gewalt gibt, wie im Gefängnis oder bei einem Wrestling-Kampf, gilt es als eine Herausforderung zum Kampf, den Kopf zu neigen.

## Menschen gehen Beziehungen zu Menschen ein, die sie mögen. Nutzen Sie deshalb Ihre Körpersprache, um sympathischer zu wirken

Glauben Sie mir nicht, dass Sympathie der Schlüssel für Beziehungen ist? Nun ja, dann lassen Sie mich eine Frage stellen. Haben Sie ein großes Verlangen danach, mit jemandem eine Verbindung aufzubauen, den Sie überhaupt nicht mögen? Vermutlich nicht? Genau wie Sie normalerweise keine Menschen umarmen, mit denen Sie nicht befreundet sind, so gehen Sie auch keine Verbindung zu Menschen ein, mit denen Sie nicht befreundet sind. Und Ihre Mitmenschen machen es genauso.

Zumindest müssen sich die meisten Menschen in der Nähe einer anderen Person wohlfühlen, um eine echte Verbindung zu ihr aufbauen zu können. Wenn Sie mehr Verbindungen aufbauen oder die bereits vorhandenen vertiefen möchten, müssen Sie sicherstellen, dass sich die Menschen in Ihrer Umgebung wohlfühlen. Dies bedeutet, dass Sie sympathisch und aufgeschlossen wirken müssen. Wenn Sie defensiv oder nervös oder auf irgendeine Weise verschlossen wirken, können sich andere Menschen in Ihrer Nähe nicht wohlfühlen. Sie werden nicht das Gefühl haben, zu Ihnen durchdringen zu können.

Natürlich ist es nicht einfach, neue Leute kennenzulernen und zu ihnen eine Verbindung aufzubauen, und für introvertierte Menschen ist es möglicherweise noch schwieriger. Wenn sich Ihre Mitmenschen gleich von Anfang an wohl in Ihrer Nähe fühlen, stehen die Chancen für Sie höher, im Laufe der Zeit eine Verbindung aufbauen zu können. Als introvertierter Mensch werden Sie mit nur wenigen engen Beziehungen zufrieden sein. Introvertierte Menschen möchten lieber nicht mit Personen interagieren, die Sie nicht genügend kennen. Wenn Sie also sofort Beziehungen zu Gleichgesinnten aufbauen können, können Sie Ihr Netzwerk schneller erweitern. Zudem bedeutet dies, dass Sie nicht so oft neue Leute kennenlernen müssen!

Wenn Sie ein extrovertierter Mensch sind, dann bedeutet Sympathie beim ersten Treffen lediglich, dass Sie die Möglichkeit haben, mehr Beziehungen aufzubauen. Sie müssen nicht so viel Zeit aufbringen, um eine Beziehung weiterzuentwickeln, da diese gleich von Beginn an stark ist.

Egal, ob Sie ein introvertierter oder extrovertierter Mensch oder eine Mischform aus diesen beiden Charaktereigenschaften sind: Sie können gleich von Beginn an die nonverbalen Kommunikationsmethoden dazu verwenden, dass sich die Menschen in Ihrer Nähe wohlfühlen.

Doch bevor Sie sympathisch wirken können, müssen Sie vorzeigbar sein. Das bedeutet nicht, dass Sie in Ihrem besten Ballkleid oder in Ihrem teuersten Smoking zu Ihrem Networking-Event gehen müssen, es sei denn, diese Kleidung ist in Ihrer Branche üblich!

Es bedeutet jedoch, dass Sie, Ihre Kleidung und Ihre Accessoires sauber und gepflegt sein müssen. Dies schließt auch Zähne, Nägel und Haare mit ein. Auch hier sage ich nicht, dass Ihre Zähne blendend weiß sein müssen oder dass Sie jedes Mal, wenn Sie zu einer Veranstaltung gehen, vorher zum Zahnarzt gehen müssen! Sie wollen jedoch sicherlich nicht, dass Menschen sich die Hände vor den Mund halten, weil Ihr Atem so schlecht ist oder weil Ihre Nägel so aussehen, als hätten Sie kurz vor Ihrer Ankunft noch den Garten umgegraben. Ein guter Haarschnitt ist hilfreich, aber zumindest sollten Ihre Haare ordentlich gekämmt sein.

In einigen Fällen ist es in Ordnung, sich ein wenig freizeitmäßiger zu kleiden. Sogar Flip-Flops, Shorts oder zerrissene Jeans (solange alles sauber ist!) können akzeptabel sein. Wenn Sie sich nicht sicher sind, tragen Sie schickere Kleidung wie eine Stoffhose in Kombination mit einem Hemd. Manchmal sind auch Kleider bei Veranstaltungen gern gesehen. Achten Sie darauf, dass Ihre Schuhe nicht abgewetzt, staubig oder schmutzig sind.

Vermeiden Sie außerdem einen zu starken Geruch, und zwar egal, ob es sich um einen guten oder schlechten Geruch handelt. Wenn Ihr Körpergeruch schlecht ist, kümmern Sie sich darum, bevor Sie zu einem Treffen gehen. Auch sollten Sie nicht in Parfüm oder Aftershave baden! Viele Menschen reagieren empfindlich auf Düfte und finden Sie nicht besonders sympathisch, wenn Ihr Eau de Toilette ihnen Migräne verursacht.

Wenn Sie vorzeigbar sind, können Sie Ihre positive Körpersprache nutzen, um Erfolg zu haben. Herzlichkeit ist wichtig, damit die Menschen Sie mögen und Ihnen vertrauen. Darüber hatte ich ja bereits im letzten Kapitel gesprochen, als es um das Thema Charisma ging. Nutzen Sie die Körpersprache, die Ihnen hilft, Wärme und Vertrauen zu demonstrieren.

Dieses Buch befasst sich zwar speziell mit nonverbaler Kommunikation, doch Sie haben sicherlich schon oft den Ratschlag gehört, weniger über sich selbst zu sprechen, sondern sein Gegenüber mehr reden zu lassen. Jeder spricht gerne über sich selbst. Wir Menschen möchten das Gefühl haben, dass andere daran interessiert sind, was wir zu sagen haben. Paradoxerweise wirken Sie auf Ihre Mitmenschen sympathischer, wenn diese mehr über sich selbst sprechen! Ihre Mitmenschen tun etwas Angenehmes, weshalb ihr Gehirn sie mit

Glückshormonen belohnt. Und da Sie sich in der Nähe befinden, werden diese angenehmen Gefühle mit Ihrer Anwesenheit verknüpft.

Wie immer brauchen Sie jedoch ein Gleichgewicht. Wenn Ihre Mitmenschen diesen Ratschlag ebenfalls kennen, dann möchten sie auch etwas über Sie wissen. Wenn Sie Fragen stellen, versuchen Sie nicht, diese so schnell hintereinander abzufeuern, als würden Sie Ihr Gegenüber wie in der Schule abfragen! Das fühlt sich für Ihr Gegenüber nicht herzlich und freundlich an.

Wenn Sie mit jemandem sprechen, mit dem Sie eine Verbindung aufbauen möchte, ist es hilfreich, wenn Sie dessen Glückshormonen im Gehirn ansprechen, und zwar unabhängig davon, ob die andere Person weiß, dass dies passiert. Glücklicherweise können Sie diesen Effekt auch mit nonverbaler Kommunikation erzielen. Hier sind zehn Möglichkeiten, wie Sie die Person, mit der Sie sprechen, dazu bringen können, sich sowohl selbst als auch in Ihrer Nähe wohlzufühlen.

### 1. Ehrliches Lächeln

Es ist erstaunlich, wie oft ein ehrliches Lächeln erwähnt wird, wenn es um das Thema Körpersprache geht! Wenn Sie nicht sehr viel Zeit haben, um an Ihrer Körpersprache zu arbeiten, dann arbeiten Sie zumindest an Ihrem Lächeln. Es ist kein blendend weißes Hollywood-Lächeln notwendig, sondern nur ein herzliches Lächeln, das aussagt: „Ich freue mich, mich in diesem Moment mit dir hier zu befinden."

Ein ehrliches Lächeln taucht nicht nur kurz auf. Es besteht die ganze Zeit, wenn Sie sich mit Ihrem Gegenüber unterhalten, sodass er weiß, dass dieses Lächeln ihm gilt. Auch während der Unterhaltung strahlt ein ehrliches Lächeln Herzlichkeit aus.

## 2. Positive Berührungen

Einige Menschen sind nicht so offen für körperliche Berührungen, obwohl diese eine leistungsstarke Kommunikationsmethode sind. Sie signalisieren, dass Sie sich in der Nähe der anderen Person wohlfühlen, wodurch sich Ihr Gegenüber ebenfalls wohl in Ihrer Nähe fühlt.

Mit anderen Worten ausgedrückt: Wenn es um körpersprachliche Botschaften geht, dann verhalten Sie sich anderen gegenüber so, wie Sie es von ihnen erwarten würden!

Würden Sie Ihrem Feind auf den Rücken klopfen? Oder kurz den Arm von jemandem berühren, für den Sie sich nicht wirklich interessierten, als Sie mit ihm gesprochen haben? Natürlich nicht. Körperliche Berührungen sind Personen vorbehalten, die Sie tatsächlich mögen.

Eines der Hormone, die auch als Neurotransmitter wirken, ist Oxytocin. Es fördert die Bindung zwischen Menschen und wird freigesetzt, wenn Sie eine andere Person berühren oder von ihr berührt werden. Es soll auch das Vertrauen zwischen Menschen fördern, wenn es im Gehirn zirkuliert. Oxytocin hilft Ihrem Körper dabei, sich zu entspannen und Stress und Angst abzubauen.

Nun wissen Sie also, warum die Berührung anderer Menschen so wichtig sein kann! Berührungen fördern die Freisetzung eines chemischen Botenstoffs, der dazu führt, dass andere Menschen genau das tun, was Sie wollen! Verhalten Sie sich entspannt, sodass sich andere Menschen in Ihrer Gegenwart wohlfühlen. Und übertreiben Sie es wie immer nicht, besonders wenn Sie die andere Person nicht kennen. Ein Zuviel an Berührungen kann als aufdringlich interpretiert werden.

Stellen Sie sicher, dass auch Ihr Händedruck optimal ist. Händeschütteln ist eine weitere Gelegenheit für Sie, um Herzlichkeit und Offenheit sowie Selbstvertrauen auszustrahlen. Bieten Sie Ihrem Gegenüber niemals einen schwachen Händedruck an. Ein schwacher Händedruck lässt Sie schwach erscheinen, was Sie nicht wollen, wenn Sie neue Leute kennenlernen.

Sie sollten anderen Leuten auch nicht die Hand zerquetschen. Das ist ein aggressives und dominierendes Verhalten. Sie wollen auch nicht, dass Ihr Publikum das Gefühl hat, dass Sie versuchen, es zu dominieren, wenn Sie eine Präsentation halten. Und genauso wenig möchten Sie, dass sich Menschen, die Sie zum ersten Mal treffen, so fühlen. Ein fester, respektvoller Händedruck ist alles, was Sie brauchen.

### 3. Gute, aber keine verspannte Körperhaltung

Viele dieser körpersprachlichen Signale sind leicht zu merken, wenn Sie an Ihr Ziel denken: Ihre Mitmenschen sollen sich in Ihrer Nähe wohlfühlen und erkennen, dass Sie ein aufgeschlossener und herzlicher Mensch sind.

Wenn Sie sehen, dass andere Menschen sich unwohl fühlen, fühlen Sie sich dann besser oder schlechter? Es ist schwer, sich wohlzufühlen, wenn sich jemand anderes offensichtlich unwohl fühlt!

Haben Sie schon einmal eine Person gesehen, die eine starre Körperhaltung hatte? Vielleicht bei einer Militärparade oder sogar in einem Film? Sieht eine solche Körperhaltung angenehm aus? Auf keinen Fall. Wollten Sie sich dieser Person nähern und sie besser kennenlernen? Quatsch! Solche Personen wirken nicht warmherzig und freundlich oder offen und interessiert.

Wirkt dagegen eine Person, die eine krumme Körperhaltung hat, sympathisch oder selbstbewusst? Möchten Sie eine Person näher kennenlernen, die nicht selbstbewusst ist? Oder ist es einfacher, jemanden kennenzulernen, der selbstbewusst (aber nicht arrogant) ist?

Eben. Eine gute Körperhaltung, die nicht starr ist, wird als freundlich und zugänglich interpretiert. Sie machen sich hierbei keine Sorgen, dass Sie das Selbstwertgefühl einer schwachen Person stärken müssen, wenn Sie sie besser kennenlernen. Vermutlich ist eine Person mit einer guten Körperhaltung auch kein verschlossener Mensch, der Sie nicht kennenlernen will.

Menschen mit einer guten Körperhaltung wirken selbstbewusst. Wir Menschen bevorzugen es, selbstbewusste Menschen kennenzulernen, weil sie zu wissen scheinen, was sie tun, und wir mögen diese Charaktereigenschaft bei unseren Freunden und Lebensgefährten. Berufliche Kompetenz ist ebenfalls eine gute Sache. Wenn Sie einen Kollegen oder Chef haben, der inkompetent ist, kann dies noch schlimmer sein, als wenn er überhaupt nicht da wäre. Wir Menschen fühlen uns zu Führungskräften hingezogen, die zuversichtlich sind, und nicht zu solchen, die wankelmütig oder unsicher sind.

Wenn Sie eine gute Körperhaltung haben und von anderen Menschen als selbstbewusst gelesen werden, werden Sie mehr Menschen anziehen. Möglicherweise möchten Sie nicht alle diese Verbindungen eingehen oder alle diese Menschen kennenlernen, aber zumindest haben Sie bessere Möglichkeiten, eine Person zu finden, mit der Sie eine bedeutungsvolle Beziehung führen können.

### 4. Wenden Sie sich Ihrem Gegenüber vollständig zu, inkl. Füßen, Beinen, Händen, Oberkörper und Gesicht

Wie ich oben bereits erwähnt habe, ist es eine Eigenart der menschlichen Natur, dass wir Menschen mögen, die sichtbar Interesse an uns zeigen, indem sie uns Fragen über uns selbst stellen und nicht zu viel über sich selbst sprechen!

Wenn Sie also kein Interesse an Ihrem Gegenüber zeigen, interessiert sich dieser ebenfalls nicht für Sie. Stellen Sie sicher, dass Sie keine Anzeichen von Langeweile ausstrahlen. Vermeiden Sie den Eindruck, dass Sie lieber irgendwo anders wären, als hier mit dieser Person zu sprechen.

Im letzten Kapitel haben wir festgestellt, wie wichtig Präsenz für das Charisma ist. Vollständig präsent zu sein ist die einzige Möglichkeit, um sich wirklich mit einem anderen Menschen auseinanderzusetzen. Menschen brauchen das Gefühl, dass sie die Person sind, mit der Sie in diesem Moment am allerliebsten sprechen und Ihre Körpersprache muss das auch ausstrahlen.

Haben Sie sich schon einmal mit einer Person unterhalten, die Ihnen das Gefühl gab, dass es im Moment nichts Schöneres auf der Welt gibt, als sich mit Ihnen zu unterhalten? Wen hat diese Person angeschaut? Natürlich Sie. Hätten Sie das Gefühl bekommen, dass die andere Person das Interesse an Ihnen verloren hat, wenn diese ihr Gesicht von Ihrem abgewandt hätte? Natürlich. Doch diese Person war während des gesamten Gesprächs Ihnen zugewandt.

Wenn Sie damals auf den Boden geschaut hätten (was Sie vermutlich damals noch nicht getan hätten), hätten Sie gesehen, dass die Fußspitzen dieser Person direkt auf Sie gezeigt haben. Es ist zwar unhöflich, mit dem Finger auf andere Leute zu zeigen, doch vermutlich hat Ihnen diese Person auch ihre Hände zugewandt.

Diese Person hat sich nicht durch ihre verschränkten Arme oder durch einen Gegenstand vor ihrem Oberkörper von Ihnen abgeschirmt. Sie hatte eine offene Körperhaltung und zeigte Ihnen dadurch, dass sie sich in Ihrer Nähe wohlfühlte. Wenn sich diese Person defensiv verhalten hätte, dann hätten Sie das gesehen. Wenn Ihr Gegenüber Barrieren zwischen sich und Ihnen entfernt, dann zeigt dies, dass diese

Person aufgeschlossen ist und keine Angst davor hat, Ihnen zu vertrauen.

Das Überkreuzen von Beinen ist ebenfalls eine defensive Haltung, sodass eine Person, die gerne mit Ihnen spricht, gerade steht und ihr Gewicht gleichmäßig auf beide Füße verlagert hat. Sie hat eine gute Körperhaltung, ist selbstsicher und unterhält sich aufgeschlossen mit Ihnen.

Sie können diese Werkzeuge verwenden, wenn Sie versuchen, andere Menschen dazu zu bringen, sich wohl und interessant zu fühlen. Verschränken Sie jedoch nicht Ihre Arme oder Beine (wenn Sie auf die Toilette gehen müssen, entschuldigen Sie sich kurz und kehren Sie dann zurück).

Vermeiden Sie zusätzliche Barrieren zwischen Ihrem Körper und dem Körper Ihres Gesprächspartners. Dies ist nicht nur auf Arme und Notizblöcke beschränkt, sondern kann auch so etwas wie ein Schreibtisch oder ein anderer Tisch sein. Wenn Sie möchten, dass sich die andere Person wohlfühlt, müssen Sie möglicherweise hinter den Möbeln hervorkommen, um Ihrem Gesprächspartner Ihren Körper vollständig zuzuwenden, was ein Zeichen für Vertrauen darstellt.

Richten Sie Ihre Füße auf Ihr Gegenüber und nicht beispielsweise auf den Ausgang oder auf andere Personen im Raum. Wenn es sich um einen überfüllten Raum handelt, müssen Sie sich möglicherweise zu Ihrem Gesprächspartner vorbeugen, um ihn besser zu hören.

### 5. Halten Sie direkten Augenkontakt

Augenkontakt ist genau wie ein Lächeln ein wichtiges Signal dafür, dass Sie aufgeschlossen und interessiert sind, und bringt Sie in vielen sozialen Situationen ziemlich weit. Wenn Ihr Gegenüber sich umschaut, so ist dies ein Signal dafür, dass er nicht an Ihnen interessiert ist. Es scheint, als ob er nach einer Person Ausschau halten würde, mit der er sich lieber unterhalten würde, als ob er nicht selbstsicher ist oder als ob er am liebsten woanders wäre.

Wenn die Person, mit der Sie sprechen, etwas sagt oder eine Frage stellt, über die Sie nachdenken müssen, dann ist es in Ordnung, den Augenkontakt zu unterbrechen, damit Sie nachdenken können. Manche Menschen können besser nachdenken, wenn sie nach oben oder in die Ferne schauen. Wenn Sie eine Antwort gefunden haben, stellen Sie erneut Augenkontakt her. Wenn Sie zu Beginn des Gesprächs immer noch ins Leere starren, werden Sie den Eindruck erwecken, dass Sie sich langweilen.

Es ist auch keine gute Idee, die Person, mit der Sie sprechen, anzustarren. Blinzeln Sie einfach auf natürliche Art und Weise!

Viele dieser Körpersprache-Tipps beziehen sich auf Situationen, in denen Sie stehen, sei es vor einem Publikum oder bei einem Networking-Event. Manchmal gibt es jedoch auch Situationen, in denen Sie sitzen. Wenn Sie sich Notizen machen müssen, dann achten Sie darauf, dass Sie nicht so eifrig schreiben, dass Sie den Augenkontakt verlieren.

Wenn Sie zu viel notieren, dann wird sich Ihr Gegenüber fragen, was Sie sich da genau aufschreiben! Zu viele Notizen wirken geheimnisvoll und nicht freundlich. Es ist eine Sache, sich ein paar Dinge zu notieren, jedoch eine andere, wenn Sie einen ganzen Roman schreiben, anstatt sich mit Ihrem Gesprächspartner zu unterhalten.

Vermeiden Sie es, auf Ihre Armbanduhr, Ihr Smartphone, auf die Uhr oder im Raum umherzuschauen, wenn Sie sich unterhalten. Sie möchten, dass Ihr Gegenüber das Gefühl hat, dass Sie sich für es interessieren! Aber wenn Sie wegschauen, dann signalisieren Sie ihm, dass Sie das eben nicht tun.

Viele Menschen fragen sich, was sie tun sollen, wenn sie einen Anruf erwarten. Es ist ziemlich unhöflich, Anrufe während Veranstaltungen anzunehmen. Aber wenn sich Ihre Unterhaltung dem Ende nähert oder wenn Sie jemanden kennengelernt haben, den Sie nicht wirklich kennenlernen wollten, dann sollten Sie ihm im Vorhinein sagen, dass Sie einen Anruf erwarten. Sie sollten dies jedoch nicht häufig tun. Wenn Sie ständig Anrufe zu einem Zeitpunkt entgegennehmen, an dem Sie normalerweise Kontakte knüpfen, müssen Sie einen besseren Zeitplan ausarbeiten.

### 6. Verwenden Sie Gesten auf angemessene Art und Weise

Können Sie sich vorstellen, der beste Freund eines Roboters zu sein? Ich kann es mir auch nicht vorstellen. Gesten sind eine sehr menschliche Art und Weise, um mit anderen Menschen zu kommunizieren. Die meisten Menschen nutzen Gesten auf ganz natürliche Weise, während sie sprechen, weswegen sie sich damit nicht zurückhalten sollten.

Genau wie beim Augenkontakt ist hierbei jedoch ebenfalls das richtige Maß wichtig. Wildes Herumfuchteln oder übertriebene Gesten lassen Sie merkwürdig wirken. Wenn Sie sich in der Öffentlichkeit oder bei gesellschaftlichen Anlässen befinden, sollten Ihre Bewegungen kontrolliert sein.

Wissenschaftler haben herausgefunden, dass die beliebtesten TED-Talks diejenigen sind, bei denen die Sprecher sehr viele Gesten mit ihren Händen machen. Tatsächlich waren in den Talks, die am häufigsten angesehen wurden, im Durchschnitt fast doppelt so viele Gesten enthalten wie bei den am wenigsten angeschauten Talks!

Vermutlich halten Sie keinen TED-Talk, Menschen mögen jedoch eindeutig solche Sprecher lieber, die mehr Gesten verwenden. Das gilt nicht nur für Vorträge, sondern auch für normale Unterhaltungen. Schon bevor sich die menschliche Sprache entwickelt hat, hatten wir Hände. Deswegen ist das

Sprechen mit unseren Händen eine ziemlich menschliche Eigenschaft. Roboter sprechen nicht mit ihren Händen.

Achten Sie darauf, ob Ihre Gesten aus Sicht des Publikums angemessen sind. Wenn Sie beispielsweise über einen Preisanstieg sprechen, besteht Ihr natürlicher Instinkt darin, Ihre Hand von links nach rechts zu bewegen. Doch Ihr Publikum sieht die Geste spiegelverkehrt. Eine von rechts nach links wischende Geste sieht für die Personen, die Ihnen gegenüberstehen, korrekt aus, auch wenn es für Sie spiegelverkehrt ist.

Riesige oder übertriebene Bewegungen lassen den Eindruck entstehen, als ob Sie es mit der Wahrheit nicht so genau nehmen würden. Achten Sie darauf, dass Ihre Bewegungen eher klein sind. Wenn Sie eine Person sind, die auf natürliche Art größere Gesten verwendet, müssen Sie sie nicht verkleinern.

Gesten verdeutlichen Sachverhalte und unterstreichen diese. Gesten können Sie auch als Person interessant erscheinen lassen, wenn Sie sie verwenden, um Ihre Geschichte oder eine Unterhaltung zu betonen. Haben Sie keine Angst davor, Gesten im angemessenen Rahmen zu verwenden.

### 7. Vermeiden Sie Unruhe

Genau wie das Herumfuchteln mit Armen und Händen nicht dazu führt, dass die Menschen Ihnen vertrauen und sich wohl in Ihrer Nähe fühlen, so gilt dies ebenfalls für das Herumzappeln. Sie wirken dadurch nervös.

Nervosität wirkt auf viele Menschen nervend oder zumindest nicht sehr sympathisch. Wir Menschen bevorzugen es, mit Menschen befreundet oder ihnen nahe zu sein, die ein gewisses Vertrauen in sich selbst zeigen. Ihr Gegenüber wird sich fragen, ob es seine Schuld ist, dass Sie so nervös sind. Niemand möchte das Gefühl haben, etwas falsch zu machen!

Fühlen Sie sich wohl, wenn die Person, mit der Sie sprechen, herumzappelt? Sie spielt möglicherweise mit ihren Haaren, klickt schnell mit ihrem Stift, verlagert ihr Gewicht von einem Bein auf das andere, zupft an ihrer Kleidung herum oder zeigt auf andere Weise, dass sie sich nicht wohlfühlt. Und dies führt wiederum dazu, dass Sie sich ebenfalls unwohl fühlen.

Eine ruhige Art strahlt auch eine gewisse Autorität aus. Sie sehen dadurch selbstbewusster aus. Menschen, die mit dem Kopf wackeln oder herumzappeln, wirken nervös oder unentspannt, was das Vertrauen ihrer Mitmenschen nicht gerade fördert. Halten Sie also Ihre Füße still. Wenn Sie etwas mit Ihren Händen machen müssen, dann versuchen Sie, sie zu einer Rautenhaltung zu formen, was zudem eine Geste der Selbstsicherheit ist und Sie daran hindert, nervös mit Ihren Händen herumzuspielen.

## 8. Ahmen Sie Ihr Gegenüber nach

Haben Sie schon einmal den Satz gehört „Nachahmung ist die ehrlichste Form von Bewunderung"? Welche bessere Möglichkeit gibt es, um Ihr Interesse und Vertrauen in Ihr Gegenüber zu signalisieren, als das Kopieren seiner Bewegungen?

Sie müssen sich jedoch nicht wie ein menschlicher Spiegel verhalten. Es handelt sich hierbei nicht um eine Schauspielstunde! Sie können (und sollten) einige der positiven oder neutralen Gesten Ihres Gegenübers nachahmen. Lächelt Ihr Gegenüber? Dann sollten Sie dies ebenfalls tun. Hat er einen Schluck von seinem Getränk genommen? Dann machen Sie das ebenfalls.

Ihre eigenen Gesten können dabei etwas weniger deutlich ausfallen, da Sie es nicht übertreiben sollten. Sie sollten Ihr

Gegenüber ebenfalls nicht nachahmen, wenn dieser eine wütende Körpersprache an den Tag legt: Hände in die Hüften gestemmt, geballte Fäuste etc. Sie wollen schließlich, dass sich Ihre Mitmenschen wohl in Ihrer Nähe fühlen, was bedeutet, dass Sie sich ebenfalls gut in deren Nähe fühlen müssen. Das Nachahmen einer negativen Körpersprache wird dazu führen, dass Sie sich ebenfalls schlechter fühlen.

## 9. Achten Sie darauf, dass Sie sich mit Ihrem Gegenüber auf Augenhöhe befinden

Wenn Sie beispielsweise auf einem Stuhl sitzen, der höher ist als der, auf dem Ihr Gegenüber sitzt, dann erscheinen Sie dominant. Dasselbe gilt, wenn Sie stehen und Ihr Gegenüber sitzt. Gleichzeitig sollten Sie auch nicht zu seinen Füßen liegen. Dies lässt Sie bedürftig erscheinen.

Wenn Sie klein sind, dann ist es oft eine gute Idee, wenn alle Beteiligten sitzen. Ihre Mitmenschen werden Sie nicht mehr so stark überragen, wenn alle sitzen. Das Stehen auf einem Hocker hilft ebenfalls, sieht aber so aus, als würden Sie sich zu sehr anstrengen! Es funktioniert auch am anderen Ende des Spektrums gut, wenn Sie sehr groß sind und alle Beteiligte sitzen. Sie möchten ja schließlich nicht, dass die Personen, mit denen Sie sich unterhalten, das Gefühl haben, dass Sie auf sie herabblicken. Wenn alle sitzen, wird der Höhenunterschied minimiert.

Wie sollten Sie sich verhalten, wenn alle an einem Tisch sitzen? Versuchen Sie, sich seitlich an den Tisch zu setzen und nicht am Ende oder am Kopf des Tisches. Auf diese Weise entspannen sich die Menschen in Ihrer Nähe. Sie wirken dadurch nicht aggressiv oder dominierend, sondern wie jeder andere auch, der sich am Tisch befindet. Wenn Sie sich in einem Raum voller Menschen befinden, die Sie nicht kennen, und Sie sitzen am Kopf des Tisches, dann sieht das so aus, als würden Sie die Kontrolle über die Gruppe übernehmen wollen, was normalerweise nicht gut ankommt.

### 10. Denken Sie, dass jeder im Raum Ihr Freund ist

Wenn Sie sich noch niemals jemandem vorgestellt haben, ist diese Person einfach ein Freund, den Sie bisher noch nicht kennengelernt haben! Sind Sie warmherzig und zugänglich bei Freunden und bei Leuten, die Sie gut kennen? Dann halten Sie es bei Fremden genauso.

Dies ist ein besonders guter Tipp für introvertierte Menschen, die sich oft vor der Aussicht auf so viele neue Leute fürchten. Sich anderen Menschen gegenüber wie ein Freund zu verhalten, ermutigt sie, dies zu erwidern. Nun sind Sie ein neuer Freund, den Ihre Mitmenschen nur noch nicht kennengelernt haben! Diese Verhaltensweise nimmt Ihnen die Angst vor einem Raum voller Menschen, die Sie noch nicht kennen.

Extrovertierte Menschen tun dies möglicherweise bereits. Gibt es eine bessere Möglichkeit, sich zu entspannen und Selbstvertrauen auszustrahlen, als anzunehmen, dass jeder im Raum Ihr Freund ist oder sein wird?

Allerdings wird nicht jeder Sie mögen. Und das ist in Ordnung.

Sie können all diese körpersprachlichen Verhaltensweisen erlernen und sie jedes Mal dann verwenden, wenn Sie an einem gesellschaftlichen Ereignis teilnehmen. Es wird jedoch wahrscheinlich immer noch Leute geben, zu denen Sie keine Verbindung aufbauen können. Diese Menschen werden nicht zurücklächeln. Sie werden ihre Füße nicht auf Sie richten, selbst wenn Sie Ihren ganzen Körper auf sie ausgerichtet haben. Wenn sie Ihnen überhaupt die Hand schütteln, wird es wahrscheinlich ein kurzer und schlaffer Händedruck sein. Die Augen dieser Zeitgenossen huschen durch den Raum und suchen jemand anderen, mit dem sie sprechen können.

Meistens hat das wirklich nichts mit Ihnen persönlich zu tun. Vielleicht sehen Sie aus wie die Person, die ihnen vor zehn Jahren das Herz gebrochen hat. Ihre Gesichtszüge sind genau wie die des Mathematiklehrers, der sie in der elften Klasse getriezt hat. Sie klingen wie ihr Vater, zu dem sie eine schwierige Beziehung haben. Ihr Name ist Ben und ein Junge namens Ben hat sie während der Schulzeit gemobbt.

Und so weiter ... Sie verstehen, was ich damit sagen möchte. Was können Sie dagegen tun? Vielleicht können Sie ihnen im Laufe der Zeit dabei helfen, besser in Mathematik zu werden. Oder Sie bringen Ben dazu, sich zu entschuldigen!

Nein, lassen Sie es sein. Ihre Aufgabe besteht nicht darin, andere Menschen zu retten oder deren Probleme zu lösen (vielleicht ist diese Person sogar stolz darauf, sich von ihrem schwierigen Vater entfremdet zu haben).

Bauen Sie stattdessen Beziehungen zu anderen Menschen auf, die daran interessiert sind, dasselbe mit Ihnen zu tun. Kümmern Sie sich darum, mit Leuten eine Verbindung herzustellen, die bereit sind, sich mit Ihnen zu verbinden. Das Problem der anderen Person sollte für Sie kein Problem darstellen. Sie erhalten keine Medaille, wenn Sie jemanden zwingen, Sie zu mögen. Betrachten Sie die Unfähigkeit der anderen Person, Sie als die wunderbare Person zu sehen, die Sie sind, als deren Verlust. Kommen Sie darüber hinweg.

Möglicherweise sind Sie bereits mit einigen oder allen dieser hilfreichen Techniken vertraut. Wenn nicht, üben Sie sie mit Freunden, Familie und Kollegen. Es kann für Familienmitglieder und Freunde hilfreich sein, zu verstehen, was Ihr Ziel ist. Möglicherweise möchten Sie diese Ziele jedoch nicht mit Ihren Kollegen teilen.

Sie könnten beispielsweise versuchen, Ihren Chef zu spiegeln. Er trinkt etwas, Sie nehmen sich ebenfalls etwas zu trinken. Er formt seine Finger zu einer Raute, Sie machen es ebenfalls. Dies könnte Ihnen nicht nur dabei helfen, Ihre Körpersprache zu verbessern, sondern könnte auch dazu führen, dass Ihr Chef sie besser leiden kann, wenn dies nicht bereits der Fall ist.

Also legen Sie los!

## Wie Sie herausfinden können, ob Sie jemand anlügt

Niemand möchte sich mit jemandem unterhalten, der nicht die Wahrheit sagt. Manchmal stellen andere Menschen Ihr Urteil infrage. Die Körpersprache ist also sehr hilfreich, wenn Sie jemanden einschätzen wollen, um festzustellen, ob Sie eine Beziehung zu ihm aufbauen möchten. Vielleicht sagt Ihr Gegenüber die richtigen Worte, bei Ihnen schrillen jedoch die Alarmglocken.

Betrügerische Absichten werden normalerweise durch die Änderung der Grundhaltung einer Person signalisiert. Eine Person nimmt ihre normale Grundhaltung ein, wenn sie die Wahrheit sagt. Wenn Sie einen Menschen gut kennen, dann kennen Sie auch seine normale Grundhaltung.

Sie können jedoch auch dann herausfinden, ob Ihr Gegenüber betrügerische Absichten hegt, wenn Sie ihn nur wenig oder überhaupt nicht kennen. Wenn Sie die Ratschläge in diesem Buch üben, dann können Sie beobachten, wie sich Ihr Gegenüber verhält, wenn Sie ihm eine normale Frage stellen. Halten Sie dabei Augenkontakt und achten Sie auf seine nonverbale Kommunikation.

Eine gute Frage, um die normale Grundhaltung eines Menschen herauszufinden, lautet zum Beispiel: „Woher kommen Sie?" oder „Wie haben Sie von diesem Event gehört?" Diese Arten von Fragen führen normalerweise nicht zu einer Lüge. Die Antworten einer Person und die dazugehörige Körpersprache sollten Ihnen eine ziemlich gute Vorstellung von ihrer normalen Grundhaltung geben, wenn sie nicht lügt.

Es gibt bei Lügnern vier große Veränderungen in Bezug auf die Körpersprache, die sie verraten. Diese Bewegungen sind oftmals körperliche Ausdrücke davon, dass solche Menschen etwas verbergen, von etwas ablenken wollen oder versuchen zu verhindern, dass ihnen die Wahrheit herausrutscht.

Bedenken Sie jedoch, dass diese Bewegungen stets in den richtigen Zusammenhang gebracht werden müssen. Jemand, der herumhampelt, kann auch einfach nur nervös sein und muss nicht unbedingt lügen. Die anderen Signale, die Ihnen Ihr Gegenüber aussendet, werden Ihnen verraten, ob es sich um Lügen handelt oder ob Ihr Gegenüber einfach nur nervös ist.

### 1. Körperbewegungen

Lügen kann für unser Gehirn tatsächlich schwierig sein. Wenn das Gehirn mit der Erfindung einer Geschichte beschäftigt ist, ist möglicherweise nicht genügend Kapazität vorhanden, um gleichzeitig zu gestikulieren und zu sprechen. Von daher ist eines der Signale, dass jemand nicht ehrlich ist, dass die Handgesten nach seiner Aussage kommen und nicht während er spricht. Ein Lügner muss also seine Bewegungen geradezu künstlich „herstellen", nachdem er sich eine Geschichte für Sie ausgedacht hat.

Menschen, die flunkern, neigen dazu, beide Hände zu benutzen, wenn sie Gesten machen. Doch in Wirklichkeit benutzen Menschen, die die Wahrheit sagen, oftmals nur eine Hand. In diesem Fall müssen Sie die normale Grundhaltung Ihres Gegenübers wirklich gut kennen, da einige Menschen (und Kulturen) mit beiden Händen sprechen und nicht nur mit einer. Eine Person, die beide Hände benutzt, kann auch einfach nur einer anderen Kultur angehören und muss nicht unbedingt lügen.

Es kann passieren, dass lügende Menschen ihre Handflächen außerhalb Ihrer Sichtweite, etwa in den Taschen oder hinter dem Rücken, halten. Verstecken diese Menschen etwas vor Ihnen? Absolut! Diese sind klassische „Verheimlichungs"-Bewegungen.

Menschen, die Sie anlügen, können auch herumzappeln und mit ihren Haaren spielen, während sie sprechen. Diese Handlungen spiegeln ihr Bedürfnis wider, Sie von der Wahrheit abzulenken.

## 2. Gesichtsausdrücke

Es kann vorkommen, dass Menschen, die nicht die Wahrheit sagen, in einem bestimmten Moment starren oder wegschauen, bei dem Sie sonst erwarten würden, dass sie mit Ihnen Augenkontakt halten. Es ist ebenfalls möglich, dass solche Menschen ihre Lippen aufeinanderpressen oder sie während einer Lüge spitzen.

Gespitzte Lippen signalisieren oft, dass der Sprecher nicht sagen möchte, was er gerade sagt. Oder zumindest, dass sein Gehirn es nicht sagen möchte. Flunkern erfordert mehr Energie, weil eine ganze Geschichte konstruiert werden muss. Unser Gehirn möchte aber lieber weniger Energie verbrauchen, weswegen es leichter ist, einfach die Wahrheit zu sagen.

Zusammengepresste Lippen signalisieren oft eine Lüge, bei der Dinge ausgelassen werden. Der Sprecher versucht auf diese Weise, Fakten oder Emotionen auszulassen.

Wenn eine Person blass wird, ist dies ebenfalls oftmals ein Hinweis auf eine Lüge, da Blut aus dem Gesicht abfließt. Übermäßiges Schwitzen kann ebenfalls auf die Unwahrheit hinweisen. Lügende Menschen schwitzen oft in der T-Zone in ihrem Gesicht.

Bei anderen Menschen kann eine Lüge stattdessen trockene Lippen und Augen verursachen. Dies führt dazu, dass eine Person sich ihre Lippen sehr häufig leckt oder häufig mit den Augen blinzelt, was ziemlich offensichtliche

Signale sind, auf die man achten muss. Wenn eine Person sich selten die Lippen leckt und es dann plötzlich alle drei Sekunden tut, dann ist dies ein auffälliges Signal.

### 3. Stimmlage

Stress verspannt die Stimmbänder. Möglicherweise können Sie hören, dass die Stimme eines Lügners höher als normal ist.

Sie könnte jedoch auch lauter sein, da die Leute dazu neigen, lauter zu sprechen, wenn sie sich defensiv fühlen. Lügner fühlen sich oft in die Enge gedrängt, wenn sie eine ausgedachte Geschichte erzählen. Doch eine Person, die nicht lügt, hat vielleicht einen Grund, sich in der Defensive zu fühlen. Solche Menschen fühlen sich in Ihrer Nähe nicht wohl, weil Sie sie sich vielleicht an diesen gefürchteten Mathematiklehrer erinnern, und deswegen reden sie lauter.

### 4. Was Lügner sagen

Wenn Floskeln wie „ehrlich gesagt", „offen gesagt" oder „um die Wahrheit zu sagen" zu häufig kommen, dann schöpfe ich Verdacht! Lügner neigen ebenfalls dazu, Füllwörter wie „ähm", „ah" oder „mmh" zu verwenden. Achten Sie auf Versprecher, bei denen sich der Lügner meistens selbst verrät!

## Vertrauen und Ihre Körpersprache

Im Gegensatz dazu können Sie anderen Menschen durch Ihre nonverbale Körpersprache zeigen, dass Sie vertrauenswürdig und ehrlich sind. Es gibt eine Schnittmenge zwischen der Körpersprache, die Sie dazu verwenden, um Ihre Sympathie zu verbessern, und der Körpersprache, die Sie verwenden, um Ihre Mitmenschen von Ihrer Ehrlichkeit zu überzeugen. Vertrauenswürdige Menschen sind sympathischer als solche, die es nicht sind, und andersherum gilt dies ebenfalls.

## 1. Offene Körperhaltung

Sie haben bereits gelernt, dass Sie Interesse an Ihrem Gegenüber signalisieren müssen, um ihn dazu zu bringen, ebenfalls Interesse an Ihnen zu zeigen. Dieses Prinzip trifft auch hier zu. Vertrauenswürdig zu wirken hat eine Menge damit zu tun, dass Sie Ihrem Gegenüber signalisieren, dass Sie ihm vertrauen. Sie sind nicht defensiv, weswegen Sie Ihre Arme und Beine nicht verschränken bzw. überkreuzen. Sie schirmen sich ebenfalls nicht mit einem Tisch oder mit einem vor dem Körper gehaltenen Gegenstand vor Ihrem Gegenüber ab.

Ihr Gegenüber kann Ihre Hände sehen. Lügner verstecken ihre Hände, weswegen Sie dies also nicht tun. Wie bereits in einem früheren Kapitel erwähnt, sieht das Nach-oben-Zeigen der Handflächen nach einer flehenden Geste aus. Nach unten zeigende Handflächen sind hier die bessere Option. Sie können ebenfalls mit Ihren Händen eine Raute formen. Sie möchten ja schließlich, dass Ihre Handhaltung offen und entspannt aussieht und nicht geballt oder angespannt.

Sie blicken Ihr Gegenüber direkt an und nicht an ihm vorbei, als ob Sie etwas zu verbergen hätten oder sich langweilen würden. Ihr Ausdruck ist neutral oder freundlich. Wie immer wirkt auch hier ein Lächeln Wunder.

## 2. Kontrollierte Bewegungen inkl. Spiegeln

Sie halten kontinuierlich Augenkontakt, starren Ihr Gegenüber nicht an oder blicken nicht ständig an ihm vorbei. Außerdem halten Sie Ihren Kopf gerade und wackeln nicht damit umher. Vertrauenswürdige Menschen gelten für gewöhnlich als selbstsicher und stark, weswegen Sie weniger vertrauenswürdig erscheinen, wenn Sie Schwäche oder ein Mangel an Selbstbewusstsein ausstrahlen.

Achten Sie ebenfalls darauf, dass Sie nicht mit Ihren Händen wild herumfuchteln oder plötzliche Bewegungen machen. Ihre Gesten sollten langsam oder, wenn Sie ein Mensch sind, der sich schneller bewegt als andere, mittelschnell sein. Ihre Bewegungen sollten kontrolliert sein. Menschen tendieren zudem dazu, geschmeidige Bewegungen als vertrauenswürdig zu lesen im Gegensatz zu überhasteten Bewegungen.

Spiegeln Sie die Handlungen Ihres Gegenübers, jedoch nicht so präzise wie ein Roboter. Sie möchten Ihrem Gegenüber das Gefühl geben, dass Sie miteinander im Einklang sind, und nicht, dass Sie ein menschenähnlicher Roboter sind.

### 3. Demonstrieren Sie Interesse für Ihr Gegenüber

Neigen Sie Ihren Kopf oder sogar Ihren kompletten Körper nach vorne, um Ihrem Gegenüber zu zeigen, dass Sie zuhören und gerne mehr von ihm erfahren möchten. Sanfte Berührungen drücken oftmals Interesse aus, vor allen Dingen, wenn diese emotionaler Natur sind. Wie ich bereits erwähnt habe, setzen Berührungen außerdem die körpereigenen Botenstoffe frei, die die Bindung und das Vertrauen in einen Menschen fördert.

Ihre Augenbrauen sind ebenfalls ein großartiges Werkzeug. Sie können damit Überraschung ausdrücken, indem Sie sie nach oben ziehen. Wenn Sie die Augenbrauen zusammenziehen, so weist dies auf Besorgnis hin.

### 4. Zeigen Sie Respekt

Wenn Sie Respekt wollen, dann müssen Sie andere Menschen respektieren! Aufmerksamkeit ist der Schlüssel, also hören Sie sich an, was sie zu sagen haben, und nicken Sie während des Gesprächs langsam (zu schnelles Nicken deutet mehr auf Verärgerung als auf Respekt hin).

Überfordern Sie die Person nicht, mit der Sie sprechen, insbesondere wenn Sie sie nicht kennen. Denken Sie an die kulturellen Unterschiede in Bezug auf den persönlichen Abstand! Es ist jedoch ein Zeichen des Interesses an der anderen Person, wenn Sie die körperliche Distanz zu ihr verringern.

Legen Sie Ihr Handy weg! Sie könnten sich kaum respektloser verhalten, als Ihr Mobiltelefon herauszuziehen und sich direkt während der Unterhaltung damit zu beschäftigen.

## Üben Sie Einfluss aus

Wie werden Sie die erinnerungswürdigste Person im Raum? Hinweis: Ihre Körpersprache hat viel damit zu tun! Untersuchungen zeigen, dass es vier nonverbale Möglichkeiten gibt, um Ihren Einfluss zu erhöhen. Bei der verbalen Sprache gibt es drei Methoden: Stellen Sie offene Fragen, damit Ihre Mitmenschen über sich selbst sprechen. Erzählen Sie Geschichten, ohne zu flunkern, und bitten Sie andere um einen Gefallen. Dies ist der sogenannte Ben-Franklin-Effekt.

Aber lassen Sie uns über das Thema Körpersprache sprechen.

### 1. Verschaffen Sie Ihrem Publikum einen Dopamin-Schub

In Kapitel 1 habe ich über Dopamin gesprochen, einen Neurotransmitter, der im Gehirn freigesetzt wird, wenn der Mensch Freude verspürt. Was auch immer das ist, Ihr Gehirn möchte, dass Sie es noch einmal tun! Wenn das Gehirn der anderen Person Dopamin freisetzt, während Sie miteinander sprechen, stehen Sie nun mit einem Gefühl der Freude in Verbindung. Das Gehirn Ihres Gegenübers möchte, dass Sie in der Nähe sind, weil Sie eine angenehme Wirkung auf ihn haben.

Dieser Effekt ähnelt den Wirkungen von Oxytocin. Wenn Oxytocin freigesetzt wird und sich Ihr Gegenüber in Ihrer

Nähe ruhig und entspannt fühlt, verbindet er Sie mit diesem ruhigen und entspannten Gefühl. Die meisten von uns brauchen keinen zusätzlichen Stress in ihrem Leben! Ihr Gegenüber wird Sie sympathisch finden, weil Sie anscheinend seinen Stress abbauen.

Doch wie schaffen Sie es, dass dieser wunderbare Neurotransmitter im Gehirn einer anderen Person freigesetzt wird? Bauen Sie auf emotionaler Ebene eine Verbindung mit ihr auf. Stellen Sie Fragen wie „Was macht Ihnen am meisten Spaß an dem, woran Sie gerade arbeiten?" oder wie „Was war bisher der beste Teil Ihres Tages?" Diese Fragen stimulieren die emotionale Verbindung zwischen Ihnen beiden. Sobald Ihr Gegenüber spricht, können Sie angemessen reagieren, ohne dabei Worte zu verwenden. Lächeln Sie, runzeln Sie die Stirn oder nicken und spiegeln Sie seine Gesten wider.

## 2. Strahlen Sie eine selbstbewusste Körpersprache aus

So wie Sie nicht Ihre Schultern hängen lassen würden, wenn Sie einen Raum betreten oder eine Präsentation halten, sollten Sie auch nicht vor jemandem die Schultern hängen lassen, auf den Sie Einfluss nehmen möchten. Niemand möchte von einer Person angeleitet werden, die nervös oder unsicher erscheint.

Vieles, was Sie in Kapitel 5 über öffentliche Präsentationen gelernt haben, gilt auch für Gespräche mit Personen, auf die Sie Einfluss nehmen möchten. Es ist wichtig, Selbstvertrauen auszustrahlen. Sie sollten nicht mit dem Kopf wackeln, an Ihrer Kleidung zupfen, im Raum umherschauen, Ihre Arme oder Beine verschränken, Ihre Fäuste ballen, Ihre Hände verstecken oder Ihre Hände in die Hüften stemmen.

Achten Sie auf eine gute und aufrechte Körperhaltung und verlagern Sie Ihr Gewicht nicht von einem Bein auf das andere. Bieten Sie einen festen Händedruck an. Ihr Gegenüber sollte sehen können, wo sich Ihre Hände befinden. Stehen Sie der Person, auf die Sie Einfluss nehmen wollen, mit Ihrem Oberkörper, Armen und Beinen direkt zugewandt gegenüber. Halten Sie Augenkontakt. Verwenden Sie Ihre Hände, um die Aussagen, die Sie verbal tätigen, zu verdeutlichen und hervorzuheben.

Gesten und Signale, die Selbstvertrauen demonstrieren, lassen sich immer dann hervorragend üben, wenn Sie bei einem gesellschaftlichen Ereignis sind. Sie sollten all diese Selbstbewusstseins-Posen mit einer anderen Person üben, die Sie nicht unbedingt kennen müssen. Verhalten Sie sich so, als würden Sie Einfluss auf sie nehmen wollen, und schauen Sie, was passiert!

### 3. Zeigen Sie Verletzlichkeit

Wenn Sie anderen Menschen zeigen, dass Sie ihnen vertrauen, indem Sie verletzlich sind, werden sie Sie sympathischer und vertrauenswürdiger finden. Unterschätzen Sie niemals, wie wertvoll Authentizität ist! Ihre Mitmenschen können sich besser in Sie hineinversetzen (und werden Sie sympathischer finden), wenn Sie ihnen zeigen, dass Sie auch nur ein Mensch mit Fehlern sind. Niemand identifiziert sich mit einem Roboter oder jemandem, der entweder perfekt zu sein scheint oder zu denken scheint, dass er perfekt ist!

Emotionen zuzulassen ist eine gute Möglichkeit, um Verwundbarkeit zu zeigen. Denken Sie noch einmal an James Bond. Scheint er verletzlich zu sein? Nicht oft. Zeigt er Emotionen? Nicht oft. Wut vielleicht. James Bond hat nicht viele Emotionen.

Dies ist in Ordnung, wenn Sie ein Superagent sind, der Schurken tötet, bevor sie den Planeten zerstören. Aber wenn Sie, wie ich vermute, kein Superagent sind, dann erlauben es

Ihre Emotionen, dass Ihre Mitmenschen sich mit Ihnen identifizieren können.

Dies kann ebenfalls etwas sein, das Sie üben müssen, insbesondere wenn Sie kein Mensch sind, der immer das sagt, was er denkt. Wenn Sie traurig sind, dann zeigen Sie es Ihrem Umfeld. Fühlen Sie die Emotionen, die Sie gerade haben, und lassen Sie Ihren Körper diese Emotionen zeigen. Und ja, es kann passieren, dass Sie dann eine Zeit lang Ihre Schultern hängen lassen oder auf den Boden schauen.

Wahrscheinlich denken Sie nun, dass dies völlig anders klingt als das, was ich Ihnen beigebracht habe. Um selbstbewusst zu sein, sollte man doch aufrecht stehen und lächeln! So wollen Sie sich Ihrem Publikum präsentieren und dies sollte auf jeden Fall der erste Eindruck sein, den Sie machen.

Doch wenn Sie sich die Geschichte einer Person anhören oder sogar Ihre eigene Geschichte erzählen, dann ist es in Ordnung, Ihre Emotionen auf nonverbale Art und Weise zu zeigen. Wenn Sie einen Moment für sich brauchen, dann nehmen Sie ihn sich.

### 4. Seien Sie charismatischer

Wenn Sie Ihren Einfluss auf andere Menschen erhöhen, so bedeutet dies, dass Ihre Wirkung auf andere Menschen positiv und bedeutsam ist. Sie haben es vermutlich mittlerweile verstanden: Wir Menschen mögen solche Zeitgenossen, die uns ein gutes Gefühl geben. Glücklicherweise ist dies eine weitere Fähigkeit, die man lernen kann. Einige Menschen scheinen mit einem angeborenen Gespür dafür auf die Welt zu kommen, wie andere Menschen sich in ihrer Nähe bedeutsam fühlen können. Doch der Rest von uns muss dies erlernen.

Wie Maya Angelou einmal sagte, erinnern sich die Leute vielleicht nicht an die Worte, die Sie gesagt haben, oder an die

Handlungen, die Sie gemacht haben, aber sie werden sich daran erinnern, was für ein Gefühl Sie ihnen gaben. Charismatische Menschen geben anderen durch ihren verbalen und nonverbalen Kommunikationsstil ein gutes Gefühl.

Wenn das für Sie keinen Sinn ergibt, denken Sie an die Menschen, die Sie beeinflusst haben – ein Elternteil, ein religiöser Anführer, ein Trainer, ein Lehrer, eine Person, die Sie nie persönlich getroffen haben, aber von der Sie gelesen oder gehört haben. Was für ein Gefühl haben diese Menschen in Ihnen verursacht? Minderwertig oder sogar noch schlimmer? Inkompetent oder unfähig?

Es ist durchaus möglich, dass Sie negativ beeinflusst wurden. Ein Erwachsener hat Ihnen vielleicht früher einmal gesagt, dass Sie es niemals zu etwas bringen würden. Deswegen haben Sie hart gearbeitet und es geschafft, und zwar nur, um diese Person zu ärgern! Solche Fälle gibt es. Aber häufiger werden die Menschen von den Personen beeinflusst, die ihnen ein gutes Gefühl gegeben haben, die ihnen gesagt haben, dass sie es schaffen können und dass sie gleich viel wert sind wie alle anderen Menschen auf dem Planeten.

Um charismatisch zu sein (siehe auch das vorherige Kapitel), müssen Sie eine Verbindung zu der Person haben, mit der Sie sich unterhalten. Schauen Sie nicht woanders hin und achten Sie nicht auf eine andere Person. Konzentrieren Sie sich auf das, was Ihr Gegenüber sagt, und lehnen Sie sich ein wenig vor, um es besser zu hören und Interesse zu zeigen. Ihr Oberkörper und Ihre Füße sind auf Ihr Gegenüber gerichtet und signalisieren, dass Sie in diesem Moment genau dort sein möchten, um mit ihm zu sprechen, und nicht woanders.

Zu Charisma gehört auch Macht, und zwar in dem Sinne, andere zu beeinflussen. Aus diesem Grund ist Selbstvertrauen

Ihr bester Verbündeter. Sie strahlen aus, dass Sie wissen, was Sie tun, und dass Sie wissen, wo die Reise hingeht. Sie vermeiden Anzeichen für Nervosität und Angst wie nervöses Herumzappeln oder Herumziehen an Kleidung und Haaren. Sie strahlen Autorität aus, da Sie während des Sprechens Ihren Kopf gerade halten und nicht damit wackeln.

Die dritte Eigenschaft von Charisma ist Herzlichkeit, was ebenfalls Ihre Sympathiewerte erhöht. Wenn Sie pure Macht ausstrahlen, dann könnten Sie aggressiv wirken und nicht angenehm und herzlich. Lächeln und nicken Sie an den passenden Stellen, wenn Sie einer Person zuhören. Dadurch wirken Sie herzlich. Zu den Anzeichen einer warmen Körpersprache gehört ebenfalls eine offene Körperhaltung, eine offene Handhaltung sowie viele Gesten mit Armen und Händen.

Wenn Sie Ihre Fähigkeiten zur Beeinflussung anderer Menschen geübt haben, sollten Sie darauf achten, dass Sie diese Fähigkeiten zum Guten und nicht zum Bösen einsetzen. Wenn Sie andere in eine positive Richtung beeinflussen, fühlen sich nicht nur die anderen besser, sondern auch Sie selbst werden sich besser fühlen. Wir Menschen sind schließlich soziale Wesen und wenn wir anderen Menschen helfen, wie auch immer dies für jeden von uns definiert sein mag, fühlen wir uns selbst besser. Wir bekommen selbst einen Dopamin-Schub sowie einen Schub von anderen Neurotransmittern, wenn wir anderen Menschen helfen.

## Zusammenfassung des Kapitels

Tiefe Verbindungen zu anderen Menschen aufzubauen ist ein wichtiges Instrument für das Überleben des Menschen. Wir haben uns weiterentwickelt, um Beziehungen zu anderen Menschen aufzubauen, und zwar unabhängig davon, ob wir uns mit einigen wenigen engen Verbindungen wohlfühlen, wenn wir eher introvertiert sind, oder lieber mehr solcher Verbindungen aufbauen möchten, wenn wir eher extrovertiert sind. Die Körpersprache ist der Schlüssel, um sinnvolle Beziehungen zu anderen aufzubauen. Die Körpersprache verdeutlicht unsere Botschaft und zeigt unserem Gegenüber, dass wir vertrauenswürdig und sympathisch sind und dass wir Interesse an ihm haben. Im Gegenzug möchte unser Gegenüber ebenfalls eine bessere Beziehung zu uns aufbauen.

- Einige Formen der Körpersprache sind eindeutig positiv oder negativ. Andere Formen können mehrdeutig sein. Der Kontext ist oftmals wichtig, um unklare Gesten wie das Halten der Hände hinter dem Rücken, Starren oder auch das Herausdrücken der Brust richtig einzuordnen und die Botschaft zu verstehen. Kulturelle Unterschiede sollten ebenfalls berücksichtigt werden.
- Wir Menschen wollen Beziehungen zu anderen Menschen aufbauen, denen wir vertrauen und die wir mögen. Selbst sympathisch zu wirken hilft Ihnen dabei, Beziehungen zu anderen aufzubauen, auch wenn Sie diese Menschen zum ersten Mal in Ihrem Leben treffen. Es gibt zehn Möglichkeiten, um allein durch nonverbale Kommunikation Ihre Sympathiewerte zu verbessern und Vertrauenswürdigkeit auszustrahlen. Dazu gehört ein herzliches, ehrliches Lächeln, eine offene und selbstbewusste Körpersprache sowie die Einstellung, jeden Menschen als einen Freund zu betrachten, den Sie nur noch nicht kennengelernt haben.
- Nicht jeder wird Sie mögen und das ist völlig in Ordnung. Dies muss nicht unbedingt mit Ihnen als Person etwas zu tun haben. Sie sollten dies auch nicht als Herausforderung oder Gelegenheit betrachten, einen anderen Menschen zu „bekehren". Es wird Ihnen mehr bringen, wenn Sie Ihre Zeit dazu nutzen, andere Menschen zu finden, die Interesse an Ihnen zeigen und die Sie wirklich gerne besser kennenlernen wollen.

- Sie müssen nicht jeden mögen, insbesondere dann nicht, wenn Sie denken, dass Ihr Gegenüber nicht ehrlich zu Ihnen ist. Zum Glück können Sie solche Zeitgenossen durch ihre Körpersprache entlarven. Sie werden unbewusste Veränderungen in deren normaler Grundhaltung erkennen. Lügner tendieren dazu, ihre Bewegungen, Gesichtsausdrücke, Stimmlage und Worte, die sie benutzen, zu verändern. Es ist jedoch ebenfalls möglich, dass eine Person solche Verhaltensweisen an den Tag legt, weil sie sich aus irgendwelchen Gründen unwohl und nervös fühlt, und nicht deswegen, weil sie tatsächlich lügt.
- Indem Sie Ihre Verbindung zu anderen Menschen verbessern, können Sie auch Ihren Einfluss vergrößern. Es gibt sieben Methoden, um stärker im Gedächtnis von anderen Menschen zu bleiben und vier davon sind nonverbaler Natur. Dazu gehören das Zeigen von Verletzlichkeit durch Emotionen sowie die Freisetzung von positiven Neurotransmittern durch Ihre Körpersprache.

Das nächste Kapitel enthält umsetzbare Schritte zur nonverbalen Kommunikation in Ihrem Alltag. Egal, ob es darum geht, das Verständnis anderer für Ihre Botschaft zu verbessern oder bessere Beziehungen zu anderen aufzubauen: Wenn Sie konsequent üben, werden sich Ihre Fähigkeiten verbessern.

KAPITEL 7:

# Vielseitige Körpersprache-Übungen für jeden Tag

Sie müssen nicht auf eine Präsentation oder eine Networking-Veranstaltung warten, um Ihre neu erworbenen Kommunikationsfähigkeiten anzuwenden! Die folgenden Körpersprache-Übungen können Ihnen ebenfalls bei den Beziehungen helfen, die Sie bereits haben, und Ihnen jeden Tag mehr Selbstbewusstsein verleihen.

Trainieren Sie regelmäßig, sodass Sie die Körpersprache jeden Tag anwenden können. Üben Sie die unten beschriebenen Techniken und kommunizieren Sie genauso, wie Sie es möchten, ohne dabei Worte zu verwenden!

**1. Verbessern Sie Ihr Selbstbewusstsein durch Machtposen**

Wie beim Lächeln fühlen Sie sich ebenfalls selbstsicherer, wenn Sie eine selbstbewusste Pose einnehmen. Stellen Sie sich mit breiten Beinen hin und nehmen Sie dabei bewusst viel Raum ein. Stemmen Sie Ihre Hände in die Hüften. Führen Sie jede Pose etwa eine Minute lang aus, damit Ihr Körper wirklich verinnerlichen kann, was Sie da gerade tun.

Machen Sie nur keine Machtposen vor anderen Menschen! Diese Posen können als aggressiv angesehen werden. Sie können jedoch die Superman-Pose allein in Ihrer Wohnung machen, bevor Sie morgens das Haus verlassen. Gönnen Sie sich einen zusätzlichen Power-Schub!

## 2. Übertreiben Sie es beim Präsentieren

Was sich für uns extrem dynamisch anfühlt, sieht für Ihr Publikum oft langweilig oder öde aus. Sie müssen Ihre normalen Energiegrenzen überschreiten, wenn Sie vor anderen sprechen.

Eine gute Balance ist jedoch wichtig! Sie müssen es nicht vollkommen übertreiben! Dass Sie illegale Substanzen konsumieren, ist nicht der Anschein, den Sie vor Ihrem Publikum erwecken wollen. Sie müssen jedoch ein wenig dynamischer als sonst sein.

## 3. Lächeln Sie

Zum einen werden Sie sich besser fühlen, wenn Sie lächeln. Wie funktioniert das? Nun ja, wenn Sie die Stirn runzeln oder mürrisch dreinblicken, dann bekommt Ihr Körper die Botschaft, dass Sie etwas Schwieriges machen. Dadurch wird Ihr Stresslevel erhöht, um mit dieser Aufgabe klarzukommen. Ihr Gehirn kann den Unterschied zwischen einer Situation, die schwierig ist, weil ein hungriger Tiger darin eine Rolle spielt oder weil Sie an einem schwierigen Matheproblem sitzen, nicht erkennen.

Versuchen Sie zu lächeln, wenn Sie das nächste Mal bemerken, dass Sie die Stirn runzeln. Verändern Sie diese Verhaltensweise bewusst und achten Sie darauf, was danach passiert.

Zum anderen hat Ihr Lächeln ebenfalls einen positiven Einfluss auf die Menschen in Ihrer Umgebung, die Ihr Lächeln sehen können. Wenn Sie lächeln, dann lächelt Ihr Gegenüber ebenfalls. Wir spiegeln oftmals solche Personen, die wir mögen und denen wir vertrauen. Helfen Sie Ihren Freunden, indem Sie lächeln, sodass ihr Stress ein wenig gelindert wird!

### 4. Posieren Sie für die Kamera, wenn jemand auf Konfrontationskurs geht

Supermodels schauen selten direkt in die Kamera, sondern eher seitlich. Normalerweise gilt es als herzlich und vertrauenswürdig, wenn Sie einer anderen Person direkt gegenüberstehen. Doch manchmal kann dies auch als bedrohlich oder streitsüchtig angesehen werden. Halten Sie Augenkontakt, aber drehen Sie sich weg, sodass Sie seitlich zu der anderen Person stehen.

Wenn möglich, dann stellen Sie sich neben die andere Person, da es sich hierbei um eine gemeinschaftliche Position handelt. Dies kann hilfreich sein, wenn das seitliche Wegdrehen nicht ausreicht, um die Bedrohungsempfindung der anderen Person zu senken.

### 5. Gestikulieren Sie, aber nicht höher als Ihre Schultern

Sprechen Sie mit Ihren Händen! Durch mehr Gesten wirken Sie energiegeladener, dynamischer und sympathischer. Zudem fällt Ihnen die Unterhaltung leichter, je mehr Sie Ihre Hände während des Gesprächs benutzen.

Bewegungen oberhalb Ihrer Schulter sehen merkwürdig aus, also vermeiden Sie sie. Sie können viele Gesten verwenden, auch ohne dabei Ihre Hände gen Himmel zu strecken.

### 6. Bringen Sie Ihr Gegenüber dazu, sich zu bewegen

Eine gute Möglichkeit, um andere Menschen mit einzubeziehen, besteht darin, sie dazu zu bringen, sich zu bewegen. Dies gilt insbesondere dann, wenn sie defensiv sind. Wenn jemand beispielsweise mit verschränkten Armen dasitzt (eine typische defensive Körperhaltung), dann können Sie diese Person fragen, ob sie einen Drink will oder ob sie

Ihren Stift halten kann, während Sie Ihre Visitenkarten hervorkramen.

Stehen Sie vor einer Gruppe von Menschen? Sie können ihnen Fragen stellen, bei denen sie ihre Hände heben müssen. Lassen Sie Gegenstände herumgehen. Vielleicht schaffen Sie es sogar, dass sich diese Personen von ihren Stühlen erheben müssen, um etwas zu tun. Es kann sein, dass diese Personen zu Beginn ein wenig zögerlich sind, wenn sie aufstehen müssen. Doch Sie werden schon bald feststellen, dass sie zum Schluss der Übung viel entspannter und offener sind!

### 7. Wenden Sie Ihren Blick ab, um nachzudenken, bevor Sie sprechen

Wenn jemand Ihnen eine Frage stellt, bei der Sie nachdenken müssen, dann wenden Sie typischerweise Ihren Blick ab, schauen nach oben, zur Seite oder auf Ihre Füße.

Achten Sie darauf, dass Sie wieder eine offene und aufrechte Körperhaltung einnehmen, bevor Sie antworten. Halten Sie während des Antwortens Augenkontakt, auch wenn Sie diesen während des Nachdenkens unterbrechen mussten. Wenn Sie keinen Augenkontakt halten, während Sie antworten, dann kann es passieren, dass Ihr Gegenüber denkt, dass Sie zwielichtig sind oder dass Sie etwas zu verbergen haben.

## Verwenden Sie die Körpersprache, um Ihr eigenes Leben und Ihren Charakter zu verbessern

Die nonverbale Kommunikation spielt sich nicht nur zwischen Ihnen und anderen Menschen ab. Es gibt Rückkopplungsschleifen zwischen Ihren Handlungen und Ihrem Gehirn. Wir haben zum Beispiel bereits über das Thema Lächeln gesprochen. Wenn Sie Ihren Gesichtsausdruck ändern und lächeln, dann verändert dies Ihren Körper, da Stress abgebaut wird. Es gibt jedoch noch weitere Eigenschaften und Stimmungslagen, die Sie verbessern können, indem Sie die Kommunikation mit sich selbst anpassen!

### 1. Glaubwürdigkeit verbessern

Wenn Sie die Kraft der Berührungen häufiger und bewusster einsetzen, signalisiert dies der Person, die berührt wird, dass Sie es ernst mit dem meinen, was Sie sagen. Tatsächlich können Sie Emotionen noch besser vermitteln, indem Sie nur eine Hand auf den Arm Ihres Gegenübers legen!

### 2. Ihrer Kreativität einen Schub verleihen

Viele von Ihnen werden diesen Punkt LIEBEN! Müssen Sie kreativer und innovativer sein? Dann legen Sie sich hin! Ich bin mir jedoch nicht sicher, ob Ihr Chef es gut findet, wenn Sie ein Bett in Ihr Büro stellen.

Es wird angenommen, dass dieser Effekt durch den Neurotransmitter Noradrenalin verursacht wird, der in Kapitel 1 näher erläutert wird. Mehr von diesem Neurotransmitter wird im Stehen freigesetzt und hemmt tendenziell die Kreativität.

### 3. Verbessern Sie Ihre Willenskraft

Und zwar, indem Sie Ihre Muskeln trainieren! Dadurch können Sie nicht nur besser mit negativen Informationen umgehen, sondern auch ungesunden Lebensmitteln und Angewohnheiten besser widerstehen.

### 4. Sie bleiben standhaft

Wir wissen bereits, dass das Verschränken der Arme eine defensive Körperhaltung darstellt. Was Sie jedoch möglicherweise nicht wissen, ist, dass diese Körperhaltung uns tatsächlich bei schwierigen Problemen hilft. Wenn Sie also das Gefühl haben, dass Sie ein schwieriges Problem lösen müssen, dann verschränken Sie die Arme.

Dies ist eine Körperhaltung, die Sie vielleicht lieber im Privaten machen sollten, damit kein falscher Eindruck erweckt wird. Das Verschränken der Arme kann ebenfalls Ihre Nervosität verringern.

### 5. Sie sind der Schüssel

Machtposen verbessern das Selbstbewusstsein. Genau wie das Verschränken der Arme sollten diese Machtposen ebenfalls außer Sichtweite von anderen ausgeführt werden. Nehmen Sie die Superman-Pose ein und spüren Sie, wie Sie selbstsicherer werden! Diese Pose können Sie immer dann nutzen, wenn Sie einen kleinen Selbstbewusstseinsschub brauchen.

### 6. Lindern Sie den Stress

Durch die positive Rückkopplungsschleife, die durch ein Lächeln entsteht, wird der Cortisolspiegel in Ihrem Blutkreislauf gesenkt, was dazu führt, dass Sie sich weniger gestresst fühlen. Ihr Publikum wird sich ebenfalls weniger gestresst fühlen, wenn Sie lächeln und zurücklächeln. Und anstelle einer negativen Stress-Abwärtsspirale geht es allen besser.

### 7. Machen Sie es sich bequem

Haben Sie einen Freund, in dessen Nähe Sie sich immer ein wenig unwohl fühlen? Vermutlich nicht. Sie fühlen sich wohl in der Nähe Ihrer Freunde und andersherum ebenso. Je wohler sich eine Person in Ihrer Nähe fühlt, desto höher ist die Wahrscheinlichkeit, dass er Sie mag, auch wenn er Sie noch gar nicht kennt.

Und das Beste daran ist, dass es hierbei einen kleinen Trick gibt. Neigen Sie Ihren Kopf nach vorne, wenn Sie jemandem vorgestellt werden. Auf diese Weise signalisieren

Sie dieser Person, dass Sie sich freuen, sie kennenzulernen, was dazu führt, dass sie dazu neigt, Sie stärker zu mögen. Dies spiegelt sich wiederum in ihrer Körpersprache wider und gibt Ihnen das Gefühl, sich wohler zu fühlen. Und genau das ist die positive Rückkopplung, die Sie haben möchten!

## 8. Die Emotionen anderer Menschen besser verstehen

Wenn Sie versuchen, eine Verbindung zu jemandem einzugehen, dann kann es sein, dass Sie damit Schwierigkeiten haben. Dies wird besser werden, indem Sie Ihr Gegenüber nachahmen.

Hierbei handelt es sich um eine etwas andere Rückkopplungsschleife. Das Spiegeln der Körpersprache einer anderen Person spiegelt deren Emotionen wider, was wiederum diese Emotionen in Bezug auf Sie erzeugt.

Es ist auch wahrscheinlicher, dass Menschen sich mit jemandem anfreunden, dessen Gesichtsausdruck den ihren widerspiegelt. Sie werden also tatsächlich positive Emotionen bei Ihrem Gegenüber wecken, auch wenn die von Ihnen gespiegelten Emotionen nicht so positiv waren.

## 9. Seien Sie ein Supermodel

Nehmen Sie Spannung aus einer Unterhaltung, indem Sie sich seitlich neben eine Person stellen, die sich von dem, was Sie sagen, bedroht oder herausgefordert fühlen könnte. Dies gilt auch für Situationen, in denen Ihr Gegenüber bereits auf Konfrontationskurs ist.

Positionieren Sie Ihre Füße so, dass Sie wie ein Supermodel dastehen und nicht direkt in die Kamera blicken (oder Ihrem Gegenüber direkt in sein Gesicht). Dies ist eine weniger kontroverse Pose als von Angesicht zu Angesicht, besonders wenn sich die Gesichter viel zu nahe beieinander befinden!

### 10. Gedächtnisstütze

Wie sich herausgestellt hat, lernen Kinder besser, wenn sie ihre Hände benutzen. Und dasselbe trifft auch bei Erwachsenen zu! Hierbei handelt es sich um eine alternative Methode, um neue Informationen im Gehirn zu verankern.

### 11. Fühlen Sie sich wie ein Cheerleader

Fühlen Sie sich nicht glücklich und optimistisch? Pompons helfen hierbei zwar nicht, Kaugummis aber schon (wählen Sie jedoch Ihren Zähnen zuliebe zuckerfreien Kaugummi). Kaugummi kann Sie wacher machen und Ihnen dabei helfen, sich zu konzentrieren. Außerdem hebt Kaugummikauen Ihre Laune.

Arbeiten Sie an einem schwierigen Problem? Legen Sie sich hin, verschränken Sie die Arme und kauen Sie etwas Kaugummi. Fühlen Sie sich vor einem Networking-Event nervös? Machen Sie außerhalb der Sichtweite von anderen Menschen die Superman-Pose, lächeln Sie und neigen Sie Ihren Kopf nach vorne, wenn Sie neue Leute kennenlernen.

## Wie Sie die Fähigkeit, Körpersprache zu lesen, verbessern

Nonverbale Kommunikationshinweise sind komplex. Es kann vorkommen, dass eine Person mehrere Hinweise aussendet, die allesamt unterschiedliche Bedeutungen haben! Es gibt zwar allgemeine Regeln, die in den meisten Fällen verwendet werden können, jedoch ist dabei stets der Kontext zu beachten. Die meisten Menschen, die mehr über die nonverbale Kommunikation lernen möchten, befassen sich nur kurz mit diesem Aspekt und nehmen sich daher nicht die Zeit, um diese Botschaften zu erlernen.

Die Fähigkeit, die nonverbale Sprache anderer Menschen zu lesen, kann jedoch erlernt werden. Es handelt sich definitiv um eine Art von Wissen, das man entweder anwendet oder wieder verlernt. Aus diesem Grund ist es wichtig, dass Sie täglich üben. Das Lesen und die effektive Nutzung der nonverbalen Kommunikation beschränkt sich auf einige wichtige Punkte.

### 1. Bewusstsein

Zunächst einmal müssen Sie einige grundlegende nonverbale Botschaften erkennen sowie die Art und Weise, wie diese gesendet werden. Es kann sein, dass Sie sich zu Beginn der Signale, die Sie senden, nicht einmal bewusst sind, geschweige denn, was sie bedeuten. Wie drücken Sie Emotionen aus?

Wenn Sie die Hinweise erlernen, kann Ihnen dies ebenfalls dabei helfen, Ihre eigene Körpersprache weiterzuentwickeln. Zudem können Sie schließlich besser lesen, was andere Menschen Ihnen ohne Worte sagen möchten.

### 2. Der Wunsch zu lernen

Wenn Sie sich nicht für nonverbale Hinweise interessieren, dann kann es passieren, dass Sie nicht allzu viel über das Thema nonverbale Kommunikation lernen werden. Wenn Sie jedoch wirklich tiefe Verbindungen zu anderen Menschen aufbauen oder ein toller Redner und Präsentator werden möchten oder wenn Sie sicherstellen möchten, dass Sie eindeutige und unmissverständliche Botschaften aussenden, dann wird das Erlernen dieser „Sprache" Ihnen viele Vorteile bringen.

### 3. Feedback erhalten

Manchmal ist es schwer zu erkennen, was unser Körper gerade macht, insbesondere wenn wir uns noch am Beginn des Prozesses befinden. Sind Sie wirklich dynamisch? Oder verschließen Sie sich gerade, ohne es zu bemerken?

Feedback ist wichtig für Sie, um die Botschaft zu verstehen, die Sie tatsächlich aussenden. Zudem trägt Feedback dazu bei, dass Sie Ihr Gegenüber korrekt lesen.

Wenn Sie keinen Mentor oder Kollegen haben, der Ihnen helfen möchte, dann fragen Sie Freunde oder Familienangehörige.

### 4. Üben, üben, üben

Wie oben bereits erwähnt ist die nonverbale Kommunikation eine Fähigkeit, die über die Zeit immer wieder angewandt werden muss. Es wird nicht passieren, dass Sie plötzlich einen Aha-Moment haben und dann nie wieder Ihre Schultern hängen lassen werden.

Versuchen Sie stattdessen, diese Übungen so häufig wie möglich zu üben. Wenn Sie dieses Buch gelesen haben, dann kennen Sie bereits einige Beispiele. Sie wissen jetzt, dass eine aufrechte Körperhaltung das Selbstvertrauen steigert. Nehmen Sie jetzt sofort eine gerade Körperhaltung ein, auch wenn Sie gerade sitzen.

Sie wissen, dass ein (ehrliches) Lächeln einen positiven Rückkopplungseffekt hat. Wenn ein Lieferant das nächste Mal an Ihrer Tür klingelt, neigen Sie den Kopf nach vorne. Wenn Ihr Onkel beim nächsten Familienfest angriffslustig ist, dann stellen Sie sich seitlich neben ihn, wenn Sie das Bedürfnis haben, ihm zu sagen, wieso er unrecht hat.

Die nonverbale Kommunikation ist genau wie viele andere Fähigkeiten: Je öfter Sie daran arbeiten, desto besser werden Sie. Konnten Sie schon beim ersten Mal perfekt Fahrradfahren? Was ist passiert, als Sie zum ersten Mal Auto gefahren sind? Waren Sie gleich ein toller Schwimmer, als Sie zum ersten Mal geschwommen sind? Sogar Olympiasieger müssen üben, üben und nochmals üben.

Vielleicht werden Sie niemals die erinnerungswürdigste Person im Raum sein. Vielleicht werden Sie niemals an den Punkt gelangen, wo Sie wissen werden, was eine Person sagen möchte, bevor sie überhaupt den Mund öffnet. Aber Sie können erinnerungswürdiger werden. Sie können besser darin werden, zu verstehen, was Ihr Gegenüber sagt. Sie können Ihre eigenen Botschaften klarer artikulieren.

Verbesserung ist besser als nichts!

## EQ: Genauso wichtig wie der IQ

Die meisten Menschen kennen den IQ oder den Intelligenzquotienten als Maßeinheit für Intelligenz. Aber kennen Sie den EQ oder den emotionalen Quotienten? Es gibt keinen Standard-EQ-Test. Emotional intelligente Menschen verstehen ihre eigenen Emotionen und können sich auch in andere Menschen hineinversetzen. Der EQ ist eine wichtige Fähigkeit, die Sie entwickeln müssen, wenn Sie Ihre Beziehungen zu anderen Menschen oder sogar zu sich selbst verbessern möchten, da wie beim Lächeln eine Rückkopplungsschleife zwischen Ihren Ausdrücken, Ihren Emotionen und Ihrer Körpersprache besteht.

Es gibt vier Komponenten Ihres EQ, die sich direkt auf die Körpersprache beziehen.

### 1. Eigenwahrnehmung

Um andere Menschen lesen und verstehen zu können, müssen Sie sich zuerst selbst verstehen. Was sind Ihre Trigger? Was sind Ihre Vermeidungs- oder Abwehrmechanismen? Wozu neigen Sie, wenn Sie müde/gereizt/frustriert sind? Hierbei handelt es sich um die Fähigkeit, sich selbst fast so einzuschätzen, als ob Sie eine andere Person wären.

Wenn Sie sich Ihrer selbst bewusst sind, können Sie untersuchen, ob Ihre nonverbale Kommunikation die richtige

Nachricht sendet. Möchten Sie zuversichtlich erscheinen? Überprüfen Sie, ob Sie aufrecht stehen.

## 2. Selbst-Management

Dies ist Ihre Fähigkeit, Ihre Handlungen zu regulieren. Sie mögen müde, gelangweilt und frustriert sein, jedoch möchten Sie dies nicht immer zeigen. Selbst wenn Sie Lust haben, körperlich oder verbal zurückzuschlagen, halten Sie sich zurück.

Wenn Sie Ihre Handlungen nicht kontrollieren können, können Sie natürlich nicht nonverbal so kommunizieren wie sie es vorhaben. Wenn Sie frustriert sind, dann lächeln Sie vielleicht dennoch, weil Sie wissen, dass es ein positives Feedback verursachen kann.

## 3. Bewusstsein anderen Menschen gegenüber

Hoffentlich konnten Sie nach dem Lesen dieses Buches Ihre Fähigkeit verbessern, andere Menschen zu lesen. Sie haben ein Gefühl für die Bedürfnisse und Gefühle anderer entwickelt und können entsprechend reagieren.

Ein Großteil der Fähigkeit, andere Menschen zu lesen, liegt in der Körpersprache. Emotionen werden am häufigsten nonverbal ausgedrückt und Sie müssen in der Lage sein, diese Hinweise zu erfassen. So verstehen Sie die Botschaft Ihres Gegenübers und können sich in ihn hineinversetzen.

## 4. Beziehungs-Management

Können Sie gut mit anderen Menschen interagieren? Je besser Sie im Bereich des Beziehungs-Managements sind, desto besser sind Ihre Beziehungen. Es ist dabei egal, ob Sie introvertiert sind und mit nur wenigen Menschen eine enge Verbindung haben oder ob Sie ein extrovertierter Mensch mit vielen Kontakten sind. Ein soziales Netzwerk ist der Schlüssel zum menschlichen Glück.

In Bezug auf die Körpersprache müssen Sie Ihre Haltung und Gesten je nach Situation ändern und anpassen.

Fünf Emotionen treten in Beziehungen auf, insbesondere bei der Arbeit. Es gibt allgemeine Ausdrücke dieser fünf Emotionen. Sie können lernen, diese zu erkennen.

## 5. Selbstvertrauen

Haben Sie einen selbstbewussten Kollegen? Jemand, der immer oder fast immer ein Gefühl der Selbstsicherheit ausstrahlt? Denken Sie über sein Verhalten nach. Dieser Kollege hat wahrscheinlich einen zielstrebigen Gang und bietet einen festen Händedruck an. Er ist entspannt, hat eine offene Körperhaltung und gestikuliert viel. Er hält Augenkontakt auf eine Weise aufrecht, die darauf hindeutet, dass er hören möchte, was Sie zu sagen haben.

## 6. Nervosität

Kennen Sie dagegen jemanden, der ständig blinzelt oder oft wegschaut? Ein solches Verhalten lässt nicht auf Selbstvertrauen schließen, oder? Ein solcher Kollege bietet Ihnen eher einen schlaffen Händedruck als einen festen an.

Sein Gang ist unsicher und wenn dieser Kollege steht (oder sitzt), dann sehen Sie wahrscheinlich, dass seine Arme ziemlich häufig vor seiner Brust verschränkt sind.

## 7. Defensive Haltung

Menschen mit einer defensiven Haltung tendieren ebenfalls dazu, ihre Arme vor der Brust zu verschränken. Sie sehen Ihnen ebenfalls nicht direkt in die Augen, sondern auf den Boden. Wenn sie überhaupt ihre Hände bewegen, so sind ihre Gesten klein und unscheinbar. Ihre Hände und ihr Gesichtsausdruck sind verkrampft. Wahrscheinlich wenden solche Menschen Ihnen auch nicht ihren Körper zu.

## 8. Langeweile

Diese Person hat kein Interesse daran, Ihnen zuzuhören, bzw. an dem, was Sie zu sagen haben. Von daher nimmt sie, wenn überhaupt, kaum Augenkontakt zu Ihnen auf. Sie hat möglicherweise einen glasigen oder leeren Blick und sie kritzelt mit ihrem Stift herum oder schaut auf ihr Mobiltelefon.

Eine solche Person sitzt nicht gerade, sondern lümmelt auf ihrem Stuhl.

## 9. Denken vor dem Sprechen

Den Augenkontakt zu unterbrechen ist nicht immer schlecht. Dies könnte auch nur darauf hinweisen, dass die Person nachdenkt. Wenn dem so ist, kann es passieren, dass sie in die Ferne oder nach oben schaut.

Es gibt viele Kopf- und Handgesten, die wir Menschen beim Denken verwenden. Manchmal schauen wir nicht nur weg, sondern neigen unsere Köpfe zudem. Es könnte sein, dass sich eine Person während des Nachdenkens am Kinn streichelt, sich auf ihrer Hand abstützt oder eine Hand an ihre Wange legt.

Sobald eine solche Person fertig mit ihren Überlegungen ist, nimmt sie wieder Augenkontakt zu Ihnen auf.

# Zusammenfassung des Kapitels

- Die Fähigkeit, die Körpersprache von anderen Menschen zu lesen und Ihre verbalen Aussagen an Ihre nonverbale Botschaft anzupassen, erfordert eine Menge Übung.
- Die nonverbale Kommunikation ist eine Fähigkeit, die man ständig üben muss, da man sie sonst verliert.
- Es gibt sieben Möglichkeiten, um die Körpersprache-Kommunikation in Ihrem Alltag zu üben. Dazu gehört, dass Sie Ihre Körperhaltung ändern, wenn Sie in einem

- Gespräch auf Konflikte stoßen, und beim Überlegen wegsehen, bevor Sie etwas sagen.
- Sie können die Körpersprache auf elf verschiedene Möglichkeiten nutzen, um Ihre eigene Stimmung und Ihren Charakter zu verbessern oder zu verändern. Machen Sie Machtposen, um Ihr Selbstbewusstsein zu stärken, verschränken Sie Ihre Arme, um ein schwieriges Problem zu lösen und kauen Sie Kaugummi, um Ihre Aufmerksamkeit zu erhöhen.
- Es gibt vier Möglichkeiten, um Ihre Fähigkeiten in Bezug auf das Lesen von Körpersprache täglich zu verbessern und zu diesen Methoden gehört das Erhalten von Feedback sowie der aufrichtige Wunsch, diese Fähigkeiten zu erlernen.
- Da die Körpersprache oftmals Emotionen ausdrückt, werden Sie umso besser in der Interpretation dessen sein, was andere Menschen „sagen", je höher Ihre emotionale Intelligenz (EQ) ist.
- Es gibt Emotionen und Stimmungen, die oftmals auftauchen, wie beispielsweise Langweile oder Defensivität. Diese Stimmungslagen und Gefühle haben Signale, die Sie zu erkennen lernen können, wie ein Mangel an Augenkontakt oder Bewegungen der Arme.

## SCHLUSSFOLGERUNG

Die Körpersprache ist ein wichtiger Bestandteil der Kommunikation zwischen zwei Menschen. Warum passiert es so oft, dass Menschen E-Mails und Textnachrichten falsch verstehen? Weil die Körpersprache fehlt! Sogar Telefonate sind besser, da der Tonfall einen wichtigen Hinweis auf die Botschaft der sprechenden Person darstellt. Ohne die nonverbale Kommunikation können Gespräche falsch interpretiert werden.

Um die Körpersprache einer anderen Person lesen zu können, müssen Sie sich zunächst der Nachrichten bewusst sein, die Sie selbst senden. Nach dem Lesen dieses Buches haben Sie möglicherweise festgestellt, dass Sie häufig eine schlechte Körperhaltung an den Tag legen und den Eindruck erwecken, dass Sie unsicher sind. Oder vielleicht verschränken Sie Ihre Arme vor der Brust, was Sie defensiv erscheinen lässt.

Glücklicherweise können Sie jedoch, wie Sie bereits festgestellt haben, mit nonverbaler Kommunikation auch Nachrichten an sich selbst kommunizieren! Wenn Sie sich selbstsicherer fühlen möchten, stehen Sie ein oder zwei Minuten lang in einer Machtpose, dabei sind Ihre Beine weit gespreizt und Ihre Hände in die Hüften gestemmt. Sie können auch dann lächeln, wenn Sie sich mürrisch fühlen. Sie wissen nun, dass ein Lächeln Ihrem Gehirn sagt, dass Sie glücklich sind.

Ihre eigene Körpersprache unterstützt Sie bei der Lösung schwieriger Probleme. Wenn Sie nicht mehr weiterkommen, legen Sie sich auf den Rücken und verschränken die Arme vor der Brust, da diese Bewegungen Entschlossenheit und Kreativität steigern. Und das ist genau das, was Sie brauchen, um die Antwort herauszufinden!

Viele Menschen empfinden das Sprechen oder Präsentieren in der Öffentlichkeit als schrecklich. Doch in diesem Buch habe ich Ihnen das Geheimnis verraten: Vorgetäuschte Selbstsicherheit. Sie wissen jetzt, wie Sie eine selbstbewusste Körpersprache verwenden können, um nicht nur Ihr eigenes Selbstvertrauen zu stärken, sondern auch um bei Ihren Zuhörern bessern anzukommen. Möglicherweise benötigen Sie dazu zuerst einige Machtposen im Backstage-Bereich, doch dann betreten Sie die Bühne mit festem Schritt. Sie stehen mit einer aufrechten Körperhaltung auf der Bühne und stellen beim Sprechen Augenkontakt mit Ihren Zuschauern her. Ihr Gewicht ist fest auf beide Füße verlagert, sodass Sie nicht schwanken.

Alle Bewegungen, die Sie machen, werden bewusst gemacht. Sie verwenden Ihre Hände, um Dinge zu betonen und um damit zu kommunizieren. Wenn Sie mit Ihrem Vortragsinhalt vertraut sind, treten Sie auch hinter dem Rednerpult hervor und nähern sich dem Publikum. Sie wissen, dass Sie regungslos auf der Bühne stehen müssen, um Ihrem Standpunkt Nachdruck zu verleihen, und sich erst danach wieder bewegen sollten. Und Sie lächeln, weil Sie wissen, dass Menschen auf Herzlichkeit und Freundlichkeit reagieren.

Viele dieser Techniken sind auch nützlich, wenn Sie zum ersten Mal neue Leute treffen. Vorgetäuschtes Selbstvertrauen ist auch in diesem Fall vollkommen in Ordnung, da Sie mit der Zeit immer selbstsicherer werden. Wenn Sie Selbstsicherheit vortäuschen, fühlen Sie sich sicherer, sodass Sie mehr Menschen für sich gewinnen können, wodurch Sie sich noch selbstbewusster fühlen. Das ist positive Rückkopplung wie aus dem Lehrbuch!

Wir Menschen möchten solche Personen näher kennenlernen, die dafür sorgen, dass wir uns wohl und willkommen fühlen. Sie haben einen festen, aber nicht zu festen Händedruck und neigen Ihren Kopf nach vorne, wenn Sie sich mit jemandem treffen, was auf Interesse hinweist. Sie sind offen für Ihr Gegenüber und benutzen weder Ihre Arme noch etwas anderes, um Ihren Körper vor der Person abzuschirmen, mit der

Sie gerade sprechen. Wenn Sie Augenkontakt halten, nicken Sie anerkennend und bringen Ihr Gegenüber dazu, über sich selbst zu sprechen. Dies ist das Lieblingsthema eines jeden Menschen und macht Sie sofort sympathischer!

Jetzt, da Sie sich Ihrer eigenen nonverbalen Kommunikation bewusst sind und Ihre eigenen Bewegungen geübt haben, können Sie diese Fähigkeiten nutzen, um auch andere Menschen besser zu lesen. Verstehen Sie, was Ihre Mitmenschen tatsächlich sagen, und fühlen Sie sogar, was sie fühlen, indem Sie ihre Bewegungen spiegeln.

Sie können feststellen, ob sich jemand von Ihnen abgeschottet, wenn er Ihnen nicht mit seinem ganzen Körper zugewandt ist und seine Arme (und vielleicht auch seine Beine!) verschränkt hat. Oder vielleicht hält diese Person ihre Handtasche oder Aktentasche als Schutzschild vor sich. Wenn Sie eine Verbindung zu dieser Person herstellen möchten, müssen Sie sie zuerst dazu bringen, sich zu öffnen. Bieten Sie ihr ein Getränk an, damit sie ihre Arme und Hände benutzen muss.

Sie können sich auch dafür entscheiden, zur nächsten Person überzugehen. Sie haben vielleicht die freundlichste, herzlichste und charismatischste Körpersprache der Welt und doch gibt es jemanden, der Sie nicht mag. Um Zeit zu sparen oder um jemanden zu finden, der wirklich daran interessiert ist, was Sie zu sagen haben, können Sie sich auf eine ganz neue Person konzentrieren.

Eine Person, die mehr von Ihnen hören möchte, lächelt Sie mit einem ehrlichen Lächeln an und wendet Ihnen ihren Körper mitsamt Armen und Füßen zu. Eine solche Person nimmt direkten Augenkontakt mit Ihnen auf und sieht relaxt anstelle von verspannt aus.

Wenn Sie auf jemanden treffen, der angespannt, wütend oder frustriert ist, werden Sie bemerken, dass die Fäuste dieser Person geballt sind. Sie sollten sich dieser Person nicht zu sehr nähern, da dies als konfrontativ oder bedrohlich angesehen wird. In einem solchen Fall wenden Sie sich dieser Person lieber seitlich zu. Damit beschäftigen Sie sich zwar immer noch mit dieser Person, wenden Ihren Körper jedoch nicht frontal dieser Person zu, was die Bedrohungsstufe verringert. Oder Sie meiden diese Person ganz, was ebenfalls eine gute Option ist!

**Der wichtigste Punkt, den Sie mitnehmen sollten**

Denken Sie immer daran, dass nonverbale Kommunikation eine erlernbare Fähigkeit ist. Es handelt sich hierbei nicht immer unbedingt um eine Fähigkeit, die angeboren ist. Durch regelmäßiges Üben und Feedback können Sie Ihre eigene Körpersprache und Ihre Fähigkeit, die Körpersprache anderer Menschen zu lesen, verbessern.

Sie können mit Freunden und Familie üben. Wenn Sie nette Kollegen bei der Arbeit haben, können Sie diese ebenfalls miteinbeziehen. Auf diese Weise erhalten Sie Feedback darüber, ob Sie Botschaften wie beabsichtigt senden oder interpretieren.

Sie können auch üben, Menschen zu lesen, wenn Sie unterwegs sind. Möglicherweise erhalten Sie dabei kein Feedback, aber Sie werden trotzdem stärker auf die Hinweise achten, nach denen Sie Ausschau halten. Sie sollten jedoch so weit entfernt sein, dass Sie nicht hören können, was die Leute zueinander sagen. Studieren Sie ihre Körpersprache. Verhalten sie sich defensiv? Sind sie gelangweilt? Handelt es sich um ein Paar, das gerade einen großen Streit hatte, oder um ein Paar, das seine gemeinsame Zeit genießt?

Übung macht den Meister und kann auch Spaß machen! Die nonverbale Kommunikation ist eine Fähigkeit, die Ihre Beziehungen zu anderen Menschen vertiefen, Sie zu einem besseren Redner und Kommunikator und zu einem besseren Freund und Kollegen machen kann.

# VERWEISE

An, S. (2019). "7 Body Language Tricks to Become Likeable in the First Meeting." https://www.shoutmeloud.com/body-language-tricks-become-likeable.html

Bradberry, T. "15 Body Language Blunders That Make You Look Bad." https://www.talentsmart.com/articles/15-Body-Language-Secrets-of-Successful-People-2147446605-p-1.html

"Body Language: Six non-verbal ways to command attention." (2019). https://www.creativeboom.com/tips/body-language-six-non-verbal-ways-to-command-attention/

Bortnicker, C. (2011). "What Steve Jobs' Body Language Means for Apple Stock." http://www.minyanville.com/mvpremium/what-steve-jobs-body-language/

Fletcher, J. "The Important Connection Between Body Language and EQ." https://www.linkedin.com/pulse/important-connection-between-body-language-eq-joan-fletcher

Fremont College. (2018). "How to Read Body Language - Revealing Secrets Behind Nonverbal Cues." https://fremont.edu/how-to-read-body-language-revealing-the-secrets-behind-common-nonverbal-cues/

Haden, J. (2018). "8 Powerful Ways to Improve Your Body Language." https://www.inc.com/jeff-haden/8-powerful-ways-to-improve-your-body-language.html

Haden, J. (2018). "Science Says These 11 Body Language Secrets Will Make You More Successful." https://www.inc.com/jeff-haden/science-says-these-11-body-language-secrets-will-make-you-more-successful.html

Haden, J. (2019). "A Body Language Expert Analyzed Popular TED Talks to Uncover the Top 5 Nonverbal Cues." https://www.inc.com/jeff-haden/a-body-language-expert-analyzed-popular-ted-talks-to-uncover-top-5-nonverbal-cues.html

"Harnessing the power of body language to deliver captivating speeches and presentations." (2015). https://www.bytestart.co.uk/body-language-speech-presentation.html

Henry, Z. (2015). "5 body-language tricks of billionaire entrepreneurs." https://www.businessinsider.com/body-language-of-successful-people-2015-5?international=true&r=US&IR=T

Hindy, J. (2018). "Top 20 Body Language Indicators." https://www.lifehack.org/articles/communication/top-20-body-language-indicators.html

"How to engage your audience with the right body language." (2016). https://wisembly.com/en/blog/2016/05/13/engage-audience-body-language

Jalili, C. (2019). "How to Tell if Someone is Lying to You, According to Body Language Experts." Time. https://time.com/5443204/signs-lying-body-language-experts/

Kahnemann, D. (2011). Thinking Fast and Slow. New York: Farrar Strauss Giroux.

Kinsey Goman, C. (2012). "Seven Tips for Effective Body Language on Stage." Forbes. https://www.forbes.com/sites/carolkinseygoman/2012/02/13/seven-tips-for-effective-body-language-on-stage/#41048061536d

Kinsey Goman, C. (2018). "5 Ways Body Language Impacts Leadership Results." Forbes. https://www.forbes.com/sites/carolkinseygoman/2018/08/26/5-ways-body-language-impacts-leadership-results/

Krauss Whitbourne, S. (2012). "The Ultimate Guide to Body Language." Psychology Today. https://www.psychologytoday.com/intl/blog/fulfillment-any-age/201206/the-ultimate-guide-body-language

Laliberte, M. (2017). "8 Ways to Use Body Language to Build Trust." Reader's Digest. https://www.rd.com/advice/relationships/body-language-trust/

"Leadership 101: How to Command Respect Through Body Language." (2009). https://www.comparebusinessproducts.com/fyi/leadership-101-how-command-respect-through-body-language

Matthews, N. (2015). "How to Act Like the Most Powerful Girl in the Room." Elle. https://www.elle.com/life-love/tips/g25706/how-to-fake-confidence-body-language

Mejia, Z. (2018). "What Sheryl Sandberg's and Jack Dorsey's Capitol Hill testimony can teach anyone about reacting under pressure." https://www.cnbc.com/2018/09/06/sheryl-sandberg-jack-dorsey-body-language-tips-congressional-hearing.html

Misner, I. (2013). "4 Body Language Cues You Need to Know When Networking." Entrepreneur. https://www.entrepreneur.com/article/227257

Misner, I. (2018). "How to Display the Ideal Body Language When Networking." Entrepreneur. https://www.entrepreneur.com/article/315358

"9 Powerful Body Language Tips To Instantly Boost Your Confidence." (2019). https://liveboldandbloom.com/10/self-confidence/confident-body-language

Oakey, M. (2017). "How To Speed Read Body Language With Igor Ledochowski." http://www.yourcharismacoach.com/blog/how-to-speed-read-people-master-hypnotist-igor-ledochowski-shares-his-secrets/

"Parts-of-the-body language." http://changingminds.org/techniques/body/parts_body_language/parts_body_language.htm

Patton, M. (2014). "7 Scientifically Proven Steps to Increase Your Influence." Entrepreneur. https://www.entrepreneur.com/article/240960

Riggio, R. (2011). "Reading Body Language: It's Not Easy, But You Can Improve." Psychology Today. https://www.psychologytoday.com/intl/blog/cutting-edge-leadership/201106/reading-body-language-it-s-not-easy-you-can-improve

Roysam, V. (2016). "3 Things You Didn't Consider While Reading Body Language." https://yourstory.com/2016/11/3-body-language-misconceptions

Sheffield, T. (2016). "9 Body Language Tips That Make People Want To Be Around You More." https://www.bustle.com/articles/166064-9-body-language-tips-that-make-people-want-to-be-around-you-more

Study Body Language. http://www.study-body-language.com/

"The Charisma Myth: Summary & Review." https://thepowermoves.com/the-charisma-myth/#Charismatic_Body_Language

Thomas, J. (2018). "Unconfident Vs. Confident Body Language." https://www.betterhelp.com/advice/body-language/unconfident-vs-confident-body-language/

"Trustworthy Body Language." http://changingminds.org/techniques/body/trustworthy_body_language.htm

Wertheim, E. The Importance of Effective Communication. https://docplayer.net/9673598-The-importance-of-effective-communication-edward-g-wertheim-ph-d-northeastern-university-college-of-business-administration.html

# BONUSHEFT

Als Beilage zu diesem Buch erhalten Sie ein kostenloses E-Book zum Thema „Morgenroutinen der Gewinner".

In diesem Bonusheft „Morgenroutinen der Gewinner" erhalten Sie Übungen, die Sie in Ihrem Alltag problemlos anwenden können, um Ihr Selbstbewusstsein zu steigern.

Sie können das Bonusheft folgendermaßen erhalten:

Öffnen Sie ein Browserfenster auf Ihrem Computer oder Smartphone und geben Sie Folgendes ein:

[gerardshaw.com/bonusheft](gerardshaw.com/bonusheft)

Sie werden dann automatisch auf die Download-Seite geleitet.

Bitte beachten Sie, dass dieses Bonusheft nur für eine begrenzte Zeit zum Download verfügbar ist.

www.ingramcontent.com/pod-product-compliance
Lightning Source LLC
Chambersburg PA
CBHW071327080526
44587CB00017B/2748